D1716072

Aaron Schart
Die Entstehung des Zwölfprophetenbuchs

Beihefte zur Zeitschrift für die alttestamentliche Wissenschaft

Herausgegeben von
Otto Kaiser

Band 260

Walter de Gruyter · Berlin · New York
1998

Aaron Schart

Die Entstehung
des Zwölfprophetenbuchs

Neubearbeitungen von Amos im Rahmen
schriftenübergreifender Redaktionsprozesse

Walter de Gruyter · Berlin · New York
1998

∞ Gedruckt auf säurefreiem Papier,
das die US-ANSI-Norm über Haltbarkeit erfüllt.

Die Deutsche Bibliothek – CIP-Einheitsaufnahme

[Zeitschrift für die alttestamentliche Wissenschaft / Beihefte]
Beihefte zur Zeitschrift für die alttestamentliche Wissenschaft. –
Berlin ; New York : de Gruyter.
Früher Schriftenreihe
Reihe Beihefte zu: Zeitschrift für die alttestamentliche Wissenschaft
Bd. 260. Schart, Aaron: Die Entstehung des Zwölfprophetenbuchs.
– 1998
Schart, Aaron:
Die Entstehung des Zwölfprophetenbuchs : Neubearbeitungen
von Amos im Rahmen schriftenübergreifender Redaktionsprozesse /
Aaron Schart. – Berlin ; New York : de Gruyter, 1998
(Zeitschrift für die alttestamentliche Wissenschaft : Beihefte ; Bd. 260)
Zugl.: Marburg, Univ., Habil.-Schr., 1995/96
ISBN 3-11-016078-1

ISSN 0934-2575

Printed in Germany
Druck: Werner Hildebrand, Berlin
Buchbinderische Verarbeitung: Lüderitz & Bauer-GmbH, Berlin

Vorwort

Die vorliegende Arbeit ist die geringfügig überarbeitete Fassung meiner Habilitationsschrift, die im WS 1995/96 vom Fachbereich Evangelische Theologie der Philipps-Universität Marburg angenommen wurde. Als ich 1989 mit meiner Arbeit begann, war das Thema der Redaktionsgeschichte des Zwölfprophetenbuchs noch kaum behandelt. Es gab nur wenige Untersuchungen, die gezielt nach dem Zwölfprophetenbuch als einer die einzelnen Schriften übergreifenden Ganzheit fragten. Innerhalb weniger Jahre wurden nun einige Arbeiten vorgelegt, die das Thema wesentlich vorangetrieben haben und mit denen ich mich auseinanderzusetzen hatte. Die umfangreiche Dissertation von Erich Bosshard erschien allerdings zu spät, um sie noch berücksichtigen zu können. Auf Grund der intensiven Forschung setzt sich nun zu Recht die Auffassung durch, daß die sogenannten zwölf Kleinen Propheten zu *einem* "Buch" zusammengefaßt und auch als ein solches zu interpretieren sind. Um auch sprachlich deutlich zu machen, worum es geht, bezeichne ich die zwölf literarischen Großeinheiten, die auf zwölf verschiedene Propheten zurückgeführt werden, entgegen dem üblichen Sprachgebrauch als "*Schriften*", z.B. "Amosschrift", "Obadjaschrift". Sie tragen, zumindest zum Teil, einen unselbständigen Charakter und sollen, jedenfalls aus der Sicht der Endredaktion, nur im Zusammenhang mit den anderen Schriften gelesen werden. Der Begriff "*Buch*" bleibt dagegen für die Bezeichnung schriftenübergreifender Einheiten reserviert, die einen abgeschlossenen, vollständigen Charakter intendieren, z.B. "Zwölfprophetenbuch", "Mehrprophetenbuch".

Die Frage nach der Ganzheit des Zwölfprophetenbuchs verlangt vom Bearbeiter dieses Themas, daß er sich mit zwölf Prophetenschriften auseinandersetzt, die jeweils für sich allein genügend Probleme enthalten. Es kommt deshalb darauf an, das Thema sinnvoll einzugrenzen und Schwerpunkte zu setzen. Die vorliegende Arbeit nimmt die Amosschrift zum Ausgangspunkt. Da diese, neben der Hoseaschrift, die ältesten Texte des Zwölfprophetenbuchs enthält, ermöglicht sie den Zugriff auf die frühen Stadien der Redaktionsgeschichte, auf deren Untersuchung auch das Hauptgewicht liegt. Die späten Phasen werden vergleichsweise flächig behandelt.

Noch einige technische Bemerkungen. Zur einfachen Unterscheidung verschiedener literarkritisch rekonstruierter Fassungen einer Schrift wurde der entsprechenden Abkürzung mittels Bindestrich ein Kürzel vorangestellt. So

steht "D-Am" für diejenige Fassung der Amosschrift, die von der dem deuteronomistischen Denken nahestehenden D-Redaktion als Bestandteil des D-
Korpus herausgegeben wurde; "NHK-Am" bezeichnet diejenige rekonstruierte Amosschrift, die einen Bestandteil des Nahum-Habakuk-Korpus bildete.
Eine Übersicht über diese Kürzel findet sich im Anhang 1.

Die Bezeichnung der hebräischen Tempora und der entsprechenden For-
mationstypen erfolgt in einer vereinfachten Schreibweise:

qatal = Perfekt, Affirmativkonjugation
yiqtol = Imperfekt, Präformativkonjugation
x-yiqtol = ein beliebiges Element (=x) steht im Satz vor dem Verb
wayyiqtol = Imperfekt mit Waw consecutivum, Waw-Imperfekt, Narrativ
w-qatal = Perfekt mit Waw consecutivum

Die Abkürzungen für die biblischen Bücher und die Schreibung der biblischen Eigennamen folgen der Einheitsübersetzung. Literaturhinweise in den
Fußnoten nennen jeweils Erscheinungsjahr und Kurztitel, was hoffentlich
den Umgang mit der Sekundärliteratur erleichtert.

Danken möchte ich zuerst Herrn Prof. Dr. Jörg Jeremias, der mich zur Bearbeitung dieses Themas angeregt hat. Sein Interesse am Thema und seine
Art Exegese zu treiben, haben diese Arbeit inspiriert und vorangebracht. Die
Fritz Thyssen Stiftung hat mir ein Habilitations-Stipendium einschließlich
eines Auslandsaufenthaltes gewährt und dadurch die materiellen Voraussetzungen für meine Studien geschaffen. Professor Brevard S. Childs hat während meines Aufenthaltes an der Yale University eine erste Skizze in ermuti-
gender Weise kommentiert. Durch meinen Wechsel nach Marburg veränderte
sich auch die Diskussionslandschaft, in die ich eingebunden war. Ich danke
besonders Herrn Prof. emer. Dr. Otto Kaiser, der mich freundlich aufgenommen und durch kritische Rückfragen herausgefordert hat. Er hat die vorliegende Arbeit auch bereitwillig in die Reihe BZAW aufgenommen. Die Pro-
fessoren Rainer Kessler, Diethelm Conrad, Erhard S. Gerstenberger und
James Nogalski haben mir in der letzten Phase der Arbeit noch anregende
Hinweise gegeben. Frau Anna-Karena Müller und den Herren Jürgen
Boomgaarden, Dr. Christoph Rösel und Jörg-Michael Bohnet danke ich für
ihre Hilfe beim Korrekturlesen. Meine Frau Charlotte war während der
ganzen Zeit ein unverzichtbarer Rückhalt.

Marburg an der Lahn, August 1997   Aaron Schart

Inhaltsverzeichnis

Einführung

1.1. Das Zwölfprophetenbuch

Es ist ein häufig registriertes Faktum, daß die zwölf Kleinen Propheten in der masoretischen Tradition zusammen ein Buch bilden: das Zwölfprophetenbuch.[1] Bereits die ältesten Handschriftenfunde, die aus der 4. Höhle von Qumran stammen, belegen eindeutig, daß die zwölf Schriften auf eine einzige Rolle geschrieben wurden. Gefunden wurden eine Fülle von Fragmenten, aus denen sich, hauptsächlich auf Grund der Merkmale der Schreibweise, acht verschiedene, sehr bruchstückhafte Kopien rekonstruieren lassen.[2] Sieben davon müssen mehrere Schriften umfaßt haben. Die Annahme hat alle Wahrscheinlichkeit für sich, es handle sich in allen Fällen um Überbleibsel von Rollen, die das gesamte Zwölfprophetenbuch umfaßten. Auch das achte Fragment, das lediglich einige Buchstaben aus Mi 5,1-2 enthält, ist wohl als Rest einer vollständigen Rolle zu betrachten.[3] Wichtig ist, daß an den wenigen Stellen, an denen das trotz des bruchstückhaften Zustandes der Manu-

---

[1] Der antike Name für das Zwölfprophetenbuch war wohl schlicht "die Zwölf" (שנים עשר). So bezeichnet jedenfalls die Schlußmasora am Ende der Handschrift die Rolle. "Die Zwölf" heißt das Zwölfprophetenbuch auch im Talmud, vgl. etwa Baba Batra 14b: "Die Rabbanan lehrten: Die Reihenfolge der Propheten ist wie folgt: Jehošua, Richter, Šemuél, Könige, Jirmeja, Jehezqel, Ješaja und die zwölf [kleinen Propheten]." (Übersetzung von L. Goldschmidt, (1967) Talmud). Vgl. auch Baba Batra 15a: " Hizqija und sein Kollegium schrieben Ješaja, Sprüche, das Lied der Lieder und Qoheleth. Die Männer der Großsynode schrieben Jehezqel, die zwölf [kleinen Propheten], Daniel und die Esterrolle. Ezra schrieb sein Buch und die Genealogie der Chronik bis auf seine eigene." Die Schlußmasora zählt die Anzahl der Verse (פסוקים) aller zwölf Schriften zusammen und notiert die Tatsache, daß Micha 3,12 die Mitte dieses Korpus bildet.

[2] Schon N. Sarna, (1989) Ancient Libraries, 9 erwähnt acht Zwölfprophetenbuch-Kopien. Die gefundenen Handschriftenfragmente werden von Russell Earl Fuller in der Reihe "Discoveries in the Judaean Desert" veröffentlicht werden. Eine tabellarische Übersicht bietet ders., (1996) Form and Formation, 98-101. Auf Grund der Art und Weise, wie die Manuskripte geschrieben sind, kann man, nach Auskunft Fullers, ausschließen, daß es sich lediglich um Exzerpte handelt.

[3] Davon geht jedenfalls R. E. Fuller, (1993) 4QMicah, 194 in seiner Edition aus.

skripte eindeutig erkennbar ist, die Abfolge der Schriften der masoretischen Tradition entspricht.[4]

Ausgerechnet eine der ältesten Handschriften, 4QXII[a], bietet eine Ausnahme. Sie hat höchstwahrscheinlich die Jonaschrift nach Maleachi angeordnet.[5] Drei Erklärungsmodelle für diese Abfolge sind möglich. Entweder (a) stellt sie in der Tat die älteste dar, die aber nach relativ kurzer Zeit durch die masoretische ersetzt wurde, oder (b) sie ist als Indiz dafür zu sehen, daß zwar nicht die Zugehörigkeit, wohl aber die Plazierung von Jona zunächst noch umstritten war und zwei verschiedene Varianten nebeneinander existierten, oder (c) sie ist als bewußte Abweichung von der normalen Anordnung zu verstehen, die sich jedoch nicht durchgesetzt hat. B. A. Jones votiert für die erste Möglichkeit: Jona sei als letzte Schrift ins Zwölfprophetenbuch gekommen, deshalb habe sich die Schlußposition von selbst angeboten, außerdem hätte Jona thematisch zu Maleachi gepaßt.[6] O. H. Steck dagegen vertritt die dritte Hypothese, wonach 4QXII[a] eine bewußte redaktionelle Umgestaltung unter dem Eindruck "völkerpositiver Erfahrungen und Erwartungen des ersten seleukidischen Jahrzehnts in Palästina unter Antiochus III." darstellt. Die späteren negativen Erfahrungen mit den Seleukiden hätten dann eine Rückkehr zur ursprünglichen Anordnung veranlaßt.[7] Die Debatte ist angesichts fehlender Indizien kaum zu entscheiden, aber auch Stecks Lösung ist einfacher vorstellbar, wenn man annimmt, die Redaktion der 4QXII[a]–Reihenfolge habe noch ein Bewußtsein davon gehabt, daß Jona nicht so fest im Zwölfprophetenbuch verankert war wie die anderen Schriften.

Etwa aus dem 1. Jh. v. Chr. stammt eine vergleichsweise gut erhaltene Zwölfprophetenbuch-Handschrift aus dem Wadi Murrabbaat, die in der Anordnung der Schriften ebenfalls die masoretische Abfolge zeigt.[8] Weiter ist interessant, daß in diesem Manuskript zwischen dem Ende der einen und dem Anfang der nächsten Schrift lediglich drei Leerzeilen gelassen werden. Es wird keine neue Kolumne begonnen. Dies bringt schon schreibtechnisch die Zusammengehörigkeit der Schriften zum Ausdruck.[9]

---

4   R. E. Fuller, (1996) Form and Formation, 91-92.
5   Während R. E. Fuller, (1996) Form and Formation, 92 noch von "uncertain order" spricht, ist B. A. Jones, (1995) Formation, 6 schon zuversichtlicher. Auch ein Gespräch, das O. H. Steck zu diesem Problem mit den Expertinnen und Experten der Göttinger Qumranforschungsstelle führte, erhärtete diesen Befund (O. H. Steck, (1996) Abfolge, 249).
6   B. A. Jones, (1995) Formation.
7   O. H. Steck, (1996) Abfolge, 253.
8   Die Rolle ist ediert in P. Benoit, (1961) Murrabbaat. Der erhaltene Teil der Rolle beginnt mit Joel 2,20 und endet mit Sach 1,4.
9   P. Benoit, (1961) Murrabbaat, 182. Damit weist diese hebräische Rolle zwischen den Schriften die vom Talmud vorgeschriebenen Leerzeilen auf! Baba Batra 13b: "Zwischen dem einen und dem anderen Buche der Tora müssen vier Zeilen frei bleiben, und

Die Abschreibtradition der griechischen Übersetzungen belegt ebenfalls unmißverständlich die Existenz eines Zwölfprophetenbuchs, auch wenn die Schriften intern etwas anders als im MT geordnet sind. Die Zusammengehörigkeit der zwölf Schriften kommt z.b. darin zum Ausdruck, daß die LXX sie geschlossen *vor* die drei großen Propheten stellt. Was die Reihenfolge betrifft, ist die Tatsache wichtig, daß die "ältesten und wichtigsten griechischen Handschriften" in der Reihenfolge zwar von MT abweichen, aber in sich eine festgelegte Reihenfolge bieten: Hos, Am, Mi, Joel, Obd, Jona, Nah - Mal.[10] Das beweist, daß auch in der griechischen Tradition die Anordnung der zwölf Schriften nicht beliebig war.[11] Vielmehr gab es eine hebräische und eine griechische Variante. In diesem Zusammenhang ist der Fund einer in Majuskeln geschriebenen, griechischen Lederrolle aus dem Nahal Hever interessant, die wohl ins 1.Jh. n.Chr. zu datieren ist und damit das bisher älteste griechische Zwölfprophetenbuch-Manuskript darstellt. Sie bietet die Schriften nicht in der griechischen, sondern in der hebräischen Reihenfolge![12] Dies dürfte zwar kaum bedeuten, daß die griechische Anordnung erst im 1. Jh. n. Chr. entstand, da sich des öfteren zeigen läßt, daß die griechischen Übersetzungen vormasoretische Texttraditionen widerspiegeln[13], aber es wird deutlich, daß bereits im 1.Jh. n.Chr. die hebräische Reihenfolge als autoritativ galt und einzelne griechische Handschriften, vor allem wohl innerhalb des Landes Israel, der hebräischen Reihenfolge angeglichen wurden. In späteren Jahrhunderten ist dieser Trend verstärkt zu beobachten.[14]

Von großer Bedeutung ist auch der Hinweis auf die zwölf Propheten in Jesus Sirach 49,10:

---

ebenso zwischen einem Propheten und dem anderen; bei den zwölf [kleinen] Propheten nur drei Zeilen." (Übersetzung von L. Goldschmidt, (1967) Talmud).

[10] So stellt es J. Ziegler, (1967) Duodecim prophetae, 136 dar; siehe auch B. A. Jones, (1995) Formation, 4-6; R. E. Fuller, (1996) Form and Formation, 93.

[11] Lediglich ganz vereinzelt kommt es zu Anordnungsvarianten, siehe J. Ziegler, (1967) Duodecim prophetae, 136-137.

[12] Die Rolle hat E. Tov, (1990) Greek Minor Prophets Scroll, ediert. Die Rolle wurde 1952 von Beduinen erworben und konnte erst später einer Höhle im Nahal Hever zugewiesen werden. P. Kahle, (1962) Lederrolle, kannte diese Lokalisierung noch nicht. Auch E. Würthwein, (1973) Text des Alten Testaments, 178 weist auf diese Rolle hin.

[13] Das berühmteste Beispiel ist sicherlich das Jeremiabuch, dessen LXX-Fassung deutlich vor die masoretische Fassung zurückreicht. So beginnt das Standardwerk E. Tov, (1992) Textual Criticism, 319-327 seine Ausführungen zum Thema der "large-scale differences" zwischen LXX und MT mit einer Behandlung von Jer. Die Abweichungen betreffen sowohl den Umfang als auch die Textanordnung.

[14] J. Ziegler, (1967) Duodecim prophetae, 136 zählt einige Minuskel-Handschriften auf, die gemäß der hebräischen Reihenfolge angeordnet sind.

> Und ferner die zwölf Propheten, / es mögen ihre Gebeine auf [sprießen aus
> ihrem] Grab, / die Jakob Heilung zuteil werden ließen / und ihm halfen durch
> [hoffnungsvollen Glauben].[15]

Diese kurze Passage aus dem "Lob der Väter" (Sir 48-49) begreift die
zwölf Propheten als eine geschlossene Gruppe mit einer einheitlichen Ge-
samtaussage.[16] Es ist unwahrscheinlich, daß sich diese Vorstellung entwickelt
hat, ohne daß es das Zwölfprophetenbuch gab. Die redaktionelle Zusammenstellung der zwölf Schriften muß also, zumindest in manchen jüdischen Kreisen, um 200 v.Chr. bereits vorgelegen haben.[17]

Obwohl das Bestehen eines Zwölfprophetenbuchs als Faktum registriert
und anerkannt wird, so wird doch erst in jüngster Zeit gefragt, was das für die
Interpretation der einzelnen Prophetenschriften bedeutet. Die Behandlung des
Themas in Brevard S. Childs' Introduction to the Old Testament ist durchaus
typisch: Auf Seite 373 findet sich zwar die Überschrift "The Book of the
Twelve", aber unter dieser Überschrift folgen keine Ausführungen; statt dessen geht Childs direkt zur Diskussion der einzelnen Schriften über. Da Childs
ansonsten der Frage nach der Funktion buchübergreifender Einheiten, wie
z.B. "Law" und "Prophets", höchste Aufmerksamkeit schenkt[18], ist das Fehlen entsprechender Überlegungen zum Zwölfprophetenbuch als Ganzem ein
auffälliger Tatbestand, der schlaglichtartig deutlich macht, wie wenig offen-

---

15   Übersetzung von G. Sauer, (1981) Jesus Sirach, 629, der den hebräischen Text zum Teil
nach der LXX ergänzt. F. Vattioni, (1968) Ecclesiastico, gibt den hebräischen Text folgendermaßen wieder:

וגם שנים עשר הנביאים   תהי עצמתם פר‹חת מתח‹תם
אשר החלימו את יעקב   וישעוהו ב‹...›

Eine sehr spekulative Deutung bringt O. H. Steck, (1991) Abschluß, 143, der vorschlägt, חלם Hif. als "träumen lassen" zu interpretieren und eine Anspielung auf Gen
28 impliziert zu sehen. Die zwölf Propheten würden den in Gen 28 erwähnten himmlischen Boten parallelisiert: Sie offenbaren Jakob (=Israel) im Traum, daß Jahwe ihn "zurückkehren läßt" (=wiederherstellt).

16   E. Zenger, (1995) Zwölfprophetenbuch, 367: "Dabei wird die Zwölfzahl subtil mit dem
aus den zwölf Söhnen Jakobs entstandenen Volk Israel in Verbindung gebracht."

17   So etwa auch B. S. Childs, (1979) Introduction, 64. Angemerkt sei noch, daß Justin (ge-
storben um 165) im Dialog mit Tryphon, immer wenn er auf einen der Kleinen Propheten zu sprechen kommt, diesen mit der Formel "NN, einer von den Zwölfen" einführt.
Dies läßt den Schluß zu, daß einer der besten christlichen Kenner der rabbinischen Tradition im 2.Jh.n.Chr. das Zwölfprophetenbuch als eine Ganzheit kannte. Ohne die Existenz eines Zwölfprophetenbuchs könnte er nicht wissen, welche Propheten zu den
zwölf gehören, da in Sir 49 keine Namen genannt sind.

18   Vgl. etwa Childs Überlegungen, wie das Corpus propheticum als Kanonteil in Relation
zum Kanonteil Tora zu beurteilen ist (B. S. Childs, (1979) Introduction, 64-65).

sichtlich die exegetische Relevanz des Zwölfprophetenbuchs ist.[19] Zu markant heben sich die einzelnen Schriften voneinander ab.[20] Sie sind jeweils eigenen "Verfassern" zugeschrieben und scheinen auf den ersten Blick thematisch in sich geschlossen zu sein.[21] Deshalb ist die Zusammenstellung der Schriften auf einer Rolle oft als ein rein mechanischer Akt verstanden worden. Man verwies etwa auf die schwierige Handhabung so kleiner Rollen wie Obd, oder auf das Bestreben, etwa gleich lange Rollen herzustellen.[22] Daß solche praktischen Gründe eine gewisse Rolle gespielt haben mögen, soll nicht bestritten werden, sie reichen jedoch bei weitem nicht aus, um das Zwölfprophetenbuch als ein literarisches Phänomen zu erklären. Es spricht vielmehr alles dafür, daß die Zusammenstellung von Prophetenschriften vorrangig aus sachlichen Gründen vorgenommen wurde.[23] Das signalisiert schon

---

[19] Childs nimmt die Ganzheit des Zwölfprophetenbuchs als redaktionsgeschichtliches Problem ja durchaus wahr: "Even such an obvious problem as explaining how twelve independent prophetic collections were united into a single book has remained unresolved although various forces at work in the process have been correctly observed by R. E. Wolfe, K. Budde, W. Rudolph and others." (Introduction, 309).

[20] Lediglich in Ausnahmefällen widmeten sich Einleitungen dem Zwölfprophetenbuch als Ganzem. Eine erwähnenswerte Ausnahme bildet in dieser Frage C. Cornill, (1913) Einleitung, 220-222, der dem Zwölfprophetenbuch einen eigenen Paragraphen widmet. In den letzten Jahren hat das Bewußtsein, daß das Zwölfprophetenbuch als Ganzheit einer eigenen Würdigung bedarf, stark zugenommen. Hatte z.B. O. Kaiser, (1984) Einleitung, das Zwölfprophetenbuch nur gelegentlich am Rande erwähnt, so widmet derselbe Autor in seinem Grundriß Bd.2 von 1994 dem Zwölfprophetenbuch einen eigenen Lehrsatz (103-107) und fragt nach der Entstehung und sogar nach der "Theologie des Zwölfprophetenbuchs" (106-107). Vgl. auch E. Zenger, (1995) Zwölfprophetenbuch, 369-374.

[21] E. Ben Zvi, (1996b) Twelve, 137 betrachtet dies als "the most significant and unequivocal internal evidence" dafür, daß die zwölf Schriften als selbständige, prophetische Bücher gelesen werden sollen, die in keiner signifikant verschiedenen Weise mit den anderen Schriften des Zwölfprophetenbuchs zusammenhängen als mit anderen prophetischen, ja sogar nicht-prophetischen Büchern. M.E. übersteigert Ben Zvi aber seine Einwände gegen die Annahme eines Zwölfprophetenbuchs als literarischer Großeinheit, wenn er alle Beweislast allein den Befürwortern dieser These aufbürdet. Von ihnen verlangt er unzweideutige Beweise (z.B. S. 143 "if one can prove ..."). Sollte diese These aber nicht eine unvoreingenommene, nicht mit erhöhter Beweislast versehene Prüfung verdienen?

[22] Das Argument, kleine Rollen könnten verloren gehen, findet sich schon im Talmud, Baba Batra 14b. Vgl. auch H. D. Preuß / K. Berger, (1980) Bibelkunde, 201: "Die zwölf 'Kleinen Propheten' (das 'Dodekaprophton') bilden in der hebräischen Bibel *ursprünglich und eigentlich nur ein Buch* mit insgesamt dann 65 Kapiteln. Diese Summe läßt ahnen, daß man die 12 kleinen Propheten aus Gründen möglicher Angleichung des Buchumfangs an die drei 'Großen Propheten' zusammenfaßte (Jes: 66; Jer: 52; Ez: 48 Kap.)."

[23] Wie die literarkritische Forschung bisher bereits mit Sicherheit zeigen konnte, hat das Zwölfprophetenbuch auch schon Vorläufer gehabt. Man stand nie vor der Situation,

die symbolträchtige Zwölfzahl.[24] Die "Zwölf" drückt Ganzheit aus, denn die Zahl ist in Israel mit den zwölf Stämmen verbunden, die das *eine* Volk Israel bilden.[25] Ein deutliches Anzeichen für eine planvolle Gestaltung ist die – oben schon erwähnte – fixierte Abfolge der einzelnen Schriften. Die LXX bietet von der 2. bis zur 5. Position die Schriften zwar in einer etwas anderen Folge (Hos, Am, Mi, Joel, Obd, Jona[26]), aber diese Folge liegt ebenso fest wie die masoretische.[27] Wäre die Reihenfolge der Schriften völlig bedeutungslos und dem Belieben der einzelnen Abschreiber überlassen, sollte man mehrere Varianten der Anordnung erwarten. Eine Durchsicht der Forschungsgeschichte zeigt, daß in der Exegese noch weitere Phänomene beobachtet wurden, die das Zwölfprophetenbuch als planvoll gestaltete Ganzheit erscheinen lassen.

1.2. Forschungsüberblick

a) Den ersten namhaften Versuch zur Redaktionsgeschichte des Zwölfprophetenbuchs hat Rolland Emerson Wolfe vorgelegt.[28] Seine bahnbrechende These ist, daß die 13 Redaktionsschichten, die er unterscheidet, jeweils

---

zwölf Einzelschriften zusammenzustellen, sondern ergänzte lediglich eine vorliegende, ältere Sammlung.

[24] J. Blenkinsopp, (1977) Prophecy and Canon, hat deshalb Recht, wenn er dieser Zahl eine besondere Signifikanz zuschreibt, auch wenn sein eigener Lösungsvorschlag zu diskutieren wäre, 120-121: "In that case it is reasonable to ask whether the division into three and twelve is not meant to have a particular significance, whether in fact it is not meant to refer to the three patriarchs and the twelve sons of Jacob - Israel."

[25] So wie die Zwölfer-Fluchreihe in Dtn 27,15-26 das Ganze von fluchwürdigen Straftaten beschreibt. Außerhalb Israels könnte man etwa nennen, daß Herakles zwölf Taten vollbracht hat. Das im ganzen Alten Orient berühmte Gilgameschepos wurde in seiner literarischen Endfassung auf zwölf Tafeln geschrieben.

[26] Es ist immerhin festzustellen, daß sowohl Hos, Am und Mi als auch Joel, Obd und Jona je für sich der hebräischen Anordnung folgen.

[27] Die Anordnung der LXX könnte, wie C. Cornill, (1913) Einleitung, 222 vermutet hat, der Länge der Bücher entsprechen, wobei Jona als Erzählung an den Schluß der ersten Hälfte gestellt wurde (Hos umfaßt 14 Kapitel, Am 9 , Mi 7, Joel 4, Obd 1, Jona 4).

[28] R. Wolfe, (1935) Editing of the Book of the Twelve. Der ZAW-Aufsatz stellt eine Kurzfassung seiner Dissertation dar: The Editing of the Book of the Twelve. Ph.D. Harvard, 1933. Wie mir Prof. Wolfe brieflich mitteilte (Brief vom 30.03.1993), war seine Dissertation bereits zur Veröffentlichung in der Serie BZAW akzeptiert, als das Naziregime die Veröffentlichung fremdsprachiger Literatur in Deutschland untersagte. Zum Ausgleich bekam er die Gelegenheit, in der Zeitschrift ZAW eine Kurzfassung seiner Ergebnisse zu veröffentlichen.

schriftenübergreifend gearbeitet haben.[29] So schreibt Wolfe z.B. dem "Day of Jahwe Editor" folgende Textpassagen zu: "in Amos 4,12b (from עקב); 5,13.18c (from הוא).20; Obadiah 1,15a (to הגוים); Joel 1,15; 2,1d (from כי)-2b (to וערפל), 10-11; 3,1-5; 4,1-3.12.14-17; Zephaniah 1,7-8a (to יהוה).14-16.18c (from ביום); 2,1-3; 3,8b-e (from וכחי)."[30] Damit weist er fast alle Passagen innerhalb des Zwölfprophetenbuchs, in denen die Phrase "יום יהוה" vorkommt, der selben Schicht zu. Die Redaktoren, so vermutet er weiter, hätten jeweils auf der Basis einer ihnen vorliegenden Schriften*sammlung* gearbeitet. Wolfe unterscheidet vier Stadien: zuerst wurden Amos und Hosea zusammengefügt, dann wurden diese beiden Bestandteil einer Sammlung von sechs Schriften (Hos, Am, Mi, Nah, Hab, Zef), die die vorexilischen Prophetien enthielt. Diese Sammlung wurde durch die Einfügung von Joel, Jona und Obd zu einem "Book of the Nine".[31] Noch später entstand dann durch Anfügung von Hag, Sach und Mal das Zwölfprophetenbuch. Die Annahme, daß die Sammlungen, die dem Zwölfprophetenbuch vorauslagen, im Laufe der Geschichte immer umfangreicher wurden, könne den Umstand erklären, daß man die Spuren der verschiedenen Schichten in um so mehr Schriften findet, je jünger die Schichten sind.

Der Ansatz von Wolfe blieb jahrzehntelang unbeachtet. Das lag zum einen wohl daran, daß seine literarkritischen Entscheidungen in allzu vielen Fällen höchst problematisch sind. Oft hat man den Eindruck, Wolfe nimmt einen literarkritischen Bruch nur deshalb an, um eine gewisse Phrase (etwa "Tag Jahwes"), die nach seiner Auffassung das Kennzeichen einer bestimmten Schicht bildet ("Day of Jahwe Editor"), aus ihrem Kontext herauszulösen. So betrachtet er etwa "Am 5,18c (from הוא).20" als sekundär. Die ganze Passage Am 5,18-20 ist aber eine kohärente literarische Einheit und kann der vorexilischen Fassung der Amosschrift kaum abgesprochen werden. Auch die relative Datierung der Schichten wird von Wolfe eigentlich nicht begründet. So bleibt z.B. offen, von welchen Voraussetzungen aus der "Psalm Editor" für jünger als der "Day of Jahwe Editor" gehalten wird.[32] Ein anderer Grund, warum Wolfe unberücksichtigt blieb, ist sicher die Art und Weise der Ergebnispräsentation. Er stellt, besonders in seinem Aufsatz, aber auch in seiner

---

29 R. Wolfe, (1935) Editing of the Book of the Twelve, 91 bezeichnet sein Modell deshalb auch als "strata hypothesis". Der Begriff "stratum" vermeidet bewußt die Konnotation eines einzelnen Redaktors. So kann Wolfe zumindest manche Schichten auch als Produkt einer "Schule" verstehen, die mehrere "editors" umfaßt: z.B. "The Nationalistic School of Editors"(99).

30 R. Wolfe, (1935) Editing of the Book of the Twelve, 103.

31 R. Wolfe, (1935) Editing of the Book of the Twelve, 125.

32 R. Wolfe, (1935) Editing of the Book of the Twelve, 111-114.

Dissertation, sein Schichtenmodell zwar relativ übersichtlich dar, verzichtet aber fast völlig auf die Begründung seiner Thesen und auf die Auseinandersetzung mit abweichenden Meinungen.

Dessen ungeachtet hat Wolfe aber einige Grundgedanken eingeführt, die sich bewährt haben. Dazu zählt die These schriftenübergreifender Redaktionsschichten, die ein signifikantes Sprachprofil aufweisen. Auch seine These, das Zwölfprophetenbuch sei gewachsen, indem kleinere Sammlungen erweitert wurden, hat grundsätzlich nichts von ihrer Überzeugungskraft eingebüßt.

b) Dale Allen Schneiders Yale Dissertation aus dem Jahre 1979 nimmt ein Wachstum in vier Stadien an.[33] Zuerst seien Hosea, Amos und Micha zusammengestellt worden, im zweiten Stadium seien Nahum, Habakuk und Zefanja, im dritten Stadium Joel, Obadja und Jona und im letzten Stadium Haggai, Sacharja und Maleachi hinzugefügt worden. Das zweite, dritte und vierte Stadium deckt sich also ungefähr mit der Hypothese Wolfes, das erste Stadium unterscheidet sich insofern, als Wolfe zur ersten Stufe Hos und Am, Schneider dagegen auch noch Mi rechnet. Der wesentliche Unterschied zwischen beiden Positionen liegt jedoch darin, daß Wolfe zusätzlich zur Hinzufügung einzelner Schriften mit redaktionellen Eingriffen in die Schriften der bereits bestehenden Sammlung rechnet, während Schneider die einzelnen Schriften für literarisch einheitlich hält. In dieser Hinsicht bleibt sein Modell angesichts der Ergebnisse der literarkritischen Forschung zu den Einzelschriften erheblich zu einfach. Diese sind zum Teil mehrfach redaktionell überarbeitet worden, und es ist von vornherein unwahrscheinlich, daß die Zusammenfügung der Einzelschriften und deren redaktionelle Bearbeitung nichts miteinander zu tun gehabt haben sollen. An diesem Punkt hat Wolfe klarer gesehen. Die besondere Stärke Schneiders dürfte im letzten Teil seiner Arbeit liegen, in dem er sich mit den hermeneutischen Implikationen seiner Ergebnisse beschäftigt. Er weist darauf hin, daß einzelne Schriften innerhalb des Zwölfprophetenbuchs nach dem Willen der Redaktoren nicht mehr isoliert gelesen und verstanden werden sollen. So sei es ein Fehler, wenn man z.B. die Nahumschrift aus ihrer Einbindung in das Zwölfprophetenbuch herauslöse und dann den Vorwurf erhebe, sie enthielte keine Gerichtsworte gegen Israel. Die Nahumschrift wird ja durch die anderen Schriften ergänzt und verliert dadurch ihren einseitig nationalistischen Charakter.[34]

---

[33] D. Schneider, (1979) Unity of the Book of the Twelve.
[34] Vgl. auch B. S. Childs, (1979) Introduction, 446: "To criticize Nahum from the perspective of Amos' theology fails to reckon seriously with the function of a collection of writings which together exercised its authority upon a community of faith."

c) Andrew Yueking Lee hat nachdrücklich auf die Bedeutung des "canonical approach" von Brevard S. Childs aufmerksam gemacht. Seine Dissertation aus dem Jahre 1985 lenkt den Blick auf die Heilspassagen und deren Bedeutung für ein kanonisches Gesamtverständnis des Zwölfprophetenbuchs.[35] Ansonsten beschränkt er sich jedoch in den allermeisten Fällen darauf, die Forschungslage zu den in Frage kommenden Textpassagen im Hinblick darauf zu skizzieren, ob die behandelte Passage sekundär sei oder nicht. Querverbindungen zwischen den Heilspassagen oder die Frage, ob Texte aus verschiedenen Schriften sich dem gleichen Redaktor verdanken, kommen nicht in den Blick. So übersteigt die Interpretation der einzelnen Heilspassagen nie den Horizont der einzelnen Schrift. Immerhin entsteht der Eindruck, daß das Zwölfprophetenbuch als Ganzes, trotz der vielfachen Rede von Schuld und Gericht, letztlich die eschatologische Restitution Israels im Blick hat.

d) Von 1987 stammt der Aufsatz von Erich Bosshard "Beobachtungen zum Zwölfprophetenbuch". Er vertritt die These, daß das Jesaja- und das Zwölfprophetenbuch in ähnlicher Weise strukturiert sind. Seiner Meinung nach haben Textpassagen, die innerhalb ihrer jeweiligen Bücher an vergleichbarer Stelle stehen, eine signifikante Anzahl von Stichworten gemeinsam. Weitergehend folgert Bosshard, daß diese lexikalische und strukturelle Parallelität zumindest zum Teil auf bewußte redaktionelle Angleichungen zurückzuführen ist. Den Redaktoren des einen Buches müsse das andere als Vorlage für ihre Komposition gedient haben.[36] Bosshards Beobachtungen sind unterschiedlich zu bewerten. Zum Teil leuchten sie ohne weiteres ein, z.B. für den Anfang beider Bücher, Hos 1,1 und Jes 1,1. Beide Überschriften erwähnen dieselben vier judäischen Könige. Sie leuchten auch ein für Joel 2 und Jes 13. Beide Passagen weisen starke lexikalische Berührungen auf, z.B. die Phrase "nahe ist der Tag Jahwes" (Jes 13,6 // Joel 2,1; vgl. z.B. auch Joel 2,6 // Jes 13,8), und beide Passagen eröffnen innerhalb ihrer Bücher die Fremdvölkerthematik. Andere Querbezüge sind nicht mehr so offensichtlich, aber doch wahrscheinlich; so z.B. im Falle von Jes 66,18ff und Sach 14,16ff. Die weitaus meisten Querbezügen werden jedoch in problematischer Weise

---

35 A. Y. Lee, (1985) Canonical Unity of the Minor Prophets.

36 E. Bosshard, (1987) Beobachtungen, ist in seinem Aufsatz in der Frage, welchem Buch Priorität gebührt, zurückhaltend, denn die Bezüge sind aus literarkritischer Sicht zu vielschichtig, um in dieser Frage eine einfache Abhängigkeit erwarten zu lassen. Wenigstens für eine, wie immer genauer zu bestimmende Schicht, vermutet er eine Priorität von Jes: "Es spricht viel dafür, daß wenigstens eine Schicht der Buchbildung von XII analog zu Jes, wahrscheinlich sogar anhand von Jes gestaltet wurde."(57)

behandelt. Entweder ist die Signifikanz der Bezüge gering, oder es gelingt nur mit Mühe, zu beschreiben, inwiefern die fraglichen Textpassagen jeweils an strukturell vergleichbaren Orten innerhalb des Buchganzen stehen. Stutzig muß in diesem Zusammenhang insbesondere machen, daß der offensichtlichste, umfangreichste und unbestreitbarste lexikalische Bezug zwischen Jesaja und Zwölfprophetenbuch, nämlich die Vision vom Umschmieden der Waffen zu landwirtschaftlichen Geräten (Jes 2,2-4 // Mi 4,1-4; vier Verse sind fast wörtlich identisch!), von Bosshard an keiner Stelle erwähnt wird! Statt dessen sucht Bosshard verzweifelt nach Bezügen zwischen Mi und Jes 28ff.[37] In dieser Form kann die Gesamtthese Bosshards deshalb nicht überzeugen, auch wenn er in vielen Einzelheiten interessante Beobachtungen gemacht hat.

e) Paul R. House geht in seinem Buch von 1990 "The Unity of the Book of the Twelve" rein synchron vor.[38] Er betrachtet das Zwölfprophetenbuch als eine in sich geschlossene literarische Einheit und sucht entschlossen nach ihrer Makrostruktur. Dazu bedient er sich der Mittel der Erzählanalyse (House analysiert "structure", "plot", "character" und "point of view"). Die methodologische Entscheidung für narrative Kategorien überrascht etwas, zumal sie getroffen wird, ohne vorher auf den weitgehend poetischen Charakter der prophetischen Texte zu reflektieren. Als grundlegende narrative Struktur des Zwölfprophetenbuchs bestimmt er die Abfolge von "Sünde - Strafe - Restauration". Das erste Thema, "Feststellen der Sünde von Israel und den Völkern", wird vorrangig in den Schriften Hos-Mi abgehandelt. Dem folgt dann die "Schilderung der Strafe", was den Hauptinhalt von Nah-Zef bildet. Hag-Mal fassen dann die Restauration Israels ins Auge.[39] House selbst weist daraufhin, daß sich eine solche Abfolge nur ergibt, wenn man jede Schrift auf

---

[37] E. Bosshard, (1987) Beobachtungen, 34: "Die Beziehungen zwischen Mi und Jes sind recht komplexer Natur. 1) Wie Jes 28ff. besteht Mi aus einer sich mehrfach wiederholenden Unheil-Heil-Abfolge in bezug auf das eigene Volk, wie man sie nur noch in Hos findet. 2) Weder in Jes noch in Mi steht nach Jes 28,1-4 und Mi 1,1ff. noch ein Wort gegen Samaria. 3) Neben Ob 15ff. scheint auch Mi etliche Parallelen zu Jes 24-27 zu enthalten. Es stellt sich also die Frage, ob Mi nicht sowohl parallel zu Jes 28ff., als auch zusammen mit Ob 15ff. parallel zu Jes 24-27 steht." Hier werden Bezüge zwischen Mi und Jes an den Haaren herbeigezogen. Der wirklich offensichtliche Bezug zwischen Mi 4 und Jes 2 durchkreuzt dagegen massiv die von Bosshard vorgeschlagene Analogie in der Struktur beider Bücher. Auch andere Querbezüge zwischen Jes und Zwölfprophetenbuch, die in der Exegese schon lange bekannt sind, erwähnt Bosshard nicht, z.B. die deutliche Parallele von Am 5,21-26 zu Jes 1,10-17 (R. Fey, (1963) Amos und Jesaja, 73 bezeichnet Jes 1,10-17 als "Konglomerat von Amos-Reminiszenzen").

[38] P. House, (1990) Unity of the Twelve.

[39] P. House, (1990) Unity of the Twelve, 72.

ihr inhaltliches Hauptanliegen reduziert. Diese Reduktion erscheint jedoch mitunter als sehr gewaltsam. Auf den ersten Blick ist deutlich, daß die drei genannten inhaltlichen Elemente regelmäßiger Bestandteil aller Prophetenschriften sind. Völlig willkürlich ist z.b. die Subsumierung von Joel unter das Thema "Feststellen der Sünde". Sünde wird in Joel lediglich implizit vorausgesetzt, thematisiert dagegen nur in dem späten Nachtrag Joel 4,4-8 (Vergehen der Fremdvölker).[40] Ausführlich wird jedoch die Bestrafung der Völker und die endzeitliche Rettung des Zion dargestellt.[41] Auf jeden Fall enthält z.b. Mal, nach House dem Thema "Heil" zugehörig, mehr und spezifischere Anklagen als Joel. House muß nicht nur die Inhalte der einzelnen Schriften sehr einseitig zuspitzen, sondern auch innerhalb seiner drei Teilabschnitte ganze Schriften, wie eben Joel oder Jona, in den Hintergrund drängen.

House' Buch ist durchaus eine begrüßenswerte Erinnerung daran, daß der Endtext den unhintergehbaren Ausgangspunkt aller literarkritischen Analysen bildet. Erst wo dieser Brüche aufweist, kann die literarkritische Hypothesenbildung einsetzen. Darüber hinaus ist das Verständnis des Endtextes auch ein wichtiges Ziel der redaktionsgeschichtlichen Arbeit, da es diese Letztgestalt ist, die in Juden- und Christentum kanonischen Rang gewonnen hat. Besonders im Zwölfprophetenbuch, das in den Überschriften so explizit wie kaum ein anderes Buch des AT deutlich macht, daß es nicht in einem Zug entstanden ist, wird man um eine redaktionsgeschichtliche Fragestellung jedoch nicht herumkommen. Deshalb vermag der Versuch von House, das Zwölfprophetenbuch rein synchron als literarische Einheit zu begreifen, in dieser Form nicht zu überzeugen. Davon unabhängig hat House viele einzelne thematische und lexikalische Querbezüge zwischen verschiedenen Schriften notiert und Vorschläge zu ihrer Interpretation auf der Ebene des Endtextes gemacht. Der partielle Erfolg der Anwendung narrativer Kategorien zur Beschreibung der Struktur des Zwölfprophetenbuchs ist wohl darauf zurückzuführen, daß dieses in seiner Endgestalt in der Tat eine Geschichte der Prophetie präsentieren will.[42]

---

[40]   Zu verweisen ist auf den Ruf zur Umkehr in Joel 2,12-14, der voraussetzt, daß Israel sich von Jahwe abgewandt hat. Explizit gesagt wird dies jedoch nicht. Erst recht fehlen jegliche Beispiele, an denen sich ein Verschulden Israels aufzeigen ließe.

[41]   P. House, (1990) Unity of the Twelve, 76 muß dies implizit eingestehen: "Unlike the recipients of Hosea's condemnation, the sin of God's people in Joel is much more subtle. Judgment is fast approaching, but is not coming because of an obvious rejection of Yahweh and a subsequent embracing of idolatry. Rather, the religion pictured in Joel has lost its vitality. The Lord and His presence are taken for granted."

[42]   Vgl. dazu unten Kap. 2.2.

f) Bereits ein Jahr später, 1991, erschien das Buch "Der Abschluß der Prophetie im Alten Testament" von Odil Hannes Steck. Sein Interesse gilt den letzten Redaktionsschichten innerhalb Jesajas und des Zwölfprophetenbuchs. Schließlich fragt er auch noch nach dem Sinn der Vereinigung der Prophetenbücher zu einem Corpus Propheticum und dessen Eingliederung in den Kanonteil Nebiim. Im Zwölfprophetenbuch befaßt sich Steck nur mit den letzten Kapiteln von Sach und Mal, in denen die spätesten Redaktionsprozesse greifbar werden. Seine sehr komplexen Hypothesen nehmen ein vielschichtiges literarisches Wachstum an, wobei Redaktionsprozesse im Jesaja- und solche im Zwölfprophetenbuch sich wechselseitig beeinflußt hätten.[43] Auch wenn man Stecks Thesen nicht in allen Fällen folgen wird, so hat er doch viele Beobachtungen zusammengetragen, die deutlich erkennen lassen, daß, und mit geringerer Wahrscheinlichkeit auch wie, man zumindest in den letzten Redaktionsschichten des Zwölfprophetenbuchs die vorliegenden Schriften als Ganzheit gelesen und verstanden hat. Steck nimmt z.B. an, daß Vorformen von Sacharja und Maleachi ursprünglich einen einzigen literarischen Zusammenhang gebildet hätten, der erst sehr spät durch die Einfügung der Überschrift Mal 1,1 in zwei Schriften unterteilt worden sei. Dieser These nach müßte man den schriftenübergreifenden Bezügen noch eine fundamentalere Rolle beimessen, als das bisher selbst ein rein synchron vorgehender Exeget wie Paul House getan hat.

g) 1993 widmete Terence Collins in seinem Buch "The Mantle of Elijah", das sich überblicksartig mit der Redaktionsgeschichte aller prophetischen Bücher des AT befaßt, ein Kapitel dem Zwölfprophetenbuch.[44] Darin stellt er die These auf, dieses sei in vier Stadien gewachsen. Eine "first edition" habe Hos, Am (einschließlich Am 9), Mi (einschließlich Mi 4-5), Nah, Zef und Obd umfaßt und sei vermutlich im Exil in Babylon herausgegeben worden.[45] Nach der Rückkehr nach Juda, aber noch vor der Fertigstellung des zweiten Tempels, habe eine "revised edition" auch Hag, Sach 1-8, Jona und wohl auch Joel aufgenommen. Zugleich seien optimistische Passagen, wie etwa Zef 3,9-20, eingefügt worden.[46] Das dritte Stadium sei durch die Zufügung von Joel, falls es nicht bereits Bestandteil der vorherigen Ausgabe war, Hab und Mal gekennzeichnet. Gleichzeitig seien in anderen Schriften eschatologi-

---

[43] O. H. Steck, (1991) Abschluß, siehe seine Zusammenfassung auf Seite 71.
[44] Es handelt sich um das Kapitel "The Scroll of the Twelve", T. Collins, (1993) Mantle of Elijah, 59-87.
[45] T. Collins, (1993) Mantle of Elijah, 62.
[46] T. Collins, (1993) Mantle of Elijah, 63.

sche Zusätze nachgetragen worden. Im vierten Stadium seien dann nur noch
Sach 9-14 und Mal 3,22-24 hinzu gekommen.[47] Leider verzichtet Collins fast
völlig darauf, seine These argumentativ zu entfalten. Wirklich gelungen ist
dagegen sein Versuch, den Endtext des Zwölfprophetenbuchs synchron zu
lesen. Im Unterschied zu House verzichtet er auf globale Schemata, fragt dafür aber sehr genau nach lexikalischen und thematischen Verbindungslinien
zwischen den einzelnen Schriften. Es gebe mehrere miteinander verknüpfte
Leitthemen, wie die Fruchtbarkeit des Landes (Hos 2,22; Joel 1,10; Hab
3,17), der Ruf zur Umkehr (Hos 14,2; Joel 2,12; Jona 3), der Tempel auf dem
Zion (Joel; Mi 3,12-4,4), der Tag Jahwes (Joel 2,1-2; Am 5,18; Obd 1,15ff.;
Zef 1,14-16), u.a., die immer wieder aus anderer Perspektive beleuchtet werden.[48] Eigens erwähnt werden soll noch seine These, daß Mal mit dem Gebrauch der Metapher vom Vater, der seinen Sohn liebt (Mal 1,6-7), für das
Verhältnis Jahwes zu Israel auf den Beginn des Zwölfprophetenbuchs mit
Hos (Hos 11,1-2) zurückverweise und so einen sinnvollen Schluß bilde.[49] Die
von Collins notierten Bezüge sind in fast allen Fällen stichhaltig.[50] Auf einige
von ihnen wird im weiteren Verlauf der Arbeit zurückzukommen sein.

h) Ebenfalls 1993 erschien der Aufsatz "Scribal Wisdom and Theodicy in
the Book of the Twelve" von Raymond C. van Leeuwen. Sein Interesse richtet sich auf die Intentionen und die traditionsgeschichtliche Einordnung der
Endredaktion des Zwölfprophetenbuchs. Er geht aus von der Beobachtung,
daß Zitate und Anspielungen auf den Tora-Text Ex 34,6-7 mindestens innerhalb der ersten sechs Schriften des Zwölfprophetenbuchs für den Endtext eine zentrale Bedeutung haben. Ex 34,6-7 formuliert in klassischer Weise, daß
Gottes Wesen zwei Aspekte kennt: Barmherzigkeit auf der einen Seite, aber
auch gerechte Bestrafung der Sünder. Beide Seiten Gottes stehen zueinander
in einem dynamischen Spannungsverhältnis.[51] Die letzte Redaktionsschicht
habe in diesem Verständnis des Wesens Jahwes das Leitthema gesehen, das

---

[47] T. Collins, (1993) Mantle of Elijah, 64.

[48] T. Collins, (1993) Mantle of Elijah, 66-83.

[49] T. Collins, (1993) Mantle of Elijah, 81: "Malachi also brings us back to the themes and
language which were dominant at the very start of *The Twelve*. This is evident in the use
of the father-son relationship as an image of the relationship between God and Israel
(Mal. 1.6-7 and Hos. 11.1-2), and in the fact that both appeal to the need for covenant
faithfulness in marriage, though in slightly different ways (Mal. 2.13-16 and Hos. 2.14-
19)."

[50] In vielen Fällen sind diese Bezüge freilich schon oft gesehen worden.

[51] R. C. van Leeuwen, (1993) Scribal Wisdom and Theodicy, 49 spricht von einem "bipo-
lar contrast of mercy and justice", dessen Einheit als "fearsome divine mystery" begriffen werden müsse.

alle Schwerpunkte der im Zwölfprophetenbuch aufbewahrten prophetischen
Verkündigung integrieren kann. Sogar an sich kontradiktorische Positionen,
wie die der Jonaschrift, die ein überaus positives Bild von der Umkehr Ninives zeichnet, und der Nahumschrift, die sich daran weidet, wie Jahwe Ninive
zerstören wird, erschienen so als eine Form des Auslotens des Geheimnisses
von Gottes Wesen.[52] Nach der Meinung van Leeuwens kam es den Redaktoren nicht auf einen nivellierenden Ausgleich verschiedener Gotteserfahrungen an, sondern sie wollten ganz bewußt eine wesenhafte Spannung in Gott
selbst zur Darstellung bringen.

In meinen Augen ist van Leeuwen in der Frage der Interpretation des
Endtextes des Zwölfprophetenbuchs ein großes Stück vorangekommen.[53] Es
fällt in der Tat auf, daß die Schriften, die sachlich am stärksten voneinander
abweichen, ja wahrscheinlich sogar als sich wechselseitig ausschließend bestimmt werden müssen, wie eben Joel, Jona und Nahum, die deutlichsten Bezüge auf das in Ex 34,6-7 formulierte Bekenntnis enthalten. Mit dem Hinweis
auf die Spannung zwischen Gerechtigkeit und Barmherzigkeit, die in diesem
Bekenntnis enthalten ist, gelingt es van Leeuwen, die Zusammenstellung von
sich widersprechenden Schriften als einen Akt erscheinen zu lassen, der die
spannungsvolle Dynamik im Wesen des Gottes Israels angemessen zur Darstellung bringt. Er erkennt im Zwölfprophetenbuch als Ganzem einen
Sinnüberschuß, der über das hinausgeht, was durch die beziehungslose Ne-
beneinanderstellung der in den einzelnen Schriften enthaltenen Aussagen
gewonnen werden kann.

Van Leeuwens Einsichten können weiter vertieft werden. Zum einen dadurch, daß man der Vernetzung des Themas "Barmherzigkeit-Gerechtigkeit
Jahwes" mit anderen Themen, z.B. dem Thema "Tag Jahwes", noch stärker
nachgeht, zum anderen dadurch, daß man auch die redaktionsgeschichtliche
Dimension mit einbezieht, auf deren Behandlung van Leeuwen verzichtet.[54]

i) Die bisher umfangreichste Studie zum Zwölfprophetenbuch stellt das
zweibändige Werk von James Dominic Nogalski dar, das 1993 erschien.[55]

---

52   R. C. van Leeuwen, (1993) Scribal Wisdom and Theodicy, 48-49.
53   R. C. van Leeuwen, (1993) Scribal Wisdom and Theodicy, 32 Anm. 5 erwähnt die Ar-
      beiten von D. A. Schneider und P. R. House.
54   Van Leeuwen selbst erwähnt den Begriff des "Tages Jahwes", ohne eine klarere Ver-
      hältnisbestimmung zum Thema "Barmherzigkeit-Gerechtigkeit" auszuarbeiten.
55   J. Nogalski, (1993a) precursors, und J. Nogalski, (1993b) processes. Es handelt sich um
      die überarbeitete Fassung seiner Züricher Dissertation von 1991 "Redactional Layers
      and Intentions: Uniting the Writings of the Book of the Twelve." Diese wiederum geht
      zurück auf eine Master-Thesis der Faculty of the Baptist Theological Seminary in Rü-

Nogalski untersucht zunächst das jeweils letzte Kapitel einer Schrift und das erste der unmittelbar folgenden Schrift daraufhin, welche Stichwörter beide Kapitel gemeinsam haben. Dabei stellt er fest, daß in den meisten Fällen eine beachtliche Zahl von gemeinsamen Stichworten zu finden ist.[56] Zusätzlich läßt sich seiner Meinung nach zeigen, daß einige Stichwortbezüge innerhalb redaktionell zugefügter Textabschnitte begegnen. Dies deutet darauf hin, daß die Stichwortverkettung als eine redaktionelle Technik zu betrachten ist, die die Reihenfolge fixieren soll. Zugleich deuten die Stichworte an, in welcher Weise die verschiedenen Schriften thematisch in Beziehung zu setzen sind.[57] Bei der Untersuchung solcher thematischer Verknüpfungen kann Nogalski zeigen, daß verschiedene Stichworte und Formulierungen charakteristisch für bestimmte Redaktionsschichten sind. Seine Hypothese ist, daß das Zwölfprophetenbuch mindestens in drei literarischen Stufen zu seiner Letztgestalt anwuchs, wobei für jede redaktionelle Stufe ein Bestand an Leitvorstellungen und eine gewisse Terminologie charakteristisch ist.

Die älteste Stufe sei das sogenannte "Deuteronomic Corpus", das Vorstufen von Hos, Am, Mi und Zef umfaßt habe. Dieses sei durch eine Redaktionsschicht überarbeitet worden, die Nogalski nach ihrer theologischen Leit-

---

schlikon (Schweiz) von 1987 mit dem Titel "The Use of Stichwörter as a Redactional Unification Technique in the Book of the Twelve." Vgl. auch meine Rezension in ThLZ 121 (1996) 645-649.

[56] Nogalski selbst verweist darauf, daß die Bedeutung von "catchwords" als Bindegliedern zwischen den Schriften seit langem aufgefallen war. F. Delitzsch, (1851) Wann weissagte Obadja?, 92-93 brachte wohl diese Beobachtung in die historisch-kritische Exegesetradition ein. U. Cassuto, (1973) Sequence and Arrangement, hat der Stichwortverkettungstechnik grundsätzliche Bedeutung zuerkannt, 1-2: "One of the methods of arrangement that plays an important part in the Bible (in several books it even enjoys precedence) is that of association - not just association of ideas but also, and primarily, association of words and expressions, a technique whose initial purpose was possibly to aid the memory." Auch H. Marks, (1987) Twelve Prophets, 208 erwähnt diese Technik. Von diesen Autoren sind vor allem folgende Verkettungsphänomene genannt worden: Hos 14,2 // Joel 2,12; Joel 4,16 // Am 1,2; Am 9,12 // Obd 1,19; Obd 1,1 // Jona (als Bote unter die Heiden); Jona 4,2 // Mi 7,18-19 // Nah 1,2-3; Nah 1,1 // Hab 1,1 (maśśaʿ); Hab 2,20 // Zef 1,7. Mit Zefanja endet die Verkettung. Erst Nogalski hat auch Hag, Sach und Mal in die Überlegungen einbezogen.

[57] Es ist in der Tat anzunehmen, daß Worte, die in einer Schrift bereits in einer bestimmten Bedeutung verwendet werden, diese Bedeutung für die Leserschaft nicht einfach verlieren, wenn sie sich der nächsten Schrift zuwenden. Im Falle der berühmtesten, weil markantesten Stichwortverknüpfung innerhalb des Zwölfprophetenbuchs, nämlich von Joel 4,16 // Am 1,2, spricht Nogalski deshalb davon, daß Joel 4 den Sprachgebrauch von Am 1,2 und die dann folgenden Völkersprüche "eschatologisch einfärbt" (J. Nogalski, (1993b) processes, 48: Joel 4 "actualizes and eschatologizes Amos' oracles against the nations").

schrift "Joel-related layer" nennt. Diese habe Nah, Hab, Hag, Sach 1-8, Joel, Obd und Mal so mit dem "Deuteronomistic Corpus" verbunden, daß ein Elfprophetenbuch entstand. Die eingearbeiteten Schriften zeigten dabei eine unterschiedlich große sachliche und literarische Nähe zu den Intentionen der Redaktion selbst, wie sie am klarsten in Joel greifbar seien. Dies erkläre sich daraus, daß der Joel-Schicht bereits festformuliertes Textmaterial vorgelegen habe, das lediglich durch kleinere literarische Zusätze den eigenen Intentionen eingepaßt worden sei. Am deutlichsten sei erkennbar, daß Hag und Sach 1-8 der Joel-Schicht bereits schriftlich vorlagen, aber auch Nah und Hab müßten zu weiten Teilen bereits fest formuliert gewesen sein, ehe sie für ihre Aufnahme in das Elfprophetenbuch redaktionell überarbeitet wurden. Zuletzt seien dann noch Jona und Sach 9-14 hinzugekommen, so daß das jetzige Zwölfprophetenbuch entstand.

Die Studie von Nogalski ist ohne Zweifel als ein Meilenstein in der Forschung zu beurteilen. Er hat in eindrucksvoller Breite, Genauigkeit und Behutsamkeit die bisherige literarkritische Forschung im Blick auf die Frage nach schriftenübergreifenden Redaktionsprozessen durchgearbeitet. In hervorragender Weise untersucht er die literarischen Bezugnahmen der Schriften aufeinander. Freilich ist sein Blick gerade an dieser Stelle auch eingeschränkt. Dadurch daß Nogalski vom Verkettungsphänomen ausgeht, spielen Bezüge, die nicht in Schluß- oder Anfangskapiteln vorkommen, nur eine geringe Rolle. Schon F. Delitzsch und U. Cassuto haben aber darauf hingewiesen, daß die Stichwortverbindungen auch an anderen Stellen innerhalb einer Schrift stehen.[58] Ein weiterer Punkt ist, daß Nogalski sich für die Vorgeschichte des "Deuteronomistic Corpus" nicht interessiert. Schließlich wird zu prüfen sein, ob er die Bedeutung des "Joel-related layer" für die Entstehung des Zwölfprophetenbuchs nicht überschätzt.

j) Aus dem Jahr 1994 stammt der Beitrag von R. J. Coggins "The Minor Prophets - one book or twelve?", der, wie schon Paul House, rein synchron vorgeht.[59] Seiner Meinung nach zeigt das Zwölfprophetenbuch den gleichen Aufbau wie Jesaja, Ezechiel und Jeremia (in der Septuaginta-Fassung). Den

---

[58]   F. Delitzsch, (1851) Wann weissagte Obadja?, 92; U. Cassuto, (1973) Sequence and Arrangement, 5. So ist z.B. der Bezug von Hos 14 zu Joel 2 erheblich signifikanter als der zu Joel 1 (vgl. Hos 14,2 und Joel 2,12-13). Beide weisen auch auf Hab 2,20 und Zef 1,7 (הם) hin, die deutlicher aufeinander bezogen sind als Hab 3 und Zef 1.

[59]   R. J. Coggins, (1994) Minor Prophets, 62 sucht nach der Einheit des Zwölfprophetenbuchs "as it stands as a book, of the kind which one expects to read right through, without picking out bits here and omitting others there and shunting still others to some other place."

Gerichtsworten gegen Israel: Hos - Mi, folge ein Abschnitt, der sich haupt-
sächlich gegen die Fremdvölker richtet: Nah, Hab, Zef, und die Ankündigung
der künftigen Restauration Israels bilde dann den Schluß: Hag, Sach, Mal.[60]
Diese drei Teile ständen nicht unverbunden nebeneinander, sondern bildeten
Glieder einer Entwicklung. Coggins zeigt das am Beispiel der Fremdvölker.
Diese erscheinen innerhalb des Abschnitts Hos - Mi als Jahwes Werkzeug,
um Israel zu strafen. Innerhalb von Nah und Hab werden sie dann als Feinde
Jahwes porträtiert, während sie in Hag, Sach und Mal den Frieden garantie-
ren, innerhalb dessen das erneuerte Israel seinen Gott verehren kann.

Gegenüber Coggins gilt grundsätzlich der gleiche Einwand wie gegenüber
House. Seine Beschreibung der Komposition des Endtextes trifft in dieser
Globalität wohl zu, ist aber so abstrakt, daß sie für die Erfassung der spezifi-
schen Aussage des Zwölfprophetenbuchs wenig austrägt. Die beschriebene
Struktur kann man genausogut z.B. auch in Zef alleine finden.[61] Aus meiner
Sicht sind von einem redaktionsgeschichtlichen Vorgehen konkretere Ergeb-
nisse zu erwarten.

k) 1995 erschien der Aufsatz von Jörg Jeremias "Die Anfänge des Dodekapropheton: Hosea und Amos".[62] Er wies nach, daß die Hosea- und die
Amosschrift aufeinander zu redigiert worden sind: So finden sich einerseits
redaktionelle Zusätze in Hos, die Terminologie aus der Amosschrift aufgreifen, andererseits aber auch redaktionelle Verse in Am, die Begriffe und Vorstellungen aus der Hoseaschrift beinhalten. Dies zeige, daß "die Tradenten,
und zwar offensichtlich schon seit der spätvorexilischen Zeit, die Verkündigung beider Propheten aufeinander" bezogen haben.[63] Ihr Ziel war es, der
Leserschaft gegenüber "das Gemeinsame der beiden Prophetenbücher her-
auszustellen."[64]
Innerhalb von Hos geht Jeremias auf Hos 4,15 ein, dessen zweite Hälfte
ein Mischzitat aus Am 4,4; 5,5 und 8,14 darstellt. Ähnliches gelte für Hos

---

[60] R. J. Coggins, (1994) Minor Prophets, 64. Coggins räumt ein, daß das eine sehr globale
      Beschreibung der Gesamtstruktur sei, deshalb sei sie aber nicht gleich unzutreffend.
      Sowohl in Jes, als auch in Ez (z.B. Ez 11,16-21) und Jer (z.B. Jer 3,12-14) gebe es
      ebenfalls Textstücke, die der Globalstruktur widersprechen.
[61] Zef 1,2-2,3: Gerichtsworte gegen Israel; Zef 2,4-3,8: Gerichtsworte gegen Fremdvölker
      (einschließlich Jerusalems); Zef 3,9-20: Antizipation der Restauration Israels.
[62] J. Jeremias, (1996c) Anfänge. Der Aufsatz geht auf einen bereits 1992 gehaltenen Vor-
      trag in Paris zurück, der 1995 erstmals erschien. Für den Wiederabdruck in dem Sam-
      melband J. Jeremias, Hosea und Amos wurde er etwas erweitert.
[63] J. Jeremias, (1996c) Anfänge, 52.
[64] J. Jeremias, (1996c) Anfänge, 52.

8,14, das mit Passagen wie Am 3,9-11 und 6,8 zusammen gehört. Diese leicht herauslösbaren Zusätze setzten einen deutlichen Unterschied zwischen dem Nordreich Israel und Juda voraus. Speziell sei es ihr Anliegen, judäischen Lesern zu verdeutlichen, daß die Schuld Israels vor den judäischen Grenzen nicht Halt gemacht hat. Die von Hosea aufgedeckten Schuldphänomene mögen in Juda nicht in der selben Gestalt begegnen, gleichwohl soll die Leserschaft daran erinnert werden, daß sich Juda gleichartige Verschuldungen gegenüber Gott vorwerfen lassen muß.

Innerhalb der Amosschrift verweist Jeremias auf Stellen wie Am 3,2; 7,9; 2,8; 5,25; 6,8; 1,5. Alle haben sie dies gemeinsam, daß sie hoseanische Themen und Begrifflichkeit benutzen, und zwar auffallender Weise gerade auch an kompositionell hervorgehobenen Stellen. Das bedeutet, daß hoseanische Konzeptionen als Leitkategorien für das Verständnis der Botschaft des Amos dienten, und zwar "anscheinend von allem Anfang an".[65]

Jeremias hat zeigen können, daß schon in den ältesten Stadien der Redaktionsgeschichte des Zwölfprophetenbuchs der redaktionelle Wille am Werk war, die verschiedenen Prophetien als eine stimmige Ganzheit zu verstehen und zu präsentieren. Eindrücklich ist insbesondere, wie herausgearbeitet wird, daß die Tradenten sich nicht mit Verknüpfungstechniken begnügen, die der Sache selbst mehr oder weniger äußerlich bleiben. Sie haben insbesondere die Botschaft des Amos in ihrer Tiefe durchdacht und mit derjenigen Hoseas in ein faszinierendes Gespräch gebracht. Dieses Phänomen verdient ohne Zweifel die weitere Aufmerksamkeit der Exegese.

l) Barry Alan Jones geht in seiner Dissertation "The Formation of the Book of the Twelve: A Study in Text and Canon" von den drei verschiedenen Anordnungsvarianten der handschriftlichen Überlieferung aus (MT, LXX, 4QXII[a]) und versucht, sie für die redaktionsgeschichtliche Thesenbildung zu nutzen. Es fällt ja auf, daß der Umfang des Textbestandes in allen Traditionen fast identisch ist, daß aber hinsichtlich der Reihenfolge Differenzen bestehen. Jones erklärt das mit der Annahme, daß die Abschreiber noch wußten, welche Teile der Sammlung zuletzt hinzugefügt worden waren. Erst "kürzlich" hinzugekommene Schriften konnte man, wenn man denn Gründe dafür hatte, noch umstellen, während die Reihenfolge der Altbestandteile unumstößliche Autorität genoß. Da die Jonaschrift in allen drei Traditionen an verschiedener Position vorkommt, ist sie nach Meinung von Jones die jüngste Schrift, die einem zuvor bestehenden "Book of the Eleven" angehängt wurde. Diese These werde auch von einer Untersuchung der Gattung und der theolo-

---

65   J. Jeremias, (1996c) Anfänge, 53.

gischen Zielrichtung von Jona bestätigt, die Jona in vielfacher Hinsicht als einen Fremdkörper in der Sammlung erweise. Da auch Joel und Obd unterschiedliche Plätze einnehmen, rekonstruiert Jones als älteste Stufe ein "Book of the Nine" ohne Joel und Obd. Weiter zurückreichende Rekonstruktionen erlaubt die handschriftliche Überlieferungslage nicht. Hinsichtlich der Reihenfolge votiert Jones für die ungewöhnliche These, die Plazierung von Joel und Obd nach Mi, wie sie die LXX bietet, sei als ursprünglich anzunehmen, die masoretische Abfolge demgegenüber sekundär.[66] Das stärkste Argument dafür ist sicherlich, daß Joel und Obd lexikalisch und thematisch eng zusammengehören. Mußten sie deshalb aber ursprünglich unmittelbar aufeinander folgen? Mir scheint an dieser Stelle die Widerlegung von Nogalskis These nicht gelungen zu sein, wonach Joel und Obd über Stichwörter an ihrer Position in der masoretischen Anordnung fest verankert sind und deshalb diese die von der Endredaktion intendierte Abfolge sei.[67]

Jones bestreitet grundsätzlich, daß die von Nogalski notierten Stichwortbezüge dazu dienen können, die redaktionell intendierte Reihenfolge der Schriften zu rekonstruieren. Nogalski selbst müsse ja zugeben, daß oft markante Stichwortbeziehungen zwischen Schriften bestehen, die eben nicht unmittelbar aufeinander folgen. Auf der anderen Seite kann auch die LXX-Reihenfolge Stichwortanknüpfungen vorweisen, die denjenigen der masoretischen Abfolge an kohäsiver Kraft nicht grundsätzlich unterlegen scheinen.[68] Ein wichtiges Beispiel in dieser Hinsicht ist Am 9,12. Zum einen argumentiert Jones, daß das Stichwort "Edom", das nach Meinung Nogalskis eine Verbindung zur anschließenden Schrift Obd herstelle, in der LXX-Vorlage gar nicht gestanden habe.[69] Zum anderen biete Joel 4,19 aber den Begriff "Edom" und damit einen

---

66 Für die Annahme, daß der griechische Übersetzer die vom MT abweichende Reihenfolge aus seiner hebräischen Vorlage übernommen hat, stützt sich Jones auf E. Tov, (1987) Sequence, der für einige Stellen, an denen die LXX-Anordnung von der masoretischen abweicht (z.B. Jos 8,30-35; 1 Kön 8,12-13; Num 10,34-36; Jer 23,7-8) eine hebräische Vorlage postuliert. Besonders einleuchtend ist der Fall von Num 10,34-36, weil in diesem Fall die Zweifelhaftigkeit der masoretischen Textabfolge in der hebräischen Abschreibtradition durch die invertierten Nuns angezeigt wird. In einigen Fällen ist sehr deutlich, daß die LXX-Anordnung der jeweiligen Endredaktion besser entspricht. Ein überzeugendes Beispiel stellt die Position der Fremdvölkersprüche in Jer dar. Die LXX, die diese nach Jer 25,13 einordnet, repräsentiert sehr wahrscheinlich die ursprüngliche Reihenfolge. Das muß freilich nicht bedeuten, daß das in allen Fällen so ist.

67 B. A. Jones, (1995) Formation, 175-213.

68 Auch E. Ben Zvi, (1996b) Twelve, 142, betont, daß die Stichworte rein zufällig in den behandelten Textpassagen vorkommen können. Die Widerlegung der Beweiskraft der von Nogalski namhaft gemachten Stichwortbezüge schließt jedoch nicht aus, daß diese Stichworte dann ins Auge stechen, wenn man aus anderen Gründen, z.B. auf Grund der sachlichen Bezogenheit, schriftenübergreifende Zusammenhänge herstellen will.

69 B. A. Jones, (1995) Formation, 175-191.

Stichwortanschluß zur in der LXX unmittelbar folgenden Obadjaschrift. Das
sei nur eines von mehreren Indizien, die für die Ursprünglichkeit der LXX-
Ordnung sprächen. Jones hat m.E. mit Recht darauf hingewiesen, daß das von
Nogalski besonders betonte Stichwortverkettungsphänomen nicht überschätzt
werden darf. Einerseits können selbst seltene Worte zufällig nahe beieinander
vorkommen und andererseits bestimmen thematische Bezüge und sachlogische
Erfordernisse stärker die Textfolge als Wortwiederholungen. Aber auch Jones
kann für seinen Gegenvorschlag, die LXX-Ordnung für ursprünglich zu er-
achten, auf keine anderen Arten von Indizien verweisen als Nogalski. Es bleibt
also nur das sorgfältige Abwägen im Einzelfall. Unternimmt man dies, so hat
Nogalski aus meiner Sicht die stärkeren Argumente auf seiner Seite. Daß, um
ein Beispiel zu nennen, fast alle Abweichungen, die Obd von seiner Vorlage in
Jer 49 aufweist, Vokabular und Thematik aus Am 9 aufgreifen, deutet doch
sehr darauf hin, daß Obd ganz bewußt nach Am 9 zu stehen kommen sollte.[70]

Es ist das Verdienst von Jones, auf den argumentativen Wert der handschriftlichen Überlieferung hingewiesen zu haben.[71] Wichtig ist die Einsicht,
daß die Reihenfolge, egal in welcher Tradition, nicht einfach beliebig war.
Sie muß deshalb für die Interpretation der Einzelschriften herangezogen werden. Auch die These, die Jonaschrift sei zu allerletzt zugefügt worden, ist
überlegenswert. Die enge redaktionsgeschichtliche Zusammengehörigkeit der
Joel- und der Obadjaschrift kann Jones weiter erhärten. Das Plädoyer für die
Ursprünglichkeit der LXX-Reihenfolge kann jedoch nicht voll überzeugen.

m) So sehr die einzelnen erarbeiteten Modelle auch methodisch und in den
Ergebnissen differieren, so kann es doch kaum mehr einem Zweifel unterliegen, daß das Zwölfprophetenbuch eine bewußt gestaltete, redaktionelle
Großeinheit darstellt. Rein synchrone Analysen, wie die von House, Coggins,
zum Teil auch Collins, stehen in der Gefahr, zusammen mit der literargeschichtlichen Tiefendimension des Endtextes auch dessen spezifisches Profil
zu verlieren. Sowohl bei House, als auch bei Coggins zeigt sich, daß Diffe-

---

[70] J. Nogalski, (1993b) processes, 61-74. B. A. Jones, (1995) Formation, 211-212 geht
über die detaillierten Ausführungen von Nogalski doch etwas leichtfertig hinweg, wenn
er einfach feststellt: "Even if Nogalski's conclusion is correct, however, that Obadiah
has been shaped redactionally under the influence of Amos 9, again this may explain
but does not *require* the arrangement of Amos and Obadiah in the MT Book of the
Twelve. One should not be surprised that a relatively late book such as Obadiah has
been influenced by the Book of Amos." Hier fordert Jones von Nogalski ein Grad an
Wahrscheinlichkeit, den nicht nur sein eigener Vorschlag nicht beanspruchen kann. Es
fragt sich vielmehr, ob man dann überhaupt erkennen kann, welche Reihenfolge die
Endredaktion im Sinn hatte.

[71] Für eine erneute Durchsicht der handschriftlichen Überlieferung plädiert auch O. H.
Steck, (1996) Prophetenbücher, 18-19.

renzen zwischen einzelnen Schriften heruntergespielt werden, um die Kohärenz des Ganzen stärker zur Geltung zu bringen. Was auf der anderen Seite die vorgelegten redaktionsgeschichtlichen Modelle, vor allem von Wolfe, Nogalski und Jeremias angeht, so müssen diese weiter geprüft, verfeinert und gegebenenfalls modifiziert werden. Besonders dieser Aufgabe werde ich mich zuwenden.

1.3. Die redaktionsgeschichtliche Fragestellung

a) Das Zwölfprophetenbuch läßt so explizit wie kein anderes Buch des AT erkennen, daß es nicht von einem Autor zu einer bestimmten Zeit verfaßt wurde, sondern Äußerungen ganz verschiedener Personen zu ganz verschiedenen Zeiten kombiniert.[72] Dies machen insbesondere die Schriftanfänge deutlich. Im Sinne des Endtextes soll eine, wenn auch kaum vollständige, Geschichte der Prophetie in Israel geboten werden, von ihrem Beginn mit Hosea (Hos 1,2) bis zu ihrem Ende (Sach 13).[73] Nur im Modus temporaler Abfolge, innerhalb derer die einzelnen Gestalten auf den Auftritten der früheren aufbauen, ist das Wesen der Prophetie dieses Buches darstellbar. Die historisch-kritische Forschung hat allerdings deutlich gemacht, daß diese Selbstpräsentation eine erhebliche Vereinfachung der tatsächlichen Vorgänge darstellt. Weder stimmt der von den Überschriften erweckte Eindruck, daß eine Schrift jeweils von einem Autor stamme, noch die Meinung, daß die Autoren/Redaktoren immer nur im Rahmen einer einzigen Schrift operiert hätten. Rein synchrone Ansätze, wie der von House, sind dadurch nicht ausgeschlossen, sie sollten sich aber bemühen, für redaktionsgeschichtliche Fragestellungen anschlußfähig zu bleiben.[74] Umgekehrt sollten redaktionsgeschichtliche Studien nicht aus dem Auge verlieren, daß am Ende des literarischen Prozesses ein Endtext steht, der von den antiken Lesern als kanoni-

---

72   Darin unterscheidet sich das Zwölfprophetenbuch von den anderen Prophetenbüchern. Die Vielzahl der namentlich genannten Propheten war ja, verständlicher Weise, auch der Grund dafür, daß es in der Exegese vielfach gar nicht als eine Einheit verstanden worden ist.

73   R. Rendtorff, (1988) Das Alte Testament, 227: "Die Anordnung der einzelnen Bücher innerhalb dieser Sammlung wird im Talmud ausdrücklich als zeitliche Reihenfolge erklärt, indem Hos 1,2 so verstanden wird, daß Gott *zuerst* mit Hosea geredet habe."

74   Diese Forderung erfüllen Collins und van Leeuwen besser als House. Bei letzterem hat man statt dessen den Eindruck, daß für seine Weise großflächiger Lektüre nahezu alle Kohärenzstörungen als mehr oder weniger tolerierbar erscheinen und deshalb vernachlässigt werden.

scher Text gebraucht werden konnte.[75] Dazu gehört auch, daß man stärker als
das bisher geschah, das Prophetenbuch als bewußt gestaltete redaktionelle
Großeinheit begreift. Die Einzellogien fungieren in ihrem und für ihren
Kontext, entfalten ihren kanonischen oder gelegentlich überhaupt einen Sinn
nur, wenn man auf ihren Ort innerhalb der schriftenübergreifenden Globalstrukturen achtet.[76] Um die Globalstrukturen zu erkennen, bedarf es nicht
selten eines dafür sensibilisierten Blicks, da die Redaktoren in den Textbestand der Einzellogien oft nicht oder nur sehr subtil eingegriffen haben. Die
Eigenart des überlieferten Materials blieb so oft weitgehend erhalten. Im
Rahmen dieser Arbeit drängt sich eher der Eindruck auf, daß der Endtext des
Zwölfprophetenbuchs für das antike Israel gar nicht in einem vordergründig
literarischen Sinn als kohärente Einheit gedacht war. Vielmehr scheinen verschiedene Positionen, zum Teil sogar einander ausschließende, zusammengestellt worden zu sein. Dabei waren sich die Redaktoren zum Teil wohl siche-
rer, *daß* die zusammengestellten Prophetien zusammengedacht werden müssen, um die Art und Weise der Präsenz des Gottes Israels in der Geschichte
vollständig zu reflektieren, als daß sie angeben konnten, *wie* denn das konkret zu vollziehen sei. Sie muteten ihren Lesern zu, Spannungen und andere
Kohärenzstörungen nicht nur in Kauf zu nehmen, sondern als hermeneutische
Herausforderung und als Hinweis auf die menschliches Begreifen transzen-
dierende Wirklichkeit Gottes zu begreifen.

b) Die hier gewählte redaktionsgeschichtliche Fragestellung konzentriert
sich auf das *literarische* Wachstum der Prophetenschriften. Eine Rekonstruktion der mündlichen Verkündigung der Propheten, unter deren Namen
die Schriften überliefert sind, ist nicht intendiert.[77] Im Gegenteil, die vorlie-

---

[75]   B. S. Childs, (1979) Introduction, 74 insistiert auf diesem Aspekt in Abgrenzung gegen
"newer literary critical methods."
[76]   Sehr engagiert und detailliert hat O. H. Steck, (1996) Prophetenbücher dies wieder ins
Bewußtsein gehoben.
[77]   Es sei an dieser Stelle darauf hingewiesen, daß in vielen Fällen die älteste literarkritisch
rekonstruierbare Fassung einer Prophetenschrift die mündliche Verkündigung eines
Propheten zutreffend widerspiegeln mag, daß aber andererseits die Kluft zwischen
mündlicher Verkündigung und schriftlicher Fassung nicht vernachlässigt werden darf.
Daß der Übergang der prophetischen Worte in das Medium der Schriftlichkeit ein star-
ker Einschnitt und erklärungsbedürftiger Sachverhalt ist, wird in der letzten Zeit immer
deutlicher gesehen. Schon G. von Rad, (1962) Theologie Bd. 2, 52-58 hat diesem Phänomen ausführliche Reflexionen gewidmet. Vgl. auch B. S. Childs, (1979) Introduction,
378: "Hosea's words were recorded in some form and gathered into a collection. This
process of collection in itself involved a critical activity of selecting, shaping, and ordering of the material." Weitere Arbeiten, die in die gleiche Richtung zielen, sind etwa

gende Studie legt das Hauptgewicht auf die sekundären Passagen und würdigt deren Rolle für die Weitergabe und das Neuverständnis der prophetischen Botschaft.[78] Daß es die Redaktoren waren, die immer wieder die prophetische Botschaft vergangener Jahrhunderte für neue Generationen hermeneutisch aufgeschlossen und damit die Kanonisierung vorangetrieben haben, hat besonders qualifiziert und nachdrücklich Brevard Childs mit seinem "canonical approach" betont.[79] Seine grundlegenden methodologischen und

---

C. Hardmeier, (1983) Verkündigung und Schrift bei Jesaja; R. P. Carroll, (1983) Poets not Profets; G. A. Yee, (1987) Composition, 35-50; O. H. Steck, (1996) Prophetenbücher; J. Jeremias, (1996d) "Ich bin wie ein Löwe für Ephraim ...", 106: "Es liegt auf der Hand, daß auch in Israel nur ein verschwindend kleiner Prozentsatz je ausgesprochener Prophetenworte in diesen Prozeß der Überlieferung aufgenommen wurde. Überlieferung war immer auch ein Ausleseprozeß. So wird man sich vorzustellen haben, daß etwa die Worte der großen klassischen Propheten – die von der Mehrzahl ihrer Zeitgenossen abgelehnt wurden, wie uns viele ihrer polemischen Sätze zeigen – erst nach dem Zusammenbruch des Staates, den sie ankündigten, als Lebenshilfe für weite Schichten des Volkes breit überliefert wurden, weil sie sich als wahr erwiesen hatten, während sie zuvor nur in kleinen Kreisen von Anhängern und Schülern am Leben erhalten wurden." In seinem Aufsatz "Das Proprium der alttestamentlichen Prophetie" (1996g) arbeitet J. Jeremias heraus, daß es die Redaktoren waren, die an der mündlichen Verkündigung der Propheten deren Allgemeingültigkeit entdeckt und deshalb ausgewählte Teile daraus in Literatur überführt haben, die auch künftigen Generationen zur Verfügung stehen sollte. Diese Literaturwerdung unterscheidet das Phänomen der alttestamentlichen Prophetie am markantesten von den aus dem Alten Orient (besonders in Mari) bekannten Erscheinungen von Prophetie.

[78] Über die Phase der Abwertung der sekundären Partien als epigonal, mechanisch, literarisch-künstlerisch oder theologisch minderwertig sind wir heute hinweg. Auch die besonders im 19. Jh. beliebte Entgegensetzung von genialem Einzelnen und unverständigen Zeitgenossen hat als Paradigma alle Überzeugungskraft verloren. Heute können wir die Prophetengestalten nicht mehr aus ihrem sozialen Umfeld isolieren. Dies hat F. Deist, (1989) prophets: are we heading for a paradigm switch?, zur heutigen Forschungslage zu Recht festgehalten. Vgl. auch E. Gerstenberger, (1989) "Gemeindebildung" in Prophetenbüchern?, 45: "Die Weitergabe auch von heiligen Traditionen kann nicht nur als 'Empfangen' und 'Bewahren' gedacht werden, sie ist immer schon ein aktiver, und das heißt selbstverständlich ein kreativer Aneignungsvorgang." O. H. Steck, (1996) Prophetenbücher, 123: "Originalität ist für die Frage ursprünglicher prophetischer Logien nach dem gegenwärtigen Forschungsstand, ..., freilich kein auschlaggebendes Kriterium mehr; auch Tradenten formulieren originell in der freien Explikation ihrer Textvorgaben."

[79] Bahnbrechend in dieser Hinsicht war sein Buch "Introduction to the Old Testament as Scripture" (1979). Ich teile Childs' Unbehagen, den von ihm propagierten "canonical approach" als einen neuen Methodenschritt "canonical criticism" zu klassifizieren (B. S. Childs, (1979) Introduction, 82). Viel eher geht es um ein gewandeltes literargeschichtliches Paradigma und damit einhergehend eine Interessenverschiebung innerhalb *aller* Methodenschritte, besonders jedoch der Redaktionsgeschichte.

hermeneutischen Vorstöße gehören heute zum Konsens.[80] Die Propheten-schriften werden in ihrer Endgestalt nicht so sehr als mehr oder weniger zu-treffende Beschreibung der Verkündigung eines Propheten verstanden, son-dern als Niederschlag eines sich durch die Jahrhunderte erstreckenden Re-daktionsprozesses. Die mündliche Verkündigung des Propheten bildete le-diglich eine Art Initialzündung. Die jeweiligen redaktionellen Bearbeitungs-prozesse müssen dieser gegenüber als gleichwertige, produktive Akte begrif-fen werden.[81] Die redaktionelle Bearbeitung hat immer zwei Seiten: Zum ei-nen geht es für die Redaktoren darum, zu verstehen, was ihnen an Material vorlag, zum anderen darum, das Vorliegende neuen prophetischen Ge-schichts- und Gotteserfahrungen anzupassen. Im Redaktionsprozeß liegen also Rezeption des Vorgegebenen und Neuproduktion von Texten ineinan-der.[82]

c) Die Art und Weise der Rezeption verdient noch einige Bemerkungen. Isaac L. Seeligmann hat auf einen Aspekt der Tradierung der Prophetenworte

---

[80]   Die neue Lage wird sehr eingehend durchdacht von O. H. Steck, (1996) Prophetenbü-cher.

[81]   Darauf wurde in der literarkritischen Forschung auch gelegentlich explizit hingewiesen. Es wurden verschiedene Begriffe vorgeschlagen, um die spezifische Leistung der Re-daktoren, und zwar gerade der Prophetenbücher, zu benennen. H. W. Hertzberg, (1936) Nachgeschichte alttestamentlicher Texte, gebrauchte den ziemlich neutralen Begriff "Nachgeschichte" (111: "Es gibt eine Nachgeschichte, wie es eine Vorgeschichte gibt."). Ihm ging es um die kleinen, oft als unbedeutend abgetanen "Zusätze, Glossen und Textfehler" (112), die gleichwohl erkennen lassen, wie ein Text ausgelegt wurde, welche Wirkung er also entfaltet hat (120-121). G. von Rad, (1962) Theologie Bd. 2, 59 spricht von "Umprägung der alten Botschaft", zu der sich die Redaktoren "ermächtigt" wissen. W. Zimmerli, (1980) Fortschreibung, benutzt den Begriff "Fortschreibung". Seine Textbasis sind Ezechieltexte, z.B. Zukunftsansagen, die unter dem Eindruck ihrer geschichtlichen Verwirklichung erweitert wurden (181), oder Strafankündigungen, de-nen nach ihrem Eintreffen Verheißungsworte entgegengesetzt wurden (187). Den Be-griff der Fortschreibung hat auch O. H. Steck, (1991) Abschluß, aufgegriffen. Die theologischen Implikationen der verschiedenen Begriffe und Modelle diskutiert B. S. Childs, (1996) Retrospective.

[82]   Beide Seiten sind festzuhalten; vgl. H.-J. Hermisson, (1981) Zeitbezug des propheti-schen Wortes. Die letzten Beiträge zum Thema betonen, dem allgemeinen literaturwis-senschaftlichen Trend entsprechend, stärker die Seite der Rezeption; so etwa G. T. Sheppard, (1982) Canonization; K. Koch, (1991) Rezeptionsgeschichte; C. Dohmen, (1987) Rezeptionsforschung und Glaubensgeschichte; O. H. Steck, (1996) Propheten-bücher, 127-204 der den hermeneutischen Faktoren, die diesen Rezeptionsprozeß ge-steuert haben, unter dem Titel "Prophetische Prophetenauslegung" bisher wohl am in-tensivsten nachgegangen ist. Zugleich wird darauf hingewiesen, daß Rezeption kein passiver Vorgang ist, sondern an der Erstellung des, oder besser: eines Sinnes des Tex-tes mitwirkt.

hingewiesen, den er "Adaption" nannte: "Ein späteres Geschlecht begnügt sich nicht mit der Übernahme des alten Wortes, sondern ändert den Sinn – seltener auch den Wortlaut – desselben, um es dem Denken und Fühlen einer neuen Zeit an zu passen."[83] Es geht darum, daß ein Text seinen Sinn ändern kann, ohne daß er im Wortlaut verändert wird.[84] Da der Textsinn erst durch das Rezipieren realisiert wird, wird der Sinn neu konstituiert, sobald sich die Leseperspektive verändert. Dies kann auf dreierlei Weise geschehen. *Erstens* kann sich im Lauf der Zeit der Sprachgebrauch wandeln, so daß die gleichen Worte eine neue Bedeutung erhalten. Ein Beispiel ist der Name "Israel" innerhalb der Amosschrift. Bezeichnete er im Sprachgebrauch des historischen Propheten und seiner ersten Tradenten ausschließlich das Nordreich, so referierte er seit exilischer Zeit auf das Südreich. Auf diese Weise bekamen die Anklagen des Amos eine von diesem nie intendierte Reichweite. *Zweitens* kann sich der Kontext ändern, in den ein Text eingebettet ist. Nehmen wir Am 5,5-6 als ein Beispiel. Die Antithese: "Sucht nicht Bet-El!", aber "Sucht Jahwe!" ist auf dem Hintergrund von Am 4,1-5 so zu verstehen, daß sich in Bet-El ein Kult vollzieht, der sündig ist, weil er Unrecht gegenüber Schwachen verschleiert, statt zur Solidarität mit ihnen anzuleiten. Durch die Voranstellung des sekundären Mottoverses Am 1,2 gewinnt die Stelle jedoch einen anderen Sinn. Nach Am 1,2 ist Jahwe auf dem Zion präsent und folglich auch dort zu verehren! Wer Jahwe suchen will, muß also zum Zion pilgern. Bet-El soll man deshalb nicht suchen, weil dort Jahwe gar nicht präsent ist.[85] Diese kontextuelle Veränderung des Textsinnes weist schon auf die *drittens* zu nennende konzeptionelle Veränderung hin. Ändert sich das hermeneutische Gesamtkonzept, in das die spezifische Textaussage eingeordnet wird, so ver-

---

83 I. L. Seeligmann, (1953) Voraussetzungen der Midraschexegese, 167-168. G. von Rad, (1962) Theologie Bd. 2, 60-61 hat diesen Begriff Seeligmanns positiv aufgenommen. Seeligmanns Formulierung klingt, als wäre die Sinnänderung immer ein von den Späteren bewußt vorgenommener Akt. Dies dürfte in vielen Fällen jedoch nicht der Fall sein. Darauf weist O. H. Steck, (1996) Prophetenbücher, 160 hin: "was wir historisch fragend als spätere und verändernd-neue Aussage der Tradenten erkennen, ist für diese selbst sachlich gar kein anderes und gegenüber der überkommenen Überlieferung als solches neues Wort; es verschmilzt im selben Buch ja mit dem Überkommenen zu einem nach wie vor gültigen Ganzen".

84 K. Koch, (1991) Rezeptionsgeschichte, 223-224; O. H. Steck, (1996) Prophetenbücher, spricht etwa von "Relecture" und untersucht in diesem Zusammenhang verschiedene literarische Techniken (sehr schön etwa 159-160 zu den verschiedenen Identifikationen des Ebed-Jahwe); am Beispiel der Amosvisionen demonstriert J. Jeremias, (1997) Rezeptionsprozesse den Vorgang.

85 So interpretiert völlig zu Recht K. Koch, (1974) Rolle, 531-532 mit Anm. 105 das Verhältnis von Am 1,2 und Am 5,5-6.

ändert sich ebenfalls ihr Sinn. Wieder ein Beispiel: Am 2,7-8. Für den historischen Propheten und seine Tradenten sind die genannten Anklagen Ausdruck der Dekadenz und der Entsolidarisierung der Gesellschaft. Für die
deuteronomistische Redaktion, die in die Verse selbst nicht eingegriffen hat,
handelt es sich dagegen um eine Mißachtung von Buchstabe und Sinn der in
Israel herrschenden Gesetze.[86] Der Sinn, die Stoßrichtung des Textes ändert
sich allein dadurch, daß die Textaussage in eine andere Konzeption von Prophetie eingepaßt wird.[87] Spätere Leser haben also die Texte nicht mehr in ihrer ursprünglichen Aussageintention rezipiert, sondern im Rahmen ihrer eigenen Konzeption davon, was Prophetie ist und leistet.[88] Auf diesen Aspekt
gilt es bei der Interpretation der redaktionellen Zufügungen zu achten.

d) Ein Text muß sukzessiv, von vorne nach hinten fortschreitend gelesen
werden. Dies ist eine besonders am Beispiel der Erzählung unmittelbar ein-
leuchtende Regel.[89] Man darf bei der Interpretation einer Textstelle nur solche Informationen voraussetzen, die bis dahin im Text auch gegeben wurden.
Nur so setzt man sich z.B. der von einer Erzählung aufgebauten Spannung
aus. Grundsätzlich ist das auch bei poetischen Texten nicht anders. Es war

---

[86] Für diese Leseperspektive weist Am 2,8 auf die Mißachtung des Verbots der Mantel-
pfändung über Nacht (Ex 22,25-26) hin.

[87] Wenn ich G. T. Sheppard, (1982) Canonization, richtig verstanden habe, versucht er mit
seinem Begriff "hermeneutical construct" genau solche Prozesse zu benennen. Noch ein
weiteres Beispiel von I. L. Seeligmann, (1953) Voraussetzungen der Midraschexegese,
173: "Eine gleichartig adaptive Auswirkung auf die Textdeutung hat auch das Verlangen nach dem Messias. Für die nachexilische Zeit – vielleicht schon früher – lässt sich
das Streben verfolgen in Texten, die im ursprünglichen Zusammenhang von dem König
reden, den Messias zurück zu finden. So heisst es Ps 72,8 vom König in einer dem
babylonischen Hofstil entlehnten Formulierung, Er herrsche vom Meer zu Meer, vom
grossen Strom bis zu den Enden der Erde; die Aussage wird Sach 9,10 wortwörtlich auf
den Messias übertragen."

[88] G. von Rad, (1962) Theologie Bd. 2, 61.

[89] Wie wichtig diese lineare Struktur des Leseprozesses z.B. für das Verständnis von Jona
ist, hat K. M. Craig, (1990) Jonah and the Reading Process, gezeigt. Vgl. auch E. S.
Malbon, (1993) Echoes and Foreshadowings, 212: "Reader response critics have made
narrative critics more aware of the temporality of the reading experience. One reads
Mark 1:1, then 1:2, and so on until 16:8. Some reader response critics of the Gospels
attempt to comment from the point of view of the first-time reader, although, of course,
such reader response critics are not themselves first-time readers. ... But since most real
readers of the Gospel are rereaders, here we will ask (briefly) how the experience of rereading affects apprehension of echoes and foreshadowings. We will even consider
whether the *implied* reader of Mark is a rereader!" Vgl. auch E. Ben Zvi, (1996a) Obadiah, 4: "One also has to take into account that prophetic books were texts written to be
read again and again."

insbesondere die Gattungsforschung mit ihrer Konzentration auf die kleinen Einheiten, die den Eindruck entstehen ließ, eine solche Lektüreweise sei für prophetische Schriften unangebracht. Jeder Spruch sei eine in sich abgeschlossene Einheit (z.B. Drohwort, Mahnwort, Scheltwort, parodiertes Leichenlied usw.). Die Leserschaft müßte deshalb versuchen, die einzelne formale Einheit als in ihrer originalen Kommunikationssituation gesprochen zu imaginieren.[90] Da jede Einheit selbstgenügsam sei, käme der Anordnung der Sprüche nur eine äußerliche Bedeutung zu. Man kann im Grunde mit der Lektüre einsetzen und aufhören, wo man will, solange man die Grenzen der kleinen Einheiten nicht mißachtet. Viele neuere Forschungen haben jedoch gezeigt, daß die Abfolge der Sprüche innerhalb einer Schrift nicht bedeutungslos ist, sondern sich bewußter Gestaltung verdankt. Um einen Spruch im Sinne der Redaktoren zu verstehen, muß man deshalb auch seinen Ort in der Gesamtstruktur einer Schrift mit berücksichtigen.

Gilt die Leserichtung "von vorne sukzessiv nach hinten" für die einzelne Prophetenschrift, so sollte das auch für das Zwölfprophetenbuch gelten, insbesondere deshalb, weil die Überschriften dem Ganzen ein narratives Grundgerüst geben.[91] Daraus folgt z.B., daß man beim Lesen von Am bereits auf die Kenntnis von Hos und Joel zurückgreifen kann, zu diesem Zeitpunkt aber erst eine unspezifische Erwartung bezüglich dessen hat, was etwa in Mi und Hag noch kommen müßte.[92] Darauf, daß man bereits in den ersten Jahrhunderten n.Chr. das Zwölfprophetenbuch in diesem Sinne fortlaufend las, können zwei Beispiele hindeuten.

(a) Pirke de Rabbi Eliezer, Kap. 43 charakterisiert die Reue der Einwohner Ninives aufgrund der Umkehrpredigt Jonas als vorübergehend: "For forty

---

[90]   Berühmt ist das Votum von H. Gunkel, (1915) Einleitungen, XXXVIII: "Die Propheten sind ursprünglich nicht Schriftsteller, sondern *Redner* gewesen. Wer beim Leser ihrer Schriften an Tinte und Papier denkt, hat von Anfang an verspielt. ... Nicht als Teile der Bibel lese er ihre Worte, sondern er versuche es, sie mitten in das Volksleben Israels hineinzusetzen, in dem sie einst gesprochen worden sind. Da steht der Prophet im Vorhof des Tempels; rings um ihn her die Männer Judas, die zu feierlichem Gottesdienst nach Jerusalem gekommen sind." In diesem Bereich haben auch die Dodekapropheton-Kommentare von H. W. Wolff ihre besondere Stärke.

[91]   So zu Recht T. Collins, (1993) Mantle of Elijah, 65: "the different sections of *The Twelve* are carefully welded together. They supplement one another in a way that only becomes evident when we read them through from start to finish as a single work." Ganz ähnlich R. J. Coggins, (1994) Minor Prophets, 62 "... to read right through, without picking out bits here and omitting others there ...".

[92]   Sowohl Hos als auch Joel enthalten Zukunftsankündigungen, und zwar sowohl negativer als auch positiver Art. Die Leserschaft kann erwarten, daß in irgendeiner Weise im weiteren Verlauf des Buches darauf noch einmal Bezug genommen wird.

years was the Holy One, blessed be¹ He, slow to anger with them, corresponding to the forty days during which He had sent Jonah. After forty years they returned to their many evil deeds, more so than their former ones, and they were swallowed up like the dead, in the lowest Sheol, as it is said, 'Out of the city of the dead they groan' (Job xxiv.12)."[93] Diese Interpretation ist nur dann recht verständlich, wenn man das Problem sieht, das sich ergibt, wenn man das Zwölfprophetenbuch von vorne bis hinten in der Erwartung liest, einen sachlich kohärenten Gedankengang präsentiert zu bekommen. Erst auf diesem Hintergrund entsteht die Frage: Wie kommt es, daß Ninive in der Jonaschrift die eindrucksvollste Reue an den Tag legt, die je ein Volk (einschließlich Israels!) vollzogen hat, Nahum dagegen Ninive wieder schonungslos anklagt? Die Positionen beider Schriften lassen sich nicht vereinen. Dieses Problem lösen Pirke de Rabbi Eliezer durch die Annahme, daß sich Ninive innerhalb der Zeitspanne, die zwischen dem Auftreten Jonas und Nahums lag, so sehr zum Negativen hin verändert hat, daß eine weitere Chance zur Umkehr nicht mehr möglich war. Darum redet Nahum nicht mehr von Umkehr, sondern kündigt die Vernichtung Ninives an.

(b) Das gleiche Problem hat wohl auch Josephus beschäftigt und zu einer entscheidenden Veränderung der Darstellung des Zwölfprophetenbuchs gebracht.[94] In seiner Darstellung Jonas läßt er die Reue der Einwohner Ninives einfach weg und verschweigt ebenso die Frist von 40 Tagen. Jona wird dargestellt, als habe er für eine unbestimmte Zukunft den Untergang Ninives angekündigt.[95] Nahum hätte diese Botschaft des Jona dann später aufgegriffen und ausgebaut (9.Buch, 11.Kap., 3.Abschnitt). Beide Propheten hätten mit ihrer Untergangsankündigung schließlich Recht behalten und sich als wahre Propheten erwiesen. Die Leserschaft soll darüber staunen, daß die biblischen Propheten ein Ereignis bereits so lange vorher angekündigt haben. Josephus hat einen Zusammenhang geschaffen, der das Problem des Verhältnisses von Jona und Nahum löst, mußte aber dazu wesentliche Teile der Jonaschrift verschweigen.

Beide Beispiele machen klar, daß auch das Zwölfprophetenbuch bereits in der Antike fortlaufend von vorne nach hinten gelesen wurde, und zwar mit der Erwartung, einen kohärenten Gedankengang präsentiert zu bekommen. Zugleich zeigt sich, wie schwer eine spannungsfreie Lektüre dieses Buches schon unter den Bedingungen vormoderner Hermeneutik gewesen ist.

---

[93]   Übersetzung G. Friedlander, (1970) Pirke de Rabbi Eliezer, 343.
[94]   Jüdische Altertümer, 9.Buch 10.Kapitel 2.Abschnitt.
[95]   Diese Sicht der Jonaschrift findet sich auch schon in Tobit 14,4.8.

e) Ein weiteres Merkmal des Leseprozesses verdient genannt zu werden. Wenn das Zwölfprophetenbuch als ein in sich geschlossenes Buch gemeint war, dann ist davon auszugehen, daß es auch als ein in sich geschlossener Verweiszusammenhang begriffen werden soll. Die Leserschaft liest z.b. nicht gleichzeitig andere Prophetenschriften außerhalb dieses Korpus. Sie wechsel nicht vom Zwölfprophetenbuch nach Jesaja, um danach wieder weiterzulesen und bei Gelegenheit in das Ezechielbuch hineinzublättern. Daraus folgt, daß Querverweise innerhalb des Zwölfprophetenbuchs interpretativen Vorrang haben vor Querbezügen zu Schriften außerhalb des Zwölfprophetenbuchs. So werden Rückbezüge von Obd auf Joel (z.b. Obd 1,17 auf Joel 3,5) als buchstrukturierende Absicht wahrgenommen. Die insgesamt viel signifikanteren Bezüge von Obd 1,1b-4 zu Jer 49,14-16 sind demgegenüber von anderer Art, da sie außerhalb des Buches liegen.[96]

1.4. Zum weiteren Vorgehen

Jede redaktionsgeschichtliche Arbeit am Zwölfprophetenbuch steht vor dem Problem der Auswahl aus dem umfangreichen Textbestand. Ich habe für die Literarkritik einen zweifachen Zugang gewählt. *Erstens* untersuche ich die Schriftanfänge. Sie erheben nicht den Anspruch vom Propheten selber zu stammen und dienen der Verhältnisbestimmung der Schriften untereinander. Wie sich zeigen wird, können die verschiedenen Typen der Anfänge für die redaktionsgeschichtliche Thesenbildung herangezogen werden. Mein Eindruck ist, daß es der Auseinandersetzung mit der hier vorgelegten Arbeit dienlich ist, wenn *zweitens* die literarkritische Analyse wenigstens einer Schrift des Zwölfprophetenbuchs präsentiert wird. Ich habe dafür die Amosschrift gewählt. Sie ist textlich gut erhalten und pflegt in poetischer Hinsicht einen klaren Stil. Der literarkritischen Analyse setzt sie weniger Probleme entgegen als viele andere Schriften. Zudem geht sie auf den ältesten bekannten Schriftpropheten zurückgeht. Das läßt sie besonders für die Frage nach den frühesten schriftenübergreifenden Redaktionsprozessen innerhalb des Zwölfprophetenbuchs, denen mein Hauptaugenmerk gelten soll, als relevant erscheinen. Darüber hinaus ist Amos für viele der späteren Propheten und Propheten-Redaktionen von zentraler Wichtigkeit gewesen, was die Aufnahme amosischer Themen in späteren Schriften beweist. Man denke nur an die Erwartung des "Tages Jahwes" (Am 5,18-20; vgl. z.B. Zef 1,14; Joel; Mal

---

[96] Dieses Prinzip wird meistens stillschweigend vorausgesetzt, wenn nach dem Ort eines Textes in einem Buch gefragt wird.

3,23) oder an das "Vielleicht" aus Am 5,15, mit dem Amos ein göttliches Eingreifen zu Gunsten Israels im Falle einer Umkehr unter göttlichen Vorbehalt stellt (vgl. Zef 2,3; Joel 2,14).

Auf der Basis der Analyse der Amosschrift wird eine relative Datierung der literarischen Schichten vorgenommen. Von der ältesten zur jüngsten Schicht fortschreitend, frage ich dann danach, ob sich lexikalische und thematische Querbezüge finden lassen, die die jeweilige Amosschrift in ein Mehrprophetenbuch einbinden. Dabei wird versucht zu zeigen, daß die im Rahmen der Analyse der Überschriften aufgestellten Thesen mit denen harmonieren, die durch die Analyse der Amosschrift gewonnen wurden. Es bewährt sich die im Grundsatz in der bisherigen Forschung immer wieder bestätigte These, daß das Zwölfprophetenbuch durch die sukzessive Erweiterung von kleineren Schriftensammlungen entstanden ist. Jede der Redaktionsstufen der Amosschrift steht mit einer entsprechenden Erweiterung des jeweiligen Mehrprophetenbuches in Zusammenhang. Wird die Amosschrift aus dieser Einbindung herausgeschnitten und isoliert interpretiert, so muß man sich darüber klar sein, daß eine solche Betrachtungsweise den Absichten der Redaktoren nicht entspricht. Dabei kann die Einbindung in eine Sammlung die Intentionen der isoliert gelesenen Amosschrift noch verstärken, aber auch modifizieren oder sogar konterkarieren.

2. Die Anfänge der Zwölfprophetenbuch-Schriften

2.1. Die Überschriften

Das grundlegendste Gliederungssystem des Zwölfprophetenbuchs ist zweifellos die Unterteilung in zwölf Schriften.[1] Dieser Tatbestand ist so selbstverständlich, daß er meistens nicht eigens thematisiert wird. Durch welche strukturellen Signale wird diese Unterteilung aber erreicht?[2] Die Antwort ist: dadurch daß alle Schriften mit einem markanten Neueinsatz beginnen.[3] In vielen, aber nicht allen Fällen ist das eine Überschrift.[4] Die Schriften Jona

---

[1]   Nach welchen Konventionen ein prophetisches Buch aufgebaut ist, ist noch wenig erforscht, auch wenn das Interesse am Thema in den letzten Jahren gewaltig gewachsen ist (O. Kaiser, (1984) Einleitung, 307: "Der eigentliche Gegenstand, der auf dem Felde der Prophetenforschung in der Einleitung zur Erklärung ansteht, ist nicht der prophetische Einzelspruch, sondern das Prophetenbuch, ..."; vgl. auch W. Zimmerli, (1979) Vom Prophetenwort zum Prophetenbuch; T. Collins, (1993) Mantle of Elijah, der z.B. sein erstes Kapitel überschreibt: "Books about Prophets" und darin dem Prophetenbuch als einem "distinct literary genre"(19) nachgeht). Was die Makrostruktur angeht, so ist Kaisers Beobachtung von einem dreiteiligen, wohl eschatologisch gemeinten Schema (Gericht über Israel - Gericht über die Völker - Heil) mehrfach bestätigt worden (Einleitung, 309). Auch wurde notiert, daß ein Berufungsbericht am Anfang stehen sollte. Vor allem anhand des Jesajabuches wurde auf weitere Phänomene, wie die Entsprechung von Anfang und Ende, der bewußte Einsatz von Leitworten an Kernpunkten, Spiegeltexte u.a. aufmerksam gemacht.

[2]   Die Abschreibtradition, die drei Zeilen zwischen den einzelnen Schriften leer ließ, war bereits in Kapitel 1.1. erwähnt worden.

[3]   Eine in der Exegese eingebürgerte formkritische Begrifflichkeit zu den verschiedenen Typen von Schriftanfängen liegt meines Wissens nicht vor. A. van Selms, (1966) How do Books of the Bible commence?, unterscheidet: "beginning with a date"(133), "beginning by the copula waw"(135), "introducing a human personality"(137), "superscription"(139). Diese vier lassen sich auf zwei Grundtypen zurückführen: entweder es steht eine "Überschrift", oder es steht keine.

[4]   Um der Klarheit formkritischer Begriffe willen, ist es wichtig, zwischen Schriftanfang und Überschrift zu unterscheiden. Dabei stimmt der Begriff "Überschrift" insofern nicht ganz, als der entsprechende Titel in den Handschriften nicht graphisch über den Text gestellt wurde, sondern einfach die ersten Zeilen des Textes einnahm, so zu Recht A. van Selms, (1966) How do Books of the Bible commence?, 139-140.

Hag und Sach beginnen ohne Überschrift, enthalten aber Informationen, die denen der Überschriften funktional gleichwertig sind.

> Von einer Überschrift kann man sprechen, wenn die Informationen, die sie enthält, auf einer Metaebene zum restlichen Textkorpus liegen und sie weder grammatisch noch semantisch eine lineare Anknüpfung an den folgenden Text aufweist.[5] Im Sinne dieser Definition sind Hos 1,1; Joel 1,1; Am 1,1; Obd 1,1a; Mi 1,1; Nah 1,1[6]; Hab 1,1; Hab 3,1; Zef 1,1; Sach 9,1; Sach 12,1 und Mal 1,1 als Überschriften einzustufen. Das Zwölfprophetenbuch insgesamt hat keine eigene Überschrift. Damit unterscheidet sich das Zwölfprophetenbuch von Jes und Jer, die zusätzlich zu vielen Überschriften über Teilsammlungen auch eine Überschrift für das gesamte Buch enthalten. Vergleichbar ist dagegen das Proverbienbuch, das zwar Überschriften über Teilsammlungen, aber keine Überschrift für das ganze Buch aufweist. Man kann feststellen, daß die Überschriften nur in dem Fall den Beginn einer neuen Schrift signalisieren, in dem sie einen bis dahin nicht eingeführten Prophetennamen enthalten.[7] Hab 3,1 eröffnet deshalb keine neue Schrift, weil der Eigenname "Habakuk" bereits in Hab 1,1 genannt war. Die Überschriften Sach 9,1 und 12,1 enthalten keinen Prophetennamen und markieren deshalb nicht den Beginn einer neuen Schrift. Sie dienen lediglich der Untergliederung von Sach.[8]

---

[5]   Ich schließe mich an die Analyse von Titeln durch C. Nord, (1993) Übersetzen, 27-45 an. Nach ihr bezeichnet "Titel" eine Texteinheit am Anfang einer Schrift, "die dem Empfänger eine erste Information über den zu erwartenden Text vermittelt"(30). "Der Titel ist potentiell isolierbar und nicht durch Anaphora bzw. Kataphora mit dem Ko-Text verbunden. ... Er unterscheidet sich jedoch von anderen Texten durch die Tatsache, daß er seine Funktion, Titel zu sein, nicht ohne einen Ko-Text erfüllen kann."(40-41) Dies entspricht auch dem exegetischen Sprachgebrauch. Vgl. H. M. I. Gevaryahu, (1975) Colophons, 44, der ein biblisches Kolophon, das seiner Meinung nach in der Bibel im Gegensatz zum akkadischen Usus am Beginn eines Textes zu stehen kommt, folgendermaßen beschreibt: "The scriptural colophon is a note of the copyist-scribe (who was not the author of the text) which furnishes, besides technical information on the origin, type and scope of the composition, biographical data of the author, his name, place, and period, and also information on persons having some connection with the given composition. Occasionally the 'colophonist' evaluates the composition and indicates the use of it in line with the custom of his time." G. M. Tucker, (1977) Superscriptions, 59: "It may be noted at the outset that, with a single possible exception, the superscriptions are not in any way grammatically attached to what follows." Tucker erwägt nur eine mögliche Ausnahme, nämlich Am 1,1. Dort könnte man das ויאמר in Am 1,2 als eine grammatische Anknüpfung an V 1 verstehen.

[6]   Nah 1,1 enthält sogar zwei Überschriften.

[7]   Auch מלאכי in Mal 1,1 funktioniert in diesem Sinne wie ein Eigenname, auch wenn es sicher eher um einen Titel handeln dürfte.

[8]   Die lediglich untergliedernde Funktion von Überschriften ist in den großen Prophetenbüchern reich belegt, teils mit Prophetennamen teils ohne. H. M. I. Gevaryahu, (1975) Colophons, 54-55 zählt 15 "colophonic items" innerhalb von Jes 1-39 und über 40 in Jeremia.

a) Die Überschriften des Zwölfprophetenbuchs folgen dem "nominalen Titelmuster", d.h. sie bestehen lediglich aus einer nominalen Fügung, die nicht als Satz anzusprechen ist.[9] Es ist nicht ganz einfach, die Vielzahl der verschiedenen Angaben auf ein wenige Elemente umfassendes Schema zu reduzieren, aber die Annahme von drei regelhaften Formelementen, die sich freilich jeweils noch weiter unterteilen lassen, dürfte den Sachverhalt am besten erfassen: [10]

(1) einem Gattungsbegriff, der darauf hinweist, daß der Inhalt der folgenden Schrift in einer "übernatürlichen", prophetischen Weise empfangen worden ist.[11] Dies kann auf zwei verschiedene Weisen geschehen:

---

[9]   Darauf hat schon G. M. Tucker, (1977) Superscriptions, 60 hingewiesen: "none of them (= the headings to the prophetic books; AS) is a complete sentence." Ich schließe mich an die Begrifflichkeit von C. Nord, (1993) Übersetzen, an, die die verschiedenen Bildungsmuster von Titeln anhand moderner europäischer Beispiele empirisch untersucht hat. Sie definiert, 63: "Nominale Titelmuster bestehen aus einer einzelnen oder mehreren, mit oder ohne Konjunktion aneinandergereihten Nominalphrasen (NP) mit oder ohne Ergänzungen." Davon zu unterscheiden sind z.B. "satzförmige Titelmuster" (Nord, ebd., 72). Ein bekanntes Beispiel im AT ist Gen 1,1: die Überschrift besteht aus einem vollständigen Satz.

[10]   D. N. Freedman, (1987) Headings, 9 unterscheidet nur zwei Grundelemente: "The headings consist basically of two parts, each of which may have a varying number of subdivisions or extensions. Thus, the heading proper consists of a phrase in the form of a construct chain containing two words. The first defining the experience of the prophet ... while the second, the absolute, identifies either the prophet himself, or the source of revelation, Yahweh. ... The second major component consists of the chronological indicator". Freedman behandelt nur die Überschriften der Prophetenbücher des 8.Jh.v.Chr. G. M. Tucker, (1977) Superscriptions, 60 unterscheidet ebenfalls nur zwei Grundelemente: "Title of the book" und "Elaboration of the title". Die von mir bevorzugte Dreiteilung begegnet bei H. W. Wolff, (1961) Hosea, 5, der allerdings keine formale Beschreibung beabsichtigt, sondern eine theologische Bewertung der Überschrift Hos 1,1. Er nennt drei Anliegen der Überschrift: "Erstens und hauptsächlich als Gotteswort; als solches soll das gelesen werden, was hier gesammelt vorliegt. Zweitens als von Gott zunächst an einen Menschen ergangenes und darum nur durch den Menschen Hosea zu vernehmendes Gotteswort. Drittens als ein in bestimmter Stunde, nämlich in den Jahrzehnten vor dem Zusammenbruch des Staates Israel ergangenes Gotteswort." (Sperrungen getilgt; AS)

[11]   Vgl. F. I. Andersen / D. N. Freedman, (1980) Hosea, 144: "A name for the work". H. M. I. Gevaryahu, (1975) Colophons, 48 "Name of the composition". G. M. Tucker, (1977) Superscriptions, 58-59: "A title is a word or concise phrase that constitutes the name of a particular literary work (book, song, chapter, collection, etc.). A title ordinarily characterizes the work in terms of itself ('A Psalm,' Ps 98,1) and/or its (supposed) author ('The proverbs of Solomon,' Prov 10,1)." Die Prophetenbücher wurden alle mit solchen Titeln überschrieben, die klar machen, daß sie auf besonderer prophetischer Offenbarung beruhen. Tucker, ebd., 65 weist darauf hin, daß alle Titelformulierungen der Prophetenbücher ein solches Vokabular wählen, das zum Ausdruck bringt "that the book,

- durch den Hinweis darauf, daß es sich um das "Wort Jahwes" selbst handelt, das an eine bestimmte Person "erging" (entweder steht דבר־יהוה am Anfang oder in einem Relativsatz),
- oder durch die Wahl von "Gattungsbegriffen", die auf eine besondere Unmittelbarkeit zu Jahwe schließen lassen, wie חזון "Vision", משׂא, (im Falle von Am 1,1 fehlt ein entsprechendes Substantiv, es wird aber das Verb חזה gebraucht).[12]

Optional ist ein Hinweis auf den Adressaten [13] oder andere Angaben, die zum Verständnis der Botschaft wesentlich sind.

(2) Den Namen des Propheten, dem der Inhalt der Schrift zugeschrieben wird. Optional sind andere Angaben, die zum Verständnis des Propheten wesentlich sind, wie z.B. der Name seines Vaters (Hos 1,1) oder der Herkunftsort (Am 1,1).

(3) Angaben über die Zeit des Auftretens. Dabei erfolgt die Datierung dadurch, daß die Könige der Wirkungszeit des Propheten genannt werden (Hos 1,1; Am 1,1; Mi 1,1; Zef 1,1). Während die Formelemente (1) und (2) obligatorisch sind [14], kann dieses dritte Merkmal fehlen.[15]

Die Überschriften weisen also *erstens* darauf hin, daß das jeweils folgende Textkorpus auf eine unmittelbare Kommunikation mit Jahwe zurückgeht, wie sie Propheten auszeichnet. Durch die Vergabe einer prophetischen Gattungsbezeichnung wird die entsprechende Botschaft der Leserschaft gegenüber als wahres Gotteswort anerkannt. *Zweitens* wird festgehalten, daß das Jahwewort durch eine bestimmte Person vermittelt ist.[16] Sie ist keine Nebensache, die

---

as a collection of utterances, stems from revelatory experiences." Das kommt normalerweise bereits in der Wahl des Gattungsbegriffs selbst zum Ausdruck (Vision, Wort Jahwes, *maśśaʾ*), und nur im Fall von Jer 1,1 und Am 1,1 bedarf es eines erklärenden Relativsatzes, um den an sich unprophetischen Begriff "Worte von NN" prophetisch zu qualifizieren.

12   G. M. Tucker, (1977) Superscriptions, 63 bemerkt zu דברי עמוס, daß dies vermutlich "not a technical term for prophetic speeches as such" sei (z.B. auch in Koh 1,1; Spr 30,1 und Neh 1,1).

13   F. I. Andersen / D. N. Freedman, (1980) Hosea, 149: "Some of the titles also give a general idea of the prophet's subject matter." H. M. I. Gevaryahu, (1975) Colophons, 49: "Concerning whom and to whom was the prophecy told; 'Concerning Judah and Jerusalem', to Moab."

14   So auch H. M. Wahl, (1994) Überschriften, 96: "Zwei Formelemente sind, wie die kürzeste Überschrift Obd 1,1 veranschaulicht, für eine Überschrift konstitutiv: die Kennzeichnung der Prophetie und der Name des Propheten."

15   H. M. Wahl, (1994) Überschriften, 91: "Für unsere Zwecke können wir zunächst zwei Gruppen unterscheiden: die Überschriften *mit* und *ohne* Zeitangaben."

16   Vgl. G. M. Tucker, (1977) Superscriptions, 68: "In no sense is this revelation seen as handed down directly from heaven, but always through a specific human individual.

man vernachlässigen könnte, sondern ohne sie gäbe es dieses Gotteswort nicht.

Die Bedeutung der Angabe des Autors ermißt man erst dann ausreichend, wenn man sich vor Augen führt, daß die kreative Leistung eines Einzelnen in der Kultur des Alten Orients keinen Wert darstellte. Die meisten biblischen Erzählwerke wurden anonym überliefert. In der umfangreichen und kulturell hochstehenden akkadischen Literatur sind uns nur in Ausnahmefällen die Namen der Verfasser bekannt.[17] In akkadischen Kolophonen wird zum Beispiel der Name des Schreibers, gelegentlich sogar des Besitzers der Handschrift genannt, aber nie der des Autors![18] Die nächste altorientalische Sachparallele zu den Überschriften ist in den Briefen aus Mari zu finden, die vom Auftreten von Prophetinnen und Propheten berichten. Sie nennen nicht nur die Berufsbezeichnung (z.B. *muḫḫūtum*), sondern oft auch den Eigennamen.[19]

So kann man sagen, daß das Gotteswort den Propheten aus der Einbindung in sein soziales Umfeld heraushebt. Selbst die Übernahme der prophetischen

---

With this in view, it is remarkable that hardly any 'biographical' interest is shown in the prophets, here or elsewhere." F. I. Andersen / D. N. Freedman, (1980) Hosea, 150: "The prophet is entrusted with the word, which he must then deliver verbatim (Num 22,20...); this makes the person of the prophet unimportant. He is completely subservient to the word. In another sense, he acquires an exalted stature, since only in his mouth (Jer 1,9; Num 23,5.16) can the word of Yahweh be found (I Kings 17,24; 18,36)."

[17] Siehe B. R. Foster, (1993) Before the Muses Bd. 1, 19: "For the majority of Akkadian literary works, the names of their authors are unknown." Foster nennt lediglich einen Text, der seinen Autor explizit nennt, nämlich "the poem of the righteous sufferer", in drei anderen Texten ist der Autorenname in den jeweiligen Anfangsbuchstaben der Zeilen versteckt (Akrostichon).

[18] H. M. I. Gevaryahu, (1975) Colophons, 45: "The reader of the Babylonian and Assyrian colophons will find in them plenty of technical data about the text that served as Vorlage for the copyist; the city or temple that the original came from, even the kind of material on which the original text was written; whether a clay or wooden tablet. ... but we do not know of any Accadian colophon that mentions the name of the author. Biographies were written of kings and rulers, but the man of the intellect, the creative Accadian author, was humble to a degree that astonishes the modern reader." Es fragt sich allerdings, ob die Tugend der Bescheidenheit geeignet ist, das Phänomen anonymer Textproduktion zu erklären. Viel eher dürfte eine Rolle gespielt haben, daß Texte nicht als Erfindung eines Autors, sondern als Präsentation der im Text beschriebenen Sache selbst verstanden wurden. Anzumerken ist, daß Kolophone den Überschriften nur bedingt vergleichbar sind, da sie jeweils vom Abschreiber neu verfaßt werden. Sie wechseln daher von Manuskript zu Manuskript, wohingegen Überschriften dauerhaft mit dem überschriebenen Textkorpus verbunden bleiben.

[19] Der Eigenname des Autors eines Textes ist sonst nur bei Briefen und rechtlich bindenden Texten interessant, z.B. Verträgen und Dekreten. In rechtlichen Situationen kommt sogar das Siegel zum Einsatz, das die Identität des Autors fälschungssicher angeben will. Man könnte spekulieren, ob Prophetinnen und Propheten nicht in gewisser Weise für das "haften", was sie im Namen der Gottheit sagen.

Botschaft in einen Gemeinschaftsgebrauch (d.h. ihre autoritative Geltung für
eine bestimmte Textgemeinschaft) hat die Zuordnung einer Schrift zu einem
einzelnen Propheten nicht erübrigt, sondern oft wurde diese Zuordnung gerade dann – in Gestalt einer Überschrift – literarisch fixiert. Damit wird ein Pa-
radox festgehalten: das Prophetenwort ist ganz und gar Gotteswort, aber zugleich Wort eines namentlich genannten Individuums, von dem es nicht ab-
strahierbar ist. Die unauflösliche Bindung an die Person des Propheten hat
zur Folge, daß sich das *eine* "Wort Jahwes" (דבר־יהוה) in die Vielfalt von
prophetischen Positionen entfaltet.[20] Nur in dieser sich wechselseitig ergän-
zenden positionellen Vielfalt ist das Gotteswort präsent.

Die Vielgestaltigkeit des Gotteswortes gilt nicht nur diachron, insofern eine neue Epoche eine neue Gestalt des Gotteswortes verlangt, sondern auch
synchron. Nach den Zeitangaben der Überschriften umfaßt nämlich die Ver-
kündigungszeit von Hosea auch diejenigen von Amos und Micha. Demnach
sind mindestens zwei Propheten gleichzeitig aufgetreten: zuerst Hosea zusammen mit Amos, dann Hosea und Micha. Die gleichzeitig auftretenden
Propheten haben den gleichen Zuhörern unterschiedliches zu ähnlichen Themen gesagt.

In einigen Überschriften ist *drittens* auch ihre historische Situation erwähnt. Dies wird bedeuten, daß für solche Prophetenschriften auch die geschichtliche Situation eine nicht zu vernachlässigende Rolle spielt. Eine datierte Schrift kann nach Meinung derer, die die Überschrift verfaßt haben, nur
als Gotteswort wahrgenommen werden, wenn mitbedacht wird, in welcher
Weise die eigene geschichtliche Situation jener des Propheten analog ist.

b) Betrachtet man die Schriftanfänge ohne Überschrift (Jona, Hag, Sach),
so fällt auf, daß diese Informationen enthalten, die denen der Überschriften
gleichen. Sowohl Jona 1,1 als auch Hag 1,1 und Sach 1,1 enthalten den Begriff דבר־יהוה. Zusätzlich führen sie einen Propheten mit Namen ein. Hag
1,1 und Sach 1,1 enthalten sogar noch Zeitangaben. Die Parallelität zu den
Überschriften ist freilich dadurch eingeschränkt, daß Jona 1,1; Hag 1,1 und
Sach 1,1 nicht die gesamte jeweilige Schrift, sondern lediglich den jeweilig
ersten Gottesspruch einleiten, auf den sie durch לאמר syntaktisch bezogen
sind. Im Falle von Hag und Sach sind die jeweiligen Schriftanfänge jedoch so
typisch für die folgende Spruchsammlung, daß sie in ihrer Funktion den
Überschriften gleichkommen.

---

20 H. W. Wolff, (1961) Hosea, 3: "Der Singular (= Wort Jahwes) bekundet die Einheit der
    Willenskundgebung Jahwes bei aller Vielgestaltigkeit seines Redens." Die Einheit des
    Jahwewortes wurde nicht als einfach, sondern als in sich differenziert begriffen.

2.2. Die geschichtliche Folge der Zwölfprophetenbuch-Schriften

Es ist zu Recht immer wieder festgestellt worden, daß die sechs ausdrücklich datierten Schriften in historischer Folge hintereinander stehen (Hos, Am, Mi, Zef, Hag, Sach).[21] Auch die nicht datierten Schriften scheinen sich in diese Anordnung zu fügen. So ist Jona ben Amittai auf Grund von 2 Kön 14,25 mit dem Heilspropheten gleichen Namens identifiziert und noch vor Mi gestellt worden, obwohl die Schrift mit großer Sicherheit erst nach dem Exil entstanden ist. Maleachi kommt nach Haggai und Sacharja zu stehen, weil Maleachi voraussetzt, daß der zweite Tempel, dessen Bau Haggai und Sacharja erst fordern, bereits in vollem Betrieb ist.

Schwierig zu verstehen ist, warum Joel und Obadja zu den Propheten des 8. Jahrhunderts gestellt wurden.[22] Daß das gleichwohl kein Zufall sein kann, zeigen die überaus signifikanten Stichwortverkettungen von Hos zu Joel (Hos 14,2-3 // Joel 2,12-14), von Joel zu Am (Joel 4,16 // Am 1,2) und von Am zu Obd (Am 9,12 // Obd 1,17-18). Für Joel spricht immerhin nichts ausdrücklich gegen eine Datierung ins 8. Jh., wenn auch merkwürdig bleibt, daß in Joel der König kein Thema ist.[23] Obd 1,11-14 setzen dagegen auch für die antike Leserschaft deutlich erkennbar die Eroberung Jerusalems voraus.[24] Von daher müßte man Obd nach Zef erwarten. Diese Schwierigkeit legt nahe, daß die Stellung von Joel und Obd nicht mit den Intentionen der Struktur des Endtextes zu begründen ist und von daher als ein Erbe einer früheren Stufe des literarischen Prozesses aufgefaßt werden muß, die die Schriften eben nicht in einer historischen Folge, sondern nach anderen Gesichtspunkten geordnet hatte. Die auf dieser früheren Redaktionsstufe implementierten thematischen und lexikalischen Bezüge zwischen Hos, Joel, Am und Obd waren stark ge-

---

[21] So schon C. Cornill, (1913) Einleitung, 221: "Das Prinzip der Anordnung des Zwölfprophetenbuchs war offenbar das historische."

[22] Gerade hinsichtlich der Einordnung dieser beiden Schriften weicht die LXX ab.

[23] Man muß natürlich von der Perspektive der späten Redaktoren her urteilen, für die historisch-kritisch geschulte Exegese sprechen hingegen viele Gründe gegen eine Datierung Joels in vorexilische Zeit (vgl. etwa O. Kaiser, (1994) Grundriß 2, 116). Immerhin, selbst auf dem Boden der historisch-kritischen Exegese wurde gelegentlich eine vorexilische Datierung Joels vertreten (siehe O. Kaiser, (1984) Einleitung, 292 Anm. 2).

[24] Vgl. H. W. Wolff, (1991) Obadja und Jona, 1: "Im hebräischen Kanon ist das Buch Obadja zwischen Amos und Jona eingereiht. Von der Chronologie her läßt sich diese Anordnung nicht verstehen, selbst wenn man annimmt, daß ihre Väter Obadja mit dem gleichnamigen Haushofmeister Ahabs (1 Kön 18,3ff.) identifiziert hätten, wie es der babyl. Talmud Sanhedrin 39b tut. Denn dann müßte Obadja als Zeitgenosse Elijas aus dem 9.Jh. nicht nur Jona vorgeordnet werden, der im 8.Jh. unter Jerobeam II. auftrat, sondern auch Amos, ja selbst Hosea, die beide erst unter dem gleichen König wie Jona wirkten."

nug, um späteren Bearbeitern den Eindruck zu vermitteln, Joel und Obadja gehörten in das 8.Jh.[25]

Versteht man das Zwölfprophetenbuch als geschichtlich geordnetes Buch, so lassen sich auf den ersten Blick zwei Teile unterscheiden: der erste Teil umfaßt die prophetische Verkündigung vor dem Exil (Hos bis Zef), der andere die nach dem Exil (Hag bis Mal). Der Einschnitt ist dadurch klar markiert, daß in Hag und Sach nicht mehr nach den israelitischen, sondern nach den persischen Königen datiert wird. Besonders Sach 1,1-6 macht deutlich, daß die Epoche der "früheren Propheten" mit dem Eintreffen des vorhergesagten Untergangs Jerusalems zu Ende gegangen ist.

Beide Teile sind im Grundsatz antithetisch aufeinander bezogen. So beinhalten sie z.B. jeweils einen Visionszyklus. Der vorexilische Zyklus (Am 7,1-9,6) sieht das "Ende für mein Volk Israel" (Am 8,2), der nachexilische dagegen (Sach 1,7-6,8) die Restitution Israels Wirklichkeit werden. In der Mitte der Visionen des Amos steht die Episode, in der der Priester Amazja durch seinen Widerstand gegen den Propheten den Untergang des Nordreichs besiegelte (Am 7,10-17). In der Mitte der Nachtgesichte Sacharjas steht die Reinigung des Hohenpriesters Jeschua (Sach 3,1-10).

Innerhalb des vorexilischen Teiles bildet der Untergang Samarias einen epochalen Einschnitt. In Mi 1,7 wird Samaria das letzte Mal erwähnt. Es ist zugleich die letzte Stelle, an der die Assyrer als Vollstrecker des göttlichen Gerichts an Israel in den Blick kommen, von Mi 1,8 bis Zef sind es die Babylonier.[26]

---

[25]   H. W. Wolff, (1985) Joel und Amos, 1-2: "Demnach müssen für die Ordner des hebräischen Zwölfprophetenbuches angesichts des Fehlens chronologischer Angaben im Joelbuch andere Gründe für die Einstellung zwischen Hosea und Amos maßgeblich gewesen sein. Sie mußten ähnlich deutlich wie sonst die Zeitangaben der Überschriften am Tage liegen. Nun weist der Wortlaut des Joelbuches an manchen Stellen Anklänge an andere Schriften des Zwölfprophetenbuches auf (...), aber mit keiner sind die Berührungen so eng wie mit Amos. Hinzu kommt, daß diese wörtlichen Übereinstimmungen am Schluß des Joelbuches stehen: vgl. 4,16aα mit Am 1,2a und 4,18a mit Am 9,13b. Das macht die Einordnung vor Amos zunächst genügend verständlich. Die Ordner konnten aufgrund der Übereinstimmung des Kopfstückes Am 1,2a mit Jl 4,16aα die Völkersprüche des Amos in 1,3ff. als Entfaltung des in Jl 4 bezeugten Völkergerichtes ansehen, zumal die von Joel (4,4.19) speziell genannten Tyrus, Philister und Edom dort (Am 1,9-10.6-8.11-12) wiederkehren."

[26]   E. Bosshard, (1987) Beobachtungen, 34 unterteilt etwas anders: "Wenn in XII von einer feindlichen Großmacht die Rede ist, handelt es sich bis und mit Nah um Assur. Mit Hab (vgl. 1,6ff.) rückt dann Babel ins Blickfeld." Es geht jedoch nicht darum, welche Großmacht erwähnt ist, sondern um deren Funktion als Vollstrecker des göttlichen Willens. In Nah ist Babel insofern implizit gegenwärtig, als eine Strafaktion an Ninive vorhergesagt wird.

Das Zwölfprophetenbuch präsentiert also eine Abfolge von Propheten, die die Geschichte Israels deutend begleiteten. Sie haben es unternommen, ihren Zeitgenossen in den Ereignissen die Präsenz Gottes als die eigentlich bestimmende Wirklichkeit aufzuzeigen. Diese geschichtliche Dimension prophetischer Rede ist dem Einheitssinn des Zwölfprophetenbuchs unmißverständlich eingeschrieben.

2.3. Zur Literarkritik des Zwölfprophetenbuchs

Die Schriftanfänge sollen nun noch in literarkritischer Hinsicht befragt werden. Da sie aus der Sicht von Dritten und nicht aus der Ich-Perspektive formuliert sind, erheben sie nicht den Anspruch, vom Propheten zu stammen, sondern verdanken sich offensichtlich der Hand von Herausgebern. Aus diesem Grund sind sie für die Literarkritik von herausragendem Wert.[27] Es fällt auf, daß zwischen manchen Schriftanfängen so signifikante Übereinstimmungen bestehen, daß die Hypothese gerechtfertigt erscheint, sie seien auf der gleichen redaktionellen Stufe formuliert worden.

Zunächst einmal ist zwischen den Überschriften und den anderen Schriftanfängen zu unterscheiden. Die Überschriften wiederum unterteilen sich in solche mit und solche ohne Zeitangabe.[28]

2.3.1. Die Überschriften mit Zeitangabe

Die Überschriften in Hos 1,1; Am 1,1; Mi 1,1 und Zef 1,1 sind auffallend gleich gebaut, auch wenn jede der Überschriften gewisse Eigentümlichkeiten aufweist (siehe Schaubild 1).[29]

---

27 Bereits H. Ewald, (1867) Propheten Bd. 1, 74-82 ging von den Überschriften aus; vgl. auch C. Steuernagel, (1912) Lehrbuch, 669-672; G. M. Tucker, (1977) Superscriptions, 57; R. Rendtorff, (1988) Das Alte Testament, 227.

28 Die Gruppierungsmöglichkeiten sind vielfältig und man kann schwanken, welche sinnvoll sind. In der Forschungsgeschichte sind folglich auch ganz verschiedene Einteilungen vorgenommen worden.

29 Es sei ausdrücklich darauf hingewiesen, daß auch Jes 1,1 diesem Typ zugehört. Dies könnte daraufhin deuten, daß auch Jes einmal einen Bestandteil einer dtr Sammlung von Prophetenschriften gebildet hat. So schon H. Ewald, (1867) Propheten Bd. 1, 76; C. Steuernagel, (1912) Lehrbuch, 671; F. I. Andersen / D. N. Freedman, (1980) Hosea, 144: "... the titles of the books of the four eighth-century prophets – Amos, Hosea, Isaiah, and Micah – display enough similarity to suggest that they were shaped by a common editorial tradition."; D. N. Freedman, (1987) Headings, 22: "It is my sugges-

2.3.1.1. Formelement 1: Gattungsbegriff

Die Überschriften verwenden die Formulierung רבר יהוה אשר היה אל:
"das Wort Jahwes, das geschah zu NN".[30] Die einzige Ausnahme bildet Am
1,1. Eine Abhängigkeit zu der vom deuteronomistischen Geschichtswerk
häufig benutzten Formel "und es geschah das Wort Jahwes zu NN" liegt auf
der Hand, auch wenn ein Unterschied hervorzuheben ist: Im DtrG werden
einzelne Orakel mit dieser Formel eingeleitet, während in den Überschriften
eine ganze Orakelsammlung als "Wort Jahwes" klassifiziert wird.

> Am 1,1 gebraucht den Plural "Worte" und führt diese auf Amos zurück.
> Das legt zunächst einmal die Schlußfolgerung nahe, die Amosschrift sei eben
> nicht als "Wort Jahwes" zu verstehen. Jedoch weist der Relativ-
> satz *ašer ḥazah ʿal* daraufhin, daß sich auch die Worte des Amos der unmittel-
> baren Kommunikation mit Jahwe verdanken. Man wird davon ausgehen kön-
> nen, daß die Verfasser von Am 1,1 auch Amos als wahren Jahwepropheten be-
> griffen, dessen Orakel zu Recht den Anspruch erheben, Wort Jahwes wieder-
> zugeben. Wie noch zu zeigen sein wird, fällt die Formulierung von Am 1,1
> deshalb aus dem Schema heraus, weil die Redaktion in diesem Fall eine ältere
> Überschrift bearbeitet hat.[31]

2.3.1.2. Formelement 2: Person

Über jeden der vier Propheten werden zusätzlich zu seinem Eigennamen
noch weitere Angaben gemacht. In Hos 1,1 ist das der Name des Vaters, in
Am 1,1 Beruf und Herkunftsort des Amos, in Mi 1,1 ebenfalls der Herkunftsort und in Zef 1,1 werden, was ganz ungewöhnlich ist, vier Vorfahren
des Propheten genannt. Diese Angaben wurden anscheinend für nötig gehalten, um die jeweilige Botschaft des Propheten angemessen zu verstehen. In
Hos 1,1 dürfte der Vaternamen dazu dienen, den Propheten vom gleichnamigen König zu unterscheiden. Amos, aus Tekoa, und Micha, aus Moreschet,

---

tion that the collection of the books of the four prophets (= Hos, Am, Mi, Jes) was as-
sembled during the reign of Hezekiah, to celebrate and interpret the extraordinary sequence of events associated with the Assyrian invasion of Judah and investment of Jerusalem, along with the departure of the Assyrian army and the deliverance of the city."(22) Freedman, ebd. 13 nennt aber auch gewisse Gegengründe. Im Rahmen dieser
Arbeit kann diese Frage nicht behandelt werden.

30 Die Phrase היה אל ist schwierig zu deuten. Wie hat man sich das konkret vorzustellen?
Vermutlich ist die Unanschaulichkeit intendiert.

31 Vgl. Kap. 3.

Schaubild 1: Die Überschriften des D-Korpus

Formelement	Hos 1,1	Am 1,1	Mi 1,1	Zef 1,1
(1) Gattung	דְּבַר־יְהוָה	דִּבְרֵי עָמוֹס	דְּבַר־יְהוָה	דְּבַר־יְהוָה
(2) Person	אֲשֶׁר־הָיָה אֶל־הוֹשֵׁעַ בֶּן־בְּאֵרִי	עָמוֹס אֲשֶׁר־הָיָה בַנֹּקְדִים מִתְּקוֹעַ	אֲשֶׁר־הָיָה אֶל־מִיכָה הַמֹּרַשְׁתִּי	אֲשֶׁר־הָיָה אֶל־צְפַנְיָה בֶּן־כּוּשִׁי בֶּן־גְּדַלְיָה בֶּן־אֲמַרְיָה בֶּן־חִזְקִיָּה
Nachtrag zu (1), *Mi umgestellt*		אֲשֶׁר חָזָה עַל־יִשְׂרָאֵל	אֲשֶׁר־חָזָה עַל־שֹׁמְרוֹן וִירוּשָׁלָ͏ִם:	
(3) Zeit a) Könige Judas	בִּימֵי עֻזִּיָּה יוֹתָם אָחָז יְחִזְקִיָּה מַלְכֵי יְהוּדָה	בִּימֵי עֻזִּיָּה — — — מֶלֶךְ־יְהוּדָה	בִּימֵי — יוֹתָם אָחָז יְחִזְקִיָּה מַלְכֵי יְהוּדָה	בִּימֵי — — — — יֹאשִׁיָּהוּ בֶּן־אָמוֹן מֶלֶךְ יְהוּדָה:

b) König
   des
   Nordreichs
	וּבִימֵי
	יָרָבְעָם
	בֶּן־יוֹאָשׁ
	מֶלֶךְ יִשְׂרָאֵל:
		וּבִימֵי
		יָרָבְעָם
		בֶּן־יוֹאָשׁ
		מֶלֶךְ יִשְׂרָאֵל:		

Sonstiges		שְׁנָתַיִם לִפְנֵי הָרָעַשׁ:		

werden als Judäer vom Land vorgestellt. Da Zefanjas Ahnenreihe auf Hiskija, womit der bekannte König gemeint sein muß, zurückgeführt wird, dürfte er als Jerusalemer präsentiert werden.[32] Mit Hosea sind die wenigsten zusätzlichen Informationen zur Person verbunden. Seine Botschaft erscheint deshalb als am wenigsten durch seine Herkunft bestimmt.

### 2.3.1.3.	Formelement 3: Zeitangabe

Alle Überschriften sind durch die Nennung von israelitischen Königen datiert. Das folgende Schema ermöglicht einen guten Überblick: [33]

	Hos	Am	Mi	Zef
Usija / Jerobeam	x	x		
Jotam, Ahas, Hiskija	x		x	
Joschija				x

Die hervorgehobene Position der Könige erhält auf dem Hintergrund der deuteronomistischen Theologie eine besondere Prägnanz. Insbesondere das DtrG hat die Propheten im Gegenüber zum König gesehen: Von Zeit zu Zeit hätten sie einzelne Könige unterstützt (so verhalf Natan dem Salomo auf den Thron; ein Elischa-Schüler salbte Jehu, 2 Kön 9), aber in den meisten Fällen gegen die Könige opponiert. Sieht man die Schriften Hos, Am, Mi und Zef durch, so legt sich nur für Hos eine vergleichbare Frontstellung gegen den König nahe (etwa Hos 13,9-11). Amos hat nur sehr am Rande den König kritisiert (Am 7,9), Micha und Zefanja gar nicht. Die Erwähnung der Könige in den Überschriften spiegelt also das Interesse der Redaktion wider. Da die judäischen Könige auch bei den Propheten, die im Nordreich aufgetreten sind, an erster Stelle stehen, läßt sich folgern, daß die Überschriften aus der Sicht judäischer Tradenten formuliert wurden.[34]

---

[32]	J. Nogalski, (1993a) precursors, 86: "This citation of Hezekiah connects the superscription of Zephaniah with Micah despite the passing of more than sixty years between the time periods mentioned." Es fällt zwar auf, daß Hiskija in Zef 1,1 nicht als König tituliert wird, aber dies kann kaum ein ausreichender Grund sein, um zu bestreiten, daß es sich um den judäischen König handelt.

[33]	Das Schaubild schließt sich an dasjenige von J. Nogalski, (1993a) precursors, 85 an.

[34]	H. W. Wolff, (1961) Hosea, 1 zu Hos 1,1: "Diese Überschrift wird von einem Sammler von Prophetenüberlieferungen stammen, der in judäischen Kreisen zu Hause ist. Denn für ihn verdient das davidische Herrscherhaus den Vorrang." Vgl. auch F. I. Andersen / D. N. Freedman, (1980) Hosea, 146; J. Jeremias, (1983) Hosea, 23; J. Nogalski, (1993a) precursors, 85.

Von den Königen des Nordreichs wird lediglich Jerobeam erwähnt, obwohl zur Zeit der erwähnten judäischen Könige, Jotam, Ahas und Hiskija, im Nordreich noch sechs andere Könige (Secharja, Schallum, Menahem, Pekachja, Pekach und Hoschea) regierten.[35] Dadurch wird vermutlich zum Ausdruck gebracht, daß mit der Ausweisung des Amos aus dem Nordreich (Am 7,10-17) unter Jerobeam II Jahwe seine Propheten vom Nordreich zurückzog und von da an nur noch in Juda auftreten ließ. Nach Meinung der Überschrift Hos 1,1 hat sich auch Hosea nach der Regierungszeit Jerobeams nur noch an Juda gewandt.[36] Das dürfte implizieren, daß auch Hosea das Nordreich verließ und dann in Juda wirkte.[37] Weiter fällt auf, daß Mi 1,1 zwar Samaria als Adressaten erwähnt, daß aber kein Nordreichskönig erwähnt wird. Soll damit ausgedrückt werden, daß es zu Zeiten Michas im Nordreich bereits keinen König mehr gab?

Von den vier Propheten wird Hosea besonderes Gewicht zugemessen. Während zweier Zeitabschnitte trat ihm je ein weiterer Prophet zur Seite: zuerst Amos, nach ihm Micha. Wie das zu deuten sein könnte, erfaßt am ehesten Freedman: "What the heading suggests or implies is that Hosea is the key figure in the group and that his ministry overlapped with all of the others, and that he may at some time or other have had contact with them. We may even speculate that he had an important part in the compilation and assembly of the materials that went into the four books."[38] Es wird aber auch sachliche Gründe für die hervorgehobene Stellung Hoseas gegeben haben. Wahrscheinlich hat Hosea nach der Überzeugung der Redaktion das "Wort Jahwes" am klarsten zum Ausdruck gebracht hat. Dafür könnte jedenfalls die Tatsache sprechen, daß zu seiner Person die wenigsten zusätzlichen Informationen gegeben werden. Es erscheint dadurch so, als sei er in seiner Perspektive am wenigstens durch die soziale Herkunft eingeschränkt.

---

35 Darauf hat J. Nogalski, (1993a) precursors, 86 hingewiesen.
36 Die überlieferungskritische Rückfrage ergibt, daß sich der historische Prophet Hosea lediglich im Rahmen des sogenannten syrisch-efraimitischen Krieges auch an Juda gewandt hat. Erst spätere Redaktoren haben den Anteil von speziell an Juda adressierten Worten innerhalb von Hos erhöht (vgl. die sogenannten Judaglossen und die Änderung von Israel in Juda in Hos 12,3).
37 So zu Recht D. N. Freedman, (1987) Headings, 18: "In passing, we may add that the evidence of the heading suggests that Hosea departed from Israel during the reign of Jeroboam and was domiciled in the south during the reigns of the four successive Davidides in our list."
38 D. N. Freedman, (1987) Headings, 18; J. Nogalski, (1993a) precursors, 86: "Hosea precedes Amos, and functions as the dominant frame to Micah".

Da die von den Überschriften gebotene Zusammenordnung von Amos, Hosea und Micha aus historischer Sicht ziemlich problematisch ist[39], stellt sich um so dringender die Frage nach dem inhaltlichen Anliegen, das die Überschriften-Redaktion veranlaßte, die Propheten (mit Ausnahme von Zefanja) paarweise zu präsentieren. Eine naheliegende Deutung ist, daß die Propheten erst in der Zweizahl ihre volle Überzeugungs- und Durchschlagskraft entfalten, weil sie sich in ihrer Verkündigung wechselseitig verstärken.[40] Die Redaktion wollte wohl, daß die Prophetenschriften nicht isoliert für sich, sondern in ihrer Bezogenheit aufeinander gelesen werden. Erst zusammen genommen enthielten sie ihrer Meinung nach das "Wort Jahwes" an die Zeitgenossen.

Diese Tendenz, die Propheten als eine homogene Gruppe zu verstehen, denen eine einzige Botschaft zugeschrieben werden kann, erinnert stark an das DtrG. So wird etwa in 2 Kön 17,13; 21,10-15 den Propheten (Plural!) dieselbe direkte Rede in den Mund gelegt. Die Formulierung "meine (= Jahwes) Propheten" (z.B. 2 Kön 17,13; 21,10; 24,2) wird meistens im Sinne einer diachronen Folge von Einzelpropheten gedeutet. Dies hat seine Stütze darin, daß dort, wo ihr Auftreten konkret geschildert wird, tatsächlich nur Einzelgestalten in den Blick kommen: zur Zeit Hiskijas tritt lediglich Jesaja auf (z.B. 2 Kön 19,2.20; 20,1.14), zur Zeit Joschijas lediglich die Prophetin Hulda (2 Kön 22,14). Denkt man von den Überschriften her, so könnte der Plural aber auch einen synchronen Aspekt haben und wenigstens zwei gleichzeitig auftretende Propheten implizieren. Auch Jer 26 hält fest, daß gleichzeitig mit Jeremia der Prophet Urija als Unheilsprophet aufgetreten ist (Jer 26,20).

Das System der Überschriften läßt sich sehr gut mit der Geschichtsdarstellung von DtrG verbinden. So scheint es die Absicht der Überschriften zu sein, die Verkündigung der Propheten Hosea, Amos und Micha mit der Reform Hiskijas und die des Propheten Zefanja mit der Joschijas zu verbinden

---

[39]   Normalerweise wird davon ausgegangen, daß Amos (760-750 v.Chr) vor Hosea (750-724 v.Chr.) und dieser wieder vor Micha (733-712) auftrat (Zeitangaben nach O. Kaiser, (1984) Einleitung, 221.225.237).

[40]   Als eine altorientalische Sachparallele kann man auf die Briefe prophetischen Inhalts aus Mari verweisen. Diese lassen erkennen, daß prophetische Aussprüche dann eine besondere Autorität genossen, wenn sich die Äußerungen von zwei unabhängig voneinander auftretenden Propheten oder Prophetinnen überschnitten; vgl. A. Schart, (1995) Combining.

(vgl. 2 Kön 18-20; 22-23).[41] Es soll anscheinend der Eindruck erweckt werden, daß diese Könige auf die Propheten gehört und deshalb ihre Reformen durchgeführt haben.[42] Das Nordreich habe die prophetische Verkündigung abgelehnt (Am 7,10-17) und sei deshalb von den Assyrern erobert worden (vgl. 2 Kön 17). Dieses Schicksal habe Hiskija durch seine Reformen dem Südreich ersparen können (2 Kön 18-19).[43] Da Juda jedoch hinter den Stand der Reformen wieder zurückfiel und selbst der Reform Joschijas kein dauerhafter Erfolg beschieden war, erlitt letztendlich auch Juda das von den Propheten für den Fall des Ungehorsams angekündigte Unheil. Die Überschriften und das DtrG stimmen darin überein, daß nach Joschija kein Prophet vor dem Exil mehr erwähnt wird. Nach Joschija wird zwar auf frühere prophetische Verkündigung verwiesen (2 Kön 24,2), es treten aber keine weiteren Propheten mehr auf.

Sieht man diese grundsätzlichen Übereinstimmungen, so fällt auf, daß weder Hosea, noch Amos, Micha oder Zefanja innerhalb von 2 Kön erwähnt werden. Zur Zeit des Hiskija tritt laut 2 Kön 18-20 lediglich Jesaja auf. Die Reform Joschijas wird laut 2 Kön 22,14-20 auf die Autorität der Prophetin Hulda gestützt. In 2 Kön 21,10-15 ist das Auftreten von Unheilspropheten zur Zeit Manasses, des Nachfolgers von Hiskija, erwähnt, die Überschriften datieren aber keinen Propheten in diese Zeit.

All die genannten Beobachtungen zusammengenommen, zeigt sich ein durchdachtes, kohärentes Überschriftensystem. Es ist äußerst wahrscheinlich, daß es von vornherein für eine Sammlung von Prophetenschriften entworfen wurde. Die Überschriften sollten zugleich eine Anleitung für die Leserschaft sein, innerhalb welcher Szenarios die Prophetenschriften als "Wort Jahwes" gelten konnten und wie die Schriften untereinander in Beziehung zu setzen seien. Dies alles legt nahe, daß die Schriften auf *eine* Rolle geschrieben wurden.[44] Die Überschriften zeigen konzeptionelle Übereinstimmungen mit dem

---

[41] Vgl. J. Nogalski, (1993a) precursors, 87: "2 Kings provides the basis for correlating these two kings. It presents both Hezekiah and Josiah as the two reforming monarchs whose reforms staved off the destruction of Jerusalem."
[42] Dies ist auch innerhalb des DtrG herausgestellt. Zwar wird nicht erwähnt, daß zur Zeit Hiskijas Gerichtspropheten aufgetreten sind, zu denen dann Hosea, Amos und Micha gerechnet werden müßten, aber die Reformaktionen Hiskijas (2 Kön 18,4-5) greifen die Anliegen der Propheten auf, die in 2 Kön 17,7-18 (siehe bes. V.13) zusammenfassend dargestellt werden. Insbesondere die Abschaffung der Kulthöhen (*bamot*) ist in diesem Zusammenhang zu nennen (2 Kön 18,4 // 2 Kön 17,9). Diese werden später auch von Joschija beseitigt (2 Kön 23,15.19).
[43] Diese Konzeption drückt sich wohl auch in Jer 26,17-19 aus.
[44] F. I. Andersen / D. N. Freedman, (1980) Hosea, 146-147: "The main point of reference is Judah, suggesting that the works of Amos and Hosea, as well as those of the Judahite

DtrG, auch wenn andererseits Differenzen nicht zu vernachlässigen sind. Sie sind deshalb einer Redaktionsstufe zuzuordnen, die diesem Geschichtswerk nahesteht. Man hat die Überschriften oft ohne große Bedenken als Bestandteil einer "deuteronomistischen" Redaktion eingestuft.[45] Lohfink hat dies als inflationären Gebrauch dieses beliebten Begriffes getadelt.[46] Um diesem Einwand Rechnung zu tragen, spreche ich lieber von einer "D"-Redaktion, die zwar deuteronomistischem Denken erkennbar nahe steht, aber doch nicht genügend spezifische sprachliche Merkmale aufweist, um eine Gleichsetzung zu erlauben.

2.3.2. Die Überschriften ohne Zeitangaben

a) Die Überschriften ohne Zeitangaben (Joel 1,1; Obd 1,1; Nah 1,1; Hab 1,1; Mal 1,1) stellen eine ziemlich heterogene Gruppe dar. Um redaktionelle Schichtungen zu identifizieren, müssen deshalb auch Indizien aus dem Buchkorpus hinzu genommen werden. Am deutlichsten fallen Nah 1,1 und Hab 1,1 als Ausprägung eines eigenen Musters heraus. Beide Titel enthalten den Gattungsbegriff מַשָּׂא.[47] Dieser begegnet zwar auch in Mal 1,1, aber in Nah

---

prophets, Isaiah and Micah, were preserved in the south after Israel had disappeared from history, *and that all four were considered parts of the same corpus.* " Sie datieren eine solche Redaktion am ehesten in die Zeit Hiskijas. Dies würde vielleicht erklären, daß nach den Überschriften sowohl Hos als auch Jes als auch Mi bis in die Hiskijazeit hinein auftraten, was für Hosea historisch nicht ausgeschlossen, aber auch nicht wahrscheinlich ist. J. Nogalski, (1993a) precursors, 85: "In all likelihood those pre-exilic works in the Book of the Twelve which experienced this redactional shaping in their superscriptions were configured at the same time and on the same scroll."

[45] H. W. Wolff, (1961) Hosea, 2: "Die exilische Zeit der ersten Hälfte des 6.Jahrhunderts ist der abschließenden Sammlung der vorexilischen Prophetenworte günstig gewesen, zumal eine Theologie des Jahwewortes die deuteronomistischen Kreise innerlich vorbereitet hatte."; W. H. Schmidt, (1965) deuteronomistische Redaktion; J. Jeremias, (1970) Kultprophetie, 51 mit Anm. 2; G. M. Tucker, (1977) Superscriptions, 69 sieht eine Dtr Edition von Am - Hos - Mi - Jes - Jer - Zef (Mitte 6.Jh?); P. Weimar, (1985) Obadja, 97 mit Anm. 177: "deuteronomistisch zu qualifizierendes Überschriftensystem"; J. Nogalski, (1993a) precursors, 88 sieht die Überschriften als Bestandteil einer "Deuteronomistic redaction" von Hos, Am, Mi und Zef.

[46] N. Lohfink, (1995) dtr Bewegung, bes. 65-88; vgl. etwa 72: "Gleich die Buchtitel innerhalb des Dodekapropheton werden auf deuteronomistische Redaktorenhände zurückgeführt. Nun wüßte ich nicht zu sagen, welche spezifisch deuteronomistischen Lexemverbindungen oder Theorien in diesen Titeln vorkämen."

[47] Es geht kaum an zu behaupten, daß Unterschiede zwischen den Gattungsbegriffen gar nicht gegeben seien, so H. M. I. Gevaryahu, (1975) Colophons, 59: "We may safely assume that when the title lines were fixed, such terms as חָזוֹן, 'vision', דָּבָר, 'the word', מַשָּׂא, 'an oracle', were already archaic, and no real distinction between their meaning

1,1 und Hab 1,1 wird zusätzlich die Wurzel חזה (in Nah 1,1 das Nomen, in Hab 1,1 das Verb) zur Gattungsfestlegung verwendet, was einen deutlichen Unterschied markiert.[48] Beide Schriften enthalten zusätzlich eine längere, hymnische Theophaniebeschreibung; Nah am Anfang, Hab am Schluß (Nah 1,2-8 // Hab 3,3-15). Da der Begriff משא außer in diesen drei Überschriften nur *innerhalb* des Jesajabuchs vorkommt (Jes 13,1 "*maśśaʾ* über Babel"; Jes 14,28; Jes 15,1 "*maśśaʾ* über Moab"; 17,1 "*maśśaʾ* über Damaskus"; 19,1 "*maśśaʾ* über Ägypten"; 21,1.11.13; 22,1; 23,1; 30,6), kann man vermuten, daß er nur eine Großeinheit innerhalb eines Buches kennzeichnet, aber kein eigenständiges Buch bezeichnen kann.[49] Da er vor allem mit Fremdvölkersprüchen verbunden ist, wird seine ursprüngliche Bedeutung auch in diesem Verwendungszusammenhang liegen und soetwas bedeuten wie "Fremdvölkerspruch". Sollte dies richtig sein, dann würde bereits die Wahl der Gattungsbezeichnung *maśśaʾ* der Leserschaft signalisieren, daß die in dieser Weise überschriebene Schrift sich auf die Fremdvölkerthematik beschränkt und nicht den gesamten Umfang prophetischer Themen, z.B. auch die Kritik Israels, umfaßt.[50] Nah 1,1 und Hab 1,1 hatten die Funktion, den Schriften Nah und Hab den Status von Teilabschnitten einer umfangreicheren Sammlung zuzuweisen.

b) Die Überschriften Joel 1,1 und Obd 1,1a hängen insofern miteinander zusammen, als sie weder eine Zeitangabe noch den Gattungsbegriff *maśśaʾ* enthalten. Beide Schriften sind ganz vom Thema "Tag Jahwes" beherrscht.

---

was known." G. M. Tucker, (1977) Superscriptions, 64-65: "Most – but not all – units with this heading (= *maśśaʾ*) are announcements of judgment, usually against Israel's neighbors. Whatever its precise original meaning was, the word probably connoted a unit – and as a title in the superscriptions, a collection – of prophetic address, and was roughly synomymous with *dabar*. It is a technical term for addresses by a prophet taken to be communicated to him by Yahweh." Die Erarbeitung des Bedeutungsgehaltes von משא ist allerdings schwierig. Man wird für die Überschriften mit einer Spezialbedeutung rechnen müssen, die andererseits mit der Grundbedeutung "Last" zusammenhängen muß.

[48] Ohne einen Eigennamen, und damit auch ohne die Funktion, eine Schrift zu eröffnen, findet sich das Lexem *maśśaʾ* auch in Sach 9,1 und 12,1.

[49] So bemerkt etwa G. M. Tucker, (1977) Superscriptions, 62 zu Recht, daß der *maśśaʾ*-Titel "seems to derive from headings which originally stood over individual prophetic addresses."

[50] Die häufig vorgetragene theologische Sachkritik gerade an der Nahumschrift, sie stelle eine reine Heilsprophetie für Israel dar und sei deshalb als Ausdruck nationalistisch übersteigerten Selbstbewußtseins zu verstehen, würde den Geltungsanspruch dieser Schrift dann von vornherein mißverstehen.

2.3.3. Die Schriftanfänge ohne Überschriften

Ohne Überschriften beginnen Jona 1,1, Hag 1,1 und Sach 1,1. Sie setzen einfach mit Erzählung ein. Hag und Sach gehören gegenüber Jona enger zusammen, insofern sie persische Könige und genaue Jahreszahlen nennen. Bei genauerem Hinsehen bilden beide Schriften einen einzigen kohärenten Bericht, der vom Auftreten zweier Propheten handelt. Eine Aufteilung in verschiedene Schriften ergibt sich nur dadurch, daß in Sach 1,1 der Eigenname eines neuen Propheten eingeführt wird. Von daher ist es wahrscheinlich, daß Hag und Sach 1-8, freilich in einer literarkritisch noch genauer zu bestimmenden Gestalt, als geschlossenes Textkorpus in das zu diesem Zeitpunkt bestehende Mehrprophetenbuch eingefügt wurden.

2.3.4. Ein redaktionsgeschichtliches Modell

Die Beobachtungen zu den Schriftanfängen lassen den Schluß zu, daß dem Zwölfprophetenbuch kleinere Sammlungen vorausgegangen sind. Eindeutig ist das für Hos, Am, Mi und Zef, deren Überschriften nicht nur dem gleichen Muster folgen, sondern auch noch eine Konzeption durchscheinen lassen, die deutlich in die Nähe des DtrG gehört. Diese Sammlung, die als "D-Korpus" (=DK) bezeichnet werden soll, wird, in einer literarkritisch noch genauer zu ermittelnden Gestalt, die älteste Sammlung gebildet haben, da sie auf die Verkündigung der ältesten Schriftpropheten zurückgeht. Nah und Hab können zu diesem Korpus erst in einem späteren Redaktionsgang dazugestoßen sein, weil sie einen ganz anderen Überschriftentyp repräsentieren. Der Gattungsbegriff *maśśa'* deutet wohl darauf hin, daß die beiden Schriften als Ergänzung des schon bestehenden D-Korpus gedacht waren. Eindeutig ist auch, daß Hag und Sach redaktionell unauflöslich zusammengehören. Sie bilden zusammen einen Bericht vom Auftreten der Propheten Haggai und Sacharja. Dieses ziemlich eigenständige Zweierkorpus kann auf jeden Fall erst in der Perserzeit in das damals vorliegende Mehrprophetenbuch eingefügt worden sein. Die nicht datierten Schriften Joel, Obd, Jona und Mal gehören vermutlich zu den spätesten Erweiterungen. Die Schriften Jona und Mal unterscheiden sich von Joel und Obd dadurch, daß sie in der geschichtlichen Folge der zwölf Schriften an ihrer logischen Stelle zu stehen kommen, während Joel und vor allem Obadja aus dieser geschichtlichen Folge herausfallen. Dies läßt vermuten, daß die Redaktoren, die die Überschriften von Joel und Obadja formulierten, sich von den Redaktoren unterscheiden, die Jona und Maleachi in das Zwölfprophetenbuch einfügten. Letzteren lag die geschichtliche Folge der Prophetenschriften am Herzen, den ersteren dagegen waren andere Gesichtspunkte anscheinend wichtiger.

Diese ersten Überlegungen gingen im wesentlichen von den Schriftanfängen und einer globalen Erfassung des Inhalts der Schriften aus. Sie können deshalb nur einen vorläufigen Charakter haben, obwohl festzuhalten ist, daß wir sonst nirgends so eindeutig redaktionelle Formulierungen vorliegen haben. Das gewonnene Wachstumsmodell wird sich jedoch im Rahmen der weiteren Arbeit immer wieder bewähren.

3. Literarkritik der Amosschrift

In diesem Kapitel soll die Amosschrift literarkritisch analysiert werden.[1] Ziel ist die Erstellung eines Modells, das die wesentlichen Stadien des literarischen Wachstums erfaßt. In den weiteren Kapiteln soll dann gefragt werden, ob die ermittelten Schichten literarische Querbezüge zu anderen Schriften des Zwölfprophetenbuchs aufweisen.

Die Amosschrift in ihrer uns vorliegenden Endgestalt läßt sich deutlich in drei große Teile gliedern, wobei Am 1,1 als Überschrift außerhalb des Korpus steht. Am 1,2-2,16 umfaßt einen Zyklus von Völkersprüchen, Am 3-6 Sprüche gegen Israel, Am 7-9 einen Zyklus von Visionen. Schwanken kann man, ob Am 9,7-15 als eigenständiger vierter Teil oder, was m.E. wahrscheinlicher ist, als Ergänzung der Visionen einzustufen ist. Der Völkerspruch- und der Visionszyklus sind auffallend parallel gestaltet. Sie bilden so einen Rahmen um Am 3-6.[2]

3.1. Am 1,1

Am 1,1 stellt eine Überschrift mit Zeitangabe dar.[3] Einige formale Auffälligkeiten machen es jedoch wahrscheinlich, daß sie redaktionell überarbeitet wurde. Folgende Beobachtungen sind in diesem Zusammenhang relevant:
- Vielleicht am auffälligsten ist, daß die Überschrift weitgehend dem Muster von Hos 1,1; Mi 1,1 und Zef 1,1 folgt, der charakteristische Gattungsbegriff דבר־יהוה jedoch fehlt. Dies läßt vermuten, daß der in Am 1,1 greifbaren Redaktion bereits eine Überschrift vorlag, die lediglich erweitert, aber nicht vollständig neu formuliert wurde. Zur Um-

---

[1] Wie im Folgenden zu sehen ist, schließe ich mich weitgehend den Kommentaren von Wolff und Jeremias an, ohne ihnen in allen Punkten zu folgen. Ich meine, damit innerhalb des Mainstream der literarkritischen Forschung zu operieren.

[2] Völkerspruch- und Visionenzyklus entsprechen sich darin, daß beide strophisch gegliedert sind und über einen Weg ständiger Steigerung in der jeweils letzten Strophe auf ein vernichtendes Vorgehen Jahwes gegen Israel zulaufen, vor dem es kein Entrinnen gibt. Vgl. J. Jeremias, (1996k) Völkersprüche, 158-161; D. U. Rottzoll, (1996) Studien, 3 betrachtet diesen Rahmen als Teil einer die ganze Amosschrift prägenden konzentrischen Ringstruktur.

[3] Vgl. die Untersuchung der Schriftanfänge in Kap. 2.

formung von דברי עמוס in דבר־יהוה אשר hatte die Redaktion um so
weniger Anlaß, als für ihr Verständnis beide Formulierungen wohl das
gleiche besagten.

- Der Relativsatz "der zu den *noqedim* gehörte" sprengt die enge Zusammengehörigkeit von Namen und lokaler Herkunftsangabe "aus Tekoa" und muß deshalb nachträglich eingefügt worden sein.[4]
- Die Zeitangabe kommt doppelt vor. Zum einen wird nach Königen datiert, zum zweiten nach einem Erdbeben. Auch in diesem Fall wird es
  so sein, daß die Redaktion, die Am 1,1 den Überschriften von Hos 1,1;
  Mi 1,1 und Zef 1,1 anglich, die ältere Zeitangabe "zwei Jahre vor dem
  Erdbeben" einfach übernahm.
- Auch der Relativsatz "die er geschaut (חזה) hat über Israel" dürfte
  nachträglich hinzugefügt worden sein.[5] Vergleicht man nämlich Am 1,1
  in dieser Hinsicht mit den nächsten Formulierungsparallelen (z.B. Jes
  1,1; 2,1; 13,1; Hab 1,1; etwas entfernter Mi 1,1), so ist zweierlei auffällig: zum einen der Plural "Worte", zum anderen ihre Bestimmung als
  Worte *des Amos* und nicht als solche *Jahwes*. Daß der Gattungsbegriff
  mit dem Eigennamen des Propheten eine Konstruktusverbindung bildet, begegnet auch in Jes 1,1, dort allerdings mit חזון im Singular.
  Wichtig ist, daß der Begriff חזון eine spezifisch prophetische Weise der
  Wahrnehmung bezeichnet, was der Gattungsbegriff דברי (pl.!) dagegen
  nicht impliziert, da "Worte von NN" auch weisheitlicher Art sein können (vgl. Spr 10,1; 25,1; 30,1).

Da eine Überschrift nur sinnvoll ist, wenn auch ein entsprechendes Korpus
folgt, ist anzunehmen, daß sich in ihrem literarischen Wachstum wichtige
Stadien der Geschichte der Amosschrift spiegeln. Folgende Schlußfolgerun-
gen legen sich nahe:

(1) Die Endfassung der Überschrift verdankt sich am ehesten einer dem
deuteronomistischen Gedankengut nahestehenden Redaktion, die auch Hos
1,1; Mi 1,1 und Zef 1,1 formuliert hat.[6] Diese D-Redaktion hat, wie sich zeigen wird, auch an anderen Stellen innerhalb von Am Textpassagen eingebaut.[7]

---

[4]   So H. W. Wolff, (1985) Joel und Amos, 146; W. Rudolph, (1971) Amos, 109-110.

[5]   H. W. Wolff, (1985) Joel und Amos, 147: "Verwunderlich ist hingegen, daß nach unserem Relativsatz Amos 'die Worte von Amos' schaut."

[6]   Vgl. dazu den Aufweis der konzeptionellen Nähe dieser Überschriften zum DtrG in
Kap. 2. D. U. Rottzoll, (1996) Studien, 13 weist diese Stufe DtrH zu. Er sieht ebenfalls
einen redaktionellen Zusammenhang mit den anderen Prophetenbuchüberschriften.

[7]   Namentlich W. H. Schmidt, (1965) deuteronomistische Redaktion, hat die Herausarbeitung dieser Bearbeitungsschicht vorangetrieben.

(2) Der D-Redaktion ging ein mindestens zweistufiger literarischer Prozeß voraus:

(a) Da eine Überschrift ein literarisches Phänomen ist, muß bereits die älteste Überschrift, vermutlich: "die Worte des Amos aus Tekoa", über einer schriftlichen Sammlung von Amosworten gestanden haben.[8] Zweifellos muß man davon ausgehen, daß die Überschrift mit dem überschriebenen Textkorpus in deutlicher Korrespondenz stand. Der Gattungsbegriff "Worte" (pl.!) läßt als Inhalt dieser Sammlung vor allem an die öffentlich vom Propheten Amos verkündigten Sprüche denken, die die Hauptmasse von Am 3-6 ausmachen.[9]

Wichtig ist die Tatsache, daß die Überschrift "die Worte des Amos aus Tekoa" noch keinen Hinweis auf den prophetischen Status der folgenden Schrift enthält.[10] Das bedeutet, daß Amossprüche zunächst schriftlich gesammelt und überliefert worden sind, ohne daß Amos von den Tradenten in einem eindeutigen Sinne als "Prophet" bezeichnet worden wäre.[11] Das müßte nicht heißen, daß Amos das für diese Tradenten nicht doch war, aber es fehlte ihnen noch die begriffliche Möglichkeit, die Amosschrift unmißverständlich als eine prophetische Textgattung zu bezeichnen.[12]

---

[8]   H. W. Wolff, (1985) Joel und Amos, 147: "... eine älteste Überschrift ... lautete: 'Die Worte von Amos aus Thekoa'."; so schon K. Marti, (1904) Dodekapropheton, 156. Der gewagte Versuch von Fuhs, (1977) aus Am 1,1 eine "vorliterarische"(287) "Einleitungsformel zu einem Seherspruch"(287) zu rekonstruieren, die Amos bei einem Auftritt in Bet-El seiner fünfte Vision vorangestellt haben soll, muß als haltlose Spekulation beurteilt werden.

[9]   So zu Recht H. W. Wolff, (1985) Joel und Amos, 149: "Überlegt man, welche Sprüche der Kern des Buchtitels 'Die Worte von Amos aus Thekoa' ursprünglich eingeleitet habe, so weisen weder die jeweils mit 'So spricht Jahwe' eingeleiteten 'Völkersprüche' in Kap. 1-2 darauf zurück noch auch die Visionen in Kap. 7-9, die mit 'So ließ der Herr Jahwe mich schauen' eröffnet werden ... Jedoch finden sich in Kap.3-5 Sprüche, die jeweils ausdrücklich als רבד angekündigt sind (3,1; 4,1; 5,1) und die nicht (3,3-8) oder doch nicht an erster Stelle (4,1: 5,1-2) ein Jahwewort, sondern 'Worte von Amos' bieten. Auch die in 5,7 (cj.).18; 6,1 eröffneten Weherufe bieten im Hauptbestand, ..., 'Worte von Amos'. Demnach dürfte der Grundbestand des Buchtitels zuerst einem Grundbestand von Sprüchen in Kap. 3-6 zugeordnet gewesen sein."

[10]   Darauf weisen sowohl H. W. Wolff, (1985) Joel und Amos, 147 als auch W. Rudolph, (1971) Amos, 111 hin. H. W. Wolff, (1985) Joel und Amos, 149 bestimmt den Überschriftentyp zu Recht als "weisheitlich"; ebenso H. F. Fuhs, (1977) Amos 1,1, 276.

[11]   Das ist umso weniger verwunderlich, als Amos selbst vermutlich den Titel *nabi'* für sich abgelehnt hat (Am 7,14: "Ich bin kein Prophet!").

[12]   Diese Möglichkeit bevorzugt auch H. W. Wolff, (1985) Joel und Amos, 153: die Überschrift "läßt darauf schließen, daß zur Zeit der Abfassung die literarische Sammlung von Prophetenworten noch ohne eigene Tradition ist. Sie knüpft an die Form der Sammlung von Worten weiser Männer an."

(b) Die der D-Redaktion vorausliegende Literargeschichte der Amosschrift hat mindestens noch eine weitere Redaktionsstufe umfaßt. Die zweite
Stufe der Überschrift, die wahrscheinlich lautete: "Die Worte des Amos aus
Tekoa, die er geschaut hat über Israel, zwei Jahre vor dem Erdbeben"[13], läßt
bereits den Versuch der Tradenten erkennen, für Amos prophetischen Offen-
barungsempfang (חזה) zu reklamieren und diese durch Verweis auf ein, wie
man annehmen kann, tatsächlich eingetretenes Erdbeben zu bekräftigen.

Wie insbesondere Jeremias betont hat, muß die mit dem Hinweis auf ein
Erdbeben versehene Amosschrift sowohl einen – wie auch immer genauer zu
bestimmenden – Völkerspruchzyklus als auch einen Visionszyklus enthalten
haben.[14] Bilder, die von den Tradenten als Hinweis auf ein Erdbeben gedeutet werden konnten, sind nämlich nur in den Völkersprüchen (Am 2,16) und
den Visionen (Am 9,1) enthalten. Das Stichwort רעש begegnet nur noch in
Am 9,1.[15] Auch der Gebrauch von חזה in Am 1,1 erklärt sich am leichtesten,
wenn die Visionen Bestandteil dieser Amosschrift waren.[16] Man kann m.E.
noch weiter gehen: Es fällt auf, daß innerhalb der fünf Visionen lediglich das
Lexem ראה gebraucht wird, das freilich ein bekanntes Synonym zu חזה darstellt, während die Wurzel חזה innerhalb von Am nur noch in Am 7,12 vorkommt.[17] Diese Beobachtung spricht dafür, daß auch der Bericht Am 7,10-17
bereits in die Visionssammlung dieser literarischen Stufe eingearbeitet war.[18]
Jedenfalls würden in einem Korpus dieses Umfanges die genannten verbalen
Bezüge eine wichtige strukturierende Funktion wahrnehmen. Weiter kann
man darauf hinweisen, daß die Überschrift dieser Stufe die Visionen des
Amos ausdrücklich auf das Nordreich Israel (על־ישראל) bezieht. Dies erinnert an den Bericht Am 7,10-17: Im Streit mit Amazja insistiert Amos darauf,
daß er von Jahwe ausdrücklich an das Nordreich gewiesen sei (Am 7,15
אל עמי ישראל). Eine Umadressierung der Visionen auf Juda hin, wie sie
möglicherweise dem Priester Amazja vorschwebe, verstoße gegen Jahwes
Auftrag.

---

13 So auch H. W. Wolff, (1985) Joel und Amos, 146: "Demnach ist als ältere Überschrift
    zunächst folgender Text anzusehen: 'Worte des Amos von Thekoa, die er über Israel
    zwei Jahre vor dem Erdbeben schaute'."
14 J. Jeremias, (1994) "Zwei Jahre vor dem Erdbeben".
15 So auch H. W. Wolff, (1985) Joel und Amos, 150.
16 So auch H. W. Wolff, (1985) Joel und Amos, 149.
17 Darauf weist auch W. Rudolph, (1971) Amos, 112 hin.
18 Nach dem Verständnis der Redaktoren dieser Schicht hätte dann der Priester Amazja
    mit seiner Anrede an Amos dessen Visionen als göttliche Eingebung anerkannt und
    trotzdem Amos gedrängt, das Land zu verlassen.

Wie noch zu zeigen sein wird, steht auch diese Gestalt der Überschrift in Zusammenhang mit einer substantiellen Erweiterung der Amosschrift. Den wichtigsten Grund für diese Überarbeitung dürfte die Überschrift deutlich machen. Man sah Amos, wohl nach der Eroberung Samarias durch die Assyrer, als wahren Propheten bestätigt und wollte ihn der Leserschaft auch als solchen präsentieren. Nun war nicht mehr nur die Verkündigung des Amos, sondern seine gesamte Person einschließlich des bis dahin noch nicht veröffentlichten Textmaterials interessant. Dieses gliederte man nun der Amosschrift ein, z.B. Aufzeichnungen des Propheten Amos selbst (wahrscheinlich die Visionen), Reflexionen im Schülerkreis oder Berichte von Augenzeugen (Am 7,10-17).[19]

Es liegt nahe, diese im weiteren noch genauer zu rekonstruierende Ausgabe der Amosschrift auf den Kreis zurückzuführen, der mit dem Propheten Amos eng vertraut war. Dieser Kreis sei "die Tradenten" genannt und ihre Schrift die "Tradentenfassung der Amosschrift" ("Trad-Am").

3.2. Am 1,2

In für Überschriften ganz ungewöhnlicher Weise ist mit Am 1,1 der kurze Spruch Am 1,2 verbunden.[20] Am 1,2 ergänzt die Überschrift mit einer mottoartigen Zusammenfassung der Botschaft des Amos, die zugleich einen Verständnisrahmen für die gesamte Schrift festlegt.[21] Ziel von Jahwes Erscheinen ist stets die Wiederherstellung der in Unordnung gebrachten Welt. In aller Regel verlangt das die Ausschaltung der Feinde, die diese Unordnung hervorgebracht haben (Ri 5,4-5.31; Ps 68,2-3.8-9). Nur daß nun Israel selbst zum Feind Jahwes geworden ist.

Offensichtlich ist, daß die starke Betonung des Zion als Ausgangsort der Stimme Jahwes eine deutlich judäische Perspektive erkennen läßt. Eine solche ist innerhalb von Am ansonsten auf die Erwähnung des Zion in Am 6,1 und die Hoffnung auf Restitution des Davidreiches in Am 9,11-12 be-

---

[19] Es ist naheliegend, daß im Zusammenhang der Verbindung von Völkersprüchen und Visionen mit der Wortesammlung (Am 3-6*) entsprechende redaktionelle Verknüpfungspassagen eingefügt worden sind. Die universale Perspektive der Völkersprüche begegnet innerhalb von Am 3-6 lediglich in Am 3,9-11 und Am 6,1b-2. In Bezug auf beide Textpassagen gibt es gute Gründe für die Annahme, sie seien in ihrem jetzigen Kontext sekundär.

[20] Das 3.m.sg.-Morphem von ויאמר in Am 1,2 referiert auf den in Am 1,1 genannten "Amos".

[21] So zu Recht H. F. Fuhs, (1977) Amos 1,1, 272.

schränkt, wobei Am 9,11-12 auf jeden Fall als sekundär zu betrachten ist und auch Am 6,1 eher nicht auf Amos zurückgeht. Es paßt jedenfalls besser zum sonstigen traditionskritischen Befund, wenn man annimmt, daß für den von der Peripherie Judas stammenden Amos die im Zentrum, d.h. im königlichen Heiligtum in Jerusalem, herrschende theologische Konzeption vom auf dem Zion thronenden Jahwe irrelevant war.[22]

Einige signifikante Stichwortbezüge erlauben es, Am 1,2 genauer in die Schichtung von Am einzuordnen. So verweist der Gebrauch der Löwenmetaphorik für Jahwe auf Am 3,4.8 (שאג). Während das Brüllen des Löwen in Am 3,4.8 eine willkommene Analogie darstellt, um den bezwingenden Aspekt des Redens Jahwes zu illustrieren, so wird die bloße Analogie in Am 1,2 aufgegeben und Jahwes Reden metaphorisch als Löwengebrüll (שאג) qualifiziert. Da diese Metaphorik in Theophanietexten sonst nicht gebräuchlich ist, liegt die Annahme nahe, daß Am 1,2 unter dem Eindruck von Am 3,4.8 reformuliert wurde.[23] Eine Weiterentwicklung gegenüber Am 3,4.8 liegt auch darin, daß für die Stimme Jahwes ein Ausgangsort angegeben wird. Am 1,2 setzt also Am 3,4.8 voraus.

Auch die Wendung "Spitze des Karmel" findet sich in Theophaniekontexten sonst nicht, dafür aber noch in Am 9,3.[24] An beiden Stellen ist wohl der letzte Zufluchtspunkt des Nordreiches im Blick. Auch in diesem Fall dürfte die traditionsgeschichtlich ungewöhnliche Formulierung Am 1,2, dadurch zustande gekommen sein, daß Am 1,2 auf die letzte Vision anspielen will und so einen Rahmen um die Amosschrift legt.

---

[22] H. W. Wolff, (1985) Joel und Amos, 151-152: "Amos ist der vorliegende hymnische Stil fremd. ... Mit Dürre bedroht Amos Israel nie; im Bericht seiner 2. Vision (7,4f) sagt er sogar ausdrücklich, daß sie nicht eintreten werde. Vor allem aber erscheinen Zion und Jerusalem bei Amos nie als Ausgangsort der Stimme Jahwes; sie spielen nirgendwo eine mit 1,2 auch nur entfernt vergleichbare Rolle. ... Form- und stoffgeschichtlich ist allein Ps 50,2f. unserem Wort vergleichbar. ... Wir nehmen also an, daß der judäische Redaktor im vertrauten Jerusalemer Kultstil die Botschaft des Propheten zusammenzufassen sucht."

[23] So auch H. W. Wolff, (1985) Joel und Amos, 148.

[24] H. W. Wolff, (1985) Joel und Amos, 148 hat in insgesamt vier Punkten eine Umprägung traditioneller Theophaniesprache festgestellt: (1) Gebrauch des Imperfekt statt Partizip oder Perfekt. (2) Verwendung der Metapher vom Brüllen des Löwen wie in Am 3,4. (3) Ausgangsort ist der Zion, nicht der Sinai oder der Himmel. (4) Das Vergehen der Natur wird als Verdorren des Landes Israel geschildert. Zusätzlich nennt er noch die Wendungen "Weiden der Hirten" und "des Karmels Kopf" (152). Die Metaphorik des Verdorrens ist wohl so zu deuten, daß dem Luftzug, der die Donnerstimme Jahwes begleitet, die Auswirkungen eines heißen Wüstenwindes zugeschrieben werden. Vgl. J. Jeremias, (1977) Theophanie, 13, der auf das Phänomen des Schirokko verweist.

Inhalt und Stil von Am 1,2 erinnern andererseits auch an die hymnischen
Partien Am 4,13; 5,8 und 9,5-6. Im Unterschied zu diesen Passagen formuliert Am 1,2 jedoch mit x-yiqtol. Das spricht dafür, daß Am 1,2 vom Hymnus
literarkritisch zu scheiden ist.[25] Die wörtliche Anspielung von Am 8,8; 9,5
auf Am 1,2 (ואבלו) läßt sich eher so deuten, daß Am 8,8; 9,5 den Mottovers
Am 1,2 voraussetzen und sich an diesen literarisch anschließen wollen.

3.3.　Am 1,3 - 2,16

Der Völkerspruchzyklus kritisiert die Israel umgebenden Nationen und
schließlich auch Israel selbst, weil sie in verschiedener Weise menschenver-
achtende Grausamkeiten begangen haben. Wohl im Kontext kriegerischer
Aktionen wurden Verbrechen gegen die grundlegendsten Formen von
Menschlichkeit verübt.

3.3.1. Die sekundären Strophen

Deutlich ist erkennbar, daß drei Strophen formal aus dem Zyklus herausfallen und als sekundäre Erweiterungen einzustufen sind: Am 1,9-10.11-12;
2,4-5.[26] Alle drei stimmen in ihren Abweichungen gegenüber den originalen
Strophen so stark überein, daß sie wahrscheinlich derselben Redaktionsschicht zuzuweisen sind.[27] Die Terminologie der Schuldbeschreibung in Am
2,4 hat jüngst Lohfink einer erneuten Prüfung unterzogen und dabei festgestellt, daß einige Formulierungen in der Tat an dtr Sprachgebrauch erinnern,
aber diese Wendungen andererseits innerhalb von Am signifikant abgewan-
delt werden.

"Daß הלך אחרי אלהים אחרים eine spezifisch deuteronomistische Wendung darstellt und daß die Wortgruppe אלהים אחרים dabei bisweilen durch

---

25　So auch H. W. Wolff, (1985) Joel und Amos, 254-256.

26　W. H. Schmidt, (1965) deuteronomistische Redaktion, 174-177; H. W. Wolff, (1985)
　　Joel und Amos, 170-171; H. Gese, (1980) Komposition, 86-87; G. Fleischer, (1989)
　　Von Menschenverkäufern, 19-20. Die Ausgrenzung ist nicht unbestritten, wird aber
　　doch von den allermeisten Exegeten vertreten.

27　Die Judastrophe könnte noch einmal später anzusetzen sein, da sie eine andere Termi-
　　nologie zur Schuldbeschreibung verwendet als die Tyrus- und die Edom-Strophe. D. U.
　　Rottzoll, (1996) Studien, 30-35 ist auch darin Recht zu geben, daß sich in den beiden
　　letzteren kein typisch dtr Vokabular findet. Andererseits liegen diese Differenzen in der
　　Natur der Sache: Da die Völker Jahwes Tora (Am 2,4) nicht kennen, kann ihr Verhalten
　　auch nicht an dieser gemessen werden.

andere Bezeichnungen der Fremdgötter ersetzt werden kann, ist unbestritten. Nur findet sich in solchen Fällen niemals כזבים als Austauschbegriff. Man kann also nur die Einmaligkeit der Amosformulierung unterstreichen."[28]

Da also die Redaktion deuteronomistische Wendungen sehr eigenständig verwendet, sollte man sie auch nicht als "deuteronomistisch" bezeichnen. In Ermangelung eines besseren Begriffs benutze ich das Kürzel "D".[29]

3.3.2. Die Israelstrophe

Die Israelstrophe besteht aus einer Anklage (Am 2,6-12) und der Strafankündigung (Am 2,13-16). Die Anklage enthält als gegenüber den vorhergehenden Völkerstrophen neuartiges Element einen heilsgeschichtlichen Rückblick (Am 2,9-12).[30] Israel ist dadurch aus der Völkerwelt herausgehoben, daß Jahwe sich im Verlauf der Geschichte für Israel eingesetzt hat. Deshalb wird an grundlegende Stationen der Heilsgeschichte erinnert. Die adversative Verknüpfung des heilsgeschichtlichen Teiles mit w- *'anoki* und die Tatsache, daß der Rückblick mit Am 2,12 wieder in Anklage übergeht, läßt den Geschichtsrückblick als Teil der Anklage erscheinen. Mit der asyndetisch angefügten Formation *hinneh 'anoki* + Partizip beginnt dann die Strafankündigung (Am 2,13-16).[31]

Krass arbeitet der Text heraus, daß Israel trotz Jahwes Zuwendung schlimmere Verbrechen begeht als die Nachbarvölker. Während letztere ihre jeweiligen Kriegsgegner gepeinigt haben, vergeht man sich in Israel im Friedenszustand an den Schwachen. Der verschärften Anklage entspricht aber auffälligerweise eine mildere Strafankündigung, insofern sich die Strafandrohung in Am 2,13-16 lediglich gegen das Heer, nicht jedoch gegen die Hauptstadt und ihre Herrscher richtet, wie im Falle der Völker.[32] Dieses merkwür-

---

28 N. Lohfink, (1995) dtr Bewegung, 84-88 prüft alle fünf von W. H. Schmidt, (1965) dtr Redaktion vorgebrachten Argumente, Zitat 86. Auch D. U. Rottzoll, (1996) Studien, 23-27 betont die Singularität der amosischen Wendungen. Er schlägt vor, an einem "im Geist der Deuteronomisten des DtrG arbeitenden Redaktor" (27) zu denken, der am ehesten post-dtr anzusetzen sei.

29 Die Sigle "D" schließt sich locker an E. Blum, (1990) Studien 109 Anm. 35 an. Er bezeichnet damit eine Redaktionsschicht, die eine deutliche Nähe zum DtrG aufweist, ohne spezifisch "deuteronomistisch" zu sein. Es scheint so, als habe Lohfink, (1995) deuteronomistische Bewegung, 76 auch gegen dieses Kürzel Bedenken. Mir scheint jedenfalls die Gefahr einer Identifizierung von "D" mit "dtr" gebannt.

30 H. W. Wolff, (1985) Joel und Amos, 204.

31 Die Formation drückt das futurum instans aus. Jahwes Handeln steht unmittelbar bevor.

32 H. Reimer, (1992) Richtet auf das Recht, 53: "Die Strafansage zielt also auf eine ganz bestimmte soziale Größe: die militärische Macht, das Berufsheer Israels. Diesem und

dige Mißverhältnis dürfte ebenfalls mit der besonderen Zuwendung Jahwes zu Israel zusammen hängen. Aus dieser ergibt sich einerseits, daß an Israel höhere ethische Maßstäbe angelegt werden, andererseits aber auch, daß Jahwe mit Israel mehr Geduld hat. Nachdem das Heer vernichtet ist, macht sich Jahwe die Mühe, noch einmal einen Propheten zu senden. Dieser richtet sich an die Hauptstadt und ihre Einwohner (Am 3,9-11).[33]

3.3.2.1.   Zusätze in Am 2,7

Die Israelstrophe hat einige sekundäre Zusätze erfahren. In Am 2,7 hat der Finalsatz למען חלל את־שם קדשי wohl ein älteres Kolon ersetzt.[34] Die Formulierung erinnert stark an die Ausdrucksweise von Ez (Ez 20,39; 36,20.21.22) und Lev (20,3; 22,2.32).[35] Die Redaktion hat mit priesterlicher Begrifflichkeit die Verbrechen Israels neu interpretiert. Es wird explizit festgestellt, was in Am 2,8 lediglich impliziert war: Wird der heilige Ort in die sozialen Vergehen Israels einbezogen, dann stellt das ein Verbrechen gegen Jahwe selbst dar. Dessen Name ist tangiert, wenn sich das Gottesvolk vergeht.[36] Höchstwahrscheinlich ist für diese Redaktion in Am 2,8 bereits der Tempel in Jerusalem im Blick, während die ältere Schicht lediglich auf die Heiligtümer des Nordreichs zielte.

---

nicht dem ganzen Volk des Nordreichs wird ein völliges Desaster, das Gott selbst herbeiführen will, angesagt."

[33]   H. Reimer, (1992) Richtet auf das Recht, 66 hat die kompositionelle Verzahnung von Am 1-2 und Am 3-6 herausgearbeitet: "In der Israelstrophe wird nur *ein* Element der übrigen Strafansagen ausgeführt, nämlich die Dezimierung des Militärs. Die anderen Elemente erfahren ihre Entfaltung im weiteren Amosbuch." Er übersieht jedoch die fundamentale Rolle des Propheten für diese Komposition.

[34]   Vgl. H. W. Wolff, (1985) Joel und Amos, 163; G. Fleischer, (1989) Von Menschenverkäufern, 32. Die These, daß ein älteres Kolon ersetzt wurde, kann erklären, warum nach Ausscheidung des sekundären Kolons in Am 2,7b nur ein Monokolon übrigbleibt. Die kolometrische Struktur von Am 2,6-8 läßt jedoch in Am 2,7b ein Bikolon erwarten. Ein Bikolon mit der rhythmischen Struktur (3+3) würde besonders gut passen, wenn auch rhythmische Wechsel von Zeile zu Zeile in hebräischer Poesie nie auszuschließen sind.

[35]   So neuerdings wieder D. U. Rottzoll, (1996) Studien, 64-65.

[36]   Insbesondere eine Anlehnung an den ezechielischen Gebrauch würde gut in den Kontext der Völkerthematik passen: Das Gottesvolk hat die Aufgabe, Jahwes Name vor den Völkern zu verherrlichen. Aber an dieser Aufgabe versagt es. Die verwerflichen Umtriebe am Heiligtum diskreditieren den Gott, dessen Name im Zentrum des Kultes steht.

3.3.2.2.   Zusätze in Am 2,8

Auch Am 2,8 wurde sehr wahrscheinlich redaktionell bearbeitet. Der Vers ist in seinem gegenwärtigen Zustand wohl als eine Doppelzeile aufzufassen, wobei sowohl die erste (Am 2,8a) als auch die zweite Zeile (Am 2,8b) als Bikolon mit der rhythmischen Struktur (3+2) einzustufen sind. Betrachtet man jedoch אצל כל־מזבח (Am 2,8a) und בית אלהיהם (Am 2,8b) als sekundäre Nachträge, ergeben die übrigbleibenden Kola ein wohlgeformtes Bikolon der rhythmischen Struktur (3+3).[37] Außerdem würde die Anklage in Am 2,6-8, wie durch die Einleitungsformel "wegen drei ... wegen vier" angekündigt, genau vier Verbrechen aufzählen. Jedes Verbrechen wäre in einem Bikolon dargelegt. Schließlich kann man noch darauf verweisen, daß Am 2,8 im jetzigen Kontext etwas überladen wirkt. Die aufgeführten Verbrechen sind auch ohne Bezug zum Heiligtum als verwerflich einzustufen. Die Hinweise auf Altar und Heiligtum erscheinen als zusätzliche, aber nicht unbedingt nötige Vorwürfe.

Die eingefügten Kola stellen eine kultische Einfärbung der Sozialkritik des Amos dar und führen in abgekürzter Weise zwei Themen ein, die in Am noch mehrfach begegnen. Der "Altar" kommt auch in Am 3,14 und der fünften Vision (Am 9,1) vor. Die Formulierung כל־מזבח impliziert, daß eine Mehrzahl von Altären im Blick ist. Die Wendung "Haus ihres Gottes" spielt auf den Namen des Heiligtums "Bet-El" an, das in Am 4,4 im Zusammenhang von Verbrechen (פשע) erwähnt wird. Der Ausdruck "Haus *ihres* Gottes" dürfte eine Kritik implizieren: Bet-El kann nicht als ein legitimes Heiligtum Jahwes, sondern muß im Gegenteil als ein Besitz des Nordreichs angesprochen werden. Dies ist ein Thema, das dann in dem Bericht Am 7,10-17 eine große Rolle spielt, in dem Bet-El explizit als Heiligtum des Nordreichskönigtums bezeichnet wird (Am 7,13). Die Einfügungen dürften von Hos her beeinflußt sein.[38]

3.3.2.3.   Am 2,9-12

Der heilsgeschichtliche Rückblick setzt den Zuständen in Israel das Handeln Jahwes entgegen. Der durch das Personalpronomen besonders betonte

---

37   So auch H. W. Wolff, (1985) Joel und Amos, 163 + 203.
38   So schon K. Marti, (1904) Dodekapropheton, 168: "Die letzten Worte beider Zeilen sind daher sekundäre Erklärungen, vielleicht veranlasst durch Hos 4,14"; vgl. H. W. Wolff, (1985) Joel und Amos, 163. D. U. Rottzoll, (1996) Studien, 66 schlägt ohne Gründe und deshalb wenig überzeugend vor, eine "priesterlich-dtr Hand" am Werk zu sehen.

Subjektwechsel, der Übergang vom iterativen yiqtol zu w-x-qatal und der Rhythmuswechsel unterstreichen den Einschnitt.[39] Israel unterdrückt die Schwachen, obwohl doch Israels Gott durch die Vernichtung der Amoriter bewiesen hat, daß er dem Schwachen gegen den Widerstand des Starken einen Lebensraum verschafft. Hier ist eine bei Jesaja fester verankerte Thematik zu spüren. Der Vergleich mit den hohen Zedern und starken Eichen begegnet ähnlich in Jes 2,13 bei der Schilderung eines göttlichen Eingreifens. Jahwe hat die Vorbewohner des Landes ausgerodet. Dies kann auch den gegenwärtigen Bewohnern passieren.

In Am 2,10 wird mit w- ʾanoki-qatal die Formation wiederholt, mit der der Rückblick in Am 2,9 einsetzte.[40] Dabei wird historisch vor die Zeit der in Am 2,9 erwähnten Landnahme zurückgegriffen, auf die der Text am Ende von Am 2,10 sogar wieder zurückkommt. Weiter wird von der Rede über Israel (מפניהם 3.m.pl. Am 2,9) zur direkten Anrede (אתכם 2.m.pl. Am 2,10) gewechselt.[41] Auch ist die Verwendung des Tempus wayyiqtol und der nota accusativi für Poesie ungewöhnlich. Da der Parallelismus membrorum vorkommt (Am 2,10a // 10ba; 11aα // 11ab), kann in 2,10-11 andererseits nicht einfache Prosa vorliegen.[42] All diese Beobachtungen sprechen dafür, daß Am 2,10-11 gegenüber Am 2,9 sekundär sind.

Nachdem Am 2,11 mit einer rhetorischen Frage und der Formel נאם יהוה abschließt, lenkt Am 2,12 zur Thematik der Anklage Israels zurück.[43] Der Vers enthält den Gedanken, daß erst die Ablehnung der Propheten Israels Schuld voll macht und Jahwes Strafhandeln heraufbeschwört. Die Formulierung לא תנבאו setzt offensichtlich Am 7,16 (לא תנבא) voraus.[44] Der in Am 7,10-17 berichtete Einzelfall, der in eine bestimmte historische Situation hineingehört, wird in Am 2,12 zum Regelfall gemacht. Ein enger sachlicher Bezug besteht zu den Versen Am 3,7 und Am 9,10, insofern auch an diesen Stellen das Verhalten gegenüber dem Propheten über Heil und Unheil entscheidet. Dafür, daß Am 2,12 mit Am 2,10-11 literarisch zusammengehört,

---

39   Die erste Zeile von Am 2,9 ist wohl als Monokolon aufzufassen, das die Folge relativ
      regelmäßiger Bikola (3+3) in Am 2,6-9 unterbricht.
40   H. W. Wolff, (1985) Joel und Amos, 205-206.
41   In Am 2,9 ist die Lesart מפניכם (2.m.pl.) allerdings sehr gut bezeugt, auch wenn die
      LXX dem MT folgt. MT bietet auf jeden Fall die schwierigere Lesart.
42   Vgl. H. W. Wolff, (1985) Joel und Amos, 172 "vorwiegend prosaisch".
43   Der Vers trägt wiederum Merkmale von Prosa, so das Tempus wayyiqtol, die nota accu-
      sativi und die Zitationsformel לאמר, gleichwohl stellt er einen deutlich erkennbaren
      synonymen Parallelismus dar (12a // 12b), was für die Einstufung als Poesie spricht.
44   W. H. Schmidt, (1965) deuteronomistische Redaktion, 182; H. W. Wolff, (1985) Joel
      und Amos, 207.

spricht die kunstvolle, chiastische Anordnung des Begriffspaars נביאים und
נזרים: In Am 2,11 werden die נביאים in Am 2,12 dagegen die נזרים an erster
Stelle genannt.[45] Zudem hätte die Erwähnung der Propheten ohne die Schilderung ihrer Ablehnung durch Israel kaum eine sinnvolle Funktion im Kontext.[46]

W. H. Schmidt hat die Redaktion, die Am 2,10-12 einfügte, als deuteronomistisch bestimmt und darin viele Nachfolger gefunden.[47]

> Schmidts Gründe sind: (1) die Herausführungsformel, (2) die Erwähnung
> des vierzigjährigen Wüstenaufenthaltes, (3) die Bezeichnung der vorisraeliti-
> schen Landesbewohner als "Amoriter", (4) die Wendung ירש את־ארץ, (5) das
> Lexem קום Hif. zur Bezeichnung des "Erweckens" von Propheten (vgl. Dtn
> 18,15.18), (6) die Zusammenstellung von Herausführung und Widerstand ge-
> gen die Propheten (vgl. Ri 6,8-10; Jer 7,22-26), (7) die direkte Anrede an die
> Hörer, die dem dtn-dtr Predigtstil entspricht. Zusammengenommen zeigen die-
> se Beobachtungen, daß die in Am 2,10-12 greifbare Redaktion in deutlicher
> Nähe zur dtn-dtr Tradition steht.

Trotz der dtr Elemente sollte man, wie schon oben im Falle von Am 2,4,
Lohfinks Warnung vor terminologischer Unklarheit folgen und die Redaktion
nicht als "deuteronomistisch" bezeichnen. So weist Lohfink etwa darauf hin,
daß die Herausführung aus Ägypten in Am 2,10 mit עלה Hif. ausgedrückt
wird. Diese Formulierung komme zwar im "deuteronomistischen Grundkanon"
an 22 Stellen vor, "spezifisch deuteronomistisch" sei jedoch die Verwendung von יצא Hif. (48 Belege).[48]

3.3.2.4.   Am 2,14-15

Wolff hält die Verse Am 2,14-15 für überfüllt: "14b und 15aß sind wahrscheinlich im Interesse der Plerophorie nachgetragen. Denn (1.) der Wortbe-
stand ist nahezu völlig dem Kontext entnommen; (2.) die dreifache Wieder-

---

[45] G. Fleischer, (1989) Von Menschenverkäufern, 38.
[46] G. Fleischer, (1989) Von Menschenverkäufern, 38.
[47] W. H. Schmidt, (1965) deuteronomistische Redaktion, 178-182. Ihm folgen etwa H. W.
Wolff, (1985) Joel und Amos, 205-207; P. Weimar, (1981) Schluß, 98-99; G. Fleischer,
(1989) Von Menschenverkäufern, 36; H. Reimer, (1992) Richtet auf das Recht, 71.73;
M. Köckert, (1992) Gesetz, 152.
[48] N. Lohfink, (1995) deuteronomistische Bewegung, 80-81. Nach W. Groß, (1974) Herausführungsformel, 443 finden sich die engsten Formulierungsparallelen zu Am 2,12 in
Am 3,1; 9,7; Ri 2,2; 6,8; 1 Sam 10,19; Mi 6,4. Differenziert urteilt D. U. Rottzoll,
(1996) Studien: Am dtr Charakter von Am 2,10 hat er keinen Zweifel (57), die Erwähnung der Nasiräer in Am 2,11-12 spreche jedoch nicht für Dtr (60).

holung von (נפשו) לא ימלט wäre für Amos ungewöhnlich; (3.) die beiden Sätze stören den Parallelismus der klar einander zugeordneten Doppelreihen in 14f. und den klimaktischen Aufbau von 14-16: der Schnelle // der Starke → der Bogenschütze // der Streitwagenführer → der beherzteste Vorkämpfer."[49] Insbesondere der dritte Grund ist überzeugend. Die These bleibt lediglich dadurch etwas belastet, daß nicht recht ersichtlich wird, wieso jemand diese Kola hätte nachtragen sollen.[50]

3.4. Am 3-6

Die Kapitel Am 3-6 sind durch deutliche Signale gegliedert. Am 3-4 sind eingeleitet mit der Aufforderung "Hört dieses Wort, das *Jahwe* geredet hat ..." (Am 3,1), während Am 5-6 mit "Hört dieses Wort, das *ich* erhebe ..." (Am 5,1) eröffnet wird. Der erste Teil stellt also Jahwewort, der zweite Prophetenwort dar. Der erste Teil ist durch den Höraufruf in Am 4,1 nochmals untergliedert, der zweite Teil stellt eine umfangreiche Totenklage (קינה, Am 5,1) dar und wird mittels des Weherufs הוי in Am 5,18 und Am 6,1 in drei Teile untergliedert.[51]

Diese Struktursignale decken sich allerdings nicht ganz mit dem Inhalt der entsprechenden Teile. So gehört z.B. der Spruch gegen die "Baschanskühe" in Am 4,1-3 thematisch eng mit den ebenfalls in Samaria lokalisierten Sprüchen von Am 3 zusammen.[52] Trotzdem ist der Höraufruf in Am 4,1 ein eindeutiges Signal, daß im jetzigen Text Am 4,1 einen neuen Abschnitt eröffnet. Diese Spannung läßt vermuten, daß die Gliederung des Textes durch Hörauf- und Weherufe dem dargebotenen Stoff gegenüber sekundär ist.

---

49 H. W. Wolff, (1985) Joel und Amos, 164.
50 Das von Wolff geltend gemachte "Interesse der Plerophorie" erscheint doch etwas dürftig, zumal die dem Ergänzer vorliegende ausgewogene Struktur gestört wird.
51 Die von D. U. Rottzoll, (1996) Studien, 3 aufgezeigte, Am 3-6 umfassende konzentrische Ringstruktur ist in der Tat verblüffend, wenn auch nicht in allen Einzelbestandteilen gleichermaßen einleuchtend. Sie macht die vorgeschlagene, traditionelle Gliederung nicht überflüssig, sondern überlagert sie.
52 So bezeichnet etwa H. Reimer, (1992) Richtet auf das Recht, 74 Am 3,9-4,3 als "Anti-Samaria-Komplex".

3.4.1. Am 3

Am 3 läßt sich in fünf Einzelsprüche untergliedern, die in einer Ringstruktur angeordnet sind:

A			Am 3,1-2	ידעתי פקד
	B		Am 3,3-8	Löwe
		C	Am 3,9-11	ולא־ידעו
	B		Am 3,12	Löwe
A			Am 3,13-15	פקד

3.4.1.1.   Am 3,1-2

Am 3,1-2 leiten mottoartig (darin Am 1,2 vergleichbar) den Komplex Am 3-6 ein. Die Erwähnung des Exodus schafft auch eine Verbindung zur unmittelbar vorhergehenden Israelstrophe (Am 2,10-12). Diese wichtige kompositionelle Stellung innerhalb des literarischen Kontextes macht verständlich, warum gerade an dieser Stelle profilierte redaktionelle Einschreibungen vorgenommen wurden.

Ziemlich deutlich läßt sich Am 3,1b als ein sekundärer Zusatz bestimmen. Erstens ist an das עליכם, das sehr schön die Zeile (3+3) abschließen könnte, sowohl eine Apposition: "Israeliten!" im Vokativ, angeschlossen als auch unter Wiederholung der Präposition על eine weitere Apposition mit Relativsatz. Diese sehr überladene Explizierung der Adressaten läßt deutlich auf einen sekundären Nachtrag schließen. Zweitens ist Am 3,1b, im Gegensatz zu Am 3,2, kaum als Poesie aufzufassen.

Der Zusatz Am 3,1b formuliert das Exodusbekenntnis in den gleichen Worten wie schon Am 2,10. Mit dem Hinweis auf den Exodus wird die entscheidende Gotteserfahrung zur Sprache gebracht, die im Dtn so oft gerade Gesetze zum Schutz von sozial Schwachen motiviert und inspiriert (vgl. etwa die Gesetzgebung zur Schuldsklaverei, Dtn 15,15). Es liegt nahe, den Versteil deshalb der gleichen D-Redaktion zuzuschreiben. Zweitens wird durch den Zusatz expliziert, worin denn die in Am 3,2 angesprochene intime Vertrautheit (ידע) Israels mit Jahwe besteht. Dabei wird ידע in Anlehnung an Hos 13,5 mit dem Exodus in Verbindung gebracht. Für Israel geht es nicht mehr nur um Heil oder Unheil, Tod oder Leben, es geht zuerst einmal darum, ob Israel seine Identität bewahrt, die aus der Zuwendung Jahwes und der Geschichte mit ihm entspringt, oder ob es sich selbst verliert.

Der nach der Ausscheidung von Am 3,1b in Am 3,1a verbleibende Text weist einige wenige Bezüge zu Gliederungsformeln in Hos auf: Der Imperativ שמעו begegnet auch in Hos 4,1; 5,1, der Ausdruck בני ישראל begegnet ebenfalls in Hos 4,1, und דבר Piel findet sich in Hos 1,2 wieder. Dabei sind weniger die Einzelbezüge für sich genommen aussagekräftig, sondern ihre Häufung und die vergleichbare strukturelle Funktion als eine Art Überschrift über einen Großabschnitt. W. H. Schmidt hat deshalb überlegt, ob nicht auch Am 3,1a sekundär sei und der dtr Redaktion zugewiesen werden müßte.[53] Dazu ist zu sagen, daß der Ausdruck בני ישראל innerhalb von Am 3,1a nachgetragen sein dürfte. Er bildet eine unmotivierte Dopplung zur Anrede עליכם und erscheint auch rhythmisch überschießend.[54] Sollte dies zutreffen, so wäre der stärkste Bezug zwischen Am 3,1a und Hos 4,1; 5,1 erst der Redaktion zu verdanken.[55] Die dann noch verbleibenden Bezüge dürften sich in ausreichender Weise durch die Annahme erklären lassen, daß Höraufrufe zum Standardrepertoire eines Redners gehörten und sich deshalb auch im Rahmen der schriftlichen Aufzeichnung als Gliederungsmarker anboten.

Die Anklänge an hoseanische Begrifflichkeit sind auch in Am 3,2 außerordentlich stark.[56] Zugespitzt kann man sagen: In Am 3,2 wird mittels hoseanischer Begriffe die amosische Botschaft der Kapitel 3-6 mottoartig überschrieben. Dies könnte dafür sprechen, daß das בני ישראל in Am 3,1a und der Vers Am 3,2 zur gleichen Redaktionsstufe gehören. Auf jeden Fall gehört Am 3,2 vor die dtr Schicht, da Am 3,1b Begriffe aus Am 3,2 aufnimmt und insgesamt als eine Präzisierung des relativ unbestimmt gelassenen (ידעתי) aus Am 3,2 gut verstanden werden kann.[57] Mit dem folgenden Vers Am 3,3 verbindet Am 3,2 das Wortspiel ידע – יער. Es erscheint denkbar, daß Am 3,2 seinerseits als eine Vorbereitung der Fragenreihe eingefügt wurde. Ohne Am 3,1b.2.7 liegt der Ton der Fragenreihe darauf, daß die unwiderstehliche Kraft des Redens Jahwes herausgestellt werden soll, die Amos zum Prophezeien

---

53   W. H. Schmidt, (1965) deuteronomistische Redaktion, 174. Er gab dabei zu bedenken, daß Am 3,1a und 1b kaum auf der gleichen redaktionellen Ebene angesiedelt werden können.

54   Am 3,1a ist am ehesten als ein Bikolon aufzufassen, in dem der Relativsatz אשר דבר יהוה עליכם בני ישראל das 2. Kolon darstellt. Betrachtet man בני ישראל als Zusatz, so würde die rekonstruierte Urfassung dieses Höraufrufs eine größere Gleichgewichtigkeit erhalten (4+4 Worte, wenn man die Nota accusativi im ersten Kolon mitzählt).

55   Der gleiche Redaktor wird auch in Am 3,12 den Ausdruck בני ישראל zugefügt haben, wo er noch viel deutlicher als in Am 3,1a das Gleichgewicht der Kola stört.

56   Wie J. Jeremias, (1996c) Anfänge, 42-45 zeigen konnte. Eine genauere Behandlung dieser Stelle wird in Kapitel 4.3. erfolgen.

57   D. U. Rottzoll, (1996) Studien, 111 beachtet diese Indizien nicht und mißt der von ihm beschriebenen Ringstruktur zu große argumentative Kraft zu. Er berücksichtigt zu wenig, daß diese Ringstruktur selbst gewachsen sein kann.

treibt. Am 3,2 hingegen liefert die Begründung, warum Jahwe sich wie ein beutehungriger Löwe auf Israel stürzt.

Auf Grund der Analyse der Überschrift (Am 1,1) haben wir mit mindestens zwei vor-deuteronomistischen Redaktionsstufen zu rechnen: mit einer Wortesammlung (Am 3-6*) und einer Schrift, die auch schon Völkersprüche und Visionen einschloß (Am 1-9*). Dieser Vorgabe würde es sich zwanglos einfügen, wenn Am 3,1a* der Wortesammlung und Am 3,2 der Tradentenfassung zuzurechnen wäre.

Eine Schwierigkeit bildet allerdings der Umstand, daß Am 3,2 einen integralen Bestandteil der in Am 3 vorliegenden Ringstruktur bildet. Man vgl. nur die wichtige Opposition zwischen ידעתי (Am 3,2) und לא־ידעו (Am 3,10) und die Rahmung des gesamten Kapitels durch das Lexem פקד (Am 3,2 // Am 3,14). Es stellt sich also die Frage, ob die Ringstruktur erst redaktioneller Herkunft ist, oder schon die den Tradenten vorliegende Wortesammlung geprägt hat. Läßt man Am 3,2 als sekundär außen vor, so bleibt von der Ringstruktur lediglich die Erwähnung des Löwen in Am 3,4.8 und Am 3,12 übrig. Das ist zwar als Stichwortanschluß, aber nicht als Ringstruktur einzustufen. Diese wurde vielmehr erst durch die Einfügung von Am 3,2 (und dem ebenfalls sekundären Abschnitt Am 3,13-14) geschaffen.[58]

3.4.1.2.   Am 3,3-8

Mit Am 3,3 beginnt ein neuer Abschnitt. Eine sich steigernde Fragenreihe führt ein neues Thema ein: die Legitimation prophetischen Redens. Innerhalb des Abschnittes läßt sich sehr deutlich Am 3,7 als Einschub abheben, da der Vers sowohl den durchgehenden Fragestil als auch die poetische Struktur des Abschnitts (vielleicht handelt es sich sogar um reine Prosa[59]) durchbricht.

---

[58]   Die Wortesammlung hat vermutlich eine mündlich vorliegende Sammlung von Samaria-Sprüchen (Am 3,9-4,3*) mit der Fragenreihe Am 3,3-8* eingeleitet, ohne eine Ringkomposition zu intendieren.

[59]   F. I. Andersen / D. N. Freedman, (1989) Amos, 392-393 argumentieren, daß Am 3,7 "an integral part" des ganzen Abschnitts sei. Die auch von ihnen festgestellten Kohärenzbrüche (z.B. 392: "the prophet shifts here from metaphoric language to the substance of his argument") erklären sich jedoch ungezwungener durch die Annahme einer redaktionellen Einfügung. Eine Inkonsequenz der beiden Autoren beleuchtet die Schwierigkeit, Am 3,7 als Poesie einzustufen. Im Rahmen der Übersetzung des Verses (383) unterteilen sie ihn, in durchaus naheliegender Weise, in zwei Kola, nämlich 7a // 7b. Im Rahmen ihrer Silbenzählung (385) unterteilen sie ihn aber in vier Kola! Nur durch diese Inkonsequenz entsteht der Eindruck, daß sich Am 3,7 nahtlos in die quantitative Silben-Struktur des Abschnitts einfüge. Würde man der Einteilung der Übersetzung folgen,

Auch dieser Vers enthält Formulierungen, die für den dtn-dtr Traditionsraum charakteristisch sind. Eindeutig ist in dieser Hinsicht die Phrase "seine Knechte, die Propheten".[60] Andererseits ist die Rede vom סוד, den die Propheten offenbaren, innerhalb des DtrG nicht belegt (nächste Parallele ist Jer 23,22). Die enge sachliche Parallelität von Am 2,12 und Am 3,7 legt die Vermutung nahe, daß beide Verse der gleichen Redaktion angehören.

Ich gehe davon aus, daß der Prophet Amos selbst die Fragenreihe Am 3,4-6.8 in einem Diskussionszusammenhang, in dem er sich gegen nicht mehr genauer rekonstruierbare Vorwürfe zur Wehr setzen mußte, verwendet hat. Der ursprüngliche Kontext ist kaum mehr zu rekonstruieren, weil die Fragenreihe jetzt nicht mehr auf ein bestimmtes Wort, sondern auf den Spruchkomplex Am 3-6 als Ganzes zuführt, der die öffentliche Verkündigung des Amos zusammenfassen soll.

Die Tradenten haben diese Fragenreihe als Eröffnung einer Wortesammlung gewählt und ihr dadurch eine grundsätzliche Legitimationsfunktion zuerkannt, die sie in der mündlichen Verkündigung so wohl kaum hatte. Es erscheint naheliegend, daß die gleichen Tradenten auch Am 3,1a* vorangestellt haben.

Am 3,7 nimmt Formulierungen aus seinem unmittelbaren Nahkontext (Am 3,6 und Am 3,8) auf, um den anstößigen Satz Am 3,6b zu präzisieren, wonach Jahwe Unheil in einer Stadt bewirkt.[61] Amos selber dürfte unter "Unheil" (רעה) wohl jede Form von Unglück verstanden haben und führt solches Unglück ohne erkennbare theologische Probleme auf einen allgegenwärtig wirkenden Gott zurück. Eine solche Aussage ist ziemlich singulär und von der Redaktion so auch nicht mehr verstanden worden.[62] Vielmehr versteht sie unter "Unheil" das göttliche Strafgericht, das über Samaria (und später über Jerusalem) kommt.[63] So macht nach Meinung der Redaktion auch die Aussage erst Sinn, daß Jahwe das Unheil "vollstrecke" (עשׂה).

---

würden sich die Quantitätsverhältnisse jedoch deutlich von denen der anderen Bikola unterscheiden, was für ihren redaktionellen Charakter spräche.

60 W. H. Schmidt, (1965) deuteronomistische Redaktion, 185-187.

61 Es fällt auf, daß es zur Wendung נגלה סוד nur in Spr 11,13; 20,19 Parallelen gibt. Das spricht dafür, daß die D-Schicht ihr Anliegen in einer Weise ausdrückt, wie sie nicht zum Standardrepertoire der dtn-dtr Tradition gehörte.

62 Erst DtJes (Jes 45,7) kann eine solche Aussage als äußerste Zuspitzung seiner monotheistischen Konzeption wagen.

63 רעה ist vor allem in Mi 3,11 (vgl. רע in Mi 1,12); Jer 18,11; 26,19; 28,8 u.ö. in dieser Weise gefüllt. Vgl. schon Am 9,4, wo das Lexem im Kontext der Bestrafung Israels verwendet wird! Die namenlose Stadt in Am 3,6 kann im Kontext der Amosschrift eigentlich nur Samaria sein.

Für die Redaktion kommt es aber darauf an, daß Jahwe dieses Unheil nicht automatisch über Israel bringt. Da alle Fragen in Am 3,3-6 davon ausgehen, daß die genannten Phänomene *notwendig* miteinander verknüpft sind, klingt Am 3,6 so, als würde Jahwe auf Verfehlungen Israels ganz unwillkürlich mit Strafe, also dem Vollstrecken des Unheils, reagieren. Der Zusammenhang von Schuld und Strafe/Unheil kann aber prinzipiell durchbrochen werden. Die D-Redaktion will festgehalten wissen: Jahwe stürzt sich nicht auf Israel wie ein beutehungriger Löwe, er will Israel nicht strafen, sondern verschonen. Und genau da liegt nach dem Verständnis der Redaktion auch die Aufgabe der Propheten, nämlich zuvor bekannt zu machen, daß Jahwe Unheil plant. Dies geschieht, um das Strafgericht durch Umkehr zu vermeiden (2 Kön 17). Und genau so wird Amos auch interpretiert: er ist der letzte Prophet, den Jahwe gesandt hat, um das Nordreich Israel zur Umkehr zu rufen.[64]

Zudem wird erst durch die Einschaltung von Am 3,7 die in Am 3,8 enthaltene Doppelfrage logisch zwingend. Ohne Am 3,7 würde die Pointe in Am 3,8 "lediglich" auf Verblüffungstechnik beruhen[65], denn in Am 3,8 steckt ein logisches Problem: Wenn Amos sich auf das Reden Jahwes beruft und dieses in Analogie setzt zum Brüllen des Löwen, könnten die Gegner diesen Vergleich problematisieren: Hat denn Jahwe wirklich geredet? Wir haben sein Reden/Brüllen nicht gehört! Weil Amos das Reden Jahwes und das Auftreten von Propheten als zwar aufeinander bezogene, aber doch voneinander unterscheidbare Ereignisse auffaßt, müßte prinzipiell das Reden Jahwes auch einem Nicht-Propheten zu Gehör kommen können.[66] Diesem möglichen Einwand kann Am 3,7 begegnen. Das Reden Jahwes wird nämlich als das Kundmachen des סוד, des himmlischen Ratschlusses, verstanden. Dieser Form göttlicher Mitteilung werden nur die Propheten teilhaftig. Israel hat keinen anderen Zugang zum Ratschluß Jahwes als über die Propheten, es kann Jahwes Reden gar nicht unabhängig von einem Propheten vernehmen. Metaphorisch ausgedrückt: Das Brüllen des Löwen ist mit dem Auftreten von

---

[64] Die moderne exegetische Debatte um das Verständnis der schockierenden Botschaft des Amos, ob nämlich Amos' Verkündigung auf Umkehr ziele oder nicht (vgl. dazu etwa L. Markert / G. Wanke, (1976) Propheteninterpretation), hat also bereits im Alten Israel ihre Vorläufer.

[65] Die abschließende Doppelfrage in Am 3,8 setzt ja voraus, daß Jahwe durch sein Reden Propheten beruft und daß dies ein erwartbarer Regelfall ist, mit dem die Hörer rechnen können. Der Plural "Propheten" steckt also implizit bereits in Amos' rhetorischer Frage in Am 3,8.

[66] Es sieht ganz so aus, als würden Am 7,14-15 auch tatsächlich so argumentieren. Der Nicht-Prophet Amos hört Jahwe und übernimmt deshalb prophetische Funktionen (vgl. H. Utzschneider, (1988) Amazjaerzählung).

Propheten identisch. Israel ist vor die Entscheidung gestellt, Amos als einen der Propheten anzuerkennen, die Jahwe regelmäßig zur Warnung Israels dem beschlossenen Unheil vorausschickt.[67] Nach der Meinung der Redaktion muß Israel immer mit der Möglichkeit rechnen, daß Jahwe Unheilspropheten sendet, kann aber keine weiteren Legitimationsakte vom Propheten verlangen als die Evidenz der angesagten Drohung selbst.

3.4.1.3.   Am 3,9-11

Wie bereits oben erwähnt, verweist die Erwähnung der "Paläste" und der Völker auf die Völkersprüche zurück (ארמנות in Am 1,4.7.10.12.14; 2,2.5).[68] Jetzt schickt Jahwe, darin dem Feuer in den Völkersprüchen vergleichbar, den Propheten in das Zentrum der Macht, nach Samaria, in dem die gleichen Paläste stehen, wie in den Machtzentren der Nachbarvölker. Diese starken kompositionellen Bezüge lassen vermuten, daß Am 3,9-11 im Zuge der Verknüpfung von Völkersprüchen und Worte-Sammlung (Am 3-6*) redaktionell eingefügt wurde.[69] Da der Spruch zugleich als Zentrum der Ringstruktur von Am 3 dient, liegt es nahe, daß die Formulierung von Am 3,9-11 in direktem Zusammenhang mit der kompositionellen Gestaltung von Am 3 stand. Das würde bedeuten, daß die Erweiterung der Worte-Sammlung durch die Völkersprüche zugleich mit einer Überarbeitung der Worte-Sammlung geschah. Sollte dies der Fall sein, hätte man Am 3,9-11 zusammen mit Am 3,2 und Am 3,13-14 der Tradentenfassung zuzuschreiben.

3.4.1.4.   Am 3,13-14

Die Verse fallen durch ihre Anrede an eine unbestimmte Adressatengruppe, der eine wichtige Funktion für das "Haus Jakob" beigemessen wird, deutlich aus dem Kontext heraus. Mitten in einem Zusammenhang, der sich gegen Samaria richtet (Am 3,12.15) erscheint recht unvermittelt ein Wort gegen Bet-El. Dies spricht dafür, Am 3,13-14 als redaktionelle Zufügung zu verstehen.[70] Diese Zufügung geschieht genau an der Stelle, an der in Am das erste

---

67 Amos wird von DtrR hineingestellt in eine Serie von Propheten. DtrR denkt vermutlich an Propheten des DtrG (sicherlich an Elija) und Hosea.

68 Auf die Völkersprüche verweist auch das Partz. von ישב in Am 3,12 (vgl. Am 1,5.8).

69 H. Reimer, (1992) Richtet auf das Recht, 157-160 erklärt diese Bezüge damit, daß Am 1-6* einen ursprünglichen literarischen Zusammenhang gebildet haben.

70 Die ungewöhnlich lange Gottesprädikation ist wohl ein noch späterer Zusatz, der im Zusammenhang mit der Einfügung der Hymnenfragmente stehen könnte.

Mal das Stichwort נצל "retten" gebraucht wird (Am 3,12). Dies wird kaum ein Zufall sein. Die Redaktion muß den Vers Am 3,12, der das Bild einer totalen Vernichtung der Schuldigen zeichnet, als Hinweis auf ein mögliches Entkommen verstanden haben.[71] Eine ungenannte Hörergruppe wird aufgefordert, das "Haus Jakob" auf diese Rettungsmöglichkeit hinzuweisen (vgl. Am 9,8).

Da insbesondere Am 3,14 mit dem zweimaligen Vorkommen des Verbs פקד deutlich mit Am 3,2 verbunden ist, liegt es nahe, beide Verse der gleichen Schicht zuzurechnen. Wie im nächsten Kapitel noch genauer zu zeigen sein wird, ist der Gedanke, daß zur Samaria-Kritik auch eine Kritik von Bet-El hinzugehört, d.h. zur Hauptstadt auch der Altar, für Hosea charakteristisch. Die Erwähnung einer Vielzahl von Altären erinnert an die Zusätze in Am 2,8.[72]

Innerhalb von Am 3 lassen sich also zwei Schichten unterscheiden: die ältere umfaßt Am 3,1a.3-6.8 und das Samariawort Am 3,12.15, der jüngeren sind Am 3,2; Am 3,13-14 und wohl auch die Phrase בני ישראל in Am 3,1a und Am 3,12 zuzurechnen. Schwer zu entscheiden ist die Zugehörigkeit von Am 3,9-11. Die Verse dienen der Verknüpfung mit den Völkersprüchen und dürften von daher zur jüngeren Schicht gehören.[73] Für unsere Zwecke kann die Frage aber unentschieden bleiben.

3.4.2. Am 4

Der Höraufruf in Am 4,1 markiert deutlich den Beginn eines neuen Abschnitts, der das gesamte Kapitel 4 umfaßt. Drei formale Einheiten lassen sich unterscheiden: Am 4,1-5; Am 4,6-11; Am 4,12-13.[74]

---

[71] Ich stimme H. Reimer, (1992) Richtet auf das Recht, 82 darin zu, daß Am 3,12.15 in seiner ältesten Gestalt nur von einer Bestrafung der obersten Spitzen Samarias sprach. Die Vernichtung sollte vor allem diejenigen treffen, die sich prunkvolle Betten leisten konnten. Reimers These ist noch überzeugender, wenn man sieht, daß die Phrase בני ישראל in Am 3,12 sekundär ist.

[72] G. Fleischer, (1989) Von Menschenverkäufern, 43: "Der Ausdruck כל מזבח findet nämlich seine sachliche Entsprechung innerhalb des Amosbuches in 3,14bα, wo von den Altären (Pl.!) Bethels gesprochen wird. Der Bezug zu diesem Vers wird noch durch die Formulierung בית אלהיהם verstärkt, die als bewußte Anspielung auf Bethel aufgefaßt werden kann."

[73] Meist wird Am 3,9-11 jedoch zur Grundschicht gerechnet. So etwa H. W. Wolff, (1985) Joel und Amos, 230; H. Reimer, (1992) Richtet auf das Recht, 95.

[74] Man könnte fragen, ob man nicht fünf formale Einheiten unterscheiden könnte, die in Analogie zu Am 3 in Form einer Ringstruktur gruppiert wären (A = Am 4,1-3; B = Am

3.4.2.1.　Am 4,1-5

Am 4,1-3 erscheint zunächst als ein formal in sich geschlossenes Gerichtswort gegen bestimmte Bewohner Samarias, vornehmlich gegen Frauen.[75] Am 4,4-5 sind asyndetisch an Am 4,1-3 angeschlossen. Da keine neuen Adressaten eingeführt werden, wird in Am 4,4 der Imperativ von Am 4,1 bruchlos fortgeführt. Man muß Am 4,4 zunächst so verstehen, als würde der Kultbetrieb der Oberschicht von Samaria kritisiert. Erst in Am 4,5 kommt mit der Phrase בני ישראל ganz Israel als Adressat in den Blick. Diese Anrede kommt sehr unvermittelt und stört die ansonsten ganz gleichgewichtigen Quantitätsverhältnisse von 3+3 Worten in den Versen Am 4,4-5. Dies läßt vermuten, daß בני ישראל wie auch schon in Am 3,1a.12 nachträglich eingeführt wurde, um den in Am 4,1 angeredeten Adressatenkreis auf ganz Israel auszuweiten.

Die kompositionelle Verbindung von Samariakritik (Am 4,1-3) und Kultkritik (Am 4,4-5) ordnet beide Themen einander zu, ohne daß expliziert wäre, wie sich beides zueinander verhält. Weder weist Am 4,1-3 auf Am 4,4-5 voraus, noch Am 4,4-5 auf Am 4,1-3 zurück. Vielleicht ist es aber gerade das, was ausgesagt werden soll: Unterdrückung von Schwachen und kultische Verehrung Jahwes laufen unverbunden nebeneinander her, als würde sich beides nicht gegenseitig ausschließen.

3.4.2.2.　Am 4,6-11

Mit der Formation w-x-qatal wird zeitlich vor das in Am 4,1-5 kritisierte Treiben in Samaria und Bet-El zurückgegriffen. Jahwe blickt zurück auf das, was er alles unternommen hatte, um Israel auf den Weg zu sich selbst zurückzuführen. Fünf Züchtigungen, die Jahwe in pädagogischer Absicht über Israel gebracht hatte, haben Israel nicht wieder zu Jahwe zurückgeführt. Worin die Umkehr Israels konkret hätte bestehen sollen, wird zwar nicht explizit gesagt, aber man kann aus dem adversativen Anschluß an Am 4,1-5 folgern, daß Jahwe die Abstellung der dort beschriebenen Mißstände auf ethischem (Am 4,1-3) und kultischem Gebiet (Am 4,4-5) erwartet hat.[76]

4,4-5; C = Am 4,6-11; B' = Am 4,12; C' = Am 4,13). Dafür, daß eine solche Struktur intendiert wäre, gibt es jedoch kaum Anhaltspunkte.

[75]　In Am 4,1-3 geht die Anrede mittels mask.pl. und fem.pl. unmotiviert durcheinander.

[76]　Vgl. W. Rudolph, (1971) Amos, 172 nach dessen Interpretation die Umkehr zu Jahwe in Gegensatz steht zur Hinwendung zu Jahwe vermittels eines verfehlten Opferkultes.

Schon H. W. Wolff hat nachgewiesen, daß Am 4,6-11 in seinem Kontext
sekundär ist.[77] Da in Am 4,6 mit וגם־אני und in Am 4,7 mit וגם אנכי an den
Vorgängerkontext adversativ angeknüpft wird, setzt Am 4,6-11 ganz offensichtlich den Textabschnitt Am 4,1-5 bereits voraus.

Der Textabschnitt ist allerdings in sich literarisch nicht einheitlich, sondern redaktionell weiter ergänzt worden. Ziemlich sicher läßt sich Am 4,7aß-
8a als ein Nachtrag ausgrenzen.[78] *Erstens* verlängert er die zweite Strophe
gegenüber den anderen vier erheblich, was deren Gleichmaß empfindlich
stört. *Zweitens* kommt der Wechsel in den Tempora, von qatal (Am 4.6.7) zu
w-qatal und yiqtol, sehr unmotiviert. Es hat ganz den Anschein, als würde
vom Rückblick in die Vergangenheit (qatal) plötzlich in die Zukunft gewechselt (w-qatal). *Drittens* paßt auch der Inhalt nicht recht zum Rest des Abschnitts. Am 4,7b-8 verlagern das Gewicht weg von der Schilderung einer
Dürre hin zu einer mirakelhaften Verteilung der Dürre, die dazu führt, daß es
unter den Städten zu so etwas wie Verteilungskämpfen um die letzten Was-
serreserven kommt.

Scheidet man Am 4,7b-8 als Nachtrag aus, so verbleibt trotzdem noch
kein kolometrisch wohlgeformter Text.[79] Es will jedoch nicht gelingen, einen
solchen literarkritisch zu rekonstruieren. Nur die Worte ותאניכם וזיתיכם
יאכל הגזם in Am 4,9 lassen sich noch mit gewisser Wahrscheinlichkeit als
Nachtrag bestimmen, da ihre sprachliche Nähe zu Joel 1,6-7 auffällt (גזם für
Heuschrecke).[80] Es wäre gut denkbar, daß es sich um einen bewußten Querverweis auf Joel handelt.[81] Er würde dann, zusätzlich zu den von Nogalski
festgestellten Verkettungsphänomenen, belegen, daß man einmal Amos redaktionell auf Joel bezogen hat.

Scheidet man die angegebenen Zusätze aus, ist zu fragen, welcher Schicht
der *Grundtext* von Am 4,6-11* zugeordnet werden kann. Wolff, der Am 4,6-
13 als eine literarische Einheit behandelt, lehnt es ab, die Passage der deute-

---

77 H. W. Wolff, (1985) Joel und Amos, 253.
78 Schon K. Marti, (1904) Dodekapropheton, 183 hat Am 4, aßb als "Randglosse" ausge-
    schieden, Am 4,8 freilich im Grundtext belassen.
79 Der fünfmal identisch formulierte Kehrvers nährt die Erwartung, es müßte sich ein
    ebenmäßig geformter poetischer Text rekonstruieren lassen.
80 M.E. ist auch das Kolon ואעלה באש מחניכם ובאפכם in Am 4,10 als Nachtrag zu be-
    stimmen. Am 4,10 ist gegenüber den anderen Strophen recht lang, und der Wechsel zu
    wayyiqtol ist auffällig. Auch in diesem Fall könnte die Leserschaft an Joel 2,11 erinnert
    werden sollen, auch wenn dieser Bezug wegen seiner geringen Signifikanz offen blei-
    ben muß.
81 Schließlich spielt ja auch die Umkehrforderung eine zentrale Bedeutung für Joel (Joel
    2,12-14).

ronomistischen Schicht zuzuweisen.[82] Er betrachtet sie vielmehr als Bestandteil der Redaktion der Joschija-Zeit.[83] Seine wesentlichen Argumente stützen sich jedoch lediglich auf Am 4,12-13. Dieses hymnische Fragment halte ich jedoch für literarisch später, auch wenn es an passender Stelle nachgetragen wurde.[84] Wolff hat andererseits gezeigt, wie eng Am 4,6-11 mit 1 Kön 8,33-40 verwandt ist.[85] Man kann sogar sagen: Erst auf dem Hintergrund der Konzeption von 1 Kön 8 kommt die ganze Sinndimension der Amospassage zum Vorschein. Daß die Plagen, die Jahwe seinem Volk schickt, Strafe für Ungehorsam sind, ist gedankliches Gemeingut aller in Frage kommenden Vergleichstexte: Lev 26; Dtn 28 und 1 Kön 8. Daß die Plagen auf die Umkehr Israels zielen und im Falle der Umkehr revozierbar sind, verbindet Lev 26 und 1 Kön 8. Daß zur Umkehr zu Jahwe die Hinwendung zum Heiligtum in Jerusalem gehört, drückt so nur 1 Kön 8 aus. Von dieser Konzeption her wird jedoch verständlich, warum Am 4,6-11 an den gegen die Hauptheiligtümer des Nordreichs gerichteten Spruch Am 4,4-5 angeschlossen wurde. Israel sollte sich von diesen Heiligtümern ab, und stattdessen Jahwe, und das impliziert: dem Tempel in Jerusalem, zuwenden. Hat das fünfstrophige Gedicht Am 4,6-11* schon deutliche Affinität zu 1 Kön 8, so ist die redaktionelle Verknüpfung der Passage mit Am 4,4-5 erst recht nur von 1 Kön 8 her voll verstehbar.[86] Lev 26 gehört dagegen in die Nachgeschichte von Am 4,6-11*. Da das Tempelweihgebet des Salomo in 1 Kön 8 zu den großen Redeteilen des DtrG gehört, in denen sich die Theologie des Deuteronomisten ungehindert ausspricht, ist die Weigerung Wolffs, Am 4,6-11 seiner deuteronomistischen Schicht zuzuweisen, zumindest aus traditionsgeschichtlicher Sicht nicht nachvollziehbar.[87] Ich rechne deshalb Am 4,6-11* der D-Schicht zu.[88]

---

[82] H. W. Wolff, (1985) Joel und Amos, 257, gegen Köhler. Auch W. H. Schmidt, (1965) deuteronomistische Redaktion, betrachtet Am 4,6-13 nicht als Bestandteil der dtr Redaktion.

[83] H. W. Wolff, (1985) Joel und Amos, 258.

[84] Dies konnte etwa W. Brueggemann, (1965) Amos 4,4-13, zeigen. Neuerdings wurde die enge Zusammengehörigkeit von Am 4,6-11 mit Am 4,12-13 von J. Jeremias, (1996f) Mitte, 200-206 neu begründet, der hinter Am 4,6-13 ein Bußritual der Exilszeit sieht.

[85] H. W. Wolff, (1985) Joel und Amos, 252-254.

[86] Darauf hat schon H. W. Wolff, (1985) Joel und Amos, 254 hingewiesen: "Kein Text verknüpft die Reihe der Züchtigungsplagen, das Umkehrthema und den Lobpreis des Jahwenamens so wie 1 Kö 8,33ff." Also nicht nur der antithetische Bezug auf Am 4,4-5, sondern auch die Fortführung mit der Doxologie in Am 4,12-13 hat in 1 Kön 8,33-35 seine Sachparallele.

[87] An Berührungen zum dtn-dtr Sprachraum kann man noch nennen, daß חסר (Am 4,6) nur noch in Dtn 28,48.57 vorkommt. Die Umstürzung von Sodom und Gomorra ist eine

3.4.2.3.   Am 4,12-13

An Am 4,6-11 schließt sich eine Ankündigung eines nochmaligen Eingreifens Jahwes an. Der Vers Am 4,12 ist schwierig zu interpretieren, aber man kann doch verschiedenes deutlich erkennen. Das "darum", mit dem Am 4,12 beginnt, läßt erwarten, daß Jahwe nun auf die verweigerte Umkehr reagiert. Eine weitere pädagogische Züchtigung im Stile der bisherigen Aktionen Jahwes ist deshalb nicht zu erwarten. Das zukünftige Handeln, das Jahwe nun ankündigt, muß sich kategorial von den bisherigen Aktionen unterscheiden. Diese Neuartigkeit paßt sehr gut dazu, daß in Am 4,12bβ eine direkte Begegnung mit dem Gott Israels angekündigt wird.[89] Nachdem Israel nicht zu Jahwe umgekehrt ist, kommt nun Jahwe auf Israel zu. Welcher Art wird diese Begegnung sein? Explizit ist darüber nichts gesagt. Der Imperativ "mach dich bereit!" räumt Israel wohl eine allerletzte Chance ein.

Mit Am 4,13 folgt auf den Imperativ ziemlich unvermittelt ein hymnisches Fragment. In welcher Weise das Fragment auf Am 4,12 bezogen ist, ist schwierig zu bestimmen. So wird zwar das Stichwort עשׂה aus Am 4,12 aufgegriffen, aber im Gegensatz zu Am 4,12, der ein zukünftiges Handeln Jahwes ins Auge faßt, ist nun von einem dauernden (qotel) Handeln die Rede. Das unmittelbar vorher direkt angeredete Israel kommt ebenfalls nicht mehr vor, stattdessen wird vom Menschen (אדם) gesprochen. Im Unterschied zu Am 4,6-11 thematisiert Am 4,13 nicht mehr das Geschichts-, sondern das Schöpferhandeln Jahwes. Ethische Kategorien wie Schuld, Strafe, Reue und

---

wenig belegte Formel, die, gegen Israel gerichtet, nur noch in Dtn 29,22 vorkommt (ansonsten Jes 13,19; Jer 49,18; 50,40; vgl. H. W. Wolff, (1985) Joel und Amos, 252). Wolff weist weiter daraufhin, daß nur 1 Kön 8 Umkehrforderung, Plagen und Lobpreis des Namens Jahwes miteinander verbindet (254). Diese Beobachtung ist von J. Jeremias, (1996f) Mitte, noch verstärkt worden. Er sieht in 1 Kön 8,33ff ein Schema zu Grunde liegen, das er zwar modifiziert, aber doch deutlich auch in Am 4,6-13 wiedererkennt: Schuld - Strafe - Umkehr - Lobpreis - Bitte um Erbarmen mit Schuldbekenntnis - Erhörung - Vergebung und Wende. Jeremias weist auch darauf hin, daß nur in 1 Kön 8 nach jeder einzelnen Plage die Umkehr zum Thema wird. Im Unterschied dazu ist in Lev 26 erst nach allen Plagen insgesamt von Umkehr die Rede.

[88]   Man kann auch darauf verweisen, daß Am 4,6-11* in ähnlicher Weise wie Am 2,10-12 und Am 3,1b Israels Schuld mit Jahwes Verhalten in der Geschichte konfrontieren.

[89]   Die Phrase לקראת אלהים ist aus den Sinaierzählungen als Ankündigung für die persönliche Begegnung mit Jahwe bekannt (vgl. Ex 19,11.15.17). Das כה "so" in Am 4,12 ist dabei sehr gut als Hinweis auf das folgende zu verstehen. Schwierig ist jedoch Am 4,12bα, der keinen rechten Sinn machen will; insbesondere das זאת, das normalerweise auf den Vorgängerkontext verweist, widerspricht eigentlich dem כה in Am 4,12a. Eine unerklärliche Spannung liegt auch darin, daß einerseits eine weitere Aktion Jahwes angekündigt wird (עשׂה), andererseits aber eine Begegnung mit Jahwe selbst.

Umkehr, wie sie Am 4,6-11 zu Grunde lagen, spielen keine Rolle mehr, es geht vielmehr überwiegend um Phänomene der unbelebten Welt. Nur die Aussage "er teilt einem Menschen mit, was sein Vorhaben ist" fällt aus dem Rahmen, ethische Kategorien wendet aber auch sie nicht an.

Das alles spricht dafür, daß Am 4,13 ursprünglich mit seinem jetzigen Kontext nichts zu tun hatte. Am 4,12 dagegen erscheint auf seinen jetzigen Kontext hin formuliert zu sein, auch wenn er in seiner inhaltlichen Substanz ebenfalls nicht in den Kontext paßt. Man wird den Befund so deuten können, daß ein vorformuliertes Hymnenfragment mittels des Verses Am 4,12 in den hiesigen Zusammenhang redaktionell eingebunden wurde.

Innerhalb von Am 4 haben wir also mindestens vier Schichten zu unterscheiden. Die älteste Schicht bildet Am 4,1-5. Diese Verse werden der Wortesammlung zuzurechnen sein. Am 4,6-11* setzt diesen Bestand bereits voraus und ist der D-Schicht zuzuweisen. Später als die D-Schicht liegt Am 4,(12-)13.[90] Die Zusätze zu Am 4,6-11* sind noch später anzusetzen. Am 4,7b-8 bietet zu wenig Anhaltspunkte, um diesen Zusatz einer Schicht zuzuordnen. Der Zusatz in Am 4,9 würde als redaktioneller Querverweis auf Joel guten Sinn machen.

3.4.3. Am 5,1-17

Am 5-6 ist eine kompositionelle Großeinheit, die durch die Überschrift von Am 5,1 als Prophetenwort ausgewiesen ist. Amos stimmt die Totenklage (קינה) an. Dieses Thema hält die Kapitel 5-6 zusammen. Der langgezogene Schmerzensruf הוי markiert eine dreifache Unterteilung: Am 5,1-17; Am 5,18-27 und Am 6,1-14. Alle drei Klage-Einheiten weisen gewisse parallele Elemente auf, z.B. den Begriff "hassen" (שנא).[91]

Die neun Sprucheinheiten in Am 5,1-17 sind in Form einer konzentrischen Ringstruktur angeordnet, deren Mitte das Hymnenfragment bildet:[92]

---

[90] Dies liegt auch von daher nahe, weil Am 4,13 auch Am 3,7 vorauszusetzen scheint. Es werden zwar keine Stichworte aufgenommen, aber die sachliche Parallelität ist auffällig.

[91] Vgl. J. Jeremias, (1996i) Tod und Leben, und die sorgfältige Kompositionsanalyse von H. Reimer, (1992) Richtet auf das Recht, 96-100.

[92] So J. Waard, (1977) Chiastic Structure; N. J. Tromp, (1984) Amos 5,1-17; J. Jeremias, (1996i) Tod und Leben, 216-218. D. U. Rottzoll, (1996) Studien, 217-218 ist gegenüber diesen Exegeten Recht zu geben, daß die Struktur ein wichtiges Formelement mehr enthält: das Thema des Restes (B, B')!

A	Am 5,1-2:	Totenklage
B	Am 5,3:	der Rest
C	Am 5,4-6:	Suchen und Leben
D	Am 5,7:	Mischpat im Tor
E	Am 5,8-9:	Gott stürzt die Umstürzer um
D'	Am 5,10-13:	Rechtsbeugung im Tor
C'	Am 5,14-15a:	Suchen und Leben
B'	Am 5,15b:	Vielleicht ein Rest?
A'	Am 5,16-17:	Untergangsklage

Wichtig für das Verständnis dieser Ringstruktur sind die Differenzen zwischen den Elementen A-D und D'-A'. Es fällt etwa auf, daß die Heiligtümer nur in C Thema sind, aber nicht in C'. Im Zentrum der Struktur kommt es auch semantisch zur Wende: Jahwe stürzt die Umstürzer um (הפך). Obwohl die Eröffnungseinheit Am 5,1-2 so klingt, als sei Israel, personifiziert in der "Jungfrau Israel", bereits tot, das Ende Israels (Am 8,2) also bereits unabwendbar besiegelt, so zielt die Gesamtkomposition Am 5,1-17 doch darauf, zu zeigen, daß der Zusammenhang zwischen Schuld und Tod nicht zwangsläufig ist. Der Prophet ruft noch einmal eindringlich dazu auf, Jahwe zu suchen. Die Erwähnung des Restes in den Elementen B und B' scheint jedoch nahezulegen, daß ein Rest dem bevorstehenden Untergang entkommen kann oder jedenfalls entkommen könnte.

Aus literarkritischer Sicht kann kaum ein Zweifel bestehen, daß diese Ringstruktur redaktionell hergestellt und aufgefüllt wurde.[93]

3.4.3.1.   Am 5,6

Am 5,6 fällt durch den unvermittelten Übergang von Gottes- zu Prophetenrede auf, ohne daß dies von einem Themawechsel her nahegelegt wäre. Der Inhalt von Am 5,4-5 wird lediglich paraphrasierend wiederholt. Dies spricht sehr dafür, daß der Vers hier sekundär eingefügt wurde. Innerhalb der Ringstruktur von Am 5,1-17 hat Am 5,6 keine erkennbare Funktion, auffälligerweise referiert der Vers aber wie Am 5,15 mit dem Eigennamen "Josef" auf Israel (בית יוסף // Am 5,15: שארית יוסף; innerhalb von Am noch Am 6,7 שבר יוסף). Da Am 5,15 seinerseits ein wichtiges Element der Ringstruktur ist, dürfte Am 5,6, der die Ringstruktur zwar nicht wirklich stört, aber inner-

---

93   N. J. Tromp, (1984) Amos 5,1-17, 64: "There can hardly be any doubt as to the secondary character of this composition."

halb ihrer auch keine Funktion erfüllt, diese ungewöhnliche Bezeichnung für
Israel am ehesten aus Am 5,15 übernommen haben.[94]

3.4.3.2.   Am 5,8-9

Am 5,8-9 durchbricht den offensichtlichen Zusammenhang von Am 5,7
und 5,10 und erweist sich so als nachträgliche Neuinterpretation des Zen-
trums dieser Komposition.[95] Das entscheidende Stichwort, das den Hymnus
mit dem Vorgängerkontext verknüpft, ist ohne Zweifel das Lexem הפך "umstürzen". Denen, die das Recht umstürzen, wird in ironischem Kontrast
Jahwes umstürzendes Handeln entgegengesetzt.[96] Dabei muß man innerhalb
von Am 5,8-9 noch einmal unterscheiden. Bei Am 5,8 handelt es sich um ein
hymnisches Fragment der gleichen Art wie Am 4,13. Ganz anderer Art ist der
Vers Am 5,9, der wohl der redaktionellen Einbindung der Aussage des Hymnus in die Amosschrift dient. Am 5,9 spitzt nämlich das Hymnenfragment in
einer bestimmten Weise zu. Während Am 5,8 lediglich Jahwes weltüberlege-
nes Schöpferhandeln preist, das lediglich implizit einen Bezug auf das Handeln der "Umstürzler" in Am 5,7 erkennen läßt[97], akzentuiert Am 5,9 deutlich

---

94   In Am 5,15 könnte sich die Wahl des Namens "Josef" einem Wortspiel verdanken. Zum
      Inhalt des Verses, der von einem möglichen Rest Israels redet, würde eine Anspielung
      auf die Wurzel יסף "fortfahren etwas zu tun" gut passen: es geht um den Teil Israels, der
      auch durch das Gericht hindurch "fortexistiert". Diese Anspielung gewinnt noch da-
      durch an Prägnanz (und Wahrscheinlichkeit), daß die Phrase לא יוסיף in den Visionen
      eine zentrale Rolle spielt (Am 7,8.13; 8,2).

95   Die Zusammengehörigkeit von Am 5,7.10 zu einem formal geschlossenen Spruch ist in
      der Exegese immer wieder gesehen worden. Vielfach griff man aus diesem Grund zum
      Mittel der Versumstellung. Die Versumstellung ist jedoch nicht gerechtfertigt, da es die
      Intention des Redaktors ist, für die Ringstruktur ein neues Zentrum zu schaffen, das sei-
      ner Meinung nach zu einem tieferen Punkt vorstößt, als das vorherige Zentrum Am
      5,7.10 es tat.

96   N. J. Tromp, (1984) Amos 5,1-17, 66: "The redactor contrasts human criminal behavior
      with God's activity in creation, in other words: man's violence of justice and God's
      maintaining of it. Both can be expressed by the verb hāpak, but there is a striking para-
      dox in this usage: Amos accuses the Israelites of turning justice into poison and imme-
      diately after that he praises the Lord for turning darkness into daylight."

97   Wie bereits gesagt, regt der Stichwortbezug mittels הפך die Leserschaft zum Nachden-
      ken an. Ist gemeint, daß die "Umstürzler" aus Am 5,7 in ein Gebiet eingreifen, das sich
      Jahwe als Schöpfer vorbehalten hat? Sicherlich steht hinter dieser Einfügung auch die
      Vorstellung, daß das unter Menschen geltende Recht den Bewegungen im Schöpfungs-
      handeln Jahwes entspricht, oder besser: entsprechen soll. Ein weiteres Stichwort, das
      Am 5,8 mit Am 5,7 gemeinsam hat, ist ארץ "Erde". Soll impliziert sein, daß der Erde
      dadurch Gewalt angetan wird, daß Gerechtigkeit auf sie gewaltsam hingelegt wird (Am

die ethischen Implikationen dieses Schöpferlobs.[98] Da Jahwes Schöpferhandeln durch den Wechsel von Tag und Nacht, Morgen und Dunkelheit charakterisiert ist, muß alles vergehen, was sich diesem Wechsel durch Selbstabschließung entziehen will: die Macht (עז, vgl. Am 3,11), die keine Solidarität mit dem Schwachen kennt, und die Festung (מבצר [99]), die durch massive Ausgrenzung und Ausbeutung ihren Selbsterhalt zu sichern sucht.[100] Der Redaktor führt die Umstürzung des Rechts auf die tieferen Ursachen zurück: die Mißachtung des Schöpfers und den Trieb zu rücksichtslosem Selbsterhalt der Macht.

3.4.3.3.   Am 5,11

Schwer zu beurteilen ist Am 5,11. Grundsätzlich gilt, daß der Vers keine Funktion innerhalb der Ringstruktur hat. Da wir uns aber im zweiten Teil der Ringstruktur (D'-A') befinden, muß man auch mit Variationen gegenüber dem jeweiligen Formelement der ersten Hälfte rechnen. Es könnte also sein, daß die Rechtskritik des Formelements D (=Am 5,7) nun durch Zufügung einer Sozialkritik variiert werden soll. Es kommen aber drei Beobachtungen hinzu, die eher für eine sekundäre Zufügung von Am 5,11 sprechen. *Erstens* wird nicht erkennbar, inwiefern Am 5,11 auf die Rechtskritik bezogen ist. Diesen Zusammenhang herzustellen bleibt vielmehr der Leserschaft überlassen, ohne daß Stichwortverbindungen Signale geben, wie dies zu leisten wäre. *Zweitens* wird lediglich Am 5,11 mit einem eigenen Unheilswort abgeschlossen, was die Gesamtkomposition stört. *Drittens* berührt sich die Formulierung von Am 5,11aβb so eng mit Zef 1,13b, die beide wiederum stark an dtn Fluchformulierungen (vgl. etwa Dtn 28,39) erinnern, daß hier eine

---

5,7) und Jahwe eingreift, um der Erde wieder das zu geben, was sie braucht, nämlich Wasser (Am 5,8)?

[98] Formal geschieht dies durch Fortsetzung der Partizipien von Am 5,8.

[99] Es liegt nahe, in מבצר ein Synonym zu ארמון zu sehen, das in Am 3,11 im synonymen Parallelismus zu עז steht. Der Redaktor erinnert auch mit dem Lexem שד an Am 3,10.

[100] N. J. Tromp, (1984) Amos 5,1-17, 76: "This view on God's majesty is Amos' criterion in his analysis of the present conditions and of the measures he proposes in order to prevent the fatal consequences of them. The predicative description of Yahweh's cosmic activities contains an element of menace which is made explicit in v.9. ... Although some positive element may be found in the phrase that the Lord turns darkness into daylight, Amos reminds his audience that the mighty name of Yahweh can be an offensive weapon as well as a defensive one."

gemeinsame literarische Herkunft auf der Hand liegt.[101] Am 5,11 ist aus diesen Gründen sehr wahrscheinlich der D-Schicht zuzuweisen.

3.4.3.4.   Am 5,12a

Scheidet man Am 5,11 als sekundär aus, so erscheint der Zusammenhang Am 5,10.12 trotzdem noch nicht als völlig problemlos. Wozu dieser plötzliche Zwischenruf Jahwes, mitten in eine Beschreibung der Vergehen hinein?[102] Die direkte Anrede an die "ihr"-Gruppe nimmt die Imperative in Am 4,14-15 an einer Stelle vorweg, wo der deutliche Zusammenhang von Am 5,10.12b gestört wird. Ohne V12a würde Am 5,12b glatt an Am 5,10 anschließen und eine konsistente Beschreibung der rechtlichen Vergehen der Angeredeten ergeben. Zusätzlich ist darauf zu verweisen, daß die Vorstellung einer unüberschaubaren Vielzahl von Sünden für die Amosschrift ungewöhnlich ist.[103] Diese summierende Redeweise hätte zudem am Schluß einer Sprucheinheit ihren sinnvollen Platz, nicht aber in der Mitte. Weiter fällt das betonte "fürwahr, ich kenne ...!" auf. Am meisten Sinn macht es als ein Rückverweis auf das Vorkommen der gleichen Form ידעתי in Am 3,2. Dann wäre ausgesagt, daß Jahwe seinen in Am 3,2 angekündigten Überprüfungsprozeß (פקד על) nun beendet hat und zu einem Urteil gekommen ist. Die Imperative in Am 5,14-15 müßte man dann als eine letzte Chance begreifen, die Jahwe einräumt, um trotz feststehender Schuld die angemessene Strafe zu verhindern oder wenigstens abzumildern. Am 5,12a wird, wie auch Am 3,2, am ehesten auf die Tradenten zurückzuführen sein.

3.4.3.5.   Am 5,13

Am 5,13 stellt einen durch und durch weisheitlich geprägten Zusatz dar. Eindeutig ist der sekundäre Charakter des Verses daran abzulesen, daß er zentrale Begriffe aus dem Kontext offensichtlich aus weisheitlichem Horizont heraus neu versteht. So muß der Begriff משכיל im Verständnis des Redaktors als Synonym zu "Zurechtweisenden" und "Vollständigem" in Am

---

[101] J. Jeremias, (1995) Amos, 70 hat zusätzlich darauf hingewiesen, daß Am 5,11 im Gegensatz zu Am 5,10.12b lexikalisch nicht mit Am 5,14-15 verzahnt ist.

[102] Das "Ich" auf den Propheten Amos zu deuten, macht eher weniger Sinn.

[103] Im Völkerzyklus wird vielmehr darauf verwiesen, daß die gut überschaubare Zahl von vier Verbrechen ausreicht, um den Strafbeschluß Jahwes unumkehrbar festzulegen.

5,10 verstanden werden.[104] Der Weise wird "in der bösen Zeit" mit Druck zum Verstummen gebracht. Dabei könnte er, so wird man den Redaktor verstehen müssen, der Gemeinschaft einschärfen, wie wichtig die Beachtung der offensichtlichsten Grundregeln menschlichen Zusammenlebens ist.[105] Auch der Begriff רע aus dem folgenden Vers Am 5,14 erscheint durch Am 5,13 in neuem Licht. Die ethische Kategorie "böse" wird benutzt, um eine ganze Zeitspanne zu qualifizieren. Die bösen Zustände erscheinen dann weniger als Ergebnis persönlicher moralischer Verfehlungen, als vielmehr als Merkmal einer bestimmten Zeitepoche. Es ist impliziert, daß es auch andere Zeiten gibt, für die die prophetische Kritik so nicht zutrifft. Dann, so ist zu vermuten, wird man das Urteil des Weisen wieder schätzen. Am 5,13 verwandelt so auch den unmittelbar folgenden Aufruf "sucht das Gute, nicht das Böse!" (Am 5,14) zur Mahnung, solange das Verstummen, die Ablehnung der Zeitgenossen zu ertragen, bis eine neue Zeitspanne die böse ablösen wird.[106] Es ist auch darauf hinzuweisen, daß der Vers deutlich Anklänge an den ebenfalls sekundären Versteil Mi 2,3bβ aufweist.

3.4.3.6. Zusammenfassung

Überblickt man die Komposition Am 5,1-17 insgesamt, so wird deutlich, daß bereits in der ältesten Schicht eine Ringstruktur die Anordnung der Sprüche geprägt hat. Diese Ringstruktur wird man also am ehesten als ein literarisches Mittel derer auffassen können, die die Wortesammlung herausgegeben haben. Sie haben vermutlich die Mitte ihrer Amossprüche-Sammlung mittels dieses Textmusters besonders markieren wollen.[107] Die Mitte bildete dabei der Spruch über das Versagen der Rechtspflege, Am 5,7.10.12b.

---

[104] Der im Anschluß an I. Willi-Plein, (1971) Vorformen, 36 von D. U. Rottzoll, (1996) Studien, 242 geäußerte Vorschlag, Am 5,13 "in die Nähe der Apokalyptik" zu verweisen, kann nicht plausibel machen, wie dieser Vers in seinem Kontext denn dann zu verstehen sein soll.

[105] Die Weisheitsliteratur des AT handelt immer wieder davon, daß es zu einem "vernünftigen" ethischen Verhalten gehört, die basalen Rechtsnormen zu respektieren, weil sie zu den Grundordnungen des Miteinanders von Menschen gehören.

[106] Es erscheint möglich, wenn auch nicht erweisbar, daß für den weisheitlichen Redaktor diese neue Zeitepoche mit dem "Tag Jahwes" (Am 5,18) in Verbindung zu bringen ist.

[107] Es ist sehr wahrscheinlich, daß diese Ringstruktur als ein *literarisches* Textstrukturierungsmittel eingestuft werden muß. Die Herausgeber der Wortesammlung werden in nicht zu unterschätzendem Maße in die ihnen mündlich vorliegenden Amosworte reformulierend eingegriffen haben, um diese Struktur dem Leser durch Stichworte auch kenntlich zu machen.

Die Sammler haben in der Rechtsbeugung die tiefste Dimension der Verschuldung Israels erkannt und an diesem Punkt logischerweise auch mit ihren Überlegungen zur Abwendung der Katastrophe, bzw. zu einem das Gericht überlebenden Rest eingesetzt. Es ist nicht auszumachen, inwieweit sie dazu auf mündliche Verkündigung des Amos (öffentlich? in vertrautem Kreis?) zurückgreifen konnten. Im Falle der Rest-Thematik ist noch erkennbar, daß die Sammler die Verkündigung des Amos weiterentwickelt haben. Amos selbst (erhalten in Am 5,3) redete vom "Rest" als einem Zeichen für einen vernichtenden Untergang. Die Sammler dagegen gewannen der amosischen Redeweise einen positiven Sinn ab, sie redeten vom "Rest Josephs" (Am 5,15) als einer in Jahwes Erbarmen begründeten Möglichkeit.[108]

Es fällt auf, daß im Kern der Ringstruktur am meisten Zufügungen vorgenommen wurden. Schon der vermutlich älteste Zusatz, Am 5,12a, setzt in die Ringstruktur eine neue Mitte dadurch, daß der diesem Zusatz vorliegende Zusammenhang Am 5,7.10.12b unterbrochen wurde. Für die Tradentenfassung, der Am 5,12a am ehesten zuzurechnen ist, ist damit die in Am 3,2 angekündigte Überprüfung Israels zum Abschluß gekommen: Jahwe kennt jetzt alle Sünden Israels.

Welcher Zusatz als nächstes erfolgte, ist schwer auszumachen. Die Zusätze Am 5,6 und Am 5,13 sind ohnehin nicht einzuordnen und gehören wohl auch keiner der von uns bisher ermittelten Schichten an. Wäre unsere bisherige relative Datierung der Schichten im Recht, dann müßte die D-Schicht der Hymnen-Schicht vorausliegen. Im Falle von Am 5 müßte dann der Zusatz Am 5,11 vor der Zufügung von Am 5,8-9 liegen. Für diese Abfolge gibt es keine direkten Anhaltspunkte, weil sich beide Zusätze nicht explizit wechselseitig aufeinander beziehen. Wäre jedoch der Zusatz Am 5,11 zuerst erfolgt, dann wäre er, wie schon Am 5,12a, genau in der Mitte der bis dahin vorliegenden Ringstruktur plaziert worden. Dies erscheint leichter denkbar als die umgekehrte Möglichkeit, daß Am 5,8-9 zuerst eine neue Mitte definiert hätte, und die D-Redaktoren ihren Zusatz in einer Randposition postiert hätten.

---

[108] Die positive Verwendung der Restthematik durch die Sammler legt nahe, daß der historische Prophet Amos nicht positiv von einem Rest gesprochen hat, sondern als Beleg für den Untergang. So jedenfalls muß man Am 5,3 wohl mit H. W. Wolff, (1985) Joel und Amos, 278 verstehen. N. J. Tromp, (1984) Amos 5,1-17, 72-73 vermutet, Amos habe in seiner mündlichen Verkündigung seine Hörer in schockierender und rhetorisch übertreibender Weise mit den Konsequenzen ihrer jetzigen Handlungen konfrontiert, um ihnen vor Augen zu führen, daß etwas Radikales getan werden müßte: nämlich das Gute zu suchen. Diese bewußt schockierende öffentliche Verkündigung schließe aber nicht aus, daß Amos insgeheim eine positive Hoffnung verband. Natürlich ist eine solche Spekulation nicht auszuschließen, nachweisbar ist das aber erst für die Sammler des Amos.

Darüber hinaus kann man vermuten, ob nicht wenigstens Am 5,9 implizit Am 5,11 voraussetzt. Da Am 5,9 mit seinen Begriffen "Macht" עז und "Festung" מבצר viel eher soziale als rechtliche Vergehen im Blick hat, macht die Zufügung mehr Sinn, wenn ihr Am 5,11 bereits vorlag. Unser bisher bewährtes Schichtenmodell erweist seine Erklärungskraft also auch an diesem Abschnitt der Amosschrift. Man muß lediglich damit rechnen, daß sich auch sekundäres Material wie Am 5,6 und Am 5,13 findet, das keiner der durchlaufenden Schichten zugewiesen werden kann.

3.4.4. Am 5,18-27

Der Abschnitt Am 5,18-27 ist durch den Neueinsatz mit הוי, dem charakteristischen Ruf der Totenklage, sowohl an seinem Anfang (Am 5,18) als auch an seinem Ende markiert (Am 6,1). Die Klage umfaßt zwei Sprucheinheiten: Am 5,18-20 und Am 5,21-27. Während die Passage vom Tag Jahwes literarisch aus einem Guß ist, ist innerhalb von Am 5,21-27 mit Zusätzen zu rechnen.

3.4.4.1.   Am 5,22aα

Ziemlich sicher ist in Am 5,22 das Kolon כי אם־תעלו־לי עלות "außer wenn ihr mir Brandopfer darbringt" nachträglich ergänzt. Der Redaktor verstand die radikale Kritik des Amos nicht mehr als auf den Kult des Nordreichs beschränkt und wollte sie abmildern, indem er ausdrücklich eine Ausnahme erwähnte. Die Merkmale dieses Zusatzes erlauben es nicht, ihn einer der bisher bekannten Schicht zuzuweisen.

3.4.4.2.   Am 5,25-26

Auch Am 5,25-26 hebt sich als ein zwar schwer verständlicher[109], aber doch wohl dtn-dtr Gedankengut nahestehender Zusatz ab, der die Opferkritik des Amos auf eine erheblich grundsätzlichere, heilsgeschichtliche Ebene

---

[109] Die von den Masoreten wohl noch entstellend vokalisierten Namen in Am 5,26 bezeichnen wohl mesopotamische Götter. Schwierig ist auch der unvermittelte Übergang von einem Rückblick in die Wüstenzeit, Am 5,25, zur Strafankündigung in Am 5,26. Schließlich ist die Satzstruktur innerhalb von Am 5,26 noch ein Problem: was ist Apposition, was eine Konstruktusverbindung?

stellt.[110] Insbesondere der Hinweis auf die 40 Jahre in der Wüste verbindet diesen Zusatz deutlich mit dem ebenfalls der D-Schicht zugewiesenen Abschnitt Am 2,10-12 (vgl. Am 2,10b).

Innerhalb von Am 5,26 kann man schwanken, wie der Relativsatz אשר עשיתם לכם zu beurteilen ist. Er verlängert das zweite Kolon jedenfalls auf acht Worte gegenüber vier im ersten Kolon. Damit erhält das zweite Kolon ein deutliches Übergewicht. Sollte das poetische Absicht sein, um den Relativsatz besonders herauszuheben? Eher wird man doch mit einer nachträglichen Zufügung rechnen.[111]

3.4.4.3.   Am 5,27

In Am 5,27 ist אלהי־צבאות שמו ein Zusatz, der vermutlich zusammen mit den Hymnenfragmenten eingefügt wurde.

3.4.5. Am 6,1-14

Der ebenfalls wieder mit הוי eröffnete letzte Abschnitt der in Am 5,1 eröffneten Totenklage umfaßt recht disparates Spruchmaterial, das nur relativ locker zusammengebunden ist.

3.4.5.1.   Am 6,1a

In Am 6,1a verwundert die Erwähnung des Zion in Am 6,1a, was den Vers in die Nähe des sekundären Verses Am 1,2 rückt. Mir erscheint das Urteil von H. W. Wolff sehr wahrscheinlich, daß die Erwähnung des Zion der Verkündigung des Propheten Amos nicht zugerechnet werden kann.[112] Andererseits überzeugt der literarkritische Lösungsvorschlag von Wolff auch nicht recht, da er innerhalb des ebenmäßigen Parallelismus von Am 6,1a einen literarkritischen Bruch behaupten muß.[113] Zusätzlich macht es traditionsgeschichtlich keinen Sinn, vom falschen Sicherheitsgefühl derer auf dem Berg

---

[110] Vgl. dazu den Nachweis von W. H. Schmidt, (1965) deuteronomistische Redaktion, 191.

[111] Verschiedentlich wird die Auffassung vertreten, innerhalb von Am 5,25 müßten auch die Worte ארבעים שנה als sekundär betrachtet werden. Dafür gibt es aber kaum zwingende Gründe.

[112] H. W. Wolff, (1985) Joel und Amos, 314 Anm. 1a.

[113] H. W. Wolff, (1985) Joel und Amos, 314 Anm. 1a.

Samarias zu reden, ohne zugleich den Zion im Blick zu haben. Mit dem Zion
konnte eine – auch von Micha (Mi 3,11) und Jeremia (Jer 7) als problematisch eingestufte – Unangreifbarkeitsideologie verbunden werden, mit dem
Berg Samarias dagegen nicht. Traditionsgeschichtlich gesehen kann man daher vom Sicherheitsgefühl derer auf dem Berg Samarias nur in einer Analo-
giebildung zum Zion reden. Nur eine kühne prophetische Übertragung konnte
die Sicherheit der Einwohner Samarias als ein ungerechtfertigtes Vertrauen
auf den Berg Samarias begreifen. Ohne die Erwähnung Zions im ersten Kolon bliebe die Rede vom Vertrauen auf den Berg Samarias traditionsgeschichtlich nicht nachvollziehbar. So müßte man in Weiterverfolgung der
These Wolffs das gesamte Bikolon Am 6,1a als sekundär einstufen. Man
könnte dann auch damit rechnen, daß das הוי in Am 6,1a ursprünglich das
Bikolon Am 6,1b eröffnet habe.[114] Die These hat zwar kaum durchschlagen-
de Argumente auf ihrer Seite, aber etwaige Alternativen erscheinen als noch
unwahrscheinlicher. Soll man z.B. annehmen, daß bereits die Grundschicht
von Am 6,1-8 sekundär ist und aus judäischer Perspektive verfaßt wurde?

3.4.5.2.   Am 6,2

Wie immer man sich bezüglich Am 6,1 entscheidet, deutlich hebt sich jedenfalls Am 6,2 aus seinem Kontext heraus, da es die Reihe der Partizipien,
die sonst ein הוי fortführen, mit unvermittelten Imperativen unterbricht.[115]
Erst in Am 6,3 wird die Partizipienreihe fortgeführt. Am 6,2 knüpft an die
ironische Bezeichnung "Erstling der Völker" aus Am 6,1b an und lenkt den
Blick auf große Städte von Nachbarstaaten, die die Assyrer schon erobert haben.[116] Die Thematik verweist dabei deutlich auf die Völkersprüche, was
deutlich macht, daß Am 6,2 bereits über den Horizont der Wortesammlung
hinausgreift. Das Stichwort "Königreich" ממלכה erklärt sich dagegen am
besten als ein Verweis auf Am 7,13, da in den Völkersprüchen weder der Begriff "König" noch der des "Königreichs" begegnet.

3.4.5.3.   Am 6,8

Auch Am 6,8 ist wahrscheinlich ein sekundärer Zusatz. Da die Verbindungen zwischen den Sprucheinheiten innerhalb von Am 6 ohnehin sehr lok-

---

114   Der Sinn des zweiten Kolon in Am 6,1b ist kaum zu bestimmen.
115   H. W. Wolff, (1985) Joel und Amos, 318.
116   So die ansprechende Vermutung von H. W. Wolff, (1985) Joel und Amos, 318.

ker sind, kann man kaum mit einer fehlenden Einbindung in den Kontext argumentieren. Aber der in Am 6,8 begegnende Sprachgebrauch ist zum Teil doch recht eigentümlich. So begegnet zwar ein Jahweschwur auch noch in dem der Grundschicht angehörenden Vers Am 4,2, aber bereits das Lexem ארמון "Palast" verweist auf die Völkersprüche und Am 3,10.11, gehört also zumindest nicht zur ältesten Schicht der Wortesammlung.[117] Auf einen sekundären Charakter könnte der Begriff גאון יעקב hindeuten. Er dürfte so zu verstehen sein, daß er die in Am 6,1a, dessen Zugehörigkeit zur ältesten Schicht zumindest sehr fraglich war, beschriebene Haltung der Selbstsicherheit als גאון "Hochmut" auf eine neue begriffliche Ebene bringt.[118] Wie Jeremias bemerkt hat, rückt das diesen Vers stark in die Nähe Hoseas.[119] Man wird ihn aus diesem Grund der Tradentenschicht zurechnen können.

3.5. Am 7-9

Es ist offensichtlich, daß die tragende Grundstruktur dieses Teils der Amosschrift von den fünf Visionsberichten gebildet wird, die als eine geschlossene, planvolle Komposition zu verstehen sind.[120]

Weiterhin hat sich die Erkenntnis durchgesetzt[121], daß die fünf Visionsberichte in der Weise aufeinander bezogen sind, daß die ersten beiden ein Paar

---

[117] Den literarischen Zusammenhang von Am 6,8 mit Am 3,10b betont im Anschluß an R. Fey, (1963) Amos, 38 auch D. U. Rottzoll, (1996) Studien, 170.

[118] Der Begriff scheint in der Tat eine stark generalisierende Tendenz zu haben, auch wenn man der Vermutung von H. W. Wolff, (1985) Joel und Amos, 327, der hierin den eigentlichen Grundbegriff der Kritik des Amos vermutet, kaum folgen wird: "Nur selten bringt Amos so die Schuld auf einen Begriff; 'Anmaßung' faßt zusammen, was in 2,6-8; 3,9-10.15; 4,1; 5,7.10-12.21-23; 6,1.3-6.13-14 im einzelnen als Willkür, Unrecht, Luxus und militärisches Selbstbewußtsein konkret ausgeführt wurde."

[119] J. Jeremias, (1996e) Jakob, 264: "Es wird daher auch schwerlich auf Zufall beruhen, daß der Vorwurf des 'Hochmutes', wie er Am 6,8 prägt, in der Hoseaüberlieferung fester als bei Amos verankert ist: unter dem Stichwort ga'on (allerdings: Israels, nicht Jakobs) in Hos 5,5; 7,10, in anderer Terminologie in 12,8f und 13,6. Es hat demnach den Anschein, daß Am 6,8 und 8,7 ein Traditionsstadium widerspiegeln, in dem die Amos- und Hosea-Überlieferung einander beeinflußten und aneinander angeglichen wurden (...)."

[120] Gelegentlich wird die These aufgestellt, daß die fünfte Vision nicht ursprünglich zu diesem Zyklus gehöre. So neuerdings wieder von E. J. Waschke, (1994) Die fünfte Vision. Diese These übersieht jedoch, daß es in der Logik der Fünfer-Struktur liegt, daß das letzte Glied, das ohne synonymes Gegenstück bleibt, qualitativ von den vier anderen Elementen unterschieden ist. So sind gewisse inhaltliche und formale Besonderheiten der fünften Vision zu erklären.

bilden (Am 7,1-3 und Am 7,4-6), in dem Amos durch seine Fürsprache das
Unheil, das Jahwe ihm zeigt, noch einmal abwenden kann. Der dritte und
vierte Visionsbericht (Am 7,7-8 und Am 8,1-2) bilden ein zweites zusam-
mengehöriges Paar, in dem Jahwe dem Amos nicht mehr die Chance zur
Fürbitte läßt[122], sondern ihn durch die Frage "Was siehst du, Amos?" zwingt,
das Unheil über Israel als unabwendbar wahrzunehmen. Der fünfte Visionsbericht bleibt ohne ein entsprechendes Gegenstück (A // A', B // B', C). In
letzter Steigerung, qualitativ anders als in den vorhergehenden beiden Paaren,
wird hier drastisch der Vollzug der Tötung und die "Unentrinnbarkeit des
kommenden Unheils" ausgemalt.[123]

Ziel der gesamten Komposition ist es, zu zeigen, "wie Amos von Gott einen Weg der Erkenntnis geführt wurde, der unumkehrbar ist. Amos ist nicht
freiwillig zum Unheilspropheten geworden, sondern erst, nachdem Jahwe
ihm die Fürsprache für sein Volk untersagt hat. Solange er sie ausüben durfte,
hat er sie eingesetzt (1. Visionenpaar); danach mußte er ganz auf die Seite
des zum Verschonen nicht mehr fähigen, Vernichtung planenden Jahwe treten (2. Visionenpaar)."[124]

Der Zyklus ist klar gegliedert, literarisch bewußt und präzise gestaltet. Es
gibt m.E. kaum überzeugende Gründe gegen die These, der historische Prophet Amos habe für die schriftliche Aufzeichnung seiner Visionen selbst ge-
sorgt.[125] Bis auf eine kleine Ausnahme sind alle fünf Visionsberichte literarisch einheitlich. In der fünften Vision wurden in Am 9,3b die Worte
מנגד עיני eingefügt, was daran erkennbar ist, daß die Worte aus dem Rhythmus der streng parallel aufgebauten Zeilen herausfallen. Im gleichen Arbeitsgang wurde auch Am 9,4b eingefügt.[126] Dieser Vers weist Lexeme auf, die
auch in Hos 13 begegnen. Es spricht nichts direkt dagegen, auch diese redak-

[121] Nach ersten Beobachtungen zur Struktur bei H. W. Wolff, (1985) Joel und Amos, 113
haben besonders H. Gese, (1981) Komposition bei Amos, und J. Jeremias, (1996k) Völkersprüche, die formale Analyse des Zyklus vorangetrieben.
[122] J. Jeremias, (1996c) Anfänge, 46.
[123] J. Jeremias, (1996k) Völkersprüche, 160.
[124] J. Jeremias, (1996k) Völkersprüche, 158.
[125] Natürlich ist der Visionenzyklus ein kunstvolles, literarisches Gebilde und vermutlich
erst aufgezeichnet worden, als der Empfang der letzten Vision vielleicht sogar ein paar
Jahre zurücklag. Es besteht aber kein Anlaß zu bezweifeln, daß Amos selbst diese Visionen gehabt hat. Der Name "Amos" (Am 7,8; 8,2) ist zu fest mit den Visionsschilderungen verbunden, als daß sie Amos abgesprochen werden könnten.
[126] Die Phrase מנגד עיני durchbricht völlig den Rhythmus des Bikolons. Sie wurde aber
eingefügt, um auf den Schlußsatz Am 9,4b vorzubereiten. Die Unterscheidung zwischen
"Augen" (pl.) in Am 9,3 und "Auge" (sg.) in Am 9,4 dürfte kaum auf vormasoretische
Tradition zurückgehen. Die LXX liest in beiden Fällen den Plural.

tionelle Einfügung den gleichen Redaktoren wie Am 7,9 und Am 8,3 zuzuweisen. Wie zu zeigen sein wird, sind das am ehesten die Tradenten.

An drei Stellen hat der Visionszyklus umfangreichere Einschaltungen erfahren: Am 7,9-17; Am 8,3-14; Am 9,5-15, die nun noch näher zu analysieren sind.

3.5.1. Am 7,9

Die erste Einschaltung Am 7,9-17 umfaßt zwei formale Einheiten: zum
einen den Spruch Am 7,9, der sich an die dritte Vision anschließt, zum anderen den Fremdbericht Am 7,10-17.

3.5.1.1.   Am 7,9

Der Vers schließt sich mit w-qatal an die dritte Vision an. Er verläßt aber
die zeichenhaft-visionäre Ebene und kündigt konkret an, was Jahwe tun wird.
Das spricht dafür, daß der Vers nicht ursprünglich zum dritten Visionsbericht
gehört hat, sondern später hinzugefügt wurde. Zusätzlich fällt auf, daß das
Sinnpotential der dritten Vision in diesem Vers neu verstanden wird. In Am
7,7-8 werden überhaupt keine Heiligtümer erwähnt. In Am 7,9 erscheinen sie
als eins der zwei gleichgewichtigen Angriffsziele des Herrn. Das zweite Ziel
ist nun nicht mehr die Stadt, auch nicht die Hauptstadt des Nordreichs Samaria, sondern das "Haus Jerobeam", womit die gesamte Jehudynastie gemeint
sein dürfte.[127] Es fällt auf, daß eine Vernichtung ganz Israels, wie man sie aus
Am 7,8 noch als Ziel Jahwes entnehmen könnte, nun nicht mehr im Blick ist.
Gottes Handeln richtet sich gegen die illegitimen Kultstätten und gegen die
Nordreichsdynastie. Eine weitere Beobachtung ist, daß Am 7,9 das Leitwort
der dritten Vision, אֲנָךְ, offensichtlich als ein Schwert versteht. Dies muß
dem Sinn der dritten Vision nicht widersprechen, ausgesprochen ist es in ihr
aber nicht.

---

[127] Diese Deutung der dritten Vision auf ein Vorgehen Gottes gegen das "Haus Jerobeam"
spricht sehr dafür, daß die Verfasser von Am 7,9 bei der in der dritten Vision erwähnten
Stadtmauer an diejenige von Samaria gedacht haben. Mit Samaria haben sie einerseits
das Königtum assoziiert, zum anderen bildeten für diese Redaktoren die Hauptstadt und
die Heiligtümer einen unlöslich miteinander verzahnten Schuldherd. Es machte für sie
keinen Sinn, wenn der Herr lediglich gegen die Hauptstadt vorging.

3.5.1.2.   Am 7,10-17

Ganz eindeutig sekundär ist der Fremdbericht Am 7,10-17. Hier wird von dritter Seite über einen Zwischenfall am Heiligtum in Bet-El berichtet. Interessant ist nun, daß in Am 7,10-17 das Königtum nicht die Rolle spielt, die ihm in Am 7,9 zukommt. Es zeigt sich eine Interessenverschiebung, die sich am besten literarkritisch erklären läßt. In Am 7,10-17 steht deutlich das Versagen des Priesters Amazja im Mittelpunkt. Durch die Vorschaltung von Am 7,9, die den König in den Mittelpunkt des Geschehens rückt, wird der König, der in Am 7,10-17 nur Nebenfigur war, zum eigentlichen Drahtzieher hochstilisiert.[128] Am deutlichsten verändert Am 7,11 seinen Sinn dadurch, daß Am 7,9 vorausgeht. Liest man Am 7,10-17 ohne Am 7,9, so muß man zu der Auffassung kommen, der Priester Amazja habe die Botschaft des Amos, ob absichtlich oder unabsichtlich kann hier offen bleiben, gegenüber dem König falsch dargestellt. Amos hat nie den Tod des Königs vorhergesagt und auch nie eine Verschwörung angezettelt. Auf dem Hintergrund von Am 7,9 gelesen wird Am 7,11 zu einer ziemlich zutreffenden Beschreibung der Botschaft des Amos.[129]

Diese Beobachtungen sprechen dafür, daß Am 7,9 der Redaktion dazu diente, den ihnen vorliegenden Bericht Am 7,10-17 mit dem ihnen ebenfalls vorliegenden Visionszyklus zu verbinden.[130]

> Wie die Tradenten vermutlich in die Schlußzeilen der fünften Vision geringfügig eingegriffen haben, so dürfte auch der Fremdbericht von ihnen geringfügig reformuliert worden sein. Anders kann man sich kaum erklären, wie genau der Bericht mit der dritten Vision lexikalisch verzahnt ist: Man vergleiche nur die Formulierung לא־אוסיף עוד (Am 7,8; 8,2) mit לא־תוסיף עוד (Am 7,13), weiteres ließe sich nennen. Ich vermute auch, daß Am 7,17bβ von den Redaktoren stammt. Die wörtliche Wiederholung des zweiten Kolons der Mel-

---

[128] Diese Gewichtsverlagerung durch die Redaktion führt dann zu einem etwas merkwürdigen Gefühl beim Leser. So notiert H. W. Wolff, (1985) Joel und Amos, zu Am 7,14-15: "Damit ist das Autoritätsproblem, das Amazja unentschieden vor dem Hof wie vor dem Propheten ausbreitet, unter bemerkenswertem Verschweigen des Königsnamens eindeutig entschieden."

[129] Man kann lediglich fragen, ob es zutrifft, daß Amos auch Verschwörung angezettelt habe. Amazja hat aber wohl zu Recht erkannt, daß der Entzug der religiösen Legitimation des herrschenden Königs, im Nordreich allemal, ein wesentliches Teilmoment der Agitation gegen den König ist.

[130] D. U. Rottzoll, (1996) Studien, 252-255 weist Am 7,9 und mit geringerer Wahrscheinlichkeit auch Teile des Fremdberichts Am 7,10-17 seinem "priesterlich-dtr Redaktor" zu. Als Argument führt er an, daß Am 7,9-17 keinen Ort in der Ringstruktur der Amosschrift habe und deshalb nachträglich eingefügt worden sein muß. Damit überschätzt er aber m.E. den argumentativen Wert der Ringstruktur erheblich.

dung des Amazja an den König unterstreicht, was auch schon Am 7,9 sicher stellen sollte: Amazja hat Amos nicht mißverstanden. Im Gegenteil, Amos selber bekräftigt die Meldung nachdrücklich. Zugleich bekommt das Jahwewort, das Amos in Am 7,17 übermittelt eine fünfgliederige Struktur, die der Struktur der 5 Visionen analog ist. Auf zwei Bikola (A // A', B // B'), die das Schicksal der Priesterfamilie betreffen, folgt als Spitzenaussagen ein Monokolon (C), das das Geschick Israels ankündigt.

Wie schon bei der Analyse der Überschrift vermutet wurde, paßt diese Redaktionsarbeit mit dem zweiten Stadium der Überschrift zusammen (Stichwort חזה Am 7,12; Am 1,1).[131] Am 7,9 ist also am ehesten den Tradenten zuzuweisen.

3.5.2. Am 8,3-14

Am 8,3 schließt unmittelbar an die vierte Vision an. Dann setzt mit "hört dies!" (Am 8,4) eine Spruchfolge ein, die durch die Formeln "an jenem Tag" (Am 8,9), "Tage kommen" (Am 8,11) und "an jenem Tag" (Am 8,13) deutlich in 4 Einheiten untergliedert ist: Am 8,4-8; 8,9-10; 8,11-12 und 8,13-14.

3.5.2.1.   Am 8,3

Wie schon bei der dritte Vision wird auch bei der vierte Vision die Deutung des von Amos Gesehenen mit w-qatal 3.pl. fortgeführt. In beiden Fällen dürfte es sich dabei um ein Bikolon und ein Monokolon handeln.[132] Eindrucksvoll malt dieser Vers das Ende Israels aus: schaurige Gesänge hallen durch einen menschenleeren היכל[133], überall liegen Massen an Leichen. Niemand ist mehr da, der sie beerdigt. Mit dem Ausruf "Verstummt!" erstirbt der im Rhythmus der Totenklage gehaltene Vers.[134] Ganz Israel scheint, wie in der vierten Vision geschaut, vom Ende getroffen, aber die Erwähnung des היכל bringt doch einen anderen Ton hinein. Mit היכל kann entweder der

---

131   Vgl. oben Kap. 3.1.
132   Gut denkbar wäre in beiden Fällen auch ein Trikolon. Eine Entscheidung fällt schwer. Es hängt wohl davon ab, ob man für prophetische Poesie generell in ähnlichen Fällen eher mit der Folge "Bikolon-Monokolon" oder einem Trikolon rechnet.
133   Die eindrückliche poetische Kraft dieser Szene wird verwässert, wenn man statt שִׁירוֹת "Lieder" שָׁרוֹת "Sängerinnen" liest; so H. W. Wolff, (1985) Joel und Amos, 366 Anm. 3a. Die schauerliche Note ist eben dies, daß die Szene als völlig menschenleer beschrieben wird!
134   So die gelungene Interpretation von H. Gese, (1981) Komposition.

Königspalast oder der Tempel gemeint sein. In jedem Falle handelt es sich, wie schon im Falle von Am 7,9, um eine gewisse Begrenzung des Vernichtungshandelns Jahwes. Das Ende wird lediglich für den "Palast" thematisiert und ausgeführt. Der Begriff dürfte im Kontext der fünf Visionen (ohne Am 7,9-17; 8,4-14) auf den in der fünften Vision vorausgesetzten Tempel referieren. Sobald man Am 7,9 als Kontext einbezieht, ist genau so gut eine Deutung auf den Königspalast in Samaria möglich. Wohnhäuser von Reichen (היכל müßte dann kollektiver Singular sein) dagegen, werden innerhalb von Am mit dem Lexem ארמון bezeichnet.

Auch Am 8,3 macht den Eindruck, als sei der Vers später hinzugefügt worden. Ähnlich wie schon Am 7,9 weist auch er mit היכל ein aus Hos (Hos 8,14 היכל pl.) bekanntes Stichwort auf, jedoch sind die Berührungen nicht so eindrücklich wie im Falle von Am 7,9. Vor allem die formale Ähnlichkeit und die ähnliche Funktion für die Interpretation der Reichweite des in den Visionen geschauten Unheils, nämlich die Eingrenzung der Zielrichtung des Unheils auf Königspalast und Heiligtümer, läßt vermuten, daß beide Verse von gleicher Hand eingefügt wurden.

3.5.2.2.   Am 8,4-8

Erschaute die vierte Vision visionär die Realität, die bei Jahwe bereits Wirklichkeit ist, so kontrastiert Am 8,4-8 damit die Realität, die in Israel herrscht. Anstatt mit vereinten Kräften zu versuchen, das Ende (קץ "Ende", Am 8,2) abzuwenden, wird es durch die Übervorteilung der Schwachen in hektischer Aktivität herbeigeführt (שבת Hif. "Ende herbeiführen", Am 8,4).

Der Spruch ist in sich kaum literarisch einheitlich. Am 8,8 stellt eine direkte Anfrage an die Leserschaft dar und ist daher kaum eine ursprüngliche Fortsetzung des Jahweschwures in Am 8,7.[135] Zudem weist Am 8,8 so viele wörtliche Übereinstimmungen mit Am 9,5 auf, daß beide Verse wohl literarisch zusammen gehören.[136]

Schwieriger zu beurteilen ist der Jahweschwur Am 8,7. Wie Jeremias gezeigt hat, stellt er eine sprachspielerische Abwandlung des Jahweschwures von Am 6,8 dar.[137] Dies allein reicht jedoch nicht, um ihn gegenüber Am 8,4-6 als sekundär zu erklären, denn auch Am 8,4-6 ist eine Überarbeitung des

---

135   So schon K. Marti, (1904) Dodekapropheton, 217.
136   Das ונגרשה in Am 8,8 hat keine Entsprechung in Am 9,5. Da es das Gleichgewicht des Bikolons Am 8,8b (3+3 Worte) durchbricht und sogar noch in der LXX fehlt, muß es sich um eine sehr späte Zufügung handeln.
137   J. Jeremias, (1996e) Jakob, 260-265.

älteren Spruches Am 2,6-8.[138] So wird man den ganzen Spruch Am 8,4-7 als einheitlich, wenn auch als sekundär betrachten.[139]

> Kessler spricht sich dafür aus, die vom Text vorausgesetzten sozialen Miß-
> stände im 8.Jh. zu lokalisieren.[140] Dies braucht man im Grundsatz auch nicht
> zu bestreiten, nur werden diese Mißstände mit gegenüber den sonstigen Amos-
> texten stark veränderten Kategorien analysiert. Die Kategorie "Betrug" spielt
> nämlich sonst keine Rolle. In Am 8,4-6 projiziert eine spätere Zeit die Analyse
> ihrer eigenen ökonomischen Probleme in die Zeit des Amos zurück.[141]

In konzeptioneller Hinsicht läßt sich Am 8,4-7 eigentlich nur auf dem Hintergrund eines sozial begründeten Sabbatgebotes recht verstehen, wobei für unsere Zwecke ungeklärt bleiben kann, was genau der Sabbat in diesem Kontext darstellt.[142] In deutlichem Unterschied zur Kultkritik von Am 5,21-24 beschreibt Am 8,4-7 ein Verhalten, das den Sinn der Sabbatfeier in ihr Gegenteil verkehrt.[143] Sollte nach deuteronomischem Verständnis der Sabbat die Hektik und vor allem die Tendenz zur Eigendynamik ökonomischer Aktivitäten durchbrechen und so zur Solidarität mit den Schwachen im Land befreien und anleiten, so zeigt Am 8,4-7, wie die ökonomischen Zwänge den Sabbat dominieren und deshalb der solidarische Impuls der gemeinsamen Feier nicht wirksam werden kann. Die Bedeutung des Sabbat als Zentrum des Kultes und des ethischen Verhaltens macht die These wahrscheinlich, daß der

---

138 Dies hat J. Jeremias, (1996b) Am 8,4-7, gezeigt. Vgl. auch schon G. Fleischer, (1989) Von Menschenverkäufern, 180.

139 So auch G. Fleischer, (1989) Von Menschenverkäufern, 183-184, der lediglich Am 8,6b als Glosse ausscheidet.

140 R. Kessler, (1989) Kornhändler, 22.

141 Ein weiteres Indiz dafür ist, daß Am 8,4-6 doch wohl die Geschäftspraktiken von *Händlern* angreift. Letzteres hat zwar Kessler, (1989) Kornhändler, bestritten, ging aber damals noch von der Voraussetzung aus, daß Am 8,4-6 von Amos herrühre und deshalb die soziale Situation des 8.Jahrhunderts reflektieren müßte. Da, wie Kessler angemerkt hat, Händler sonst erstmals in der Sozialkritik Zefanjas erwähnt sind, dürfte Am 8,4-6 auch in diesem Punkt die sozialen Verhältnisse einer späteren Zeit zum Ausdruck bringen.

142 Der Text setzt auf jeden Fall voraus, daß Handel erst nach dem Sabbat möglich ist. Eher zweifelhaft ist, ob bereits eine allgemeine Arbeitsruhe an jedem siebten Tag im Blick ist. Die Aufregung der angeklagten Personen, wenn sie denn mehr ist als eine polemische Karikatur, ist besser verständlich, wenn der Sabbat einen längeren Zeitraum beendet, als wenn es nur um eine Arbeitsunterbrechung von einem Tag geht.

143 G. Fleischer, (1989) Von Menschenverkäufern, 194: "Diese in Am 8,5 implizierte Kultkritik unterscheidet sich von jener der ersten Redaktionsschicht, insofern Verse wie Am 4,4-5; 5,4-5.24-25 den Eindruck erwecken, als werde der Kult sehr ernst genommen und hätte seinen Eigenwert, den er für die Adressaten von Am 8,5 offensichtlich verloren hat: er ist zur lästigen Pflicht geworden."

Text der D-Schicht zuzuweisen ist.[144] Da Am 8,7 den Tradentenvers Am 6,8
voraussetzt, bestätigt sich erneut die Ansetzung der D-Schicht nach der Tradentenschicht. Am 8,8 wiederum setzt Am 8,4-7 literarisch voraus, so daß die
Hymnenschicht der D-Schicht folgen muß.

3.5.2.3.   Am 8,9-10

Am 8,9-10 ist in sich literarisch einheitlich.[145] Kann der Spruch einer
Schicht zugeordnet werden? Deutlich ist, daß der Spruch Themen aus der
Wortesammlung aufgreift, die als Hinweise auf die Strafe zu verstehen sind,
die Jahwe bringen wird. Vor allem auf das Dunkel des Tages Jahwes, Am
5,18-20, wird verwiesen.[146] Das Eintreffen des in der vierten Vision geschauten Endes wird so als Eintreffen der Zukunftsansagen der öffentlichen
Verkündigung des Amos verständlich gemacht. Diese Verschränkung wehrt
dem Eindruck, das Ende Israels käme als eine Art unmotiviertes Verhängnis.
Es kommt als Strafe für die Schuld, die vor allem in Am 3-6* aufgewiesen
wurde. Da insbesondere der Vers Am 8,10aα als ein Reflex auf Am 8,3 erscheint, könnte er mit diesem literarisch zusammen hängen, aber auch ihm
gegenüber sekundär sein.

3.5.2.4.   Am 8,11-12

Am 8,11-12 stellen das kommende Gericht Jahwes als eine Kontrastszene
zu Am 7,10-17 dar. Während dort dem Propheten untersagt wird, das Jahwewort zu sagen, so wird Jahwe eine neue Zeit heraufbringen, in der man nach
dem Jahwewort hungern, aber es trotzdem nicht finden wird. Der Bezug auf
Am 7,10-17 ist durch raffinierte Wortspiele untermalt. Offensichtlich ist das
Spiel mit dem Lexem שלח (Am 7,10 // Am 8,11a): Während die eine Zeit
durch das "Schicken" שלח des Priesters charakterisiert ist, so die andere
durch das "Schicken" Jahwes. Verborgener, aber trotzdem ganz bewußt intendiert, sind die Anspielungen auf Jerobeam, Amazja und Amos.

---

[144]   P. Weimar, (1981) Schluß, 98 weist lediglich Am 8,5 der dtr Schicht zu. Man kann aber
        Am 8,5 nicht literarkritisch aus seinem Kontext lösen.
[145]   So auch H. W. Wolff, (1985) Joel und Amos, 378.
[146]   Der Ausdruck יום מר wandelt יום יהוה ab, Am 5,18.20; das Thema der Verdunkelung
        des Lichts findet sich ebenfalls in Am 5,18.20 (אור, חשך); vgl. auch קינה Am 5,1; אבל
        Am 5,16-17; חג und שיר Am 5,21-23.

ירבעם hat drei Konsonanten mit רעב gemeinsam, wenn auch in anderer Reihenfolge. Deutlicher ist die Anspielung auf den Namen des Priesters אמציה durch das Lexem צמא; die ersten drei Konsonanten von "Amazja" werden in ihrer Reihenfolge genau umgekehrt. Dieselben drei Konsonanten tauchen in anderer Reihenfolge auch im letzten Wort von Am 8,12 ימצאו auf. Auf diesem Hintergrund gewinnt die These an Wahrscheinlichkeit, daß לשמע in Am 8,11bß eine Anspielung auf den Eigennamen Amos עמוס sein soll. Man braucht nur die Reihenfolge der Konsonanten umzukehren und für das Schin den phonetisch sehr ähnlichen Laut Samech zu substituieren.

Auch diese Einheit ist in sich literarisch einheitlich, aber nur sehr schwer einer Schicht zuzuweisen.[147] Hinsichtlich der relativen Datierung ist deutlich, daß Am 8,11-12 der Fremdbericht Am 7,10-17 bereits vorliegen muß, anders sind die Wortspielbezüge auf diesen Bericht nicht zu verstehen. Es ist auch gut denkbar, daß die Redaktoren von Am 8,11-12 zu ihrem Spruch über die kommende Hunger- und Durstzeit durch das Lexem צמא im nachfolgenden Vers Am 8,13 angeregt wurden.[148] In beiden Fällen müßten wir davon ausgehen, daß Am 8,11-12 später als die Tradentenschicht liegt. Wolff überlegt vorsichtig eine Zuweisung zur D-Schicht[149], was mit der relativen Chronologie nicht in Widerspruch stünde. In der Tat kann man sich den Spruch Am 8,11-12 kaum sinnvoll vorstellen, ohne daß die Vorstellung von Dtn 8,3 im Hintergrund steht, wonach Israel von Jahwes Wort lebt und ohne es zu Grunde gehen muß. Bemerkenswert ist auch der enge Anschluß von Am 8,12b an die Formulierung von Hos 5,6.15.

3.5.2.5.   Am 8,13-14

Erneut haben wir einen Spruch vor uns, der offene und versteckte Anspielungen auf ältere Sprüche der Amosschrift erkennen läßt. Die deutlichsten lexikalischen Bezüge zeigen sich zur Totenklage in Am 5,2: man vgl. nur נפלה לא־תוסיף קום (Am 5,2a) mit ונפלו ולא יקומו עוד (Am 8,14b).[150]

---

[147] So auch H. W. Wolff, (1985) Joel und Amos, 379-380.

[148] Dies gibt H. W. Wolff, (1985) Joel und Amos, 375 zu bedenken. Wenn in Am 8,13 noch kein Wortspiel mit dem Priesternamen אמציה intendiert war (drei Radikale gleich bei umgekehrter Reihenfolge), so haben die Redaktoren von Am 8,11-12 mit Sicherheit hier ein solches Wortspiel gesehen.

[149] H. W. Wolff, (1985) Joel und Amos, 375.

[150] Die Bezüge hat H. W. Wolff, (1985) Joel und Amos, 374 bereits gesehen. Als versteckte Anspielungen kann man hinzufügen: צמא in Am 8,13b (vermutlich auch באשמת in Am 8,14a) als Anspielung auf den Priester Amazja אמציה. Die Konsonanten von נפלה (Am 5,2) stecken in anderer Reihenfolge auch in תתעלפנה (Am 8,13a). Die Lexeme נשבע und שמרון in Am 8,14a verweisen auf Am 4,1-2.

Wolff hat argumentiert, daß die Erwähnung des Heiligtums von Dan nur Sinn macht, wenn man den Spruch noch vor die Eroberung Dans durch die Assyrer datiert.[151] Man wird ihm jedenfalls soweit zustimmen können, daß die Erinnerung an den Kult von Dan noch wach gewesen sein muß. Zusätzlich kann man noch auf die thematische Berührung dieses Spruches zu Hos 4,15 und 13,1 (אשם) verweisen.[152] Dies alles läßt es als geraten erscheinen, den Spruch den Tradenten zuzuweisen.

3.5.3.   Am 9,5-15

Der fünften Vision folgt noch ein längerer Nachspann, der in die Ankündigung einer neuen Heilszeit einmündet.

3.5.3.1.   Am 9,5-6

Deutlich fällt Am 9,5-6 als sekundärer Zusatz auf.[153] Der Befund gleicht dem bei den anderen Hymnenfragmenten Am 4,13; Am 5,8: das eigentliche Hymnenfragment, Am 9,6, ist durch den redaktionellen Überleitungsvers Am 9,5 (vgl. Am 4,12; Am 5,9) mit dem Kontext vernetzt worden. Am 9,5 weist zahlreiche wörtliche Übereinstimmungen mit Am 8,8 und Am 1,2 auf. Über das literarische Verhältnis beider Verse zueinander ist viel gerätselt worden. Meist betrachtete man einen Vers gegenüber dem anderen als sekundär.[154] Mir scheint es jedoch am naheliegendsten zu sein, beide Verse der gleichen Schicht zuzuweisen. Am 8,8 bereitet in Frageform auf Am 9,5 vor. Was in Am 8,8 Resultat der Verkehrung des Rechts ist (Am 8,8 ist mittels על זאת auf Am 8,4-7 zurückbezogen), ist in Am 9,5 Folge eines Schlages Jahwes. Man wird den Befund so deuten können: Am 8,8 liefert den Grund dafür, warum Jahwe die Erde schlägt. So wird die Befolgung des Rechts mit dem Erhalt der gleichmäßigen Schöpfungsrhythmen verknüpft.

---

[151]   H. W. Wolff, (1985) Joel und Amos, 374: Am 8,13-14 "müssen vor dem Einmarsch Tiglatpilers III. im Jahre 733 gesprochen sein. Wir werden in die gleiche Zeit der dreißiger Jahre des 8.Jh. geführt, in die 6,2 hineinpaßt".

[152]   So schon H. W. Wolff, (1985) Joel und Amos, 381-382.

[153]   So auch H. W. Wolff, (1985) Joel und Amos, 393.

[154]   H. Gese, (1989) Amos 8,4-8, 65: "die zweifellos bestehende Abhängigkeit zwischen 8,8 und 9,5 liegt viel eher auf seiten von 9,5."

3.5.3.2.   Am 9,7-10

Am 9,7-10 läßt sich in die Abschnitte 9,7; 9,8 und 9,9-10 untergliedern.[155] Wie diese Abschnitte zu einem Gedankengang verknüpft sind, ist jedoch nicht einfach zu sehen.[156] So macht Am 9,7 für sich gelesen den Eindruck, es ginge darum, die Bedeutung des Exodus zu schmälern.[157] Durch die Fortsetzung in Am 9,8 treten die Völker jedoch wieder ganz in den Hintergrund, und die Aufmerksamkeit Jahwes richtet sich ausschließlich auf Israel, bzw. auf das sündige Königreich, um an ihm das Gericht zu vollziehen. Am 9,8-10 sind dann wohl so zu deuten, daß sich dieses Gericht nicht auf ganz Israel erstreckt, sondern einem Siebevorgang vergleichbar innerhalb Israels eine Scheidung vollzieht. Kriterium für die Scheidung ist, so wird man Am 9,10 deuten können, die prophetische Verkündigung selbst. Paradoxerweise werden gerade diejenigen verschont, die der prophetischen Ankündigung des Unheils geglaubt haben.[158]

---

[155] Damit ergibt sich mir eine Gliederung wie sie P. Weimar, (1981) Schluß des Amos-Buches, 62-63 vorgeschlagen hat. Seiner These von der Konkurrenz zweier Gliederungssysteme in diesem Abschnitt kann ich allerdings nicht folgen.

[156] Das hängt zum einen daran, daß einzelne Lexeme (z.B. צרור Am 9,9) und Vorgänge ("Schütteln des Siebes") sich in ihrer Bedeutung nicht genügend eindeutig bestimmen lassen, zum anderen daran, daß der Übergang von einem Gedanken zum nächsten schwierig nachzuvollziehen ist.

[157] So schon C. F. Keil, (1888) Die zwölf kleinen Propheten, 235: Mit "diesen Worten entreißt der Prophet dem sündigen Volke die letzte Stütze seiner fleischlichen Sicherheit, nämlich das Vertrauen auf seine Erwählung zum Volke Gottes', welche der Herr in der Heraufführung Israels aus Ägypten thatsächlich bezeugt hatte." J. Wellhausen, (1898) Die kleinen Propheten, 94-95: "Er leugnet also hier die Prärogative Israels, als Volkes Jahves, gänzlich, doch darf man ihn nicht zu sehr beim Worte nehmen, vgl. 2,10.11. 3,2. 7,15. 8,2 (עמי)." Berühmt ist die zugespitzte Formulierung von W. H. Schmidt, (1973) Zukunftsgewißheit, 79-80: "Entscheidend ist allein, wie der Prophet die besondere geschichtliche Führung, der das Gottesvolk seine Existenz verdankt, völlig mit der allgemeinen Völkerwanderung gleichsetzt und damit seinen Hörern jede Möglichkeit nimmt, unter Verweis auf die eigene Heilsgeschichte Einwände gegen die prophetische Unheilsdrohung zu erheben. Hier ist Amos so häretisch, daß er die rechte, überkommene Lehre, die ja das Selbstverständnis des Gottesvolkes begründet, aufhebt, um jede Berufung auf sie grundsätzlich auszuschließen – und zwar im Namen des Gottes, von dem die Tradition spricht."

[158] Für die Redaktoren trifft also zu, was auch in der modernen Exegese immer wieder empfunden wurde, daß nämlich die radikale Unheilsankündigung des Amos als Aufruf zur Umkehr wenn schon nicht formuliert, so doch gemeint war. Z.B. H. D. Preuß, (1968) Jahweglaube und Zukunftserwartung, 141: "Amos hat nicht nur Unheil angedroht und ist dann über Leichen geschritten. Seine Gerichtsworte wollen vielmehr noch einmal zur Umkehr rufen und haben damit für den glaubenden Hörer auch etwas Konditionelles, weil Jahwe nach dem Gericht und trotz des Gerichts Heil schenken will."

Obwohl die Kohärenz des Abschnitts Am 9,7-10 mehrfach gestört erscheint, ist es im Rahmen unserer Fragestellung vertretbar, den Abschnitt als literarische Einheit zu behandeln.[159] Fragt man nach der Schichtzugehörigkeit von Am 9,7-10, so ist deutlich, daß der Abschnitt auf jeden Fall die Tradentenschicht voraussetzt. Die Vorstellung von den auf Israel zum Unheil ruhenden Augen (Am 9,8; vgl. auch Am 9,10) ist aus dem Zusatz zur fünften Vision Am 9,4b aufgenommen; die Formulierung בחרב ימותו in Am 9,10 entstammt dem Fremdbericht (Am 7,11), der erst durch die Tradenten in die Amosschrift eingefügt wurde; die Vorstellung, daß vor allem das Königtum die Schuld Israels repräsentiere (Am 9,8), ist dem redaktionellen Tradentenvers Am 7,9 entnommen. Die Konzeption von Am 7,9 wird nun aber so weitergeführt, daß ausdrücklich das "Haus Jakob" aus dem Vernichtungsgeschehen herausgenommen wird.[160] Dies schließt sich an Am 3,13 an, dem einzigen weiteren Vorkommen von "Haus Jakob" in der Amosschrift.

Der Abschnitt Am 9,7-10 ist, jedenfalls in seiner Endgestalt, später als die Tradentenschicht anzusetzen. Andererseits ist nicht erkennbar, daß Am 9,7-10 die Hymnenschicht Am 9,5-6 voraussetzt.[161] In der relativen Chronologie unserer bisherigen Schichten käme also die D-Schicht als Kandidat in Frage.[162] In der Tat liegt ein deutlicher Bezug auf andere Texte der D-Schicht im Verweis auf den Exodus in Am 9,7, der sich ja auch in Am 2,10; 3,1b findet,

---

Als atliche Sachparallele vgl. etwa Ez 33,14-15: Wer auf die Aussage "Du wirst sterben" hin umkehrt, wird leben! Dazu auch R. Coote, (1981) Amos, 95.

[159] Eindeutig fällt das בכל־הגוים in Am 9,9 heraus, es stört Rhythmus (3+3 innerhalb von Am 9,9) und Gedankengang und ist deshalb als Nachtrag zu betrachten, der den Siebevorgang neu interpretiert. Das Schütteln des Siebes wird auf die Zerstreuung Israels in die Diaspora gedeutet (vgl. etwa K. Koenen, (1994) Heil, 12 Anm. 12).

[160] Die Formation lo'+ inf.abs. + yiqtol ist eher so zu deuten, daß die Vernichtung des "Hauses Jakob" ausgeschlossen wird. Die zwei Parallelstellen (Gen 3,4; Ps 49,8) belegen dieses Verständnis. K. Koenen, (1994) Heil, 10 Anm. 2 favorisiert die Bedeutung "nicht völlig vernichten" unter anderem mit dem Hinweis darauf, daß das Siebbild in V. 9 ja nur eine teilweise Vernichtung impliziere. Aber auch die Bedeutung "bestimmt nicht vernichten" widerspräche dem Siebbild nicht: Gott vernichtet das Haus Jakob nicht, sondern schüttelt es im Sieb.

[161] J. Nogalski, (1993a) precursors, 102 sieht einen Bezug von Am 9,6 על־פני הארץ auf Am 9,8 מעל פני האדמה. Seiner eigenen Analyse nach ruft aber Am 9,6 Assoziationen zur Sintfluterzählung wach (Erwähnung von Wasser), während diese Assoziationen in Am 9,8 fehlen. Wenn also eine Abhängigkeit zwischen beiden Stellen besteht, dann muß sie andersherum laufen. Die Hymnenschicht deutet geschichtliche Vorgänge mit Hilfe von Kategorien, die der Urgeschichte entnommen sind.

[162] Insbesondere Am 9,7 wird von einigen Exegeten für deuteronomistisch gehalten, vgl. D. U. Rottzoll, (1996) Studien, 271 Anm. 8.

wobei das Heraufführen in allen drei Fällen mit עלה Hif. formuliert wird.[163] Auch der Gedanke der Abweisung des prophetischen Wortes als entscheidender Schritt in den Untergang paßt gut zu Am 2,12; Am 3,7.

Blickt man sich nach Sach- und Formulierungsparallelen auch außerhalb der Amosschrift um, so fällt der Bezug von Am 9,8 auf 1 Kön 13,34 ins Auge. Beide Stellen haben die Phrase השמיד מעל פני האדמה gemeinsam, und zwar im Zusammenhang mit der Sünde Jerobeams![164] Diese besteht nach Vorstellung von DtrG darin, daß Jerobeam Kulthöhen eingerichtet, in Bet-El und Dan Stierbilder aufgestellt und eine illegitime Priesterschaft eingesetzt hat. Die D-Redaktion hat bei dem Ausdruck "Haus Jerobeam" in Am 7,9 offensichtlich nicht an die Familie Jerobeams II. gedacht, wie die Tradenten, sondern an das gesamte Königtum des Nordreichs, wie es aus ihrer Sicht seit Jerobeam I. bestand.[165] In der Konstellation von Am 7,9-17 findet die Redaktion genau ihr Bild vom Nordreich wieder: Ein illegitimer König treibt einen von ihm abhängigen, weil von ihm eingesetzten, illegitimen Priester am illegitimen Heiligtum von Bet-El dazu, sich dem wahren Jahwepropheten in den Weg zu stellen. Genau deshalb muß das Nordreich untergehen. Wahrscheinlich ist auf Grund dieser starken konzeptionellen Nähe auch Am 9,7-10 der D-Schicht zuzuweisen.

3.5.3.3.   Am 9,11-15

Mit Am 9,11 kommt ein völlig neuer Ton in die Amosschrift. In deutlicher Anspielung auf, aber in sachlichem Kontrast zu Am 5,2, wo vom Fallen der Jungfrau Israel gesprochen war (נפלה Am 5,2 // נפלת Am 9,11), wird nun erstmalig vom Aufrichten (לא־תוסיף קום Am 5,2; אקים Am 9,11) gesprochen. Damit beginnt die Ankündigung einer neuen Heilszeit nach dem Ge-

---

[163] Weitaus häufiger ist die Formulierung mit יצא Hif.

[164] Außerdem wird in 1 Kön 13 vom Auftauchen eines mysteriösen Gottesmannes in Bet-El erzählt, der die Zerstörung dieses Heiligtums ankündigt. Kann an jemand anderen gedacht sein als an Amos? Sein Name wird vielleicht nicht genannt, weil DtrG die Ankündigung der Zerstörung Bet-Els bereits in die Zeit Jerobeams I. verlegt und dann die Nennung des Namens Amos anachronistisch wäre. Vgl. dazu Chr. Levin, (1995) Amos, 311-313, der auch in Am 7,9; 9,8 eine Anspielung auf Jerobeam I. sieht.

[165] Chr. Levin, (1995) Amos, 309: "Es ist kein Zweifel, daß auch in Am. vii 9 Jerobeam I. gemeint ist." hat insofern Recht, als die D-Redaktion diesen Vers sicher so verstanden hat, auch wenn er von den Tradenten so nicht gemeint war.

richt. Seit langem ist erkannt, daß es sich um eine sekundäre Zufügung handelt.[166]

Der Abschnitt Am 9,11-15 ist aber in sich literarisch nicht einheitlich. Innerhalb von Am 9,11-15 hebt sich ziemlich deutlich Am 9,13aßγb als spätere Hinzufügung dadurch ab, daß es zu der normalen, nicht-utopischen Beschreibung der landwirtschaftlichen Aktivitäten in Am 9,14 in gewisser Spannung steht. Zusätzlich fällt auf, daß sich in Joel 4,18 eine fast wörtlich übereinstimmende Aussage findet.[167] Man wird diese Beobachtungen wohl so auswerten können, daß wir hier einen Zusatz vor uns haben, der Joel mit Am verbinden will, wie wir das bereits in Am 4,9 vermutet haben.[168]

Weniger deutlich ist der Fall in Am 9,12a. Doch auch hier deutet insbesondere der unvermittelte Wechsel zur 3.m.pl., was in Am 9,11 keinen Bezug hat, auf einen sekundären Charakter.[169] Der Vers dient wohl als Verknüpfungshinweis zur folgenden Obadjaschrift.

Der Grundbestand Am 9,11.12b.13aα.14-15 kann keiner der bisher ermittelten Schichten zugewiesen werden. Er ist auf jeden Fall später als die D-Schicht zu datieren, da Am 9,7-10 vorausgesetzt wird. Die Restitution des Davidreiches knüpft an die Verschonung des Hauses Jakob in Am 9,8 an. Da dieser Zusatz das Gesamtverständnis der Amosschrift stark verändert, erscheint es als berechtigt, diese Grundschicht als eine eigenständige Bearbeitungsschicht den bisher ermittelten an die Seite zu stellen.

---

166 Berühmt ist das Votum Wellhausens: "Ich glaube nicht, dass 9,8-15 von Amos herrührt. Nach 9,1-4.7 kann er nicht auf einmal sagen, es sei nicht so schlimm gemeint, es werde noch alles wunderschön werden; denn er redet in jenen Versen nicht im Scherz, sondern im blutigen Ernst, er meint was er sagt. Nachdem er grade vorher all seine früheren Drohungen weit überboten hat, kann er ihnen nicht plötzlich die Spitze abbrechen, nicht aus dem Becher des Zornes Jahves zum Schlusse Milch und Honig fliessen lassen. Er ist einzig darin, dass er dem Verhängnis klar ins Auge sieht und es begreift, dass ihm der Untergang Israels den Sieg Jahves bedeutet – und nach dem kühnsten Aufschwung seines Glaubens soll er lahm zurücksinken in den Wahn den er bekämpft? Die Illusion soll triumphiren über ihren Zerstörer, der Gott der Wünsche über den Gott der geschichtlichen Notwendigkeit? Vielmehr hat ein späterer Jude die Coda angehängt und den echten Schluss verdrängt, weil der ihm zu hart in die Ohren gellte." (J. Wellhausen, (1898) Die kleinen Propheten, 96).

167 In Am 9,13 wird lediglich נטף Hitp. verwendet, was vermutlich aus Am 9,5 aufgenommen wurde.

168 Vgl. J. Nogalski, (1993a) precursors, 109-110.

169 So zu Recht J. Nogalski, (1993a) precursors, 108-109.

3.6. Zusammenfassung: Die literarische Schichtung der Amosschrift

Überblicken wir die literarkritische Analyse, so lassen sich im wesentlichen sechs Schichten unterscheiden, die das Gesamtverständnis der Amosschrift signifikant verändert haben. Diese Schichten können auch ziemlich überzeugend in eine relative Chronologie gebracht werden. Daneben muß man auch mit isolierten redaktionellen Zusätzen rechnen, die zwar einzelne Stellen in ihrem Sinn modifizieren, aber kaum ein gewandeltes Gesamtverständnis der Amosschrift repräsentieren. Versuchen wir, die Entstehungsgeschichte modellartig darzustellen:

a) Die Wortesammlung: Am 3-6*

Die älteste literarische Schicht innerhalb der Amosschrift umfaßte eine Sammlung von Worten, die innerhalb von Am 3-6 relativ unversehrt erhalten sind: Am 3,3-6.8.12.15; 4,1-5; 5,1-5.7.10.12b.14-17.18-21.22aβb-24.27; 6,1.3-7.9-14. Ich nenne die Redaktoren dieser Wortesammlung deshalb die "Sammler". Die Intention dieser Sammlung war es, die öffentliche Verkündigung des historischen Propheten Amos zu präsentieren. Zu diesem Zwecke wurden die mündlich verkündigten Worte so reformuliert, daß sie der von den Redaktoren gewählten Anordnung besser gerecht wurden. Die Unterteilung der Wortesammlung in zwei Großabschnitte, Am 3-4* ("Hört dieses Wort!" Am 3,1) und Am 5-6* ("Totenklage"), geht wohl auf die Sammler zurück. Die älteste Gestalt der Überschrift Am 1,1 "Die Worte des Amos aus Tekoa" stand über dieser Sammlung.

b) Die Tradentenfassung: Am 1-9* (abgekürzt: Trad-Am)

Die nächsten Redaktoren, die ich in Ermangelung eines besseren Namens die "Tradenten" genannt habe, erweiterten die ihnen vorliegende Wortesammlung durch einen Völkerspruch- und einen Visionenzyklus. Sie hatten anscheinend noch Zugriff auf authentisches Material von Amos selbst (originale Völkersprüche?, Aufzeichnung des Zyklus von fünf Visionen) und/oder von "Schülern" (Am 7,10-17*), das sie zusammen mit von ihnen selbst formulierten Textpassagen (Am 2,8aβ.bβ; 3,2.9-11(?).13-14; 5,12a; 6,8; 7,9; 8,3.14) zu einer neuen Amosschrift zusammenstellten. Das ihnen vorliegende Textmaterial haben sie bestimmt an einigen Stellen so reformuliert, daß es sich besser dem eigenen Verständnis und nicht zuletzt den eigenen kompositionellen Absichten einpaßte. Über dieser Fassung stand die Überschrift: "Die

Worte des Amos aus Tekoa, die er geschaut hat über Israel zwei Jahre vor dem Erdbeben". Sie läßt erkennen, daß Amos bewußt als ein wahrer Prophet präsentiert werden sollte.

c) Die D-Schicht

Die nächsten Redaktoren gehörten in den weiten und in sich relativ disparaten dtn-dtr Traditionsstrom. Sie fügten an kompositorisch besonders herausragenden Stellen ihre Zusätze ein. Dieser Schicht sind ziemlich sicher Am 2,4-5.10-12; Am 3,1b.7; Am 4,6-11*; Am 8,4-7 und Am 9,7-10* zuzuweisen. Auch die Endgestalt der Überschrift Am 1,1 verdanken wir dieser Schicht. Weniger wahrscheinlich ist die Zuweisung von Am 1,9-12 und Am 8,11-12. Am 1,2 fügt sich mit seiner Jerusalemorientierung konzeptionell gut in die D-Schicht ein, obwohl sprachliche Indizien für eine Zugehörigkeit zu dieser Schicht fehlen.

Auch wenn dieser Vers oder auch anderes Textmaterial, das der D-Schicht zugewiesen worden ist, letzterer voraus liegen sollte, so müßte er im Rahmen einer Interpretation der D-Fassung der Amosschrift mit berücksichtigt werden. Die D-Fassung besteht ja nicht nur aus den isolierten Zusätzen dtn-dtr Charakters, sondern umfaßt die gesamte Schrift, also auch das ältere Textmaterial.

d) Die Hymnen-Schicht

Der D-Schicht folgte die Zufügung der Hymnenfragmente Am 4,13; 5,8 und 9,6. Diese Hymnenfragmente waren wohl schon vor ihrer Einfügung ziemlich fest formuliert. Die Redaktoren fügten zusätzlich Verse ein, mittels derer sie die hymnischen Fragmente mit der Amosschrift stärker in Beziehung setzten: Am 4,12; Am 5,9; Am 8,8; Am 9,5. Da die Hymnenfragmente sehr stark den Namen Gottes betonen, dürften zu dieser Schicht auch einige der mit Prädikationen erweiterten Gottesnamen gehören (z.B. in Am 5,27; 6,14). Durch einige – zugegebenermaßen versteckte – Bezüge der Hymnenschicht auf Texte der D-Schicht läßt sich erkennen, daß die D-Schicht der Hymnenschicht vorausliegen muß.

e) Die Heilsschicht

Vermutlich noch später als die Hymnen wurde die Grundschicht des Heilsschlusses angefügt: Am 9,11.12b.13aα.14-15. Sie setzt die Zuspitzung der D-Schicht voraus, wonach das "Ende Israels" (Am 8,2) in erster Linie auf das Nordreichskönigtum zu beziehen ist, das "Haus Jakob" aber verschont wird. Daran anknüpfend wird die Restitution des Davidreiches mit seiner Hauptstadt Jerusalem erwartet.

f) Die eschatologische Schicht

Von der Heilsschicht zu unterscheiden ist eine noch spätere Schicht, die nicht nur eine unzerstörbare Restitution der Idealzeit Israels erwartet, sondern darüber hinaus eine Umwandlung der gesamten Natur: Am 9,13aβb. Einen diesem Vers vergleichbare Bezugnahme auf Joel fanden wir auch in Am 4,9. Wahrscheinlich ist auch Am 9,12a dieser Schicht zuzuweisen, aber das bedarf noch weiterer Prüfung.

g) Nicht eingeordnete Zusätze

Eine Reihe von Zusätzen werden in dieser Arbeit keiner Schicht zugewiesen. Sie scheinen nur eine auf ihren unmittelbaren Kontext bezogene Funktion zu haben: Am 2,7bß; Am 2,14b.15aß; Am 4,10b; Am 5,6.13; Am 8,9-10.[170]

In den folgenden Kapiteln soll nun gefragt werden, ob und gegebenenfalls wie diese Schichten innerhalb der Amosschrift mit anderen Schriften des Zwölfprophetenbuchs literarisch vernetzt sind.

---

[170] Dazu müßten noch die verschiedenen Titel für Jahwe, wie Jahwe Zebaot u.a., untersucht werden, die sicher nicht alle ursprünglich sind. Auch Am 1,11bβ wäre an dieser Stelle zu nennen.

4. Die Tradentenfassung von Amos und die Hoseaschrift

Nachdem ein Modell der literarischen Schichtung der Amosschrift erstellt ist, soll nun geprüft werden, ob die innerhalb von Am gefundenen Schichten Querverbindungen zu gleichartigen Schichten anderer Schriften des Zwölfprophetenbuchs erkennen lassen. Da die Querverbindungen der ältesten Schicht, der Wortesammlung, zu anderen Schriften des Zwölfprophetenbuchs nicht als signifikant erscheinen, setze ich mit der Untersuchung der Tradentenfassung ein. Dabei stößt man, wie bereits Jeremias gezeigt hat, zu allererst auf Bezüge zu Hos.[1] An einigen besonders markanten Beispielen soll im folgenden gezeigt werden, daß Trad-Am und eine wie immer genauer abzugrenzende Hoseaschrift von demselben Herausgeberkreis bearbeitet wurden. Die Wahrscheinlichkeit ist hoch, daß es dessen Ziel war, die Verkündigung der beiden Propheten *gemeinsam*, also schreibtechnisch gesehen: auf einer Rolle, herauszugeben.[2]

4.1. Am 7,9-17: Jahwe straft Königtum und Tempel des Nordreichs

4.1.1. Die Interpretation der dritten Vision durch die Tradenten

Wie die literarkritische Untersuchung ergeben hat, haben die Tradenten im Falle von Am 7,9-17 einen ihnen wohl mündlich vorliegenden Fremdbericht mit eigenen Worten reformuliert und mittels des Brückenverses Am 7,9 in

---

[1] J. Jeremias, (1996c) Anfänge, hat gezeigt, daß bestimmte Textpassagen innerhalb von Am hoseanische Terminologie und Theologie verwenden und hat daraus mit Recht geschlossen, daß die Tradenten der Botschaft des Amos bereits hoseanische Texte in irgendeiner Form kannten.

[2] Auf die archäologische, schreibtechnische Seite des Redaktionsprozesses kommt es mir nicht an. Mir liegt lediglich an einer anschaulichen, inspirierenden Formulierung der redaktionsgeschichtlichen These. Natürlich gibt es auch andere Verfahren, um die Zusammengehörigkeit von Schriften und deren Abfolge eindeutig zum Ausdruck zu bringen. Im Falle von akkadischen Tontafeln benutzte man z.B. zur Kennzeichnung der Abfolge der einzelnen Tafeln eine "Fangzeile", d.h. die letzte Zeile einer Tafel wird am Beginn der nächsten Tafel wiederholt.

den Visionszyklus eingebunden. Diese redaktionelle Bearbeitung läßt mehrere charakteristische Intentionen der Tradenten erkennen.

4.1.1.1. Königskritik

Die Amosschrift weist nur an einer einzigen Stelle, Am 7,9, eine explizite Kritik am König auf. Ganz offensichtlich haben die Tradenten ihrer Amosschrift ein Thema eingefügt, das der Amosüberlieferung vor ihnen fremd war. In dem den Tradenten bereits mündlich vorliegenden Fremdbericht Am 7,10-17* ist der König als Ziel der Agitation des Amos zwar genannt (Am 7,11), aber dieser Vers gibt lediglich wider, wie der Priester Amazja die Botschaft des Amos gegenüber dem König dargestellt hat, nicht jedoch, wie Amos selber sie gemeint hat. Amos selber erwähnt auch in der Darstellung des Fremdberichts nie den König. Es ist sehr wahrscheinlich, daß der mündliche Fremdbericht die Zusammenfassung der Botschaft des Amos durch Amazja (Am 7,11) als ein (böswilliges?) Mißverständnis sah. Für die Tradenten hingegen hatte Amazja an der Botschaft des Amos eine Dimension entdeckt, die Amos selber vielleicht noch gar nicht bewußt war, die es aber verdiente, manifest gemacht zu werden. Eben dies geschah durch die Einfügung von Am 7,9.

In der älteren Wortesammlung ist eine Königskritik allenfalls implizit vorhanden. So könnte man argumentieren – und sehr wahrscheinlich werden auch die Tradenten so gedacht haben –, daß die Kritik an der Einwohnerschaft von Samaria (Am 3,9.12b; 4,1) auch den König und seine Verwaltung einschließt. Noch weitergehend vermutet Reimer, daß die königliche Residenz in Samaria das eigentliche Ziel der amosischen Strafansagen war. So fragt er etwa, ob man außerhalb des unmittelbaren Umfeldes des Königs genügend Kapital hatte, um sich die in Am 3,15 erwähnten Prachtbauten leisten zu können.[3]

Was immer der ursprüngliche Sinn der dritten Vision gewesen sein mag, die Tradenten deuten sie wohl so, daß Jahwe die Stadtmauer (חומה) von Samaria überwindet [4], um eine Waffe [5] auf das Zentrum der Macht ("in das In-

---

[3]   H. Reimer, (1992) Richtet auf das Recht, 85-87 im Anschluß an S. Mittmann, (1976) Bett. So bemerkt er z.B. zu den Gebäuden "Winterhaus" und "Sommerhaus" (Am 3,15): "In einem Staat wie Israel wird es sie nur einmal gegeben haben, und zwar in der Hauptstadt; von daher erklärt sich auch der Singular an dieser Stelle. Diese königlichen Bauten sollen in dem kommenden göttlichen Unheil über die Stadt zerstört werden."

[4]   Für die Tradenten ist an allen Stellen in Am, an denen von der Stadt gesprochen wird, die Stadt gemeint, die Amos auch sonst explizit zum Zielpunkt seiner Kritik macht: die Hauptstadt des Nordreichs Samaria. In der dritten Vision begegnet zwar nicht das Le-

nere Israels") zu richten. Für die Tradenten ist das innerste Machtzentrum Israels zweigeteilt: *Zum einen* ist es das Königshaus, deshalb sehen sie durch die dritte Vision den König bedroht.

> Da Jahwe in der dritten Vision – aus der Sicht der Tradenten – bereits auf der Stadtmauer von Samaria steht, bevor er das "Innere Israels" zu seinem eigentlichen Ziel erklärt, muß dieses innerhalb der Stadt liegen. Das kann nach ihrem Verständnis nur das Königshaus sein. Der Ausdruck "Haus Jerobeam" könnte in dieser Deutung sogar seine gewöhnliche, metaphorische Bedeutung "Familie, Dynastie Jerobeams" verlieren und den im Innern der Stadt gelegenen Königspalast meinen (vgl. היכל in Am 8,3).[6] Möglicherweise wird ihre Deutung der dritten Vision auf Jerobeam durch ein verborgenes Wortspiel unterstützt: Alle drei Radikale des wichtigen Lexems עבר (Am 7,8) sind, in umgekehrter Reihenfolge, auch im Eigennamen Jerobeam ירבעם enthalten. Auch die Lexeme קרב "Inneres" und חרב "Schwert" haben zwei Radikale, ebenfalls in umgekehrter Reihenfolge, mit עבר gemeinsam, wobei zusätzlich die jeweils ersten Radikale phonetisch verwandt sind (ק // ח // ע).

Zum andern sind es die Nordreichsheiligtümer, allen voran Bet-El.[7] Der zweimal (Am 7,11.17) eingeschärfte Satz "Israel wird exiliert werden" macht andererseits deutlich, daß das "Innere Israels" vom restlichen Volk nicht abgetrennt werden kann: Die Strafe trifft Israel als Ganzes.

4.1.1.2.   Priesterkritik

Die den Tradenten vorliegende Wortesammlung enthielt zwar eine massive Kultkritik (Am 4,4-5; Am 5,21-24*), aber keine Kritik am Kultpersonal. Indem die Tradenten den Fremdbericht Am 7,10-17 in ihre Amosschrift einfügen, integrieren sie eine Priesterkritik. Denn schließlich ist es ein Priester, der Amos entgegentritt und ihm das Wort untersagt. Dabei liegt ein besonde-

---

xem עיר "Stadt", aber wo eine Stadtmauer (חומה) ist, muß selbstverständlich auch eine Stadt sein.

5   Die Tradenten interpretieren das אנך, das Jahwe in Israel hineinbringt, als eine Waffe, genauer: als ein Schwert (חרב Am 7,9). Diese Deutung wird mit dem Wortspiel בְּקֶרֶב (Am 7,7) // יֶחֱרָבוּ (Am 7,9a) // בְּחֶרֶב (Am 7,9b) unterstrichen (vgl. K. Baltzer, (1991) Bild, 15).

6   Vgl. K. Baltzer, (1991) Bild, 15.

7   Die Heiligtümer haben die Tradenten kaum in der dritten Vision entdeckt, sondern am ehesten Am 7,10 entnommen, wo Bet-El als "Inneres Israels" קרב בית ישראל betrachtet wird. In der Vision hat Jahwe das eine Zentrum, nämlich das Königshaus, angegriffen; der Fremdbericht zeigt, wie Jahwe durch seinen Propheten das zweite Zentrum, Bet-El, angreift.

rer Ton darauf, daß Priester und König in dieser Szene gemeinschaftlich handeln, wobei beim König die Letztentscheidung liegt.

4.1.1.3.   Der Prophet als Waffe

Das in der dritten Vision erwähnte אֲנָךְ deuten die Tradenten als eine Waffe. Gegenüber dem obersten Machtzentrum, dem Königshaus, nimmt diese Waffe die Gestalt des Schwertes an. Welche Gestalt aber hat sie gegenüber Bet-El? Um dies zu deuten, muß man auf ein Wortspiel mit אֲנָךְ achten.

Das Lexem אֲנָךְ kommt im AT nur in der dritten Vision vor. Es handelt sich offensichtlich um ein assyrisches Lehnwort (akk. *anāku*), das "Zinn" bedeutet.[8] Im Falle der Vision dürfte das "Zinn" am ehesten Waffen repräsentieren: Jahwe wird Israel militärisch überwältigen. Das Wort wurde aber, wohl schon von Amos selbst, gewählt, um einige weitere Assoziationen wachzurufen.[9] So enthält אֲנָךְ durch seinen Charakter als Fremdwort *erstens* einen verborgenen Hinweis auf die Assyrer, die als militärischer Gegner Israels am Horizont auftauchen.[10] *Zweitens* werden auf Grund seines Gleichklanges mit den Lexemen אנח "seufzen" und עֲנֹק "stöhnen" Bilder von Not und Klage wachgerufen.[11] *Drittens* enthält אֲנָךְ die gleichen Konsonanten wie das Personalpronomen אָנֹכִי "ich".[12] Jahwe bringt also in verborgener Weise sich

---

8   Diese Bedeutung von *anāku* hat B. Landsberger, (1965) tin, herausgearbeitet. W. Beyerlin, (1988) Bleilot, 20-21 in Reaktion auf diesen Aufsatz: "So bleibt Alttestamentlern nichts anderes übrig, als für אָנ, dem allem gemäß, ebenfalls die Bedeutung Zinn anzunehmen. Warum sollte dieses Wort im Hebräischen bedeutungsverwandelt gebräuchlich geworden sein?" H. W. Wolff, (1985) Joel und Amos, 346-347 geht dagegen noch davon, daß das akkadische Wort sowohl "Zinn" als auch "Blei" bedeuten kann. Er scheint Landsbergers Aufsatz nicht zu kennen. Einen guten Überblick über die Forschungslage gibt H. G. M. Williamson, (1990) Prophet and the Plumb-line, 105-113.

9   An dieser Wortwahl zeigt sich übrigens sehr schön der Unterschied zwischen der Vision selbst und der sprachlichen Fassung dieses Erlebnisses. Was immer Amos konkret schaute – warum wählte er zu dessen Beschreibung ein assyrisches Lehnwort und nicht einen hebräischen Ausdruck?

10   Diese Nuance hat H. Gese, (1981) Komposition, 81 gesehen.

11   Vgl. H. Gese, (1981) Komposition, 81-82 mit Verweis auf F. Horst, (1960) Visionsschilderungen, 201 und J. Ouellette, (1973) mur d'étain, 329-330.

12   So schon F. Paetorius, (1915) Bemerkungen, 23; R. Coote, (1981) Amos, 92-93; H. Utzschneider, (1988) Amazjaerzählung, 92; besonders profiliert K. Baltzer, (1991) Bild, 12: "Es wird mit einer Wortassonanz gearbeitet zwischen אֲנָךְ 'Zinn' und אָנֹכִי 'Ich'. Dabei ist die Form des Wortes אָנֹכִי an אֲנָךְ angeglichen oder aber nur die Schreibung. Eine defektive Schreibung des i-Lautes ist, vor allem in älteren Texten, immer möglich. Setzt man probeweise das betonte 'Ich' in die Deutung, so ist der Text sinnvoll: 'Ich (bin oder

selbst ins Spiel. Er bewahrt das schuldige Israel nicht mehr vor seiner Gegenwart.

Wichtig ist nun, daß die Tradenten die Wortspielbezüge auf Am 7,10-17
ausdehnen.[13] Auf diese Weise fungiert der Bericht als Erläuterung der dritten
Vision.

Am 7,8:	לֹא־אוֹסִיף עוֹד עֲבוֹר לוֹ	הִנְנִי שָׂם אֲנָךְ בְּקֶרֶב עַמִּי יִשְׂרָאֵל
Am 7,13:	לֹא־תוֹסִיף עוֹד לְהִנָּבֵא	וּבֵית־אֵל
Am 7,14:	לֹא־נָבִיא אָנֹכִי וְלֹא בֶן־נָבִיא אָנֹכִי כִּי בוֹקֵר אָנֹכִי	

Das Wortspiel von אֲנָךְ (Am 7,8) zu אָנֹכִי "ich" (Am 7,14) macht deutlich:
Im "Ich" des Propheten ist Jahwe selbst präsent.[14] Der Prophet ist selbst das
אֲנָךְ, das Jahwe in Israel hineinbringt.[15] Wenn also Amos in Bet-El auftritt,
dann geht in Erfüllung, was Am 5,17 (אֶעֱבֹר בְּקִרְבְּךָ "ich werde durch dein Inneres hindurchgehen") und kurz vorher die dritte Vision (אֲנָךְ בְּקֶרֶב " 'anak
im Innern") angekündigt haben.[16] Die entscheidende, neue Akzentsetzung der
Tradenten ist nun, daß sie vor Augen stellen, wie dieser Prophet durch die
Ablehnung von König und Priester zur Waffe Jahwes mutiert.[17] Durch die
Konfrontation mit dem Propheten offenbaren die zentralen Institutionen des
Nordreichs ihre ganze Widergöttlichkeit und beschwören das visionär ge-
schaute Unheil unwiderruflich herauf. Genau an diesem Punkt liegt für die
Tradenten auch die Grenze, an der Jahwes Geduld mit Israel definitiv am En-

---

werde sein) inmitten (בְּקֶרֶב) meines Volkes Israel, ich werde nicht mehr fortfahren, an
ihm vorüberzugehen.'"

[13]   Dazu werden sie den mündlich vorliegenden Fremdbericht entsprechend reformuliert
       haben, da solche kunstvollen Wortspiele kaum zufällig zustande kommen (vgl. auch H.
       Utzschneider, (1988) Amazjaerzählung, 84: "Ein solch punktgenauer Bezug der
       Amazjaerzählung auf die Oberfläche und die Makrostruktur der Visionstexte kann
       schwerlich das Ergebnis einer Redaktion sein, die von Hause aus voneinander unabhän-
       gige Texte miteinander verbindet.").

[14]   Das ist ja auch das Grundprinzip des prophetischen Selbstverständnisses. Der Prophet
       ist als Bote Jahwes bevollmächtigt, im Namen der Gottheit zu sprechen und das "Ich"
       Jahwes in seinem Munde zu führen.

[15]   Meines Wissens hat erstmals H. G. M. Williamson, (1990) Prophet and the Plumb-line,
       117-118 mit Anm. 69 dieses Wortspiel gesehen und interpretiert, allerdings geht er da-
       von aus, daß אֲנָךְ ein Bleilot bezeichnet.

[16]   Den Bezug zu Am 5,17 hat bereits F. Praetorius, (1915) Bemerkungen, 23 notiert; vgl.
       H. Utzschneider, (1988) Amazjaerzählung, 91-92; K. Baltzer, (1991) Bild, 13.

[17]   Die Vorstellung, daß der Prophet als Waffe Jahwes verstanden wird, begegnet z.B. auch
       im zweiten Gottesknechtslied, Jes 49,2, in dem der Prophet sich selbst als "scharfes
       Schwert" und "spitzen Pfeil" in Jahwes Hand bezeichnet.

de und keine weiterc Verschonung mehr möglich ist. Die Exilierung Israels realisiert lediglich noch, was in der Beziehung zwischen Jahwe und Volk bereits Wirklichkeit ist: das Ende Israels.

Es fällt nun auf, daß damit einige zentrale Gedanken Hoseas aufgegriffen werden und zwar zum Teil mit Begriffen, die in Trad-Am sonst nicht, dafür aber in Hos belegt sind.

4.1.2. Königskritik in Am 7 und Hos

Die Königskritik begegnet an mehreren, oft kompositionell zentralen Stellen innerhalb von Hos: Hos 1,2-9; Hos 3,1-4; Hos 5,1; Hos 7,3-7; Hos 8,1-14; Hos 10,1-8.15; Hos 13,1-14,1.[18] Dabei ist die Königskritik immer mit weiteren Themen verknüpft: Samaria, Assur, Außenpolitik, Kalb, Bet-El, Innenpolitik, *śarîm*, vgl. dazu Schaubild 2).[19] Da Hos 10,1-8 das vollständigste Inventar von Themen bietet, wende ich mich diesem Text als erstes zu. Von besonderer Bedeutung erscheint auch der Text Hos 1,2-9, weil er ebenso wie Am 7,10-17 einen Fremdbericht darstellt. Die übrigen Texte werden lediglich zur Vervollständigung des Bildes gestreift.

4.1.2.1.   Hos 10,1-8.15 "Samarias König - Samarias Kalb"

Der Abschnitt Hos 10,1-8 kann fast als ein Kompendium der hoseanischen Kritik angesprochen werden. Der Text ist in einer konzentrischen Ringstruktur von fünf Themenblöcken organisiert: [20]

A		Hos 10,1-2	"Altäre"
	B	Hos 10,3-4	"König"
		C	Hos 10,5-6	"Stierbild"
	B'	Hos 10,7	"König"
A'		Hos 10,8	"Altäre"

---

[18] Es ist wahrscheinlich, daß diese Stellen, jedenfalls innerhalb von Hos 4-14 als eine sich in ihrer Grundsätzlichkeit steigernde Folge von Aussagen gemeint sind. So J. Jeremias, (1983) Hosea, 31 "Reihenfolge ... sich steigernder Äußerungen (in den Kapiteln 7-13)".

[19] H. Utzschneider, (1980) Hosea, 87 hat z.B. darauf hingewiesen, daß Königskritik und Polemik gegen das Stierbild immer zusammen vorkommen: "Die drei zitierten Polemiken gegen die nichtlegitime Herrschaft stehen in engem Zusammenhang gegen einen ebenfalls nichtlegitimen Kult in Israel. Eine hervorragende Rolle spielt dabei der עגל, der 'Jungstier', das 'Kalb' (Hos 8,5; 10,5; 13,2)." Man kann auch die Gegenprobe machen: Die Kritik des "Kalbes" erfolgt immer neben einer Königskritik.

[20] Dies hat J. Jeremias, (1983) Hosea, 127 gezeigt.

Schaubild 2:

Übersicht über Themen, die in Hos
mit dem Thema Königtum verknüpft sind.

THEMEN	Hos 1	Hos 3	Hos 7	Hos 8	Hos 10	Hos 13
Königtum	ja	ja	ja	ja	ja	ja
śarim		ja	ja	ja	ja	ja
König - Jahwe - Relation: Beseitigung	ja	ja				ja
König - Israel – Relation: Vertrauen					ja	ja
Samaria				ja	ja	ja
Kult	ja	ja	ja	ja	ja	
Kalb				ja	ja	ja
Bet-El				ja	ja	ja
Vermehrung der Gottesdienste				ja	ja	
Höhenkult: *bamot*, Mazzebe		ja			ja	
Außenpolitik			ja	ja	ja	ja
Innenpolitik:	ja		ja		ja	
Rechtsbeugung	ja		ja		ja	

Wie gewöhnlich muß man eine solche Ringstruktur als Bewegung auf eine Mitte zu lesen, innerhalb derer dann ein Umschwung erfolgt. Der Text arbeitet sich gleichsam durch verschiedene Ebenen ans Zentrum der Schuld Israels vor, das in der Jubelfeier vor dem Stierbild von Bet-El lokalisiert wird (Hos 10,5). In diesem Zentrum schlägt Anklage in Strafankündigung um.[21] Der Jubel wird tiefer Trauer und Enttäuschung weichen, denn die scheinbare Herrlichkeit des Stierbildes ist in den Augen des Textes bereits "entblößt".[22] Die Folge ist, daß alles, was auf dieses Stierbild Vertrauen setzt oder sonst in irgendeiner Weise von ihm abhängig ist, mit ihm in den Untergang gerissen wird.

Wichtig ist die Beobachtung, daß die enge Verknüpfung von Königtum und verfehltem Kult aus dem Wortlaut der Einzelelemente der Ringstruktur nicht hervorgeht. Dem König wird innerhalb der Elemente B und B' keine einzige kultische Verfehlung vorgeworfen, stattdessen begegnen Vorwürfe, die die Außenpolitik und das Recht betreffen. Durch die Komposition der Ringstruktur wird jedoch der Eindruck erweckt, König und Kult, insbesondere das Stierbild, seien Teilthemen eines einzigen Schuldzusammenhangs.[23] Diese Beobachtung macht die These wahrscheinlich, daß erst die Tradenten verschiedene Einzelsprüche des historischen Propheten Hosea so zusammengestellt haben, daß Kult- und Königskritik miteinander verwoben wurden. Das sachliche Bindeglied stellt die Kritik der Hauptstadt Samaria dar, wobei Samaria nicht wie bei Amos seiner sozialen, sondern seiner kultischen Vergehen wegen angeklagt wird. So sucht die Einwohnerschaft *Samarias* Schutz beim Stierbild, so daß sie sogar als "Volk des Kalbszeugs" (Hos 10,5 "sein Volk") tituliert werden kann. Auf der anderen Seite wird der König betont als "König von *Samaria*" (Hos 10,7 "ihr König") bezeichnet. Weil die Hauptstadt, in der der König residiert, ihr Vertrauen auf das nichtige Kultbild statt auf Jahwe setzt, ist auch der König eine kraftlose, nichtige Figur. Der assyrische Großkönig erscheint im Gegensatz dazu als machtvoll: Sogar das Stierbild hat sich ihm zu unterwerfen (Hos 10,6) und mit ihm alle kultischen Einrichtungen und Bemühungen Israels, die insgesamt als "Sünde" verstanden werden (Hos 10,8).[24]

---

[21]   J. Jeremias, (1983) Hosea, 127: "Dabei herrscht in V.1-5 Anklage vor, in V.6-8 Strafankündigung."

[22]   Dabei spielt wohl schon die Wahl des Lexems נלה auf die Deportationspraxis der Assyrer an.

[23]   Dieser Eindruck wird durch den Hinweis auf die königliche Residenzstadt Samaria sowohl in Element C (Hos 10,5) als auch in Element B' (Hos 10,7) verstärkt.

[24]   Der assyrische Großkönig, dessen Herrschaft an die Stelle des illegitimen israelitischen Herrschers tritt, hat nicht die Förderung von Israels Wohl im Sinn, sondern dessen Un-

In diesem Zusammenhang wird dann auch das einzige Mal innerhalb von
Hos Bet-El unter die Höhenheiligtümer במות (Hos 10,8) subsumiert. Vor allem das Wortspiel von בית און (Hos 10,5) zu במות און (Hos 10,8) macht erst
von dieser Voraussetzung her vollen Sinn. Wieder ist zu notieren, daß diese
Vorstellung sich erst aus der Anordnung der Einzelsprüche in Hos 10,1-8 erheben läßt, sich aber im Text nicht explizit findet. Der historische Prophet
Hosea scheint vielmehr Höhenheiligtümer und Bet-El unterschieden zu haben. Beiden Kultinstitutionen warf er nämlich unterschiedliche Vergehen vor.
Die במות kritisierte er wegen ihrer Sexualriten (Hos 4); zudem sind sie in
seinen Augen nie legitime Jahweheiligtümer gewesen. Anders ist es mit Bet-
El. Vermutlich läßt Hos 12,5 erkennen, daß Hosea Bet-El in seinem unver-
stellten Ursprung als legitimes Jahweheiligtum einstufte, an dem prinzipiell
auch heute noch (vgl. die präsentischen Aussagen in Hos 12,5) Jahwe gefunden werden könnte. Aber der verfehlte Stierkult hat aus "Bet-El" "Bet-Awen"
gemacht. Die Tradenten dagegen sehen במות und Bet-El auf der gleichen
Ebene. Erst sie subsumieren Bet-El unter die Höhenheiligtümer.

4.1.2.2.   Hos 10,1-8.15 im Vergleich mit Trad-Am

Es fällt auf, daß die enge Verzahnung von Kult- und Königskritik, wie sie
Hos 10,1-8 kennzeichnet, auch in Am 7,9 begegnet. Darüber hinaus ist im
gleichen Vers auch die Vorstellung impliziert, daß der Tempel in Bet-El als
eines der im Norden eingerichteten Höhenheiligtümer (במות) einzustufen ist,
oder zumindest mit diesen in einer unauflöslichen Verbindung steht. Nur von
dieser Voraussetzung her macht Am 7,9 als Überleitung zu einer Bet-El-
Geschichte Sinn.[25]
Die in Hos 10 enthaltene Kritik an der Vielzahl der Altäre findet sich auch
in Am 3,14. Die Rede von "den Altären Bet-Els" (Am 3,14) soll vermutlich
nicht bedeuten, daß im Heiligtum von Bet-El mehrere Altäre standen, sondern daß das Heiligtum von Bet-El eine Art von Gottesdienst repräsentiert,
für den die Vermehrung der Altäre, also wohl die oberflächliche Vermehrung
der Gottesdienste, die wahrhafte Hinwendung zu Jahwe ersetzt.[26] Diese Kon-

---

tergang. Es ist deshalb Ausdruck völliger Verkehrung der Maßstäbe, das Vertrauen auf
den Großkönig zu setzen (Hos 5,13).

25   Das Gerichtswort des Amos gegen Amazja (Am 7,16-17) bildet, nach dem Verständnis
der Tradenten, das bevorstehende Schicksal Bet-Els exemplarisch auf die Familie des
Priesters ab.

26   Der in Am 9,1 genannte Altar repräsentiert das gesamte Heiligtum mitsamt seinem
Kultbetrieb.

zeption ist in Hos 10,1-8 zwar nicht ausgesprochen, aber von diesem Text her am ehesten ableitbar.

Von besonderem Interesse ist der Vergleich des in der Gesellschaft herrschenden Unrechtszustandes mit giftigen Pflanzen (Hos 10,4), der sich sehr eng mit Am 6,12 berührt (vgl. Am 5,7).[27] Hos 10,4b ist dabei sprachlich so eng auf Hos 12,12 bezogen, daß man mit hoher Wahrscheinlichkeit annehmen kann, der Vers diente einer bewußten literarischen Verbindung zum dritten Teil der Hoseaschrift.[28] Diese Beobachtung legt m.E. die Vermutung nahe, daß Hos 10,4b nicht vom historischen Propheten Hosea, sondern von seinen Tradenten, und zwar im Anschluß an Am 6,12 formuliert wurde. Die Tradenten gingen insofern über Am 6,12 hinaus, als sie die Verwilderung der Rechtslandschaft ursächlich mit dem Königtum in Zusammenhang brachten: Die Verfehlungen des Königs haben die Verkehrung des Rechts zur Folge (w-qatal). Dies ist ein Gedanke, der so in Trad-Am nicht enthalten ist.

4.1.2.3.   Zusammenfassung

Zunächst ist deutlich geworden, daß das Königtum des Nordreichs für Hos ein beherrschendes Thema ist.[29] Es ist eines von mehreren Themen, anhand derer Hos die fundamentale Störung des Verhältnisses von Israel zu Jahwe darstellt und analysiert (vor allem Hos 8,4 macht deutlich, daß "sie" Könige machen und deshalb auch für deren Politik verantwortlich sind).[30] Das entscheidende Problem Israels ist für Hos weder das Königtum noch die Assyrer, sondern die Abkehr Israels von Jahwe. Es wird analysiert, wie sich diese Abkehr im institutionalen Gefüge des Nordreichs darstellt. Das Königtum

---

27   Vgl. auch Hos 10,13. J. Jeremias, (1983) Hosea, 130: "Das Bild vom Giftkraut, das einen guten Acker ruiniert, für die Rechtsverwilderung wandelt ein bekanntes Amoswort (6,12; vgl. 5,7 und Dtn 29,17) ab, unter Benutzung einer formelhaften poetischen Wendung, die in 12,12 wiederkehrt."

28   J. Jeremias, (1983) Hosea, 130, Anm. 12.

29   Historisch dürfte dies auf dem Hintergrund der mehrfachen Königsmorde und der darin zum Ausdruck kommenden Agonie des institutionalen Gefüges des Nordreichs zu verstehen sein (H. Utzschneider, (1980) Hosea; J. Jeremias, (1983) Hosea, 31-32). Hosea durchschaut die politische Instabilität als eine fundamentale Störung der religiösen Grundlagen des Staates. Hier sieht er die Wurzel für die ständigen Staatsstreiche: ein haltloses Schwanken hinsichtlich Religion und Außenpolitik.

30   So zu Recht H. Utzschneider, (1980) Hosea, z.B. 128: "Was nun das Verhältnis Hoseas zum Königtum betrifft, so scheint uns erwiesen, daß Hosea das Königtum seiner Zeit nicht anders beurteilte als das Israel seiner Zeit. Die Verwerfung des Königtums ist ebenso prinzipiell und radikal wie die des Volkes oder irgendeiner seiner Institutionen; – nicht mehr, aber auch nicht weniger."

erscheint untrennbar verbunden mit der Residenzstadt Samaria und der Verwaltung (שָׂרִים), diese wiederum mit dem Stierkult des staatlichen Heiligtums in Bet-El, beides vollzieht sich im Schatten des erstarkenden assyrischen Einflusses. Dies alles spricht dafür, daß die Königskritik innerhalb von Hos ursprünglich verwurzelt ist und von dort in Trad-Am übernommen wurde. Die Amos-Tradenten haben auf dem Hintergrund ihrer Kenntnis der Hosea-Überlieferung den Themenbestand und die Analyse der Amos-Überlieferung als defizitär empfunden und die ihrer Meinung nach deutlich vorhanden Ansätze einer Königskritik mit Hilfe des Fremdberichts Am 7,10-17 explizit gemacht.

Der Wurzelboden, aus dem sowohl ein illegitimes Königtum als auch der verwerfliche Stierkult in Bet-El hervorwächst, ist, folgt man Hos, die Haupt- und Residenzstadt des Nordreichs: Samaria. Interessanterweise kann das Kalb nach der Residenz des Königs, Samaria, "Kalb von Samaria" genannt werden, obwohl es in Bet-El stand. Das Reichsheiligtum in Bet-El existiert nicht ohne Samaria. Auch umgekehrt besteht eine Abhängigkeit. Nach Hos 10,5 pilgert die Einwohnerschaft Samarias zum Stierbild und wird in diesem Zusammenhang als "Volk des Stieres" bezeichnet. Beide Orte, Samaria und Bet-El, werden von Hos *zusammen* kritisiert.[31] Auch der König hängt von Samaria ab. In Hos 10,7 kann deshalb der König als König Samarias bezeichnet werden. Für Hos stellt sich die Lage also so dar, daß König und Stierbild die beiden Spitzen sind, die in besonders gottwidriger Weise die Schuld Samarias verkörpern. Sie sind es, die Jahwe bis zum Äußersten reizen: Nur im Kontext der Kritik des Königtums (Hos 13,11) und Bet-Els (Hos 8,5) ist davon die Rede, daß Jahwes Zorn entbrennt.[32]

Diese enge Zusammengehörigkeit von Samaria und Bet-El liefert ein weiteres Argument, warum den Amos-Tradenten die Einfügung des Fremdberichts nach der 3.Vision als passend erschien. Sie identifizierten die in Am 7,7 erwähnte Stadtmauer (חוֹמָה) mit derjenigen von Samaria. Dies taten sie, weil erstens innerhalb von Trad-Am keine andere israelitische Stadt kritisiert wird und zweitens für sie genau in Samaria der entscheidende Schuldherd lag, gegen den Jahwes Einschreiten Sinn macht. Die von Hos her denkenden Tradenten vermißten dann aber an dieser Stelle einen Hinweis auf die ent-

---

[31]   Lediglich in Hos 7,1 erscheint "Samaria" in einem Zusammenhang, in dem nicht zugleich der Kult in Bet-El genannt wird.

[32]   Das schließt nicht aus, daß Jahwes Zorn, der sich am Kalb entzündet, dann auch "sie" (Hos 8,5 = 3.pl.) trifft, womit am ehesten die Verehrer des Kultbildes im Blick sein dürften.

scheidenden gottwidrigen Institutionen, die Samaria hervorgebracht hat: das Königtum und den Staatskult in Bet-El. Deshalb fügten sie Am 7,9-17 ein. In diesem Zusammenhang ist ein Seitenblick auf Hos 5,1 interessant. In diesem wohl von den Hosea-Tradenten ohne Anhalt an ihnen vorgegebene Überlieferung formulierten Vers erscheinen neben dem "Haus des Königs" auch noch die Priester.[33] Diese Nebeneinanderordnung beider Institutionen erscheint in Hos sonst nicht. In Hos 4 werden zwar Priester angegriffen, aber ohne daß Bet-El, der König oder Samaria erwähnt werden. Die engste Sachparallele findet sich stattdessen in Am 7,9-17. Umgekehrt findet sich in Trad-Am außerhalb von Am 7,10-17 zwar eine Kult-, aber keine Priesterkritik. Es ist gut denkbar, daß den Tradenten ein Bericht willkommen war, an dem sich zeigen ließ, wie König und Priester am Staatsheiligtum zusammenwirken, um den Untergang Israels durch das Redeverbot an den Propheten zu besiegeln.

In Hos ist unmißverständlich zum Ausdruck gebracht, daß die illegitimen Könige nicht nur abdanken müssen, sondern getötet werden (Hos 7,7: "All ihre Könige fallen"; Hos 10,15: "Im Morgengrauen wurde gänzlich vernichtet der König Israels"). In Hos 13,11 wird dann festgestellt, daß Jahwe selbst die Beseitigung von Königen herbeiführt: "Ich gebe dir einen König in meinem Zorn und nehme ihn in meinem Grimm."[34] Beide Aussagen vereinen sich in Hos 1,4 zu der Spitzenaussage, daß Jahwe selbst dem Königtum des Hauses Israel das Ende bereitet.[35]

---

[33]   Priesterkritik findet sich in Hos 4 und wohl in dem ziemlich dunklen Vers Hos 6,9.

[34]   Die Aussage ist in ihrer Tragweite nicht ganz einfach zu deuten. Da yiqtol in Erstposition im Satz steht, wäre ein Kohortativ zu erwägen: "Ich will dir einen König geben". Dies paßt aber nicht zu dem Umstand, daß Israel ja bereits von Königen regiert wird. Wahrscheinlich liegt daher ein iterativer Sinn vor: Jahwe setzt von Zeit zu Zeit Könige ein, nimmt sie aber auch wieder. Das Königtum erscheint nicht mehr als Ausdruck des Heilswillens Jahwes, sondern als Ausdruck seines Zorns! Diese Aussage ist nicht zu trennen von dem anderen Gedanken, der zum Ausdruck kommt: Schon zum Zeitpunkt der Einsetzung fällt der Schatten ihrer "Abberufung" auf ihre Herrschaft. Das Königtum ist keine verläßliche Institution mehr. So ließe sich vielleicht auch erklären, wie Hos 13,11 mit der vorherigen Aussage zusammenhängt, in der Jahwe Israel mit einer fast höhnischen Frage zum Eingeständnis seines fehlgeleiteten Vertrauens auf den König herausfordert. Das Königtum ist eine Unheilsordnung. Die, die sich darauf verlassen, sind verlassen.

[35]   Eigentümlich ist die Auffassung von Hos 3,4. Während man sonst in Hos den Eindruck gewinnt, daß das Ende des Königtums zugleich mit dem Untergang Samarias und dem Nordreich kommt, setzt Hos 3,4 voraus, daß Königtum und Höhenkult untergehen, das Gottesvolk (בני ישראל) aber fortexistiert. Die Bestrafung Israels bestünde dann in einer Art befristetem Entzug eigenstaatlicher Existenz. Hos 3,4 dürfte damit Hos 10,1-8 produktiv weiterentwickeln. Vgl. J. Jeremias, (1983) Hosea, 56: "Die engste Sachparallele (zu Hos 3,1-4; AS) bietet 10,1-8, ein Stück, das die Beseitigung aller verführerischen Vertrauensstützen zum Gegenstand hat und dabei in einem kunstvollen konzentrischen

Mit Hos 1,4 ist auch die Schärfe erreicht, die die Aussage von Am 7,9 prägt: Jahwe selbst geht gegen das Königtum vor. Nur in Hos 1,4 und Am 7,9 werden Könige mit Namen genannt. Es fällt auf, daß sich die Aussage von Hos 1,4 ebenfalls in einem Fremdbericht findet. Auch Hos 1 kann also nicht vom historischen Propheten Hosea stammen, sondern muß von anderer Seite formuliert worden sein, wofür am ehesten die Hosea-Tradenten in Frage kommen. Die Königskritik des historischen Propheten Hosea ist, soweit wir sehen können, ohne den Verweis auf bestimmte Könige ausgekommen. Man kann annehmen, daß er nie darüber reflektierte, ob seine Kritik am Königtum über den begrenzten Horizont (Nordreich, Ende des Staates Israel), in dem sie geäußert war, hinausreichte. Innerhalb einer im Nordreich situierten Verkündigung war diese "anonyme" Königskritik auch ausreichend definiert. Aber in dem Moment, als die Hosea-Überlieferung ins Südreich kam, stellte sich die Frage nach dem Verhältnis der Königskritik Hoseas zur davidischen Dynastie. Die Nennung bestimmter Nordreichskönige und ihrer Dynastien (Haus) sowie die klare Nordreichsbezogenheit (מלכות בית ישראל Hos 1,4) führten die Tradenten ein, um Nordreichskönigtum und judäisches Königtum voneinander abzusetzen.[36] Es zeigt sich, daß die Sachparallelen zu Trad-Am gerade in den Textpassagen auffallend eng sind, die von den Hosea-Tradenten stammen.

In Hos wird weiter festgehalten, daß das Versagen des Königtums und dessen Beseitigung durch Jahwe nicht in einen herrschaftsfreien Raum führt, sondern direkt in die Unterwerfung unter den assyrischen Großkönig. Der Aussage, daß Israels König vernichtet ist (Hos 10,15), folgt nur wenige Verse später die Feststellung: Assur ist sein König (Hos 11,5). Die Herrschaft Assurs über Israel wird als die von Jahwe verfügte Strafe begriffen. Eine ganz ähnliche Konzeption zeigt auch der Fremdbericht Am 7,10-17. An zwei Stellen, eine Art Rahmen bildend, kommt der Satz vor: "und Israel wird gewiß deportiert werden" (Am 7,11.17). Es kann kaum ein Zweifel sein, daß damit die Deportationspraxis der Assyrer im Blick ist. Während der historische Prophet Amos die Assyrer als Jahwes Strafwerkzeug wohl noch nicht

---

Aufbau Höhenkult (V. 1f.8), Königtum (V.3f.7) und Staatskult (V.5f.) nennt, außerdem den einzigen Beleg für Mazzeben neben 3,4 bietet und das in 3,4 vorausgesetzte fehlgeleitete Vertrauen Israels auf seinen König anprangert (sonst nur 13,9-11)." Wenn Hos 3,4 die Auffassung von Hos 10,1-8 teilt, wonach der Staatskult in Bet-El unter die במות zu subsumieren sei, ließe sich verstehen, warum in Hos 3,4 weder Samaria, noch Bet-El noch das Stierbild erwähnt werden.

36 Judäische Könige werden nie erwähnt. Der noch spätere Vers Hos 3,5 macht dann den Unterschied zwischen Nordreichskönigtum und Daviddynastie explizit: Das erstere wird untergehen, aber das Königtum Davids wird auch in der neuen Heilszeit Bestand haben.

im Blick hatte[37], haben die Tradenten die assyrische Eroberung des Nordreichs als die Erfüllung der amosischen Drohworte begriffen. Es ist bedeutsam, daß sie sich mit dieser Einschätzung eher auf den historischen Propheten Hosea als auf Amos stützen konnten.

All diese Beobachtungen belegen, daß die Redaktion, die Am 7,9-17 in den Visionszyklus eingeschaltet hat, in Bezug auf das Thema Königtum durch und durch von einer wie immer genauer abzugrenzenden Hoseaschrift geprägt war. Man kann sagen: Der Vorwurf der Verschwörung, den Amazja gegen Amos vorbringt, mißversteht den historischen Amos, wohl aber würde ein solcher Vorwurf die Hosea-Überlieferung treffen! Sie enthält wirklich Aussagen, die eventuell für einen Staatsstreich bereitstehenden Kräften eine religiöse Legitimation verschaffen könnte, den König zu beseitigen. Für die Amos-Tradenten verschmelzen Aspekte beider Propheten miteinander.[38] Dies ist ein höchst beachtlicher und hermeneutisch vielschichtiger Vorgang. Ein Faktor des Prozesses ist sicherlich, daß man die Gesellschaftsanalyse des Hosea im Grundsatz für tiefgründiger und überzeugender hielt, als die des Amos. Hosea hatte im Königtum eine wesentliche institutionelle Spitze der innen-, außen- und kultpolitischen Mißstände im Nordreich entdeckt und dieses auch direkt attackiert.[39] In Kontrast dazu ging die Perspektive der Anklagen des historischen Amos nie über bestimmte Oberschichtsgruppen der Hauptstadt Samaria hinaus. Hier empfand man wohl ein Defizit auf Seiten des Amos. Andererseits hat man die Königskritik in der Amosschrift nicht mechanisch nachgetragen. Das zeigt sich bereits daran, daß die Königskritik nur an einer einzigen Stelle in Am vorkommt. Man hat sie nur dort ergänzt, wo man sich durch die Überlieferung dazu legitimiert glaubte. Die Schlüsselstelle in dieser Hinsicht bildete für die Tradenten der Vorwurf des Priesters Amazja an Amos, er würde eine Verschwörung betreiben (Am 7,10). Hier erkannten die Tradenten eine legitime Beschreibung der Intention des Amos. Dies verknüpften sie mit ihrem Verständnis der amosischen Samariakritik. Für sie war darin eine Königskritik impliziert, denn Samaria war ja die Stadt, in der der König residierte.[40] So wurde der historische Amos zwar in einer

---

[37]   Die Sprüche, die auf den historischen Propheten Amos zurückgeführt werden können, sind in dieser Hinsicht zumindest unspezifisch (z.B. Am 4,3; 6,14).

[38]   Insbesondere die Bezüge zwischen Hos 1,2-9 und Am 7,9-17 sind außerordentlich eng.

[39]   Noch die Analyse von A. Alt, (1979a) Anteil des Königtums, hat die Analyse des Hosea in dieser Hinsicht als tiefer gehend bewertet. Die Forschungsgeschichte zur prophetischen Sozialkritik ist übersichtlich referiert bei R. Kessler, (1992) Staat, 3-17.

[40]   In diesem Verständnis der Stadt Samaria waren sie erneut geleitet von hoseanischem Gedankengut. Der historische Amos hat auf den Hauptstadtcharakter von Samaria nie

Weise neu verstanden, die ihre wesentlichen Impulse von Hosea her erhielt, aber die Redaktion war sich sehr wahrscheinlich sicher, daß sie die eigentliche Intention der Botschaft des Amos angemessen zum Ausdruck gebracht hatte. Angesichts solcher Beobachtungen muß die Frage weiterverfolgt werden, ob nicht ein frühes Stadium der Hosea-Überlieferung und Trad-Am aus dem gleichen Tradentenkreis herausgewachsen sind.

4.1.3. Am 7 und Hos 9,1-9: Der Prophet als Gottes Waffe

Am 7,10-17 schildert, nach dem Verständnis der Tradenten, wie das in der dritten Vision Geschaute Realität zu werden beginnt. Amos ist das אֲנָךְ, das Jahwe ins Innere Israels setzt und angesichts der Ablehnung von König und Priester mutiert er zur Waffe Jahwes. Insofern führt seine Sendung tatsächlich das "Ende Israels" herbei, von dem dann die vierte Vision (Am 8,2) spricht. In der fünften Vision vollendet der Prophet dann sein Werk, indem er im Auftrag Jahwes das Kapitell (כַּפְתּוֹר Am 9,1) zerschlägt.

Zu dieser Vorstellung vom Propheten als Waffe in der Hand Jahwes gibt es in Hos 9,1-9 eine bemerkenswerte Parallele. Hos 9,1-9 bildet den Abschluß der kompositionellen Großeinheit Hos 5,1-9,9, bevor mit Hos 9,10-17 ein neuartiger, stärker heilsgeschichtlich reflektierender Teil einsetzt.[41] Die Wiederaufnahme der Metaphorik von Hos 5,2 (פַּח "Klappnetz") bildet einen Rahmen und markiert so den Schluß dieses Teiles. Insbesondere Hos 9,7-9 ist dabei stark von den Hosea-Tradenten geprägt.[42] An signifikanten Bezügen zu Trad-Am finden sich:

- Hos 9,1. Der Aufruf an Israel, sich nicht zu freuen (שָׂמַח), erinnert an Am 6,13, wo eine verfehlte Freude Israels angegriffen wird.
- In Hos 9,3-4 ist die im AT selten begegnende Vorstellung impliziert, daß ein fremdes Land an sich bereits kultisch unrein (טָמֵא) sei. Dies hat eine enge Parallele in Am 7,17.[43]
- In Hos 9,7 finden sich gleich zwei Bezüge zu Trad-Am. Zum einen erinnert die Formulierung "gekommen sind die Tage der Ahndung" an Am 8,2. Beide Male ist das Lexem בוֹא im Tempus qatal mit einer ab-

---

reflektiert. Für ihn war die Stadt Zentrum von Dekadenz und Ausgangspunkt aggressiver Akte gegen die Schwachen.

41 J. Jeremias, (1983) Hosea, 113.
42 J. Jeremias, (1983) Hosea, 114-115.
43 Vgl. auch J. Jeremias, (1996c) Anfänge, 49 Anm. 29.

strakten, zeitlich zu denkenden Größe verbunden, die das Eintreffen der vom Propheten angesagten Strafaktion Jahwes bedeutet.[44]

- Die ungewöhnliche Vorstellung in Hos 9,7, daß sich die verschiedenen Vergehen Israels zu einer Vielzahl aufsummieren (רב עונך), findet sich ähnlich auch in Am 5,12 (רבים פשעיכם).

- Hos 9,8 stellt eine wichtige thematische und strukturelle Übereinstimmung mit Am 7,10-17 dar. Sowohl in Hos 9,7-8 als auch in Am 7,10-17 wird dargestellt, wie der Prophet, der im Namen Jahwes spricht, selbst im Tempel[45], abgelehnt wird, obwohl das doch der Ort ist, wo sich Israel eigentlich Jahwe zuwenden will. Da Jahwe in seinem Propheten präsent ist, trifft diese Ablehnung des Propheten implizit Jahwe selbst. Das führt letztendlich das Ende Israels herbei. Jetzt wird der Prophet zum Vollstreckungswerkzeug von Jahwes Strafe.[46] Dies dürfte der ziemlich dunklen Formulierung von Hos noch am ehesten als Sinn abzugewinnen sein. Hos 9,7-9 bereitet damit die Spitzenaussage vor, daß die Liebe Jahwes zu Israel nun an ihr Ende gekommen ist (Hos 9,15, vgl. Am 8,2 "nicht mehr länger").

- Anhangsweise sei noch angemerkt, daß die zentrale Metapher von einer zuschnappenden Falle (פח), die in Hos 5,1 und Hos 9,8 verwendet wird, auch in Am 3,5 begegnet.

Die Menge und vor allem die Qualität dieser Bezüge lassen es als sehr wahrscheinlich erscheinen, daß Amos-Tradenten und Hosea-Tradenten sehr eng zusammengehören.

4.1.4. Am 7 und Hos 1,2-9: לא אוסיף עוד - Das Ende der Geduld Jahwes

Am 7,9-17 ist genau an der Stelle in den Visionszyklus eingefügt, an dem sich für die Leserschaft eine brennende Frage stellt: Warum greift Amos in der dritten Vision nicht mehr fürbittend ein? Oder anders formuliert: Warum

---

44 Erwähnt sei, daß man בא in Am 8,2 auch als Partizip deuten könnte. Wahrscheinlich ist das jedoch nicht.

45 Gedacht ist wohl auch in Hos 9,8 an den Tempel in Bet-El. Das Wortspiel "Bet-Elohim" zu "Bet-El" dürfte beabsichtigt sein. Anders J. Jeremias, (1983) Hosea, 118 Anm. 16: "Sicher ist, daß das in 8,5f.; 13,2 verurteilte Bet-El nicht so genannt werden könnte." M.E. ist dies jedoch vorstellbar. Nach Hos 12,5 ist Bet-El von seinem Ursprung her ein legitimes Jahweheiligtum. Für den Gott des Propheten bleibt es das auch. Lediglich für das Volk mutiert Bet-El zu Bet-Awen.

46 Die Vorstellung von Menschen als Jahwes Waffe ist auch sonst belegt: der Gottesknecht in Jes 49,2 bezeichnet sich als Schwert und Pfeil Jahwes, die Assyrer sind Jahwes Stab; der Mensch ist Waffe Gottes in Sach 9,13ff; Israel ist das Streitroß Jahwes in Sach 10,3.

läßt Jahwe dem Amos keine Chance mehr, ihn von seiner Strafaktion gegen Israel abzubringen? Warum ist die Geduld Jahwes mit seinem Volk an ihr definitives Ende gekommen? Auf diese Frage gibt Am 7,10-17 die Antwort. Amos kann sich Jahwe nicht mehr entgegenstellen, weil ihm Israel, in der Gestalt seiner höchsten Repräsentanten, das Wort verbietet. Jahwe läßt keine Möglichkeit fürbittenden Eintretens mehr zu, weil er in seinem Propheten ja selbst abgelehnt wird. Die Geduld Jahwes ist erschöpft, weil die gesamte Verkündigung des Propheten Amos nur zu einer Verhärtung der gottwidrigen Haltung Israels geführt hat.[47]

Sehr auffällig ist, daß die Phrase, mit der das Ende der Geduld Jahwes in Am 7,8; 8,2 treffend beschrieben wird (עוד אוסיף לא mit Jahwe als Subjekt[48]) auch in dem Fremdbericht begegnet, der die Hoseaschrift eröffnet (Hos 1,2-9; die Phrase in Hos 1,6). Jahwes Erbarmen (רחם), bzw. in Am: sein Verschonen, ist an eine definitive Grenze gekommen. Die Konsequenz ist, daß Jahwe sich von seinem Volk distanziert. Dieser Fremdbericht weist darüber hinaus noch weitere signifikante Bezüge zu Trad-Am auf:[49]
- Sowohl Hos 1* als auch Am 7,10-17 stellen einen Fremdbericht über einen Propheten dar. Beide sind jeweils eingebettet in einen Zyklus, der von autobiographischen Elementen geprägt ist (vgl. Hos 3,1-5* und die fünf Visionen des Amos). In beiden Fremdberichten werden Frau und Kinder erwähnt, wenn auch in Hos 1 die Familie des Propheten im Blick ist, in Am 7,17 dagegen die Familie des Priesters Amazja, des Antipoden des Propheten. Im Zusammenhang mit der Rede von der

---

[47] Man muß sich vor Augen halten, daß Am 7,10-17 für die Leserschaft ganz am Schluß der Wirksamkeit des Propheten steht. Wie immer die dem Bericht zu Grunde liegende Begebenheit historisch zu verorten ist, aus der Leseperspektive kommt sie nach seinem gesamten öffentlichen Auftreten, das in Am 1-6 dokumentiert ist, und auch nach den ersten drei Visionen, die ja eindrücklich vor Augen führen, daß Israel schon längst verloren wäre, wenn sich nicht Amos für sein Volk eingesetzt hätte. Der historische Amazja mag von den Visionen des Amos nichts gewußt haben. Die Leserschaft von Trad-Am hat sie jedoch gelesen, bevor Amazja auftritt und beurteilt sein Verhalten von daher. Aus der Leseperspektive hätte man erwartet, daß Amos nach der dritten Vision bestürmt wird, seine Fürbitte doch ja nicht zu unterlassen. Genau das Gegenteil passiert.

[48] Die Phrase kommt überhaupt sehr selten vor. Häufiger begegnet die Konstruktion lo'... 'od ohne das Lexem ysp, vgl. etwa Hos 9,15; Am 5,2.

[49] Hos 1,2 ist nachträglich dtr überarbeitet worden. Siehe J. Jeremias, (1983) Hosea, 25-27. Hos 1,5.7 sind ebenfalls als sekundärer Einschub zu betrachten. Siehe J. Jeremias, (1983) Hosea, 34.

Frau fällt in beiden Fällen das Stichwort "hurerisch" (זנה Hos 2,4 [50];
Am 7,17).

- Hos 1 berichtet, vermittelt über die Deutung der Kindernamen von drei
sich steigernden Schlägen gegen Israel. Zuerst geht Jahwe gegen die
Jehudynastie vor, sodann wird das "Haus Israel" getroffen. Diese Phrase dient in Hos wohl zur Bezeichnung des Volkes als politischer Gemeinschaft, als "Staat". Der letzte Schlag richtet sich gegen Israel als
Gottesvolk. In direkter Anrede an eine 2.m.pl. wird die das Bundesverhältnis zum Ausdruck bringende Bundesformel ("ich - euer Gott, ihr -
mein Volk") revoziert. Der Bund mit Israel wird von Jahwe aufgekündigt! Alle drei Begriffe begegnen auch in Am 7,9-17: das Königtum in
Am 7,9.11, wobei zu beachten ist, daß der in Am erwähnte Jerobeam II.
der Jehudynastie angehört; das "Haus Israel" in Am 7,10; und auch der
Ausdruck "mein Volk" in Am 7,15; 8,2.
- In Hos 1,2a und Am 7,1 findet sich die Wurzel חלל in der Bedeutung
"anfangen". In beiden Fällen begegnet die Wurzel im ersten Satz einer
größeren Komposition von Sprüchen.
- Hos 1,4 weist gleich mehrere Bezüge zu Trad-Am auf:
  - פקד in 1.pers. mit Jahwe als Subjekt, mit את zur Bezeichnung der
  Schuld und על zur Bezeichnung der Personen findet sich auch in
  Am 3,2.
  - Auf die Nähe der Kritik am Königtum des Nordreichs zu Am 7,9
  hatte ich oben schon hingewiesen.
  - Die Phrase "Haus Israel" בית ישראל begegnet innerhalb von Hos
  außer in Hos 1,4.6 nur noch in Hos 5,1; 6,10; 12,1. Dabei ist Hos
  6,10 als nach-dtr Glosse zu betrachten.[51] Hos 5,1 und 12,1 eröffnen
  jeweils längere thematische Einheiten. Es legt sich die Vermutung
  nahe, daß in diesen Versen die Tradenten besonders stark in die
  Formulierung von vorliegenden Hoseaworten oder -gedanken eingegriffen haben und sich der Ausdruck "Haus Israel" eben solchen
  Eingriffen verdankt, er also nicht auf den Sprachgebrauch des historischen Propheten Hosea, sondern auf den der Tradenten zurückgeht. In Am begegnet der Ausdruck "Haus Israel" jedoch öfter: Am
  5,1.3.4.25; 6,1.14; 7,10; 9,9.[52] Der Ausdruck "Haus Israel" scheint
  also bereits von der Wortesammlung benutzt worden zu sein. So

---

[50] Das hurerische Wesen der Frau wird von der dtr Überarbeitung von Hos 1,2 zur Leitkategorie erhoben. In der Tradentenfassung dieses Berichts war dies so noch nicht der
Fall.
[51] J. Jeremias, (1983) Hosea, 94.
[52] Innerhalb des Zwölfprophetenbuchs kommt der Ausdruck "Haus Israel" außer in Hos,
Am und Mi 1,5; 3,1.9 nur noch in Sach 8,13 vor. Dieser Befund unterstreicht die Zusammengehörigkeit der Schriften Hos, Am und Mi.

liegt die These nahe, daß die Hosea-Tradenten einen Begriff aus der Amos-Überlieferung übernommen haben.

- Das Ende der Zuwendung Jahwes zu Israel wird in Hos und in Am ähnlich formuliert. In Am 8,2 wird wie in Hos 1,9 das Ende des Status' Israels als "mein Volk" (עמי) verkündet, in Am 9,7 wird Israel wie in Hos 1,9 in diesem Zusammenhang direkt angeredet (אתם).[53]

Mögen auch einzelne dieser Bezüge für sich genommen keine hohe Signifikanz haben, so ergeben sie zusammengenommen doch eine recht eindrückliche Beziehung zwischen Hos 1* und Trad-Am. Es fällt auf, daß es sich sowohl bei Hos 1* als auch bei den Bezugstexten innerhalb von Trad-Am sehr häufig um Textpassagen handelt, die in hohem Maß von den Tradenten der jeweiligen ältesten Schriften formuliert oder reformuliert worden sind, wie es besonders für die Fremdberichte offensichtlich ist.

Es fällt weiter auf, daß Hos 1* für den Leser gar nicht recht verständlich wird. Denn für den ersten Abschnitt einer Prophetenschrift komprimiert diese Passage den Schuldaufweis in einer auffallenden Dichte. Die Leserschaft, die mit diesem Text ihre Lektüre beginnt, stößt sofort auf eine Fülle unausgesprochener Sachverhalte, die einfach vorausgesetzt werden. Ich möchte exemplarisch den Satz hervorheben "denn ich werde mich des Hauses Israel nicht mehr länger erbarmen" (Hos 1,6). Die Formulierung "nicht mehr länger" impliziert, daß Jahwe vorher dem Haus Israel Erbarmen gezeigt hat. Das ist aber innerhalb von Hos 1 nirgends gesagt! Eher schon finden sich Aussagen, die deutlich machen, warum Israel das Erbarmen Jahwes überhaupt nötig hat. Doch auch diese Aussagen sind extrem kurz und unanschaulich (Hos 1,2?.4). So setzt Trad-Hos mit einer Art Paukenschlag ein, der die Leserschaft in Spannung versetzt. Viele Sachinformationen müssen nachgereicht werden, um die sich geradezu grausam steigernden Kindesnamen zu erklären.

Im weiteren Verlauf der Hoseaschrift wird ohne Zweifel eben dies geleistet.[54] Begründungen werden nachgetragen, warum das Königtum Israels[55], ja ganz Israel zum Untergang verurteilt ist. Es wird vorgeführt, wie Jahwe auf Israels Umkehr wartet, aber immer wieder enttäuscht wird. Israel ist zur Umkehr nicht mehr fähig, selbst wo es dies mit aller inneren Ernsthaftigkeit will. Israel wäre rettungslos verloren. Trotzdem bricht am Ende des zweiten Teils

---

53   Vgl. J. Jeremias, (1996c) Anfänge, 35. Auch wenn ich Am 9,7 der D-Schicht zugewiesen habe, so scheint mir gerade dieser Vers doch ältere Überlieferung zu bewahren.

54   Gelegentlich geschieht das durch explizite Anspielungen auf Formulierungen aus Hos 1. Man denke etwa an die Anspielungen auf אהיה (Hos 1,9) in Hos 11,4 und Hos 14,6.

55   Dabei kommen nur in Hos 10,4 Dinge in den Blick, die man eventuell als "Bluttaten" des Königs (Hos 1,4) betrachten könnte!

der Hoseaschrift (Hos 11,8) Jahwes "Reue" (נחומים) durch und verhindert
eine Vollstreckung des göttlichen Zorns. Doch die Hoseaschrift bleibt dabei
nicht stehen. Es folgt ein weiterer Teil, Hos 12,1-14,1, in dem aufgewiesen
wird, daß Israel auch das letzte Einhalten Jahwes in der Vollstreckung seines
Zorns verspielt. In Hos 13,14 wird ausdrücklich die Zurücknahme der Reue
Jahwes festgestellt: "Mitleid (נחם) wird verborgen sein vor meinen Augen".
Damit erst ist eingetreten, was bereits in Hos 1 festgestellt war: kein Erbarmen mehr.[56] Der Rahmen von Hos hat sich geschlossen.

Nun fällt auf, daß die Visionen des Amos einem ähnlichen Muster folgen.
In den beiden ersten Visionen (Am 7,1-6) kann Amos Jahwe noch zur Reue
(נחם, gleiche Wurzel wie in Hos 11,8; 13,14!) bewegen. Von der dritten Vision an schreitet Amos jedoch nicht mehr ein, und das Ende Israels nimmt
seinen Lauf. In der fünften Vision wird dann die rettungslose Verlorenheit
ähnlich drastisch ausgemalt, wie in Hos 13,1-14,1.[57]

Nimmt man alle Beobachtungen zusammen, so ergeben sich äußerst signifikante Bezüge zwischen Trad-Am und Hos bis hinein in die Strukturen der
jeweiligen Schriften. Daher ist es kaum denkbar, daß die Hosea-Tradenten
und die Amos-Tradenten völlig unabhängig voneinander gewesen sind. Dies
ist nun an weiteren Beispielen zu vertiefen.

4.2. Am 8,14 und das Neuverständnis der fünften Vision
in der Tradentenfassung

4.2.1. Die Deutung der fünften Vision

Die fünfte Vision hat eine Schlüsselstellung inne für das Verständnis der
gesamten Amosschrift. Hier kulminieren die Drohungen des Amos. Bereits
die Überschrift spielt durch den Hinweis auf das Erdbeben (רעש Am 1,1; 9,1)
auf diese letzte Vision an.

In für das AT außergewöhnlicher Weise schildert Amos, daß er אדני, also
Jahwe selbst, gesehen hat. In seiner Vision hat sich Jahwe auf dem Altar bereit gestellt. Amos schweigt davon, wie Jahwe aussieht, aber aus dem wenigen, was er von Jahwe aussagt, ist unmißverständlich abzuleiten, daß Jahwe

---

[56] Die Lexeme נחם und רחם sind weitgehend synonym.
[57] Vgl. noch die Beobachtungen zur fünften Vision, unten 4.2.3. Natürlich muß man auf
dieser Stufe der Redaktionsgeschichte von dem später zugefügten Schluß Hos 14,2-10
absehen (vgl. zum sekundären Charakter J. Jeremias, (1983) Hosea, 169-170).

im Begriff ist, die Strafe an Israel zu vollstrecken. Denn wenn Jahwe sich be-
reitgestellt hat (נצב), so ist das eine bewußte Bezugnahme auf die dritte Vision (Am 7,7).[58] Dort kommt Jahwe als Feind Israels, der die Stadtmauer bereits erstürmt hat, hier ist er noch weiter in das Innere Israels vorgedrungen:
Jahwe steht im Zentrum der Tempelanlage, auf dem Altar. Jahwe befindet
sich damit an einem unerwarteten Platz: Unter normalen Umständen müßte er
innerhalb des Allerheiligsten thronen[59], für nordisraelitische Hörer wohl:
über dem Stierbild. Hinzu kommt, daß das Stehen Jahwes auf dem Altar wohl
so gemeint ist, daß dadurch der Gebrauch des Altars für den Opferdienst unmöglich wird. Eine zentrale Funktion des Tempels kann nicht mehr erfüllt
werden.

Wie in der Vision in Jes 6 folgt der Gottesschau eine Beauftragung dessen,
der die Vision hat.[60] Der Imperativ "Schlag zu!" ist als ein Befehl an Amos
selbst zu deuten.[61] Von einer himmlischen Gestalt, die sonst als Adressat des
Befehls in Frage kommen könnte, ist jedenfalls keine Rede.[62] Zumindest aus
der Sichtweise der Tradentenfassung erscheint hier Amos wieder (wie in Am
7,10-17) als "Waffe" Jahwes. Jahwe bedient sich des Amos, um das Heiligtum zu zerschlagen. Ziel des Zuschlagens ist der כפתור. Was immer damit
genau im Blick ist, wohl das Kapitell einer Säule, es muß sinnvoller Weise
mit den Schwellen kombiniert werden können. Dabei handelt es sich wohl
um einen Merismus: Die beiden Pole, כפתור (= innen-oben-sg.) und
Schwellen (= außen-unten-pl.), drücken die Totalität des Bauwerks aus.[63]

---

58 So J. Jeremias, (1996j) Das unzugängliche Heiligtum, 246.
59 So in anderen Texten, in denen Jahwe gesehen wird (1 Kön 22,19ff; Jes 6).
60 Vgl. J. Jeremias, (1993) Das unzugängliche Heiligtum, 246: "Wo Jahwe andernorts in
Visionen direkt geschaut wird, geht es um eine Beauftragung des Propheten (bzw. 'des
Geistes') durch den himmlischen Hofstaat, der um den thronenden Himmelskönig Jahwe
steht (1 Kön 22,19ff; Jes 6)."
61 J. Jeremias, (1993) Das unzugängliche Heiligtum, 249 Anm. 16 widerspricht dieser na-
heliegenden Konsequenz: "Bleibt man beim MT, könnte nur der Auftrag an einen
himmlischen Boten gemeint sein. Vielleicht ist der Imp. הך 'schlage' aber aus einem Inf.
abs. הכה entstanden ... . Dann würde Jahwe wie im folgenden sein eigenes Handeln ankündigen."
62 Eine Textänderung oder sogar Umstellung, wie sie auch H. W. Wolff, (1985) Joel und
Amos, 385-386 vertritt, ist nicht nötig.
63 Es ist m.E. verfehlt, von einer baulichen Verbindung von כפתור und Schwellen auszugehen. (so H. W. Wolff, (1985) Joel und Amos, 390: "Es muß sich hier um einen der
Köpfe von Säulen handeln, die die Torschwellen flankieren. Sonst könnten darüber
nicht die Säulenbasen und damit die Schwellen erbeben." Ihm folgt J. Jeremias, (1996j)
Das unzugängliche Heiligtum, 250.) Davon steht nichts im Text, und in einem visionären Kontext ist es leicht vorstellbar, daß der Schlag auf das innerste Zentrum so stark
ist, daß sich die Schockwellen bis an die äußersten Enden der Tempelanlage fortsetzen.

Der Schlag löst ein Beben der Schwellen aus.[64] Das Lexem סף bezeichnet genauer die Schwelle in den Außentoren, die man passieren muß, um den Vorhof zu betreten (so in Ez 40,6.7; Ez 43,8)[65], nicht aber die Schwelle der Tür zum eigentlichen Tempelgebäude (היכל). Der Plural "Schwellen" erklärt sich also nicht dadurch, daß eine Doppeltür vorliegt, sondern dadurch, daß es zum Vorhof mehrere (in Jerusalem wohl drei) Zugänge gab.[66] Zum היכל gab es dagegen nur einen Zugang. Dieser Befund wird dadurch zur Gewißheit erhoben, daß es für die Bezeichnung der Schwelle zwischen היכל und Vorhof ein eigenes Wort gibt: מפתן, das auch nur im Singular vorkommt (Ez 9,3; 10,4.18; (46,2?); 47,1; 1 Sam 5,4.5; Zef 1,9).

Wenn die Schwellen רעש tun, dann wird damit ein Lexem verwendet, das in den meisten Fällen ein kosmisches Beben bezeichnet[67], das vor allem verursacht wird, wenn Jahwe erscheint, um gegen seine Feinde einzuschreiten (Ri 5,4-5; Ps 18,8-9). Nie ist dabei eine physische Gewaltanwendung im Blick. Die Aussage, das Beben der Schwellen sei Folge des Schlagens, ist ganz singulär.[68] Das Erbeben der Berge, die für Festigkeit und Unerschütterlichkeit stehen, folgt vielmehr einfach aus dem Kommen Jahwes selbst. Seine Aura ist so kräftig, daß die Erde sich auflöst.[69] Wenn die Schwellen, die hier

---

Es geht nicht nur um den Eingangsbereich des Heiligtums, sondern um die gesamte Tempelanlage.

[64] Das Lexem סף bedeutet "Türschwelle" (so C. Meyers, (1986) sap, 899). Das w-yiqtol hat konsekutiven Sinn, so auch H. W. Wolff, (1985) Joel und Amos, 386 Anm. d).

[65] Auch die Funktion des "Schwellenwächters" macht nur Sinn, wenn ein größerer Publikumsverkehr über die Schwelle erfolgt, der kontrolliert werden muß. Dies ist nur bei den Außentoren des Vorhofs der Fall. Den Bereich des inneren Tempelgebäudes durften wohl, jedenfalls in Jerusalem, nur Priester betreten.

[66] Daher gibt es auch drei "Wächter der Schwelle". C. Meyers, (1986) sap, 900: Es gab drei Schwellenhüter, wichtige Beamte in der Tempelhierarchie. "Ihre Dreizahl rührt daher, daß es drei Haupttorbereiche zum Tempel gab (Ez 40,6.24.35), dem je ein 'Schwellenhüter' vorstand, der den Handelsverkehr durch dieses Tor überwachte".

[67] Es fällt auf, daß רעש bis auf Am 1,1 ausschließlich in poetischen Texten vorkommt. Es ist deshalb vermutlich verfehlt, wenn man bei רעש nur an eine mechanische Erdbewegung denkt. Das Lexem muß eine metaphorische Dimension haben.

[68] Die spätere Deutung der Hymnenschicht spricht davon, daß Jahwe die Erde lediglich "berührt" נגע (Am 9,5).

[69] Abwegig ist daher der Einwand von H. W. Wolff, (1985) Joel und Amos, 388 (auch 386 Anm. a) der Befehl "Zerschlage!" könne nicht an Amos gerichtet sein, da ein Mensch dazu physisch nicht in der Lage sei. An physische Vorgänge ist in dieser Vision aber gar nicht gedacht. Stimmt es, daß Amos als Jahwes Prophet an Jahwes Aura, an seinem "Ich" partizipiert, so ist er allein dadurch auch in der Lage, die Grundfesten des Heiligtums zu erschüttern.

vermutlich als die Verankerung des Tempels in der Erde aufgefaßt sind, רעש machen, dann geben sie ihre Funktion auf![70]

Die Funktion der Schwellen ist, im Falle des Tempels, die Unterscheidung von heilig und profan. Die Schwellen verhindern, daß der heilige Bezirk, in dem sich der Tempel erhebt, von der Profanität befleckt wird. Das Heilige existiert unter den Bedingungen einer heillosen Welt nur durch eindeutige Abgrenzung und die ständige Wahrung der Grenzen. Die latente Potenz des Profanen, den Tempelbezirk zu entheiligen, muß ständig in Schach gehalten werden, deshalb sind Schwellenwächter und Tempeleinlaßliturgien notwendig. Werden die Schwellen außer Funktion gesetzt, dann wird die Scheidung von heilig und profan aufgehoben. Als Folge davon wird das Tempelgelände profaniert und kann seine Funktion als Heiligtum nicht mehr wahrnehmen.

> J. Ouellette hat die These aufgestellt: "The 'shaking of the thresholds' is an expression which suggests that someone, Yahweh in this case, is about to force his way into the temple in order to lay his hands on those people who have sought refuge in the sanctuary, presumably at Bethel."[71] Dagegen spricht *erstens*, daß sich Jahwe bereits innerhalb des Heiligtums, nämlich auf dem Altar stehend befindet. Er hat also bereits die Schwellen überschritten und muß sich keinen Zugang zum Tempel mehr erzwingen. *Zweitens* ist von Personen, die im Heiligtum *Schutz* suchen, keine Rede. Naheliegender ist die Vorstellung, daß die Personen, auf die mittels der 3.m.pl.-Proform referiert wird, sich zu kultischen Zwecken im Heiligtum aufhalten. *Drittens* würde man, wenn Leute hinter einer Tür Schutz gesucht haben, die Erwähnung wenigstens der verschlossenen Tür, am besten aber auch noch des Verschlußmechanismus, des Riegels, erwarten (בריח wie in den Völkersprüchen). Das ist im von Ouellette als Parallele herangezogenen Ischtar-Text auch der Fall. In Am 9,1 hingegen findet sich kein Hinweis darauf, daß der Eingang verschlossen ist.

Mit der Profanierung des Heiligtums verliert der Kosmos sein Zentrum, das ihm Stabilität verleiht.[72] Die Konsequenz ist, daß sich eine Schockwelle des Todes bis in die letzten Enden des Kosmos ausbreitet. Die Verse Am 9,2-4 malen das aus.[73] Amos kehrt hier in schockierender Weise die Funktion ei-

---

[70] Hier liegt ein Unterschied zu der in vielen Dingen ähnlichen Vision von Jes 6. Das dort gebrauchte Lexem נוע, das lediglich ein kräftiges Wackeln, Schwanken der Schwellen meint, dürfte keine völlige Aufhebung der Funktion der Schwellen bedeuten.

[71] J. Ouellette, (1972) Shaking of the Thresholds, 24. Ihm folgt H. Reimer, (1992) Richtet auf das Recht, 204-205.

[72] So richtig J. Jeremias, (1996j) Das unzugängliche Heiligtum, 254: "Wenn Jahwe die Schwellen des Tempeltores zum Beben bringt, ist die Sicherheit der Welt aufgehoben; die Weltordnung ist zerrüttet."

[73] J. Jeremias, (1996j) Das unzugängliche Heiligtum, 255: "Es ist nun freilich keineswegs zufällig, daß diese Durchführung bis in kosmische Dimensionen ausgreift, weil der künftig unzugängliche Tempel eben kosmische Dimensionen besitzt."

nes Heiligtums um: Nicht mehr Leben strömt vom Tempel aus, sondern Tod; nicht mehr Segen, sondern Fluch; nicht mehr Schutz, sondern rettungslose Verlorenheit. Wer oder was auch immer mit diesem Tempel und seinem Kult verbunden ist, wird auch in dessen Untergang hineingezogen. Die feierlichen Kultvollzüge, die nur dazu dienten, Unrecht zu verschleiern, und deshalb von Amos als Verbrechen bezeichnet wurden (Am 4,4-5), finden nun ein schreckliches Ende.

4.2.2. Die Vorschaltung von Am 8,14 vor die fünfte Vision

Wichtig für das Verständnis der fünften Vision ist die Klärung des Referenten für das Suffix der 3.m.pl. Da innerhalb der fünften Vision der Referenzbezug nicht geklärt wird, muß man auf den Kontext zurückgreifen. Dieser ist jedoch verschieden, je nachdem, ob man die fünfte Vision im Kontext der ursprünglichen Visionen liest, oder im Kontext der durch die Einschaltungen Am 7,9-17 und Am 8,3-14* erweiterten Tradentenfassung! Auf der Ebene des Visionszyklus' hat unmittelbar vor Am 9,1 die vierte Vision (Am 8,1-2) gestanden, so daß das Suffix auf das "Volk Israel" referierte. Dem entsprechend hat die fünfte Vision ursprünglich eine restlose Vernichtung Israels ins Auge gefaßt.[74]

Für die Tradenten jedoch war diese Vorstellung so nicht akzeptabel. Die fünfte Vision wird von ihnen durch die Vorschaltung von Am 8,14 neu verstanden: Nach Am 8,14 werden nur die "fallen" (vgl. Am 5,2), die bei der "Schuld Samarias" schwören. Diese wird exemplifiziert an Hand der beiden berühmten Jahweheiligtümer in Beerscheba und Dan.[75]

> Da ein Schwur für gewöhnlich unter Anrufung der Gottheit erfolgt, erwartet man in Am 8,14 eigentlich die Namen von Göttern. Namentlich H. M. Barstad hat solche hinter der Formulierung des MT finden wollen.[76] Er gesteht je-

---

[74]   So sieht es H. W. Wolff, (1985) Joel und Amos, 391: "Jeder Restgedanke ist so auf das entschlossenste zurückgewiesen."

[75]   Vgl. S. M. Olyan, (1991) Oaths of Amos 8.14, 140-141: "When evaluating the two oaths in Amos 8.14, the strong and ancient Yahwistic lore associated with the pilgrimage shrines Dan and Beersheba must be kept in mind, as well as their position as major Yahwistic sanctuaries in the monarchic period." Und auf S. 146 Anm. 1: "The expression 'Dan to Beersheba' is used in the Hebrew Bible rhetorically to indicate the whole of Israel and Judah: Judg. 20.1; 1 Sam. 3.20; 2 Sam. 3.10; 17.11; 24.2,15; 1 Kgs 5.5: 1 Chron. 21,2; 2 Chron. 30.5. In the two passages in Chronicles, the order is reversed."

[76]   H. M. Barstad, (1984) Religious Polemics of Amos, findet eine Göttin "Ashima of Samaria" (164: "...the simplest solution ... is to take the expression as a reference to 'Ashima of Samaria', worshipped in the Northern realm in the time of the prophet

doch ein, daß es sehr schwierig ist, allein auf der Basis eines konjizierten Textes von Am 8,14 an den berühmten jahwistischen Wallfahrtsheiligtümern einen synkretistisch-baalistischen Kult zu postulieren, von dem wir sonst nichts erfahren.[77] Speziell die Änderung von *ʾašam* in "Aschima" oder "Aschera" kann kaum überzeugen, da man dann davon ausgehen müßte, daß "Aschima" oder "Aschera" mit dem "Gott Dans" identisch sein müßte.[78] S. M. Olyan verweist stattdessen darauf, daß es sich um eine Verballhornung des in den Kuntillet Ajrud Inschriften gebrauchten Ausdrucks "Jahwe von Samaria" handeln könnte.[79] Das erscheint erheblich weniger gezwungen. Wie dem auch sei, es deutet wenig darauf hin, daß Am 8,14 den Abfall zu anderen Gottheiten angreifen will. Viel eher handelt es sich um eine satirische Verballhornung von im Kult gebrauchten Jahwe-Epitheta.

Nach der Vorschaltung von Am 8,14 referiert das 3.pl.-Suffix nicht mehr auf das in der vierten Vision genannte "mein Volk Israel", sondern auf "die, die schwören" aus Am 8,14. Jetzt ist mit "sie alle" nicht mehr ganz Israel gemeint, sondern nur die, die durch das Schwören deutlich machen, daß sie sich in ihren Lebensvollzügen auf den gottwidrigen Kult Samarias verlassen.[80] Dabei wird kaum das Schwören an sich schon als verwerflich betrachtet, sondern erst die Art und Weise der Verwendung des Eides.[81] Ohne daß dies explizit zum Thema gemacht würde, wird zumindest die Möglichkeit eröffnet, daß die, die sich nicht an der Verschuldung Samarias beteiligt haben, die bevorstehende Vernichtung überstehen.

Diese Rettungsmöglichkeit ist durch die Tradenten kompositionell vorbereitet. Bereits in Am 3,13 ist ein erstes Mal die Rede davon. Die Tradenten

---

Amos."), einen "God of Dan", den er für eine lokale Manifestation des Gottes Baal hält (187) und einen Gott "Might of Beersheba"(195).

[77] H. M. Barstad, (1984) Religious Polemics of Amos, 189.

[78] So zu Recht S. M. Olyan, (1991) Oaths of Amos 8.14, 149: "One invokes the deity, and swears (*šbʿ*) by (*bᵉ*) him; one would not swear by (*bᵉ*) Ashima or Ashera and say 'By the life of your god, O Dan' unless this god of Dan were Ashima or Ashera. For these reasons, the emendations *ashima* and *ashera* are unappealing."

[79] S. M. Olyan, (1991) Oaths of Amos 8.14, 149.

[80] H. W. Wolff, (1985) Joel und Amos, 381: "Wer bei einem Gott schwört, bekennt sich zu ihm. ... So unterstellt sich der Schwörende der Macht des Gottes als des lebendigen". Zum Eid vgl. F. Horst, (1961b) Eid im Alten Testament. Er zeigt, daß der Eid als "Versprechenseid, Prozeßeid und Bekenntniseid"(292) dazu diente, Zusagen und Aussagen verbindlich zu bekräftigen. Er wurde also hauptsächlich in rechtlichen Beziehungen angewandt. Damit ergibt sich eine gewisse Verbindung zur Rechtskritik des Amos. Jedenfalls ist deutlich, daß es sich beim Eid nicht um kultische Vergehen im engeren Sinn handelt, sondern um den Mißbrauch des Gottesnamens zur Absicherung von rechtlich verbindlichen Zusagen.

[81] Vgl. S. M. Olyan, (1991) Oaths of Amos 8.14, 144-145: Nicht das Schwören als solches wird kritisiert, sondern eher das fehlen von "covenant behavior".

sehen in der Rede von den Überbleibseln, die ein Hirt aus dem Rachen des Löwen rettet (Am 3,12), einen Hinweis auf einen möglichen Rest, der aus der Katastrophe gerettet wird. Deshalb schließen sie an diesen Vers einen Aufruf zu besonderer Aufmerksamkeit an (Am 3,13-14). In Am 5,14-15 wird dann ausdrücklich von der Möglichkeit gesprochen, daß Jahwe einen Rest bewahren könnte, wenn man Jahwe nur in rechter Weise suchen würde. Durch Zusätze zur dritten und vierten Vision (Am 7,9; 8,3) wird weiter deutlich gemacht, daß sich das geschaute "Ende Israels" auf die gottwidrigen Kultstätten, das Königtum (Am 7,9) und den היכל (Am 8,3) konzentriert. Daraus kann man im Sinne der Tradenten mit Recht schließen, daß abseits dieser Zentren Rettungsmöglichkeiten offen bleiben.

4.2.3. Querbezüge von Am 8,14-9,4 auf Hos

Die Zufügungen der Tradenten sowohl innerhalb der fünften Vision als auch durch die Vorschaltung von Am 8,14 haben auffallende Parallelen in Hos. Da ist zunächst die Erwähnung der Augen Jahwes (עיני) in Am 9,3.4 und Hos 13,14.[82] Der Bezug an sich ist schon recht bemerkenswert, zusätzlich kommt in Hos 13,14 aber auch noch das Lexem סתר (vgl. Am 9,3) und sogar die "Scheol" (vgl. Am 9,2) vor. Hos 14,1 erwähnt noch den Tod durch das Schwert (vgl. Am 9,1.4a). Die Wendung "durch das Schwert fallen" (נפל בחרב Hos 14,1[83]) findet sich auch im Fremdbericht (Am 7,17).

Dabei konnte für Am 9,4 gezeigt werden, daß die letzte Zeile, die die Augen Jahwes erwähnt, sekundär ist.[84] Sie stammt wohl von den Tradenten. Für Hos 13,14 ließe sich ähnliches vermuten. Es fällt jedenfalls auf, daß das dritte Kolon der zweiten Zeile von Hos 13,14 merkwürdig überschießt:

ממות אגאלם B	מיד שאול אפדם A	
נחם יסתר מעיני E	אהי קטבך שאול D	אהי דבריך מות C

Das erste Bikolon (A + B) und die ersten beiden Kola des Trikolons (C + D), bilden einen kunstvollen Chiasmus. Die Kola A und D haben das Wort שאול, B und C das Wort מות gemeinsam. Diese formvollendete Struktur er-

---

[82]   Die Vokalisierung des MT unterscheidet zwischen dem Plural "meine Augen" in Am 9,3 und dem Singular "mein Auge" in Am 9,4. Hier werden wir es mit einer masoretischen "Spitzfindigkeit" zu tun haben. Vgl. aber die im Deutschen gebräuchliche Wendung "*ein* Auge auf etwas werfen".

[83]   Innerhalb von Hos sonst nur noch in Hos 7,16.

[84]   Vgl. die Literarkritik S. 85.

weckt den Eindruck, daß Kolon E überschießt. Diese Stellung kann dazu dienen, die außerordentlich harte Aussage hervorzuheben. Wahrscheinlicher ist
aber, daß wir es bei diesem Kolon mit einem Einschub der Tradenten zu tun
haben. Es fällt nämlich weiter auf, daß sich diese Bezüge in beiden Schriften
an der gleichen kompositionellen Stelle finden, nämlich in den letzten Versen
der jeweiligen Tradentenfassung. Beide Schriften enden mit Schilderungen
des Endes Israels. Jahwes Selbstbeherrschung und Mitleid, die Israel bisher
trotz seiner Schuld am Leben hielten (Hos 11,8 und Am 7,3.6 verwenden dafür die Wurzel נחם), wurden von Israel überstrapaziert. In Hos 13,14 wird in
bewußtem Gegensatz zu Hos 11,8 festgehalten: Jetzt gibt es kein Mitleid
mehr! Auch wenn die fünfte Vision diese Formulierung nicht gebraucht, inhaltlich bringt sie eben dies zum Ausdruck.

Diese Bezüge auf das Ende von Trad-Hos werden noch bedeutsamer dadurch, daß festzustellen ist, daß sich sowohl in Hos 13,15 als auch in Hos
14,1 weitere Bezüge auf Texte aus Am finden. So werden in Hos 13,15
"Schätze" als Ziel von Jahwes Strafhandeln genannt. Das in diesem Zusammenhang genannte Lexem אוצר findet sich auch in Am 3,10. Das "Aufschlit-
zen von Schwangeren" in Hos 14,1 ist auch in Am 1,13 erwähnt.

Bezieht man Am 8,14 noch in das Bild ein, so fällt als erstes auf, daß die
Wurzel אשם innerhalb von Am sonst nicht begegnet, innerhalb von Hos dagegen in Hos 4,15; 5,15; 10,2; 13,1; 14,1. In Ausnutzung des Bedeutungs-
spektrums von אשם dient die Wurzel sogar der Rahmung des letzten Abschnitts von Trad-Hos, Hos 13,1-14,1: Israel hat sich "verschuldet" (Hos
13,1), deshalb wird es "büßen" (Hos 14,1). Verstärkend kommt hinzu, daß
die Wurzel אשם wie in Am 8,14 so auch in Hos 14,1 zusammen mit "Samaria" vorkommt. Dies ist nicht nur eine auffällige lexikalische Berührung, sondern signalisiert das gleiche Konzept. In beiden Schriften dient der Hinweis
auf die Schuld Samarias als zusammenfassende Bezeichnung für alle Verfehlungen Israels.[85] Innerhalb von Hos ist der zusammenfassende Charakter
dieser Formulierung auch ohne weiteres einleuchtend, denn wie wir bei der
Interpretation von Hos 10,1-8 schon gesehen hatten, ist Samaria in Hos als
der eigentliche Wurzelboden der Schuld Israels verstanden. In Am 8,14
scheint diese Konzeption von Samaria einfach vorausgesetzt zu sein. Inner-

---

[85] Am Ende einer Schrift liegt eine summierende Benennung der Schuld Israels besonders
nahe. Es wäre merkwürdig, wenn ein bis dahin ungenanntes Einzelvergehen angeführt
werden sollte. Am 8,14 gleicht wohl konzeptionell Am 7,9. Die Heiligtümer Bet-El,
ganz im Süden, und Dan, ganz im Norden, stehen als Merismus für alle Heiligtümer,
was den במות ישחק und den מקדשי ישראל in Am 7,9 entspricht. Die Hauptstadt Samaria repräsentiert die Schuld des Staates, was das Königtum einschließt.

halb von Trad-Am gibt es wohl aus diesem Grund keine Kritik an Bet-El, der nicht eine Samariakritik vorausgeht.

> Am 3,14 (Bet-El) geht Am 3,12 (Samaria) voraus; Am 4,4-5 (Bet-El) geht Am 4,1-3 (Samaria) voraus; Am 5,5 (Bet-El) geht Am 5,3 voraus, wobei die namenlose Stadt auf Samaria gedeutet wird; Am 7,10-17 geht Am 7,7-9 voraus, wobei die in der dritten Vision erwähnte "Stadtmauer" (Am 7,7) als diejenige Samarias gedeutet wird.

4.2.4. Zusammenfassung

Überblickt man alle lexikalischen und konzeptionellen Überschneidungen, so ergibt sich ein äußerst signifikanter Querbezug vom Ende von Trad-Am hinüber zum Ende der Tradentenfassung der Hoseaschrift. Es ist äußerst unwahrscheinlich, daß beide Enden völlig unabhängig voneinander entstanden sind. Aber wie kann man die Abhängigkeit genauer erklären? Eindeutig ist, daß die Amos-Tradenten wesentliche Konzeptionen der Hosea-Überlieferung gekannt haben müssen. Anders ist z.B. die Bedeutung von Samaria in Am 8,14 kaum zu erklären.[86] Es fällt auf, daß ein Teil der besonders signifikanten Bezüge, wie z.B. der Hinweis auf die "Augen Jahwes", innerhalb beider Schriften recht isoliert wirken, und zwar sowohl konzeptionell als auch literarisch.[87] Für Am 9,3.4 konnte ein sekundärer Charakter ziemlich wahrscheinlich gemacht werden. Aber auch im Falle von Hos 13,14 gab es starke Argumente für die These, daß das letzte Kolon im Vers sekundär hinzugefügt wurde. Sollte letzteres richtig sein, so spräche das dafür, daß die Hosea- und die Amosschrift gemeinsam redaktionell bearbeitet wurden.

---

[86] So schon H. W. Wolff, (1985) Joel und Amos, 383: "Sicher aber ist die Weise, in der die Kultkritik des Propheten in Am 8,14 weitergeführt wird, von der Anklage der Untreue gegen Jahwe mitbestimmt, die Hosea ins Bewußtsein hob." Mit S. M. Olyan, (1991) Oaths of Amos 8.14, 145 kann man auch auf die auffallende Parallele von Am 8,14 zu Hos 4,15 hinweisen. In beiden Versen sind die Schwurthematik und der Begriff אשם vorhanden. Der Vers blieb im Rahmen meiner Überlegungen deshalb beiseite, weil er innerhalb seines Kontextes deutlich sekundär ist (vgl. J. Jeremias (1983) Hosea, 71).

[87] Innerhalb von Am kommen die "Augen Jahwes" nur noch in Am 9,8 vor. Dort handelt es sich aber um einen bewußten literarischen Rückbezug der D-Schicht auf die fünfte Vision. Innerhalb von Hos kommen sie sonst nicht vor.

4.3. Weitere Bezüge zwischen Trad-Am und Hos

4.3.1. Am 3,2.14 und Hos

Wie in der Literarkritik gezeigt, haben die Tradenten eine wohl von Amos stammende Fragenreihe (Am 3,3-6.8) als Eröffnungstext für die Wortesammlung gewählt und dieser den Höraufruf in Am 3,1a und den mottoartig verdichteten Spruch Am 3,2 vorangestellt. Wie J. Jeremias zeigen konnte, enthält Am 3,2 vier Gedanken aus der Hosea-Überlieferung.[88] *Erstens* wird die Schuld Israels mit עוון bezeichnet, wie nirgends sonst in Am, dafür aber in Hos. *Zweitens* wird die Ahndung der Schuld mit dem Verb פקד beschrieben, was innerhalb von Am nur in dem ebenfalls den Tradenten zuzuschreibendem Vers Am 3,14 der Fall ist. *Drittens* wird das besondere Verhältnis Jahwes zu Israel mit dem Lexem ידע ausgedrückt, was sich auch in Hos 13,5 findet, und zwar wie in Am 3,2 im qatal 1.pers. (ידעתי) mit Jahwe als Subjekt.[89] In der älteren Amos-Überlieferung wird dagegen über das besondere Verhältnis Jahwes zu Israel kaum reflektiert.[90] *Viertens* wird das Gottesverhältnis Israels darauf zurückgeführt, daß Jahwe sich Israel in der Geschichte aus freier Entscheidung zugeeignet hat. Aus dieser Erwählung erwächst für Israel die Verantwortlichkeit gegenüber Jahwe.[91] Dieser Gedanke prägt auch Hos 13. Anders wird jedenfalls kaum verständlich, warum von der Feststellung des besonderen Näheverhältnisses Jahwes zu Israel (Hos 13,4-5) und der

---

[88] J. Jeremias, (1996c) Anfänge, 43-44.

[89] J. Jeremias, (1983) Hosea, 159 Anm. 5 korrigiert den MT in Hos 13,5 allerdings zu רעתיך. Den Bezug sieht schon sehr deutlich M. Buber, (1950) Glaube der Propheten, 165: "In dem Erwählungsspruch des Amos (3,2) sagt JHWH, er habe von allen Sippen der Erde nur Israel erkannt; dieses 'Erkennen' ist der Kontakt durch Offenbarung und Bundesschluß. Eine Gegenseitigkeit tritt bei Amos in diesem Wortbereich nicht hervor. Anders bei Hosea. Er nimmt das Amoswort wieder auf: 'ich habe dich in der Wüste erkannt', sagt JHWH zu Israel (Hosea 13,5); aber dem wird der Ausdruck der Gegenseitigkeit vorausgeschickt: 'einen Gott außer mir erkennst du nicht' (V.4); der Ring ist geschlossen."

[90] In den Sprüchen der Wortesammlung ist lediglich impliziert, daß Israel Jahwe bei seinem Namen kennt, ihn im Gottesdienst verehrt und ihm in allen Lebensbezügen auch verantwortlich ist. Lediglich die Israelstrophe (Am 2,9) enthält einen Hinweis darauf, daß Jahwe durch sein Geschichtshandeln Israel seine Lebensgrundlagen verschafft hat.

[91] J. Jeremias, (1983) Hosea, 164: "Aber auch wenn Israel Jahwe 'vergißt', so bleibt er doch der Handelnde; das Gottesvolk bekommt es so oder so mit ihm zu tun, ob als Retter oder als Raubtier. ... Furchtbar ist es, Gottes tödlichem Zorn zu begegnen; für den Propheten aber ist er die notwendige Kehrseite des Satzes 'Einen Retter außer mir gibt es nicht' (V.4b)."

Feststellung der Schuld Israels (Hos 13,6 "vergessen") zur Strafankündigung (Hos 13,7-8) fortgeschritten werden kann.[92]

In Hos 2,4-17 werden der Frau in einem Prozeßverfahren drei Anklagepunkte vorgeworfen: sie hat gehurt (Hos 2,7), sie hat nicht erkannt (Hos 2,10), sie hat Jahwe vergessen (Hos 2,15b). In Am 3,10 steht der Vorwurf ולא־ידעו im Zentrum der Ringstruktur von Am 3.[93] Auch wenn die Objekte des Erkennens in Hos und Am verschieden sind, so erscheint die Wahl des Lexems ידע doch als bedeutsam.

Innerhalb von Trad-Am werden durch Am 3,2 also an kompositorisch zentraler Stelle Gedanken nachgetragen, die die von Hosea beeinflußten Redaktoren bei Amos vermißten. *Erstens* fehlte ihnen wohl ein Hinweis auf Jahwes besonderes Verhältnis zu Israel, aus dem heraus sich eine stabile soziale Identität und rechtliche Normen erst entwickeln.[94] *Zweitens* wird durch das Motto Am 3,2 die ganze prophetische Kritik sehr viel stärker als bei Amos vom Gottesverhältnis her entworfen. Es geht in erster Linie um Gott selbst und erst in davon abgeleiteter Weise um das Recht, die sozialen Verhältnisse und den Kult, die Amos so sehr in das Zentrum seiner Botschaft gestellt hat. Für die Leserschaft, die von der Hosea-Überlieferung her denkt, reicht dieser kurze Vers aus, um diese Sinndimension der prophetischen Kritik für die Lektüre von Trad-Am wachzurufen.

Im Zusammenhang von Am 3,2 muß man auch Am 3,14 verhandeln, da beide Verse die Phrase פקד על verwenden. Die Tradenten haben mittels dieser Phrase einen Rahmen um Am 3 gelegt.[95] Auch die Erwähnung der Vielzahl von Altären spricht für einen engen Bezug zu Hos. Hos 8,11; 10,1 und 4,19 (Konjektur) erkennen in der Steigerung der Quantität der kultischen Vollzüge als tiefere Ursache den Verlust der Qualität. Wieder erscheint insbesondere Hos 10,1-8 als Sachparallele interessant, da dort nicht nur die Vielzahl der Altäre angeprangert, sondern auch deren Zerschlagung angedroht wird (Hos 10,1-2). In Hos 10,1-8 ist auch der Gedanke enthalten, daß Samaria und der Kult in Bet-El unauflöslich zusammengehören.[96] Diese

---

92 Gegenüber Hos 13,4-7 ist Am 3,2 darin besonders knapp formuliert, daß der Tatsache der Verschuldung Israels keine eigene Zeile gewidmet wird.

93 Vgl. dazu Kap. 3 S. 63.

94 Einen Hinweis auf die Geschichte Jahwes mit Israel gibt es innerhalb der Wortesammlung nicht, im Visionszyklus lediglich in dem eher der D-Schicht zuzuweisenden Vers Am 9,7 und im Völkerspruchzyklus nur in Am 2,9-12, wobei lediglich Am 2,9 mit größerer Sicherheit auf Amos zurückgeführt werden kann.

95 Vgl. Kap. 3 S. 63.

96 Vgl. oben S. 108 und 127. Angemerkt sei, daß sich zufälligerweise im Nebeneinander von Am 3,12 // Am 3,14 die deutsche Redewendung "Thron und Altar" wiederfinden

Konzeption macht verständlich, warum die Tradenten im unmittelbaren Anschluß an einen Samaria-Spruch einen Spruch über Bet-El einfügten.[97]

Wie soll man den Ausdruck "Altäre Bet-Els" (Am 3,14) verstehen? Soll man eine Vielzahl von Altären im Tempel von Bet-El annehmen? Dies erscheint unwahrscheinlich, weil in Am 9,1, wo Bet-El im Blick sein dürfte, der Artikel vor מזבח signalisiert, daß im Tempel nur ein Altar eine Rolle spielte. So läßt sich vermuten, daß hinter dem Ausdruck die Auffassung steht, daß Bet-El und die במות eine Einheit bilden und die Vielzahl der Altäre von der Vielzahl der במות herrührt. "Altäre Bet-Els" wäre dann zu deuten als eine Chiffre für alle Heiligtümer des Nordreichs.[98]

4.3.2. Am 2,8

Wie in der Literarkritik gezeigt, wurden von den Tradenten in Am 2,8 zwei Kola eingefügt. Das erste Kolon "neben jedem Altar" setzt eine Vielzahl von Altären voraus. Das ist ein Thema, das Trad-Am mit der Hosea-Überlieferung verbindet. Das zweite Kolon "im Haus ihres Gottes" verweist auf ein namentlich nicht genanntes Heiligtum. Die starke Ähnlichkeit der Phrase mit dem Namen Bet-El (בית אל // בית אלהיהם) läßt jedoch sofort an Bet-El denken. Beide Themen, "Vielzahl der Altäre" und "Bet-El", begegneten auch in Am 3,14. Die Amos-Tradenten haben es an dieser ersten Stelle, an der Israel innerhalb von Trad-Am Verbrechen vorgeworfen werden, nicht versäumen wollen, auf den unauflöslichen Zusammenhang von Sozial- und Kultkritik hinzuweisen. Die sozialen Vergehen erscheinen nun nicht mehr um ihrer selbst willen interessant, sondern weil sie mit einem eklatantem Mißbrauch der Heiligtümer und des Kultes verbunden sind. Die Sozialkritik bekommt so einen anderen Stellenwert als bei Amos selber.

---

läßt: in Am 3,12 findet sich das Lexem ישב, das auch "thronen" bedeuten kann, in Am 3,14 das Lexem מזבח "Altar".

[97] Möglicherweise wurden die Tradenten, die Am 3,13-14 einfügten, von der Phrase בתים רבים "viele Häuser" in Am 3,15 angeregt. Da בית "Haus" auch "Tempel" bedeuten kann, könnten sie diese Phrase als "viele Tempel" und damit als Hinweis auf die במות gelesen haben. Auf jeden Fall ist das Lexem רב auch in Hos 8,11; 10,1 gebraucht.

[98] Merkwürdig ist der Aufruf an das Haus Jakob (Am 3,13), der in der Hosea-Überlieferung keine Parallele hat. Er bietet der D-Schicht in Am 9,8 eine willkommene Anschlußmöglichkeit.

4.3.3. Am 6,8: der Hochmut Israels

Am 6,8 benutzt mit נֵאוֹן einen Begriff, der auch in Hos 5,5a begegnet.[99] Die Tradenten bringen damit ein Schuldphänomen auf den Begriff, das sie wohl in Am 6,1 und Am 6,13 dargestellt finden. In Am 6,1 vertrauen die Angeredeten auf den Schutz, den ihnen der Zion, bzw. der Berg Samarias, verspricht. In Am 6,13 rühmen sie ihre eigene Stärke. Innerhalb von Trad-Am begegnet das Lexem נֵאוֹן noch in dem vom hiesigen Vers literarisch abhängigen Vers Am 8,7.[100] Da der Begriff sowohl in der Tradentenfassung der Hoseaschrift als auch in Trad-Am nur einmal vorkommt, kann man schwer sagen, in welcher Prophetenüberlieferung er fester verwurzelt ist. Immerhin ist deutlich, daß sich die Hosea-Überlieferung viel intensiver mit den inneren Erkenntnis- und Antriebskräften des Menschen befaßt hat, als die Amos-Überlieferung. Man braucht nur daran zu denken, wie oft das "Herz" לֵב, das Verstandes- und Willenszentrum des Menschen, in Hos vorkommt (Hos 2,16; 4,11; 7,2.6.(11.)14; 10,2; 13,6.8). Eine besonders enge Sachparallele zu Hos 5,5a scheint Hos 13,6 zu sein. Innerhalb von Am kommt das "Herz" dagegen nur in Am 2,16 in anderem Gebrauch vor. Dies spräche für die Annahme, daß die Amos-Tradenten eher aus der Hosea-Überlieferung geschöpft haben als umgekehrt.[101] Andererseits hat Jeremias gezeigt, daß Hos 5,5abα von den Hosea-Tradenten ohne Anhalt an der vorgegebenen Hosea-Überlieferung formuliert wurde.

> "Mit V.5 wechselt die Gottesrede in Prophetenrede über und wird von Israel wieder – im Unterschied zu V.4 und V.6f. – singularisch gesprochen. Der Vers dient im Kontext zur Verbindung und gleichzeitig zur Auslegung der kleinen Einheiten V.3f. und V.6f. (...). In ihm deuten Hoseas Schüler die Schuldverstrickung Israels (V.3f.) von einem Stichwort der Spätverkündigung Hoseas her".[102]

Das *Lexem* נֵאוֹן wurde demnach erst von den Hosea-Tradenten gebraucht, auch wenn die Analyse des *Phänomens* auf Hosea selbst zurückgeführt wer-

---

[99] Hos 5,5bβ ist als späterer Zusatz zu betrachten. So K. Marti, (1904) Dodekapropheton, 48; J. Jeremias, (1983) Hosea, 76. נֵאוֹן kommt auch noch in Hos 7,10 vor. Der Vers ist aber sekundär und setzt Hos 5,5 literarisch voraus (J. Jeremias, (1983) Hosea, 98).

[100] Am 8,7 gehört wohl zur D-Schicht. Möglicherweise kann man auch Hos 7,10 der D-Schicht zuweisen. Es fällt jedenfalls auf, daß in Hos 7,10 das Thema der verweigerten Umkehr zu Jahwe mit ähnlichen Worten wie im Refrain von Am 4,6-11 ausgedrückt wird.

[101] J. Jeremias, (1996e) Jakob, 264 urteilt deshalb, daß der Begriff נֵאוֹן "in der Hoseaüberlieferung fester als bei Amos verankert ist"; so auch J. Jeremias, (1996c) Anfänge, 51.

[102] J. Jeremias, (1983) Hosea, 76.

den kann. Auch dieses Beispiel zeigt, daß Hosea- und Amos-Tradenten enger zusammen gehören, als die Prophetenüberlieferungen, die sie bearbeiteten.[103]

4.4. Hos* und Trad-Am: ein Kompendium der Nordreichsprophetie auf einer Rolle?

4.4.1. Mögliche Erklärungsmodelle

Anhand der gewählten Beispiele konnte gezeigt werden, wie eng die lexikalischen und konzeptionellen Bezüge zwischen Trad-Am und der Tradentenfassung von Hos sind. Nun gilt es, die möglichen Erklärungsmodelle für diesen Tatbestand durchzuspielen.

(1.) Zunächst könnte man annehmen, die Bezüge zwischen den beiden Prophetenschriften kämen dadurch zustande, daß die jeweiligen Propheten, auf die die Schriften zurückgehen, ähnliche soziale und religiöse Verhältnisse vorfanden, mit denen sie sich auseinandersetzen mußten. Dazu könnten soziale und kultische "Mißstände" zählen, aber auch die bedrohliche Weltreichspolitik der Assyrer und eventuell deren Propaganda.[104]

In der Tat dürfte sich eine gewisse Sachkohärenz von Trad-Am und Hosea-Überlieferung so erklären.[105] Daß Samaria, die Hauptstadt des Nordreichs, und das zentrale Heiligtum in Bet-El bei Propheten, die im Nordreich auftreten, zum Thema werden, ist leicht einzusehen. Wenn beide Städte in Hos und Am genannt und kritisiert werden, so bedarf es dafür nicht der Annahme, daß sich die Propheten untereinander gekannt hätten. In ähnlicher Weise ist es als eher zufällig zu betrachten, wenn Amos und Hosea im Bereich der Kultkritik gleiche Worte verwenden: חג (Am 5,21 vgl. Hos 2,13); זבח (Am 4,4 vgl. Hos 8,13 (Konjektur); לא רצה (Am 5,22 vgl. Hos 8,13). Da

---

[103] Es soll noch angemerkt werden, daß J. Jeremias, (1996c) Anfänge auch in weiteren Versen den Einfluß von Hos auf Am zeigen kann: Am 5,25 (S. 50-51); Am 1,5 (S. 51-52); Am 2,9 (J. Jeremias, (1995) Amos, 25). An diesen Stellen ist der Einfluß aber m.E. eher unspezifisch.

[104] P. Machinist, (1983) Assyria and its Image, hat z.B. sehr schön gezeigt, wie die assyrische Propaganda Jesaja herausgefordert hat, Gegenkonzeptionen zu entwickeln.

[105] Im übrigen ist mit H.-J. Zobel, (1985) Prophet in Israel und Juda; J. Jeremias, (1996j) Das unzugängliche Heiligtum; u.a. darauf hinzuweisen, daß Amos zwar im Nordreich aufgetreten ist, aber doch aus Juda kam. Seine Redeformen, seine Sprache und seine Denkschemata unterscheiden sich stark von denjenigen Hoseas.

sowohl Amos als auch Hosea den Kult im Nordreich kritisiert haben, kommen sie um die Verwendung bestimmter Kulttermini kaum herum. Die aktuelle Situation zwingt jedoch dem Propheten keine Themen auf. "Mißstände" sind ja nicht einfach objektiv feststellbar, sondern von dem jeweiligen Idealbild abhängig, das sich die Propheten von einem Jahwe hingegebenen Volk machen. Das zeigt sich schon daran, daß Amos weder das Stierbild erwähnt, wenn er Bet-El kritisiert, noch den König, wenn er Samaria attackiert. Das liegt nicht daran, daß es zur Zeit des Amos Stierbild und König noch nicht gab, sondern daran, daß sie für Amos kein Problem darstellten. Beide Themen hätte er eigentlich ansprechen können. Die meisten der modernen Historiker seit Albrecht Alt sind sich sogar einig, daß für die sozialen Zustände, die Amos kritisiert hat, das Königtum als eine wesentliche Ursache namhaft zu machen ist.[106]

(2.) Eine weitere Erklärungsmöglichkeit wäre die Annahme, daß ein Prophet den anderen in irgendeiner Weise kannte. Im Falle von Amos und Hosea würde dies konkret heißen, daß Hosea den Amos gekannt haben müßte.[107] Andeutungen in diese Richtung finden sich schon bei L. B. Paton (1894):

> "Hosea took up the word of the Lord where Amos had left it off, and in all main points his theology is that of his predecessor. He must either have heard Amos preach or have read his book, for he shows numerous coincidence both in thought and in expression (...)."[108]

Mit Hilfe dieser Hypothese lassen sich auch einige Bezüge zwischen Trad-Am und Hos erklären. Es ist durchaus anzunehmen, daß Hosea eine gewisse, rudimentäre Kenntnis von der öffentlichen Verkündigung des Amos hatte. Einige Beispiele mögen genügen:
- Die polemische Verballhornung des Namens "Bet-El" zu "Bet-Awen" (Hos 4,15; Hos 5,8; Hos 10,5) verdankt sich einem von Amos geprägten Wortspiel (Am 5,5).[109]
- In Hos 13,7-8 wird mit eindringlichen Tiervergleichen beschrieben, wie Jahwe Israel vernichtet. Löwe und Bär finden sich dabei auch in Am

---

[106] A. Alt, (1979a) Anteil des Königtums an der sozialen Entwicklung.
[107] Jedenfalls sind sich die historisch-kritischen Exegeten darin einig, daß Amos vor Hosea aufgetreten ist.
[108] L. B. Paton, (1894) Did Amos Approve the Calf-Worship at Bethel?, 83. Paton nennt folgende Stellen: Hos 4,3 & Am 8,8 / Hos 4,15 & Am 5,5 / Hos 5,5; 7,10 & Am 8,7 / Hos 8,14b & Am 2,5 / Hos 9,3 & Am 7,17 / Hos 10,8 & Am 7,9 / Hos 12,7f & Am 8,5. Hoseas Verballhornung von Bet-El zu Bet-Awen basiert auf Amos 5,5. Ähnlich stellt sich auch D. Schneider, (1979) Unity die Bezugnahmen vor, wobei er die kompletten Schriften jeweils auf die historischen Propheten zurückführt.
[109] Vgl. etwa P. R. Ackroyd, (1977) Judgment Narrative, 77.

5,18-20. Eine direkte literarische Bezugnahme ist in diesem Fall wohl nicht im Blick, aber eine Bekanntheit mit Am 5,18-20 wäre durchaus möglich, zumal es in beiden Fällen eine Steigerung der Aussage darstellt, in die Hände des Bären zu fallen.

- In Hos 5,11 finden sich die beiden Lexeme עשק und רצץ im Parallelismus zueinander.[110] Dieses Phänomen begegnet so auch in Am 4,1. Die Themen "Unterdrückung" und "Rechtskritik" sind typisch amosisch, innerhalb von Hos ist die Bezugnahme auf diese Themen jedoch isoliert und unanschaulich.

- Hos 5,14 vergleicht Jahwe mit einem Löwen, der über Efraim und Juda herfällt, sie wie ein Beutetier zerreißt (טרף) und fortschleppt. Dieses äußerst eindrückliche Bild für Jahwes Strafhandeln findet sich ganz ähnlich in Am 3,4.8.12. In Am 3,4 wird der Löwe eingeführt, das gerissene Beutetier in den Fängen (טרף). In Am 3,8 dann wird der Löwe in einer unvermuteten Wendung mit Jahwe verglichen. In Am 3,12 wird das Bild vom Löwen erneut aufgegriffen. Diesmal wird ganz wie in Hos 5,11 betont, daß es vor dem Löwen keine Rettung gibt (נצל).

- In Hos 6,5 wie auch in Am 2,3 und Am 9,1 ist Jahwe Subjekt des Verbs "töten" (הרג). Die Vorstellung, daß Jahwe persönlich jemanden tötet, ist sehr prägnant, kommt aber nicht allzu oft vor.

- Sowohl Hos 2,5 als auch Am 2,16 verwenden die Entkleidung bis auf die nackte Haut als Zeichen vollständiger Bestrafung.

- Die Vorstellung, daß Jahwe etwas "vom Himmel herunter holt" (ירד Hif. mit שמים) findet sich in Hos 7,12 und in Am 9,2.

Die Beispiele zeigen am ehesten, daß Hosea einzelne markante Sprüche, treffende Bilder und Wortspiele wahrscheinlich über die Vermittlung von dritter Seite kannte und sie zum Teil selber benutzte. Daß Hosea Amos persönlich gehört habe, läßt sich nicht wahrscheinlich machen.

Nun zeigt sich aber, daß die Bezüge von Trad-Am und Hos zum Teil erheblich enger sind, als daß sie mit Hilfe dieser beiden Modelle ausreichend erklärt werden könnten. Besonders deutlich zeigt sich das beim Thema Königtum. Obwohl sich dem Propheten Amos besonders im Zuge seiner Sozialkritik das Thema Königtum förmlich hätte aufdrängen müssen, hat er davon geschwiegen. Erst die Tradenten haben das Thema durch die Einfügung von

---

[110] MT interpretiert die Verben עשוק und רצוץ in Hos 5,11 passivisch. Dieses Verständnis des Konsonantentextes ist durch die Verwendung der mater lectionis ו leidlich gesichert, allenfalls könnte man noch einen inf.abs. vokalisieren. Es fragt sich jedoch, ob in diesem Fall – wenigstens auf der Ebene des Hosea – ein aktivisches Verständnis, das die LXX bietet, nicht erheblich besser paßt. Insbesondere Hos 5,12 setzt voraus, daß sich nicht nur Juda, sondern auch Efraim aktiv schuldig gemacht hat. Bei einem aktivischen Verständnis würde Hos 5,11 eine gut passende Parallelaussage zu Hos 5,10 darstellen.

Am 7,9-17 in die Amosschrift eingebracht. Dies bedeutet, daß wir ein Modell brauchen, das viel stärker die jeweiligen Tradentenkreise einbezieht.

(3.) Ein drittes Modell könnte annehmen, daß die Tradentenkreise von der mündlichen Verkündigung des jeweilig anderen Propheten beeinflußt wurden.

So könnten sich die Amos-Tradenten zur Einfügung der Königskritik in ihre Amosschrift auf Grund der Kenntnis der öffentlichen Auftritte von Hosea entschlossen haben. Diese These in ihrer Erklärungskraft genauer abzuschätzen, ist schon deshalb schwierig, weil wir die mündliche Verkündigung des Hosea aus den uns überkommenen Texten nur schemenhaft rekonstruieren können.[111] Soweit man sehen kann, zeigt sich *erstens*, daß erst die Tradenten der Königskritik Hoseas die Gestalt gegeben haben, die dann auch in Am 7,9 Eingang gefunden hat. Am 7,9 hat als nächste Sachparallele Hos 1,4 und Hos 10,1-8. Hos 1,4 steht im Fremdbericht, stammt also sicher nicht von Hosea selbst, sondern eher von den Tradenten. In Hos 10,1-8 hatten wir gesehen, daß erst die kompositionelle Anordnung der einzelnen Spruchseinheiten die Konzeption zum Ausdruck bringt, die auch Am 7,9 prägt, nicht jedoch die einzelnen Spruchseinheiten je für sich. Die mündliche Verkündigung des Propheten Hosea scheint jedoch am ehesten in den Einzelsprüchen auf, die Ringstruktur dagegen ist sehr wahrscheinlich redaktionellen Ursprungs. So deutet alles daraufhin, daß die Amos-Tradenten weniger durch den Propheten Hosea als vielmehr durch seine Tradenten beeinflußt waren. *Zweitens* kann man die Kultkritik anführen. Hosea selbst hat sehr wahrscheinlich die במות und Bet-El in je verschiedener Weise kritisiert. Den במות warf er Praktiken vor, die er als Hurerei und Ehebruch bezeichnete (Hos 4). Bet-El kritisierte er vor allem wegen des dort aufgestellten Stierbildes. Dagegen sehen sowohl die Hosea- als auch die Amos-Tradenten alle Nordreichsheiligtümer als eine unterschiedslose Einheit. Hos 10,1-8; Am 2,8; 3,14; 7,9 lassen sich von dieser Konzeption her verstehen. *Drittens* ist die enge Verzahnung von Königs-, Samaria-, Kalbs- und Bet-El-Kritik erst ein Werk der Tradenten. Die historischen Propheten Hosea und Amos scheinen die verschiedenen Schuldherde Israels in je getrennten Sprüchen angegriffen zu haben. *Viertens* begegnet auch das Lexem גאון sowohl in Am 6,8 als auch in Hos 5,5aba jeweils in einem von den Tradenten ohne Anhalt an der mündlichen Verkündigung formulierten Vers. Beide Verse können dabei an Sprüche anknüpfen,

---

[111] So J. Jeremias, (1983) Hosea, 19: "Für den Ausleger der Worte heißt dies, daß er nur in seltenen Fällen unmittelbaren Zugang zur mündlichen Verkündigung des Propheten besitzt, sie zumeist allenfalls mit einem gewissen Grad an Wahrscheinlichkeit rekonstruieren kann."

die der mündlichen Verkündigung der jeweiligen Propheten näher stehen dürften. Hos 5,5a ist mit Hos 13,6; 12,8-9 und Am 6,8 mit Am 6,1; 6,14 zu vergleichen.

(4.) Man muß also noch weitergehen und annehmen, daß die Amos-Tradenten und die Hosea-Tradenten miteinander im Austausch standen. Wie hätte man sich einen solchen "Austausch" aber vorzustellen? Die Texte, die innerhalb von Am von den Tradenten verfaßt wurden, wie etwa Am 7,9; Am 8,14 und Am 3,2, zeigen deutlich, daß sie für ihre Stellung im Kontext gestaltet worden sind.

> Am 7,9 greift deutlich Formulierungen des Fremdberichts auf. Am 8,14 nimmt bewußt Formulierungen aus Am 5,2 auf. Am 3,2.14 implementieren in einen schriftlich vorliegenden Textzusammenhang einen lexikalischen Rahmen mittels der Phrase פקד על. Ein weiteres Beispiel ist die selten belegte Form der "ultimativen Vermahnung" (Wolff), nämlich die Aufforderung, etwas zu tun, damit nicht eine bereits festgelegte Strafaktion vollzogen wird. Dieses Textmuster prägt Hos 2,4-5, findet sich aber ähnlich auch in Am 5,6. Dieser Vers nimmt zudem den unmittelbar vorhergehenden Vers zum Teil wörtlich wieder auf.

Die Wahrscheinlichkeit ist hoch, daß diese Verse von vorneherein schriftlich verfaßt und nie mündlich vorgetragen worden sind. In mindestens gleichem Maße gilt dies auch für die Hosea-Tradenten. Ein "Austausch" zwischen beiden Tradentenkreisen muß von daher am ehesten so vorgestellt werden, daß dem einem die Schrift des anderen vorgelegen hat.

Nimmt man dieses Modell als Erklärungsbasis, dann müßte, nach allem, was zum dritten Modell gesagt wurde, davon ausgegangen werden, daß die Amos-Tradenten eine Hoseaschrift gekannt haben. Dieses Modell ist schon sehr erklärungskräftig, vielleicht reicht es sogar aus, um alle Phänomene zu erklären.[112] Aber es gilt, noch weitergehende Modelle in ihrer Reichweite wenigstens durchzuspielen.

(5.) Ein weitergehendes Modell stellt die Hypothese dar, daß ein und derselbe Tradentenkreis sowohl die Hosea- als auch die Amos-Überlieferung bearbeitet hat. Dieses Modell könnte m.E. noch besser als das vorherige erklären, warum die Tendenz zu beobachten war, die Themen, die theologischen Intentionen und die Buchstrukturen von Trad-Am und Trad-Hos einander anzunähern, freilich ohne die Differenz zwischen den beiden Schriften völlig einzuebnen. Man hat nämlich manches Mal den Eindruck, daß es sich bei den Bezügen von Trad-Am auf Hos nicht um bewußte Übernahmen han-

---

[112] J. Jeremias, (1996c) Anfänge des Dodekapropheton, 52-54 sieht keine Notwendigkeit noch weitergehende Modelle der wechselseitigen Bezugnahme einzuführen.

delt, sondern einfach um das Phänomen, daß sowohl den Hos- als auch den Amos-Tradenten das gleiche Vokabular und gleiche Stilformen geläufig waren. Dieses Phänomen wäre besonders leicht zu erklären, wenn es sich gar nicht um zwei verschiedene, sondern um denselben Tradentenkreis handeln würde. Einige der festgestellten Bezüge fallen eher in diese Kategorie:

- Zum Sprachgebrauch beider Tradentenkreise gehört z.B. das Nebeneinander der Ausdrücke בני ישראל und בית ישראל zur Bezeichnung Israels. Der Ausdruck בני ישראל findet sich in Hos 1,9; (2,1.2 ist späterer Zusatz); 3,1.4.5; 4,1; (6,11 ist ein späterer Nachtrag); 11,7 und in Am 3,1.12; 4,5. Der Ausdruck בית ישראל findet sich in Hos 5,1; (6,10 ist späterer Zusatz); 12,1 und in Am 5,1.3; 6,1.14; 7,10. In allen Fällen legt die kompositionelle Bedeutung der Verse (Anfang und Schluß von größeren Kompositionen) nahe, an redaktionelle Gestaltung der entsprechenden Verse zu denken. Innerhalb des Zwölfprophetenbuchs ist dieser Sprachgebrauch recht singulär. Die Vielzahl der Belege in beiden Schriften ließe sich so erklären, daß es sich nicht um bewußte Bezugnahmen der einen auf die andere Schrift handelt, sondern daß beide Ausdrücke einfach zum Sprachgebrauch der Tradenten gehörten.
- Die Formulierung in Hos 9,7 "gekommen sind die Tage der Ahndung" erinnert an die Formulierung "gekommen ist das Ende" in Am 8,2. Auch in diesem Fall könnte dies gut mit der Annahme erklärt werden, daß es sich um ein Stilmerkmal desselben Tradentenkreises handelt.
- Das letzte Beispiel betrifft eine konzeptionelle Berührung. Sowohl in Hos 9,3-4 als auch in Am 7,17 ist die im AT äußerst selten zu findende Vorstellung impliziert, daß ein fremdes Land für einen Israeliten, der sich dort aufhält, an sich unrein sei. Auch in diesem Fall ist der thematische Zusammenhang, in dem diese Vorstellung geäußert wird, jeweils so verschieden, daß eine bewußte Übernahme dieser Konzeption wenig wahrscheinlich ist. Naheliegender ist die Annahme, hier spiegle sich die Reinheitskonzeption desselben Tradentenkreises.

Darüber hinaus würde dieses Modell das Phänomen gut erklären, daß nicht nur Passagen aus Trad-Am von Hos abhängen, sondern auch umgekehrt Texte aus Hos Einflüsse von Trad-Am erkennen lassen.[113]

- Das deutlichste Beispiel in diesem Zusammenhang ist die Phrase לא אוסיף עוד in Hos 1,6.[114] Sie ist an ihrem Ort kaum anders zu erklären als eine direkte Übernahme einer zentralen Wendung aus dem Visions-

---

[113] Dabei sollte man zunächst, von den Judaglossen absehen, die zwar sehr stark auf amosische Terminologie zurückgreifen, aber sich in ihrem Kontext leicht als sekundäre Einschübe isolieren lassen. Siehe dazu J. Jeremias, (1996c) Anfänge des Dodekapropheton, der Hos 4,15 und 8,14 behandelt (38-41).

[114] Siehe oben Kap. 4.1.4.

zyklus des Amos. Nur der nämlich führt schrittweise vor Augen, wie es nach den ersten beiden Visionen dazu kommt, daß Jahwes Geduld mit seinem Volk erlischt und er nicht mehr anders kann, als sein Volk seiner Präsenz auszusetzen, die zum Untergang Israels führt, weil Israel Jahwe gegenüber auf seiner Schuld beharrt. Innerhalb von Hos 1,6, am Beginn der Schrift ohne einen Vorgängerkontext, macht die Wendung dagegen keinen Sinn.

- Auch die Opposition "gut-böse" (רע - טוב) in Hos 7,15; 8,3 könnte auf Trad-Am-Texte zurückgehen. So bemerkt J. Jeremias zu Hos 8,3: "Das Gottesvolk verwirft ,das Gute', auf das doch die Gotteserkenntnis, die 6,6 meint, abzielt. So wird der Wille Gottes von den Tradenten (vielleicht im Anschluß an Amos, vgl. Am 5,14f.) zusammengefaßt, um seine Einfachheit sowie seine leicht erkennbare heilvolle Wirkung hervorzuheben (...)."[115] In Fortführung der Beobachtung von Jeremias ist darauf hinzuweisen, daß Hos 8,3 an Hos 7,15 anknüpft. Im dortigen, ebenfalls von den Tradenten formulierten Vers, findet sich auch der in Am 5,14-15 verwendete Oppositionsbegriff zu "gut", nämlich "böse" (רע). Damit wird der Bezug von Hos 8,3 auf Am 5,14-15 noch wahrscheinlicher. In beiden Fällen wird das Fehlverhalten Israels als Ausdruck einer fundamentalen ethischen Fehlorientierung begriffen. Die basalsten Normen menschenwürdigen Handelns werden von Israel geradezu bewußt mißachtet.[116]
- Man kann auch an die Höraufrufe denken, die in Hos 4,1 und 5,1 den zweiten Teil der Hoseaschrift unterteilen. Sie sind innerhalb von Hos deutlich redaktionellen Ursprungs. Sie könnten durchaus deshalb in Hos aufgenommen worden sein, weil die den Amos-Tradenten schon schriftlich vorliegende Wortesammlung durch Höraufrufe gegliedert war (Am 3,1; 4,1; 5,1).

(6.) Noch einen Schritt weiter geht die Annahme, daß Trad-Am und eine Hoseaschrift ein Zweiprophetenbuch gebildet haben, in dem die gegen das Nordreich vorgebrachte prophetische Kritik zusammengestellt war. Dieses Modell setzt nicht unbedingt die Annahme eines gemeinsamen Tradentenkreises (=Modell 5) voraus. Es ließe sich auch denken, daß die Amos-Tradenten eine ihnen schon vorliegende fertige Hoseaschrift, die sie im übrigen zu einigen Überarbeitungen des ihnen vorliegenden Amos-Materials inspirierte, in ihre Ausgabe eines Zweiprophetenbuchs integrierten. Die Annahme eines gemeinsamen Tradentenkreises ist als Voraussetzung für eine

---

[115] J. Jeremias, (1983) Hosea, 105.

[116] Zum Begriff des Bösen und dem Aufweis des vordeuteronomischen Charakters der Belege Mi 2,1-5; Hos 7,13-16; Mi 3,4; Am 5,14-15 vgl. U. Rüterswörden, (1996) Das Böse, 231-233.

"Zweiprophetenbuch-Hypothese" in meinen Augen jedoch erheblich naheliegender.

Die Erklärungskraft dieser These abzuschätzen, ist nicht einfach. Um es kraß auszudrücken: Die Zweiprophetenbuchrolle wurde von den Archäologen noch nicht ausgegraben. Welche Argumente könnten dann dafür sprechen, daß die Tradentenfassung der Hoseaschrift und Trad-Am als Bestandteile eines Korpus nicht nur zusammengelesen werden konnten, sondern sogar *sollten*? Gehören Trad-Hos und Trad-Am im Sinne eines strukturierten Korpus mit linear fortschreitendem Leseprozeß zusammen?

> Hätten die Tradenten die Amos- und die Hoseaschrift einfach auf eine Rolle geschrieben, ohne diese Zusammenordnung beider Schriften zusätzlich durch entsprechende Lesehinweise im Text auch zu verankern, so wäre man auf der Basis einer literarkritischen Analyse des Endtextes außer Stande, eine solche Zusammengruppierung beider Schriften nachzuweisen. Auf der anderen Seite könnte man sie aber auch nicht ausschließen! Es wäre dann eine Frage des historischen Ermessens, welcher der beiden Thesen (getrennte Schriften oder Zweiprophetenrolle) man eher zuneigt. Auf jeden Fall muß man die Beantwortung dieser Frage stärker offen halten, als dies bisher geschieht, wo man meistens ganz unreflektiert von der Einzelexistenz aller zwölf Schriften ausgeht.

4.4.2. Struktursignale für eine Zweiprophetenbuch-Rolle?

Ich möchte mit einer spekulativen Frage beginnen: Wenn die Amos-Tradenten in ihrem Verständnis des Propheten Amos wesentliche Einsichten der Botschaft des Hosea und seiner Tradenten verdanken, und sie bei der Erstellung von Trad-Am beim Leser Bekanntschaft mit Themen der Verkündigung Hoseas voraussetzen, macht es dann Sinn, eine solche Amosschrift herauszugeben, wenn die Leserschaft nicht zugleich Zugriff auf eine Hoseaschrift hat?

Die erste Frage, zu der Beobachtungen zusammengetragen werden sollen, lautet: Gibt es Anzeichen für eine sowohl Trad-Am als auch die Tradentenfassung der Hoseaschrift übergreifende Struktur?

4.4.2.1.   Hos 1-3 und Am 7-9 als Rahmen

Beobachtet man die Makrostruktur der Schriften Am und Hos, so fallen interessante Gemeinsamkeiten auf. Beide Schriften unterscheiden nämlich zwischen einem Komplex, der die öffentliche Verkündigung des Propheten enthält und einem anderen Teil, der – wenn auch nicht ausschließlich, so doch überwiegend – die sozusagen "private" Kommunikation Jahwes mit dem Propheten enthält.

Für Am ist diese Privatkommunikation im Visionszyklus (Am 7-9*) niedergelegt, für Hos in Hos 1-3*. Innerhalb von Am 7-9* ist der Charakter der Privatheit der Kommunikation gesichert durch die Frage Jahwes: "Was siehst du, Amos?" (Am 7,8; Am 8,2). Der Eigenname des Propheten zeigt unmißverständlich, daß es hier um eine Kommunikation zwischen Jahwe und Amos geht. Selbstverständlich ist in diesem Kommunikationsprozeß Israel ständig gegenwärtig, aber nur als Objekt von Jahwes Handeln, nicht als möglicher Adressat einer prophetischen Botschaft.[117] Ähnliches läßt sich für Hos 1-3* sagen.[118] Schon die Überschrift in Hos 1,2a stellt fest, worum es im folgenden handelt: "Anfang des ,es hat geredet Jahwe mit Hosea'."[119] Jahwe redet also privat mit Hosea, ein Reden des Propheten zu Israel ist nicht im Blick, auch wenn Israel das eigentliche Gesprächsthema zwischen Jahwe und Prophet ist.[120]

Nun fällt auf, daß diese private Kommunikation zwischen Jahwe und Prophet in Hos am Beginn der Schrift steht, in Trad-Am aber am Ende. Diesen Sachverhalt muß man doch wohl als kompositionelle Absicht interpretieren. Intendiert wäre dann eine Art Rahmen um beide Schriften. Erheblich verstärkt wird der Eindruck eines solchen Rahmens durch die in diese beiden Komplexe eingefügten Fremdberichte, die ein hohes Maß an motivischen und lexikalischen Querverweisen aufeinander enthalten.

4.4.2.2.   Die Höraufrufe als Gliederungsmarker
             (Hos 4,1; 5,1; Am 3,1; 4,1; 5,1)

Ein weiteres Phänomen ist, daß die Teile der jeweiligen Schriften, die die öffentliche Verkündigung der Propheten darstellen, strukturelle Gemeinsamkeiten aufweisen. In erster Linie sind hier die Höraufrufe zu nennen. Sowohl

---

117 Am 7,10-17 berichten, so muß man das wohl verstehen, von einem bedeutsamen Zwischenfall während des Empfangs der Visionen.

118 Hos 2,1-3.18-25 sind spätere Hinzufügungen; so J. Jeremias, (1983) Hosea, 34-36.38.49-52; für Hos 2,18-25 vgl. schon H. W. Wolff, (1961) Hosea, 58-59.

119 Der MT vokalisiert דבר als qatal. Häufig wird בהושע auch mit "durch Hosea" übersetzt. Diese Bedeutung von דבר ב ist jedoch sonst nicht belegt.

120 Schwierig zu beurteilen ist Hos 2,4-17. Auf jeden Fall ist in Hos 2,4 nicht Israel, sondern es sind die Kinder der Frau angeredet.

Hos 4-14* als auch Am 3-6* enthalten Höraufrufe als wesentliche Gliederungsmarker: [121]

שִׁמְעוּ דְבַר־יהוה			בְּנֵי יִשְׂרָאֵל	Hos 4,1
שִׁמְעוּ זֹאת	הַכֹּהֲנִים	וְהַקְשִׁיבוּ	בֵּית יִשְׂרָאֵל	Hos 5,1
שִׁמְעוּ אֶת־הַדָּבָר הַזֶּה	אֲשֶׁר דִּבֶּר יהוה עֲלֵיכֶם		בְּנֵי יִשְׂרָאֵל	Am 3,1
שִׁמְעוּ	הַדָּבָר הַזֶּה			Am 4,1
שִׁמְעוּ אֶת־הַדָּבָר הַזֶּה	אֲשֶׁר אָנֹכִי נֹשֵׂא עֲלֵיכֶם קִינָה	בֵּית יִשְׂרָאֵל		Am 5,1

Es fällt auf, daß in der Abfolge der Höraufrufe in beiden Schriften zuerst die בני ישראל (Hos 4,1 // Am 3,1) und dann der בית ישראל angeredet werden (Hos 5,1 // Am 5,1).[122] Zuerst wird also Israel als Gottesvolk[123], dann als rechtlich verfaßte Größe, als Staat, angeredet.

> Die Verteilung der Phrasen בני ישראל und בית ישראל kongruiert sowohl in
> Am als auch in Hos mit den Höraufrufen. Für Am hat Jeremias, Am 3-6, 131
> darauf hingewiesen. Für Hos ist zumindest festzustellen, daß innerhalb von
> Hos 5,1-14,10 zwar die Phrase בית ישראל (Hos 5,1; 6,10 (sekundär); 12,1)
> aber nicht die Phrase בני ישראל vorkommt (Hos 2,1.2; 3,1.4.5; 4,1).

Man wird kaum fehlgehen, darin eine Ausweitung der ursprünglich angeredeten Adressaten durch die Tradenten zu vermuten.[124] Innerhalb von Trad-Am ist mit den unterschiedlichen Adressaten auch die Unterscheidung von Gotteswort und Prophetenwort verbunden: "Am 3,1 leitet Gotteswort ein, Am 5,1 Prophetenwort."[125] Innerhalb von Hos könnte diese Unterscheidung impliziert sein, auch wenn das nicht so klar markiert ist wie in Trad-Am. Hos

---

[121] Der Höraufruf in Am 8,4 gehört, wie in der Literarkritik gezeigt, nicht zur Tradentenfassung des Amos.

[122] Auf diese Anordnung hat J. Jeremias, (1996a) Amos 3-6, 149 hingewiesen. Ihm war die Parallelität zu Hosea jedoch entgangen.

[123] Dieses Verständnis der Bezeichnung בני ישראל ist für Hos 4,1 dadurch gesichert, daß innerhalb von Hos 4 Israel gehäuft als Jahwes Volk bezeichnet wird (Hos 4,6.8.12). Diese Bezeichnung begegnet außerhalb von Hos 4 lediglich in Hos 1,9; 11,7 (Hos 6,11 ist ein späterer Nachtrag). Für Am 3,1 ist dies durch Am 3,2 gesichert, wo die Erwählung Israels durch Jahwe betont an den Beginn der folgenden Sprüche gesetzt wird.

[124] Wen die Propheten Amos und Hosea in der mündlichen Verkündigungssituation jeweils als Hörer angeredet haben, ist oft kaum mehr zu rekonstruieren. Sehr wahrscheinlich ist hingegen, daß es nur bestimmte Gruppen innerhalb Israels waren. Vgl. etwa die Untersuchung von H. Reimer, (1990) Richtet auf das Recht, der zu dem Ergebnis kommt, 229: "Die Unheilsankündigungen des Amos sind sozial- und schichtenspezifisch ausgerichtet, sie betreffen nicht das Volksganze."

[125] So die Beobachtung von J. Jeremias, (1996a) Amos 3-6, 150 (kursiv getilgt; AS).

4,1 eröffnet jedenfalls mit einem Hinweis auf Jahwe[126], was Hos 5,1-2 so nicht unternimmt.

Aus kompositioneller Sicht wirkt insbesondere der Höraufruf in Hos 5,1 deplaziert. Man hat den Eindruck, die Tradenten hätten dem Material eine Gliederung aufgezwungen. *Erstens* kommt die Anrede an die Priester zu spät. Sie erfolgt, unmittelbar *nachdem* das Kapitel mit der massivsten Priesterkritik, nämlich Hos 4, abgeschlossen ist. *Zweitens* ist zwischen Hos 5,7 und Hos 5,8 ein wesentlich tieferer thematischer Einschnitt als zwischen Hos 4,19 und Hos 5,3. Mit Hos 5,8 tritt die Außenpolitik in den Vordergrund, während bis dahin nur von Mißständen im Innern die Rede war. Hos 4,4-19 und 5,3-7 sind zudem über das Stichwort "רוח זנונים" (Hos 4,12; Hos 5,4) eng miteinander verbunden. Hos 5,1-2 wären also sinnvoller vor Hos 5,8 eingefügt worden. *Drittens* kann man noch darauf hinweisen, daß der Ausdruck בית ישראל innerhalb von Hos 5-11 gar nicht mehr vorkommt (Hos 6,10 ist ein späterer Einschub), stattdessen begegnen die Begriffe "Israel", "Efraim" und "Volk".

Die Einfügung der Höraufrufe ist deshalb so wichtig, weil vor allem sie der Leserschaft suggerieren, beide Propheten hätten sich an die gleichen Adressaten in einer ähnlichen Formensprache gewandt. Den starken Unterschieden zwischen beiden Schriften, gerade auch was die *Form* angeht[127], soll durch die Einfügung der Höraufrufe gegengesteuert werden. Wenn die historischen Propheten Hosea und Amos überhaupt die Ausdrücke בני ישראל und בית ישראל gebraucht haben, dann haben auf jeden Fall erst die Tradenten diese Ausdrücke zu kompositionellen Leitkategorien erhoben.

> Zumindest in Einzelfällen ist deutlich erkennbar, daß die Tradenten diese Ausdrücke in ihnen vorliegende Sprüche eingetragen haben (vgl. die Literarkritik zu Am 3,12 und Am 4,5).

Insbesondere die Angleichung der Adressaten von Hos und Am macht besonders guten Sinn, wenn beide Schriften als Bestandteil eines Korpus gedacht waren.

---

[126] Das gilt auch dann, wenn die – mir wahrscheinliche – Annahme zutreffen sollte, daß der Ausdruck "Wort Jahwes" sich an dieser Stelle erst der D-Redaktion verdankt, denn der Ausdruck ריב ליהוה muß bereits in der Tradentenfassung von Hos enthalten gewesen sein.

[127] Innerhalb von Hos gibt es z.B. nahezu keine klar abgegrenzten kleinen Sprucheinheiten; umgekehrt ist die Amosschrift ganz eindeutig von solchen kleinen Einheiten beherrscht. Auch der stark brachylogische und vieldeutig schillernde Stil von Hos unterscheidet sich stark von dem einfachen, holzschnittartigen Stil des Am.

4.4.2.3.   Die Überwindung des Mitleids Jahwes

Eine wichtige Parallele, die zugleich ein theologisches Anliegen zum
Ausdruck bringt, betrifft die kompositionelle Anordnung des Stoffes. Es fällt
nämlich auf, daß Hos 11,8-9.11 den zweiten Teil der Hoseaschrift überraschend heilvoll abschließt. Trotz der langen und intensiven Reflexionsgänge
über die Schuld Israels bricht am Ende Jahwes Mitleid durch und drängt seinen nur allzu berechtigten Zorn zurück. Dies macht den Weg frei für einen
kurzen heilvollen Ausblick in Israels Zukunft nach der Exilierung. Die entscheidende Frage ist nun, wie es zu verstehen ist, daß nach Hos 11 noch Hos
12-14,1* folgen "als stünde Kap. 11 (bes. 11,8-11) nicht im Hoseabuch."[128]
Mir scheint diese Frage so beantwortbar zu sein, daß Hos 11,8-9.11 im Sinne
der Tradenten nur ein vorübergehendes Ablassen Jahwes von seinem Zorn
darstellen. Sollte dies richtig sein, so haben die Tradenten die Globalstruktur
von Hos nach einem Schema gestaltet, das schon die Grundstruktur des den
Amos-Tradenten vorgegebenen Visionszyklus prägt. In den ersten beiden Visionen sieht Jahwe von der Vollstreckung der Strafe noch ab. Dabei wird die
gleiche Wurzel verwendet wie in Hos 11,8 (נחם). Ab der dritten Vision ist
dann ein solches Einhalten Jahwes nicht mehr möglich. Damit soll in beiden
Schriften gezeigt werden, daß Jahwes Strafgericht erst eintritt, nachdem
Jahwes Mitleid bis aufs Äußerste strapaziert worden ist.

4.4.2.4.   נאם יהוה in Hos 11,11

Eine weniger gewichtige, aber doch auffällige Strukturparallele betrifft die
Formel נאם יהוה. Innerhalb von Trad-Hos begegnet sie nur ein einziges Mal,
um den Abschluß der Teilsammlung Hos 4-11 zu markieren. In Am ist die
Verwendung dieser Formel ungleich häufiger: In Am 2,16; Am 3,15 schließt
sie ebenfalls größere Einheiten, nämlich Völkerspruchzyklus und Kap. 3 ab.
Auch in diesem Fall ist es wahrscheinlich, daß die Tradenten einen Gliederungsmarker übernommen haben, der der Hosea-Überlieferung ursprünglich
fremd war.

4.4.3. Wie liest sich Trad-Am auf dem Hintergrund von Trad-Hos?

Die bisher gesammelten Argumente für eine Zweiprophetenbuchrolle
können noch auf einer weiteren Ebene kontrolliert werden. Hat man nämlich

---

[128]   J. Jeremias, (1983) Hosea, 149.

die Prüfung der Bezüge in der angegebenen Stufenfolge abgeschlossen und ist zu der Annahme gelangt, daß ein Schriftkorpus mit großen Sicherheit bestanden hat, so ergibt sich ein überaus wichtiger Umkehrschluß. Die oben dargelegte Stufenfolge ist wichtig, um die Rekonstruktion eines dem Endtext vorausliegenden Schriftenkorpus methodisch zu kontrollieren. Ist jedoch die Rekonstruktion eines solchen Korpus gesichert, dann gewinnen die literarischen und oft auch die traditionsgeschichtlichen Bezüge eine neue Qualität. Sie erscheinen der Leserschaft nun nicht mehr als Niederschlag von gemeinsamen Traditionen, sondern als literarische Bezugnahmen von Texten aufeinander. Berührungen, die zufällig entstanden sein mögen, erhalten nun den Charakter von intendierten Querverweisen.

Es soll im folgenden versucht werden, Trad-Am bewußt unter der Voraussetzung zu lesen, als sei Trad-Am lediglich der zweite Teil einer Zweiprophetenbuchrolle. Nimmt man diese Leseperspektive ein, so besitzt man, wenn man mit der Lektüre bei Am 1,1 angelangt ist, bereits ein Vorwissen, das man sich durch die Lektüre von Hos aufgebaut hat.[129] Der Sinn dieses Vorgehens liegt in folgender Annahme: Wenn es einem solchen Leseprozeß, der die Tradentenfassung von Hos und Trad-Am als Segmente einer linearen Anordnung begreift, gelingen sollte, einige Interpretationsprobleme zu "lösen", die beim Lesen von Trad-Am auftauchen, dann ist auch die Wahrscheinlichkeit hoch, daß Trad-Hos und Trad-Am hintereinander gelesen werden *sollten*. Suchen wir also nach Stellen innerhalb von Trad-Am, die sinnvoller verstanden werden können, wenn vorausgesetzt wird, daß die Leserschaft bereits Trad-Hos kennt. Dazu möchte ich einige Stellen herausgreifen, auf die in der Exegese immer wieder hingewiesen worden ist.

4.4.3.1. Der Völkerspruchzyklus

Es ist viele Male notiert worden, daß es singulär ist, daß ein Prophetenbuch mit einer Sammlung von Fremdvölkersprüchen beginnt.[130] Man hat das

129 Obwohl nicht auszuschließen ist, daß im Laufe der Redaktionsgeschichte, die Reihenfolge der Schriften innerhalb eines Korpus wechselte, ist doch zunächst davon auszugehen, daß auch schon auf der Ebene eines Tradenten-Korpus die Hoseaschrift der Amosschrift voranstand und man folglich zunächst Hos und danach Am las. Diese Reihenfolge wird dadurch unterstützt, daß in Hos 1,4 der König Jehu erwähnt wird. Die Kritik Hoseas setzt also historisch früher an als die des Amos.
130 J. Jeremias, (1996k) Völkersprüche, 157: "Kein anderes Prophetenbuch beginnt mit einer Reihung von Völkersprüchen". Für gewöhnlich stehen Fremdvölkersammlungen in der Buchmitte (Jes 13-23; Ez 25-32; Zef 2,4-15; zu beachten ist auch, daß die Fremd-

146   Die Tradentenfassung von Amos und die Hoseaschrift

mit der ungewöhnlichen Universalität des Amos erklären wollen, der Jahwe
als Herrn über alle Völker begreift, von denen Israel eben nur eins unter anderen sei. Könnte es aber nicht sein, daß Trad-Am von vornherein als Schrift
einer Sammlung hinter Trad-Hos geplant war, so daß wir mit dem Völkerspruchzyklus gar keinen voraussetzungslosen Buchanfang vor uns hätten?
Dann kämen die Völkersprüche nämlich nicht nur zu Anfang von Trad-Am
zu stehen, sondern dienten zugleich als eine Art Nachtrag zu Hos, der von
den Völkern so auffallend wenig zu sagen hatte (vgl. allenfalls Hos 7,8; 8,8;
10,10.14; von einem Strafhandeln Jahwes an den Völkern ist in Hos auf jeden
Fall keine Rede).

Ein zweites Beispiel ist die für die Komposition so zentrale Wendung
אשיבנו לא "ich nehme ihn nicht zurück". Zwei Probleme ergeben sich: Zum
einen ist zu klären, auf was das Suffix der 3.m.sg. referiert; zum anderen ist
zu fragen, warum Jahwe so entschieden darauf insistiert, daß dieser "er" nicht
mehr rücknehmbar ist. Hat man eine Leserschaft im Auge, die Hos gelesen
hat, so lassen sich für beide Fragen Antworten finden. Die Proform der
3.m.sg. referiert dann auf das in Trad-Hos zuletzt genannte Vorhaben Jahwes,
nämlich die in Hos 13,1-14,1* angesagte Vernichtung Israels[131]: "Jetzt ver-
nichte ich dich, Israel, ja, wer kann dir noch helfen?" (Hos 13,9; geänderter
Text). Man müßte freilich annehmen, daß für die Tradenten, die in Hos 13,1-
14,1* angekündigte Vernichtung Israels auch die Vernichtung der umliegenden Völker einschließt.

Von Hos her wird auch das Insistieren auf der Unwiderrufbarkeit dieser
Vernichtung verständlich, denn innerhalb von Hos war es ja bereits einmal zu
einem "Willensumsturz in Gott" gekommen (Hos 11,1-11*).[132] Die Formulierung אשיבנו לא (שוב Hif.) könnte sich sogar direkt an die ähnliche Formulierung אפרים לשחת אשוב לא (שוב Qal) aus Hos 11,9 anschließen wollen.

Als drittes Beispiel kann der Vorwurf in Am 2,7 dienen: "ein Mann und
sein Vater gehen (immer wieder) zum Mädchen".

> Der Artikel vor נערה könnte ein bestimmtes Mädchen meinen: "zu diesem
> Mädchen da". Dabei könnte *erstens* an eine textexterne Deixis gedacht sein:
> Der Prophet zeigt, während er redet, auf ein bestimmtes Mädchen. *Zweitens*
> könnte ausgesagt sein, daß Vater und Sohn geschlechtlichen Umgang mit *dem-
> selben* Mädchen haben.[133] *Drittens* könnte der Artikel nicht eine bestimmte

---

völkersprüche des Jeremiabuchs von der Septuaginta nach Jer 25,13 eingeordnet werden).

[131] Die 3.m.sg. ist in diesem Fall neutrisch zu verstehen. So beschreibt J. Jeremias, (1996k)
Völkersprüche, 165 den Konsens der Forschung.

[132] J. Jeremias, (1983) Hosea, 143.

[133] H. W. Wolff, (1985) Joel und Amos, 202.

Person, sondern den sozialen Status bezeichnen: "zu einer unmündigen weiblichen Person", dabei könnten Vater und Sohn durchaus zu verschiedenen Frauen gehen.

Es ist unklar, was genau an diesem Verhalten denn nun verwerflich sein soll. Nimmt man etwa an, daß der Verkehr von Vater und Sohn mit demselben Mädchen kritisiert werden soll, so ist das sicherlich ein Verstoß gegen die guten Sitten und damit ein Symptom für Dekadenz, aber kein Straftatbestand.[134] Geht man aber davon aus, daß die Leserschaft bereits Hos gelesen hat, ergibt sich ohne große Mühe ein Bezugstext, der erklären kann, was Am 2,7 anprangert: Hos 4,11-14. Am 2,7 ist dann als kurzer Hinweis auf Sexualpraktiken der baalisierten Jahwereligion zu deuten.[135] Unterstützt wird diese Lektüreweise durch die Erwähnung des Weins (Am 2,8), der schon in Hos 4,11 in diesem Zusammenhang erwähnt wird, durch den Hinweis auf die Mehrzahl der Altäre (vgl. Hos 4,19 (Konjektur); Hos 8,11; 10,1-2) und durch die Anspielung auf Bet-El (Am 2,8: בית אלהיהם), dessen Kult Hosea bereits kritisiert hatte.[136]

Die für Amos so zentrale Sozialkritik wird an dieser entscheidenden kompositionellen Stelle, an der die Sozialkritik ein erstes Mal innerhalb von Trad-Am zur Sprache kommt, sozusagen kultkritisch eingefärbt. Das verwerfliche, ausbeuterische Handeln führender Schichten in Israel wird als Teilmoment eines komplexeren Sachzusammenhangs verstanden. Die verfehlte Art, Jahwe im Kult wahrzunehmen, zu erfahren und zu feiern, wird als die Hauptwurzel ethischer Verfehlungen aufgedeckt. Alle weiteren sozialkritischen Passagen innerhalb von Trad-Am werden von der Leserschaft unweigerlich innerhalb dieses hermeneutischen Rahmens gelesen. Sie nimmt die Sozialkritik des Amos als eine Bereicherung der hoseanischen Analyse wahr. Was Hos nur am Rande erwähnt hat, gewinnt jetzt verstärktes Gewicht, ohne daß der von Hos vorgegebene Gesamtrahmen verlassen wird.

Ein weiteres Beispiel ist Am 2,9. Der innerhalb von Trad-Am mit seiner Thematik ziemlich isolierte Vers ruft bei der Leserschaft die gesamten Reflexionen über die Geschichte Jahwes mit seinem Volk in Hos wach. Auf jeden

---

[134] Vgl. S. M. Paul, (1991) Amos, 81.

[135] Vgl. schon H. W. Wolff, (1985) Joel und Amos, 163: "Die kultischen Ortsbestimmungen deuten wie 7bß Amos von Hosea (etwa 4,13f.) her (...). Ohne sie ergibt sich ein Doppeldreier wie in 6 und 7a." G. Pfeifer, (1976) Denkformenanalyse als exegetische Methode, 67: "v. 7b könnte auch vom sexuellen Verkehr von Vater und Sohn mit der gleichen Sklavin verstanden werden, doch legt v. 8a nahe, an kultische Prostitution zu denken."

[136] Zu beachten ist, daß die Hosea-Tradenten, im Unterschied zu Hosea selber, zwischen Höhenkult und Kult in Bet-El keinen bedeutsamen Unterschied mehr sehen.

Fall ist die Kontrastierung von Israels Verhalten mit dem Verhalten Jahwes in der Vergangenheit in Hos ein wichtiges Thema: Hos 7,13.15; 9,10; 11,3; 12,11; 13,4-5.[137]

Eine kleine Einzelheit kann noch erwähnt werden, weil sie das von Nogalski notierte Verkettungsphänomen betrifft: Die grausame Tat des Aufschlitzens Schwangerer kommt in Hos 13,9 und Am 1,11 vor. Dies könnte als eine Verkettung beider Schriften gemeint sein.[138] In beiden kriegerischen Aktionen wird als eigentlich bestimmende Wirklichkeit Jahwe am Werk gesehen.

4.4.3.2.   Am 3,1-6*

Die Amos-Tradenten haben an dieser kompositionell wichtigen Stelle den Vers Am 3,2 nachgetragen. Im Verlauf des Leseprozesses von Hos nach Trad-Am dient er dazu, mit kurzen markanten Begriffen die Verkündigung von Hos wachzurufen. Weil Am 3,2 die Botschaft des Amos mit Hilfe hoseanischer Begriffe zusammenfaßt, entsteht der Eindruck, daß Trad-Am mit Hos das gleiche Grundanliegen teilt: Jahwe zieht sein Volk zur Rechenschaft (פקד על), gerade weil er eine besondere Beziehung mit ihm eingegangen ist.

Darüber hinaus ist es gut denkbar, daß eine präzisere Bezugnahme intendiert ist. Es könnte sein, daß Am 3,2 proklamieren will, daß die bereits von Hos 9,7 angekündigten "Tage der Rechenschaft" ימי הפקדה nun da sind. Zusätzlich kann man fragen, ob nicht das in Am 3,5 gebrauchte Beispiel der Jagd aus der Leseperspektive einen Hintersinn gewinnt, da Jagdmetaphorik auch den Komplex Hos 5,1-9,9 rahmt (5,1-2 // 9,8-9): In Hos 9,8-9 wird der Prophet von Israel gejagt, in Am 3,3-6.8 erscheint Jahwe als Jäger, als Angreifer, vor dessen Kommen der Prophet warnt.

4.4.3.3.   Am 4,4-5

Dieses kultkritische Wort macht in dreifacher Weise Probleme. *Erstens* weiß man nicht recht, warum es sich an die Serie von Samariaworten (Am 3,9-4,3) anschließt. *Zweitens* erscheint es unter formkritischen Gesichtspunkten insofern als unvollständig, als dem Schuldaufweis keine Strafandro-

---

137 Vgl. J. Jeremias, (1995) Amos, 25, der darauf hinweist, daß Am 2,9 gewisse Affinitäten zu Hos zeigt. Sollte er Recht haben, so wäre auch Am 2,9 den Tradenten zuzuweisen.

138 J. Nogalski, (1993a) precursors, erwähnt diesen Bezug nicht, da er seine Suche nach Stichwortverkettungen auf Hos 14 beschränkt.

hung folgt. *Drittens* ist der Spruch im Kontext von Trad-Am auffallend schwach begründet. Der Kult wird sehr drastisch als Verbrechen (פֶּשַׁע) verurteilt, aber es ist gar nicht recht ersichtlich, worin denn die Verwerflichkeit des Kults gesehen wird.[139] Meist wird interpretiert, daß innerhalb von Am 4,5 das "ihr" im Gegensatz zum Willen Jahwes stehe: "denn so liebt *ihr* es". Dann wäre der Kultvollzug deshalb verwerflich, weil er allein den Interessen und Wünschen der Israeliten dient, aber nicht denen Jahwes.[140] Bei dieser Deutung müßte man aber erwarten, daß das abschließende "ihr" in Am 4,5 besonders betont würde, um wenigstens implizit eine Opposition zum Willen Jahwes auszudrücken. Das ist aber nicht der Fall. Am einfachsten wäre eine solche Betonung durch die Voranstellung des Personalpronomens אַתֶּם "ihr" vor das Verb erreichbar gewesen. Dort steht aber כֵּן "so". Es ist also die Art und Weise des Opfervollzugs im Fokus (also: "denn *so* liebt ihr es").

Die Leserschaft hat jedoch für die drei Probleme zwanglose Lösungen parat. Die Hosea-Tradenten hatten ja die Samariakritik als die eigentliche Grundlage der Kultkritik erfaßt. Etwa für Hos 10,1-8.15 sind Samaria, Königtum und Kultstätten ein vernetzter Problemzusammenhang. Eine vollständige Schuldanalyse kann sich daher nicht auf Samaria beschränken, sondern muß notwendig auch den Kult angreifen. Für die an Hos geschulte Leserschaft ist der Übergang von Samaria- zu Kultkritik nicht nur vertretbar, sondern naheliegend, um nicht zu sagen notwendig.

Das Fehlen einer Strafankündigung könnte für die von Hos herkommende Leserschaft tolerierbar sein, da sie von Hos her ohnehin keine in sich abgeschlossenen kleinen Einheiten, sondern große Linien gewohnt ist, innerhalb derer "die einst mündlich verkündeten Einzelworte Hoseas nur noch eine dienende Funktion" ausüben.[141]

Auch auf die Frage, warum denn der Kult an den genannten Heiligtümern ein Verbrechen darstelle, kann die Leserschaft zwanglos drei Gründe nennen. *Erstens* weiß sie, daß die Heiligtümer von Bet-El und Gilgal einen mit dem Jahweglauben unvereinbaren Kult pflegen. Für Bet-El ist in diesem Zusammenhang besonders das Stierbild zu nennen, das in Trad-Am nie erwähnt ist (vgl. etwa Hos 11,2). *Zweitens* weiß sie, daß die kultische Praxis des Räucherns (קטר) nur im gottwidrigen Kult gepflegt wird (Hos 2,15; Hos 11,2). *Drittens* weiß sie, daß Israels Liebe, als Erwiderung der Liebe Jahwes zu sei-

---

[139] H. W. Wolff, (1985) Joel und Amos, 259: Amos "denkt wohl daran, daß die kultischen Darbringungen die Gerechtigkeit gegenüber den Unterdrückten ersetzen sollen".

[140] H. W. Wolff, (1985) Joel und Amos, 259: "Amos sagt: 'eure' Schlachtopfer, 'eure' Zehnten, weil nach seinem Urteil damit nicht Gottes Sache getrieben wird."

[141] J. Jeremias, (1983) Hosea, 19.

nem Volk, sich nicht auf irgendwelche Surrogate, sondern auf Jahwe selbst richten sollte. Jahwe liebt von ganzem Herzen (Hos 3,1; 11,1), aber Israel – umworben von Liebhabern (Hos 2) – wendet seine Liebe anderen Dingen zu (der "Schande" Hos 4,18; "Assur" Hos 8,9; dem "Dirnenlohn" Hos 9,1; den "Scheusalen" Hos 9,10; der "Unterdrückung" Hos 12,8). Rekonstruiert man die ersten Worte von Hos 8,13 als זבח אהבו, so würde auch das Schlachtopfer als fehlgeleitetes Objekt der Liebe Israels genannt. Die Liebe Jahwes schlägt angesichts solcher fehlgeleiteten Liebe Israels in Haß um (Hos 9,15! Jahwe kann nicht länger lieben). Dieser Haß Jahwes kommt innerhalb von Trad-Am dann in Am 5,21 zum Durchbruch.

4.4.3.4.   Am 5,4-5.14-15

Da in Hos mehrfach von der Umkehrunfähigkeit Israels die Rede ist, gewinnen die Appelle in Am 5 aus der Leseperspektive einen verzweifelten Ton.[142] Es geht um einen allerletzten Aufruf. Der Imperativ in Am 5,4 "Sucht mich!" erinnert dabei an Hos 10,12 "Jetzt ist Zeit, Jahwe zu suchen".

4.4.3.5.   Am 7,9-17

In Am 7,9 kommt, aus der Leseperspektive geurteilt: endlich, eine Strafansage gegen den König. Darüber hinaus erscheint Am 7,7-17 als eine willkommene Exemplifizierung des dunklen Verses Hos 6,5: "Darum schlage ich drein durch die Propheten, ich töte sie durch die Worte meines Mundes." Denn dieser Bericht zeigt anschaulich, wie der Prophet sich zum Strafwerkzeug Jahwes verwandelt.

Die an Hos geschulte Leserschaft kann vielleicht noch mit einem anderen Problem umgehen, das Am 7,10-17 bietet: Die Art und Weise, wie der Prophet Amos in seine Strafandrohung gegen den Priester Amazja dessen gesamte Familie einbezieht, erscheint doch etwas unverhältnismäßig. Für die Leserschaft wird hier aber ein Gegenbild zur Prophetenfamilie in Hos 1 gemalt. Der Prophet gibt die belastende Aufgabe, das zukünftige Schicksal Israels in der eigenen Familie abzubilden, an den Priester Amazja ab.

---

[142] Vgl. Hos 6,1-2, aber auch Hos 7,15; 8,3; 9,15.

4.4.4. Zusammenfassung

Die Bezüge zwischen Trad-Am und Trad-Hos sind so eng, daß auf jeden Fall damit gerechnet werden muß, daß die Amos-Tradenten eine Hoseaschrift kannten (vgl. oben Modell 4). Noch einfacher erklären sich die Phänomene, wenn ein einziger Herausgeberkreis beide Schriften herausgegeben hat (Modell 5). Ob der wirklich ein Zweiprophetenbuch intendiert hat (Modell 6), läßt sich nicht mit gleicher Sicherheit sagen, aber einige Indizien sprechen dafür. Auf keinen Fall läßt sich die These einer Zweiprophetenbuchrolle mit hoher Wahrscheinlichkeit ausschließen.

Man muß sich dabei vor Augen halten, daß die Erwartungen an die Einheit dieses Mehrprophetenbuches nicht zu hoch geschraubt werden dürfen.[143] Die Quantität und Qualität der Bezüge zwischen Trad-Am und Trad-Hos lassen auf jeden Fall die hypothetisch rekonstruierte Zweiprophetenbuchrolle in einem weit höheren Maße als "Einheit" erscheinen als die Endgestalt des Zwölfprophetenbuchs selbst!

Zieht man die engste altorientalische Sachparallele heran, nämlich die aus dem Königspalast in Mari stammenden Briefe, die vom Auftreten von Prophetinnen und Propheten berichten, so zeigt sich, daß es eine dort oft geübte Praxis war, prophetische Sprüche zu kombinieren.[144] So hatte eine Botschaft erheblich mehr Gewicht, wenn sie von zwei unabhängig voneinander auftretenden Personen in ähnlicher Weise geäußert worden war. Kam so etwas vor, so hielt man das auch fest.

> In manchen Fällen führt erst die Bekräftigung durch ein zweites Orakel dazu, daß auch das erste dem König mitgeteilt wird. Ein gutes Beispiel ist der Brief der Addu-duri (ARM 10, #50). Sie ist erst dann von der Glaubwürdigkeit ihres eigenen (!) schrecklichen Traumes, in dem sie in ein von den Gottheiten verlassenes Heiligtum versetzt ist, überzeugt, nachdem eine Prophetin, die von diesem Traum nichts wußte, eine Warnung an den König aussprach, die den Inhalt des Traumes zu bestätigen schien. Erst danach schrieb sie an den König und berichtete sowohl von ihrem Traum als auch vom Auftreten der Prophetin.

---

[143] Eine Analogie für die Kombination zweier "Prophetien" zu einem literarischen Werk in der akkadischen Literatur ist die Zusammenstellung der sogenannten Marduk- mit der Schulgi-Prophetie (siehe K. Hecker, TUAT II,1, 65). Da sich diese literarischen Zeugnisse in ihrem Charakter von der alttestamentlichen Prophetie deutlich unterscheiden, darf die Analogie freilich nicht überstrapaziert werden.

[144] Vgl. dazu A. Schart, (1995) Combining. Briefe, die eindeutig mehrere Prophetensprüche enthalten, sind: ARM 10, #50; #94; ARM 13, #112; ARM 26,1, #194, #196; #199; #200; #207; #208; #209; #212; #216; #219; #221-bis; (A.1121 + A.2731). Einige der Briefe, deren Erhaltungszustand kein positives Urteil mehr erlaubt, dürften ebenfalls mehrere Sprüche kombiniert haben.

Hintergrund solcher Kombinationen ist das chronische Legitimitätsproblem von Prophetie. Weil die prophetische Botschaft auf der unmittelbaren Kommunikation mit der Gottheit beruht, ist sie für Dritte, die nicht über solche Kommunikationsmöglichkeiten verfügen, nicht überprüfbar. Insbesondere wenn es sich um ungünstige Orakel handelt, sucht man deshalb nach zusätzlichen Bestätigungen für die Verläßlichkeit der prophetischen Botschaft.[145] Von daher ist es eine sehr naheliegende Annahme, daß man auch in Israel die revolutionäre und schockierende Botschaft der Propheten Hosea und Amos, die ja beide im Namen des selben Gottes in nicht allzu großem zeitlichen Abstand voneinander an den selben Wirkungsstätten über ähnliche Themen gesprochen hatten, dadurch als wahres Gotteswort zu erweisen suchte, daß man hervorhob, wie sehr sich die beiden wechselseitig verstärken. Auf diesem Hintergrund versteht sich *einerseits* das Bewahren der individuellen Eigenheiten der Verkündigung beider Propheten. Ihre Unabhängigkeit voneinander ist ja wichtig. Den Tradenten war es sicher auch willkommen, daß der eine Prophet aus dem Nordreich, der andere aus Juda stammte. Es versteht sich *andererseits* aber auch das Insistieren der Tradenten darauf, daß beide Propheten in den entscheidenden Dingen das gleiche Anliegen vertreten, auch wenn sie nicht einfach dasselbe sagen.[146]

Was die Reihenfolge der Schriften betrifft, so ergab sich, daß die im Endtext noch erhaltene Reihenfolge "Hos-Am" durchaus mit den durch die Tradenten gesetzten Struktursignalen übereinstimmt. *Erstens* ist an die Rahmung beider Schriften durch Fremdberichte (Hos 1* // Am 7,10-17) zu denken, in denen (Hos 1,6), bzw. in deren unmittelbarem Kontext (Am 7,8; 8,2), das Ende der Geduld Jahwes mit seinem Volk thematisiert wird. *Zweitens* deutet die Erwähnung des Königs Jehu in Hos 1,4 gegenüber der Nennung von Jer-

---

[145] Zusätzliche Sicherheit gab in Mari, einem der ältesten und bedeutendsten Zentren der Leberschau in Mesopotamien, auch die Überprüfung von prophetischen Sprüchen mittels technischer Orakel. Auch die mehrfach notierte Übersendung von Haarlocke und Mantelsaum der Person, deren Spruch mitgeteilt wird, könnte der Überprüfung der betreffenden Botschaft gedient haben.

[146] Daß Hos und Am sich gut ergänzen, ja sogar wechselseitig korrigieren, ist auch in der historisch-kritischen Forschung schon öfters zum Ausdruck gebracht worden. So etwa B. Duhm, (1875) Theologie der Propheten, 126: Hos ist ein "aufhellender Gegensatz", eine "Ergänzung" zu Amos. Harper, (1905) Amos and Hosea, CXXX: Amos "was a moralist of an extreme type, requiring for the proper balancing of his ideas those of his contemporary Hosea". L. B. Paton, (1894) Did Amos Approve the Calf-Worship at Bethel?, 83: "Hosea took up the word of the Lord where Amos had left it off, and in all main points his theology is that of his predecessor. He must either have heard Amos preach or have read his book, for he shows numerous coincidence both in thought and in expression (...)."

obeam II. in Am 7,10 darauf hin, daß die Tradenten der Meinung waren, Hosea habe mit seiner Verkündigung vor Amos begonnen, ehe beide dann eine Zeit lang nebeneinander verkündigten. *Drittens* kann man darauf verweisen, daß die Hosea-Anspielungen innerhalb von Am leichter nachvollziehbar sind, wenn man Hos schon gelesen hat.[147]

Wenn Trad-Hos tatsächlich vor Trad-Am stand, dürfte das nicht nur chronologische, sondern auch inhaltliche Gründe gehabt haben. Im Rahmen der obigen Analysen war ja festzustellen, daß die Tradenten die Botschaft des Amos als teilweise defizitär empfanden. Die Erwähnung des Königtums (Am 7,9), die Verstärkung der Kultkritik (Am 2,8; Am 3,14) und der Hinweis auf Jahwes Näheverhältnis zu Israel (Am 3,2), aus dem moralische Maßstäbe und Verantwortlichkeit entspringen, all das sind Themen, die eher aus der Hosea-Überlieferung stammen. Die Erstposition von Hos bringt wohl auch zum Ausdruck, daß die Tradenten Trad-Am im Licht von Hos gelesen haben, und nicht umgekehrt.

Fragt man nach dem historischen Ort einer solchen Zweiprophetenbuchrolle, so hat man auf jeden Fall an das Südreich nach der assyrischen Eroberung Samarias zu denken. Die genauere historische Einordnung ist schwierig. Die Kritik an den Nordreichsheiligtümern, an den במות, am Königtum Israels (Hos 1,4; Am 7,9) und an dessen Politik gegenüber den Assyrern, die Hos* und Am* enthalten, sind sowohl im Umkreis der Reform Hiskijas als auch als Oppositionsliteratur gegen die Politik Manasses als auch im Umkreis der "Restaurationsbewegung der Joschijazeit" vorstellbar.[148] In jeder dieser Situationen hätte eine Neuherausgabe der gegen das Nordreich gerichteten Prophetien von Hosea und Amos Sinn gemacht. Sie enthielten die Botschaft, warum Jahwe das Nordreich dem Untergang preisgegeben hatte und waren geeignet, entsprechende Reformmaßnahmen in Juda religiös zu legitimieren, da sich ihre Drohungen durch die assyrische Eroberung Samarias bewahrheitet hatten. Eine genauere historische Einordnung braucht im Rahmen unserer Fragestellung nicht vorgenommen zu werden.

Ist man soweit vorangekommen, so kann man noch fragen, ob nicht ein Teil der sogenannten Juda-Glossen in Hos bereits zur Tradentenfassung ge-

---

[147] Andererseits muß man zugestehen, daß Hos 1*, insbesondere als allererster Textabschnitt innerhalb von Hos, wie eine Art Paukenschlag aus heiterem Himmel wirkt. Die sich grausam steigernden Kindesnamen bis hin zur Revozierung des Bundesverhältnisses wären sicher leichter nachvollziehbar, wenn vorher eine ausführliche Anklage Israels erfolgt wäre.

[148] N. Lohfink, (1995) deuteronomistische Bewegung, 115.

hörte.[149] Diese Zusätze sind außer Betracht gelassen worden, weil sowohl ihr sekundärer Charakter als auch – das ist für unseren Zusammenhang noch wichtiger – ihre periphere Stellung im Kontext offensichtlich ist. Sie haben den Charakter von Randbemerkungen. Dies muß jedoch nicht ausschließen, daß sie den Tradenten zuzuweisen sind. Zu prüfen sind insbesondere zwei Stellen, die deutliche lexikalische Bezüge auf Trad-Am erkennen lassen.

In Hos 4,15 ist offensichtlich, daß Am 4,4; 5,5 und 8,14 zitiert werden.[150] Der Zusatz erfüllt so die Funktion eines literarischen Querverweises auf die Amosschrift und könnte in dieser Funktion durchaus der Zweiprophetenbuchrolle angehört haben.[151] Es fällt nun aber auf, daß Hos 4,15, wie auch Hos 1,7, Juda deutlich in Kontrast zum Nordreich Israel stellen. Dies findet sich in Trad-Am so nicht. Während Hos 1,7; 4,15 das Südreich betont von der Kritik ausnehmen, haben Hosea und Amos vom Südreich einfach geschwiegen. Dies spricht dafür, daß Hos 1,7 und 4,15 einer späteren Schicht zugewiesen werden müssen.

Zu erwähnen ist auch noch Hos 8,14, dessen letzte Zeile fast genau den Strafansagen der Völkersprüche gleicht.[152]

וְשִׁלַּחְתִּי־אֵשׁ	בְּעָרָיו	וְאָכְלָה אַרְמְנֹתֶיהָ	Hos 8,14
וְשִׁלַּחְתִּי אֵשׁ	בְּבֵית חֲזָאֵל	וְאָכְלָה אַרְמְנוֹת בֶּן־הֲדָד	Am 1,4
וְשִׁלַּחְתִּי אֵשׁ	בִּיהוּדָה	וְאָכְלָה אַרְמְנוֹת יְרוּשָׁלָם	Am 2,5

Die lexikalischen Bezüge sind eindeutig literarischer Art. Dafür, daß Hos 8,14 die Völkersprüche voraussetzt, spricht *erstens*, daß die Strafansage in diesen fest verwurzelt ist, während sich in Hos keine Parallele findet. *Zweitens* zeigt sich, daß in Hos 8,14 Anklagepunkte genannt sind, die sonst weder in Trad-Am noch in Hos begegnen. Das Motiv der befestigten Städte (ערים בצרות pl.!) paßt nicht zur Konzentration auf die eine Hauptstadt Samaria bei den Tradenten. Die Tradenten werfen Samaria auch nicht die Selbstabschottung durch Befestigung vor, sondern die Ausbeutung der Schwachen und die Praktizierung eines gottwidrigen Kultes. Hos 8,14 gehört

---

149 Vgl. etwa J. Jeremias, (1996d) "Ich bin wie ein Löwe für Ephraim ...", 110-111. O. Kaiser, (1994) Grundriß 2, 109 zählt zu den Stellen, an denen Juda sekundär eingefügt wurde: Hos 1,7; 2,2; 4,15; 5,5b.14; 6,11; 8,14; 10,11; 12,1b.3a.

150 Siehe J. Jeremias, (1996c) Anfänge, 39.

151 Die Funktion von Hos 4,15 könnte man paraphrasieren: "vergleiche, was der Prophet Amos weiter unten zum Thema des illegitimen Nordreichskults zu sagen hat."

152 J. Jeremias, (1996c) Anfänge, 40: "... voller Anspielungen auf die Völkerworte des Amosbuches".

der Tradentenfassung also eher nicht an, sondern ist später anzusetzen.[153] Konzeptionelle Differenzen zeigen sich aber auch zwischen Hos 8,14 und der Judastrophe (Am 2,4-5), die der D-Schicht zugehört. So zeigt sich in Hos 8,14 kein Hinweis auf das Gesetz, der Vers wird deshalb auch kaum der D-Schicht zuzurechnen sein.

Eine weitere Frage ist, ob und gegebenenfalls wie Mi in die beobachteten Strukturen hineinpaßt.[154] Die Reihe der Höraufrufe, die Hos* und Trad-Am gliedern, wird z.B. in Mi 3,1; Mi 6,1 fortgesetzt. War Mi* womöglich von Anfang an als Fortsetzung der Zweiprophetenbuchrolle gedacht? Oder war das älteste Mehrprophetenbuch gar eine Dreiprophetenbuchrolle?

---

[153] Viel eher liegt ein literarischer Querverweis auf Mi 5,9-14 vor, vgl. speziell Mi 5,10.
[154] Siehe Kap. 5.3.

5. Die D-Schicht in Am und das D-Korpus

Bereits im Rahmen der Analyse der Überschriften des Zwölfprophetenbuchs hatte sich gezeigt, daß die Endgestalt der Überschrift von Am dem gleichen Typ zugehört wie diejenigen von Hos, Mi und Zef. Es legte sich die Hypothese nahe, es habe ein "deuteronomisch-deuteronomistisch" inspiriertes Korpus gegeben (abgekürzt "DK"[1]), das außer einer entsprechend bearbeiteten Amosschrift (abgekürzt = D-Am) auch – wie immer genauer zu rekonstruierende – Schriften von Hos, Mi und Zef umfaßt hat. Die literarkritische Analyse der Amosschrift hat dann in der Tat eine beachtliche Zahl von Zusätzen der D-Schicht zuweisen können. Es ist damit zu rechnen, daß auch die anderen Schriften des DK von der D-Redaktion überarbeitet wurden.[2]

Die weitere Überprüfung und Präzisierung der Hypothese eines DK soll nun in drei Schritten erfolgen. *Erstens* soll der literarische und konzeptionelle Horizont der D-Schicht in Am auf Querbezüge zu den Schriften Hos, Mi und Zef hin untersucht werden. *Zweitens* soll der Frage nachgegangen werden, ob auch die Schriften Hos, Mi und Zef um D-Zusätze erweitert wurden. *Drittens* wird dann die Zusammenstellung von D-Hos, D-Am, D-Mi und D-Zef als Ganzes in den Blick genommen. Gibt es Anzeichen dafür, daß die D-Redaktion ein Mehrprophetenbuch herausgeben wollte?

---

[1] Ich versuche damit, den Begriff "Deuteronomistic corpus" von J. Nogalski, (1993a) precursors, 278 ins Deutsche zu übertragen.

[2] Im Rahmen dieser Arbeit gebrauche ich das Kürzel "D". Die Bezeichnung soll zum Ausdruck bringen, daß zwar eine auffallende Nähe zu Konzeption und Sprache deuteronomistischer Texte festzustellen ist, daß aber andererseits Unterschiede zu notieren sind, die eine einfache Gleichsetzung mit diesen aus Gründen der Klarheit der Nomenklatur nicht geraten erscheinen lassen. Die D-Passagen stehen zwar alle dtn-dtr Texten nahe, unterscheiden sich aber untereinander nicht unerheblich. Es ist daher möglich, daß die Textpassagen der D-Redaktion sich noch weiter differenzieren lassen, sei es im Rahmen der These einer "Dual Redaction" von DtrG oder im Rahmen eines "Dreischichtenmodells" ("Historischer Deuteronomist" = DtrH, "Priesterlicher Deuteronomist" = DtrP, "Nomistischer Deuteronomist" = DtrN; siehe die Übersicht von O. Kaiser, (1992) Grundriß 1, 85-90). Gegenwärtig liegen nur ansatzweise literarkritische Spezialuntersuchungen zu dieser Thematik vor. So etwa G. Yee, (1987) Composition, die in Hos zwei deuteronomistische Redaktionen findet, die sie mit der These einer "Dual Redaction" des DtrG zusammen bringt. Da die vorliegende Arbeit eine große Reichweite intendiert, kann eine Unschärfe in dieser Frage in Kauf genommen werden.

5.1.   Literarische Querbeziehungen von D-Am auf Hos, Mi und Zef

5.1.1. Am 2,10-12: die Geschichte

Ich setze ein mit dem Zusatz Am 2,10-12. Da der Begriff "Amoriter" auch im dtr Sprachgebrauch als fester Topos der heilsgeschichtlichen Rückblicke vorkommt, ließ sich der D-Nachtrag leicht an Am 2,9 anschließen.[3] Vielleicht assoziierte man mit der Erinnerung an die Vernichtung der Amoriter nicht nur den Einsatz Jahwes für sein kleines Volk [4], sondern auch die Verpflichtung Israels, das ihnen zugeteilte Land in Zukunft von Götzendienst rein zu halten (vgl. 1 Kön 21,26; 2 Kön 21,11).

Der Text schiebt zwei Sachgesichtspunkte in den Geschichtsrückblick ein. Es ist zum einen der Verweis auf die Geschichte, insbesondere den Exodus und die Landgabe, und zum anderen die Sendung der Propheten.[5] Die Verknüpfung beider Themen innerhalb eines Textabschnitts hat eine Parallele in Jer 7,22-26.[6] Es gehört zur dtr Konzeption der Prophetensendung, daß die Verkündigung der Propheten in Israel nicht einfach ungehört verhallte, sondern auf explizite Ablehnung stieß.[7] Israel konnte sich auf das Wissen stützen, daß Jahwe sich seinem Volk in der Geschichte ständig zugewandt hat. Diese Erfahrung motiviert im Dtn die Solidarität mit den sozial Schwachen. Gerade die Schwachen werden in Israel jedoch unterdrückt (Am 2,6-8). Zusätzlich ist die Sensibilität verloren gegangen, die nötig ist, um die Propheten als wahre Sprecher Jahwes zu erkennen. Sich gegenüber der Verpflichtung zu verfehlen, die aus der Geschichte entspringt, hat jedoch schlimme Folgen.

---

3   Die Amoriter begegnen in Num 21,21-25.31-32; 32,39; Dtn 1,4; 2,24; 3,8; 4,47; 31,4; Jos 2,10; 10,5-6.12; Ri 6,10; 10,8; 11,21-23; 1 Kön 21,26; 2 Kön 21,11 als Vorbewohner des Landes; sie werden auch innerhalb umfangreicherer Listen von Vorbewohnern aufgezählt, so Ex 3,8.17; 13,5; 33,2; 34,11; Num 13,29; Dtn 7,1; Jos 3,10; 9,1; 12,8; 24,11.18; 1 Chron 1,14; Neh 9,8. Der Begriff Amoriter wird in Am 2,10 wieder aufgenommen; die Amoriter begegnen in einem Geschichtsrückblick etwa in Jos 24,8.

4   Zur Kleinheit Israels vgl. auch die ersten beiden Visionen Am 7,2.4.

5   Der hiesige Text ist darin einmalig, daß er den Propheten die Nasiräer beiordnet. Der Grund dafür liegt im Dunkeln. Meine Vermutung geht dahin, daß die D-Redaktion innerhalb von Trad-Am und Trad-Hos eine implizite Kritik am Wein sah, dadurch daß dieser immer in negativen Kontexten vorkam (z.B. Am 2,8; 6,6; vgl. 4,1 wo zwar nicht der Wein, aber das "Trinken" erwähnt wird). Diese rief Erinnerungen an die Nasiräer wach; vielleicht ist sogar speziell an Samuel gedacht, der in 1 Sam 1,11.28 wie ein Nasiräer geschildert wird, wie M. Köckert, (1992) Gesetz, 152 vermutet.

6   Vgl. auch Ri 6,8-10, wo ein Prophet in seiner Rede auf den Exodus verweist.

7   Dies ist, in anderer Weise, auch Thema des Geschichtsrückblicks in Am 4,6-11*.

158 Das D-Korpus

5.1.1.1. Der Exodus

Der Verweis auf die Herausführung aus Ägypten findet sich innerhalb von Am noch in den D-Passagen Am 3,1b und Am 9,7. Innerhalb des Zwölfprophetenbuchs fällt der Blick zunächst auf Hos 12,10.14 und 13,4. In diesen Versen bildet der Exodus ebenfalls die entscheidende Grundlage des Verhältnisses Jahwes zu Israel. Jahwe hat sich im Exodus seinem Volk in seiner Identität offenbart und als Retter zugewandt, deshalb hat Israel die Verpflichtung, sich in seiner Identität allein von Jahwe bestimmen zu lassen. Da es gegen diese Verpflichtung rebelliert, wird es von Jahwe bestraft.[8] Die Berührungen zu Hos sind aber noch enger. So ist in Hos 12,14 der Gedanke enthalten, daß die Herausführung "durch einen Propheten" geschah, und in Hos 12,11 folgt unmittelbar im Anschluß an die Erwähnung des Exodus die Aussage, daß Jahwe zu den Propheten (pl.!) redet. Auch in Hos ist also der Exodus mit der Prophetensendung verknüpft. Zusätzlich gebrauchen sowohl Hos 12,14 als auch Am 2,10 für die Herausführung das Verb עלה Hif. und nicht das häufigere יצא Hif. Diese beachtlichen Querbezüge legen einen direkten Bezug der Stellen aufeinander nahe. Da es keine Anzeichen dafür gibt, daß die Hos-Stellen in ihrem Kontext sekundär sind, so wird man daran denken, daß Am 2,10-12 die Hos-Stellen (Hos 12,10.14; 13,4) voraussetzt und an sie anschließt. Diese Art von Abhängigkeit ist sicherlich im Rahmen eines traditionsgeschichtlichen Modells erklärbar. So könnte man annehmen, daß die D-Redaktion die hoseanische Verwendung des Exodusthemas kannte und in eigene Formulierungen übernahm. Die Abhängigkeit könnte aber auch enger sein. So ließe sich vermuten, daß die D-Redaktion ganz bewußt einen Übergang von den Schlußkapiteln von Hos zur Amosschrift schaffen wollte. Diese letztere Annahme hat insbesondere dann mehr Wahrscheinlichkeit für sich, wenn man davon ausgeht, daß die D-Redaktion die Zusammenstellung von Hos und Am zu einem Korpus vorfand.

Noch enger ist die Formulierung von Mi 6,4 mit Am 2,10 verwandt.[9]

| מֵאֶרֶץ מִצְרָיִם | אֶתְכֶם | הֶעֱלֵיתִי | וְאָנֹכִי | Am 2,10 |
| מֵאֶרֶץ מִצְרָיִם | | הֶעֱלִתִיךָ | כִּי | Mi 6,4 |

---

[8] Vgl. J. Jeremias, (1983) Hosea, 164: "Furchtbar ist es, Gottes tödlichem Zorn zu begegnen; für den Propheten aber ist er die notwendige Kehrseite des Satzes 'Einen Retter außer mir gibt es nicht'."

[9] W. Groß, (1974) Herausführungsformel, 443 mit Anm. 96 subsumiert beide Vorkommen unter seine Kategorie "Formel 8". Diese Formel findet sich innerhalb des Zwölfprophetenbuchs nur in Am 2,10; 3,1b; 9,7 und Mi 6,4.

Zusätzlich zur sprachlichen Nähe ist bemerkenswert, daß beide Stellen innerhalb von Gottesrede begegnen.[10] Zu beachten ist auch, daß in Mi 6,4 erstmals die Exoduserfahrung auch für Juda als relevante Bezugsgröße in den Blick kommt. In Zef fehlt dagegen ein Hinweis auf den Exodus.

5.1.1.2. Die Propheten

Mit dem Exodus verbindet die D-Redaktion die Reflexion über die Bedeutung der Propheten (Plural!) für das Handeln Jahwes. Es ist für sie von entscheidender Wichtigkeit, daß die Schuld Israels, auch wo sie als Rebellion gegen die Bindung Israels an Jahwe und seinen Willen einzustufen ist, noch nicht unmittelbar Jahwes Strafhandeln hervorruft. Vielmehr gehört zu Israel als Gottesvolk, daß Jahwe immer wieder Propheten aufstehen läßt, die Israel auf seine Situation vor Gott drastisch hinweisen. Erst wo die Propheten abgewiesen oder gar mundtot gemacht werden, schreitet Jahwe strafend ein. Von dieser Konzeption her hat die D-Redaktion vor der Strafankündigung in Am 2,13-16 einen Hinweis auf die Propheten vermißt, denn ohne deren Ablehnung wäre der Untergang des Nordreichs nicht verständlich.[11]
Innerhalb von Trad-Am war auf die Bedeutung des Verhaltens gegenüber dem Propheten Amos durch die Einschaltung des Fremdberichts Am 7,9-17 sehr deutlich hingewiesen worden. Die D-Redaktion verschärft die Tendenz von Trad-Am dreifach. *Erstens* wird der Fall "Amos in Bet-El" generalisiert: Die Abweisung des Amos war kein isoliertes Vorkommnis, sondern macht exemplarisch deutlich, wie mit Propheten immer wieder umgegangen wurde.[12] *Zweitens* werden nun die Israeliten insgesamt (Am 2,11: בני ישראל) zum Subjekt der Abweisung des Propheten, während es in Am 7,10-17 lediglich der König und der Priester, also die Repräsentanten des Staates waren, die gegen Amos vorgingen. *Drittens* geht es in Am 2,12 präzise darum, daß die Propheten zum Schweigen gebracht werden, während Amazja (Am 7,12-13) dem Amos grundsätzlich eine Legitimation zum Prophezeien nicht bestritt, ihn aber gerade deshalb nach Juda schicken wollte.
Innerhalb von Mi begegnet der Begriff נביא in Mi 3,5.6.11. Die in diesen Versen verhandelte Problemlage unterscheidet sich jedoch deutlich von der

---

10   Nach N. Lohfink, (1995) deuteronomistische Bewegung, 80 sind das die einzigen Belege innerhalb des Zwölfprophetenbuchs; sonst kommt עלה Hif. in Gottesrede noch in Ex 3,8.17; Lev 11,45; Ri 2,1; 6,8f; 1 Sam 8,8; 10,18; 2 Sam 7,6; Jer 11,7; Ps 81,11 vor.
11   Vgl. dazu auch J. Jeremias, (1996h) Rolle.
12   In Am 2,12 wird der Anfang des Verbotes des Amazja (Am 7,16; vgl. 7,13) zitiert.

in Hos und Am. In Mi 3,5-11 muß sich Micha mit Propheten auseinandersetzen, die seiner eigenen Botschaft widersprechen. Er bestreitet nicht, daß diese
Visionen und Offenbarungserlebnisse haben, aber sie verfälschen sie dadurch, daß sie sie von ihren persönlichen, materiellen Interessen abhängig
machen. Eine vergleichbare Polemik gegen andere Propheten findet sich auch
an der einzigen Zef-Stelle, die Propheten erwähnt (Zef 3,4). Dort wird ihnen
fehlende persönliche Integrität vorgeworfen.

Es fällt auf, daß die Auseinandersetzung mit anderen Propheten lediglich
im Kontext Judas, speziell Jerusalems, auftaucht. Im Kontext der Nordreichskritik ist eine solche Auseinandersetzung allenfalls in Hos 4,5aβ impliziert. Dieser sekundäre Zusatz projiziert aber höchstwahrscheinlich eine judäische Problematik auf das Nordreich zurück.[13] Die Zusammenordnung von
Priester und Prophet findet sich auch in Zef 3,4 und Mi 3,11; zusätzlich wird
den Propheten in Mi 3,6 auch eine "Nacht" angedroht (vgl. Hos 4,5aβ לילה).
Diese Bezüge lassen sich so deuten, daß der Zusatz in Hos 4,5aβ durch die
Mi- und Zef-Texte inspiriert war. Es könnte hier das Bemühen vorliegen, die
Schuld des Nordreichs der des Südreichs anzugleichen und umgekehrt.

5.1.2. Am 3,1-8: die Rolle der Propheten in der Geschichte

Mit Am 2,10-12 hängen die Zusätze Am 3,1b.7 eng zusammen. Die in Am
2,10-12 verhandelte Themenkombination von Exodus und Prophetensendung
wird in Am 3,1b.7 gleich wiederholt und so ein kompositioneller Übergang
von den Völkersprüchen zum folgenden Teil Am 3-6 geschaffen. Am 3,1b
expliziert, worin die in Am 3,2 (=Trad-Am) angesprochene intime Vertrautheit mit Jahwe besteht. D-Am erläutert, was unter ידע zu verstehen ist. Dabci
wird ידע in Anlehnung an Hos 13,5 mit dem Exodus in Verbindung gebracht.
Auch ein Querbezug zu Mi findet sich. Das Lexem משפחה (Am 3,1b) findet
sich mit der Bedeutung "Israel" innerhalb des Zwölfprophetenbuchs nur noch
in Mi 2,3.

5.1.3. Am 4,6-11*: verweigerte Umkehr

Bei der Textpassage Am 4,6-11* handelt es sich um einen D-Zusatz, der
dem verfehlten Bemühen Israels um Jahwe in Bet-El (und Gilgal, Am 4,4-5)

---

[13]   Ähnlich wie Jer 23,6. Zum sekundären Charakter siehe J. Jeremias, (1983) Hosea, 66:
       "An dieser Stelle hat ein Späterer im Blick auf judäische Verhältnisse die Propheten
       (hier eindeutig kollektiver Singular) mit einbezogen, ohne sie jedoch anzureden."

Jahwes Bemühen um Israel in der Geschichte entgegensetzt.[14] Obwohl sich Israel schwer verfehlt hat – das war das Thema von Am 3,1-4,5 –, hat sich Jahwe nicht abgewandt. Israels verfehltem Bemühen um Jahwe steht Jahwes Bemühen um Israel gegenüber. Zusätzlich zur Sendung von Propheten hat Jahwe immer wieder begrenzte Strafaktionen über Israel gebracht. Wie man vermuten kann, tat er das, um die Unheilsbotschaft seiner Propheten drastisch und wirkungsvoll zu unterstreichen. Die letzte der fünf Strophen nennt als letzte Steigerung der Aktionen einen dem Untergang von Sodom und Gomorra vergleichbaren Vernichtungsschlag.[15] Doch wird betont, daß diesem Schlag ein Rest entkommen ist, der mit einem aus dem Feuer gerissenen Holzstummel verglichen wird.[16] Der Sinn dieses Geschichtsrückblicks hängt wesentlich davon ab, wie man die Betonung der verweigerten Umkehr beurteilt. Soll gesagt werden, daß Israel alle Chancen zur Umkehr verspielt hat und nun keine weitere Gelegenheit mehr bekommt? Dies erscheint vor allem von der Fortsetzung in Am 5,1-17 her unwahrscheinlich, wird doch in Am 5,4-5.14-15 Israel erneut mit Mahnungen konfrontiert, für deren Befolgung das Leben in Aussicht gestellt wird.[17] Und man geht kaum fehl anzunehmen, daß die D-Redaktion in diesen Mahnungen den Umkehrruf wiedergefunden hat, der nach ihrer Konzeption für die Propheten typisch war, dem aber Israel bisher nicht nachgekommen ist.[18] Viel eher muß Am 4,6-11* deshalb als eine Vorbereitung dieser Mahnungen verstanden werden. Nach einer langen Geschichte vergeblicher Strafaktionen ruft Jahwe durch seinen Propheten erneut zur Umkehr. Der Rückblick in die Geschichte unterstreicht die Dringlichkeit. Die Mahnungen von Am 5 erhalten den Charakter einer allerletzten Chance. Der Rückblick macht auch deutlich, daß die nächste Stufe der Bestrafung Israels in der Tat nur der Tod (vgl. Am 5,2) sein kann.

Sucht man nach Querbezügen, so stößt man auf eine Fülle von zentralen Texten: vgl. nur Hos 14,2-4; Joel 2,12-14; Jona 3,8-10; Sach 1,3-6; Mal 3,7. Die Umkehrthematik ist offensichtlich eine beherrschende Sinnlinie des Zwölfprophetenbuchs und in verschiedenen redaktionellen Phasen von Be-

---

14 Am 4,6 schließt sich adversativ an Am 4,5 an "ich dagegen habe ..."
15 Das verwendete Lexem הפך "umstürzen" dürfte als eine Anspielung auf das in der Überschrift (Am 1,1) erwähnte Erdbeben zu verstehen sein. Ein Objekt für das Verb fehlt, so daß offen bleibt, wer oder was umgestürzt wurde. Zum Verweis auf Sodom und Gomorra siehe Dtn 29,22; Jes 13,19; Jer 49,18; 50,40; vgl. aber auch den Verweis auf Adma und Zeboim in Hos 11,8.
16 An diesen Rest richtet sich dann der noch spätere Nachtrag Am 4,12-13.
17 Am 5,4-5 beziehen sich ausdrücklich auf den Gottesdienst in Bet-El und Gilgal, wie er in Am 4,4-5 geschildert wird, zurück.
18 Vgl. etwa Dtn 4,30; 30,2; 1 Sam 7,3; 2 Kön 17,13; 23,25.

deutung gewesen. Schränkt man den Blick auf das DK ein, so bietet sich Hos
14,2-4 als Sachparallele an. Wie in Am 4,6-11* begegnet die selten vorkom-
mende Formulierung שׁוּב עַד. In beiden Fällen geht es auch um die Abkehr
von einem verfehlten Kult und die Hinwendung zu Jahwe. Hos 14,2-4 ist
zwar auf jeden Fall sekundär, aber eine genauere Zuordnung ist schwierig.[19]
Sei es nun, daß der Textabschnitt der D-Redaktion von Am vorausliegt, also
der Tradentenfassung von Hos angehört, sei es, daß er Bestandteil der D-
Bearbeitung von Hos ist, in beiden Fällen ließe sich ein wichtiges Problem
von Am 4,6-11* lösen. Die so eindringliche Konstatierung verweigerter Umkehr macht nur Sinn, wenn vorausgesetzt wird, daß Israel zuvor auf der Basis
aufgewiesener Schuld zur Umkehr gerufen wurde. Innerhalb von Am ist das
so nicht gesagt. D-Am verweist lediglich allgemein auf die Propheten, die
Amos vorausgegangen sind (Am 2,11-12; 3,7). Liest man jedoch zuerst Hos
14,2-4 und danach Am 4,6-11*, so steht mit Hosea ein Vorgänger des Amos
vor Augen, der eindringlich zur Umkehr aufgerufen hat.

5.1.4. Am 5,11: der Fluch

Innerhalb von D-Am muß Am 5,1-7.10-17 als ein letzter eindringlicher
Appell des Amos an das Nordreich verstanden werden, doch von allem ab-
zulassen, was Jahwe provoziert, und stattdessen mit aller Entschiedenheit
seinen Forderungen nachzukommen. Abzulegen ist der falsche Kult an den
Nordreichsheiligtümern, stattdessen soll man Recht und Gerechtigkeit suchen
und die basalen ethischen Normen gut und böse wieder zur Richtschnur
nehmen. Als Hinweis auf die Folgen des gegenwärtigen Verhaltens (לָכֵן)
dient der Nachtrag Am 5,11. Weil der Arme bedrängt wird, werden die Angeredeten den erworbenen Wohlstand, Häuser aus Quadersteinen und prächtige
Weinberge, nicht genießen können. Interessant ist nun, daß sowohl der Inhalt,
wonach Jahwe über ein ungehorsames Israel verschiedene Formen von Le-
bensminderung bringt, als auch die Form, in die Am 5,11 eingekleidet ist,
auch in den Fluchkapiteln von Dtn 28 und Lev 26 zu finden ist.[20] Am 5,11
folgt nämlich dem Textmuster des Nichtigkeitsfluches. Dabei wird "entweder
die im Vordersatz genannte Handlung in einem syndetisch angeschlossenen
Nachsatz mit *l'* + Präformativkonjugation verneint oder mit einem anderen

---

19   Zum sekundären Charakter vgl. J. Jeremias, (1983) Hosea, 171-172. Er weist den Ab-
      schnitt Hoseaschülern zu, die im Südreich mit "Kreisen um Jesaja" in Berührung ka-
      men.
20   Am 5,11 nimmt also die Thematik von Am 4,6-11* wieder auf.

Verbum ihre Wirkungslosigkeit beschrieben".[21] Besonders eng berühren sich
Am 5,11 mit Dtn 28,30.39.

Am 5,11aβb	Dtn 28,30	Dtn 28,39
בָּתֵּי גָזִית בְּנִיתֶם	בַּיִת תִּבְנֶה	
וְלֹא־תֵשְׁבוּ בָם	וְלֹא־תֵשֵׁב בּוֹ	
כַּרְמֵי־חֶמֶד נְטַעְתֶּם	כֶּרֶם תִּטַּע	כְּרָמִים תִּטַּע וְעָבָדְתָּ
וְלֹא תִשְׁתּוּ אֶת־יֵינָם	וְלֹא תְחַלְּלֶנּוּ	וְיַיִן לֹא־תִשְׁתֶּה

    Innerhalb des Zwölfprophetenbuchs kommen formal und inhaltlich ver-
gleichbare Textpassagen nur noch in Hos 4,10a; Mi 6,14-16 und Zef 1,13b
vor.[22] Hier stoßen wir auf ein höchst bemerkenswertes Querverweisnetz, das
eine dtr Konzeption in diese Schriften einbringt und sich nur in den vier
Schriften findet, die wir auf Grund der Überschriften dem DK zugewiesen
hatten. Die D-Redaktion macht auf diese Weise zweierlei deutlich. *Zum einen*, daß die von den Propheten angekündigte Strafe Jahwes nichts anderes
ist, als das Eintreffen des Fluches, der bereits im dtn Gesetz für den Fall der
Mißachtung der Gesetze angedroht war. Die Strafe Jahwes erhält dadurch
einen rechtlich abgesicherten Charakter. Sie ist der Schuld Israels und Judas
nicht nur aus ethischen Überlegungen heraus angemessen, sondern hat darüber hinaus genau die Gestalt, die in den kodifizierten Rechtsnormen festgehalten ist. *Zum anderen* wird die alltägliche Arbeit in die Strafaktionen einbezogen. Nicht nur Feindeinfälle und außergewöhnliche Naturkatastrophen,
sondern auch der Mißerfolg handwerklicher Tätigkeit und bäuerlichen Schaf-
fens werden ins Auge gefaßt.

5.1.5. Am 2,4-5: die Tora Jahwes

    Von den sekundären Völkersprüchen, die wohl insgesamt D-Am zugewie-
sen werden dürften, bringt die Juda-Strophe zwei wichtige Themen ein, nämlich "Juda" und "Tora".

---

[21] Th. Podella, (1993) Notzeit-Mythologem, 428.
[22] Die Zusammenstellung der alttestamentlichen Belege durch Th. Podella, (1993) Not-
      zeit-Mythologem, 430-432 zeigt, daß diese Stellen auch innerhalb des gesamten Ka-
      nonteils Nebiim singulär sind. Eine Sonderform bieten die Stellen Mi 3,4a; Hos 5,6 und
      Am 8,12. In diesen Fällen geht es um die Vergeblichkeit angestrengten Suchens nach
      Jahwe. Für diese Thematik führt Podella lediglich eine altorientalische Parallele an, und
      zwar eine Stelle aus dem Telepinu-Mythos: "und die kleinen Götter [begannen] Tele-
      pinu [zu suchen und fanden] ihn nicht."(440)

Während Trad-Am Juda nur am Rande erwähnte (Am 7,12; 6,1?), macht die D-Redaktion das Südreich erstmals zum Thema eigenständiger Kritik. Durch die Einfügung einer eigenen Juda-Strophe wird deutlich, daß Juda nicht einfach unter die in der Israelstrophe enthaltene Kritik subsumiert werden kann. Obwohl sich sowohl Israel als auch Juda gegen Jahwe vergangen haben, haben das beide doch in unterschiedlicher Weise getan.

Für die D-Redaktion verdichtet sich die Schuld Judas in dem Vorwurf, es habe "die Tora verschmäht". Der Begriff "Tora" kommt innerhalb des DK noch in Hos 4,6; 8,1; (8,12)[23]; Zef 3,4 vor.[24] In Hos 4,6 und Zef 3,4 wird dabei Tora in einem unspezifischen Sinn gebraucht, nämlich als das den Priestern anvertraute Wissen vom Willen Jahwes. Innerhalb von D-Am wird die Tora aber vom Priesterwissen gelöst und erscheint als eigenständige Größe. Wahrscheinlich bezeichnet Tora in Am 2,4 bereits ein schriftlich vorliegendes Rechtskorpus. Mit Hos 8,1 besteht eine engere Verbindung, da die Tora dort, wie auch in Am 2,4, ausdrücklich als "meine/Jahwes Tora" bezeichnet wird. Auch ist in Hos 8,1, jedenfalls aus der Sicht der D-Redaktion, Jerusalem mit seinem Tempel im Blick. Der Ausdruck "Haus Jahwes" in Hos 8,1a kann für die D-Redaktion nur den Tempel in Jerusalem bezeichnen, da die Nordreichsheiligtümer nie legitime Jahwe-Tempel waren.[25] Die Juda-Strophe berührt sich auch sonst noch lexikalisch mit Hos: כזב begegnet in Hos 7,13; 12,2 (auch Zef 3,13), הלך אחר noch in Hos 5,11, Väter (pl.) werden noch in Hos 9,10 erwähnt. Der Befund ist ein Indiz dafür, daß die Juda-Strophe in einen literarischen Kontext gehört, der über D-Am hinausgreift.

Es ist nun ziemlich unwahrscheinlich, daß der Vorwurf, Juda würde die Tora verschmähen, nach dem Verständnis der D-Redaktion allein Juda, aber nicht Israel treffen sollte. Zwar begegnet der Begriff "Tora" nur in der Juda-Strophe und sonst in Am nicht, aber das dürfte doch daran liegen, daß die D-Redaktion lediglich an dieser Stelle die Notwendigkeit sah, in knappen Worten die Schuld Judas zusammenzufassen. Bei allen Differenzen, die für die D-Redaktion zwischen Juda und Israel bestehen, wird man davon ausgehen können, daß sie auch die prophetische Kritik an Nordisrael unter der Leitkategorie "Tora" in neuer Weise begriff. Für die D-Redaktion stellte sich die

---

23 Die Vokalisation des MT an dieser Stelle ist allerdings höchstwahrscheinlich in תורתי zu ändern, vgl. J. Jeremias, (1983) Hosea, 103 Anm. 8.

24 In Mi 4,2 kommt "Tora" ebenfalls vor. Mi 4,1-5 ist jedoch später als die D-Redaktion zu datieren.

25 Davon unberührt ist die Frage, was der Ausdruck für Hosea bedeutet hat. J. Jeremias, (1983) Hosea, 104 vermutet: "der Begriff bezeichnet hier wie in 9,15 (vielleicht auch 9,8) nicht einen Tempel, sondern das Land Israels ('Haus' = Gebiet, Besitz), und zwar als Gottes Eigentum."

Kritik des Amos sehr wahrscheinlich als ein Einklagen des Gottesrechts, der Tora, dar. Ist das richtig, so wird sie z.B. die Erwähnung des Mantels in Am 2,8 als eine Anspielung auf die Regelung des Bundesbuches gelesen haben, wonach ein gepfändeter Mantel vor dem Einbruch der Nacht wieder zurückzugeben sei (Ex 22,25-26). Zusätzlich hat die D-Redaktion die Bezüge auf die kodifizierte Rechtstradition durch Texte wie Am 4,6-11* (vgl. Dtn 28); Am 5,11 (vgl. Dtn 28,30) und Am 8,4-7 (vgl. Am 8,5 und Dtn 25,13-15, sowie das Sabbatgebot Dtn 5,12-15). Gewiß kam es ihr dabei nicht auf die Zitierung von Einzelbestimmungen an, sondern auf die Anwendung des Gesamtsinnes der rechtlichen Bestimmungen.[26] Ihr war aber andererseits wichtig, daß sich die Propheten mit ihrer Kritik auf klare Verstöße gegen geltendes Recht beziehen konnten. Dies bedeutet nicht, daß der D-Redaktion an einer äußeren Gesetzesobservanz gelegen war, da sie andererseits sehr klar herausarbeitet, daß die Befolgung des Rechts eine innere Bindung an Jahwe und die Grundhaltung der Solidarität mit dem schwachen Volksgenossen voraussetzt.

5.1.6. Am 5,25-26: Kultkritik

Der schwierig zu deutende D-Zusatz Am 5,25-26 trägt in die Amosschrift das Thema der Fremdgötterverehrung ein. Dies wird verknüpft mit einer Polemik gegen Götterbilder. Auch hierin geht die D-Redaktion über die ältere Am-Fassung hinaus. Trad-Am hatte zwar eine schneidende Kritik an den Kultstätten des Nordreichs geübt, aber allenfalls ließe sich hinter Am 8,14 eine Kritik an der Verehrung fremder Götter vermuten. Gesagt ist das aber nicht, so daß die Annahme wahrscheinlicher ist, es würde ein pervertierter Jahwekult vorausgesetzt.

Erneut ist zu beobachten, daß sich die D-Redaktion am ehesten an Hos-Texte anschließen kann. Schon in der Tradentenfassung von Hos war wohl in der Polemik gegen das Stierbild eine Polemik gegen Götterbilder als solche enthalten. So könnte Hos 8,4 der Tradentenfassung von Hos angehören, in der ausgedrückt wird, daß die Götterbilder lediglich etwas von Menschen

---

26   Namentlich W. Zimmerli, (1969) Gesetz und Propheten, 103-105 hat die amosische Kritik in dieser Weise gedeutet. Damit hat er wohl kaum die Konzeption des historischen Propheten Amos getroffen, sehr präzise aber die Interpretation der prophetischen Kritik durch die D-Redaktion.

Gemachtes sind (vgl. Hos 4,17; Hos 13,2).[27] Vielleicht kann man in Hos 8,4.6; 13,2 aber auch dtr Spuren erkennen. Kritik an der Verehrung von Fremdgöttern enthält sonst noch Zef 1,4-6. Dabei wird sogar der bei Hosea (z.B. Hos 2,10; 13,1) genannte Gott Baal erwähnt (Zef 1,4).[28]

5.1.7. Am 8,4-7: Sozialkritik

Die Intentionen von D-Am bei diesem Thema kann man sehr schön an den Neuakzentuierungen erkennen, die Am 8,4-7 gegenüber seiner Vorlage in Am 2,6-8 eingebracht hat. D-Am kommt es darauf an, die Unterdrücker von Am 2,6-8 als Betrüger darzustellen. Damit ist ein Thema angeschnitten, das auch in Hos 12,1.8 vorkommt. In beiden Versen kommt der Begriff מרמה vor, der sonst in Hos nicht belegt ist. Die Übereinstimmung von Hos 12,8 und Am 8,5 ist noch dadurch besonders eng, daß beide Verse die Phrase מאזני מרמה gemeinsam haben. Zusätzlich ist darauf hinzuweisen, daß das Lexem עשק, das außer in Hos 5,11 in Hos sonst nicht begegnet, noch in Am 4,1 und Am 3,9 vorkommt.[29] In ganz ähnlicher Weise spricht auch Mi 6,11 das Thema des Betruges an.[30] Es spricht viel dafür, in allen drei Zusätzen die gleiche Schicht anzunehmen.

5.1.8. Am 1,2: Jerusalem

Nur in loser Verbindung steht Am 1,2 zur D-Schicht. Es sind vor allem zwei Topoi, die Am 1,2 in die Amosschrift erstmals und noch dazu an zentraler Stelle einführt. Das *erste* Thema ist, daß Jerusalem als irdischer Wohnort Jahwes erscheint. Denn da das Erheben der Stimme von Jerusalem, speziell vom Zion, ausgeht, muß Jahwe dort auch als dauerhaft anwesend gedacht sein. Das *zweite* Thema ist das Konzept der Theophanie Jahwes. Schon das

---

[27] J. Jeremias, (1983) Hosea, 106 rechnet Hos 8,4b zum literarischen Grundbestand des Kapitels, während er Hos 8,6a für sekundär hält. Auch in Hos 13,2 wurde nach Jeremias redaktionell eingegriffen (162-163).

[28] Innerhalb des Zwölfprophetenbuchs kommt Baal als Gottesname sonst nicht mehr vor, sondern lediglich in der Bedeutung "Herr, Besitzer" (Nah 1,2; Joel 1,8).

[29] Am 8,4-7 zeigt außerdem deutliche Berührungen zu Hos 2,13. An beiden Stellen handelt es sich um eine Kritik an den Festen Israels. Die Lexeme שבת, חדש finden sich beide Male. Interessanter Weise wird auch in beiden Fällen ein Wortspiel mit שבת eingesetzt (Am 8,4: ולשבית Am 8,5: והשבת; Hos 2,13: והשבתי ... שבתה).

[30] Daß Am 8,4-7 und Mi 6,9-15 in ihrer sozialkritischen Konzeption eng zusammengehören, hat auch R. Kessler, (1989) Kornhändler, 21 herausgestellt: "Mi. vi 9-16 hat also den gleichen Vorgang vor Augen wie Am. viii 4-7, ...".

Erschallen von Jahwes Stimme hat verheerende Folgen für die Natur.[31] Während in anderen Texten Jahwes Kommen gegen die Feinde Israels gerichtet ist (Ri 5,4-5; Ps 18,8-11), bringt Am 1,2 im Gegensatz dazu zum Ausdruck, daß das Kommen Jahwes Gefahr für Israel (und die umliegenden Völker) bedeutet.

Durch die beherrschende kompositionelle Stellung des Mottoverses Am 1,2 prägt die Jerusalemorientierung die gesamte Amosschrift. Sie wird noch verstärkt dadurch, daß Jerusalem innerhalb von D-Am auch noch in der Juda-Strophe (Am 2,5) und der Zion in Am 6,1 erwähnt werden. In Am 5,5-6 muß der Imperativ "Sucht mich!", der betont als Gegensatz zu Am 4,4-5 formuliert ist, von der D-Redaktion auf Jerusalem gedeutet worden sein, denn dort ist nach Am 1,2 Jahwe zuhause.[32]

Jerusalem und der Zion zählen zu den beherrschenden Themen des Zwölfprophetenbuchs. Deren Schuld, deren Schicksal, deren Restitution, und deren Anerkennung durch die Völker beschäftigten die Redaktoren zu allen Zeiten. Sucht man nach Querbezügen für "Jerusalem" lediglich innerhalb des DK [33], so stößt man zunächst auf Mi 1,1.5.9.12; 3,10.12, wo wie in Am 1,2 Zion und Jerusalem nebeneinander vorkommen, sowie auf Zef 1,4.12. Zusätzlich ist darauf hinzuweisen, daß mit der namenlosen "Stadt" in Mi 6,9 und Zef 3,1 ebenfalls Jerusalem gemeint sein dürfte.[34] Mit dem Gegensatz von Samaria, der Hauptstadt des Nordreichs, der der Tempel von Bet-El zugeordnet ist, und Jerusalem, der Hauptstadt des Südreichs, der der Tempel auf dem Zion zugehört, ist ein beherrschendes Oppositionspaar des DK angesprochen.

5.1.9. Am 9,7-10: das Haus Jakob

Am 9,7-10 hat vermutlich einmal den Schluß von D-Am gebildet. Schwierig zu deuten ist die Erwähnung des "Hauses Jakob", von dem es im Gegensatz zum Nordreichskönigtum heißt, daß es bestimmt nicht vernichtet wird.[35] Klar ist, daß nach der Meinung der D-Redaktion das Nordreichskönigtum untergehen muß. Wer oder was ist aber das "Haus Jakob"? Der These, es ein-

---

31   Die enge Zusammengehörigkeit von Kommen Jahwes und Vergehen der Natur, hat J. Jeremias, (1977) Theophanie, zeigen können.

32   Vgl. oben Kap. 1.3. S. 25.

33   Ich schränke die Suche von vorne herein auf die D-Fassungen der Schriften Hos, Mi, Zef ein. Wie diese Fassungen literarkritisch genauer abzugrenzen sind, wird Gegenstand von Kap 5.2. sein.

34   Auch im Lachisch-Ostrakon Nr. 4, Zeile 7 bezeichnet "die Stadt" Jerusalem; siehe D. Conrad, (1985) Ostraka, 623 mit Anm. 7a).

35   Vgl. Jer 30,11

fach mit Juda zu identifizieren [36], widerspricht, daß weder die Behandlung Judas innerhalb der Völkersprüche (Am 2,4-5), noch die Kritik an denen auf dem Zion (Am 6,1) erwarten läßt, daß Juda von der Strafe ausgenommen würde. Zudem fragt man sich, warum dann nicht gleich der Name Juda gebraucht wurde.[37] So liegt es wohl näher an eine Größe zu denken, die den Untergang der staatlichen Nordreichsinstitutionen übersteht, ja sich sogar erst auf dem Hintergrund des Zusammenbruchs des Nordreichs konstituiert, eine unpolitische Größe also.[38] D-Am dürfte dabei die Vorstellung von Trad-Am weiterentwickeln, wonach das Ende Israels keine totale Vernichtung darstellt, sondern nur die Beseitigung der eigentlichen Ursachen und der Personen, die mit diesen unlöslich verbunden sind. Es liegt weiter nahe, daß Am 9,9-10 explizieren soll, wie Nordreichskönigtum und Haus Jakob voneinander geschieden werden sollen. D-Am würde so mit dem eindringlichen Hinweis enden, die Botschaft des Amos vom Unheil, das Jahwe bringen wird, auch ja ernst zu nehmen. Denn die, die sich dadurch nicht betreffen lassen, werden getötet werden. Diese Aussage impliziert, daß die, die der Botschaft des Amos glauben, dem Haus Jakob zugerechnet werden können, das nicht vernichtet werden wird.

Einen ganz parallelen Gedanken enthält Mi 3,11.[39] Auch dort geht es darum, daß gerade das Ignorieren des von Jahwe beschlossenen Unheils die Vollstreckung eben dieses Unheils besiegelt. In Am 9,10 wie in Mi 3,11 wird das Vorhaben Jahwes, bzw. die Botschaft des Propheten, mit dem Terminus רעה bezeichnet. Ein weiteres Mal taucht das Thema noch in Zef 1,12 auf. Dort begegnet zwar nicht das Lexem רעה, aber immerhin die Wurzel רעע. Wie in Am 9,10 begegnet dafür das Partz. von אמר.

Die Thematik ergänzt die Prophetenkonzeption der D-Redaktion. Das Wort der Propheten löst nicht nur Widerstände aus und besiegelt damit den Untergang Israels und Judas, sondern es findet auch Gehör, wenigstens nachdem eingetroffen ist, was die Propheten vorausgesagt haben. Wer immer sich durch die prophetische Botschaft betreffen läßt, wird dem Unheil entrinnen.

---

[36]   Dafür spräche immerhin auch die Begriffsverwendung in Mi 2,7; Mi 3,9.
[37]   Etwa wie in den Juda-Glossen Hos 1,7; 4,15.
[38]   Man könnte Jes 46,3 vergleichen, wo der Sprachgebrauch so gedeutet werden könnte, als sei der Rest des Hauses Israel mit dem "Haus Jakob" identisch. V. M. Herntrich, (1990) "Rest" im AT, 210: "Jes 46,3 ist jede zeitliche Begrenzung des Restes aufgehoben: Der 'Rest' ist das Haus Jakob, das der Prophet gegenwärtig anredet, das aber Gott von Anfang an getragen hat und tragen wird."
[39]   Diesen Bezug erwähnt auch J. Jeremias, (1996e) Jakob, 267 neben Jes 5,19.

5.1.10. Zusammenfassung

Die Untersuchung der Querbezüge der D-Zusätze hat zweierlei ergeben. *Erstens* ist deutlich geworden, daß D-Am auf die anderen Schriften des DK Bezug nimmt. Dabei nimmt Hos die erste Position ein. Hier besteht offensichtlich eine besonders enge sachliche Affinität. Man denke nur an die Bedeutung des Exodus in Hos und D-Am. Die vielfach aufgestellte These, daß Hosea ein Vorläufer des Deuteronomismus gewesen sei, bestätigt sich dadurch. Die zweite Position nimmt Mi ein. Am wenigsten Querbezüge bestehen zu Zef. Es fällt auf, daß dieser Befund sich mit dem System der D-Überschriften durchaus deckt, wonach Hos, Am und Mi der Hiskija-Epoche, Zefanja aber der Joschija-Epoche zugehört. Die Prüfung der Querbezüge bestätigt jedenfalls, daß Hos, Am und Mi untereinander enger zusammen gehören als mit Zef.

Zweitens konnte im Fall der Nichtigkeitsflüche gezeigt werden, daß ein dem dtn Fluchkapitel nahestehendes Textmuster, ausschließlich in Hos, Am, Mi und Zef begegnet, und zwar in allen Fällen in sekundären Textpassagen. Diese Beobachtung spricht sehr stark für die These, daß eine D-Redaktion eben diese vier Schriften gemeinsam bearbeitet hat. Auch die Einführung von Juda als Adressat prophetischer Verkündigung dürfte innerhalb des DK dazu dienen, alle vier Schriften aneinander anzugleichen, auch wenn im wesentlichen die Differenz bleibt: D-Hos und D-Am richten sich vorwiegend an das Nordreich. D-Mi enthält einen Spruch gegen das Nordreich (Mi 1,2-7*), richtet sich aber ansonsten, wie auch D-Zef, an das Südreich. Wichtig ist, daß sich Nordreichs- und Südreichskritik unterscheiden. So ist z.B. die Umkehrthematik auf das Nordreich beschränkt (Hos 14,2-4; Am 4,6-11*), die Kritik von "falschen" Propheten dagegen auf das Südreich (Mi 3,5-7.11; Zef 3,4).

5.2. Die D-Zusätze in Hos

In diesem Arbeitsgang soll es darum gehen, die Gestalt von D-Hos literarkritisch noch genauer zu analysieren. Die Hoseaschrift hat bemerkenswert wenig D-Zusätze erhalten. Dies geschah wohl deshalb, weil die D-Redaktion ihre theologische Konzeption in dieser Schrift auch ohne größere Eingriffe ausgesprochen fand.

5.2.1. Hos 1,1-3,5

Die Rekonstruktion des literargeschichtlichen Werdegangs von Hos 1-3 ist schwierig und umstritten. Eine detaillierte Analyse ist in unserem Zusammenhang auch nicht nötig. Ziemlich deutlich ist, daß die D-Redaktion *erstens* in Hos 1,2b den Begriff "Hurerei" eingefügt hat.[40] Diesen Abstraktplural übernahm sie aus Hos 4-5.[41] Er dient zu einem kurzen, aber prägnanten Hinweis auf Israels Schuld, um die Reihe der Unheilsnamen gleich zu Beginn der Schrift einigermaßen verständlich zu machen.[42] Die Verwendung dieses Begriffs impliziert eine Metaphorik, in der das Verhältnis von Jahwe zu seinem Volk als eine personale Relation begriffen wird. *Zweitens* ist wohl Hos 3,1b der D-Schicht zuzurechnen, da die dtr Phrase "sich anderen Göttern zuwenden" (vgl. Dtn 31,18.20) eingeführt wird.[43] Beide Male ist festzustellen, daß es der D-Redaktion darum geht, die Schuld Israels als ein direkt gegen Jahwe gerichtetes Vergehen zu bestimmen. Jahwe ist nicht nur mittelbar betroffen, etwa weil sozial Schwache unterdrückt, oder abgöttische Kultpraktiken praktiziert würden.

Eine wichtige Frage ist, wie sich für die D-Redaktion das Nebeneinander von Hos 1,2-9* und Hos 3,1-5* darstellte. War für sie beide Male die in Hos 1,3 namentlich eingeführte Gomer im Blick, oder ging es um zwei verschiedene Frauen? In dieser Frage kann man nur tastend vorgehen. *Erstens* fällt auf, daß Hos 3,1 nicht erkennen läßt, daß die Frau, von der die Rede ist, bereits bekannt ist.[44] Das legt nahe, daß in Hos 3 von einer anderen Frau die Rede ist. *Zweitens* lautet die Frage, ob die D-Fassung von Hos 1* bereits die Juda-Glosse Hos 1,7 enthalten hat. Wäre das der Fall, so würde durch Hos 1,7 deutlich gemacht, daß es in Hos 1 (und 2) ausschließlich um das Nord-

---

40 Siehe die Zusammenstellung der Argumente bei J. Jeremias, (1983) Hosea, 26-27.

41 Der Begriff "Hurerei" ist deshalb auch primär von Hos 4-5 her zu verstehen und nicht von der folgenden symbolischen Benennung der Kinder. Hosea soll keine Prostituierte heiraten, sondern eine Frau, die ganz von dem "Geist der Hurerei" (Hos 4,12; 5,4) in Besitz genommen ist, der in Israel herrscht. Zum fehlgeleiteten Kult Israels, wie er in Hos 4 beschrieben wird, gehören anscheinend irgendwelche sexuellen Praktiken, deren präzisere Gestalt zu rekonstruieren aber angesichts fehlender Quellen fast unmöglich ist. Hos 4 zeichnet zudem ein polemisch verzerrtes Bild dieser Riten.

42 J. Jeremias, (1983) Hosea, 27: "1,2 will also offensichtlich überschriftartig, ja geradezu als ein Motto das Thema der folgenden Kapitel vorwegnehmen, will den gewichtigen Vorwurf Hoseas nur eben nennen, den die Kap. 2-3 und dann 4,5-7 ausführlich darbieten (später noch 6,10; 7,4; 8,9f.; 9,1f.10)."

43 J. Jeremias, (1983) Hosea, 55 stuft die Wendung als sekundär ein, ohne an speziell dtr Herkunft zu denken.

44 W. Rudolph, (1966) Hosea, 87-88.

reich geht. In Hos 3 wäre eine solche Klarstellung dagegen nicht enthalten. Das wiederum würde die These nahelegen, die in Hos 3 genannte Frau unterscheide sich von Gomer und repräsentiere Juda. *Drittens* könnte der Hinweis auf "Rosinenkuchen" in Hos 3,1 von der D-Redaktion als Hinweis auf Jerusalem gelesen worden sein, da diese Speise auch im Rahmen der Feierlichkeiten bei der Überführung der Lade erwähnt ist (2 Sam 6,19). *Viertens* würde sich die unterschiedliche Behandlung der Frauen dann gut erklären lassen, wenn man von zwei verschiedenen ausginge. Zusätzlich würde sich eine Interpretation ergeben, die mit der Sicht des Nordreichs im DtrG harmonieren würde. Nach Hos 3,5* wird die zweite Frau mit dem Entzug gottwidriger Institutionen für "viele Tage" bestraft. Dahinter steht die Konzeption einer zwar nicht absehbaren, aber doch begrenzten Zeitspanne.[45] Solche definitiven Formulierungen wie "Ihr seid nicht mein Volk" (Hos 1,9) oder "sie ist nicht meine Frau" (Hos 2,4) treffen die zweite Frau jedenfalls nicht. Die Aussage der hintereinander gestellten Berichte könnte dann so zu deuten sein, daß Jahwe seine Ehe mit dem Nordreich auflöst (Hos 1*), während er sich dem Südreich gegenüber auf eine schwere Strafe beschränkt. Dies entspräche dann insofern dem DtrG, als dieses für das von den Assyrern eroberte Nordreich keine Hoffnung mehr formuliert (2 Kön 17), für das Südreich jedoch mit vorsichtigem Optimismus endet (2 Kön 25,27-30). Die Wahrscheinlichkeit dieser Rekonstruktion der Leseperspektive der D-Redaktion ist jedoch nicht allzu hoch, da man für den Fall, daß die D-Redaktion Hos 1-3* tatsächlich in dieser Weise verstanden hat, eindeutigere redaktionelle Einschreibungen erwarten würde.

5.2.2. Hos 4,1-2

Hos 4,1-2 kommt eine zentrale Mottofunktion für den zweiten Teil der Hoseaschrift zu.[46] Die Verse schließen sich aber auch eng an Hos 3,1-4* an. Hos 4,1b ist durch das dreifache אין klar auf Hos 3,4 bezogen, und der Ausdruck בני ישראל kommt innerhalb von D-Hos nur noch in Hos 3,1.4.5 vor (sonst nur noch dreimal in dem noch späteren Nachtrag Hos 2,1-3). Die Verse werden in ihrem Grundbestand von den Hosea-Tradenten verfaßt sein.[47]

---

[45] So auch J. Jeremias, (1983) Hosea, 55. Jeremias denkt andererseits, daß der Sinn die Wendung vor der Zufügung von Hos 3,5* eher definitives Gericht ausdrücken soll ("alle Tage").

[46] Man hat seit langem erkannt, daß Hos 4,3 einen späteren Zusatz zu dieser Einleitungspassage darstellt. Vgl. J. Jeremias, (1983) Hosea, 62-63.

[47] So J. Jeremias, (1983) Hosea, 59.

Nun fällt auf, daß in Hos 4,1 eine "doppelte Deutekategorie" zum Einsatz kommt.[48] Auf der einen Seite wird Hoseas Botschaft als Prozeß Jahwes (ריב) verstanden (so auch in Hos 12,3), auf der anderen Seite aber als das "Wort Jahwes" (דבר־יהוה). Diese Dopplung wird kaum ursprünglich sein, zumal die Phrase "Wort Jahwes" ein typisches Kennzeichen der D-Überschriften ist (Hos 1,1; Mi 1,1; Zef 1,1).[49] So könnte man dazu neigen, Hos 4,1a für sekundär zu halten.[50] Dagegen spricht aber, daß sowohl der Höraufruf שמעו als auch die Bezeichnung der Angeredeten als "Israeliten" schon für Trad-Hos unverzichtbar sind. Ohne den Höraufruf kann der zweite Teil von Hos kaum begonnen haben, und der Ausdruck בני ישראל unterscheidet die Zielgruppe des ersten Höraufrufs in Hos 4,1 von derjenigen des zweiten in Hos 5,1, nämlich בית ישראל. Der Ausdruck בני ישראל bildet außerdem, wie bereits angesprochen, eine wichtige Brücke zu Hos 3,1-5*. Diese Beobachtungen scheinen mir eher so interpretierbar zu sein, daß die D-Redaktion in Hos 4,1a lediglich den Ausdruck דבר־יהוה eingetragen hat. Vermutlich stand in der Tradenten-Fassung dieses Verses ein Höraufruf in der Gestalt שמעו זאת (wie in Hos 5,1) oder שמעו את־הדבר הזה (wie in Am 3,1; 4,1; 5,1). Die D-Redaktion wollte den Anspruch, den die Überschrift enthielt, daß es sich bei der Verkündigung des Propheten um das "Wort Jahwes" an Israel handelte, im Anspruch des Propheten selbst begründet sehen.

Wichtig ist weiter, daß Hos 4,1-2 von der D-Redaktion als Berufung auf die Gebote des Dekalogs gelesen werden konnte (vgl. Ex 20,13; Dtn 5,17).[51] Damit ist zwar noch nicht gesagt, daß die D-Redaktion die in Dtn 5 erhaltene Dekalogfassung bereits vollständig kannte, aber wesentliche Teile werden innerhalb des dtn-dtr Traditionsstromes bereits als Inbegriff jahwistischen Rechtsbewußtseins gegolten und auch fest formuliert vorgelegen haben. Es zeigt sich jedenfalls ein Verständnis von Prophetie, das die Propheten als vollmächtige Ausleger der Tora versteht.

---

48 J. Jeremias, (1983) Hosea, 59.
49 Der Ausdruck דבר־יהוה findet sich innerhalb des DK noch in Am 7,16, wo es aber nur einen einzelnen Spruch gegen eine bestimmte Person bezeichnet und nicht die gesamte Botschaft eines Propheten wie in Hos 4,1. Von Am 7,16 literarisch abhängig ist die Verwendung des Ausdrucks in Am 8,12.
50 So Wolff, (1961) Hosea, 82.
51 Vgl. M. Weiss, (1990) Decalogue, 67.71-72.

5.2.3. Hos 8,1b

Auch Hos 8,1b stellt einen sekundären Nachtrag dar, der sehr wahrscheinlich der D-Schicht zugeschlagen werden kann.

> Die Gründe sind: (1.) "V.1b trennt Kriegsnot (V.1a) und Notschrei (V.2)
> und führt verfrüht die Schuld Israels ein, die Hosea erst in V.3a berührt und die
> die Verse 4ff. näher darlegen."[52] (2.) "Die Konjunktion *ja ʿan* ('weil'), die be-
> vorzugt Ezechiel und das DtrG verwenden, gebraucht Hosea nie."[53] (3.) "Auch
> das Thema ist exilisch. Hosea spricht von Vertragsbruch (6,7; 10,4; 12,2), aber
> nie vom Bruch des ‚Jahwe-Bundes' und in 8,12 nicht von ‚der Tora Jahwes'
> (so nur 4,6 bei der Beschreibung der Aufgabe des Priesters), sondern von ‚den
> Torot' im Plural, den vielen Einzelweisungen, die Jahwe gab."[54] (4.) "Schließ-
> lich gebraucht Hosea das (politische) Verb ‚aufbegehren' (mit der Präposition
> *bᵉ*, nicht wie hier mit *ʿal*) für Israels Rebellion gegen Gott (7,13)."[55] (5.)
> "Sprache und Vorstellung von V.1b sind deuteronomistisch; sie dienen offen-
> sichtlich dazu, den bewußt unpräzisen Begriff ‚das Gute' (V.3) im voraus fest-
> zulegen."[56]

Vermutlich wurde Hos 8,1b im Anschluß an Hos 6,7 formuliert, wobei die
D-Redaktion Hos 6,7 als Hinweis auf den Jahwebund gelesen hat.[57] Ist das
richtig, dann signalisiert Hos 8,1b eine neue Verständnisweise der Hoseaschrift als Ganzer. Überall, wo in Hos Begriffe oder Vorstellungen gebraucht
wurden, die auch im dtn-dtr Sprachraum vorkamen, wurden sie selbstverständlich im Rahmen der D-Konzeption verstanden. So wird die D-Redaktion
Hos 1,9 als eine Aufkündigung des Bundes, Hos 4,2 als Zitierung des Dekalogs, Hos 4,6 als Verwerfung der Tora im Sinne der kodifizierten Rechts-
tradtion gelesen haben.

5.2.4. Hos 14,2-4

Hos 14,2-9 wird zu Recht oft als redaktioneller Nachtrag betrachtet.[58] Der
Text unterteilt sich in zwei Abschnitte: ein Aufruf zur Umkehr, der den
Adressaten ein Bußbekenntnis vorspricht, in das sie einstimmen sollen, und

---

52 J. Jeremias, (1983) Hosea, 104.
53 J. Jeremias, (1983) Hosea, 104.
54 J. Jeremias, (1983) Hosea, 104.
55 J. Jeremias, (1983) Hosea, 104.
56 J. Jeremias, (1983) Hosea, 104; so schon L. Perlitt, (1969) Bundestheologie im Alten
    Testament, 147.
57 Auch historisch-kritische Exegeten sind dieser Lektüreweise oft gefolgt (wie L. Perlitt,
    (1969) Bundestheologie im Alten Testament, 141 mit Anm. 5 gezeigt hat).
58 Vgl. etwa J. Jeremias, (1983) Hosea, 169-170.

eine Erhörungszusage. Jeremias hat die theologische Logik der Gesamtkomposition gut beschrieben: Menschliche Umkehr und göttliche Erhörungszusage sind so miteinander verschränkt, daß die Erhörung zwar *nach* dem Aufruf
zur Umkehr Thema wird, die in der Zusage ausgesprochene Umkehr Jahwes,
seine Neuzuwendung zu Israel und die Heilung der Umkehrunfähigkeit Israels, dem Aufruf aber sachlich *voraus*geht.[59] Trotz der theologisch tiefgründi-
gen Bezogenheit von Hos 14,5-9 auf Hos 14,2-4 haben die Textabschnitte
aber kaum eine ursprüngliche literarische Einheit gebildet. Hos 14,5-9 ist
vielmehr als ein späterer Nachtrag anzusprechen, der Hos 14,2-4 literarisch
voraussetzt und die Umkehraufforderung von Hos 14,2-4 im obigen Sinne
neu verstanden wissen will.

> "The language of vv. 5-8 has no points of contact with vv. 2-4. ... The ab-
> sence of any such consistency in the imagery of 14:2-4 and 5-8 suggests that,
> in spite of its present context, the salvation saying is not integrally related to
> the summons to penitence, but rather owes its position to editorial arrange-
> ment."[60]

Für Hos 14,2-4 reichte als Begründung für die angebotene Umkehr der
Verweis darauf, daß Jahwe den Schutzbedürftigen Zuflucht gewährt.[61] Dabei
wird Israel offensichtlich als ein verwaistes Kind verstanden. Dies könnte
entweder die Situation nach der in Hos 13,1-14,1 geschilderten Vernichtung

---

59 J. Jeremias, (1983) Hosea, 169: "Jedoch sprechen mehrere Beobachtungen gegen die
    Auffassung, daß V.5-9 als Antwort Gottes auf das Gebet des Volkes zu verstehen sind.
    Zum einen redet das Gotteswort in V.5ff. Israel nicht an, sondern spricht von ihm in
    3.Person, ist also nicht Erhörungszusage für ein potentielles Bußgebet Israels, sondern
    dem Gebet vorauslaufender Gottesbescheid. Dem entspricht zweitens inhaltlich, daß
    V.5 nicht von der Notwende spricht, sondern von der Heilung der 'Abtrünnigkeit' (...)
    Israels, die eine 'Rückkehr' (...), zu der V.2-3a auffordert, überhaupt erst ermöglicht.
    Schließlich setzt drittens der Schlußvers des Gotteswortes die Situation *vor* dem Spre-
    chen des Bußgebets voraus. ... Sachlich und zeitlich geht also das Gotteswort V.5-9 dem
    Bußgebet Israels voraus. Anders ausgedrückt: V.5-9 sind nicht Verheißung Gottes für
    den Fall, daß Israel das Bußgebet spricht, sondern V.5-9 beinhalten den festliegenden
    und bedingungslosen Heilswillen Gottes, aufgrund dessen Israel nun zur (vorher un-
    möglichen) Rückkehr zu Gott aufgefordert werden kann. Erst damit wird der jubelnde
    Ton, der das Stück besonders wegen V.5 prägt, verständlich."
60 G. I. Emmerson, (1984) Hosea, 48.
61 C. F. Keil, (1888) Die zwölf kleinen Propheten, 117: der Gedanke "bei dir findet das
    Waisenkind Erbarmen" (Ex 22,22) dient zur Begründung "des ganzen Bußgebetes, zu
    welchem das Vertrauen auf die göttliche Barmherzigkeit den Mut gibt. Auf solch reu-
    mütiges Gebet hin wird der Herr alle Schäden seines Volkes heilen und ihm die Fülle
    seiner Gnadengüter wieder zufließen lassen. Dies verkündet der Prophet als Antwort des
    Herrn v.5-9." Vgl. auch J. Jeremias, (1983) Hosea, 172: Hos 14,4 ist eine "abschließen-
    de Vertrauensaussage, ...; in ihr stehen die Waisen als Repräsentanten aller Hilfsbe-
    dürftigen, aller, die wissen, daß sie ganz auf Gott angewiesen sind."

ins Auge fassen wollen: Die Eltern sind tot, geblieben sind verwaiste Kinder. Im Hintergrund könnte aber auch die Unterscheidung von Mutter und Kindern aus Hos 2,4 stehen: Die Mutter würde in diesem Fall mit der staatlichen und kultischen Größe "Nordreich" identifiziert, die Kinder aber davon unterschieden. Die Kinder könnten dann diejenigen sein, die den Untergang der staatlichen Institutionen überstanden haben. Der Rückgriff auf den Anfang von Hos ist auch sonst zu beobachten. Mit dem Gebrauch der Wurzel רחם in Hos 14,4 wird auf Hos 1,6-7 (לא רחמה, ארחם zweimal) angespielt und so ein Rahmen um D-Hos gelegt.[62] Der in Hos 1 gekündigte Bund steht wieder offen. Jahwe ist bereit, die verwaisten Kinder Israels bei sich aufzunehmen. Hos 14,5-9 ist dagegen mit dem nach-dtr Zusatz Hos 2,18-25 zusammen zu sehen.[63]

Eine interessante Nuance bringt die Verwendung des Lexems כשל "straucheln" hinein. Wer strauchelt, liegt noch nicht am Boden, sondern ist aus dem Gleichgewicht gekommen. Erst wenn er sich nicht mehr abfangen kann, wird er zu Boden fallen. Die D-Redaktion versteht die Schuld Israels wohl als eine so schwere Last, daß die tragende Person nicht mehr in der Lage ist, das Gleichgewicht zu halten. Aber: noch ist Israel nicht gefallen![64] Die D-Redaktion versteht den Schluß von Hos damit neu. D-Hos endet, dank Hos 14,2-4, nicht mehr mit Bildern grausamer Vernichtung, sondern mit der hoff-

---

[62] G. A. Yee, (1987) Composition, 134-135 notiert etwa folgende Bezüge: – vergeben (נשא) und erbarmen (רחם) in Hos 14,3-4 rufen Hos 1,6b-7 in Erinnerung; – retten (הושיע), Pferde (סוס) und eine antimilitärische Stoßrichtung verbinden Hos 14,4 mit Hos 1,7; – das Machen von Baalim (14,4) referiert auf Hos 2,10. Darüber hinaus könnte man noch das Wortspiel יָתוֹם "Waise" (Hos 14,4) - יוֹתָם "Jotam" (Hos 1,1) nennen.

[63] G. A. Yee, (1987) Composition, 137: "Continuing YHWH's 1st person response, 14:6-9 resumes and brings to a climax the agricultural theme which characterized the final redaction of Hos 2. Here in Hos 2, all of creation will participate in the covenant, which YHWH will renew with his people (2:20,23-24). One of the last details concluding Hos 2 is the fact that YHWH will sow Israel in the land (2:25, zrᶜ b 'rṣ). Hos 14,6-9 develops this image by describing the luxuriant growth of Israel in the land, which follows upon this sowing."

[64] J. Jeremias, (1996m) Eschatologie, 83: Der Umkehrruf nennt das Thema Straucheln. "..., so ist daran zu erinnern, daß beide vorhergehenden Ankündigungen des 'Strauchelns' Israels im Hoseabuch (4,5; 5,5) eine judäische Aktualisierung erfuhren und noch der nachexilische Weisheitsspruch am Ende des Buches im Anschluß daran von den 'strauchelnden Frevlern' spricht (14,10). ... So wird judäischen Lesern mit 14,2-4 eingeprägt: Nicht schon das 'Straucheln' selber, das in 14,2 als schon erfolgt (vermutlich: in Gestalt des staatlichen Untergangs) vorausgesetzt wird, birgt die Katastrophe in sich, sondern erst das in dieser Lage verweigerte Schuldbekenntnis und die verweigerte Umkehr."

nungsvollen Einladung, das anvisierte Unheil durch Umkehr zu Jahwe abzuwenden.

Es scheint mir gut möglich, daß die Redaktion, die hier formuliert, bereits das Leichenlied des Amos im Kopf hat und einen Übergang zu diesem Text schaffen wollte: "Gefallen ist die Jungfrau Israel, sie wird nicht mehr aufstehen." (Am 5,2). Hatte Hos 14,2 nur von einem "Straucheln" gesprochen, so wird innerhalb von Am festgehalten, daß Israel gefallen ist und sich nicht mehr erheben wird. Es liegt mit der Logik von Hos 14,2-4 auf einer Ebene, daß erst dann der endgültige Fall in Am 5,2 konstatiert wird, nachdem Israel die geforderte Umkehr mehrfach verweigert hatte (die Phrase שוב עד kommt in Hos 14,2 und Am 4,6-11* vor).[65]

5.2.5. Die Juda-Glossen von D-Hos

Abschließend seien noch die sogenannten Juda-Glossen in Hos erwähnt. Sie wollen wohl solche Textpassagen, die aus judäischer Perspektive besonders interpretationsbedürftig waren, für die judäische Leserschaft "aufschließen". Dies geschieht oft unter Aufnahme von Vokabular, das aus Am genommen ist.[66] Die ältesten dieser Glossen werden Hos 1,7; 4,15; 7,10; 8,14; 11,5b sein.[67] Diese knappen Zusätze zeigen jedoch kein spezifisch dtn-dtr Profil. Sie werden wohl der D-Redaktion vorausgehen. Interessant ist, daß Hos 1,7; 8,14 sich mit Hos 14,2-4 darin berühren, daß sie mit dem Hinweis auf das fehlgeleitete Vertrauen auf militärische Macht ein typisches Jesajathema aufgenommen haben (vgl. z.B. Jes 2,7-8).

---

[65] Interessant ist auch die Phrase "Machwerk der eigenen Hände". Die Phrase verweist auf Hos 8,6 und 13,2 und gehört zum Themeninventar dtr Kreise. Die gleiche Phrase findet sich auch in Mi 5,12, so daß man fragen kann, ob nicht Mi 5,9-14 auch der D-Redaktion zugewiesen werden kann. Vgl. J. Jeremias, (1996m) Eschatologie, 83: "engste Parallele" hat die Phrase in Jes 2,7f und dessen späterer Wirkungsgeschichte in Mi 5,9ff.

[66] Dies hat J. Jeremias, (1996c) Anfänge, 38-41 anhand von Hos 4,15 und Hos 8,14 gezeigt.

[67] Der Gesamtbestand der traditioneller Weise ausgegrenzten Juda-Glossen umfaßt nach B. S. Childs, (1979) Introduction, 378-379 folgende Verse: 1,7; 2,2; 4,15; 5,5.10; 6,4.11; 8,14; 10,11; 12,3. M.E. ist ein Teil dieser Glossen, wie lexikalische, stilistische und konzeptionelle Merkmale zeigen, noch späteren Redaktionsschichten zuzuordnen.

5.3.   Die D-Schicht in Mi

5.3.1. Mi 1,2-7

Ein wichtiger Text für die Verzahnung von Hos, Am und Mi ist Mi 1, da
in diesem Kapitel von Samariakritik (Mi 1,6), wie sie im Zentrum von Hos
und Am steht, zu Jerusalemkritik (Mi 1,9), wie sie im Zentrum von Mi und
Zef steht, übergeleitet wird. Wenden wir uns zunächst dem formal sehr un-
einheitlichen und literarkritisch schwierig zu beurteilenden Text Mi 1,2-7 zu.

Der Abschnitt beginnt in V.2a mit einem Höraufruf, der die Aufmerksamkeit aller Völker und der ganzen Erde auf das lenken will, was der Prophet zu
sagen hat. Der ziemlich singuläre Aufruf setzt voraus, daß die Völker und die
Erde auch Thema der folgenden Texte sind. Das ist aber nur in Mi 4-5 der
Fall. Mi 1,2 bezieht sich auf Mi 5,14, insofern dort wieder an die Hörfähig-
keit der Völker appelliert wird. Beide Verse bilden einen Rahmen um die
beiden ersten Teile von Mi.[68] Da Mi 4-5, jedenfalls als Gesamtkomposition,
zurecht erst einer nach-dtr Redaktion zugewiesen werden, wird auch Mi 1,2a
dieser nach-dtr Redaktion zugehören.

Mi 1,2b dagegen ist als Bestandteil der ältesten Schicht von Mi 1 denkbar.
Wäre Mi 1,2a ein späterer Nachtrag würde sich der Referent des 2.m.pl.-
Suffix von בכם leichter verstehen lassen. Im jetzigen Kontext müßte es auf
die Gesamtheit der Völker und die ganze Erde referieren, was etwas künstlich
erscheint. Naheliegender wäre es, wenn das Suffix auf die Einwohnerschaften
der in der Überschrift zuletzt genannten Städte Samaria und Jerusalem referieren würde.

Mi 1,3-4 ist eine formal eigenständige Theophanieschilderung im hymnischen Stil, die ziemlich sicher einen späteren Nachtrag darstellt. Sie ist freilich mit dem Kontext durch einige Lexemrekurrenzen verzahnt.[69] Sie interpretiert das Einschreiten Jahwes in einem schöpfungstheologischen Kontext.

Die älteste Schicht wurde ursprünglich mit Mi 1,5a fortgesetzt.[70] Schon
Mi 1,5b ist aber wieder ein Nachtrag.[71] Die Nennung der במות verknüpft Mi

---

[68]   So Th. Leskow, (1972) Micha 1-5, 58: "Mi 1,2 und 5,14 bilden somit den Rahmen, in-
       nerhalb dessen das Wachsen der Überlieferung verfolgt werden muß."
[69]   Die Verzahnungen machen deutlich, daß das Hymnenfragment Mi 1,3-4 auf seinen
       Kontext hin formuliert wurde.
[70]   Es könnte sein, daß das כל erst eingefügt wurde, nachdem Mi 1,3-4 eingefügt worden
       war. Um auf Jahwes in Mi 1,2b genannte Zeugenschaft zu verweisen, sollte ein einfa-
       ches זאת ausreichen.
[71]   So J. Jeremias, (1971) Gerichtsworte, 332.

1,5b mit der Theophanieschilderung. Einer der beiden Texte muß den anderen literarisch voraussetzen, aber welcher ist zuerst eingefügt worden? Diese Frage ist zu beantworten, wenn man wahrnimmt, daß במות in Mi 1,5b sehr wahrscheinlich ein älteres חטאת ersetzt hat. Unter dieser Voraussetzung ergibt sich jedenfalls ein stimmiger Anschluß an das Bikolon von Mi 1,5a. Ist dies richtig, dann legt sich nahe, daß חטאת vom gleichen Redaktor durch במות ersetzt wurde, der auch den Theophaniehymnus einfügte.[72] Ohne daß Mi 1,3-4 vorausgeht, würde eine solche Ersetzung von חטאת durch במות kaum einen Sinn machen. Mi 1,3-4 wurde also erst nach Mi 1,5b* eingefügt.

Mi 1,6 dürfte dann wieder zur ältesten Schicht gehören. Zwischen Mi 1,6 und Mi 1,7 liegt zwar kein schwerwiegender literarkritischer Bruch vor, es wird lediglich von Rede in 1.Pers. zur 3.pl. übergegangen, aber Mi 1,7 unterscheidet sich insofern von den vorhergehenden Versen der ältesten Schicht, als massive Anklänge an Hos zu finden sind.[73] Die Wurzel זנה bezeichnet in Hos den Abfall von Jahwe, פסל als Bestandteil des gottwidrigen Kults findet sich auch in Hos 11,2, "zur Wüstenei שממה machen/werden" begegnet auch in Hos 5,9, und ein Hinweis auf Geschenke steht auch in Hos 9,1 (אתנן; vgl. Hos 2,14: אתנה). Der Hinweis auf Feuer als das Strafwerkzeug Jahwes erklärt sich in dem ansonsten ganz von hoseanischer Diktion geprägten Vers Mi 1,7 vielleicht eher vom Völkerzyklus des Trad-Am her (Am 1,4.7.14; 2,2).

Hier steht man vor der Frage, ob dieses lexikalische Profil als Argument für die Annahme eines Bruches ausreicht. Mir scheint es etwas wahrscheinlicher zu sein, auch diesen Text der ältesten Schicht zuzuweisen. Diese Entscheidung hat freilich zur Folge, daß die älteste Schicht kaum noch vom historischen Propheten Micha hergeleitet werden kann. Vielmehr handelt es sich um einen redaktionellen Text. Dabei stellt Mi 1,5a.6 einen deutlichen

---

[72] Dieser Redaktor dürfte auch eine Anspielung auf Mi 3,12 im Auge haben.

[73] Namentlich A. Jepsen, (1938) Kleine Beiträge zum Zwölfprophetenbuch, 97-98 hat dies herausgearbeitet: "Nun finden sich in diesen beiden Versen drei Worte, die bei Micha nie, aber bei Hosea häufig vorkommen: זנה, אתנן, עצבים. Alle drei sind geradezu charakteristisch für Hosea. Dazu kommt כֶּרֶם, das ebenfalls nie bei Micha auftritt, wohl aber bei Hos 2,17, sowie גלה, das in der Bedeutung 'entblößen' wohl Hos 2,12; 7,1, aber nicht bei Micha zu belegen ist. Diesen Worten steht eigentlich nur eines gegenüber, נגד das bei Hosea fehlt, im Micha aber noch einmal auftaucht, 1,4. ... Auch Lindblom ist dieser Tatbestand aufgefallen und er hat den Schluß gezogen, Micha habe die Reden Hoseas gekannt und benutzt. Aber bedenklich gegen eine solche Erklärung macht doch, daß diese Berührungen sich nur in diesen beiden Versen so gehäuft feststellen lassen." Weiter vermutet Jepsen: "stünden sie (= Mi 1,6-7) bei Hosea, so wäre ihre Echtheit dort wohl nie angezweifelt worden. Inhaltlich würden sie zu dem, was in Hos 13 z.B. verkündet wird, durchaus passen." (99).

lexikalischen Bezug zu Mi 3,8 und damit eine Inclusio her (פֶּשַׁע יַעֲקֹב, יִשְׂרָאֵל, חַטָּאה).[74] Gleichzeitig handelt es sich aber auch um wichtige Begriffe aus Hos und Am. Der Text verbindet auf diese Weise die Michaschrift mit den vorhergehenden Schriften.[75] Die älteste literarische Schicht läßt sich also folgendermaßen rekonstruieren:

2 וִיהִי   אֲדֹנָי יְהוִה בָּכֶם לְעֵד   אֲדֹנָי מֵהֵיכַל קָדְשׁוֹ:

5 בְּפֶשַׁע יַעֲקֹב כָּל־זֹאת   וּבְחַטֹּאות בֵּית יִשְׂרָאֵל

6 וְשַׂמְתִּי שֹׁמְרוֹן   לְעִי הַשָּׂדֶה   לְמַטָּעֵי כָרֶם
   וְהִגַּרְתִּי לַגַּי אֲבָנֶיהָ   וִיסֹדֶיהָ אֲגַלֶּה:

7 וְכָל־פְּסִילֶיהָ יֻכַּתּוּ   וְכָל־אֶתְנַנֶּיהָ יִשָּׂרְפוּ בָאֵשׁ   וְכָל־עֲצַבֶּיהָ אָשִׂים שְׁמָמָה
   כִּי מֵאֶתְנַן זוֹנָה קִבָּצָה   וְעַד־אֶתְנַן זוֹנָה יָשׁוּבוּ:

Diese Schicht enthält lediglich ein Wort gegen Samaria, Jerusalem ist nicht erwähnt. Es beginnt mit einem feierlichen Hinweis darauf, daß Jahwe als "Zeuge" gegen "euch" fungiert.[76] Mit dem Begriff "Zeuge" wird als Konnotation ein Gerichtsverfahren wachgerufen.[77] Als Zeuge – so ist wohl vorauszusetzen – erhebt Jahwe Anklage für eine in Mi noch nicht genannte ge-

---

[74] Die Namen Jakob und Israel werden in Mi 1,5a vielleicht anders verwendet als in Mi 3,8. In Mi 1,5 liegt es eigentlich am nächsten zu vermuten, daß sowohl "Jakob" als auch "Haus Israel" auf das Nordreich referieren, da in Mi 1,6-7 lediglich Samaria, nicht aber Jerusalem erwähnt wird. Beachtet man jedoch, daß Mi 1,5a eine Art Mottofunktion über Mi 1-3* wahrnimmt, dann könnte auch eine Aufspaltung des Referenzbezugs in Frage kommen. Nach Wolff verweist "Jakob" auf das Nordreich, "Haus Israel" dagegen auf das Südreich. H. W. Wolff, (1982) Micha, 15-16: "Dabei erscheint in 5a echt michanisches Vokabular. 'Aufsässigkeit Jakobs' und 'Verirrung Israels' anzuzeigen, gibt Micha selbst in 3,8 als seine Aufgabe an. Aber Micha denkt in 3,8 bei 'Jakob' und 'Israel' ausschließlich an Juda und Jerusalem (vgl. 3,1.9). Dagegen wird hier 'Jakob' auf das Nordreich mit seiner Hauptstadt Samaria bezogen und nur 'Israel' auf Juda und Jerusalem." Diese Art der Aufspaltung ist jedoch unwahrscheinlich. Die Phrase "Haus Israel" verweist nämlich innerhalb von Hos und Am immer auf das Nordreich (vgl. Hos 1,4.6; 5,1; 6,10; 12,1; Am 5,1.3.4.25; 6,1.14; 7,10; 9,9). Allenfalls in Mi 3,1 könnte man überlegen, ob "Haus Israel" nicht Juda meint. Angesichts des ansonsten ganz eindeutigen Sprachgebrauchs ist das jedoch problematisch.

[75] Ich teile daher die Überzeugung von V. Fritz, (1974) Wort gegen Samaria, 329, daß Mi 1,2-7 "nicht von Micha stammt."

[76] Die Feierlichkeit dieses Eröffnungssatzes rührt daher, daß nur hier in Mi, dafür gleich zweimal, Jahwe als אֲדֹנָי bezeichnet wird. Die Formulierung als Nominalsatz mit Tempusmarker gibt der Aussage auch einen grundsätzlichen Ton.

[77] Ein solches Gerichtsverfahren רִיב wird in Mi 6,1-2 erwähnt.

schädigte Partei, die sich nicht selbst wehren kann, und führt mit seiner Aussage auch die Entscheidung im Prozeß herbei. Dahinter steht die Idee, daß die geschädigte Partei im Rechtsverfahren, aus welchen Gründen auch immer, nicht zum Zug kommt (ein solches womöglich schon gar nicht anstrengt?) und Jahwe als Zeuge des Tathergangs stellvertretend für den Geschädigten einschreitet, d.h. das Verbrechen zur Anzeige bringt.[78]

Während עֵד einen Rechtsbegriff darstellt, der an den Verstoß gegen Rechtsnormen denken läßt, den Jahwe zur Anzeige bringen will, läßt die Erwähnung von Jahwes Heiligkeit (קֹדֶשׁ) darüber hinaus an alle Handlungen denken, die in irgendeiner Weise mit einem jahwegemäßen Kult in Widerspruch stehen. Aller Kult, der nicht auf Jahwes Präsenz in seinem Palast zentriert ist, hat sein Ziel verfehlt, er hat keinen Anteil an der Heiligkeit Jahwes. An welchen heiligen Ort Jahwes ist in Mi 1,2b gedacht? Der Redaktor, der den Theophaniehymnus einschob, hat sehr wahrscheinlich an das himmlische Heiligtum gedacht.[79] Auf der Ebene der ältesten Schicht dürfte aber nach Analogie von Am 1,2 an den Zion gedacht gewesen sein.

Mi 1,2-7* zeigt sehr beachtliche Rückbezüge auf die Schriften Am und Hos. Die Nähe von Mi 1,7 zu Hos war bereits erwähnt worden. Weiter fällt auf, daß die Parallelisierung von פֶּשַׁע und חַטָּאת innerhalb des Zwölfprophetenbuchs außerhalb von Mi (Mi 1,5.13; 3,8; 6,7) lediglich noch in Am 5,12 vorkommt.[80] In Mi 1,6 begegnet das Verb גלה, das innerhalb des Zwölfprophetenbuchs sonst nur in Hos und Am begegnet. Durch diese Rückbezüge gelingt es Mi 1,2-7*, die Botschaft der Hos- (und Am-)Schrift bei der Leserschaft wachzurufen. Der Bezug ist aber noch enger. Die Ankündigung der völligen und endgültigen Zerstörung Samarias in Mi 1,2-7* setzt einen Schuldaufweis voraus, der in Hos und Am geleistet wurde.[81] Es kann kaum

---

[78] C. van Leeuwen, THAT 2, 212: "Im alten Israel, wo staatliche Fahndung von Verbrechen unbekannt war, konnte eine Anklage vor Gericht entweder vom Geschädigten selbst (...) - womöglich unter Herbeischaffung von Zeugen - oder vom ʿēd, d.h. von demjenigen, der das Verbrechen gesehen oder gehört hatte (Lev 5,1), erhoben werden (...)." Der Zeuge ist klar vom Richter unterschieden. Der Zeuge kann kein Rechtsverfahren entscheiden. Er kann nur anklagen. Ist die Sache entschieden, wirkt er jedoch nach Dtn 17,7 bei der Bestrafung mit. Ist jedoch Jahwe der Zeuge, dann vereinigt er in Personalunion auch das Amt des Richters, diese Personalunion kann den Anschein erwecken, als würde der Zeuge gelegentlich auch richten (Mal 3,5).

[79] Dieses Verständnis wurde durch eine noch spätere Einfügung des וירד in Mi 1,3 sichergestellt.

[80] In Mi 1,5a wird ähnlich wie in Hos 10,8 von der Sünde (חטאה) Israels gesprochen.

[81] So richtig J. Nogalski, (1993a) precursors, 137-140. Im Unterschied zu Nogalski betrachte ich Mi 1,3-4 jedoch als noch späteren Zusatz, wobei sich Mi 1,3-4 deutlich an die gleichartigen Hymnenfragmente in Am anschließen will.

ein Zweifel sein, daß das Schicksal Samarias als warnendes Exempel für Jerusalem dienen soll. Dies wird im darauf folgenden Textabschnitt Mi 1,8-16 noch näher ausgeführt. Schließlich ist noch darauf hinzuweisen, daß der Text gleich zu Beginn eine Gruppe mit "euch" anredet, die innerhalb von Mi noch nicht identifiziert wurde. Die Annahme bietet sich an, der Leserschaft sei die betreffende Gruppe von der Lektüre der Amosschrift her bekannt.

Eine wichtige Frage ist nun noch, ob die älteste Schicht in Mi 1,2-7 der D-Schicht zugewiesen werden kann. Für diese Zuweisung könnte sprechen, daß Samaria hier als warnendes Beispiel für Jerusalem in den Blick kommt, was auch ein wichtiges Thema des DtrG darstellt (vgl. etwa 2 Kön 17,19; 21,13).[82] Ansonsten sind die sprachlichen und konzeptionellen Übereinstimmungen mit dtn-dtr Texten eher gering.[83] Dies deutet darauf hin, daß die älteste Schicht in Mi 1,2-7 nicht der D-Redaktion angehört, sondern dieser noch vorausliegt. Diese These ist aber an weiteren Mi-Texten zu überprüfen.

5.3.2. Mi 1,8-16

Mit עַל־זֹאת knüpft Mi 1,8 direkt an die vorausgehende Passage an. Ohne daß es explizit kenntlich gemacht würde, beginnt nun der Prophet mit einer Klage. Er übermittelt keine Jahwerede, sondern bringt seine eigene Trauer zum Ausdruck und fordert eine Reihe von judäischen Städten dazu auf, in seine Klage einzustimmen. Der Grund der Klage ist, daß auch Juda und besonders Jerusalem (Mi 1,9.12) vom Schicksal Samarias getroffen werden wird.

Innerhalb dieser schwer verständlichen Passage dürfte Mi 1,9 ein sekundärer Vers sein, der dazu dient, den Abschnitt Mi 1,8-16 mit Mi 1,2-7* zu verknüpfen.[84] Das Suffix der 3.fem.sg. referiert auf Samaria, weist also auf Mi 1,6 zurück. Mi 1,9 fällt aus dem Zusammenhang heraus, insofern es kein Wortspiel mit einem Städtenamen enthält. Es findet sich die im Kontext unmotivierte Rede von der Wunde, die sich bis nach Jerusalem ausbreitet. Zu denken ist an eine Art Geschwür, das sich krebsartig im Körper voranfrißt. Es wird vorausgesetzt, daß man von dieser Wunde bereits gelesen hat. Die Vorstellung, daß Israel von einer tödlichen Krankheit gezeichnet ist, die sich un-

---

[82]   Dies betont auch J. Nogalski, (1993a) precursors, 133-134.

[83]   Die Begriffe פֶּשַׁע und חַטָּאת kommen auch in Jos 24,19 direkt nebeneinander vor.

[84]   Nur C. F. Keil, (1888) Die zwölf kleinen Propheten, kommt innerhalb von Mi 1,8-16 ohne Texteingriffe aus, aber seine Übersetzung ist nur mit recht gewaltsam erscheinenden Interpretationen verstehbar.

aufhaltsam ausbreitet, schließt sich am ehesten an Hos 5,12-13 an.[85] Mi 1,9 erinnert mit der Wendung "gekommen ist (בוא qatal) ihre Wunde" stilistisch an Hos 9,7 und Am 8,2.[86] Dabei wird ausdrücklich festgestellt, daß nicht nur das Nordreich, sondern auch Juda betroffen ist. Diese Beobachtungen zusammengenommen, spricht einiges dafür, daß der Redaktor von Mi 1,9 mittels Anspielungen auf Hos und – weniger signifikant – auf Am deutlich machen will, wie sich das Jahwe-Gericht über Samaria auf Jerusalem zu bewegt.

Auch Mi 1,12b paßt nicht recht in den Zusammenhang. Der Vers enthält den innerhalb des Abschnitts sonst nicht begegnenden Jahwe-Namen und bildet in deutlicher Anspielung auf den sekundären Vers Mi 1,9 die Phrase "Tor Jerusalems" (vgl. Mi 1,12b: לשער ירושלם; Mi 1,9: עד־שער עמי עד־ירושלם). Zusätzlich fehlt ein Wortspiel, das die Verse der ältesten Schicht durchgehend aufgewiesen haben dürften. Daß Jahwe Unheil (רע) für Israel beabsichtigt, kann man auch Am 9,4 (vgl. auch Am 3,6) entnehmen (רעה). Diese Beobachtungen sprechen stark dafür, daß Mi 1,12b einen redaktionellen Zusatz darstellt.[87]

Völlig isoliert steht auch Mi 1,13b, der deutlich auf Begriffe aus Mi 1,5 zurückgreift (פשע, חטאת). Der Satz ist eigentlich nur als eine assoziative Kommentarnotiz zu V. 13a verstehbar, die – wie schon Mi 1,5b – Schuld benennen will, wo der ursprüngliche Mi-Text von Schuld schweigt.[88] Dem Ergänzer geht es darum, die militärische Hochrüstung Judas als Beginn der Verbrechen Judas darzustellen.[89]

---

[85]   Die Anknüpfung war deshalb möglich, weil schon in Hos 5,12-13 neben Israel auch Juda von der tödlichen Krankheit betroffen ist.

[86]   Sollte man beim "Tor Jerusalems" auch an die dort versammelte Rechtsgemeinde denken dürfen, so wäre auch noch ein gewisser Bezug zu Am 5,12.15 gegeben.

[87]   Die Formulierung, daß Böses/Unheil von Jahwe kommt, findet sich ähnlich auch in 1 Sam 16,14, wo ein böser Geist "auf Saul kommt", und in 2 Kön 6,33, wo eine schwere Belagerung durch die Aramäer "auf Samaria kommt". 2 Kön 6 bietet so etwas wie ein nordisraelitisches Gegenstück zur Belagerung Jerusalems durch Sanherib 701. Sie kommt nämlich dank Elischa zu einem wunderbaren Ende. Würde der Redaktor des V. 12 die Lage Jerusalems nach dem Vorbild von 2 Kön 6 begreifen, dann dürfte impliziert sein, daß er noch eine Rettungsmöglichkeit für Jerusalem sieht: Wenn nämlich die beklagenswerte Situation Jerusalems als Folge des "Unheils von Jahwe her" erkannt würde. Jedenfalls damals, als Samaria belagert wurde, führte eben diese Erkenntnis des Königs: "das ist Unheil von Jahwe" zur Wende der Not!

[88]   J. Jeremias, (1971) Gerichtsworte, 339: "Ihre Begriffe für die Schuld Judas entnahm sie (=die Nachinterpretation) dabei Michas Worten (1,5a; vgl. 3,8) und lenkte durch die Nennung der 'Verbrechen Israels' die Gedanken ihrer Leser ausdrücklich auf Michas Nordreichswort und dessen Aktualisierung (V. 5b. 7a) zurück."

[89]   Lachisch war für den Aufmarsch der Assyrer gegen Jerusalem von strategischer Bedeutung (2 Kön 18,17; 19,8).

Es zeigt sich, daß die Passage Mi 1,8-16 eigentlich nur durch sekundäre Versteile mit dem vorausgehenden Einleitungsteil Mi 1,2-7* verknüpft ist. Es liegt nahe, diese Zusätze auf die gleiche Redaktion zurückzuführen, die Mi 1,2b.5a.6-7 vorangestellt hat.

Wenn man irgendeinen der Zusätze der D-Redaktion zuweisen wollte, so käme dafür am ehesten Mi 1,13b in Frage. Wolff schreibt: "Mit dieser gezielten Anklage nimmt der Deuteronomist die Sicht Hoseas (10,13ff.; 14,4) und Jesajas (2,7; 31,1ff.) auf, die auch im deuteronomischen Königsgesetz (Dtn 17,16) ein Echo gefunden haben. Das Vertrauen auf ‚viele Rosse' hat das Vertrauen auf Jahwe verdrängt."[90] Für Wolffs These spräche auch, daß der D-Passus Hos 14,2-4 in V.4 das Vertrauen auf Pferde verurteilt. Auch der Nachtrag Hos 1,7 spricht dieses Thema an.

5.3.3. Mi 2,1-11

Der sehr ausführlichen Aufforderung an die Städte Judas, in die Klage des Propheten einzustimmen (Mi 1,8-16), folgt nun der Wortlaut der Klage selbst. Die ganze Passage läßt sich in zwei Teile untergliedern.[91] Mi 2,1-5 enthalten ein einigermaßen "klassisch" aufgebautes Gerichtswort, in dem Mi 2,1-2 als Schuldaufweis, Mi 2,3-5, mit der Botenformel eigens als Gottesrede kenntlich gemacht, als Strafandrohung aufzufassen sind.[92] Der zweite Teil (Mi 2,6-11) beginnt mit einem Zitat der Gegner des Propheten (Mi 2,6-7a), auf das der Prophet erwidert (Mi 2,7b-11). Im Rahmen seiner Erwiderung werden verschiedene Fallbeispiele vorgeführt, die die Anklagen des Propheten untermauern.

Innerhalb von Mi 2,3 lassen sich zwei Zusätze erkennen. Beide Zusätze greifen Formulierungen aus Am auf.

(1) Die Worte על המשפחה הזאת weiten den Kreis der Angeklagten von einer bestimmten Gruppe von Unterdrückern auf das gesamte Volk aus. Liest man die Stelle auf dem Hintergrund von Am 3,2, so hört man die Exoduserfahrung im Hintergrund. Jahwe hat sich bereits von dem aus Ägypten geführten Volk distanziert, er spricht das Volk nicht direkt an, sondern redet abwertend "von dieser Sippe da".

---

[90] H. W. Wolff, (1982) Micha, 32.

[91] Die schwer zu deutenden Verse Mi 2,12-13 stellen einen nach-dtr Nachtrag dar.

[92] Die in Mi 2,4 verwendete Phrase ביום ההוא hat an dieser Stelle den älteren Sinn, auf den Tag der Strafvollstreckung hinzuweisen (wie innerhalb des Zwölfprophetenbuchs nur noch in Hos 1,5; Am 2,16; 8,3.9; Zef 1,9). Erst später verweist die Phrase auf die nach dem Gericht neu einsetzende Heilszeit.

(2) Auch die Worte כי עת רעה היא erscheinen im Kontext als sehr sperrig.[93] Sie begegnen wörtlich so auch in Am 5,13. In Am ist jedoch der gesamte Vers Am 5,13 als redaktioneller Zusatz einzustufen, der mit לכן locker in den dortigen Kontext eingefügt wurde. Auch wenn es im Unterschied zu Amos in Micha um eine zukünftige Zeit geht, legt sich doch die Vermutung nahe, daß beide Zusätze der gleichen Hand zugehören. Diese Annahme wird durch die Beobachtung verstärkt, daß der unmittelbare Kontext, in den die Zusätze in Am und Mi jeweils eingefügt wurden, gemeinsame Merkmale aufweist:

- In Am 5,14 taucht das Wort "böse" (רע) auf, vgl. Mi 2,1.3.
- Die Wurzel חמד begegnet auch in Am 5,11, vgl. Mi 2,2.
- Häuser spielen auch in der Sozialkritik in Am 5,11 eine Rolle, vgl. Mi 2,2.
- Überhaupt zeigt sich, daß Am 5,11-12 unter den vier sozialkritischen Stellen Am 2,6ff; 4,1-4; 5,11-12; 8,4-6 noch am ehesten mit Michas Sozialkritik kompatibel ist, da hier der unrechte Besitz von Häusern und Nutzflächen angeprangert wird. Amos geht es dabei um den דל, Micha um den normalen, grundbesitzenden Vollbürger.
- In beiden Kontexten wird nach dem Zusatz eine Untergangsklage zitiert. In Am 5,16 umfaßt das Zitat nur zwei Worte: "Ho-Ho", in Mi 2,4 zwei Zeilen.[94]
- In Am 5,18 steht ein Klage-einleitendes הוי, vgl. Mi 2,1.
- Nicht den unmittelbaren Kontext betrifft folgende Beobachtung: in Am 5,12 taucht das Wortpaar פשע und חטאה auf, diese Verbindung kommt innerhalb des Zwölfprophetenbuchs nur noch in Mi 1,5; 3,8; 6,7 (D-Schicht) vor.

Sollte Hardmeier Recht haben, daß wir mit dem Zusatz in Mi 2,3 Spuren einer Micharezeption der Zidkijazeit vor uns haben, dann spräche der enge Bezug zu Am 5,13 dafür, daß auch eine Amosschrift zum Schriftenbestand jener Kreise gehörte.[95]

5.3.4. Mi 3,1-12

Innerhalb von Mi 3,1-12 sind nur kleinere redaktionelle Zusätze zu verzeichnen. In Mi 3,4 stellt בעת ההיא einen Nachtrag dar, der sehr wahrscheinlich mit dem Nachtrag in Mi 2,3 zusammenhängt, der ebenfalls einen Hinweis auf eine kommende "Zeit" עת enthält. In Mi 3,8 stellt את־רוח יהוה

---

[93] Sie bilden ein völlig unmotiviertes drittes Kolon in der 2.Zeile von Mi 2,3. Am ehesten wird die beabsichtigte Konstruktion als eine Art Zwischenruf oder Stoßseufzer aufzufassen sein.

[94] Chr. Hardmeier, (1978) Texttheorie und biblische Exegese, 347: "Was die Trauerszenerie der Unheilsankündigungen betrifft, haben wir für *Am 5,16f* und *Mi 2,4* den Hintergrund der Untergangstrauer hinreichend deutlich gemacht (...)."

[95] Siehe Chr. Hardmeier, (1991) Die Propheten Micha und Jesaja, bes. 184.

einen Zusatz dar. H. W. Wolff hat vermutet, daß auch dieser Zusatz den gleichen dtr Kreisen entstammt wie die Zusätze in Mi 2,3 und 3,4. Als Argument
führt er an, daß die Rede vom "Geist Jahwes" außer bei Ez (z.B. Ez 11,5.24;
37,1) sich vor allem im DtrG, nämlich "16mal von Ri 3,10 bis 2 Kön 2,17"
finde.[96] Da der Zusatz in Mi 3,8 aber weder lexikalische noch konzeptionelle
Verbindungen zu den anderen beiden Zusätzen zeigt, ist diese These zwar
möglich, aber kaum wahrscheinlich.

Der Status von Mi 3,2a ist schwieriger zu bewerten. Innerhalb von Mi 3
enthält das Bikolon eine mottoartige Zusammenfassung der folgenden, kon-
kreteren Anklagen. Rhythmisch ist es kürzer (2+2) als die folgenden Bikola
(Dreier-Rhythmen). Mi 3,2a bildet den exakten Gegensatz zu Am 5,15a. Das
kann kaum anders als eine bewußte Bezugnahme interpretiert werden.

וְאֶהֱבוּ טוֹב	שִׂנְאוּ־רָע	Am 5,15a
וְאֹהֲבֵי { רָע }	שֹׂנְאֵי טוֹב	Mi 3,2a[97]

Diese Beobachtungen zusammengenommen lassen vermuten, daß Mi 3,2a
sekundär in den jetzigen Zusammenhang eingefügt wurde. Hier haben Spätere die älteste Michaschrift von Am her interpretieren wollen. Der verbleibende Grundbestand von Mi 3,1-12 ist literarisch einheitlich. Nach vielfacher
Überzeugung haben wir mit Mi 3,12 auch das Ende der vor-dtr Michaschrift
erreicht.[98]

Von besonderer Bedeutung für die literarkritische Einordnung von Mi 3,1-
12* ist der Höraufruf in Mi 3,1.9. Obwohl der formelhafte Höraufruf in allen
großen Prophetenbüchern sehr oft belegt ist, kommt er innerhalb des DK
m.E. gezielt vor.[99] Man gewinnt nämlich den Eindruck, daß die drei Schriften
Hos, Am und Mi in bewußter Weise miteinander in Beziehung gesetzt werden sollen. Auffälliger Weise ist D-Zef in diese Struktur nicht mehr einbezogen. Die Reihe der Höraufrufe beginnt mit Hos 4,1 und endet mit Mi 6,2. Jeweils folgt auf den eröffnenden Imperativ "Hört!" eine zusätzliche, verstär-
kende Charakterisierung des folgenden Wortes, wie z.B. der Begriff "Wort
Jahwes", ehe dann die Adressaten genannt werden.

---

[96] H. W. Wolff, (1982) Micha, 66.

[97] Der MT רעה "Unheil" macht an dieser Stelle wenig Sinn, wenn man nicht annimmt, daß
      רעה mit רע "das Böse" synonym ist. Ich bevorzuge daher die Qere-Lesart רע und ver-
      mute, daß ein späterer Abschreiber Mi 3,2a an Mi 3,11 (רעה) angeglichen hat.

[98] So auch J. Nogalski, (1993a) precursors, 124.141-144.

[99] Mi 1,2a und 6,1a gehören nach-dtr Redaktionsschichten an. Mi 6,9b ist ziemlich unver-
      ständlich und bleibt deshalb außer Betracht.

Hos 4,1	שִׁמְעוּ	דְּבַר־יהוה		בְּנֵי יִשְׂרָאֵל
		כִּי רִיב לִיהוה עִם־יוֹשְׁבֵי הָאָרֶץ		
Hos 5,1	שִׁמְעוּ	זֹאת	הַכֹּהֲנִים	וְהַקְשִׁיבוּ בֵּית יִשְׂרָאֵל
		כִּי לָכֶם הַמִּשְׁפָּט		
Am 3,1	שִׁמְעוּ	אֶת־הַדָּבָר הַזֶּה	אֲשֶׁר דִּבֶּר יהוה עֲלֵיכֶם	בְּנֵי יִשְׂרָאֵל
Am 4,1	שִׁמְעוּ	הַדָּבָר הַזֶּה		
Am 5,1	שִׁמְעוּ	אֶת־הַדָּבָר הַזֶּה	אֲשֶׁר אָנֹכִי נֹשֵׂא עֲלֵיכֶם קִינָה	בֵּית יִשְׂרָאֵל
Am 8,4	שִׁמְעוּ	זֹאת	הַשֹּׁאֲפִים אֶבְיוֹן	
Mi 3,1	שִׁמְעוּ	־נָא	רָאשֵׁי יַעֲקֹב וּקְצִינֵי	בֵּית יִשְׂרָאֵל
		הֲלוֹא לָכֶם לָדַעַת אֶת־הַמִּשְׁפָּט		
Mi 3,9	שִׁמְעוּ	־נָא זֹאת	רָאשֵׁי יַעֲקֹב וּקְצִינֵי	
Mi 6,2	שִׁמְעוּ	אֶת־רִיב יהוה	הָרִים	

Es gibt nun Anzeichen einer bewußten kompositionellen Gestaltung dieser Reihe. Hos 4,1 eröffnet die Folge von Höraufrufen mit einer besonders feierlichen Variante: Nur in Hos 4,1 fällt der Ausdruck "Wort Jahwes". Der zweite Aufruf dieser Reihe (Hos 5,1) führt dann als Adressaten erstmals das "Haus Israel" ein, sowie andere Führungsschichten. Es wird betont, daß das Thema der folgenden Rede das "Recht" (מִשְׁפָּט) ist. Drei Höraufrufe innerhalb von Am folgen dem Schema "Hört dieses Wort" (Am 3,1; 4,1; 5,1). Als hauptsächliche Adressaten erscheinen wie bei Hos die "Israeliten" und das "Haus Israel". Am eindringlichsten wirken die mit נָא verstärkten Imperative in Mi 3,1.9, wobei in Mi 3 auch wieder das "Haus Israel" in den Blick kommt.[100] Die Eindringlichkeit wird noch dadurch gesteigert, daß derselbe Höraufruf innerhalb einer Rede wiederholt wird (Mi 3,1 // Mi 3,9).[101] Es kann kaum ein Zweifel bestehen, daß mit Mi 3 der Höhepunkt der Höraufrufkette erreicht ist. Der Grund ist leicht zu sehen: Dieser Höraufruf leitet die Ansage des Untergangs des Zion ein. Mi 3,1.9 greifen dabei auf Hos 5,1 zurück: Daß der Führungsschicht das Recht anvertraut ist (לָכֶם הַמִּשְׁפָּט), findet sich dort wörtlich wieder![102] Damit betonen der zweite und der zweitletzte

---

100 Hat man diese Kette vor Augen, dann wird es problematisch, den Ausdruck "Haus Israel" in Mi 3,1.9 auf Juda zu beziehen.

101 Mi 3,9 ist gegenüber Mi 3,1 durch die Hinzufügung eines זֹאת noch eindringlicher formuliert.

102 Zusätzlich verweist דַעַת auf Hos 6,3 und Hos 4,1.

der Höraufrufe dieses Thema.[103] Der letzte Höraufruf der Kette (Mi 6,2), fällt mit seiner Anrede an die Berge aus dem Rahmen.[104] Er greift aber mit dem Stichwort "Prozeß" (ריב) wieder auf den ersten (Hos 4,1) zurück. Die Formulierungen sind zum Teil wörtlich identisch (כי ריב ליהוה עם Mi 6,2 // Hos 4,1). Diese wirkungsvolle Rahmung stellt alle Höraufrufe in den Rahmen eines Prozesses Jahwes mit seinem Volk.

Dem Bezug von Hos 5,1 und Mi 3,1 ist noch näher nachzugehen. Beide enthalten den Schlüsselbegriff משפט.[105] Der Begriff ist auch von zentraler Bedeutung in Am 5,7.15.24; 6,12. Die Phrase דעת משפט erscheint als recht beachtliche Begriffsbildung, die im AT nur hier vorkommt. Sie versteht sich vielleicht als eine Kombination von Zentralbegriffen aus Hosea (und Amos). Dies legt sich insbesondere nahe, wenn man diese Formulierung mit Hos 6,3 vergleicht, wo ebenfalls der inf.cstr. von ידע begegnet (דעת את יהוה). Man kann vielleicht annehmen, daß die Phrase in Mi 3,1 in Analogie zur hoseanischen gebildet wurde (vgl. auch דעת אלהים in Hos 4,1; 6,6), um einzuschärfen, daß das Recht unverlierbar zur Gotteserkenntnis hinzu gehört. Recht und Gotteserkenntnis ordnet auch Hos 6,5-6 zusammen. Besonders klar wird die Zuordnung, insofern das Recht als "mein (=Gottes) Recht" bezeichnet wird.[106] Die Kenntnis des Rechts ist die entscheidende Basis, auf der das Sozialwesen gründet. Wo dieses Wissen nicht mehr gegeben ist und nicht mehr praktiziert wird, da droht der Untergang.

Eine wichtige Frage ist nun, wie diese Höraufrufe literarkritisch zu beurteilen sind. Sosehr sie innerhalb des DK eine wichtige kompositionelle Funktion wahrnehmen, sosehr deuten die formalen Unterschiede zwischen den Höraufrufen andererseits darauf hin, daß sie nicht einfach von der D-Redaktion entworfen wurden. Am festesten im Kontext verwurzelt erscheint der Höraufruf in Am. Der Typ "Hört dieses Wort" ist vielleicht schon vom historischen Propheten gebraucht worden (Am 4,1-3?). Auf jeden Fall diente

---

[103] Das "Recht" ist auch ein wichtiges Anliegen von Am, aber es erscheint dort nicht unmittelbar im Zusammenhang mit einem Höraufruf.

[104] Eine gewisse Abweichung ist beim letzten Glied einer Reihe als rhetorischer Effekt immer zu erwarten, schließlich ist der Schluß etwas besonderes. Ihm muß etwas eignen, was erklärt, warum die Reihe nicht noch weiter geht. Die Abweichung darf aber auch nicht zu stark sein, sonst wären die vorhergehenden Glieder nicht als Hinführung auf diesen Schluß verstehbar. Mir scheint die Anrede an die Berge eine zu starke Abweichung zu sein, was für den sekundären Charakter dieses Schlußgliedes spricht.

[105] H. W. Wolff, (1982) Micha, 80: "Das Schlüsselwort der drei Jerusalemer Sprüche Michas ist משפט. Am 'Recht' müssen sich die Jerusalemer Häupter und Führer (1.9) sowie die Propheten (8) messen lassen. Das Recht liefert die Maßstäbe für die Anklagen."

[106] Zur textkritischen Konjektur des MT an dieser Stelle siehe BHS und J. Jeremias, (1983) Hosea, 79.

er dann zur Gliederung der Wortesammlung Am 3-6*.[107] Die Höraufrufe in
Hos 4,1 und 5,1, die wie diejenigen in Am auch zuerst die "Israeliten" und
dann das "Haus Israel" anreden, dürften von den Tradenten stammen.[108]
Während Mi 6,2 ziemlich sicher der D-Redaktion zugewiesen kann, sind die
Höraufrufe in Mi 3,1.9 in ihrem Kontext fest verwurzelt, da die folgenden
Partizipien andernfalls nicht verständlich wären.[109] Außerdem wird auch
noch das "Haus Israel" als Adressat genannt, was innerhalb von Hos und Am
Kennzeichen der Trad-Fassungen war.[110]
   Wie ist dieser Befund zu erklären? Es gilt, zwei Möglichkeiten durchzuspielen. Die *erste* Möglichkeit ist, daß Mi 3,1-12 in Anlehnung und nach dem
Vorbild der Tradenten-Fassungen von Hos und Am gestaltet und formuliert
wurde. In diesem Fall wäre eine vorliegende Zweiprophetenbuchrolle um eine vor-dtr Michaschrift erweitert worden. Die *zweite* Möglichkeit ist, die Beziehungen noch enger zu sehen und anzunehmen, daß die Hos/Am-Tradenten
im gleichen Arbeitsgang auch ihnen vorliegende Aufzeichnungen des Propheten Micha mit herausgaben. In diesem Fall hätte es nie eine Zweiprophetenbuchrolle gegeben, sondern die älteste Zusammenstellung von Prophetenschriften hätte gleich drei Schriften, nämlich Trad-Hos, Trad-Am und eine
Michaschrift umfaßt. Nun fällt aber auf, daß der Ausdruck "Haus Israel" in
Mi 3 auf das Südreich referiert.[111] Dieser Sprachgebrauch unterscheidet Mi 3
deutlich von den Tradenten von Hos und Am. Von daher erscheint die erste
Möglichkeit wahrscheinlicher.
   Einige weitere Beobachtungen machen deutlich, daß Mi 3 Trad-Hos und
Trad-Am gekannt haben muß. Wie in Am 5,19 und Am 9,3 begegnet in Mi
3,5 das Verb נשׁך, das den tödlichen Biß der Schlange bezeichnet. Die höchst
ungewöhnliche Übertragung dieses Begriffs auf die Worte der Propheten läßt
sich leichter verstehen, wenn das Bild der zubeißenden Schlange sich an die
Unheilsankündigung des Amos (Am 5,19; 9,3) anschließen wollte. In aller
Prophetenpolemik innerhalb des AT spielt das Wort sonst keine Rolle. Es hat

---

[107] Der Höraufruf in Am 8,4 gehorcht nicht diesem Schema. Er gehört, wie der ganze Text Am 8,4-7, sehr wahrscheinlich D-Am an.

[108] Der Höraufruf in Hos 4,1 wird auf dieser redaktionellen Stufe wohl noch nicht die Phrase "Wort Jahwes" enthalten haben.

[109] Dabei handelt es sich um einen Satzbau, den Pfeifer, (1991) Jahwe, als typisch für Amos herausgestellt hat. Das stimmt freilich nur, solange man den Rahmen des Zwölf-prophetenbuchs nicht verläßt. Sonst kommt dieser Stil auch in Jes 28,14; 51,1.7; 66,5; Jer 7,2; 17,20; 19,3; 31,10; 44,26; Ez 33,30 vor.

[110] Innerhalb von Mi kommt "Haus Israel" nur noch im redaktionellen Vers Mi 1,5a vor.

[111] Sollte "Haus Israel" wie in Hos und Am das Nordreich meinen, dann müßte man sich die Szene so vorstellen, daß das Nordreich als eine Art unbeteiligter Zuschauer angeredet wäre. Das erscheint abwegig.

nichts mit "essen zu sich nehmen" zu tun, sondern meint den todbringenden Biß der Schlange.[112] Die drastische Ausdrucksweise macht deutlich, welche todbringende Gefahr Mi von den Propheten ausgehen sieht. Wie in der kleinen Beispielerzählung vom bedrohten Mann (Am 5,19), der ausgerechnet dann tödlich verwundet wird, als er sich im Haus in Sicherheit wiegt, bekommen auch die Jerusalemer ausgerechnet dort den Todesstoß, wo sie in ihrer Besorgtheit zum Propheten gehen und der ihnen Sicherheit vorgaukelt.

Ein weiteres Beispiel ist Mi 3,10. Der Vers beinhaltet den Vorwurf, daß der Zion mit Bluttaten (בדמים) erbaut wird. Bluttaten werden auch in Hos 4,2 erwähnt (דמים בדמים), und zwar innerhalb des DK nur noch dort. Hos 4,1-2 ist ein von den Hosea-Tradenten konzipiertes Mottostück. Es fällt nun auf, daß innerhalb von Hos der Begriff gar nicht wieder auftaucht. Die Verse Hos 4,1-2 finden daher erst in Mi 3,10 ihr kompositionelles Gegenstück.

Auch Mi 3,11 wird erst auf dem Hintergrund von Am voll verständlich.[113] Der Gipfel der Vorwürfe ist, daß sich die Beklagten trotz ihrer eklatanten Verstöße gegen das Recht in Sicherheit wähnen. Sie halten dem Propheten eine schlagwortartig verdichtete, "popularisierte" Zionsfrömmigkeit entgegen. Vielleicht handelt es sich um ein Zitat aus einem Zionslied, das sie vermutlich mit ehrlicher Überzeugung singen und auf sich beziehen: Jahwe ist in unserer Mitte (vgl. Ps 46,6; 48,4).[114] Die Ignoranz dieses Satzes offenbart sich erst richtig, wenn man ihn dem Stichwortbezug (יהוה בקרב) folgend auf dem Hintergrund von Am 5,17 und Am 7,8.10 liest: Wenn Jahwe in die Mitte dieses sündigen Israels eindringt, dann kann daraus nichts anderes folgen als Vernichtung und Tod.

Das Drohwort gegen den Zion in Mi 3,12 bietet mit ungeheurer Wucht den Abschluß der langen Reihe von Anklagen. Es ist unglaublich, mit welch gewaltloser Sprache – Mi gebraucht friedliche landwirtschaftliche Bilder: ein Acker wird umgepflügt, aus einem Acker werden Steine zu einem Haufen aufgelesen, eine friedlich daliegende bewaldete Höhe – die schwerwiegendste militärische Niederlage Judas und die totale Zerstörung Jerusalems angedroht werden. Der Zion, der heilige Bezirk, auf dem der Tempel steht, wird gänz-

---

112 Siehe H. W. Wolff, (1982) Micha, 72.
113 R. Kessler, (1992) Staat, 53 mit Anm. 34 äußert die ansprechende Vermutung, daß der Vers einer "generalisierenden Nachinterpretation" zuzurechnen ist. M.E. wird am ehesten an die Tradenten der Michaschrift zu denken sein.
114 H. W. Wolff, (1982) Micha, 78: "Gemäß den Zionsliedern wissen die Zitierten 'Jahwe in ihrer Mitte' (Ps 46; 48; 76). Die prophetische Androhung des Unheils (רעה; 3,4.6f.; vgl. 2,3) können sie demnach nur zurückweisen (vgl. Am 9,10b)." Man kann in diesem Zusammenhang auch Am 5,14 vergleichen, wo Amos anscheinend in ähnlicher Weise der Satz "Jahwe ist mit uns" entgegengehalten wird.

lich profaniert werden, er wird der Natur, aus dem ihn einst Jahwe ausgegrenzt hatte, wieder zurückgegeben.[115] Wolff hat schön beobachtet, daß Mi vielleicht deshalb so gewaltlos und distanziert von diesem Ereignis sprechen kann, weil sich Jahwe schon längst von seinem Tempel getrennt hat.[116]

Innerhalb von Mi erfüllt sich damit ein Spannungsbogen, der von der Zerstörung Samarias in Mi 1,5-7 seinen Ausgang genommen hat. Man wird diesen Spannungsbogen jedoch noch weiter zurückverfolgen können, nämlich in Am hinein. Am gipfelte in der Zerstörung des Heiligtums von Bet-El, die in der fünften Vision geschaut wurde. In Mi 1 wird deutlich gemacht, daß das Schicksal des Nordreichs auch Jerusalem treffen wird. Mit Mi 3,12 ist der Schlußpunkt erreicht. Da der Plural במות in Mi 3,12 recht unvermittelt kommt, könnte man erwägen, ob in der Wahl des Plurals nicht eine Anspielung auf die in Hos 10,8 kritisierten Höhenheiligtümer vorliegt.[117] Damit wird die kundige Leserschaft an das Schicksal der gottwidrigen במות erinnert.

5.3.5. Mi 6,1-16

Es gehört m.E. zu den überzeugenden Thesen von Wolffs Micha-Kommentar, daß Mi 6* ein dtn-dtr Nachtrag zu einem – wie auch immer näher abzugrenzenden – älteren Michabuch darstellt. Innerhalb von Mi 6 sind lediglich kleinere Zusätze eingefügt worden.

---

[115] H. W. Wolff, (1982) Micha, 79: "Welch ungeheure Wirkung dieses einmalige Gerichtswort in Jerusalem erzielt haben muß, weiß man noch nach mehr als einem Jahrhundert zu berichten (Jer 26,18f.). So hatte nie ein Prophet in und über Jerusalem zu sprechen gewagt – so heftig, umfassend und vernichtend auch Jesaja nicht (vgl. Jes 1,21.26; 5,14; 22,1-14)."

[116] H. W. Wolff, (1982) Micha, 79: "Die Steigerung der Sätze auf den dritten hin ist unverkennbar: 'Der Berg des Hauses (auf das die Angeklagten ihre Sicherheit gründen) wird dem 'Wild' des Waldes preisgegeben werden.' Auch hier vermeidet Micha die Nennung des Namens Jahwe. Er ist für Micha längst ausgewandert aus diesem Hause. ... So erreicht Samarias Schicksal auch Jerusalem, wie Micha es in 1,6-9 kommen sah, wobei er schon in die Wehklage der Schakale und in das Trauerwimmern der Strauße einstimmte (1,8)."

[117] Der Redaktor, der den Hymnus in Mi 1,3-4 und במות in Mi 1,5b einfügte, hat sehr wahrscheinlich solche Anspielungen im Auge gehabt.

5.3.5.1. Mi 6,1

Der Höraufruf, mit dem Mi 6 beginnt, ist merkwürdig gedoppelt. Auf einen ersten Imperativ in Mi 6,1a folgt ziemlich unmotiviert ein zweiter in Mi 6,2a. Nur einer der beiden wird ursprünglich sein. Weiter fällt auf, daß zwischen Mi 6,1b und 2a eine Spannung besteht, daß nämlich die Berge "in 1b nicht wie ,die Berge' und ,die Fundamente der Erde' in 2a die Funktion des Gerichtsforums oder der Zeugen" haben.[118] Wolff kommt zu der These, daß Mi 6,1 eine "redaktionelle Überleitung" darstellt, die Mi 1,2-5,14 mit Mi 6-7 verbindet.[119] Dies erscheint in der Tat vertretbar. Die Anrede an die Berge in Mi 6,2a macht aber einen äußerst merkwürdigen Eindruck. Innerhalb des synonymen Parallelismus sollte man im ersten Glied nach dem Vorbild von Dtn 32,1 und Jes 1,2 viel eher den "Himmel" erwarten. Sollten "die Berge" ein älteres "Himmel" verdrängt haben, nachdem Mi 6,1 vorgeschaltet wurde?

5.3.5.2. Mi 6,2-8

Mit Mi 6,2 beginnt ein deutlich von dtn-dtr Tradition geprägter Abschnitt.[120] Der Hinweis auf den Prozeß (ריב) Jahwes gegen sein Volk stellt einen eindeutigen Bezug auf Hos 4,1 (vgl. auch Hos 12,3) dar.[121] Die Wendung ריב ליהוה עם taucht außerhalb von Mi und Hos nur noch in Jer 25,31 auf. Dieser Text ist aber offensichtlich von Am und Hos literarisch abhängig, da er Am 1,2 und Hos 4,1 kombiniert. Beachtet man auch noch die kompositionelle Stellung der Passagen, läßt sich die Annahme eines redaktionell bewußt um Hos-Am-Mi gelegten Verständnisrahmens gut begründen. Da die

---

[118] H. W. Wolff, (1982) Micha, 139.

[119] H. W. Wolff, (1982) Micha, 139. Wolffs Lösung erklärt jedoch nicht die Spannung zwischen 6,1a und 1b, nämlich den Übergang vom pluralisch formulierten Höraufruf zur singularischer Anrede an einen unbekannten Sprecher, wohl den Propheten. Hier bleibt eine Unsicherheit bestehen.

[120] Wie H. W. Wolff, (1982) Micha, 143 ausführlich nachgewiesen hat, ist die Diktion dieser Verse sehr eindeutig vom Dtn her geprägt. Die großen dtr Reden an Wendepunkten der israelitischen Geschichte (1 Sam 12,6-12; Jos 24,2-15) bilden enge Parallelen; besonders eng sind die Bezüge zu Dtn 10,12-22.

[121] H. W. Wolff, (1982) Micha, 157: "Wie das Deuteronomium oftmals Beziehungen zu Hosea zeigt (...), so nimmt auch unser Prediger Formen der Prozeßrede Hoseas auf (4,1; 12,3), doch auch hier nicht, um das Volk anzuklagen und zu verurteilen, sondern vielmehr, um Israels Anklage gegen Jahwe indirekt Raum zu gewähren."

Bezüge zu Hosea in den weiteren Versen noch weiter gehen, man vergleiche nur die Erwähnung des Exodus, erhärtet sich diese These zur Gewißheit.[122]

Jahwe eröffnet den von ihm initiierten Rechtsstreit, indem er das vorgeladene Volk zur Rede stellt. Wer nun aber Anklagen und Vorwürfe erwartet, wie sie Hosea, Amos und Micha im Namen Jahwes erhoben haben, wird enttäuscht. Vielmehr sucht Jahwe die Schuld zunächst einmal bei sich selbst, als könnte er nicht begreifen, daß sich sein Volk von ihm abgewandt hat.[123] Jahwe möchte ein Motiv hören. Dabei kommt die ganze Irrationalität des Verhaltens darin zum Ausdruck, daß nicht ein einziger Grund vorgebracht werden kann. Nach Mi 6,3 muß man mit einer Pause verlegenen Schweigens rechnen.[124]

Die Art und Weise wie hier Jahwe als jemand vorgestellt wird, der unter der Abkehr seines Volkes leidet, der ihm nachgeht und bis zuletzt alles versucht, um es zur Einsicht zu bewegen, hat am ehesten ein Vorbild an Hoseas Reden von Gott. Speziell könnte man an Hos 11,7-11 denken, wo Jahwe seinen gerechtfertigten Zorn gegen Israel beherrscht, weil er es liebgewonnen hat wie Eltern ihren Sohn.

Es ist nun sehr auffällig, daß Verweise auf die Heraufführung Israels aus Ägypten (עלה Hif.) innerhalb des Zwölfprophetenbuchs nur in Hos, Am und Mi vorkommen, was erneut die enge Zusammengehörigkeit gerade dieser Schriften unterstreicht. Es handelt sich um die Stellen Hos 12,14; Am 2,10; 3,1; 9,7; Mi 6,4-5. Es ist sehr wahrscheinlich, daß außer Hos 12,14 alle Stellen der D-Redaktion zugehören, auch wenn sie neben der Heraufführung aus Ägypten ins Kulturland verschiedene weitere Ereignisse der Geschichte Israels als relevant hervorheben. Alle fünf Hinweise auf den Exodus stehen an

---

[122] Die Annahme, daß Mi 6 nie Gegenstand mündlicher Verkündigung war, sondern von Anfang an als redaktioneller Abschluß eines Buchkorpus entworfen wurde und die vorausgesetzte Situation eines Prozesses völlig fiktiv ist, kann einen Tatbestand erklären, der wieder einmal dem scharfsinnigen H. W. Wolff, (1982) Micha, 140 aufgefallen ist: Mi 6,3-5 ist "eine Selbstverteidigungsrede (vgl. Jer 26,12-15; 1 Sam 12,3-5 ...) Jahwes; sie richtet sich gegen eine voraufgehende, aber nicht zitierte Beschuldigung des Volkes bzw. gegen ein entsprechendes ablehnendes Verhalten (vgl. vor allem Jer 2,4-13!)." Was da von Mi 6 vorausgesetzt wird, wurde in D-Hos, D-Am und D-Mi eingehend und breit dokumentiert.

[123] H. W. Wolff, (1982) Micha, 147: "Der Einberufung der Rechtsversammlung folgt nicht (wie Hos 4,1; 12,3; vgl. Jer 25,31) eine Anklage, geschweige denn ein Urteilsspruch, vielmehr eine Selbstverteidigung Jahwes, die stärker vom Grundton liebevollen Werbens als vom Willen zur Selbstbehauptung beseelt ist. Schon die Anrede 'mein Volk!', die in 6,5 wiederholt wird, zeigt, daß die Selbstverpflichtung Jahwes für Israel als die Basis des Rechtsstreits uneingeschränkt in Kraft steht."

[124] So die ansprechende These von W. Rudolph, (1975) Micha, Nahum, Habakuk, Zephanja, 110.

kompositionell wichtigen Stellen. Der Exodus erscheint so als ein basales Konzept, von dem die prophetische Kritik ausgeht. Letztere wird begriffen als das Einklagen der Wesensmerkmale, die Israel auf Grund seiner besonderen Geschichte mit Gott auszeichnen sollten. Mi 6,5 bringt diese Grundfigur auf den Begriff: Aus der Erinnerung (זכר) an die Geschichte soll das Wissen um Jahwes Heilstaten folgen (דעת צדקות יהוה).[125] Die Formulierung bezieht sich zurück auf Mi 3,1, wo der Infinitiv von ידע innerhalb von Mi ebenfalls verwendet ist (דעת את משפט). Beide Formulierungen beziehen sich auch insofern aufeinander, als משפט und צדקה synonyme Begriffe sind. Man darf wohl so interpretieren, daß das Wissen um das Recht sich aus der Erinnerung an die Gerechtigkeitserweise (צדקות) Jahwes in der Geschichte speist. Jahwes befreiendes Handeln motiviert eine Form von Rechtsbewußtsein, das sich mit den Geknechteten solidarisch verbunden weiß.[126]

Die wehklagenden Fragen Jahwes verfehlen ihren Zweck nicht! Der fiktive Gesprächspartner (=Juda) fühlt sich getroffen. Er gesteht seine Sünde ein und erkennt damit die prophetische Kritik als gerechtfertigt an. Die letzte Frage (Mi 6,7b) spielt deutlich auf Mi 3,8 an. "Sünde und Verbrechen" sind die signifikanten Begriffe, die beide Verse gemeinsam haben. Trotz seiner Sünde möchte sich der namentlich nicht genannte Sprecher Jahwe wieder zuwenden, wobei er sieht, daß dies nicht ohne Sühne möglich ist.[127] Vier Fragen versuchen einen opfer-kultischen Weg der Versöhnung zu entwerfen.[128] Die Fragen überbieten sich im Maß des kultischen Aufwands bis ins Groteske, nämlich bis zum Erstgeburtsopfer.[129] Das Erstgeburtsopfer hat Jahwe aber nie gefordert. Im Gegenteil, lediglich im "Brauchtum der Un-

---

[125] H. W. Wolff, (1982) Micha, 150: "צדקות יהוה ist damit zum eigentlichen alttestamentlichen Terminus und zugleich zum Interpretament für die 'Heilsgeschichte' geworden; die Wendung bringt zugleich die Befreiung Israels durch Jahwes Wirken und seine fortwährende Selbstrechtfertigung zur Sprache."

[126] Mi 6 selbst expliziert diesen Zusammenhang nicht, man wird jedoch kaum fehlgehen, wenn man paränetische Rechtsbegründungen im Dtn, die auf den Exodus verweisen, wie etwa das Sabbatgebot Dtn 5,12-15, als konzeptionelles Vorbild für Mi 6 nimmt.

[127] H. W. Wolff, (1982) Micha, 151: "Vorausgesetzt ist natürlich schon hier ein Schuldbewußtsein (vgl. 7b) und der Wille zur Sühnung (...)."

[128] H. W. Wolff, (1982) Micha, 151: "Zuerst wird die Grundfrage formuliert (6a), die dann in drei weiteren Fragen mit sich steigernden Vorschlägen (6b-7) entfaltet wird. 'Womit soll ich Jahwe entgegentreten?', – so lautet die Generalfrage. In ihr lebt noch von den Prozeßfragen her die Angst vor der Begegnung."

[129] H. W. Wolff, (1982) Micha, 152 hat es schön gesehen: "Der Lehrer, der die Fragen in 6f. formulierte, hat meisterhaft die Möglichkeit der kultischen Opfer ad absurdum geführt und indirekt dem einzelnen angezeigt, daß Jahwe in dieser Richtung sein Volk nicht überforderte."

zuchtskulte" wurde dies praktiziert.[130] Die groteske Übersteigerung der Opferangebote läßt bereits deutlichen Zweifel an der Ernsthaftigkeit dieser Angebote aufkommen.[131] Die Menge und Intensität des Opferkultes wurden von den Propheten ja nicht in Abrede gestellt. Das Problem war vielmehr, daß der Kult zu einer die wirklichen Probleme verschleiernden Frömmigkeitsübung erstarrt war.[132] Da wurde gar nicht mehr Jahwe angebetet, sondern ein Zerrbild von ihm. Dies kam unter anderem darin zum Ausdruck, daß der Kult nicht mit einer am Recht orientierten Lebenspraxis gekoppelt war. Da das ältere Michakorpus in Mi 1-3* zwar am Rande eine Priester- (Mi 3,11), aber keine Kultkritik enthält, greift Mi 6 also auf ein Thema zurück, das lediglich in Hos und Am eine Rolle spielt.

In Mi 6,8 erhalten die Fragen aus V. 6-7 eine Antwort. Auf der Linie von Texten wie Hos 6,1-6 [133] und Am 5,21-24 [134] wird kultische Betriebsamkeit als falscher Weg abgelehnt. Dagegen wird versucht, in knappen Worten das zusammenzufassen, worauf es in der gegebenen Situation wirklich ankommt. Es wird freilich darauf insistiert, daß das bereits allgemein bekannt sein sollte. An wen ist als Vermittler dieses Wissens aber gedacht? Zunächst ist man geneigt, an Jahwe selbst zu denken. Allerdings stellt es eine gewisse Schwierigkeit dar, daß im parallelen Zeilenglied der Name Jahwe erscheint, wo man in diesem Falle aus stilistischer Sicht eine Proform der 3.m.sg. erwarten würde. Die Alternative ist, daß man הגיד unpersönlich deutet: "man hat dir mitgeteilt". Entscheidet man sich so oder so, es bleibt die Frage, woher denn die Kurzfassung des Guten in V. 8b bekannt sein soll. Dazu muß man etwas genauer die Formulierung des Satzes betrachten.

---

130 H. W. Wolff, (1982) Micha, 152.

131 Oder sollte hier tatsächlich konsequent der Weg einer Versöhnung auf der Basis eines "do ut des" zuende gedacht worden sein? Dann wäre das Ziel der Übersteigerung, zum Ausdruck zu bringen, in welcher rettungslosen Verlorenheit sich Israel wähnt. Diese Interpretation erinnert aber eher an Anselm von Canterbury und seine Satisfaktionstheorie als an das alttestamentliche Verständnis des Sühnkults.

132 Die Vergeblichkeit der Vorschläge zur Sühne der Sünde zeigt sich in hintergründiger Weise vielleicht bereits im Gebrauch der Phrase נחלי שמן. Hier dürfte sich eine Anspielung auf Am 5,24 verbergen: ironischerweise werden lieber "Ströme von Öl" als Gabe angeboten, anstatt dem von Am 5,24 (im Gegensatz zum in Am 5,21-23 abgelehnten Kultbetrieb) gewünschten Strom (נחל) von Gerechtigkeit Platz zu machen.

133 Hos 6,1-6 ist insofern ein vergleichbarer Text, als auch dort geschildert wird, wie Israel zu Jahwe zurückkehren will, aber unfähig ist, "sich aus baalistischem Wohlstandsdenken noch lösen zu können" (J. Jeremias, (1983) Hosea, 86). Hos 6,6 schließt die Einheit ähnlich wie in Mi 6,8 "in lehrsatzartig-programmatischer Kürze und Gefülltheit" ab (J. Jeremias, (1983) Hosea, 87).

134 In Am 5,21-24 verwirft der Prophet im Namen Jahwes den Kult Israels, wünscht oder erwartet statt dessen aber die überwältigende Präsenz von Gerechtigkeit.

Mi 6,8 beinhaltet fünf Formulierungen, die positiv beschreiben, wie sich
Israel zu verhalten hat. Dabei handelt es sich um die positive Kehrseite dessen, was Micha als Inhalt seines prophetischen Auftretens formuliert (נגד Hif.
in Mi 3,8). Die ersten beiden Formulierungen geben sehr abstrakte Ziele an,
während die folgenden drei genauer angeben, was (מה) unter dem Guten zu
verstehen ist:

(1) Sich am Guten (טוב) orientieren. Das Lexem טוב begegnete bereits in
Mi 1,12; 3,2. Dort hatte Micha Juda, bzw. bestimmten Schichten in Juda,
vorgeworfen, unfähig zum Guten zu sein, das Gute sogar zu hassen. Die Forderung, sich am Guten zu orientieren, liegt ganz auf der Linie von Am 5,14.
Die Wurzel טוב kommt vor in Hos 2,9; 3,5; 4,13; 8,3; 10,1.11; 14,3; Am
5,14-15; 6,2; 9,4.

(2) Dem entsprechen, was Jahwe fordert. דרש mit Jahwe als Subjekt ist
vor allem im Dtn und in Ez belegt: Dtn 11,12; 18,19; 23,22; Ez 20,40; 33,6;
34,10.11. Die Formulierung bildet im Kontext des DK einen wirkungsvollen
Kontrast zu den Aufforderungen, Jahwe zu suchen (דרש), Hos 10,12; bes.
Am 5,4.5.6.14; in Zef 1,6 richtet sich Jahwes Vernichtungshandeln gegen alle, die Jahwe nicht suchten (בקש und דרש).

(3) Recht tun (עשה משפט) bezieht sich innerhalb von Mi auf Mi 3,1.9 zurück. Die Rechtspflege ist aber auch in Hos und Am ein ganz wichtiges Thema: Hos 2,21; 5,1.11; 6,5; 10,4; 12,7; Am 5,7.15.24; 6,12. Der Begriff ist geeignet, einen fundamentalen Kritikpunkt von Hosea, Amos und Micha in eine
positive Forderung umzuformulieren.

(4) Güte lieben (אהב חסד) bezieht sich innerhalb von Mi auf Mi 3,2 zurück und soll offensichtlich einen Gegenbegriff zu "das Böse lieben" (רע
אהב) bilden. אהב kommt zwar am Rande auch bei Am, nämlich Am 4,5;
5,15 (vgl. Mi 3,2) vor, breit belegt ist das Verb jedoch bei Hosea, Hos 3,1;
4,18; 9,1; 10,11; 11,1; 12,8; 14,5. חסד ist so etwas wie besondere Zuge-
wandtheit, die "engere zwischenmenschliche Kontakte" ermöglicht.[135] Der
Begriff kommt innerhalb von Mi und Am sonst nicht vor, hat aber zentrale
Bedeutung in Hos: Hos 2,21; 4,1; 6,4.6; 10,12; 12,7. Er "ist ein Relationsbe-
griff, üblicherweise für zwischenmenschliche Beziehungen. Er bezeichnet ein
Handeln, das der Verpflichtung zu Rücksichtnahme und Hilfe in vorgefunde-
nen oder einmal eingegangenen Bindungen – Familie, Sippe, Beruf, Stadt,
Staat – voll nachkommt, und zwar in einer dauerhaften und verläßlichen
Weise".[136] Richtete sich die Forderung "Recht zu tun" auf die äußerliche

---

[135] H. W. Wolff, (1982) Micha, 154.
[136] J. Jeremias, (1983) Hosea, 60.

Seite menschlichen Verhaltens, nämlich darauf ob es rechtlichen Normen genügt oder nicht, so geht die Forderung nach חסד weiter. Es geht um die innere Einstellung, um die Tiefenschichten menschlicher Verhaltenskonditionie-
rung, die ganz von solidarischem Zugetansein gegenüber dem Mitmenschen
geprägt sein sollen.

(5) Wachsam mit Gott gehen (הצנע לכת עם־אלהיך). Mit dieser Formulierung wird eine bestimmte Ausgerichtetheit der religiösen Grundhaltung
des Menschen beschrieben. Sie dringt also noch tiefer als die beiden ersten
Forderungen zum Zentrum menschlicher Wert- und Verhaltensorientierung
vor.[137] Deutlich ist, daß es um ein "Gehen" geht, das aus der Geborgenheit
heraus lebt, die dadurch vermittelt ist, daß Jahwe "dein Gott" ist.[138] Ein Problem ist die Deutung des im masoretischen Kanon nur hier vorkommenden
צנע Hif. "Die Wendung ist im Zusammenhang mit den in V. 3-5 genannten
Heilstaten Jahwes zu verstehen und bedeutet einen Wandel mit Gott, der ein-
sichtsvoll die Zuwendungen Gottes erkennt und die Folgerungen, die sich
daraus für das eigene Verhalten, auch gegenüber anderen Menschen ergeben,
bejaht. Darin besteht Verwandtschaft mit der Gotteserkenntnis bei Hosea".[139]
M.E. ist aber Wolff Recht zu geben: "Der deuteronomistische Prediger in Mi
6,8 denkt hingegen wie Dtn 10,12-22 an die rechte Nachfolge dessen, der
Jahwes Geschichte mit seinem Volk *und Jahwes Propheten* vor Augen
hat."[140] Da Mi 6,8 in positiver Form fassen will, was Micha – und Hosea und
Amos – als Jahwes Willen in ihrer Kritik implizit voraussetzen, sollte die
Verkündigung der Propheten für das Verständnis der Formulierungen relevant sein. Man erwartet an dieser Stelle in der Tat, daß das Aufgeschlossen-
sein für die Anliegen der Prophetie eine Rolle spielt. Die Übersetzung von
הצנע mit "aufmerksam, wachsam", die Wolff vorschlägt, hat deshalb einiges
für sich, weil dieser Begriff geeignet scheint, das zu bezeichnen, was die

---

[137] Daß Mi 6,8 nicht drei gleichwertige Forderungen nebeneinander aufzählt, sondern vom
Äußeren zum Inneren vordringt, so daß "Recht tun" nicht ohne "Güte lieben" und dieses
wiederum nicht ohne "gehen mit Gott" denkbar ist, hat H. W. Wolff, (1982) Micha, 156
gesehen: "Damit aber sucht Jahwe nicht etwas Drittes beim Menschen, das vom Tun des
Rechten und von der Liebesverbundenheit als etwas Religiöses abzutrennen wäre.
Vielmehr hilft hier eines dem anderen zur Gänze des von Gott bereiteten und gesuchten
guten Lebens: praktizierte Rechtlichkeit, persönliche Freundlichkeit und wachsame
Frömmigkeit."

[138] H. W. Wolff, (1982) Micha, 157: "Die Brückenpfeiler עמי und אלהיך bezeugen das von
seiten Jahwes ungebrochene Bundesverhältnis, das jedoch auf seiten des Volkes der Erneuerung bedarf."

[139] H. J. Stoebe, (1984) צנע, 567-568.

[140] H. W. Wolff, (1982) Micha, 156, Hervorhebung von mir.

Propheten von ihren Hörern gefordert haben, nämlich die Aufmerksamkeit und Sensibilität für Jahwes Handeln und Reden.[141]

Es zeigt sich, daß die Formulierungen in Mi 6,8 wichtige Zentralbegriffe nicht nur aus Mi, sondern auch aus Am und Hos aufnehmen, um so etwas wie eine Summe prophetischer Sicht dessen, was Jahwes Willen ist, zu formulieren. Man kann weiter darauf verweisen, daß namentlich in Hos 12,7 in ähnlicher Weise wie in Mi 6,8 versucht wird, kurz und schlagwortartig zu formulieren, was Jahwe vom Menschen erwartet.[142] Inhalt und Form von Mi 6,8 lassen es deshalb als durchaus möglich erscheinen, daß bei der Vermittlungsinstanz der theologischen Summe in Mi 6,8 an Propheten, vielleicht sogar konkret an Hosea, Amos und Micha gedacht ist.[143]

5.3.5.3. Mi 6,9-16

Mit Mi 6,8 steht in aller Deutlichkeit und ungewöhnlicher Klarheit vor Augen, was Jahwe von denen fordert, die sich ihm nahen wollen. Man könnte nun erwarten, wäre man nicht durch die groteske Sprache in Mi 6,6-7 bereits stutzig geworden, daß der Gesprächspartner nun alles tun wird, um das von Jahwe Geforderte zu tun, insbesondere das Recht zu realisieren. Man wird

---

[141] H. W. Wolff, (1982) Micha, 156.

[142] H. W. Wolff, (1982) Micha, 158: "Das dreigliederige Lehrstück in Mi 6,8b ist einer der großen Versuche, die Summa des Guten kurz und bündig zu formulieren. Bei Hosea finden wir einen ähnlichen Versuch (12,7): ..."

[143] Th. Robinson und H. W. Wolff haben bereits in diese Richtung gedacht. F. Horst / Th. Robinson, (1964) Die Zwölf Kleinen Propheten, 147: "Es ist nicht der Mangel an Opfern, sondern die sittliche Unzulänglichkeit der Lebensführung, was Jahwes Zorn erregt. Darin stimmen alle Propheten, wenigstens die vorexilischen, überein, und 8 stellt geradezu eine Zusammenfassung dieser ihrer Verkündigung dar. So in der Grundforderung einig haben sie aber doch alle ihr besonderes Anliegen. Das des Amos war Gerechtigkeit und Ehrlichkeit in Politik und Recht, in Handel und Wandel, also rechtes Tun. Das des Hosea ging tiefer; es war gütige Zuverlässigkeit und treue Liebe, die in jeder Lebenslage die Menschenwürde achtet, also rechte Gesinnung. Jesaja ging noch tiefer; er wußte, daß alles umsonst ist ohne die Heiligung, die den Menschen für die Gemeinschaft mit Gott tauglich macht, indem sie alles beseitigt, was ihn vor Gottes Antlitz nicht bestehen läßt, und so erst eine dauernde Verbindung mit ihm ermöglicht. Auf diesen drei Pfeilern – Gerechtigkeit, Liebe, Reinheit – beruht in der Tat die gesamte prophetische Verkündigung." Unter Berufung auf Robinson fragt H. W. Wolff, (1982) Micha, 153: "Oder hat er (=der Lehrer) bestimmte Propheten im Ohr, deren Stichworte in der folgenden Antwort wiederzuerkennen sind, wie Micha (3,1.8.9), Hosea (6,6; 12,7) und Amos (5,7.24; 6,12) (ThHRobinson)?" Wolff läßt also Jesaja aus, weil er in Mi 6,8 die Übersetzung von Robinson mit "Reinheit" nicht übernimmt.

bitter enttäuscht. In der Fortführung des Textes mit Mi 6,9-12 [144] – vermutlich erneut nach einer längeren Pause vergeblichen Wartens – muß Jahwe feststellen, daß die namentlich nicht näher spezifizierte Stadt [145] unbeirrt weiterhin (6,10 עוד [146]) das Recht verletzt:

- רשע Mi 6,10.11, חמס Mi 6,12, שקר Mi 6,12 stehen in eklatanter Opposition zu משפט aus Mi 6,8.
- חטאתך Mi 6,13 behaftet Israel bei seinen Sünden, die es in Mi 6,7 eingestanden hatte. Sie sind also nach wie vor nicht gesühnt.
- Mi 6,16 greift Stichworte aus Mi 6,8 wieder auf: מעשה בית אחאב nimmt die Wurzel עשה auf, ותלכו במעצותם die Wurzel הלך, schließlich distanziert sich Jahwe noch von seinem Volk (עמי), was auf das אלהיך zurückverweist.

Juda tut also das Gegenteil dessen, was von ihm gefordert ist.[147] Auf diese schmerzliche Erkenntnis [148] reagiert Jahwe mit der Ankündigung seines Strafhandelns (Mi 6,9-16).[149]

---

[144] In Mi 6,9 ist ותושיה יראה שמך und in Mi 6,12 ולשונם רמיה בפיהם mit H. W. Wolff, (1982) Micha, 159-160 als spätere Glosse zu betrachten.

[145] Es kann kaum eine andere Stadt als Jerusalem im Blick sein. Den Versuch, Mi 6-7 als literarisch in sich einheitliche Schrift zu interpretieren, die die Verkündigung eines ansonsten unbekannten Propheten "Micha von Samaria" widerspiegele, halte ich für mißlungen. So versucht es etwa J. G. Strydom, (1993) Micah of Samaria, der damit eine These von van der Woude weiterverfolgt. In der Tat ist auffällig, daß in Mi 6-7 weder Jerusalem noch Juda genannt sind. Allerdings leidet Strydoms Argumentation sehr stark darunter, daß er weder innerhalb von Mi 1-5 noch innerhalb von Mi 6-7 Literarkritik betreibt. Seine Beobachtungen sind m.E. besser erklärbar durch die These, daß Mi 6 (ohne Mi 7!) einen bewußten Rückgriff auf manche Aspekte aus Hos darstellt. Strydom übergeht zudem die Tatsache, daß sich der deutlichste Bezug auf Hos in Mi 1,7 findet.

[146] עוד in V.10 bedeutet, daß unbeirrt weitergeht, was nach Mi 6,8 eigentlich aufhören sollte. C. F. Keil, (1888) Die zwölf kleinen Propheten, 363: "Bei der Frage v. 10 liegt der Nachdruck auf den עוד, welches eben deshalb vor der Fragepartikel steht, wie nur noch Gen 19,12."

[147] H. W. Wolff, (1982) Micha, 173: "Nach 6,8 wirkt 9ff. zunächst wie eine Konkretion zu jenem Wort. Am Kontrastbild wird in 10-12 verdeutlicht, was Menschen, die zum Recht und zur Liebe und zur aufmerksamen Nachfolge Jahwes gerufen sind, keinesfalls tun sollten."

[148] Das Schmerzliche dieser Erkenntnis kommt darin zum Ausdruck, daß Jahwe in Mi 6,11 die betroffen-ungläubigen Fragen von Mi 6,3 fortsetzt.

[149] C. F. Keil, (1888) Die zwölf kleinen Propheten, 358 hat den Aufbau von Mi 6 in dieser Weise beschrieben: "In der Form des Rechtsstreites des Herrn mit seinem Volke hält der Prophet Israel seinen Undank für die ihm erzeigten großen göttlichen Wolthaten vor (v. 1-5) und belehrt es, daß der Herr nicht äußerliche Opfer zur Versöhnung seines Zornes verlange, sondern Gerechtigkeit, Liebe und demütigen Wandel mit Gott (v. 6-8), und, weil das Volk statt dessen Gewalthat, Lug und Trug treibe, schwere Strafe verhängen müsse (v. 9-14)."

Für den Zusammenhang unserer Fragestellung sind nun die Bezüge dieses Textabschnitts zu Hos und Am wichtig. Als besonders enge Parallele fällt Am 8,5 auf, wo ebenfalls die Fälschung des Efa und der Gewichte (מרמה, מאזני) kritisiert wird.[150] Die Phrase "Schätze des Unrechts" erinnert an den analogen Ausdruck "Schätze der Gewalttat" in Am 3,10.[151] Dieser Bezug wird noch dadurch verstärkt, daß in Mi 6,12 auch das Lexem חמס begegnet. Sehr deutliche lexikalische Bezüge bestehen auch zu Hos 12,8, wo die Stichworte מאזני und מרמה aus Mi 6,11 zu finden sind. Schließlich läßt sich noch ein Bezug zu Zef 1,9 daran festmachen, daß dieser Vers die beiden Lexeme חמס und שקר mit Mi 6,12 gemeinsam hat.

Es legt sich die These nahe, daß die D-Redaktion eine bestimmte Sicht der Sozialkritik der Propheten Hosea, Amos, Micha an kompositionell wichtigen Stellen des DK verankert hat.[152] Diese Sozialkritik betont in Aufnahme von Hos 12,8 aber entgegen der Sozialkritik des Amos und Micha, daß falsche Gewichte und Maße die entscheidende Rolle gespielt haben, wie unrechter Reichtum zustande kam. Hier spricht sich das Interesse des dtn-dtr Redaktors aus, eindeutige Verstöße gegen kodifizierte Rechtsnormen als Basis der Sozialkritik zu benennen. Hatten Amos und Micha mit ihren Anklagen an einen Rechtsbegriff appelliert, der seinen Inhalt vom Willen zum Interessenausgleich und zum Zusammenhalt innerhalb einer traditionalen Gemeinschaft sowie zum solidarischen Einstehen für verarmte oder bedrängte Volksgenossen bezog, so ist der Rechtsbegriff des DK an klar formulierten Rechtsnormen orientiert. Die Form von Unterdrückung, die Amos und Micha anklagen, ist auf juristischem Weg nicht verfolgbar, denn rein formal geht alles mit rechten Dingen zu. Allenfalls kann man den Vorwurf der Rechtsbeugung erheben, also den Vorwurf, daß die aktuelle Anwendung der Rechtsnormen gegen den Sinn dieser Normen verstößt. Rechtsnormenverstöße hingegen, wie sie der D-Redaktion vor Augen stehen, sind objektiv, z.B. durch einen Richter, feststellbar, auch wenn die Strafverfolgung sich angesichts damit verbun-

---

[150] H. W. Wolff, (1982) Micha, 167: "Am 8,4-7 spricht angesichts gleichartiger Verfehlungen (5!) von Jahwes Schwur, solche Taten 'niemals zu vergessen' (שכח 7b)."

[151] H. W. Wolff, (1982) Micha, 167: "Der vermutliche Zusatz (...) nennt als Ertrag der Fälschungen אצרות רשע 'unrechtmäßig angesammelte Vorräte', so wie sie auch Amos angeprangert hat (Am 3,10)."

[152] Am 8,4-8 ist deshalb eine kompositionell wichtige Stelle, weil nach der Erklärung des "Endes Israels" in der vierten Vision, der Versuch gemacht wird in zusammenfassender Weise zu sagen, warum dieses Ende denn kommen mußte. Innerhalb der Vision selbst war die Schuld Israels immer vorausgesetzt, aber nie aufgewiesen worden. Mi 6 ist kompositionell hervorgehoben dadurch, daß es am Ende der dtn-dtr Michaschrift steht. Hos 12 steht ebenfalls nahe dem Schluß des dtn-dtr Hoseabuches.

dener Betrugs- und Vernebelungsmanöver (שֶׁקֶר) in vielen Fällen schwierig gestaltet.[153]

Die Strafansage (Mi 6,13-15) lehnt sich an D-Zusätze aus Hos und Am an. "Während wir bei Amos (5,11) und Hosea (4,10) nur einfache Dopplungen des Nichtigkeitsfluches vor uns haben, findet sich in Dtn 28,30.31.38-41 eine längere Reihe, die als solche nur in Mi 6,14f. eine Parallele hat".[154] Die Absicht dieser Passagen ist es, die prophetische Strafankündigung als Konsequenz der deuteronomischen Fluchandrohungen darzustellen.[155]

Mi 6,16 schließt sehr hart an das Vorhergehende an, er dürfte mit Wolff innerhalb seines Kontextes als sekundär einzustufen sein.[156] Gleichwohl spiegelt er eindeutig eine dtr Konzeption wider.[157] Der Vers bezieht sich auf Mi 1,5-7 zurück, insofern hier wie dort das Nordreich und seine Könige Jerusalem als warnendes Beispiel vorgehalten werden.[158] Mit diesem Rückbezug ist ein Rahmen um die Michaschrift des DK gelegt. Es fängt mit der Ankündigung des Untergangs Samarias an und endet damit, daß sich selbst Jerusalem, das doch in seinen Mauern Jahwes legitimen Tempel beherbergte, diesem Samaria angeglichen hat und deshalb die Strafe Jahwes spüren wird.

---

[153] Nur für Rechtsnormenverstöße gilt, worauf H. W. Wolff, (1982) Micha, 169 hinweist: "Zur Gewalttätigkeit gehört fast unentbehrlich die Lügenrede, die sie decken muß (חמס und שֶׁקֶר stehen z.B. auch Ps 27,12 nebeneinander; vgl. ferner Zef 1,9; Jes 53,9)." Formalrechtlich einwandfrei erworbener Reichtum hingegen, auch wenn er die Verarmung von Geschäftspartnern und/oder Konkurrenten zur Folge hat, braucht sich nicht zu verstecken, er kann, ironischer Weise, vielmehr als Auswirkung besonderen göttlichen Segens gefeiert werden.

[154] H. W. Wolff, (1982) Micha, 171.

[155] Vgl. die eindrücklichen Ausführungen Zimmerlis in seinem Kapitel über "Gesetz und Fluch" (W. Zimmerli, (1969) Gesetz und Propheten, 81-93). Zimmerlis Propheteninterpretation kann sich vor allem auf die Passagen stützen, die dem dtn-dtr Traditionsstrom zuzuordnen sind. Auch H. W. Wolff, (1982) Micha, 173: "Der Spruchkomplex schärft am Beispiel listigen und tückischen Handels mit der Ankündigung der Vernichtung ein, was Dtn 28,15 so formuliert: 'Wenn du der Stimme Jahwes, deines Gottes, ... nicht gehorchst, so kommen alle Flüche ... über dich.'"

[156] H. W. Wolff, (1982) Micha, 163.171f.

[157] Wie schon H. W. Wolff, (1982) Micha, 172 gesehen hat, fällt die große Nähe dieser redaktionellen Konzeption mit 2 Kön 21,3 auf: "Genau auf dieser Linie der Sicht des deuteronomistischen Geschichtswerks liegt die Anklage und die Drohung für 'die Stadt' an unserer Stelle."

[158] In Mi 1 ging es um Samaria, die Hauptstadt des Nordreichs, in Mi 6,16 um Omri, den Gründer Samarias (1 Kön 16,24), und seinen Sohn Ahab. Beide Könige gelten dem DtrG als besonders schlimme Könige (1 Kön 16,25.30). Schon H. W. Wolff, (1982) Micha, 172 deutet diese Art des Rückbezugs von Mi 6,16 auf Mi 1,6-9 an.

5.3.6. Zusammenfassung

Die Entstehung der Michaschrift hat man sich analog der von Am vorzustellen. Schriftliche Aufzeichnungen und mündlich überkommene Prophetenworte wurden erstmals von Tradenten zu einer Schrift zusammengestellt,
die auch die wesentlichen kompositionellen Charakteristika der Gesamt-
schrift formulierten: z.B. die Einleitung zur Schrift in Mi 1,2b.5a.6-7, die
Überleitung zur Jerusalemkritik Mi 1,9.12b(?), die Höraufrufe Mi 3,1.9, auch
die Hinweise auf das "Recht" in Mi 3,1b und auf die Verkehrung von gut und
böse in Mi 3,2a. Die redaktionellen Eigenformulierungen greifen, im Unterschied zu den vorliegenden Aufzeichnungen, in Stil und Vokabular auf
Textpassagen aus Trad-Hos und Trad-Am zurück. Keine dieser redaktionellen Passagen zeigte ein erkennbares dtn-dtr Profil, ein solches fand sich erst
in Mi 6. Dieses Kapitel unterscheidet sich aber nach Stil und Inhalt deutlich
von den Texten in Mi 1-3.

Diese Beobachtungen lassen den Schluß zu, daß die Michaschrift der Tradenten mit Trad-Hos und Trad-Am eng zusammen gesehen werden muß. Eine völlig selbständige Michaschrift hat es vermutlich nie gegeben.[159] Insbesondere die redaktionellen Passagen in Mi 1 lassen sich als bewußte redaktionelle Anknüpfung an vorhergehende Schriften am besten verstehen. Wie
aber ist die Anbindung an die vorhergehenden Schriften genauer vorzustellen? Zwei Möglichkeiten sind durchzuspielen. Zum einen könnte Trad-Mi
einer bereits bestehenden Zweiprophetenbuchrolle durch die Arbeit der Tradenten angefügt worden sein. Zum anderen könnte Trad-Mi von Anfang an
ein Bestandteil der ältesten Prophetenschriftensammlung gewesen sein. In
diesem Fall hätte es nie ein Zweiprophetenbuch gegeben, sondern von Anfang an ein Dreiprophetenbuch.

Ein Argument dafür, daß alle drei Schriften gleichzeitig redigiert wurden,
wäre, daß man Einflüsse von Trad-Mi auf Trad-Hos/Trad-Am feststellen
könnte. Diese sind aber spärlich. Am ehesten käme der Begriff "Bluttaten"
(דמים) in Hos 4,2 dafür in Betracht. Der Begriff kommt sonst in Hos nicht
vor, ist aber innerhalb von Trad-Mi literarisch fest verwurzelt. Der Bezug ist
aber nicht signifikant genug, um wirklich eine literarische Bekanntschaft von
einer Stelle auf die andere wahrscheinlich zu machen. Also kann die These,
daß das älteste Mehrprophetenbuch bereits drei Prophetenschriften umfaßt
hat, nicht erwiesen werden. Man wird deshalb eher damit rechnen, daß die
Michaschrift bewußt als Ergänzung einer bereits bestehenden Zweiprophe-

---

159 Der ältesten Michaschrift lagen aber sicherlich Aufzeichnungen über Auftritte des Pro-
     pheten Micha vor.

tenbuchrolle herausgegeben wurde. Alle gefundenen Bezüge sind so gut erklärbar. Zusätzlich kann man auf den Bedeutungswandel des wichtigen Ausdrucks "Haus Israel" in Mi 3,1 verweisen.[160] Dieser Bedeutungsunterschied
ließe sich jedenfalls dann gut erklären, wenn die Mi-Tradenten sich von den
Hos- und Am-Tradenten unterscheiden würden.

Die Mi-Tradenten erhielten der Michaschrift ein eigenes Gepräge, aber sie
wollten sie bewußt an Hos und Am anschließen. Sie leiteten ihre Michaschrift mit einer Samariakritik ein. So ergab sich ein äußerst markanter thematischer und sprachlicher Anschluß an Trad-Hos und Trad-Am. Die in diesen Schriften enthaltenen Höraufrufe führten sie nicht nur weiter, sondern
gestalteten Mi 3 als den eindringlichen Höhepunkt dieser Kette. Durch Rückverweise auf Hos 5,1 und Am 5,14-15 innerhalb von Mi 3,1-2a wurde die
Kritik Michas als Ausdruck der gleichen Anliegen begriffen, wie sie auch
Trad-Hos und Trad-Am zu Grunde lagen. Jerusalem hat, wie schon zuvor
Samaria, gegen Jahwe gesündigt (חטא, vor allem פשע), das "Recht" mißachtet, Solidarität unterdrückt (עשק) und die grundlegendste ethische Fun-
damentalunterscheidung, nämlich die zwischen gut (טוב) und böse (רע), verkehrt. Wo Am 5,14-15 noch die Hoffnung auf ein "vielleicht" äußern konnte,
wenn denn nur wieder das "Gute" geliebt würde, da muß Mi 3,2a feststellen,
daß das für Jerusalem keine Möglichkeit mehr ist. Als Konsequenz wird Jerusalem nach dem Vorbild von Samaria verwüstet (Wurzel שמם) und sogar
der Zion das Schicksal von Bet-El erleiden: er wird profaniert werden.

Eine erste Absicht der Angliederung von Trad-Mi an Trad-Hos/Trad-Am
läßt sich an den auffällig gleich strukturierten Höraufrufen ablesen. Im Unterschied zum späteren D-Höraufruf Hos 4,1a ist in den älteren Höraufrufen das
prophetische Wort noch nicht mit dem Wort Jahwes unmittelbar identifiziert
("Wort Jahwes" im Singular). Viel eher wird daran gedacht gewesen sein,
daß das Wort Jahwes nur dort vorlag, wo die Propheten selbst dies durch
Verwendung entsprechender Formeln, z.B. der Botenformel, oder auf andere
Weise kenntlich gemacht hatten. Ein weiterer Unterschied zu den historischen Propheten liegt darin, daß diese sehr wahrscheinlich bestimmte gesell-
schaftliche Gruppen, bzw. konkrete Hörer angeredet haben, während die Tradenten die beiden Bruderreiche jeweils als Ganzes angesprochen sahen: Drei
Propheten haben auf unterschiedliche Weise, aber im Namen desselben Gottes die beiden Reiche mit ihrer Botschaft konfrontiert.

Trotz dieser Synchronisierung bleiben Unterschiede zwischen Nord- und
Südreich bestehen. So fällt auf, daß innerhalb von Mi zwar die Priester kriti-

---

[160]   Siehe oben 5.3.1.

siert werden (Mi 3,11), aber nicht der Jerusalemer Kult. Das Wort gegen den
Zion hält fest, daß es "euretwegen" geschieht, daß das Heiligtum profaniert
wird. Die Verbrechen Jerusalems haben sozusagen das Heiligtum affiziert.
Im Unterschied dazu ist Bet-El in Am als ein gottwidriges Heiligtum verstanden, das man gar nicht aufsuchen soll (Am 5,5). Ein weiterer Unterschied
ist, daß nur innerhalb von Mi Kritik an anderen Propheten geübt wird.
Schließlich fällt auf, daß insbesondere in Am 5 ein Ausweg aus dem kommenden Verhängnis gewiesen wird, jedenfalls "vielleicht" für einen "Rest
Josefs", während im Falle von Juda ein solcher nicht offensteht.

Eine zweite Absicht der Angliederung von Trad-Mi an die vorausgehenden Schriften scheint mir die Lösung eines wichtigen überlieferungsge-
schichtlichen Problems des historischen Propheten Micha zu sein. Der historische Prophet Micha hat – soweit wir seine mündliche Verkündigung rekonstruieren können – höchstens einmal (Mi 2,3, aber auch hier ist die Botenformel wohl erst literarisch eingedrungen), aber nie in Mi 3, im Namen
Jahwes gesprochen.[161] Wie konnten dann die Überlieferer der Worte Michas
diese als authentisches Jahwewort erkennen und proklamieren? M.E. geschah
dies dadurch, daß man die enge Verwandtschaft der Kritik des Micha vor allem mit der von Hosea und Amos wahrnahm. Die Worte des Micha wurden
von Hosea und Amos her verstanden. Die Vorschaltung des Samariawortes
(Mi 1,5-7), das ja bereits 722 in Erfüllung ging, diente zusätzlich der Beglau-
bigung des Propheten.[162] Die geschichtliche Erfüllung einer dem Micha zu-

---

[161] H. W. Wolff, (1982) Micha, 81 hat scharf beobachtet, wie selten Micha von Jahwe redet: "Hier bedarf es noch der Beachtung, wie zurückhaltend Micha selbst von Jahwe
spricht. Es fällt auf, daß der Name Jahwe weder im Eingang seiner Sprüche (...) noch im
Übergang zur Gerichtsandrohung (V. 4.6f.12) genannt wird, so daß im Einzelfall später
das Bedürfnis eines Nachtrags entsteht (so die Botenspruchformel in Jer 26,18 als Zutat
zu Mi 3,12). ... Am stärksten vermißt man, von den Berufungsberichten der anderen
großen Schriftpropheten herkommend, den Hinweis auf Jahwes Auftrag oder auch nur
die Benennung des 'Rechts' als 'Recht Jahwes' in dem kühnen Satz der Selbstvorstellung
des Propheten (8). Wie ist dieses merkwürdige Schweigen von Jahwe zu verstehen?
Legt ihm der häufigere Gebrauch des Namens Jahwe im Munde seiner Gegner diese Zurückhaltung nahe? Von ihnen kann er sagen: 'Sie werden zu Jahwe rufen ...' (4), 'sie
stützen sich auf Jahwe und sagen: Ist nicht Jahwe in unserer Mitte?' (11b). Oder liegt
ihm diese Zurückhaltung vom weisheitlichen Denken her nahe, wie es in den Sippen der
Landstädte gepflegt wurde? ... In jedem Falle unterstreicht diese ungewöhnliche Spar-
samkeit in der Nennung Jahwes seine Herausforderung, den Mißbrauch von Gottes
Namen, Gottes Offenbarung und Gottes Schutz zum eigenen Ruhm oder Profit zu erkennen."

[162] H. W. Wolff, (1982) Micha, 26 führt Mi 1,5-7 auf den historischen Propheten Micha
zurück, weil ein nach 722 entstandener Spruch sicher nicht unberücksichtigt gelassen
hätte, daß die Assyrer Samaria eben nicht zerstört, sondern nur große Teile der Bevölke-

geschriebenen Drohung erfüllte die Legitimationsfunktion, die innerhalb von
Am der Verweis auf eine persönliche Berufung (Am 3,3-8) und innerhalb
von Hos wohl Hos 1* erfüllten. Eine dem vergleichbare Erzählung konnte
man von Micha anscheinend nicht vorweisen.

Die D-Redaktion fand also bereits ein Dreiprophetenbuch vor, das sie
dann durch die Anfügung von Mi 6,2-16* substantiell erweiterte. Diese These fügt sich gut zu der Beobachtung, daß gerade Mi 6 vielfache Berührungen
zu Hos und Am aufweist. Wie wir insbesondere an dem Höraufruf Mi 6,2
gesehen haben, geht es der D-Redaktion in Mi 6 um die Gestaltung eines Ab-
schlusses von Hos, Am und Mi. Bemerkenswert ist der Versuch in Mi 6,8, in
positiver Weise zusammenzufassen, auf welchen grundlegenden Werten die
prophetische Kritik basiert.

5.4. D-Passagen in Zef

Zef läßt sich in drei Teile gliedern.[163] Ausgehen kann man von der sehr
auffälligen Wiederholung von Zef 1,18a in Zef 3,8. Hiermit soll offensichtlich das jeweilige Ende des 1. und 2. Teils von Zef markiert werden, so daß
sich folgende Teile ergeben:

Teil 1, Zef 1,2-18: Der Tag Jahwes kommt für die ganze Schöpfung
-    1,18 greift einen Rahmen herstellend auf 1,2-3 zurück.
-    1,18 wechselt in summierende, generalisierende Sprache.
-    Mit dem Thema "Ende" (כלה) in 1,18 ist ein semantisches Signal gesetzt, daß ein
     Gedanke zuende ist.
Teil 2, Zef 2,1-3,8: Gericht gegen die Völker und Jerusalem [164]
-    3,8 bietet einen sehr kunstvollen Abschluß dieses Teils. Einerseits wird auf den
     Schluß des 1.Teils (Zef 1,18) zitierend zurückgewiesen, andererseits wird durch

---

rung exiliert haben. Dagegen scheint mir erstens die These überlegenswert, daß Mi 1,6
die Strafe an Samaria bewußt als ein Erdbeben schildern wollte (so etwa F. Horst / Th.
Robinson, (1964) Die Zwölf Kleinen Propheten, 131; A. Weiser, (1956) Buch der zwölf
Kleinen Propheten: Teil 1, 236). Dies könnte ein bewußter Anschluß an das in Am 1,1;
9,1 erwähnte Beben sein. Zweitens wurde das Ende Samarias ja von vorne herein als ein
Gegenstück zu der Drohung Mi 3,12 konzipiert. Die dort ins Auge gefaßte totale Zerstörung wurde auf Samaria zurückprojiziert.

[163] Die Überschrift Zef 1,1 steht wie immer außerhalb der Gliederung.
[164] Wie die Forschungsgeschichte zeigt, ist der Abschnitt Zef 2,1-3 sehr schwer zuzuord-
       nen. Mal wird er zum 1.Teil hinzugezählt, mal zum 2. Von der Thematik her, gehört Zef
       2,1-3 zum ersten Teil, aber auf einer ganz neuen Sprechebene, denn jetzt werden be-
       stimmte Leute direkt angeredet! Dieses Merkmal verbindet Zef 2,1-3 mit dem folgen-
       den, wie M. A. Sweeney, (1991) Reassessment, 398 gezeigt hat. Man wird m.E. beiden
       Beobachtungen gerecht, wenn man den Versen eine Überleitungsfunktion zuschreibt.

die Formel יהוה נאם ein Einschnitt markiert. Sodann fungiert das Verb "warten"
als ein semantischer Marker: Der Leserschaft wird tatsächlich eine Wartepause
im Text zugemutet.[165] Schließlich dürfte sich die Anrede an nicht genannte
Adressaten in Zef 3,8 an Zef 2,1-3, den Beginn dieses Teiles anlehnen, was eine
weitere Inclusio ergäbe. Vermutlich sind beide Male die gleichen Adressaten im
Blick.[166]
- Die Binnenstruktur dieses Teils parallelisiert in zwei durch הוי eröffneten
  Spruchreihen (Zef 2,5 und Zef 3,1) das Gericht über die Völker mit demjenigen
  über Jerusalem.[167]
Teil 3, Zef 3,9-20: Umgestaltung der Völkerwelt und Restitution des Zion.
- Dieser Teil wechselt in eine neue Zeitphase, nämlich in die nach dem Gericht an-
  brechende Heilszeit. Die Untergliederung übernehmen gebräuchliche Formeln,
  wie "an jenem Tag", "zu jener Zeit". Die Themen bilden einen Kontrast zum ersten und zweiten Teil: Nach dem Opferschlachtfest (Zef 1,7) folgt nun der Jubel
  der Festgemeinde (Zef 3,14). Nach der Bestrafung der Völker und Jerusalems (im
  2.Teil) erfolgt nun die Etablierung einer neuen Weltordnung.[168]

Die Form des Endtextes ist makrostrukturell plausibel [169], aber im Detail
zeigen sich doch literarkritische Brüche, denen nun nachzugehen ist.

5.4.1. Zef 1,2-18

In Zef 1 wechseln sich Jahwe- und Prophetenrede ab, ohne daß so recht
erkennbar würde, wie beide aufeinander bezogen sind. Es macht den Ein-

---

[165] In der Tat darf man nach Zef 3,8 ja nicht zu schnell weiterlesen. Die Verheißungen in
Zef 3,9-20 leben davon, daß man den "Feuereifer Jahwes" für einen Moment lang aus-
hält!

[166] Die Argumente von M. A. Sweeney, (1991) Reassessment dafür, daß 2,4-3,20 als ein
Teil zusammengehören, sind nicht überzeugend. Seiner Meinung nach haben 2,1-3 bereits den Zustand nach dem Gericht (3,9-20) im Auge. Das ist aber nicht der Fall. Schon
das "vielleicht" in Zef 2,3 macht deutlich, daß der Autor es an dieser Stelle noch nicht
wagt, über das Strafhandeln Jahwes hinaus zu denken.

[167] Um eines sehr raffinierten Effekts willen ist der Name der Stadt (Zef 3,1) nicht genannt.
Während des Lesens glaubt man nämlich zunächst, es handle sich bei der Stadt (Zef
3,1ff) um Ninive, die in Zef 2,13 zuletzt genannte Stadt. Aber allmählich werden die inhaltlichen Probleme mit dieser Lektüreweise so stark (schon durch die Erwähnung von
Propheten in V. 4, endgültig dann mit V. 5), daß kein Zweifel mehr daran bestehen
kann, daß Jerusalem gemeint ist!

[168] E. Bosshard, (1987) Beobachtungen, 50: "Daß ʾsp nun in 3,18, im Gegensatz zu 1,2f.;
3,8, in einem Heilskontext steht, ist offenbar charakteristisch für fast alle weiteren Bezüge, die 3,9-20 mit 1,2-2,3 und 2,4-3,8 verbinden: Gerichtsaussagen in den ersten beiden Abschnitten werden im dritten Abschnitt als Heilsaussagen gelesen, die primär Zion
/ Jerusalem gelten."

[169] Das haben z.B. D. L. Christensen, (1984) Zef 2,4-15 und M. A. Sweeney, (1991) Reassessment hervorgehoben.

druck, als würde Jahwe zum Propheten in erster Person sprechen und letzterer dann gegenüber einem nicht näher spezifizierten Hörerkreis die Nähe des Tages Jahwes proklamieren.[170]

5.4.1.1.   Der Rahmen Zef 1,2-3 // 1,18aβb

Die Verse Zef 1,2-3 unterscheiden sich durch ihren universalen Charakter deutlich von der auf Jerusalem begrenzten Perspektive der folgenden Verse.[171] Die Phrase מעל פני האדמה stellt einen Bezug auf die Urgeschichte, speziell die Sintfluterzählung, von J dar (Gen 4,14; 6,7; 7,4; 8,8). Anderweitig ist sie in Texten von DtrG beliebt (Ex 32,12; Dtn 6,15; 1 Sam 20,15; 1 Kön 9,7; 13,34). Innerhalb der Prophetie kommt sie nur noch in Jer 28,16 und Am 9,8 vor. Während in dem D-Text Am 9,8 lediglich das sündige Nordreichskönigtum von der Erde verschwinden sollte, ist in Zef 1,2-3 die gesamte Schöpfung im Blick. Diese Differenz macht deutlich, daß Zef 1,2-3 nach der D-Redaktion angesetzt werden muß.

Die Aufzählung der Tiere, die sogar die Fische einschließt, hat Zef 1,3 mit Hos 4,3 gemeinsam. Auch Hos 4,3 ist als nach-dtr Zusatz einzustufen. Da diese beiden Texte so starke lexikalische und konzeptionelle Übereinstimmungen aufweisen, dürften sie der gleichen Redaktionsschicht zuzuweisen sein. Man kann vermuten, daß hier ein Schriftenkorpus gerahmt wurde, das mit Hos* begann und mit Zef* endete.

Es fragt sich, ob Zef 1,2-3 und 1,18aßb der gleichen Schicht zuzurechnen sind. H. Irsigler weist auf die sprachlichen Differenzen hin:

Zef 1,2-3:	Zef 1,18:
אדמה	הארץ
einsammeln אסף	verzehren אכל
כל האדמה	כל ישבי הארץ
alles Lebendige wird fortgerafft	die ganze Erde wird verzehrt

---

[170] Es mag sein, daß Ich- und Er-Passagen auf unterschiedliche Worte der mündlichen Verkündigung zurückgehen. Die Versuche von J. Scharbert, (1982) Zefanja u.a., in Zef 1 zwei in sich geschlossene literarische Schichten zu finden, halte ich jedoch für nicht überzeugend. Die älteste Zefanjaschrift dürfte vielmehr den Wechsel zwischen Jahwe und Prophet als dramatischen Effekt enthalten haben. Vgl. etwa P. R. House, (1988) Zephaniah, der allerdings den Bogen überspannt.

[171] Innerhalb von Zef 1,2-3 stellt והמכשלות את־הרשעם in Zef 1,3 einen Nachtrag dar. Der Zusatz soll wohl andeuten, in welcher Weise auch die Natur "schuldfähig" sein und für diese Schuld bestraft werden kann. Mit כשל wird auf eine bei Hosea verschiedentlich begegnende Wurzel zurückgegriffen, ohne daß eine wirkliche, sachliche Nähe zu einzelnen Hos-Versen bestünde.

In der Tat sind diese lexikalischen Unterschiede auffällig.[172] So muß man wohl, wie auch Irsigler, mit einem Redaktor rechnen, der im engen Anschluß an Zef 1,2-3 einen eigenen Text formuliert und bewußt so eingefügt (Zef 1,18 und 3,8) hat, daß durch diese redaktionellen Texte die Gesamtkomposition des Buches festgelegt wurde.

5.4.1.2.   Zef 1,4-6

In Zef 1,4-6 kündigt Jahwe sein Vorgehen gegen gottwidrige Zustände in Juda und Jerusalem an. Genannt werden ausschließlich kultische Vergehen. Die Bezüge auf die Darstellung der Reformen des Joschija in 2 Kön 23 sind auffällig: so wird Baal in 2 Kön 23,4, das Heer des Himmels in 2 Kön 23,4.5, die Gottheit Molech in 2 Kön 23,10, die Dächer als Stätten der Fremdgötterverehrung in 2 Kön 23,12 und schließlich die Gottheit Milkom in 2 Kön 23,13 erwähnt. In 2 Kön 23,14 wird die Vorgehensweise Joschijas wie in Zef mit dem Lexem כרת charakterisiert. Man gewinnt den Eindruck, daß Zef 1,4-6 dem Reformprogramm des Joschija parallel gehen. Jahwe selbst säubert sein Volk von allen "fremdreligiösen" (=assyrischen) Einflüssen. Dies ist "eine Vorstellung, die dem Reformprogramm des Königs Josia (2.Kön 23) entspricht. Zeph 1,4ff. macht den Propheten zum Verkünder einer radikalen Reform, wie Zeph 1,1 ihn neben den Reformkönig Josia stellt."[173]

Der Zusammenhang mit der Überschrift Zef 1,1 und dem dort erwähnten Joschija ist in der Tat überzeugend. Hier haben wir nun noch genauer zu fragen. Wurden die Verse Zef 1,4-6 vom gleichen Redaktor formuliert wie Zef 1,1?[174] Ehe man diese Frage beantworten kann, müssen innerhalb von Zef 1,4-6 jedoch noch die sekundären Zusätze ausgeschieden werden.

---

[172] H. Irsigler, (1977) Gottesgericht, 112-113.

[173] So die ansprechende These von K. Seybold, (1991) Nahum, Habakuk, Zephanja, 95. Ähnlich schon J. Scharbert, (1982) Zefanja, 248: "Wenn man den deuteronomistischen Bericht über die Durchführung der Reform Joschijas in 2 Kön 23 (bes. die Verse 3.7.12.15f.20) mit der Gerichtsankündigung von Zef 1,4f. vergleicht, gewinnt man unwillkürlich den Eindruck, Joschija habe sich geradezu als Vollstrecker des durch Zefanja angekündigten Jahwe-Gerichts verstanden oder als habe zumindest der 'deuteronomistische' Berichterstatter Zef 1,4f. sogar bis in die sprachliche Formulierung hinein als Vorlage für seine Schilderung benützt."

[174] Die Verse Zef 1,4-6 sind aus poetischer Sicht deutlich überfüllt und syntaktisch schwierig. In Zef 1,4b ist wohl מן המקום הזה ein Zusatz, der dem Sprachgebrauch von Jer entstammt (daß Gottes Handeln sich gegen diesen Ort richtet, findet sich noch in Jer 16,9; 24,5; 28,3). Daß zwischen והכרתי und die Nota accusativi noch eine adverbielle Bestimmung tritt, ist gegenüber Zef 1,3 ungewöhnlich. In allen anderen Fällen, in denen vergleichbar formuliert wird, folgt die Nota accusativi direkt auf das Verb (vgl. Lev

Zef 1,6 bietet Probleme. Erstens spricht der Vers von Jahwe in dritter Person, während in V. 4-5 Jahwe in der 1.Person sprach. Zweitens war in V. 4-5 von der Hinwendung zu bestimmten Götzen die Rede, während es in V. 6 um fehlende Zuwendung zu Jahwe geht. Drittens fällt der zweite Versteil syntaktisch aus dem Rahmen. V. 6b wechselt von nominalen Aussagen zu qatal über und wird mit ואשר ungewöhnlich angeschlossen. Viertens handelt es sich um eine extralange Zeile (3+5?). Es hat große Wahrscheinlichkeit für sich, hierin Zeichen für eine sekundäre Zufügung von Zef 1,6 zu erblicken.[175] Man kann die Beobachtungen vielleicht auch so deuten, daß hier das Ende eines Abschnitts deutlich markiert werden soll, aber zusammengenommen sprechen diese Unregelmäßigkeiten eher für die Annahme eines literarkritischen Bruchs.

Untersucht man den lexikalischen Bestand des Verses genauer, so zeigen sich signifikante Querbezüge auf Hos und Am. Die Wendung מאחרי יהוה kommt vor allem in dtn-dtr Texten (Num 14,43; Jos 22,16.18.23.29; 1 Sam 12,20; 2 Kön 17,21; 18,6), innerhalb der prophetischen Bücher nur noch in Hos 1,2 vor. Zusätzlich findet sich die Wendung בקש את יהוה auch in Hos 3,5; 5,6 (vgl. 5,15). Auch V. 6b ist eigentlich nur recht zu verstehen, wenn man Am vorher gelesen hat. Erst auf dem Hintergrund von Am 5,4.(14) wird erkennbar, was es bedeutet, Jahwe nicht zu suchen. Zef 1,6 setzt voraus, daß man beim Lesen den Gesamtzusammenhang von Am 5,1-20 im Auge hat. Zef 1,6 interpretiert die Am-Passage wohl so, daß Amos denen, die Gott suchen, in Aussicht gestellt hatte, das Kommen des Tages Jahwes zu überstehen. Diejenigen aber, die Jahwe nicht suchen, haben einer letzten ultimativen Vermahnung des Propheten nicht Folge geleistet, deshalb wird der von Amos angekündigte Tag Jahwes (Am 5,18) gerade sie treffen. Genau in dieser Weise leitet auch Zef 1,6 zur Ankündigung der Nähe des Tages Jahwes in Zef 1,7 über. Der Tag Jahwes wird die treffen, die Jahwe nicht gesucht haben.

Wie sind diese Beobachtungen nun zu deuten? Der Grundbestand von Zef 1,4-5 könnte angesichts der Nähe zur Berichterstattung über Joschijas Reform in 2 Kön 23 als eine dtr Einleitung zur Zefanjaschrift zu verstehen sein.

17,10; 20,3.5.6; 26,30; 2 Sam 7,9; 1 Kön 9,7; Ez 25,16; 30,15; Sach 13,2; 1 Chron 17,8). Einen zweiten Zusatz stellt wohl עם הכהנים am Versende von Zef 1,4 dar. Ein späterer Leser trug hier wohl den Gedanken nach, daß nicht sosehr die Priester fremder Kulte als vielmehr die offiziellen Jahwepriester (כהנים) für die kultischen Vergehen Judas verantwortlich sind. Drittens ist in Zef 1,5b im ersten Kolon entweder המשתוים als Dopplung zu V. 5a oder הנשבעים als Dopplung zum Beginn des nächsten Kolon zu streichen. In letzterem Fall dürfte es sich um ein Abschreibversehen handeln.

175 Dafür spricht sich auch H. Irsigler, (1977) Gottesgericht, 111 aus: "V.6 stellt einen Zusatz mit verallgemeinernder und ausmalender Tendenz dar."

Andererseits sind aber die Bezüge zu 2 Kön 23 auch wieder recht sporadisch, und wichtige Themen des DtrG, z.B. die במות, werden in Zef nicht genannt. So dürfte eine andere Deutung näher liegen. Danach wäre damit zu rechnen, daß in den Versen der historische Prophet Zefanja zu Wort käme. Dieser wäre in der Tat ein Parteigänger des Joschija gewesen, was die Bezüge zu 2 Kön 23 erklären würde. In Zef 1,6 meldet sich dann aber die D-Redaktion zu Wort und vernetzt mittels lexikalischer Querbezüge die Zefanjaschrift mit D-Hos und D-Am. Zef 1,6 signalisiert damit eine neue Verständnisweise des Zef. Dieser Redaktor verstand Zef als Bestandteil eines Schriftenkorpus. Es liegt nahe, ihn mit dem Redaktor zu identifizieren, der die Überschrift hinzufügte.

Nimmt man diese Verständnisweise ernst, dann muß im Sinne der deuteronomistischen Redaktion auch der schwierige Ausdruck "Rest des Baal"[176] als Hinweis auf Hos verstanden werden, denn nur noch in Hos wird innerhalb des Zwölfprophetenbuchs der Gott Baal erwähnt. Von einem "Rest" wäre insofern sinnvoll zu sprechen, als mit dem Untergang des Nordreichs auch der Hauptstützpunkt der Baalverehrung in Israel untergegangen ist.

5.4.1.3.   Zef 1,13b

In Zef 1,13b bildet das ungewöhnlich lange Bikolon, das kaum in den Gedankengang paßt, offensichtlich einen Nachtrag, der sich an das Stichwort בית anschließt.[177] Dieser folgt einem Schema, nach dem eine Strafe oder ein Fluch darin besteht, daß einer Person oder Gruppe natürliche und selbstverständliche Früchte eigener Anstrengungen vorenthalten werden. Darin gleicht er den Texten Am 5,11; Dtn 28,30.39; Hos 4,10; Mi 6,14-15. Es liegt nahe, anzunehmen, daß alle vier Texte untereinander literarisch abhängig sind. Besonders deutlich gilt das für Zef 1,13b; Am 5,11 und Dtn 28,30.39. Zef 1,13b ist wohl in Anlehnung an Am 5,11 und Dtn 28,30.39 formuliert. Hos 4,10 greift stark auf hoseanische Sprache zurück. Mi 6,14-15 setzt am eindeutigsten Dtn 28 als schriftlichen Text voraus und zeigt im unmittelbaren Kontext deutliche Hinweise auf das DtrG. Obwohl also sprachliche Unterschiede da sind, wird man kaum fehlgehen, alle diese Texte der D-Redaktion zuzuord-

---

[176] Ein Gott kann nicht bis auf einen Rest zerstört werden. Hier liegt eine metaphorische Ausdrucksweise vor. Gemeint ist der Rest der Baalverehrung.

[177] K. Elliger, (1956) Buch der Zwölf, 65: "Der schon metrisch überschießende V.13b zerstört die Pointe, indem er die Drohung mit dem Nichts verharmlost, als ob nach der Katastrophe noch wieder Häuser gebaut werden könnten; er ist Glosse, vielleicht im Gedanken an Am. 5,11 formuliert." H. Irsigler, (1977) Gottesgericht, 104: "Die Aussagen von 1,13a-b und von S. 13c-f stimmen kaum zusammen."

nen. Das von den Propheten angekündigte Unheil erscheint so als der beim Bundesschluß am Sinai in Kraft gesetzte Fluch für den Abfall von Jahwes Tora.[178]

5.4.1.4.   Zef 1,15-16a

Zef 1,15-16a enthält eine poetisch sehr eindrückliche Passage. In hämmerndem Rhythmus und mit der Aufbietung einer Fülle von Lexemen, die zum Assoziationshorizont von "Vernichtung" gehören, wird die Nähe des Tages Jahwes geschildert. Nun hat Nogalski die These vertreten, Zef 1,15-16a gehöre zu einer redaktionellen Schicht: Die erste Schicht "perceived the day of YHWH as judgment against Jerusalem and Judah for cultic, social, and religious abominations, and for the refusal to heed the word of YHWH. A second layer (1:2f,15-16a,18ab,b) expanded the scope of the day of YHWH to cover the entire world."[179] Im Falle von Zef 1,15-16a bringt er drei Argumente: "Zeph 1:15 cites Joel 2:2"(194); "Zeph 1:16 takes up these motifs from Joel 2:1"; "Grammatically, if one assumes 1:15-16a are insertions, צרח (to cry, to roar) with the preposition על (1:14+16b) is considerably more understandable than either the combination of צרח with יום at one end (1,14,15), or with יום and על at the other end (1:16a,b) of the unit in its current state."(197) Auf die ersten beiden Argumente ist zu erwidern, daß Joel die Zefanjastellen zitiert und nicht umgekehrt. So bleibt das Argument, daß sich Zef 1,16b, insbesondere das על zu Beginn der Zeile, besser an das Brüllen des גבור von Zef 1,14b anschließe als an שופר und Kriegsgeschrei, die in Zef 1,16a genannt sind. Als Belegstelle verweist Nogalski auf Jer 25,30, wo das zu צרח synonyme שאג mit der Präposition על im Zusammenhang der gleichen Metaphorik begegne. Dagegen ist jedoch zu sagen, daß die Übersetzung von Zef 1,14b mit "The one roaring is a warrior"(196) problematisch ist. Mindestens genauso gut kann man übersetzen "dann schreit sogar der Kriegsheld auf." Zudem erscheint, selbst wenn man Nogalskis Übersetzung akzeptiert, der Anschluß von Zef 1,16b an 16a genauso gut möglich wie an 14b. Innerhalb der Verse Zef 1,15-16a hat der Tag Jahwes auch keine universale Dimension, wie sie für Zef 1,18aßb charakteristisch ist. So ist erheblich wahrscheinlicher, daß die Verse Zef 1,15-16a zum ältesten Bestand gehören. Daß diese Verse innerhalb eines Mehrprophetenbuches, in dem Joel vor Zef

---

[178]   Man vgl. z.B. die Ausführungen von W. Zimmerli, (1969) Gesetz und Propheten, 81-93. Zimmerli hat das dtn-dtr Verständnis von Prophetie gut beschrieben, kaum das der historischen Propheten selber.

[179]   J. Nogalski, (1993a) precursors, 198.

stand, als Zitierung Joels gelesen werden mußten, ist von dieser literarkritischen Entscheidung unbenommen.

5.4.1.5.   Zef 1,17

In Zef 1,17aß bildet כי ליהוה חטאו ein überschießendes Element in dieser
Zeile, die wie schon Zef 1,6 zu qatal wechselt. Es hat einige Wahrscheinlichkeit für sich, diesen Versteil als sekundär einzustufen. Der Redaktor vermißte
in diesem Kapitel einen Hinweis auf die Schuld derer, gegen die sich der Tag
Jahwes in so furchtbarer Weise richtet. Die Wendung חטא ליהוה gehört zum
dtn-dtr Sprachgebrauch.[180] Der Zusatz gehört also zu D-Zef.

5.4.2. Zef 2,1-3,8

Zef 2,1-3 sind nicht einfach zu verstehen und in sich kaum literarisch einheitlich.[181] Deutlich ist jedoch, daß die Passage im Unterschied zu Zef 1 die
Erwartung enthält, daß eine bestimmte Gruppe innerhalb Israels den Tag des
Zorns Jahwes überstehen kann. Schwierig zu beantworten ist die Frage, ob
diese Vorstellung schon zu Trad-Zef gehört. M.E. ist es geringfügig wahrscheinlicher, daß sie sekundär ist. Zunächst einmal fällt auf, daß Zef 2,3
deutlich Bezug nimmt auf den eher sekundär einzustufenden Vers Zef 1,6
(beidemal findet sich die Wendung בקש את יהוה). Beide Verse zusammengenommen beschränken den Tag Jahwes auf die, die Jahwe nicht suchen.
Wobei der Aufruf von Zef 2,1-3 damit rechnet, daß auch eine Entscheidung
in letzter Minute noch ausreicht, um den zerstörerischen Auswirkungen des
Tages Jahwes "vielleicht" zu entgehen. Zef 2,3 weist dabei deutliche Bezüge
zu Am auf:
-   Auf die Phrase "Jahwe suchen" דרש את יהוה ist bereits oben zu Zef 1,6 hinge-
    wiesen worden.
-   Der Vorbehalt eines "vielleicht" stimmt mit Am 5,15 überein.
-   Am 8,4 nennt die ענוים. Der Begriff der "Anawim" wird freilich – vermutlich
    unter dem Einfluß Jesajas – neu verstanden. In Am waren die Anawim noch eine
    soziologisch definierte Gruppe, vermutlich freie israelitische Bürger, die sich

---

[180]   Eine genaue Parallele zum hiesigen Satzbau (Objekt vor Verb) gibt es nur noch in Jer
        50,14. חטא ליהוה kommt noch vor in Ex 10,16; Num 32,23; Dtn 1,41; 9,16; 20,18; Jos
        7,20; 1 Sam 7,6; 1 Sam 12,23; 14,33.34; 2 Sam 12,13; 2 Kön 17,7; Jer 8,14; 16,10;
        40,3; 44,23; 50,7. J. Nogalski, (1993a) precursors, 191: "a typical Deuteronomistic ex-
        pression."
[181]   Vgl. K. Seybold, (1991) Nahum, Habakuk, Zephanja, 102-103. Für unseren Zusam-
        menhang ist eine genauere literarkritische Analyse der Verse entbehrlich.

nicht mehr selber von ihrem Landbesitz ernähren konnten und deshalb in verschiedene Formen von Abhängigkeit gerieten. In Zef ist der gleiche Ausdruck rein theologisch verstanden: Anawim sind die, die Jahwe gegenüber nicht hochmütig sind. Diese Beobachtung würde dafür sprechen, daß Zef 2,1-3 und Am 8,4-7 nicht der gleichen literarischen Schicht angehören können. Zef 2,1-3 müßten einem nach-dtr Redaktor zugewiesen werden.

- צדקה begegnet auch in Am 5,7; Am 6,12.
- Das Verb סתר begegnet auch in der fünften Vision Am 9,3. Zef setzt der Am-Vision von der rettungslosen Verlorenheit die Hoffnung entgegen, daß den Augen Jahwes vielleicht doch jemand verborgen bleiben könnte.

Der Hinweis auf den "Rest Judas" in Zef 2,7 setzt deutlich ein Gerichtshandeln an Juda voraus. Es steht deshalb im 2.Teil von Zef deplaziert und müßte in den 3.Teil gehören. Der Vers dürfte sekundärer sein und mit Zef 2,9b zusammengehören, der vom "Rest meines Volkes" spricht.

Zef 2,10 fällt durch den prosaischen Stil und die Überlänge aus dem Kontext heraus. Der Vers stellt sehr wahrscheinlich einen Zusatz dar.

Zef 2,11 redet plötzlich sehr allgemein von "allen Göttern der Erde" und "den Völkern" in 3.Person. Innerhalb einer Reihe, in der konkrete Völker angeredet werden, ist dies als ein literarkritischer Bruch zu werten. Zef 2,11 ist sekundär. Er paßt konzeptionell am ehesten mit Mal 1,11 zusammen.[182]

Insgesamt fällt auf, daß nach Ausscheidung der sekundären Passagen nur in Zef 2,8 für Moab und Ammon eine – noch dazu etwas merkwürdige – Begründung genannt wird, warum die Völker dieses furchtbare Strafgericht Jahwes erleiden müssen. Man wird deshalb den Eindruck nicht los, daß erwartet wird, daß man andere prophetische Schriften bereits gelesen hat, um die Berechtigung dieses Völkergerichts zu verstehen. Als naheliegende Parallele bieten sich die Völkersprüche des Am an. Dem Völkerzyklus des Am, der in einer Strophe gegen das Nordreich gipfelt, würde dann in Zef ein ähnlicher Zyklus gegenüberstehen, der in einer Strophe gegen Jerusalem gipfelt.[183] Während in Am 1,3-2,16 die Assyrer als die Weltmacht im Hintergrund stehen, die das Gericht an den Völkern vollstrecken wird, so sind es in Zef die Babylonier. Assur wird selbst zu einem Opfer werden!

Zef 3,8bβ greift wörtlich eine Wendung aus Zef 1,18 wieder auf: כי באש קנאתי תאכל כל־הארץ. Lediglich das Suffix an קנאה unterscheidet

---

[182] K. Marti, (1904) Dodekapropheton, 370: "Der Vers hat seine Parallele an Mal 1,11 und 14 und ist auf Grund dieser Stellen und in Erinnerung an Dtjes, nach dessen Anschauung die *Inselländer* (vgl. zu אֲיֵי הַגּוֹיִם Jes 40,15; 42,4) auf Jahwe harren und ihn verehren werden, hier beigefügt."

[183] Ein Völkerspruchzyklus mit einer vergleichbaren Struktur, also mit Israelkritik am Ende des Zyklus, findet sich nur noch in Jes 13-22, wobei in Jes 23 noch ein Spruch über Tyrus und Sidon folgt.

sich (3,8 1.sg.; 1,18 3.m.sg.). Mit Sicherheit gehören deshalb beide Sätze zur gleichen Schicht, die dadurch einen redaktionellen Rahmen geschaffen hat: Der Tag Jahwes, der sich im ersten Teil, wenn man von Zef 1,2-3 absieht, lediglich gegen Juda/Jerusalem richtet, auf den aber in den Völkerworten nicht mehr referiert wird, wird nun zur beherrschenden Perspektive auch für diesen zweiten Teil. Der Tag, an dem Jahwe dieser widergöttlichen Welt in seinem Feuereifer das Ende bereitet, richtet sich nach dem nun eingefügten kompositionellen Hinweis sowohl gegen Juda/Jerusalem als auch gegen die Völker. Man wird kaum behaupten können, daß damit der Sinn der ursprünglichen Komposition mißverstanden worden sei, er wird aber klarer gefaßt. Hinter dieser Redaktion steht wohl eine Konzeption, für die der Tag Jahwes zum Inbegriff aller eschatologischen Endereignisse geworden war.

5.4.3. Zef 3,9-20

In Zef 3,9-20 sind als eigene Einheiten abzugrenzen: Zef 3,9-10; Zef 3,11-13; Zef 3,14-15; Zef 3,16-17; Zef 3,18-19; Zef 3,20. Alle diese Einheiten sind in sich literarisch einheitlich. Wie sie zur jetzigen Abfolge zusammengewachsen sind, ist schwer zu sagen. Es hat den Anschein, als wäre Zef 3,11-13 der älteste Kern dieser Sammlung. Die Verse beziehen sich auf Zef 2,3 ("Demut") und auf Zef 3,3.5 (3,12: בקרבך "in deinem – 2.f.sg. – Innern"; 3,11: מקרבך "aus deinem – 2.f.sg. – Innern"; 3,3.5: בקרבה "in ihrem – 3.f.sg. – Innern"); 3,7 ("schändliche Taten") zurück.[184] Die Wurzel פשע kommt nur innerhalb von Hos, Am, Mi und an dieser Stelle in Zef vor.[185] Von besonderer Wichtigkeit ist die Wendung לא תוספי ... עוד in Zef 3,11. Sie verweist auf Hos 1,6; Am 7,8.13; 8,2. Sie dürfte als redaktionelle Klammer um ein mit Hos 1 beginnendes Korpus intendiert sein. Das Korpus hätte dann mit der Feststellung begonnen, daß Jahwe sich "nicht mehr länger" erbarmen kann, in Kontrast dazu aber mit der Hoffnung geschlossen, daß er das Gottesvolk so umgestalten wird, daß Jahwe "nicht mehr länger" ablehnt.

Der Abschnitt Zef 3,14-20, der von der Vision eines erneuerten Zion so erfüllt ist, daß er jetzt schon eindringlich zum Jubel auffordert, hat einen gänzlich anderen Charakter als die restliche Zefanjaschrift.

---

[184] H. Irsigler, (1977) Gottesgericht, erwägt die Möglichkeit, daß 3,1-4.6-8 und 11-13 einen literarischen Zusammenhang gebildet haben.

[185] Hos 7,13; 8,1; 14,10; Am 3,14; 4,4; 5,12; Mi 1,5.13; 3,8; 6,7; 7,18; Zef 3,11.

5.4.4. Ergebnis

Nach der literarkritischen Durchsicht von Zef ergibt sich, daß D-Zef sehr wahrscheinlich folgende Verse umfaßt hat: Zef 1,1; 1,4*.5-18aα; 2,4-6.8-9.12-15; 3,1-8.[186] Schwanken kann man bei Zef 2,1-3 und 3,11-13. Da diese beiden Passagen das Thema "Demut" gemeinsam haben, dürften sie literarisch zusammengehören. Die sehr bewußten Bezüge auf zentrale Hos-, Am- und Mi-Texte in diesen Passagen lassen es als vertretbar erscheinen, Zef 2,1-3 und 3,11-13 zu D-Zef hinzuzurechnen.

In Zef 1,18aβb und Zef 3,8bβ haben wir eine eschatologisch orientierte Redaktion am Werk gesehen. Diese wird auch die eschatologischen Formeln in Zef 1,10.12 nachgetragen haben. Sie nimmt teilweise das Vokabular von Zef 1,2-3 auf, ist aber von dieser Passage aufgrund ihrer eschatologischen Ausrichtung zu unterscheiden.

Zef 1,2-3 hingegen gehört als ironisch-sarkastischer Bezug auf den jahwistischen Sintflutbericht mit der Eingliederung von Nahum und Hab zusammen. Es mag sich um die Überarbeitung eines mündlichen Zefanjawortes handeln.[187]

Die Einheiten in Zef 3,9-10.14-20 sind Ergänzungen und Erweiterungen der verhalteneren Heilshoffnung in Zef 3,11-13. Sie sind vermutlich durch Deuterojesaja angestoßen.

5.4.5. Die Konzeption vom "Tag Jahwes" in D-Zef

Zef ist für das Zwölfprophetenbuch in redaktionsgeschichtlicher und traditionsgeschichtlicher Hinsicht von besonderer Bedeutung, insofern Zef das Konzept vom "Tag Jahwes" zum zentralen Inhalt erhebt. Dieses Konzept hat später für Joel; Obd und Sach 14 große Bedeutung gewonnen.[188] Es scheint so, daß Zefanja den Begriff aus Am 5,18 aufgegriffen und zur beherrschenden Perspektive seiner Botschaft gemacht hat. Weil der Tag Jahwes ganz und gar als Tag der Vernichtung gezeichnet ist, ist neues Heil erst in einer Periode nach dem Tag Jahwes vorstellbar. Verbunden sind Unheilsschilderung und

---

[186] Aus diesem Bestand sind die eschatologischen Formeln noch herauszunehmen.

[187] So die Vermutung von K. Seybold, (1991) Nahum, Habakuk, Zephanja, 93.

[188] E. Bosshard, (1987) Beobachtungen, 37: "Mit Joel, Ob und Zeph zieht sich offenbar eine Linie durch XII (= Zwölfprophetenbuch; AS), die sich, wie gezeigt, durch eine bestimmte Themenkombination auszeichnet, was wiederum auf eine einheitliche literarische Ebene hindeuten könnte. Damit stellt sich aber auch die Frage nach der Funktion von Joel, Ob und Zeph innerhalb von XII: Soll XII durch diese Texte auf eine bestimmte Weise gegliedert, strukturiert werden?"

Heilsschilderung dadurch, daß sie sehr ähnliche Einleitungsformeln verwenden (vgl. Zef 1,10 וְהָיָה בַיּוֹם הַהוּא mit Zef 3,11.16 בַּיּוֹם הַהוּא, Zef 1,12 וְהָיָה בָעֵת הַהִיא mit Zef 3,20 בָּעֵת הַהִיא).

Formal ist deutlich, daß die Tag-Jahwes-Passagen in Prophetenrede (3.Pers) vorliegen, der Rest des Kapitels ist Gottesrede.[189] Die zerstörende Kraft dieses unmittelbar bevorstehenden Tages richtet sich vor allem gegen die Götzendiener (Zef 1,4-6), gegen führende Personen der öffentlichen Verwaltung (Zef 1,8), gegen Mißstände am Tempel (Zef 1,9), gegen Händler (Zef 1,11) und gegen wohlhabende Jerusalemer, die unbekümmert dahinleben, als würde Jahwe keine ethischen Maßstäbe kennen (Zef 1,12-13). Diese Form von lebenspraktischem "Atheismus", der sich selbst nicht einmal auszusprechen wagt, ist das letzte Glied der Aufzählung. Vom offenen Abfall zu anderen Göttern (Zef 1,4-6) wurden die Mißstände bis in die Abgründe des menschlichen Herzens hinein (Zef 1,12) verfolgt. Es ist überaus auffällig, daß alle diese Zielgruppen völlig selbstverständlich als Ziel göttlichen Zorns gelten. Einen Schuldaufweis sucht man vergebens.[190] Für manche der genannten Gruppen wird die Leserschaft einen solchen Schuldaufweis nicht vermissen, da z.B. die Verwerflichkeit der Verehrung anderer Götter unmittelbar evident sein mag. Erheblich schwieriger wird das bei "Fürsten" und den "Königssöhnen" in Zef 1,8, oder den "Geldwechslern" in Zef 1,11.[191] Der Tag Jahwes bekommt dadurch eher den Charakter einer nationalen Katastrophe, die über Israel hereinbricht, als den Charakter einer Bestrafung gottwidrigen Verhaltens. Die D-Redaktion hat dieses Problem empfunden und in Zef 1,17 einen entsprechenden Hinweis auf die Schuld eingefügt. Trotzdem wird man das Gefühl nicht los, daß hier ältere prophetische Schriften vorausgesetzt sind.

---

[189] Dies ist auffällig und interpretationsbedürftig, sollte jedoch kaum ein Argument für literarkritische Operationen sein (gegen J. Scharbert, (1982) Zefanja).

[190] A. S. Kapelrud, (1975) Message of the Prophet Zephaniah, 77-78: "Zephaniah's conviction that the doom was sure to be fulfilled has given his words a special form. He does not warn, like other prophets, nor does he appeal to his fellow country-men to change their ways, *šwb*, and come back to their God. In his eyes their sins were obvious, and he did not consider it necessary to offer any argument, as most other prophets did. The characteristic conjunctions *kî* and *lākēn*, which are so often used in Amos and other prophets to indicate the reasons for what was going to happen, are used only in a few cases in Zephaniah. The conjunctions were not necessary for him. He simply stated the facts: the terrible catastrophe would come, and he continued stating whom it would overtake, without using *kî* or *lākēn*. A *kî* does suddenly appear in 1:17, but scholars have suggested that the whole sentence may be a later addition!"

[191] Auch die Andeutungen in Zef 3,3-4 sind weitgehend metaphorisch und pauschal. Konkrete Vorstellungen von den vorausgesetzten Verfehlungen kann man sich nicht machen.

Daß Juda/Jerusalem zu Recht vom Tag Jahwes getroffen wird, steht für Zef außer Frage. Zef widmet sich ganz der Proklamation der Nähe des Tages Jahwes, der in Kürze mit schrecklichen Begleitphänomenen hereinbrechen wird. Nach einem kurzen, vorgreifenden Hinweis auf diesen Tag in Zef 1,7 verdichtet sich alles in der hämmernden Passage Zef 1,14-16, wo die Sprache ihren referentiellen Bezug aufgibt, um durch lautmalende Mittel (deutliches Vorherrschen des langen Vokals "o") und durch Anhäufung von Begriffen für Zorn und Zerstörung den Eindruck einer totalen und völligen Vernichtung zu erreichen. In der Bildsprache dieser Verse fehlen anschauliche Elemente gänzlich. Zudem werden sowohl Begriffe, die an Krieg denken lassen (z.B. Zef 1,14 גבור "Kriegsheld"; 1,16 הערים הבצרות "befestigte Städte"), als auch solche, bei denen man eher Naturkatastrophen assoziiert (1,15 "Krachen", "Wolken", "Nacht"), nebeneinander. Das ergibt eine zwar diffuse, aber gerade deshalb einhämmernde Darstellung des Tages Jahwes. Diese würde besser verständlich, wenn sie als dunkle Folie für einen Aufruf zur allerletzten Umkehrmöglichkeit gedacht ist, wie er in Zef 2,1-3 folgt. Möglicherweise hat das aber auch erst ein "nach-deuteronomistischer" Redaktor so empfunden und dann Zef 2,1-3 (und 3,11-13?) eingefügt.

Die Schilderung des Tages Jahwes ist über den prägnanten Ausdruck יום יהוה (Am 5,18.20) hinaus auch in manchen Einzelheiten von Am beeinflußt:

- Dunkel (אפל) und Finsternis (חשך) (Am 5,18.20 vgl. Zef 1,15)
- Widderhorn (קול שופר) und Alarm (תרועה) (Am 2,2; 1,14 vgl. Zef 1,16)
- הס "verstummt!" (Am 6,10; 8,3 vgl. Zef 1,7)
- vielleicht (אולי) (Am 5,15 vgl. Zef 2,3)
- מר "bitter" (Am 8,10 vgl. Zef 1,14)
- durchsuchen mit Jahwe als Subjekt (חפש Piel) nur in Am 9,3 und Zef 1,12
- die Erwähnung des Kriegsheldes (גבור) könnte auf Am 2,14 anspielen
- die Nähe des Tages könnte sich an Am 6,3 anschließen

Demgegenüber sind die Hinweise auf Jesajas Beschreibung des יום ליהוה in Jes 2 deutlich geringer.[192] Zu nennen sind lediglich die Erwähnung hoher Türme (Zef 1,16 // Jes 2,15) und von Silber und Gold (Zef 1,18 // Jes 2,20). M. Weiss ist also zuzustimmen, wenn er schreibt: "But actually it is Amos' Day of the Lord prophecy that is reflected in the Zephaniah counterpart."[193]

---

[192] Darüber hinaus gibt es nur einen Bezug von Zef 1,16 zu Mi 5,10 (ערים und בצר).

[193] M. Weiss, (1966) Origin of the "Day of the Lord", 49. Vgl. auch das Urteil von A. S. Kapelrud, (1975) Message of the Prophet Zephaniah, 38: "Attention may as well be drawn to the fact that in his choice of words and ideas Zephaniah is often astonishingly close to Amos. He prefers the designation šĕʾērît yiśrāʾēl, 'remnant of Israel', as in Amos 1:8, 5:15, 9:12, while Isaiah prefers šĕʾār, Is 10:19-22, 11:11,16, 14:22, 16:4,

Allerdings ist es wichtig, auch die Unterschiede wahrzunehmen. Für Zef 1 ist
der Tag Jahwes bereits ganz selbstverständlich ein Tag des Gerichts über Juda. Amos hatte sich noch mit Erwartungen der Hörer auseinanderzusetzen,
daß der Tag Jahwes Heil für Israel bedeute. Die Quantität und Qualität der
Bezüge von Zef 1 auf Am spricht dafür, daß die D-Zef vorausliegende Zefanjaschrift zumindest die Passage vom Tag Jahwes in Am 5 in einer recht
fest formulierten Gestalt gekannt haben muß. Da aber auch signifikante Bezüge auf andere Kapitel von Am zu notieren waren, ist anzunehmen, daß Zef
eine komplette Amosschrift vorlag. Weiter ist zu beachten, daß Zef bereits in
recht freier Weise verschiedene Aussagen von Trad-Am in ein einziges Konzept, nämlich den Tag Jahwes, integriert. Dies spricht für einen deutlichen
Abstand zwischen Trad-Am und Trad-Zef.

Diese These läßt sich noch weiter erhärten. So zeigt auch der Völkerspruchzyklus des Zef deutliche Berührungen zu Am. Das stärkste Argument
ist die Erwähnung von Säulenkapitell und Schwelle (כפתור , סף) in Zef 2,14,
die ohne einen Bezug auf Am 9,1 kaum einen Sinn macht.[194] Hier werden
vielmehr die baulichen Eigenheiten einer Tempelanlage (Am 9,1) auf die gesamte Stadt Ninive übertragen, um einen wirkungsvollen Kontrast zwischen
Ninives Zerstörung und der Zerstörung Bet-Els zu bilden. Aber schon das
Textmuster "Völkerspruchzyklus" stellt eine wichtige Gemeinsamkeit dar
(vgl. Am 1-2*). Beide Zyklen enden zudem mit einem Wort gegen das eigene
Volk (Am 2,6-16; Zef 3,1-8). An kleineren Übereinstimmungen kann man
noch nennen:
-   Wie in Am 1,8 sind in Zef 2,4 Aschdod, Aschkalon und Ekron genannt.
-   Wie in Am 1,8 sind in Zef 2,5 die Philister genannt, zudem wird das Verb אבד
    gebraucht.
-   Wie in Am 1,13 wird in Zef 2,8 Ammon, wie in Am 2,1-2 auch Moab angespro-
    chen.
-   Wie in Am 9,7 werden in Zef 2,12 die Kuschiten besonders hervorgehoben.
-   Mit einer Phrase (בטח ב), die auch in Am 6,1 begegnet, wird in Zef 2,15 ange-
    prangert, daß sich Ninive in Sicherheit gewiegt habe.

D-Zef muß also auf jeden Fall eine Amosschrift gekannt haben. Zu Hos
sind die Bezüge schon weniger signifikant:

17:3, 21:17. In addition, Zephaniah's idea of who the remnant would be is close to that
of Amos: the poor and humble people. So also is his mention of the Philistine cities:
Gaza, Ashdod, Ashkelon and Ekron (2:4), Amos 1:6-8. Zephaniah knew probably the
words of both Amos and Isaiah, and there are indications that he knew them in written
form."

[194]   Im AT werden nur an diesen beiden Stellen כפתור und Schwelle direkt nebeneinander
erwähnt.

- Zef 1,8.9.12. In diesen Versen ist die in Trad-Hos häufiger gebrauchte Formulierung פקד על verwendet.
- In Zef 1,8 ist eine Kritik der Fürsten (שרים) impliziert (vgl. auch Zef 3,3). Solche Kritik findet sich in Trad-Hos (Hos 3,4; 7.3.5.16; 9,15; 13,10). Dort werden die Fürsten mit dem König zusammen gesehen (bes. Hos 3,4; 13,10), in Zef sind lediglich die "Königssöhne" (בני המלך) genannt, den König selbst erwähnt Zef nie.
- Zef 1,9. Den Begriff מרמה hat Zef 1,9 mit Hos 12,1.8 gemeinsam.
- Zef 2,2. Die Rede vom glühenden Zorn Jahwes חרון אף־יהוה findet sich auch in Hos 11,9. Diese ist beachtlich, zumal sie auch innerhalb von Trad-Hos nur einmal an kompositionell wichtiger Stelle vorkommt und innerhalb von Trad-Zef in einem stark von Trad-Am beeinflußten Kontext begegnet. Es scheint so, als würde eine Spitzenaussage von Trad-Hos mit einer von Trad-Am parallelisiert und kombiniert.

Wirkliche Querbezüge auf Mi außerhalb der D-Zusätze finden sich nicht. Zusätzlich fällt auf, daß wichtige schriftenübergreifende Kompositionslinien, die Hos, Am und Mi miteinander verbinden, mit Mi 6 abbrechen. In erster Linie ist hier die Kette der Höraufrufe zu nennen, aber auch die Rahmung mittels des Begriffes ריב (Hos 4,1; 12,3 // Mi 6,2).

Die geringe Signifikanz der meisten der sprachlichen Bezüge legt die These nahe, daß Trad-Zef als eigenständige Schrift entworfen wurde und erst nachträglich durch die D-Redaktion an die Dreiprophetenbuchrolle angefügt wurde. Ihr genügten dazu wenige literarische Querverweise [195] und möglicherweise die Einfügung der Umkehrperspektive in Zef 2,1-3; 3,11-13. Zu diesen Querverweisen zählt besonders Zef 1,13b, der mit Hos 4,10; Am 5,11 und Mi 6,14-15* zu einem wichtigen Aspekt des dtr Verständnisses der prophetischen Gerichtsverkündigung gehört: Die Propheten haben das Eintreffen des in Dtn 28 niedergelegten Bundesfluches angesagt und Recht behalten.

5.5. Gesamtstruktur und Intentionen des DK

5.5.1. Zur Vorgeschichte des DK

Wir hatten eingesetzt mit der These, daß die Überschriften von Hos, Am, Mi, Zef in ihrer Endgestalt offensichtlich einer gemeinsamen, am ehesten "dtn-dtr" Redaktion zugehören. Die literarkritische Analyse von Am bestätigte diese These insofern, als innerhalb von Am Textzusätze ausgemacht

---

[195] In der Funktion und Methode etwa den Juda-Glossen in Hos vergleichbar.

werden konnten, die ebenfalls D-Charakter aufwiesen. Weiter konnte gezeigt werden, daß die D-Am-Passagen eine Vertrautheit mit den anderen Schriften des DK demonstrieren, und zwar sowohl mit den der D-Redaktion bereits vorliegenden Fassungen von Hos, Mi und Zef als auch mit den D-Zusätzen in diesen Schriften.[196] Im nächsten Schritt wurden dann die D-Fassungen von Hos, Mi und Zef genauer bestimmt. Es legte sich die Vermutung nahe, daß der D-Redaktion eine Dreiprophetenbuchrolle bereits vorlag, die ihrerseits wohl durch die Hinzufügung von Mi* zur Zweiprophetenbuchrolle (Trad-Hos und Trad-Am) entstanden war. Die D-Redaktion hat diese Dreiprophetenbuchrolle substantiell mit eigenen Zusätzen erweitert und gleichzeitig eine ursprünglich selbständige Zefanjaschrift angefügt.

Für diese Hypothese spricht, daß Mi* deutlich enger mit Trad-Hos und Trad-Am verknüpft ist als die Zefanjaschrift. Das Wachstum spiegelt sich wohl auch noch in den D-Überschriften: zum einen dadurch, daß nach dem System der Überschriften Hosea sowohl Amos als auch Micha zum Zeitgenossen hatte, zum anderen dadurch, daß diese drei Schriften auf den König Hiskija zulaufen. Zefanja dagegen war nach Meinung der Überschriften allein aufgetreten und der Epoche des Joschija zuzuordnen.

Die Dreiprophetenbuchrolle wies bereits einige kompositionelle Merkmale auf, die die drei Schriften untereinander verbinden sollten. Das vielleicht wichtigste Merkmal war die Kette von Höraufrufen. Diese erwecken den Eindruck, die verschiedenen Propheten hätten sich in einer vergleichbaren Weise an die gleichen Adressaten (z.B. "Haus Israel") gewandt. Der besonders eindrücklich gestaltete Abschluß dieser Reihe war ursprünglich Mi 3. Dieses Kompositionsmuster hat die D-Redaktion durch eigene Höraufrufe (Am 8,4 und Mi 6,2) ergänzt und in den ersten Aufruf Hos 4,1 den Begriff "Wort Jahwes" eingefügt.[197] Weiter hat sie dadurch, daß der letzte Höraufruf der Kette (Mi 6,2) aus dem ersten (Hos 4,1) den Begriff "Prozeß" (ריב) wiederaufnimmt, allen prophetischen Reden einen rechtlichen Charakter gegeben. Die Propheten verlangen Gehör als Ankläger in einem Prozeßverfahren, das Jahwe gegen sein Volk führt.

Als ein weiteres Beispiel dafür, daß sich die D-Redaktion von der Konzeption der Dreiprophetenbuchrolle unterscheidet, kann Mi 3,2a dienen. Die Aussage "sie hassen das Gute und lieben das Böse" ist erst dann in ihrer Funktion für Mi 3,1-12 voll verstanden, wenn man sie in einem sehr präzisen Sinn als Fortsetzung von Am 5,15 versteht. Mi 3,2a konstatiert, daß auch die

---

196 Dabei war festzustellen, daß Hos eine prominentere Rolle spielte als die anderen Schriften.

197 In Zef ist jedoch kein Höraufruf zu finden.

Jerusalemer – wie schon das Nordreich – den letzten Ausweg ausgeschlagen haben, der nach Aussage des Amos vielleicht noch offen gestanden hätte. Deshalb wird Jerusalem mitsamt dem Zion zerstört werden. Die grundlegenden ethischen Werte "gut" und "böse" bilden für diese Redaktion die Leitkategorien, um die Schuld Israels und Judas zu begreifen.[198] Die D-Redaktion dagegen gebraucht diese Kategorien in ihren Eigenformulierungen nicht, sie bevorzugt den Begriff "Sünde" (Wurzel חטא).[199]

5.5.2. Zur Komposition des DK

Es soll nun versucht werden, das DK synchron als eine literarische Großkomposition zu interpretieren. Wieder wird dazu bewußt eine Leseperspektive eingenommen. Aus dieser heraus muß man z.B. davon ausgehen können, daß gleiche Lexeme auch prinzipiell die gleiche Bedeutung haben. Das gilt etwa für den Begriff "Haus Jakob" in Am 3,13; 9,8 und Mi 2,7. Dabei muß man auch in Rechnung stellen, daß die D-Redaktion den Sprachgebrauch der älteren Texte mit neuem Inhalt füllen kann. Dies gilt etwa für den Ausdruck "Haus Jahwes" in Hos 8,1 und 9,4. Im Sprachgebrauch der Hosea-Tradenten ist damit am ehesten das Land Israel gemeint.[200] Auf dem Hintergrund der dtn-dtr Anschauungen muß aber der Tempel in Jerusalem gemeint sein, denn nirgends sonst ist Jahwe nach dtr Meinung anwesend. Noch ein weiterer Punkt verdient Erwähnung. Aus der Leseperspektive erhalten Berührungen zwischen Schriften, die zufällig entstanden sein mögen, den Charakter von intendierten Querverweisen. Der "Tag Jahwes" z.B., von dem Zef 1 redet, ist aus der Leseperspektive kein anderer als der, von dem Amos redet (Am 5,18-20).[201]

5.5.2.1.   Die Struktur der vier Schriften

Das DK umfaßt vier Prophetenschriften, die paarweise einander zugeordnet sind. Das erste Paar, D-Hos und D-Am, wendet sich überwiegend an das Nordreich (nur gelegentlich auch an das Südreich: z.B. Hos 4,15; 12,3; Am

---

[198]   Zu den Kategorien "gut" und "böse" vgl. noch Hos 8,3; Am 9,4; Mi 6,8; Zef 1,12.
[199]   Immerhin wird betont, daß der Bosheit Israels, das Böse/Unheil (רעה) entspricht, das Jahwe jetzt über Israel bringen wird (Am 9,4; 9,10; Mi 3,11; Zef 1,12).
[200]   So J. Jeremias, (1983) Hosea, 104.
[201]   All diesen Querbezügen innerhalb des DK interpretierend genauer nachzuspüren, wäre eine lohnende, aber zeitaufwendige Aufgabe, die im Rahmen dieser Untersuchung nicht geleistet werden kann. Hier kann es nur um die Grundstrukturen gehen.

6,1. Die Judaorientierung der Schriften wurde aber durch die D-Redaktion sehr wahrscheinlich noch maßgeblich verstärkt: z.b. Hos 12,3 Einfügung von "Juda").[202] Das zweite Paar umfaßt D-Mi und D-Zef, die sich überwiegend an das Südreich (nur Mi 1,2-7* an das Nordreich) wenden. Obwohl sich beide Reiche auf je unterschiedliche Weise gegen Jahwe versündigt haben, ereilt sie schließlich ein ähnliches Schicksal.[203] Als wichtiger Schlüsseltext, den die D-Redaktion in der Dreiprophetenbuchrolle wohl schon vorfand, muß Mi 1,2-7* gelten, der die Kritik am Nordreich auch für Juda als relevant vor Augen führt.[204] Wie die deutliche Bezugnahme von Mi 3,12 auf Mi 1,6 zeigt, geht Jahwe in sehr ähnlicher Weise gegen die beiden Hauptstädte Samaria und Jerusalem, sowie gegen die beiden Heiligtümer Bet-El und Zion vor. Die jeweils zweite Schrift kündigt das Kommen des "Tages Jahwes" als eines Gerichtstages (Am 5,18-20; Zef 1) an. In Am richtet sich dieser Tag gegen das Nordreich, in Zef gegen Juda und Jerusalem. Am und Zef beinhalten beide einen Zyklus von Völkersprüchen, wobei beide Zyklen in einem Spruch gegen das eigene Volk gipfeln: Am 1-2 endet mit einem Spruch gegen das Nordreich, Zef 2,4-3,8 mit einem gegen Jerusalem.[205]

Wie schon in dem Mehrprophetenbuch, das der D-Redaktion vorgegebenen war, steht auch innerhalb des DK die Hoseaschrift in Erstposition. Die D-Redaktion sah sicher um so weniger Anlaß, in diese Reihenfolge einzugreifen, als sie sich selbst in ihren theologischen Anliegen mit der Hosea-Überlieferung besonders eng verbunden wußte.

---

202 Samaria kommt innerhalb des Zwölfprophetenbuchs bis auf eine Ausnahme (Obd 1,19) nur innerhalb des DK vor.

203 B. S. Childs, (1979) Introduction, 402 bemerkt hinsichtlich der Einfügung einer Juda-Strophe in die Völkersprüche des Amos: "The canonical significance of the inclusion of Judah is to rule out any attempt to see a contrast in the divine plan for the Northern and Southern Kingdom (*contra* Wellhausen)." Diese Argumentation greift insofern zu kurz, als sie nur die Juda-Strophe betrachtet. Man muß aber die Gesamtkomposition im Auge behalten. Es ist deutlich, daß die Anklagen gegen Juda anderer Art sind, z.B. wird das davidische Königtum in Jerusalem nicht kritisiert, sondern nur dasjenige des Nordreichs. Das Schicksal, das beide Reiche ereilt, ist jedoch vergleichbar. Vgl. B. S. Childs, (1979) Introduction, 381 zu Hos 1-3: "It is possible that the redaction of chs. 1-3 fell in the period after the destruction of the Northern Kingdom when the Southern Kingdom of Judah understood its role within the divine economy to be a different one from that of the Northern Kingdom."

204 J. Nogalski, (1993a) precursors, hat die Bedeutung dieses Textes für ein Gesamtverständnis des DK herausgearbeitet.

205 J. Nogalski, (1993a) precursors, 88: "This denunciation (=of Jerusalem; AS) terminates Zephania's oracles against the nations in a manner reminiscent of the Amos oracles which culminate in a pronouncement of judgment against Israel."

5.5.2.2.   Micha als Nachfolger des Amos?

Die Datierungen der Überschriften des DK sind so zu verstehen, daß Micha den Amos als "Begleiter" des Hosea abgelöst hat. Einige Bezüge zwischen D-Am und D-Mi kann man in der Tat so lesen, als bestünde zwischen beiden Propheten eine besondere Kontinuität.

So ruft Micha in Mi 1,8-16 zur Klage auf. Er selbst legt die Kleider ab, um tiefste Trauer und Verzweiflung auszudrücken. Da D-Am die Trauermetaphorik stark benutzt, entsteht der Eindruck, als würde Micha sich demonstrativ entkleiden, um durch ein anstößiges Zeichen zu proklamieren, daß nun der Tag da sei, den Amos in Am 2,16 angekündigt hatte: nackt wird der Held fliehen an jenem Tag.[206] Ähnliches gilt für den extensiven Aufruf zur Klage. Es ist, als wollte Micha die von Amos angesagte große Klagezeit (Am 5,16-17) einläuten.

Ein weiteres Beispiel liefert Mi 3,6. Die metaphorische Redeweise, daß die Sonne untergeht über den Propheten, erinnert an die Begriffe "Dunkelheit" (חֹשֶׁךְ) und "Sonnenuntergang" (בוא השמש) im Zusammenhang mit dem Tag Jahwes (Am 5,18-20, vgl. Am 8,9). Die Bestrafung der Propheten fällt deshalb aus der Leseperspektive mit dem Kommen des Tages Jahwes zusammen.[207]

Auch in der Sozialkritik erscheint D-Mi insbesondere mit Am 5 verzahnt. In Mi 3,9 begegnet das Verb תעב wie auch in Am 5,10. Beim Lesen geht man selbstverständlich so vor, daß man die unanschaulichere Stelle Mi 3,9 von der anschaulicheren Am 5,10 her interpretiert.[208] Auch der Vorwurf der Rechtsbeugung kommt in Am 5 vor, freilich nicht mit den gleichen Lexemen (Mi 3,9 עשק, Am 5,7 הפך, vgl. Am 2,7).

---

[206] Folgende Lexeme hat Mi 1,8 mit Trad-Am gemeinsam: – מספד und אבל wie in Am 5,16; – ילל wie in Am 8,3; – ערום wie in Am 2,16; – Die Glatze als Trauerzeichen ist auch in Am 8,10 erwähnt.

[207] Diese Bezüge sind auch Wolff aufgefallen. H. W. Wolff, (1982) Micha, 74: "Die Ankündigung von 'Nacht' ('ohne Vision') und 'Finsternis' ('ohne Orakel') unterstreicht nicht nur den Verlust jeder prophetischen Orientierung, sondern zeigt auch schon das Unheil an, in das damit ihr Leben gerät (vgl. Am 5,18; Jes 8,22). In 6b ist Micha dem größeren Hörerkreis zugewandt; in zwei weiteren Sätzen spricht er hier vom Sonnenuntergang über den Propheten und von der (Sonnen-)Finsternis bei Tage (vgl. Am 8,9b). Keiner soll mehr von diesen Propheten Licht auf seinem Weg erwarten. Sie selbst sind der Düsternis preisgegeben."

[208] H. W. Wolff, (1982) Micha, 76: "תעב pi. beschreibt eine Einstellung des Ekels. Wie anderen Schmutz und Unrat widerlich ist, so ist ihnen die Rechtsordnung höchst unwillkommen. Am 5,10 bietet einen konkreten Beleg: 'Sie verabscheuen den, der vollständige Angaben macht'."

Anfügen kann man auch noch den Bezug von Zef 2,14 auf Am 9,1. In beiden Versen kommen כפתור und Schwelle vor. Dieser Bezug dürfte an sich von keiner großen Signifikanz sein, aber aus der Leseperspektive wird er bedeutsam. Man liest nun die Schilderung des Untergangs von Ninive auf dem Hintergrund des Untergangs von Bet-El. So ergibt sich die feine Ironie, daß Assur ähnlich endet wie das Nordreich.

5.5.3. Zu den Intentionen des DK

Der folgende Versuch, die Intentionen des DK darzustellen, geht sehr stark von Hosea aus. Ein *formaler* Grund dafür ist, daß Hos innerhalb des DK an der Spitze der Sammlung steht und deshalb auch die "Eingangshalle" für die Leserschaft darstellt. Sie erarbeitet sich zuerst anhand von Hoseas Botschaft eine Konzeption von den verhandelten Problemen und den involvierten Aktanten, wie etwa Jahwe, Israel, Juda, Prophet, Priester. Der *inhaltliche* Grund ist der, daß sich innerhalb von Hos die Intentionen des DK oft deutlicher ausgesprochen finden als in den anderen Schriften, in denen sie zum Teil nur implizit enthalten sind.

5.5.3.1.   Abfall von Jahwe

Das DK eröffnet (Hos 1,2) mit dem Befehl Jahwes an Hosea, die Schuld des Volkes gegenüber Jahwe symbolisch darzustellen. Der Vorwurf der Hurerei impliziert, daß Israel metaphorisch als Frau Jahwes aufgefaßt wird, die ihren Ehemann hintergeht. Die D-Redaktion führt damit einen Begriff Hoseas weiter (Hos 4; 5). Der D-Redaktion gelingt es, einen Begriff von Schuld zu gewinnen, der zunächst einmal ganz an den personalen Relationen einer intimen Beziehung orientiert ist. Schuld ist ein Hintergehen des Vertrauens, das der Partner in einen setzt, und auf dem allein eine intime Beziehung gelingen kann.[209] Schuld ist in einem sehr personal gemeinten Sinn Abfall von Gott und Hinkehr zum Abgott.[210]

---

[209]   Im Hebräischen wird die intime Vertrautheit von Eheleuten mit ידע bezeichnet. Dieser Begriff spielt deshalb in D-Hos auch eine wichtige Rolle.

[210]   J. Nogalski, (1993a) precursors, 87-88: Das DK "opens with the citation of the need for cultic reform. Hos 1:2 accuses the land of harlotry in forsaking YHWH. Hos 2 expands this theme (in more than one level of material) with specific reference to Baal worship. These images of harlotry/idolatry recur consistently throughout Hosea and in redactional passages in Amos and Micah. Their presence marks an effort to warn Judah that it

Hos 1 macht auch gleich deutlich, welche Konsequenzen dieser Abfall hat. Jahwe kündigt seinen Bund mit Israel auf (Hos 1,9). Sollte es richtig sein, daß Hos 3 auf der D-Ebene mit der anderen Frau Juda meint, dann würde ausgesagt werden, daß auch Juda von Jahwe abfällt. Der Unterschied würde in einer milderen Bestrafung bestehen. Gegenüber Juda wird der Bund jedenfalls nicht aufgekündigt. Nur in Hos 3,1 begegnet auch die Aussage, daß Jahwe die Israeliten liebt (אהב).

D-Hos macht sehr deutlich, daß alle ethischen Verfehlungen aus einem zerbrochenen Gottesverhältnis herrühren. Weil Israel neben Jahwe auch noch Baal verehrt, deshalb ist es nicht mehr mit ganzem Herzen bei der Sache, wenn es sich Jahwe zuwendet (Hos 2,10.15; 11,2; 13,1). Hos betont die Ausschließlichkeit Jahwes (Hos 13,4), die auch in der dtn-dtr Tradition von so zentraler Bedeutung ist. Die scharfe Kritik an Baal (Hos 2) eröffnet die Anklagen gegen Israel im DK. Auffallender Weise hat die D-Redaktion in Am und Mi diese Kritik nicht nachgetragen, nur in Zef 1,4 findet sich ein magerer Hinweis.[211] Es scheint, als habe die D-Redaktion – im Unterschied zu Hosea – mehr der verfehlte Kult als solcher als speziell der Abfall zu Baal beschäftigt.

5.5.3.2.   Jahwes Wille, die Tora

Nach Hos 1-3 wird die Ehemetaphorik verlassen und die Sachebene erreicht. Aus der engen personalen Bindung Israels an Jahwe sollte eigentlich folgen, daß Israel auch Jahwes Willen, seine Tora, realisiert. Die Tora ist ja nichts, was Israel in seinen Lebensmöglichkeiten beschneiden wollte, sondern im Gegenteil erst einen Lebensraum schafft, innerhalb dessen sich menschenwürdig leben läßt. Aber, so muß der Prophet seine öffentliche Verkündigung beginnen (Hos 4,1-2), die Tora wird mißachtet. Die Summe der Tora ist in dtn-dtr Tradition der Dekalog, und so wird die Mißachtung der Tora mit deutlichen Anspielungen auf die die Mitmenschlichkeit betreffenden Dekaloggebote erläutert.[212] Alle weitere prophetische Kritik erscheint so im Lichte der Tora, in Gestalt des kodifizierten Rechtsbewußtseins. Die Anklagen der

---

is treading the same path to destruction as Israel. Bethel and Samaria receive considerable attention as provocateurs of god's anger."

[211] Der Hinweis auf Ahab in Mi 6,16, der den Baalkult im Nordreich besonders gefördert hat (1 Kön 16,31), könnte implizit einen Hinweis auf Baal darstellen.

[212] Vgl. nur die herausragende Bedeutung des Dekalogs für die Komposition des Dtn (dazu G. Braulik, (1985) Abfolge der Gesetze in Dtn 12-26; N. Lohfink, (1990) Das deuteronomische Gesetz in der Endgestalt).

Propheten werden als Anklagereden in einem Rechtsstreit (ריב Hos 4,1; 12,3; Mi 6,2) aufgefaßt, in dem der Prophet die Rolle des Anklägers übernimmt und dem beschuldigten Partner nachweist, daß er sich gegen Jahwes Tora vergangen hat.[213] Der Verweis auf kodifizierte Normen ist wichtig, da einem nach dtn-dtr Verständnis keine Handlung angelastet werden kann, von der man nicht wußte, daß sie verboten ist. Diese mottoartige Einleitung in Hos 4,1-2 prägt das Verständnis aller weiteren prophetischen Vorwürfe gegen Israel, und zwar nicht nur innerhalb von D-Hos, sondern auch innerhalb von D-Am, D-Mi und D-Zef.

5.5.3.3. Kultkritik

Das DK läuft zu auf die Zerstörung des zentralen Heiligtums des Nord- (Bet-El = Am 9,1-4) und des Südreichs (Zion = Mi 3,12), sowie der Hauptstädte Samaria (Hos 14,1; Am 3,9-11; Mi 1,6-7) und Jerusalem (Mi 3,12; Zef 1). Die Zerstörung der Heiligtümer wird aber für Nord- und Südreich unterschiedlich begründet. Der entscheidende Vorwurf an das Nordreich ist der der "Hurerei" (Hos 1,2). Damit ist ein übergeordneter Begriff gefunden, der so nur das Nordreich trifft.[214] Die D-Redaktion dürfte darunter verschiedene Vorwürfe subsumieren, die in der der D-Redaktion vorgegebenen Überlieferung noch differenziert wurden. Sicher fällt unter "Hurerei" der gesamte gottwidrige Kult: die Verehrung des Baal, der Gottesdienst auf den במות, das Stierbild in Bet-El und die Praxis des Räucherns (קטר Piel [215]). In der einzigen, eine Kultkritik an Juda wenigstens implizierenden Passage, Zef 1,4-5, ist von Götterbildern nicht die Rede, statt dessen von verschiedenen fremdreligiösen Einflüssen (z.B. das auch in 2 Kön 17,16; 21,3 erwähnte Himmelsheer).

---

[213] Das Thema "Prozeß" rahmt die Schriften D-Hos, D-Am, D-Mi. Mit Mi 6 kommt der Rechtsstreit zum definitiven Abschluß. In D-Zef folgt dann keine Fortsetzung dieses Streites, sondern nur noch die Ankündigung des Tages Jahwes. Deshalb fehlt in D-Zef weitgehend der Schuldaufweis. Das Lexem פקד, das in Hos, Am 3,2.14 und Zef 1,8.9.12; 2,7; 3,7 vorkommt, meint nicht die Anklage in einem Rechtsstreit, sondern bezeichnet die dienstaufsichtliche Überprüfung.

[214] J. Nogalski, (1993a) precursors, 88 Anm. 43 weist zurecht daraufhin, daß der Vorwurf des Ehebruchs sich nur gegen das Nordreich richtet (auch in Mi 1,7). Zefanja hat diese Metaphorik nicht.

[215] Vgl. dazu auch Jer 7,9; 11,13.17; 32,29. Zur Unterscheidung von Hifil und Piel in diesem Zusammenhang siehe E. Jenni, (1968) Piel, 271f.

Die Konzeption des DK muß man sicherlich auf dem Hintergrund der dtn-dtr Zentralisationsforderung verstehen.[216] Die Nordreichsheiligtümer, insbesondere Bet-El, waren für die D-Redaktion schon von ihrem Ursprung her nie legitime Jahweheiligtümer. Als Ausdruck der "Sünde Jerobeams" verfallen sie deshalb grundsätzlicher Kritik. Wer zu diesen Heiligtümern pilgert, macht sich mitschuldig und übt so Verbrechen (Am 4,4-5). Die Botschaft des Amos wird wohl so verstanden, daß Jahwe von seinem Wohnort auf dem Zion aufbricht (Am 1,2), um Bet-El, die gottwidrige Gegengründung gegen den Zion zu zerstören (Am 9,1-4). Anders stellt sich die Lage für den Zion dar. Die Ankündigung der Profanierung des Zion (Mi 3,12) klingt zunächst so, als würde die Bindung Jahwes an den Zion völlig revoziert. Aber es fällt doch auf, daß von Jahwe in diesem Zusammenhang geschwiegen wird. Das steht im Gegensatz zur fünften Vision des Amos, in der Jahwe selbst die Zerschlagung des Tempels befiehlt (Am 9,1). Das betonte "um euretwillen" in Mi 3,12 könnte ebenfalls anzeigen wollen, daß Jahwe die Aufhebung der Heiligkeit des Zion zwar zuläßt, aber nicht aktiv betreibt. Sicher ist das nur eine feine Nuance, aber sie könnte verständlich machen, warum Spätere an der Erwählung des Zion festgehalten haben, während der Untergang Bet-Els als endgültig begriffen wurde. So zeigt Zef 3,11, daß Jahwe auch nach dem Gericht über einen heiligen Berg verfügen wird, auch wenn an dieser Stelle der Name "Zion" nicht fällt (erst Spätere haben diesen Berg wieder explizit mit dem Zion identifiziert: Zef 3,14.16). Noch spätere Redaktoren haben die eschatologische Verherrlichung des Zion (Mi 4,1-5) direkt hinter Mi 3,12 gestellt und so die unaufgebbare Bedeutung der Bindung Jahwes an den Zion festgehalten.

Das DK gibt, indem D-Hos den Beginn des Schriftenkorpus bildet, der Kultkritik den sachlichen Primat vor der Sozialkritik. Erst aus einem gottwidrigen Kult und dem Verlust der intimen Vertrautheit mit Jahwe (דעת יהוה) und seiner Tora entspringt auch eine Mißachtung des Rechts (משפט).[217] Die Kultkritik des historischen Propheten Amos war anders begründet. Er kritisierte, daß die Verehrung Jahwes am Kultort und während der Festzeit nicht mit dem Einsatz für soziale Gerechtigkeit außerhalb des Kultes Hand in Hand ging. Liest man die Am-Passagen nun innerhalb des DK, d.h. von D-Hos her, so wird die Sozialkritik kultkritisch "eingefärbt". Damit steht die D-Redaktion in der Nachfolge der Tradenten-Zusätze in Am 2,8.

---

[216] Das Thema der Vermehrung der Altäre in Hos wird die D-Redaktion als Verstoß gegen die Zentralisationsforderung gelesen haben.

[217] Der Begriff משפט hat im DK eine zentrale Stellung, vgl. Hos 5,1; Am 5,7.15; Mi 3,1.

Fragt man danach, wie die D-Redaktion sich denn den Jahwekult positiv vorstellt, so wird man am ehesten an die Umkehrthematik denken müssen. Speziell in Hos 14,2-4 wird eine Hinwendung zu Jahwe gezeichnet, die von der Schuldanerkenntnis und nicht von Opfern (זבח erscheint nicht) geprägt ist.[218]

5.5.3.4.   Jahwes Geschichte mit Israel: der Exodus

An kompositionell wichtigen Stellen finden sich im DK Hinweise auf die Geschichte Jahwes mit Israel. Besonders ragt der Hinweis auf den Exodus heraus. Hosea erwähnt den Auszug aus Ägypten und den Aufenthalt in der Wüste als grundlegende Heilstaten Jahwes; in Hos 12-13 dienen sie sogar der Selbstprädikation Jahwes. Jahwe hat sich in diesen Geschichtsakten in seinem Wesen offenbart und in seiner Identität festgelegt. Genauso soll auch Israel diesen seinen Ursprung in seiner Identität bewahren. Die D-Redaktion hat diese Hinweise auf den Exodus aus Hos aufgenommen und erheblich verstärkt: Am 2,10-12; 3,1; 5,25-26; 9,7; Mi 6,4-5.[219] In Mi 6 sind die Rückverweise auf die Heraufführung Israels ins Land von solcher Kürze, daß sie wohl nur für eine Leserschaft verständlich waren, die eine gewisse Kenntnis der Pentateuchstoffe hatte.[220] Es kann noch angemerkt werden, daß Rückverweise auf den Exodus innerhalb des Zwölfprophetenbuchs im DK gehäuft vorkommen. Sonst bezieht sich noch Hag 2,5 auf den Exodus. Sach 10,10 spricht von einem zukünftigen Exodus.

5.5.3.5.   Die strukturelle Gestalt der Schuld des Nordreichs:
das Königtum

Hos 4,1-2 erweckt zunächst den Eindruck, als äußere sich der Abfall von Jahwe in erster Linie in einer massenweisen Übertretung der Dekaloggebote. Dann läge das Hauptgewicht der prophetischen Anklagen auf Fragen der Individualethik. Anklagen dieser Gestalt kommen auch zur Genüge vor. Insbesondere Hos geht aber noch einen Schritt weiter, und die D-Redaktion verstärkt diese Tendenz noch. Der Abfall von Jahwe wird auch auf einer struktu-

---

[218] Den Beziehungen dieser Passage zu Ps 50, in dem man meistens dtn-dtr Kultkritik ausgedrückt findet, müßte man in diesem Zusammenhang nachgehen.

[219] Innerhalb von Zef fehlt ein Nachtrag, der den Exodus nennt. Letzterer war wohl nur im Rahmen des Rechtsstreits von Bedeutung, der ja mit Mi 6 endet.

[220] Der Leserschaft muß, wie H. W. Wolff, (1982) Micha, 149 richtig bemerkt, die Bileamüberlieferung und die Pentateuchüberlieferung in groben Zügen bekannt sein.

rellen Ebene aufgewiesen. Das Nordreich hat sich eine politische und kultische Verfassung gegeben, die Jahwes Willen widerspricht und die der eigentliche Grund für viele Verbrechen ist. Es handelt sich um das Nordreichskönigtum. Mit dem Königtum verbunden sind auch die hohen Verwaltungs-
leute (שרים), die Hauptstadt Samaria als Machtzentrum und der illegitime
Nordreichskult. DtrG nennt diesen Komplex die "Sünde Jerobeams". Und
genau dieses Konzept steht auch hinter der Aussage von Am 9,8, wonach das
Königtum des Nordreichs von der Erde verschwinden soll.

Während die Kritik am Königtum innerhalb von D-Hos eine prominente
Rolle spielt und auch in D-Am an wichtiger Stelle begegnet, ist das in D-Mi
und D-Zef anders. In der Nachfolge Hoseas wird das Königtum des
Nordreichs also als grundsätzlich illegitim begriffen.[221] Kritik am judäischen
König findet sich dagegen im DK nicht, sondern nur Kritik an den höchsten
Spitzen der königlichen Verwaltung, was freilich auch die "Königssöhne"
einschließt (Zef 1,8).[222] Das ist ein beachtenswerter und erklärungsbedürftiger Sachverhalt, da die entscheidenden sozialkritischen Vorwürfe von Hos
und Am auf der einen und Mi und Zef auf der anderen Seite kaum wesentlich
verschiedene Sachverhalte im Blick haben dürften.[223] Am nächsten liegt die
Erklärung, daß das davidische Königtum in Jerusalem von der D-Redaktion,
anders als dasjenige des Nordreichs, als grundsätzlich legitim betrachtet wurde, da es von Jahwe eingesetzt war.[224] Diese grundsätzliche Legitimität dürfte

---

[221] Vgl. auch R. Albertz, (1992) Religionsgeschichte Israels 1, 266: "Die ganze staatliche
    Geschichte Israels mit Königtum und Beamtenherrschaft war seiner (= Hoseas) Mei-
    nung nach ein Irrweg, der jetzt zu seinem Ende kam."

[222] Daß eine Königskritik in Mi fehlt, erklärt H. W. Wolff, (1982) Micha, 68: "Wie Michas
    Wortwahl bei den Ämtern auf vorstaatliches Denken zurückgeht (vom König und sei-
    nen Beamten -שָׂרִים- spricht Micha nie, anders Hosea in verwandter Sache, vgl. 5,1), so
    auch seine Zuweisung der Zuständigkeit ..." Bezogen auf Zefanja hat R. Kessler, (1992)
    Staat, 68 folgende Erklärung: "Der minderjährige Josia ist nicht persönlich für das Ge-
    baren des Hofes verantwortlich zu machen." Es ist deutlich, daß solche ad hoc-
    Erklärungen, selbst wenn sie die Botschaft der historischen Propheten erklären mögen,
    nicht ausreichen, sobald man nach den Motiven der D-Redaktion fragt.

[223] R. Kessler, (1992) Staat, 162-165 betrachtet dieses Problem, das schon A. Alt, (1979a)
    Anteil des Königtums an der sozialen Entwicklung, 373 angesprochen hatte, als ein
    "Scheinproblem". Die Propheten würden gleichsam die Mißstände aus der Perspektive
    "von unten" kritisieren, und dabei träten eher die ausführenden Beamten und Richter als
    der König selbst in Erscheinung. Angesichts der Tatsache, daß im Rahmen der
    Nordreichskritik jedoch eine Königskritik vorgebracht wird, erscheint diese Argumen-
    tation als kurzschlüssig.

[224] Man wird im Sinne der D-Redaktion wohl an 2 Sam 7 zu denken haben. Auch die mo-
    derne soziologische Analyse hat auf wichtige Unterschiede zwischen Nord- und
    Südreichskönigtum hingewiesen. Vgl. etwa A. Alt, (1979b) Königtum in den Reichen
    Israel und Juda.

sich auch in der immer wieder festzustellenden Initiative zu kultischen und sozialen Reformen innerhalb des judäischen Königtums ausdrücken, wofür vor allem die Namen Hiskija und Joschija stehen.[225] Ähnliches gilt auch für den Kult des Südreichs. Zwar werden in Mi und Zef auch die Priester kritisiert, aber es gibt keine Kritik an den Kultvollzügen oder am Heiligtum in Jerusalem selbst. Mi 3,12 hält ausdrücklich fest, daß der Zion nicht per se Ziel der Strafe ist, sondern nur deshalb, weil das Heiligtum durch die Taten seiner Verehrer in Mitleidenschaft gezogen wurde. Ziel der Kritik des Micha ist vielmehr eine falsche Selbstsicherheit der Jerusalemer, die sich ziemlich wahrscheinlich aus der Konzeption der Zionspsalmen speist (vgl. etwa Ps 48).

5.5.3.6.   Das Verständnis der Propheten

Ein wichtiges Thema für das DK ist die Reflexion über das Phänomen Prophetie. Der Ursprung der Prophetie wird bis auf Mose zurückgeführt (Hos 12,14).[226] Damit ist impliziert, daß das Gottesvolk vom Beginn seiner Geschichte mit Jahwe an von Propheten geführt und kritisch begleitet wurde. In Am 3,7 wird diese Vorstellung auf den Begriff gebracht: Jahwe macht alle seine Vorhaben vorher durch seine Propheten bekannt. Die Propheten sind Jahwes Gabe an sein Volk, um es selbst da noch wachzurütteln und herauszureißen, wo große Schuld eigentlich bereits eine zornige Strafaktion Jahwes rechtfertigen würde. Aber Jahwe räumt durch die Propheten seinem Volk die Chance ein, aus den Mechanismen der Schuld auszubrechen und sich Jahwe neu zuzuwenden. Die Propheten zerreißen die Verschleierungsmechanismen (שֶׁקֶר Mi 6,12), mittels derer sich die "Gewalttat" (Mi 6,12) als Vollzug von Recht tarnt. Sie decken schonungslos auf, wie selbst im subjektiv aufrichtig vollzogenen Kult die Abkehr von Jahwe steckt (Am 4,4-5; 5,21-26). Sie identifizieren falsche Diagnosen und Hilfsmaßnahmen, um die "Krankheit" des Volkes zu heilen (Hos 5,11-14). Die Propheten sind die große Chance für

---

[225] Diese Könige spielen in den Überschriften des DK auch eine bedeutende Rolle. R. Kessler, (1992) Staat, 208-220, weist auf diese Reformmaßnahmen hin. Er interpretiert sie als Ausdruck des Anspruchs der davidischen Königsideologie, daß der König Recht und Gerechtigkeit realisiert. Dieser Anspruch führte, jedenfalls dann, wenn günstige Kräfte-Koalitionen zustande kamen, zu den genannten Versuchen, auf die prophetische Kritik konstruktiv, "gesetzgeberisch" zu reagieren. In dieser Tradition steht wohl auch das Dtn.

[226] Diese Sicht des Hosea hat das Dtn übernommen und ausgebaut (Dtn 18).

Israel, aus der Todesverfallenheit herauszukommen und das Leben zu wählen (Am 5,1-4).

Das große Rätsel, das die ganze Abgründigkeit des Abfalls von Jahwe offenbar macht, ist aber, daß Israel nicht auf die Propheten hört. Der Aufruf zur Umkehr in Hos 14,2-4, der ja erfolgt, obwohl bereits verschiedentlich festgehalten wurde, daß Israel nicht umgekehrt oder nicht mehr zur Umkehr fähig ist (Hos 5,4; 6,1-4; 7,10), verhallt ohne Konsequenzen. Unmittelbar vor der schockierenden Totenklage des Amos, die den Fall des Nordreichs vorwegnimmt (Am 5,1-6), steht deshalb ein ausführliches Gedicht, dessen Refrain eben dies einhämmert: "dennoch seid ihr nicht umgekehrt zu mir – Spruch des Herrn" (Am 4,6-11*). Dabei ist zu notieren, daß die fehlende Umkehr nur für das Nordreich im Zentrum steht, für Juda/Jerusalem ist vor allem die falsche Selbstsicherheit das zentrale Problem (Am 6,1; Mi 3,11).

Angesichts der Umkehrunfähigkeit Israels übernehmen die Propheten, die gesandt waren, Israel zum Leben zu rufen, unfreiwillig die Funktion, das Ende Israels zu besiegeln. Am Beispiel von Amos (Am 7,10-17) wird exemplarisch gezeigt, wie der Prophet angesichts der Aktionen von König und Priester gegen ihn zur Waffe Jahwes gegen sein Volk mutiert und in der 5.Vision beauftragt wird, den entscheidenden Schlag gegen das Heiligtum von Bet-El zu führen. Im Südreich kommt ein Problem hinzu, das das Nordreich so nicht gekannt hat. D-Mi und D-Zef erwähnen andere Propheten, die ganz offensichtlich ihre ihnen von Jahwe zugedachte Funktion nicht erfüllen. Dadurch tragen sie zum Untergang Jerusalems bei; ja, nach Mi 3,5 versetzen sie Juda den tödlichen Biß (נשׁך).

Trotzdem besteht auch die Hoffnung, daß die prophetische Botschaft Gehör findet (Am 9,7-10).[227] Gerade die, die der Botschaft vom Unheil, das Jahwe im Begriff ist zu senden, Glauben schenken, werden eben dieses Unheil überstehen (Am 9,7-10).[228] Sollte Zef 3,11-13 zum DK gehören, dann

---

[227] Am 9,7-10 ist sehr vorsichtig formuliert. Es wird nicht einmal ausgesprochen, daß es Personen gibt, die das Unheil überstehen, man kann das lediglich aus der gewählten Metaphorik vom Sieben erschließen (vgl. K. Koenen, (1994) Heil, 13 Anm. 14). Deshalb ist Am 9,7-10 immer wieder auch als totales Gerichtswort gedeutet worden (z.B. B. S. Childs, (1979) Introduction, 406). Man kann deshalb nur von einer Hoffnung, kaum von einer Erwartung sprechen.

[228] Mir scheint, daß sich in dieser Rest-Hoffnung die erst von der Archäologie entdeckte Tatsache widerspiegelt, daß tatsächlich eine große Anzahl von Israeliten aus dem Nordreich der assyrischen Eroberung und Verschleppung entgehen konnten, indem sie nach Juda flohen. Unter den Flüchtlingen befanden sich sicher auch die Prophetenschüler und Sympathisanten, die die Orakel von Hosea und Amos gesammelt hatten.

wäre in einer bestimmteren Weise ausgesprochen, daß Jahwes Gerichtshandeln auf einen Neuanfang mit einem Rest zielt.[229]

5.5.3.7. Neufassung der Sozialkritik

Auch an der Sozialkritik hat die D-Redaktion ein großes Interesse, was daran ersichtlich ist, daß sie auch in von der D-Redaktion verfaßten Zusätzen eine prominente Rolle hat (vgl. Am 8,4-7; Mi 6,9-16). Es fällt nun auf, daß die D-Zusätze mit sozialkritischer Thematik eine etwas anders gelagerte Konzeption vertreten als die Texte der älteren Sammlungen. Diese konzeptionelle Verschiebung läßt sich etwa an Am 8,4-7 beobachten. Dieser Text setzt deutlich Am 2,6-7 voraus und formuliert die dort enthaltene Sozialkritik neu, um "eine erneute, konzentrierte Begründung des ‚Endes'" (Am 8,2) zu liefern.[230] Ein wesentlich neuer Akzent gegenüber Am 2,6-7 ist, daß das Satzgefüge auf die Fälschung von Maßen und Gewichten zuläuft.[231] Letzteres ist ein eindeutig identifizierbarer Verstoß gegen geltendes Recht (Dtn 25,13-15). Ein solcher Verstoß war in Am 2,6-7 dagegen nicht im Blick. Dort war unspezifisch vom "Beugen des Weges" die Rede.[232] Am 8,4-7 kommt es darauf an, die Gruppe der "Ausbeuter" als Betrüger darzustellen.[233] Verelendung

---

[229] Vgl. dazu K. Koenen, (1994) Heil, 22-42, der auch auf die strukturelle Ähnlichkeit von Am 9,8b-10 und Zef 3,11-13 verweist. Es gibt also sowohl für das Nordreich (Am 9) als auch für Juda (Zef 3) für in bestimmter Weise qualifizierte Gruppen die Hoffnung, das Strafgericht Gottes zu überstehen.

[230] J. Jeremias, (1996b) Am 8,4-7, 233.

[231] J. Jeremias, (1996b) Am 8,4-7, 238.

[232] Es verhält sich also genau umgekehrt als es J. Jeremias, (1996b) Am 8,4-7, 240 sieht: "Demgegenüber fehlen in 8,4-6 Rechtsassoziationen völlig". Nicht in Am 8,4-6, sondern in Am 2,6-7 fehlen die Rechtsassoziationen. Jeremias kann sie in Am 2,6-7 nur finden, weil er die Phrase "den Weg beugen" von Am 5,7.10-12 her als den Rechtsweg interpretiert. Das ist jedoch nicht gesagt. M.E. bezeichnet "Weg" in Am 2,6-7 jede Form von billigerweise erwartbarem Lebensentwurf, was auch ökonomische Vorhaben einschließt. Wenn ein solcher Lebensentwurf zum Scheitern gebracht wird, so ist das nach Amos eine nachdrückliche Beschädigung der Würde der betreffenden Person.

[233] Diese Stoßrichtung gilt unabhängig davon, welche Gruppe man in dem sozialgeschichtlich äußerst schwierig zu interpretierenden Text Am 8,4-7 konkret angesprochen findet. Eine der Schwierigkeiten ist, die Käufer des Korns genauer zu identifizieren. Bauern produzieren ihr Korn selbst. Sie kommen deshalb als Kunden, vor allem angesichts der offensichtlich hohen Preise, nur in Betracht, wenn man eine Minderung der Erträge annimmt, sei es durch Naturkatastrophen oder Zunahme der Familiengröße. Davon ist im Text nichts erkennbar. Eine andere Möglichkeit wäre, daß als Kunden Leute im Blick sind, die über keine Landwirtschaft verfügen. Das müßten dann wohl Städter sein, die sich ganz auf andere Berufe (Keramik, Metallbearbeitung) konzentriert haben. Auch davon steht nichts im Text. Unabhängig davon passen die Angaben des Textes gut auf

geschieht, weil betrügerische Normenverstöße massenhaft auftreten und un-
geahndet bleiben. Es spricht viel dafür, daß der Vorwurf des Betruges erst
aufkam, als man Erfahrungen mit der wirtschaftlichen Macht der Berufs-
gruppe der Händler machte (Am 8,4-7; Zef 1,10-11 [234]). Das Phänomen, das
die Propheten Amos und Micha beschäftigte, daß nämlich bestimmte Gruppen verarmen, ohne daß wirklich betrogen wird oder Blut fließt, wird entweder nicht mehr wahrgenommen oder nicht mehr für verwerflich gehalten.[235]
Amos und Micha sahen Verarmung und Verelendung als Folge aus unglei-
chen Kräfteverhältnissen im Zuge ökonomischer Umwälzungen und als
Auswirkung des Zerbrechens von Solidarität. Vom juristischen Standpunkt
aus gesehen verlief hingegen alles rechtsförmig. Man kann es schlagwortartig
vielleicht so zuspitzen: Prophetische Kritik am System als Ganzem wird innerhalb des DK zur systemimmanenten Kritik umfunktioniert.[236]

Die Mißachtung des Rechts ist es nun auch, die Juda in ähnlicher Weise
wie dem Nordreich zum Vorwurf gemacht wird.[237] Innerhalb des Zwölfprophetenbuchs kommt der Begriff מִשְׁפָּט weit überwiegend im DK und dort oft
an wichtigen Stellen vor.[238] Der Rechtsbruch wird mit den Begriffen חָמָס

Händler, die an ihre Kunden Kredite vergeben, damit diese das angebotene Korn, also
Saatgut, auch kaufen können (so B. Lang, (1981) Sklaven und Unfreie im Buch Amos,
483). Den Händlern würde vorgeworfen, daß sie mittels Betrügereien die Rückzahlung
der Kredite erschweren und so ihre Kunden in Abhängigkeit von sich bringen. R.
Kessler, (1989) Kornhändler, kritisiert diese Auffassung unter anderem mit dem
Argument, "daß eine Schicht reicher Händler für das Israel des 8. Jahrhunderts kaum
vorauszusetzen ist"(16). Da Am 8,4-7 jedoch gar nicht von Amos stammt, ist dieses
Argument hinfällig.

[234]   Vgl. R. Kessler, (1992) Staat, 67: "Da Händler bei Jesaja und Micha noch nicht kritisiert
werden, ist damit zu rechnen, daß sie erst im Jerusalem des 7. Jahrhunderts eine gesell-
schaftlich relevante Bedeutung erlangt haben."

[235]   Konzeptionell völlig parallel argumentiert Mi 6,10-12.

[236]   R. Kessler, (1989) Kornhändler, 22 erspürt zu Recht, daß damit ein "Randphänomen"
zur eigentlichen Ursache erklärt wird. Man kann in dieser Konzeption den Optimismus
des Dtn wiedererkennen, das Sozialwesen auf dem Gesetzeswege, allerdings gepaart mit
gewaltigen Überzeugungsanstrengungen, gerechter gestalten zu können. Vgl. dazu z.B.
R. Kessler, (1992) Staat, 222-223; G. Braulik, (1986) Deuteronomium und die Menschenrechte; N. Lohfink, (1990) Das deuteronomische Gesetz in der Endgestalt.

[237]   Einer der vielen verbalen Bezüge, die diese Analogie unterstreichen, ist der Hinweis auf
"Bluttaten" (דָּמִים) in Hos 4,2 und Mi 3,10.

[238]   Hos 2,21; 5,1.11; 6,5; 10,4; 12,7; Am 5,7.15.24; 6,12; Mi 3,1.8.9.; 6,8; 7,9; Zef 2,3;
3,5.8.15. Bei der Einfügung von Nah und Hab schaffte Hab 1,4.7.12 die Überleitung
und Erweiterung des Themas "Recht" von der Innenpolitik auf die Außenpolitik. Sonst
kommt der Begriff noch Mal 2,17; 3,5; 3,22 vor. Wie stark spätere Schriften diesen Begriff als Schlagwort der "früheren Propheten" verstanden, zeigen Sach 7,9 und Sach
8,16.

"Gewalttat" (Am 3,10; Mi 6,12; Zef 1,9) und מרמה "Betrug" (Hos 12,8; Am 8,5; Mi 6,11; Zef 1,9) zusammenfassend beschrieben. Es fällt weiter auf, daß namentlich der Text Am 5,11-16 eine ganze Reihe von Zusätzen zur michanischen Sozialkritik gespeist hat. Hier wurde wohl bewußt eine Parallelität zwischen Nordreich und Juda hergestellt.

Eine zweite konzeptionelle Verschiebung zeigt sich daran, daß das ausbeuterische und betrügerische Handeln bis auf die Wurzeln in der menschlichen Antriebsstruktur zurückverfolgt wird. Dies wird dadurch erreicht, daß der Prophet die geheimen Sehnsüchte der Angeredeten im Zitat offenlegt. Es wird also nicht nur der Normenverstoß nüchtern registriert, sondern es wird analysiert, aus welchen inneren Motiven und Einstellungen heraus, betrügerisches Handeln erfolgt. Umgekehrt wird betont (etwa in Mi 6,8), daß gerechtes Handeln aus einem intakten Gottesverhältnis entspringt, für welches die D-Redaktion die Kurzform benutzt: Jahwe ist dein Gott.

6. Die Hymnenschicht in Am und die Eingliederung von Nah und Hab

Es hat sich bisher ergeben, daß die Redaktionsprozesse innerhalb der Amosschrift höchstwahrscheinlich in die Bearbeitung ganzer Sammlungen hinein gehören. In diesem Kapitel soll geprüft werden, ob das auch für die Hymnenschicht in Am zutrifft.

6.1. Die Hymnenschicht in Am

In Am wurden drei hymnische Fragmente eingefügt, die auf Grund des Partizipialstils und der Schöpfungsthematik sich sehr deutlich vom restlichen Text abheben. Den Fragmenten ist jeweils ein nicht-hymnischer Vers zugeordnet, der wohl der Einbindung des Hymnus in den Kontext von D-Am dient. Die Fragmente Am 4,12-13; 5,8-9 und 8,8; 9,5-6 werden meistens als zusammengehörig erkannt, zugleich aber auch als sekundär eingestuft.[1] Die Frage, ob diese Fragmente einmal vor ihrer Einbindung in D-Am einen vollständigen Hymnus darstellten, kann im Zusammenhang unserer Fragestellung offen bleiben.[2]

---

[1] Umstritten ist, ob Am 1,2 mit den hymnischen Stücken zusammengehört. K. Koch, (1974) Rolle, 531 bemerkt: "An die hymnischen Einsprengsel erinnert nicht nur der Rhythmus mit dem Gleichmaß der Halbzeilen, sondern auch das Stichwort אבל 'trauern' für die Folge des göttlichen Vernichtungshandelns (9,5), weiter die chiastische Hervorhebung der beiden Berge Zion am Anfang und Karmel am Ende, was der Bergthematik in 4,13 (und dem Aufstiegsgedanken 9,6?) durchaus entspricht. 1,2 paßt gar nicht übel vor 4,13, wenn man eine hymnische Vorlage zusammenhängend konstruieren will; nach dem Karmel als dem Hauptgebirge des Nordens (1,2) werden die Kulthöhen (4,13) in Betracht gezogen! Doch ist solche Kombination wegen Hiob 9,5ff. nicht sicher." Deshalb folgert Koch, 534: "Es gibt also Anzeichen, daß 1,2 von der gleichen Feder eingesetzt ist wie 4,13; 5,8; 9,5f. und von derselben Absicht getragen ist, Teilkompositionen im Gesamtbuch auszugliedern. Es wird auf den gleichen hymnischen Überlieferungskreis (aus Jerusalem?) zurückgegriffen." Andererseits sind die Unterschiede derart, daß die Annahme wahrscheinlicher ist, die Hymnenfragmente seien später, hätten sich aber bewußt an Am 1,2 angeschlossen.

[2] Vielfach wird eine vollständige Rekonstruktion des ursprünglich selbständigen Hymnus für möglich gehalten. J. L. Crenshaw, (1975) Hymnic Affirmation, 73-74 rekonstruiert vier zweizeilige Strophen, die jeweils mit einer langen Formel den Namen Jahwes prei-

Die Interpretation dieser Hymnenfragmente hat F. Horst vorangetrieben.[3] Zutreffend interpretiert er zunächst die Gesamtintention der hymnischen Aussagen unter Absehung von ihrem jetzigen Kontext: "Der Generalnenner, auf den die einzelnen Aussagen vereinigt werden müssen, ist also größer; er ist die Verherrlichung der weltüberlegenen Macht Jahwes überhaupt. Diese weltüberlegene Macht Gottes offenbart sich einmal darin, daß Jahwe die Welt erschaffen hat und daß er ihre Ordnungen, wie die regelmäßige Folge von Nacht und Tag, erhält und immer wieder wirkt. Aber nicht nur durch die Schöpfung erweist Jahwe die Abhängigkeit, in der die Welt zu ihm steht, sondern er zeigt sie auch darin, daß er die Erde in Erschütterung, die erdgebundenen Menschen in angstvolle Verzweiflung und Furcht um den Bestand ihrer schönen Welt bringen kann. Und derart kann Jahwe handeln, weil er selbst in erhabener Höhe thront und unabhängig ist von dem, was er mit seiner Erde tut. (Der Gedanke der Weltüberlegenheit Jahwes, seiner 'Transzendenz', wird – gerade in 9,6a – ganz anschaulich, plastisch auf den Raum projiziert, um überhaupt gedacht werden zu können!)"[4] Liest man die Hymnenfragmente zudem noch als eine sich steigernde Abfolge, so wird klar, daß alles auf die deutliche Unterscheidung von Gott und Heiligtum zuläuft. Es beginnt damit, daß der Schöpfergott die במות zertritt (Am 4,13) – damit können innerhalb von Am nur die gottwidrigen Kulthöhen (Am 7,9) gemeint sein –, und es endet damit, daß Jahwe das Heiligtum von Bet-El (Am 9,1) zerstören kann, weil er im Himmel präsent und nicht an einen bestimmten heiligen Bezirk auf der Erde gebunden ist. Ja, man muß sogar weiter gehen: der Schöpfergott ist nicht einmal an ein bestimmtes Volk gebunden, mit dem er eine geschichtliche Beziehung eingegangen war. Bezeichnenderweise kommt innerhalb des Hymnus weder ein Heiligtum (statt dessen ein "Aufstieg im Himmel" Am 9,6), noch der Name Israel (statt dessen der "Mensch" Am

---

sen. Bei solchen Rekonstruktionsversuchen ist jedoch Vorsicht angebracht, da wir einerseits nicht wissen, welche Teile des ihr vorliegenden Hymnus die Redaktion weggelassen hat, und andererseits der Hymnus offensichtlich für seine Einbindung in D-Am reformuliert und ergänzt wurde.

3   F. Horst, (1961a) Doxologien.

4   F. Horst, (1961a) Doxologien, 157. Seiner These wurde oft zugestimmt. J. L. Crenshaw, (1975) Hymnic Affirmation, 114: Die Doxologien "must be viewed as confessions of faith in the God who created all things, who demands complete allegiance, and who appears to judge his people. They express the profound belief that Yahweh, far from being impotent now that the temple lies partly in ruins, is both Creator and Judge of all mankind; furthermore, the doxologies indicate that even a judged people can be grateful to its God. Therefore, these doxologies in Amos are in the fullest sense of the term 'Doxologies of Judgment'." J. Jeremias, (1996f) Mitte hat die These noch erheblich differenzierter ausgebaut.

4,13), noch ein Verweis auf die Geschichte Jahwes mit Israel vor. Es ist zuhöchst bedeutsam, daß auch Israels Schuld in diesem theologischen Rahmen nicht benennbar ist. Konkrete Namen (Bet-El, Gilgal, Samaria), konkrete Schuldige (Israel, "ihr") und gezielte Strafschläge werden nicht genannt.

Es ist nicht so, daß sich der Autor in unerschütterlichem Vertrauen bei Jahwe geborgen weiß. Der Hymnus ist vielmehr geprägt vom Erschauern vor der abgrundtiefen Größe des Gottes, der souverän und nach für Menschen nicht erkennbaren Maximen handelt. Gleichwohl, und da liegt der Hoffnungsakzent des Hymnus: der geheimnisvolle Gott ist benennbar. Gott hat eine Identität, Gott hat einen Namen. Über diesen Namen ist er anrufbar. Ein anderer Hoffnungsakzent liegt darin, daß außergewöhnliche Katastrophen in Natur und Geschichte, wie etwa der Untergang des Nordreichs, die Grundfesten der von Jahwe garantierten Ordnung nicht erschüttern können. Inmitten der Ordnung von Nacht und Tag sind Eruptionen größeren Ausmaßes vorgesehen, besonders solche, die mit Jahwes Theophanie zusammenhängen. Aber Jahwes Wesen wird dadurch nicht berührt, er behält seinen Namen, seine Identität.

Insoweit Horst in diese Richtung gedacht hat, ist ihm zuzustimmen. Problematisch hingegen ist seine These, die hymnischen Einsprengsel seien als Gerichtsdoxologie zu verstehen.[5] Dazu fehlt vor allem das Bekenntnis zu Jahwes Gerechtigkeit (vgl. etwa Ps 145,17; Dtn 32,4). Die in der Hymnenschicht gepriesene weltüberlegene Macht Jahwes kann dagegen eine Rechtssache nicht endgültig entscheiden. Im Hymnus zeigt sich vielmehr, wie jemand, der gerade nicht die Gerechtigkeit von Gottes Handeln einsehen kann, trotzdem an ihm als dem menschliches Begreifen übersteigenden Schöpfer festhält. Es geht um die unbegreifliche Souveränität Jahwes, der schaffen und

---

5   F. Horst, (1961a) Doxologie, 161ff meint, der Psalm sei in Am als eine Form der Gerichtsdoxologie verwendet. Entwickelt wird der Begriff an der Erzählung über Achans Diebstahl Jos 7. An Beispielen führt Horst an: Ijob 4-5; Jer 13,15-16; 1 Sam 6,5; Ps 118,17-21; 2 Chron 30,8. In der Tat läßt sich anhand dieser Texte zeigen, daß es eine grundlegende Neuorientierung auf Jahwe hin auslösen kann (meistens könnte), wenn Jahwes Strafaktionen als gerechte Akte akzeptiert und bekannt werden. Eine in Inhalt und Stil dem Amoshymnus vergleichbare Doxologie kann Horst aber nicht nennen. Den Amoshymnus als Doxologie im Kontext eines sakralen Rechtsverfahrens zu verstehen, verbietet sich angesichts der fehlenden Anspielungen auf Rechtsterminologie. Horst bringt diese Terminologie in seinen Textparaphrasen immer wieder ein, aber ohne Basis am hebräischen Text. Auch formal verstrickt sich Horst in Probleme: In Am 4,12a muß er ein Strafurteil Gottes postulieren, das dort ursprünglich gestanden haben soll (166), während in 9,1-4 die Confessio fehlt. K. Koch, (1974) Rolle, 506 bringt es auf den Punkt: "Denn die Anspielungen auf Gerichtsdoxologien im Alten Testament setzen sonst ein ausdrückliches Eingeständnis der eigenen Sünde voraus (Jos 7,19f; 1 Reg 8,33-40), was an den Amosstellen durchweg fehlt."

zerstören kann und deshalb etwas Erschreckendes an sich hat. Aber dieses Erschrecken ist im Wissen um Gottes Identifizierbarkeit aushaltbar.

Schon Koch hat gezeigt, daß dieser Hymnus bei aller Isoliertheit doch über manche Bezüge mit dem restlichen Korpus des Am verknüpft ist. Ein *erstes Beispiel* ist die Bedeutung des Namens Jahwes innerhalb von Am. Den verschiedenen Namensformen geht Stephen Dempster nach.[6] Die wenigstens drei Elemente umfassenden Namensformen stehen in Am 3,13; 4,13; 5,14.15.16.27; 6.8.14; 9,5 (immer mit Zebaot). Dempster kann zeigen, daß Langformen oft am Ende größerer Einheiten stehen, z.B. in dramatischer Weise in Am 5,16. "Finally, the drama reaches its peak in 5:16 when the lengthened form is elongated further in 'staircase-like' fashion. This seems like appellative 'overkill'. It introduces climactic judgment in which the Deity appears passing through the midst of Israel causing incredible destruction. The unusual sequence of forms, יהוה אלהי צבאות אדני, like that in 3:13, is unique in the Hebrew Bible." Diese Funktion der Langformen des Jahwe-Namens hat auch schon K. Koch notiert und folgert daraus: "Die Abschluß-prädikationen sind demnach zusammenzunehmen und der gleichen Redaktionsstufe zuzuweisen, einer Stufe, die vermutlich auch die Hymnenstücke eingestreut hat."[7]

Ein *zweites Beispiel* ist die Nennung der Höhen במות (Am 4,13). Das gleiche Wort findet sich noch in Am 7,9. Dieser Bezug macht deutlich, worum es in Am 4,13 geht: der weltüberlegene Schöpfer zertritt die Höhenheiligtümer, von denen Bet-El eines ist. Der Hymnus ist auch thematisch, darauf haben etwa G. Pfeifer und Th. E. McComiskey hingewiesen, an manche Texte des Am anschließbar, etwa an die ersten beiden Visionen, die Jahwe ja als Herrn über die Natur zeigen.[8]

---

[6]   S. Dempster, (1991) The Lord is His Name.

[7]   K. Koch, (1974) Rolle, 530.

[8]   G. Pfeifer, (1991) Jahwe als Schöpfer der Welt, 480: "Die Texte Amos iv 13, v 8-9, ix 5-6 stehen in ihrer sprachlichen Form, ihren sachlichen Aussagen und ihrer Denkform nicht im Widerspruch zu den übrigen Worten des Propheten Amos, vielmehr stimmen sie mit ihnen überein und können sehr wohl von ihm selbst verfaßt sein." Vgl. Th. E. McComiskey, (1987) Hymnic Elements of Amos, 148: "The idea that Yahweh is the Creator of the universe is consonant with Amos' theology, although one does not find a concrete expression of that concept in the prophecy. This consonance may be seen in such passages as 4:6, where Yahweh sends famine, and 4:7, where he withholds the rain. These statements of the divine activity, while they do not prove that Amos attributed to Yahweh creative sovereignty over the universe, certainly complement that idea."

6.2. Mi 1,3-4

Der erste Text außerhalb von Am, der mit den Hymnenfragmenten in einer
offensichtlichen literarischen Beziehung steht, ist Mi 1,3-4. Es sind vor allem
zwei wörtliche Berührungen mit Am 4,13, die ins Auge stechen:

- ‏כי הנה‎ + Partizip mit Jahwe als Subj.,

- ‏דרך על במות ארץ‎ ⁹

Daß die Berge in Theophanieschilderungen eine essentielle Rolle spielen,
ist weit verbreitet. Jeremias hat gezeigt, daß das "Motiv der bebenden Berge"
"geradezu ein konstitutives Element der Theophanieschilderungen (ist). Es
fehlt so gut wie nirgends, wenn die Reaktion der Natur auf Jahwes Kommen
beschrieben wird. Aber auch die Menschen sind betroffen."¹⁰ Daß jedoch die
‏במות‎ durch Jahwes Kommen betroffen sind, ist ungewöhnlich. Die spezielle
Formulierung "Weg bahnen über den Höhen" findet sich in dieser Form nur
noch in Am 4,13 und Ijob 9,8, wobei in Ijob von den Höhen des Meeres die
Rede ist.¹¹

Nun könnte man geneigt sein, da das Stichwort ‏במות‎ auch in Mi 1,5b und
vor allem in Mi 3,12 wieder begegnet, anzunehmen, daß ‏במות‎ aus dem Mi-
chakontext in den Theophaniehymnus aufgenommen worden wäre. Aber in
Mi 3,12 geht es gar nicht darum, daß der Zion unter die ‏במות‎ subsumiert und
Jahwe aus diesem Grunde gegen ihn einschreiten würde. Es ist vielmehr genau umgekehrt: Der Zion wird erst zu einer ‏במה‎, d.h. er wird der Natur zurückgegeben und hört endgültig auf, ein heiliger Ort zu sein. Die Konzeption
des Hymnenfragments, wonach Jahwe die ‏במות‎ zertritt, paßt also nicht zu Mi
3,12, dafür aber gut zu Mi 1,5b. Dort hat ‏במות‎ aber erkennbar ein älteres
‏חטאת‎ verdrängt, und zwar am ehesten im Rahmen des gleichen Redaktionsganges, in dem Mi 1,3-4 eingefügt wurde. Ist das richtig, dann hat Mi 1,3-4
den Ausdruck ‏במות‎ nicht aus Mi, sondern aus Am 4,13 aufgenommen. Und
erst diese Redaktionsschicht hat auch die Profanierung des Zion als ein Zer-
treten dieses Heiligtums durch den schlechthin weltüberlegenen Schöpfergott
begriffen (Mi 1,5b).

---

9   Das ‏דרך‎ in Mi 1,3 ist wie in Am 4,13 als Partizip aufzufassen. K. Koch, (1974) Rolle,
     512-513 hat die enge Berührung beider Stellen über die Wendung "Niedertreten der
     Kulthöhen" gesehen; beide Stellen verbindet die Vorstellung: "Dabei ist mit dem Hin-
     weis auf das göttliche Hintreten auf die Höhen schon der entscheidende und ausreichen-
     de Unheilsschlag gekennzeichnet. Es bedarf keiner weiteren Aktionen Jahwäs mehr –
     ganz wie Am 4,13! Demnach ist hier eine Zerstörung der Kulthöhen angedroht, welche
     die damit auf Leben und Tod verbundene Kultgemeinschaft dem Verderben preisgibt."
10   J. Jeremias, (1977) Theophanie, 48-49.
11   Vgl. die übersichtliche Auflistung der Belege bei J. L. Crenshaw, (1972) wedorek, 41.

Die Verbindung zu Am 4,13 wird dadurch verstärkt, daß auch in Am 4,13 wie in Mi 1,3 mit einem außerhalb des Grundrhythmus stehenden כי הנה eröffnet wird, dem dann ein Partizip folgt. Es ist durchaus naheliegend, daß – nach Ausscheidung des וירד – auch das דרך in Mi 1,3 wie in Am 4,13 als Partizip aufzufassen ist.[12]

Die Querbezüge von Mi 1,3-4 zu Am gehen noch weiter. So hat Mi 1,3-4 auch auffallende Berührungen zu Am 9,5-6, und in Am 9,5 wie in Mi 1,3-4 wird das Motiv vom Zerschmelzen der Berge gebraucht, das ohnehin in Am 9,5 etwas unmotiviert kommt. Wenn auch nicht das selbe Lexem verwendet wird, so ist das Motiv an sich ungewöhnlich genug, um einen direkten Bezug zu vermuten. In Nah 1,5 wird sogar מוג verwendet (vgl. noch Nah 2,7). Schließlich kann man auf die Erwähnung eines Erdbebens in Am 1,1 verweisen. In Mi 1,4 weist das Phänomen, daß sich Täler auftun, auf ein Erdbeben.[13] In diesem Zusammenhang ist auch die thematische Nähe zu Am 1,2 zu notieren: Sowohl in Am 1,2 als auch in Mi 1,4 ist von Bergen und Tälern die Rede. Die Berührungen zwischen beiden Texten sind noch dadurch enger, daß sie beide als eine Art Kurzeinleitung in das ihnen folgende Korpus einer prophetischen Schrift fungieren.

6.3. Mi 6,8

Am 4,13 nimmt auch noch auf einen weiteren Mi-Text Bezug: נגד Hif mit לאדם und מה in einem Kolon vereint findet sich so nur in Am 4,13 und Mi 6,8. Es kann kaum ein Zweifel bestehen, daß Am 4,13 mit Blick auf Mi 1,3 und Mi 6,8 verfaßt wurde, wobei Mi 6,8 als Teil von D-Mi bereits schriftlich vorlag.

Die m.E. einfachste Annahme, die obigen Beobachtungen zu erklären, ist, daß die Hymnenfragmente in Am und Mi 1,3-4 derselben literarischen Schicht zuzuweisen sind. Sowohl der Am-Hymnus als auch Mi 1,3-4 sind innerhalb ihres jeweiligen Buches recht isoliert stehende Nachträge, die die Gerichtsprophetie, die sich vorwiegend mit sozialen und geschichtlichen

---

12   V. Fritz, (1974) Wort gegen Samaria, 319 Anm. 24.
13   Es ist darauf hinzuweisen, daß im Rahmen von Theophanieschilderungen vielfach von der Erschütterung der Berge die Rede ist, die Vorstellung, daß sich die Erde spaltet, ist jedoch singulär. Dies hat etwa V. Fritz, (1974) Wort gegen Samaria, 323 beobachtet: "Die Aussage, daß sich die Täler spalten, ist zwar im überlieferten Textbestand des Alten Testaments singulär, doch ist Jahwes Kommen auch sonst mit Erschütterungen in der Natur verbunden".

Phänomenen beschäftigte, auf eine schöpfungstheologische Grundlage stellen. Die in der Hymnenschicht implizierte Schöpfungstheologie hat m.E. S. Gillingham gut herausgearbeitet.[14] Die Hymnenschicht entwirft ein Bild vom Schöpfer, der die von ihm geschaffenen Naturzyklen (z.B. der regelmäßige Wechsel von Tag und Nacht) durchbrechen kann: "Insgesamt wird somit deutlich, daß die Doxologien in der Form des Hymnus verkünden sollen: Israels Gott kann sowohl erschaffen als auch zerstören."[15] Solche Durchbrechung geschieht, um die sich gegen die Naturordnungen auflehnenden Frevler zu beseitigen, wobei Amos nachgewiesen hatte, daß ganze Völker pauschal als frevlerisch einzustufen sind.[16] Die schöpfungstheologische Vertiefung der Botschaft des Am, nämlich die Herausarbeitung der souveränen Freiheit des Schöpfers gegenüber der von ihm geschaffenen Welt, bietet eine implizite Basis für Hoffnung: "Indes besteht sogar bei solchen Strafandrohungen paradoxerweise noch Hoffnung – und diese Hoffnung speist sich ebenfalls aus der Schöpfungs- wie der Exodustradition. Denn Jahwe, der auf geheimnisvolle Weise Finsternis erschafft, Seuchen in der Natur veranlaßt und hinter kosmischen Katastrophen steht, ist auch imstande, Licht zu erschaffen und eine neugeschaffene Ordnung hervorzubringen."[17] Diese Hoffnung ist innerhalb des Am erst später explizit gemacht worden durch Hinzufügung von Am 9,11-15.

Der Zion ist wegen der Sünden der Jerusalemer zu einer Kulthöhe geworden (Mi 3,12) und wird deshalb vom Schöpfer genauso niedergetreten wie die Heiligtümer des Nordreichs. Angesichts der Nichtigkeit der Heiligtümer kommt alles darauf an, dem Folge zu leisten, was Jahwe dem Menschen mitteilt (Mi 6,8).

---

[14] S. Gillingham, (1993) Morgenröte.
[15] S. Gillingham, (1993) Morgenröte, 115.
[16] S. Gillingham, (1993) Morgenröte, 117: "Es ist bezeichnend, daß es im Anschluß an die Schilderung unmenschlicher Verbrechen gebraucht wird: jede Nation, sei es nun Israel oder eine andere, welche Humanität derart geringschätzt, verletzt die Gesetze der Natur; daher benutzt Gott der Schöpfer (dessen Wirken, wie wir sahen, nicht auf die Zyklen der natürlichen Ordnung einzuschränken ist) die Natur, um zu verhindern, daß eine solche Verletzung andauert." Sollte Th. Krüger, (1993) "Kosmo-theologie", Recht haben, daß Ps 104,35 der Überzeugung ist, daß die Frevler "im Rahmen einer fortwährenden 'Erneuerung' der Erde durch den Rhythmus von Sterben und Leben, wie sie V.29-30 formulierte," in Schach gehalten werden können, so würde sich der Am-Hymnus in dieser Frage scharf von Ps 104 abheben.
[17] S. Gillingham, (1993) Morgenröte, 129.

6.4.   Hos 4,3 und Zef 1,2-3

Sucht man nach Texten, die der durch die Hymnenfragmente vertretenen Schöpfungstheologie nahestehen, so stößt man zunächst auf Hos 4,3 und Zef 1,2-3. Beide Textpassagen stimmen zum Teil wörtlich miteinander überein.[18] Zusätzlich stehen sie innerhalb ihrer Schriften jeweils in der kompositionell wichtigen Eröffnungsposition.[19] Es ist sehr wahrscheinlich, daß diese beiden Texte als eine Art Rahmen um ein größeres Schriftenkorpus gelegt und extra für diesen Zweck formuliert wurden.

Hos 4,3 stellt die Zerstörung der Natur als die sachliche Folge (עַל כֵּן) der Mißachtung von Jahwes Rechtswillen dar. Das in Hos 4,3 verwendete Vokabular kommt in Hos nicht mehr vor, dafür finden sich deutliche Bezüge auf den Am-Hymnus: [20]

- אבל הארץ und יבש verweisen bei gleicher Thematik auf Am 1,2.[21]
- כל ישב בה findet sich nur noch in Am 8,8; 9,5 und auch in Nah 1,5.

Es spricht also einiges dafür, daß Hos 4,3 mit der Hymnenschicht literarisch zusammengehört.[22] Zusätzlich fällt der signifikante Bezug auf Nah 1 auf. Da Nah 1* auch die für diese Schicht so wichtige Theophanietradition enthält, liegt es nahe, auch eine bestimmte Schicht innerhalb von Nah dieser Redaktionsphase zuzurechnen.

Auch Zef 1,2-3 ist aller Wahrscheinlichkeit nach speziell für seinen Kontext geschaffen und setzt diesen zum Verständnis voraus.[23] Die Verse weisen

---

18 Die Erwähnung von Menschen, Tieren, Vögeln und Fischen findet sich nur in diesen beiden Texten (auch das Lexem אסף kommt beide Male vor). Die enge Verbindung beider Texte sieht etwa H. Irsigler, (1977) Gottesgericht, 403: "Um so auffälliger ist die lexikalische und kontextuell-inhaltliche Verwandtschaft mit Hos 4,3."

19 Vor Hos 4,1-3 steht lediglich Hos 1-3*. Diese Kapitel enthalten aber nicht die öffentliche Verkündigung, sondern Privaterfahrungen des Propheten in seiner Familie. Auf jeden Fall stellt Hos 4,1-3 das zusammenfassende Motto über Hos 4-14 dar.

20 Eine Auflistung der Streuung des Sprachgebrauchs von Hos 4,3 gibt Th. Naumann, (1991) Hoseas Erben, 22.

21 Es ist interessant, daß beide Male die Natur Subjekt von Trauer (אבל) ist.

22 Vgl. auch J. Jeremias, (1983) Hosea, 62 der hier zwar einen sachlichen, aber keinen literarischen Zusammenhang sieht.

23 Für Zef 1,2-3 bemerkt etwa H. Irsigler, (1977) Gottesgericht, 394: "Für die Tendenz des Spruches ist die Eigenheit bedeutsam, daß sich keinerlei beschreibende Elemente oder wertende Abstrakta finden, die das Verhängnis motivieren könnten. Allein das Faktum der Vernichtung (...) liegt im Blickfeld." Und weiter S. 400: "Was den Untergang veranlaßt, fragt man vergebens. Als isolierte Einheit betrachtet, bleibt der Spruch mit seinem 'geschichtslosen' Zukunftsbild unrealistisch und seine eigentliche Redeintention rätselhaft. Die Einheit verlangt nach einer Ankündigung. Erst der literarische Zusam-

deutliche Bezüge zum Sintflutbericht des Jahwisten in der Genesis auf. Jahwe nimmt sein Versprechen zurück, keine neue Sintflut zu bringen.[24] Die Anspielungen auf die Sintflut lassen bei der Vernichtungsaktion Jahwes an eine Flut denken, was man als Anknüpfung an Aussagen der Hymnenfragmente (Am 5,8; 9,6) interpretieren könnte.[25] In Zef 1,18 ist diese Flut dann als eine eschatologische Feuersbrunst gedeutet worden.[26]

Auch Hos 12,6 gehört hier hinein. Der kurze Hinweis erinnert deutlich an die Hymnenschicht in Am, auch wenn nicht der Begriff "Name" שֵׁם, sondern der in diesem Zusammenhang synonyme Begriff "Gedenken" זֵכֶר begegnet. Es fällt auf, daß sich der Text, wie vor allem von Sellin für den Am-Hymnus beobachtet, an die einzige Stelle innerhalb von Hos anschließt, wo der Name "Bet-El" begegnet.[27]

6.5. Der Theophaniehymnus in Nah 1,2-8

Die thematische Nähe der bisher behandelten Texte zu Nah 1 muß noch näher untersucht werden. Zu prüfen ist, ob die Einfügung der Hymnenschicht in Zusammenhang mit der Eingliederung der Schriften Nah und Hab in das DK stand.

---

menhang macht sie als Schilderung des weltweiten Horizonts der nachfolgenden Gerichtssprüche rhetorisch verständlich."

[24] L. Sabottka, (1972) Zephanja, 11 verweist auf Gen 6,7, wo auch die Wendung "von der Erdoberfläche weg" eine Rolle spielt. Vgl. H. Irsigler, (1977) Gottesgericht, 405: "Schon längst wurde die sprachliche und thematische Verwandtschaft von Sintfluttexten mit Zef 1,2-3 registriert." Revidiert wird speziell Gen 8,21. M.E. geht M. DeRoche, (1980) Zephaniah 1,2-3, 105-106 erheblich zu weit, wenn er über die Kenntnis des Sintflutberichts des Jahwisten auch Anspielungen auf den Schöpfungsbericht der Priesterschrift gegeben sieht. Er schreibt "Zephaniah is proclaiming man's loss of dominion over the earth, and more importantly, *the reversal of creation*. The allusion to the flood exists, but it is secondary to the allusion to creation. Since Zephaniah wanted to announce the reversal of creation, it makes sense that he would also disqualify Yahweh's promise never again to destroy mankind."(106)

[25] J. Nogalski, (1993a) precursors, 194 Anm. 56: "One feature uniting all three passages is their depiction of flood motifs. Nah 1:8 and Hab 3:10 presuppose the motif from chaos traditions (which is suitable to the foreign enemies depicted in those works), whereas Zeph 1:2f draws upon the flood account of Genesis".

[26] Ez 38,19-20 ist offensichtlich ein direkter literarischer Bezug auf Zef 1,2-3. Ez 38 setzt auch schon Zef 1,18 voraus und schaut den Zef-Text mit dem Erdbeben von Am 1,1 zusammen.

[27] Sonst wird Bet-El immer verballhornt zu "Bet-Awen".

Es kommt in unserem Zusammenhang nicht auf eine ausführliche literar-kritische Analyse der Nahumschrift an, es sollte ausreichen, wenn wir uns auf den Eingangshymnus konzentrieren. Er ist formal und inhaltlich aus der sonstigen Schrift deutlich herausgehoben, so daß kaum ein Zweifel daran bestehen kann, daß er der Nahumschrift nachträglich als Einleitung vorangestellt wurde.[28] Der Psalm ist aber literarisch nicht einheitlich. Nah 1,2b-3a fällt aus der Akrostichonstruktur heraus und stellt einen späteren Nachtrag dar.[29] Weiter fällt Nah 1,4b auf: Die Logik des Akrostichons läßt in Nah 1,4b eine Zeile erwarten, die mit Dalet beginnt. Das ist aber im jetzigen Text nicht der Fall. Erkennt man die außerordentlich enge Beziehung der jetzigen Zeile auf Am 1,2, so legt sich die These nahe, daß an dieser Stelle eine tatsächlich mit Dalet beginnende Zeile redaktionell ersetzt wurde.[30] In Nah 1,7 wird der Ausdruck צרה יום gebraucht, der sich in Hab 3,16 und Zef 1,15 ebenfalls findet.[31] Der Psalm bricht äußerst effektvoll in der Mitte des Alphabets ab, er bleibt unvollendet. Darin kommt drastisch zum Ausdruck, daß auch Jahwes Gottheit so lange unvollendet ist, solange in der Welt seine Feinde triumphieren.

Nah 1,9-11 erweisen sich als eine redaktionelle Überleitung, die den Hymnus voraussetzen. Es fällt auf, daß ein deutlicher Verweis auf Hos 7,15 ("gegen Jahwe Böses planen") erfolgt.[32]

Man wird annehmen können, daß die älteste schriftliche Gestalt von Nah wohl eine längere Komposition war, die den Untergang der verhaßten Weltmacht Assur kommen sah. Eine besondere Dignität gewann diese Prophetie wohl erst nach dem Untergang Ninives. Nahums Vision hatte sich bewahrheitet und war deshalb auf der Basis der Konzeption von Dtn 18, nach der der wahre Prophet am Eintreffen seiner Vorhersagen erkannt wird, als wahre Prophetie anzuerkennen. Soweit man erkennen kann, muß man die Botschaft des historischen Propheten Nahum als eine reine Heilsprophetie für Israel begreifen, da keinerlei Kritik an Israel zu finden ist. Die Herrschaft der Assy-

---

[28] Mit der Einfügung des "visionären" Theophaniepsalms dürfte auch die Zufügung der zweiten Überschrift in Nah 1,1 "Buch der Visionen" zusammenhängen.

[29] Vgl. die Argumentation von J. Nogalski, (1993b) processes, 105-107.

[30] So die überzeugende These von J. Nogalski, (1993b) processes, 107-109. Schon J. Jeremias, (1977) Theophanie, 98f war die enge thematische Zusammengehörigkeit beider Verse und ihre Singularität im Vorstellungskreis der Theophanieschilderungen aufgefallen.

[31] Sie begegnen auch noch in Ob 1,12.14.

[32] J. Jeremias, (1970) Kultprophetie, 21: "Daß Menschen gegen Menschen, Völker gegen Völker (auch Jahwe gegen Israel) Böses planen, ist dem Alten Testament geläufig, daß Menschen aber gegen Jahwe Unheil ersinnen, wird nur noch einmal ausgesprochen: Hos. 7,15."

rer über Israel erscheint nirgends als Strafe für begangene Sünde, sondern als imperialistische Unterdrückung eines unschuldigen, wehrlosen Opfers.[33] Daran ändert auch die Einfügung von Nah 1,2-8 im Grunde nichts, aber durch den Psalm kommt trotzdem eine neue Dimension hinein. Jetzt erscheint Jahwe selbst, in seiner Gottheit tangiert, wenn sich eine Weltmacht wie Assur anmaßt, die Welt den eigenen Interessen zu unterwerfen.[34]

Eine weitere Dimension kommt nun dadurch hinein, daß die Nahumschrift durch entsprechende redaktionelle Querverweise wie Nah 1,4b und Nah 1,9 in das DK eingebunden wurde.[35] Wird sie nun innerhalb des DK gelesen, so kommt der in Nah ausgeblendete Aspekt der Schuld Israels wieder hinein.[36] Es vollzieht sich aber ebenso der umgekehrte Effekt: Es kommt der innerhalb des DK vernachlässigte Aspekt zum Tragen, daß Israel nicht einsam und alleine vor Jahwe existiert, sondern hineinverwoben ist in internationale Strukturen und Abhängigkeitsverhältnisse, daß es vielmals gar nicht anders handeln konnte, auch wenn es noch so wünschenswert gewesen wäre, weil es von Assur dazu keinen Spielraum erhielt.

6.6. Habakuk

Was die Literarkritik von Hab angeht, so ist deutlich, daß auch in dieser Schrift ein älterer Theophaniehymnus sekundär in eine davon unabhängige ältere Habakukschrift eingefügt wurde. Im Gegensatz zu Nah wurde der Hymnus aber innerhalb von Hab an den Schluß gestellt. Dieser auffallende Unterschied in der kompositionellen Anordnung der beiden Hymnen erklärt sich am leichtesten, wenn damit beabsichtigt war, eine Rahmung von Nah und Hab zu erreichen (Nah 1,2-8 // Hab 3,3-15). Dieser Effekt wird noch da-

---

33 Wie Seybold gezeigt hat, hat der historische Prophet Nahum in bemerkenswerter Weise von Jahwe geschwiegen. Seybold spricht deshalb von "profaner Prophetie", wobei die Frage ist, ob eine profane Prophetie noch mit Recht Prophetie genannt werden kann.

34 Darauf hat B. S. Childs, (1979) Introduction, 444 hingewiesen.

35 In weiteren redaktionellen Zufügungen zeigen sich auch Querverweise auf Mi (Nah 3,1 vgl. Mi 3,9 und Hab 2,12) und auf Zef (beachte Zef 2,13-15; Nah 1,7 vgl. Zef 1,15; vgl. auch Zef 3,1 mit Nah 3,1).

36 Ohne präzise redaktionsgeschichtliche Vorstellungen damit zu verbinden, hat bereits B. S. Childs, (1979) Introduction, 446 diesen Effekt hervorgehoben: "To criticize Nahum from the perspective of Amos' theology fails to reckon seriously with the function of a collection of writings which together exercised its authority upon a community of faith."

durch kunstvoll gesteigert, daß der Nah-Hymnus mit der ‫כ‬-Zeile abbricht. Aus der Leseperspektive entsteht der Eindruck, er sei unvollendet.[37]

> In der Tat, nirgends im AT gibt es ein Akrostichon, das nur die Hälfte des Alphabets umfaßt. Das verstieße auch ganz gegen den Sinn eines solchen Akrostichons, das ja durch die Anlehnung an das Alphabet die Vollständigkeit der Gedankenführung signalisieren will. Ein halbes Akrostichon ist ein Unding. Der Leser muß den Eindruck gewinnen, daß der Prophet hier "gewaltsam" gezwungen wird, seinen Psalmvortrag abzubrechen. Es ist genau die Stelle, an der die Feinde in den Blick kommen, an der der Prophet den Psalm nicht mehr zu Ende singen kann. Über die starke Diskrepanz zwischen der im Psalm besungenen Nichtigkeit der Feinde und ihren in der Gegenwart des Propheten gleichwohl mächtigen Machenschaften kommt der Prophet nicht hinweg. Es schnürt ihm gleichsam die Kehle zu. Er muß aus dem Modus des hymnischen Singens in den Modus direkter Anklage hinüberspringen.

Weil Nah 1,2-8 gewaltsam abgebrochen wird, erzeugt das bei der Leserschaft eine starke Spannung: So hat man den Eindruck, daß Nah 1,2-8 kompositionell auf die Fortsetzung in Hab 3 hin angelegt ist. Aus der Leseperspektive geurteilt, verweist Hab 3,2 dann umgekehrt auf den Nah-Hymnus zurück. Die implizierte Logik wäre so zu beschreiben: Nahum hat den Untergang der Assyrer vorhergesehen, nun wartet Habakuk auf ein entsprechendes Handeln Jahwes an den Babyloniern. Hab 1,2-4 versteht sich am besten als direkte Fortsetzung von Nah. Hab hat die Vision des Nahum gehört, sieht aber, daß in der Gegenwart Assur noch mächtig genug ist, um Juda zu terrorisieren.[38]

Auch die Habakukschrift enthält einige sekundäre Zusätze, die die Funktion erfüllen, diese Schrift in das DK einzubinden. In dieser Hinsicht fällt Hab 2,20 auf, der durch seinen Aufruf ‫הס‬ "Verstummt!" auf Zef 1,7 verweist.[39] Signifikant ist auch, daß in Hab 3,17 auf eine große Dürre verwiesen wird, wie sie für diese Redaktionsschicht charakteristisch war (Hos 4,3; Am 1,2; Mi 1,3-4; Nah 1,4; Zef 1,3).[40]

---

[37] Vor allem D. L. Christensen, (1975) Nah 1, hat darauf hingewiesen, daß dieser Eindruck beim Leser intendiert sei.

[38] B. S. Childs, (1979) Introduction, 449 erwägt diese Möglichkeit der Deutung, stuft sie aber als unwahrscheinlich ein.

[39] Vgl. auch Am 6,10; 8,3. Sach 2,17 bezieht sich seinerseits auf Hab 2,20; Zef 1,7, und zwar wird dem unheilvollen Verstummen, das in Hab 2,20 und Zef 1,7 (und in Am) gemeint ist, ein ehrfürchtiges, erwartungsvolles Schweigen angesichts von Jahwes beginnendem Heilswirken gegenübergestellt.

[40] Nennen kann man auch noch Hab 2,19 (vgl. Hos 4,12), Hab 2,12 (vgl. Mi 3,10) und Hab 3,19 (vgl. Am 4,13; Mi 1,3).

6.7. Komposition und Intentionen des Nahum-Habakuk-Korpus (= NHK)

Der literarkritische Befund hat ergeben, daß die älteste literarische Schicht von Nah und, vielleicht weniger deutlich, auch von Hab eine Form von Prophetie widerspiegelt, die ganz anderer Art war als die im DK gesammelte. Im Vordergrund dieser Prophetie stand vielmehr die Kritik an den Mächten, die Israel unterdrückten. Ihnen wird die totale Zerstörung angesagt. Kritische Worte gegen Israel finden sich dagegen nicht. In diesem Sinne enthielten Nah* und Hab* Heilsprophetie. Beide Schriften stammten aus einem anderen Flügel der vorexilischen Prophetie, was auch manche Bezüge zwischen beiden Schriften befriedigend erklärt.[41]

Die These dieser Arbeit ist nun, daß diese Schriften redaktionell erweitert und gleichzeitig in das DK eingefügt wurden. Zusätzlich wurden in dieser Phase in die Schriften des DK stark schöpfungstheologisch geprägte Texte eingefügt. Dazu zählen die Hymnenschicht in Am, die an Am 1,2 anknüpft; Hos 4,3; Mi 1,3-4 und Zef 1,2-3.[42] So entstand ein Korpus, das Hos*, Am*, Mi*, Nah*, Hab* und Zef* umfaßte. Ich nenne dieses Mehrprophetenbuch das Nahum-Habakuk-Korpus (abgekürzt: NHK). Sehr wahrscheinlich ist NHK-Nah von vornehein mit NHK-Hab zusammen in das DK eingefügt worden. Dies würde vor allem verstehen lassen, warum NHK-Nah und NHK-Hab von zwei Theophanie-Psalmen gerahmt werden. Daß literarische Vorstufen von Nah und Hab bereits vor ihrer Einbindung in das NHK zusammen ein Korpus bildeten, ist deshalb unwahrscheinlich, weil die allermeisten literarischen Querverweise von Nah zu Hab auch andere Schriften des DK einschließen (z.B. der wichtige Leitbegriff צרה יום in Nah 1,7; Hab 3,16; Zef 1,15). So ist eher damit zu rechnen, daß Nah* und Hab* substantiell reformuliert wurden, um ihren Platz innerhalb des DK einnehmen zu können.

Man muß sich klar machen, in welch gravierender Weise die NHK-Redaktion die Prophetenüberlieferung verändert hat. Inhaltlich verleiht sie der Schöpfungsthematik, die bisher lediglich am Rande der prophetischen

---

41 Die enge Zusammengehörigkeit von Nahum und Habakuk ist häufig festgestellt worden. Etwa auch von B. S. Childs, (1979) Introduction, 454.

42 Vgl. zur Zusammengehörigkeit von Am 1,2 und Mi 1,3-4 schon J. Jeremias, (1977) Theophanie, 178: "Beide Theophanieschilderungen (= Am 1,2 und Mi 1,3-4; AS) sind bewußt an den Anfang des jeweiligen Prophetenbuches gestellt und fassen jetzt - etwa Jes 1,2f entsprechend - die Botschaft Michas und Amos' zusammen: Sie beschreiben im Partizipialstil bzw. mit Imperfecta, womit Israel zu rechnen hat, wenn Jahwe jetzt neu auf es zukommt. Unterschieden sind sie darin, daß in Am 1,2 die Gerichtsankündigung schon in die Theophanieschilderung selber eingefügt wurde, während sie in Mi 1,3ff dieser erst folgt. Zugleich ist aber in Am 1,2 der hymnische Charakter der Theophanieschilderung stärker erhalten geblieben."

Überlieferung stand, ein erheblich größeres Gewicht. Formal führt sie ein ganz neues Textmuster in die Prophetenschriften ein: das Hymnenfragment.[43] Es ist sehr wahrscheinlich, daß dem auch eine neue Verwendung der prophetischen Texte korrespondieren muß.[44] Im Rahmen unserer Fragestellung kann dies aber ausgeklammert bleiben. Insbesondere fällt auf, an welch kompositionell herausragenden Stellen die Hymnenfragmente eingebaut wurden. Nah 1 und Hab 3 rahmen ein Zweierkorpus, Mi 1,3-4 eröffnet eine Schrift; Am 4,13 schließt den ersten der zwei Teile innerhalb von Am 3-6 ab, Am 9,5-6 schließt den Visionszyklus ab und Am 5,8-9 bildet das Zentrum der Ringkomposition in Am 5,1-17.[45]

Noch ein weiterer Aspekt verdient an dieser Stelle Erwähnung. Die Kompositionsprinzipien der NHK-Redaktion lassen keine Unterscheidung zwischen Nord- und Südreich mehr erkennen. Sehr wahrscheinlich hat diese Schicht – erstmalig in der Geschichte der Prophetie – zwischen Nord- und Südreich konzeptionell nicht mehr unterschieden, sondern alle Schriften unterschiedslos auf das eine Gottesvolk Israel bezogen. Dafür spricht, daß in die Amosschrift die Hauptmasse der Textzusätze der NHK-Redaktion fällt, ohne daß erkennbar wäre, daß die Zusätze speziell in die Nordreichskritik gehören.[46] Viel eher läßt z.B. das Hymnenfragment Am 9,5-6 im Anschluß an die fünfte Vision vermuten, daß die NHK-Redaktion das Heiligtum, dessen Profanierung in der Vision geschaut wird, nicht mehr auf Bet-El, sondern auf Jerusalem deutete.[47]

NHK-Nah und NHK-Hab wurden mit einem eigenen Überschriftentypus in das DK eingefügt. Sie wurden als מַשָּׂא verstanden und weder datiert noch als "Wort Jahwes" bezeichnet. Wie hat man das zu verstehen? Ausgehen kann man von der Beobachtung, daß Nah und Hab eine andere Art von Prophetie bieten, als sie im DK zu finden war. Beide enthalten auffälliger Weise keine Gerichtsworte gegen Israel. Weiterhin vermißt man einen Hinweis darauf, daß die Bedrückung Israels durch die Assyrer eine von Jahwe verhängte

---

43   Am stärksten konnte sich die NHK-Redaktion an Am 1,2; Hos 13,15 und Am 4,6-11* anschließen.

44   Dies näher aufzuhellen, ist äußerst schwierig, da über die Verwendung von Prophetentexten in gottesdienstlichen Vollzügen, an die am ehesten zu denken sein wird, keine externen Nachrichten vorliegen. Dan 9 schildert lediglich den Privatgebrauch.

45   Zum letzten Punkt siehe J. Jeremias, (1996i) Tod und Leben in Am 5,1-17, 216.

46   Die NHK-Redaktion hat wohl eher eine sachliche Affinität zur Amosschrift gehabt, da sie die Schöpfungsthematik in den ersten beiden Visionen sehr deutlich angesprochen sah.

47   Darauf deutet der Umstand hin, daß Am 9,5-6 Konzeptionen aufgreift, die sonst im Kontext des Jerusalemer Tempels ihren Ort haben, vgl. J. Jeremias, (1995) Amos, 128.

Strafaktion gegen Israel war.[48] Statt dessen beschäftigen sie sich ausführlich mit den Verbrechen und dem Untergang der Weltmächte. Nun sind zwar im DK auch Orakel gegen die Völker überliefert (Am 1,3-2,16; Zef 2,4-3,8*), doch diese Zyklen zielen letztendlich auf Israel ab. Im Falle von Am werden Israels Verbrechen sogar als schlimmer dargestellt als die der Nachbarvölker. NHK-Nah und NHK-Hab vertreten also eine deutlich andere Position als das DK: Für sie ist Israel das Opfer des imperialen Großmachtstrebens der mesopotamischen Völker.[49] Letzteres, aber nicht Israel wird im Namen Jahwes angegriffen. Dieses Grundanliegen dürfte auch mit dem Gattungsbegriff מַשָּׂא im Blick sein. Eine besondere Nuance scheint mir dies zu sein, daß die Überschrift מַשָּׂא vermutlich nie als Überschrift über eine selbständige Prophetenschrift gedacht war. מַשָּׂא meint vermutlich nur eine Gattung, derer sich Propheten auch bedienen konnten, die aber nicht die prophetische Botschaft als Ganze ausmacht. Sollte dies richtig sein, dann geschah die Einbindung von NHK-Nah und NHK-Hab in das NHK bewußt in der Weise, daß deutlich gemacht wurde, daß beide nur einen Teilaspekt der prophetischen Botschaft abdecken. Man hat das DK gleichsam ergänzt um eine Spruchgattung, die die Propheten des DK so nicht gebraucht haben.

Warum hat man Nah und Hab dem DK zugefügt? M.E. ist der Grund darin zu suchen, daß namentlich die Prophetie des Nahum sich in ähnlich eindrucksvoller Weise wie die von Hosea und Amos erfüllte. Wie Nahum vorhergesehen hatte, brach die Weltmacht Assur tatsächlich zusammen und wurde von den Babyloniern überrannt. Man war herausgefordert, sowohl die im DK gesammelten Unheilspropheten als auch die Heilspropheten Nahum und Habakuk als wahre Propheten zu begreifen. Insbesondere die dtn-dtr Tradition, die die Wahrheit eines Prophetenwortes hauptsächlich nach dem Eintreffen des Angesagten beurteilte (vgl. Dtn 18,21-22), mußte sich dieser Argumentation beugen. Wie aber konnte man die beiden so unterschiedlichen Prophetietypen in gleichem Maß als wahre Prophetie anerkennen?

Die Theophanietradition bot die theologische Basis, um eine Konzeption zu entwickeln, in deren Rahmen die im DK gesammelten Prophetien und die Prophetie Nahums und Habakuks integrierbar waren. Jahwe wird nun nicht

---

[48]   Die Kommentare verweisen meistens auf die Konzeption Jesajas, wonach die Assyrer zunächst als Jahwes Strafwerkzeug agierten, dann aber wegen ihrer maßlosen Zerstörungswut und ihrer Überheblichkeit selber bestraft wurden (vgl. Jes 10,5-34; Hab 1,11-12). Doch von dieser Konzeption findet sich in Nahum nichts.

[49]   Vergleichbar ist die Konzeption von Ps 44, wo in den Versen 18-22 ausdrücklich darauf bestanden wird, daß dem Feindeinfall keine Schuld Israels gegenüber Gott korrespondiert.

mehr nur als Gott Israels begriffen, der über seinen Bund mit seinem Volk wacht, sondern als der universale Weltenherrscher, der die Feinde der von ihm garantierten Ordnung vernichtet. Betrachtet man Jahwe in dieser Weise als universalen Weltenherrscher, führt das zu einer Ausweitung des Blicks: Das kommende Gericht am Tag Jahwes ergeht nicht nur über Israel (etwa Am 9,1-4) oder Juda und Jerusalem (so Zef 1,4), sondern über die ganze Erde (Zef 1,2-3). Hatten die Anklagen des DK die Schuld für das kommende Unheil einzig und ausschließlich in Israels Sünde gegen Jahwe gesucht, so kommt jetzt sehr viel stärker in den Blick, daß Israel das Opfer assyrischer und babylonischer Expansions- und Unterdrückungspolitik war, und daß die imperialen Bestrebungen dieser Großmächte zu kritisieren sind. Man mag das für theologisch problematisch halten, der moderne Historiker kann eine solche Sicht nur begrüßen.[50] Die sozialen, kultuspolitischen und religiösen Mißstände, auf die namentlich das DK hingewiesen hatte, waren eben zu einem Gutteil auch auf die drückende Abhängigkeit von den mesopotamischen Großmächten zurückzuführen.[51] Deshalb mußte das DK um Nah und Hab erweitert werden. Man hängte die beiden Schriften aber nicht einfach am Schluß an, sondern schob sie zwischen Mi und Zef ein. Durch diese Rahmenkomposition konnte man wohl deutlicher zum Ausdruck bringen, daß die das DK prägenden Sinnlinien nach wie vor in Kraft bleiben sollten.

---

[50]   Etwa B. S. Childs, (1979) Introduction, 449 (zu Habakuk) betont die theologische Problematik: "Again, the traditional prophetic linkage of Israel's captivity under the Babylonians with a period of disobedience to the covenant is fully lost if an outside nation is made the subject of the wickedness." Aus theologischer Sicht kann es aber genauso bedeutend sein, daß Israel aus der Opferperspektive theologische Modelle entworfen hat; vgl. etwa E. S. Gerstenberger, (1988) Jahwe - ein patriarchaler Gott?, 142: "Die Israeliten sind überwiegend Opfer der Völkerbewegung gewesen, die ihr Land überfluteten. Sie haben, wie alle Menschen, um ihr Überleben gekämpft und den eigenen Gott in diesen Kampf hineingezogen. Die immer stärker werdende Bedrängnis führte im Exil zu der Lehre von der einzigartigen Erwählung Israels und der entsprechenden Unterordnung aller Völker unter den einzigen Gott Jahwe."

[51]   Dies bestätigt die moderne Geschichtsschreibung. So hat etwa A. Alt, (1979c) Rhythmus der Geschichte Syriens und Palästinas, 3-4 die Theorie aufgestellt, daß Syrien und Palästina auf Grund ihrer geographischen Lage immer wieder dem ägyptischen und mesopotamischen Entfaltungsdrang unterliegen mußten. Bei A. H. J. Gunneweg, (1976) Geschichte Israels, 111 hat sich das zur These verdichtet, daß Israel überhaupt nur in Phasen eines "Machtvakuums" erblühen konnte: "In einem Machtvakuum hatte Israel einst sich konstituiert und seinen Staat, bald auch ein Großreich bilden können; in einem Machtvakuum war in der Zeit Jerobeams II. ... noch einmal eine Blütezeit von nationaler Selbständigkeit und Wohlfahrt möglich gewesen. In einem Machtvakuum wiederum vollzog sich Josias Restauration."

Ist das NHK einmal geformt, so ergeben sich eine Fülle von Querbezügen von NHK-Nah und NHK-Hab zu den anderen Schriften des Korpus, von denen sicher die wenigstens durch redaktionelle Zufügungen erst geschaffen wurden, die aber gleichwohl intendiert gewesen sein mögen, auch wenn man das kaum mehr nachweisen kann. Als ein Beispiel könnte man nennen, daß הוי-Worte innerhalb des Zwölfprophetenbuchs nur im NHK vorkommen. Diesen Tatbestand hat die Redaktion kaum bewußt geschaffen, es kam ihrer Intention aber sicher entgegen.

Auch der Vergleich Assurs mit einem beutegierigen Löwen könnte bereits von Nahum in der mündlichen Verkündigung angewendet worden sein.[52] Im Kontext des NHK gelesen ergibt sich jedoch eine neue Sinnebene dieser Metapher. In NHK-Hos und NHK-Am ist nämlich Jahwe selbst mit einem Löwen verglichen. Hintereinander gelesen überlagern sich die verschiedenen Sinnebenen der gleichen Metapher: Jahwe agiert als Löwe, der Israel als seine Beute schlägt. Um dies zu vollbringen bedient er sich der Gestalt des assyrischen Löwen. Weitere Metaphern werden ebenfalls mit neuen Bedeutungsaspekten angereichert. Die Rede vom "Ende" (Nah 1,8.9; 2,14; 3,3; Hab 2,3) findet sich auch in Am 8,2 und Zef 1,18. Auch sie bekommt nun eine zusätzliche Dimension. Nicht nur Israel, sondern allen Feinden Jahwes, auch Assur und Babylon, steht das Ende bevor. Auch die Sozial- und Rechtskritik an Israel wird nun in einen weltweiten Zusammenhang eingeordnet. Stichwortverknüpfungen zwischen Mi 3,9 und Hab 2,12 sind wohl so zu deuten, daß die Abhängigkeit Jerusalems von den imperialen Großmächten in den Blick kommt. Insbesondere wurde Hab 2,6-19 so überarbeitet, daß die ursprüngliche Sozialkritik als Folge imperialistischer Unterdrückung durch die Babylonier gedeutet wurde.[53] Eine vergleichbare Intention zeigt auch die Neuverwendung der Huren-Metaphorik Hoseas. Nah 3,4-7 lesen sich bis in Einzelheiten hinein geradezu als ein Gegenbild zu Hos 2.[54] Während in Hos Israel als Hure verstanden wird, so in Nah Ninive. Der Sinn ist, daß nun Israel selbst als verführt verstanden wird. Es hat dem "sex appeal" der Hure Ninive nicht widerstehen können. Jerusalem erscheint als manipuliert, eingebunden in eine internationale Verflechtung von Unrecht und Gewalt, die ihr

---

52 Vermutlich in der Auseinandersetzung mit der assyrischen Propaganda; vgl. dazu P. Machinist, (1983) Assyria and its Image, der das für Jesaja nachweist.

53 J. Jeremias, (1970) Kultprophetie, 67: "Somit ergibt sich, daß sämtliche Weheworte Habakuks eine einschneidende Nachinterpretation in spätexilischer Zeit erfahren haben, die die Weheworte als gegen die Israel bedrückenden Babylonier gerichtet verstand"(kursiv getilgt; AS). R. Kessler, (1992) Staat, 89-95, arbeitet lediglich die Intention der älteren Schicht heraus.

54 Im einzelnen ließen sich starke strukturelle und lexikalische Berührungen zeigen.

Zentrum jedoch in den großen städtischen Zentren der mesopotamischen Großmächte hat.[55] Jerusalem wird damit nicht entschuldigt, aber es kommt in den Blick, daß es in seiner Schuld nicht isoliert werden kann. Deshalb muß Jahwes Strafhandeln auch universal ansetzen, insbesondere die Großmächte müssen einbezogen werden, sonst wird auch Israel nie Frieden haben.

Es fällt auf, daß NHK-Nah und NHK-Hab keine Am 9,7-10 oder Zef 3,11-13 analoge Restvorstellung entwickeln. Als Feinde Jahwes und des Gottesvolkes müssen die imperialen Großmächte untergehen. Die Rest-Vorstellung in Zef 2,1-3; 3,11-13 bekommt durch die Einfügung von Zef 1,2-3 noch eine besondere Note. Da das Kommen des Tages Jahwes mit der Sintflut parallelisiert wird, erhebt sich von selbst die Frage, wer bei der kommenden neuen Weltkatastrophe mit dem Noah der Sintflut zu identifizieren ist. Mit wem wird Jahwe diesmal neu anfangen?

---

[55] Die moderne Analyse der sozialen Mißstände nimmt ebenfalls diese Verflechtung in den Blick. Vgl. R. Kessler, (1992) Staat, 133-138, der auf die außenpolitischen Faktoren hinweist, die "nicht in Richtung auf Verlangsamung, sondern auf Beschleunigung und Verfestigung des Prozesses der Klassenspaltung"(138) in Juda hinwirkten.

7. Am 9,11-15* und das Haggai-Sacharja-Korpus

Die Literarkritik der Amosschrift hatte ergeben, daß der Einfügung des Am-Hymnus eine Redaktionsschicht folgte, deren Anliegen es war, die Zeit nach dem Abbüßen der Strafe zum Thema zu erheben und diese neue Heilszeit konkret zu beschreiben. Es ist plausibel, daß dieses Interesse erst wirklich virulent wurde, als man das Eintreffen des Gerichts in Gestalt des Exils schon erfahren hatte. Es ist die These dieser Arbeit, daß auch diese Bearbeitung der Amosschrift in eine schriftenübergreifende Redaktion hinein gehört.

Wieder soll so vorgegangen werden, daß zunächst die Querbezüge von Am 9,11-15* untersucht werden sollen. In einem zweiten Schritt soll dann die These untersucht werden, ob in dieser redaktionellen Phase noch näher zu bestimmende Fassungen der Haggai- und Sacharjaschrift hinzugefügt wurden.

7.1.   Am 9,11-15

Am 9,11-12*.14-15 war trotz kleinerer Spannungen als ein konzeptionell und literarisch einheitlicher Text verstanden worden, der eine ideale Restitution nach dem Gericht (Am 9,7-10) beschreiben will.[1] Dem untergegangenen sündigen Königreich wird die Vision eines idealen Königreichs entgegengesetzt. Der Text enthält einige lexikalische Anspielungen auf andere Amostexte, deren Aussagen bewußt umgekehrt werden.[2]

Am 9,11-12* befaßt sich mit der Restitution der "zerfallenen Hütte Davids"[3], was wohl das mit der babylonischen Eroberung untergegangene Königreich Juda meint. Es fällt auf, daß der Begriff "König" (Wurzel מלך) im Text nicht erscheint. Es geht also nicht einfach um die Wiederbringung des

---

[1]   Innerhalb von Am 9,12 stellt wohl die Einfügung von "Edom" einen literarischen Nachtrag dar. Vgl. J. Nogalski, (1993a) precursors; zustimmend J. Jeremias, (1995) Amos, 130.

[2]   Vgl. etwa Am 9,11 mit Am 5,2. So J. Jeremias, (1995) Amos, 134.

[3]   Zur Deutung des Partizips von נפל als Ausdruck des Resultats von Fallen vgl. z.B. Ri 19,27.

Gewesenen, sondern um dessen qualitative Erneuerung, was auch Veränderungen, z.B. in der Art und Weise der Herrschaft, einschließt. Mit der Etablierung einer neuen Herrschaftsordnung ist auch eine Restitution des Landes und der an das Land gebundenen Produktion verbunden (Am 9,14). Kennzeichen der neuen Heilszeit ist, daß die "Entfremdung" der Arbeit in jeglicher Hinsicht aufgehoben ist. Jeder kann die Früchte seiner Arbeit ungestört genießen.[4] Ein erneuertes Verhältnis zwischen Jahwe und Israel nimmt dann Am 9,15 in den Blick: Israel wird in das wieder hergestellte Land eingepflanzt, und Jahwe wendet sich diesem Israel als "dein Gott" erneut zu. Bewußt wird diese Heilszeit durch den Rückgriff auf die Landgabe als eine Vollendung dessen dargestellt, was Jahwe immer schon für sein Volk intendiert hat. Die neue Heilszeit ist gerade als Vollendung des ursprünglich von Jahwe Intendierten etwas gegenüber der Gegenwart qualitativ Neues.

Kurz soll gezeigt werden, wie sich diese Heilsverkündigung auf die Gerichtsverkündigung bezieht. Ein *erstes Beispiel* ist Am 9,11a. Zwei Lexeme aus dem Leichenlied Am 5,2 werden aufgegriffen (נפל und קום) und nun genau gegensätzlich gebraucht: Jahwe selbst richtet wieder auf, was zu Boden gefallen ist. Die Strafe wird zurückgenommen. Ein *zweites Beispiel* ist die Schilderung eines nicht-entfremdeten Arbeitsprozesses in Am 9,14. Die Schilderung nimmt den Nichtigkeitsfluch aus Am 5,11 zurück.[5] In der neuen Heilszeit wird es das nicht mehr geben, daß einem die Früchte der eigenen Arbeit verwehrt bleiben. Vielmehr wird man den Erfolg eigener Anstrengungen auch genießen können. Ein *drittes Beispiel* ist die Charakterisierung des Verhältnisses Jahwes zu Israel in Am 9,14-15. Die Verse enthalten – etwas versteckt – die sogenannte Bundesformel (V. 14: mein Volk Israel, V. 15: Jahwe, dein Gott). Damit wird die Aussage von Am 8,2: "Gekommen ist das Ende für mein Volk Israel" zurückgenommen.

7.1.1.   Formelhafte Hinweise auf die neue Heilszeit

Auf der Suche nach Querbezügen innerhalb des Zwölfprophetenbuchs stößt man zunächst auf die Formel: ביום ההוא.[6] Sie kommt in unterschiedli-

---

4   H. Weippert, (1985) Amos, 20: "Auf dem Hintergrund der Sozialkritik im Amosbuch könnte man geneigt sein, dies als Aufhebung der Ausbeutung aufzufassen: ...".

5   So auch J. Jeremias, (1995) Amos, 136. Zugleich ist ein Gegensatz zu Am 4,9 geschaffen.

6   Die Formel: הנה ימים באים "siehe, Tage kommen" kommt innerhalb des Zwölfprophetenbuchs nur in Am 4,2; 8,11 und 9,13 vor. Sie ist aber häufig in Jer belegt: Jer 7,32; 9,24; 16,14; 19,6; 23,5.7; 30,3; 31,27.31; 33,14; 48,12; 49,2; 51,47; 51,52. Dort referiert

cher Gestalt innerhalb des Zwölfprophetenbuchs vierzigmal vor, davon besonders gehäuft in Sach 12-14 (16mal).[7] Mit "jenem Tag" können zwei verschiedene Zeitpunkte gemeint sein. *Erstens* kann der Tag des Vollzugs der göttlichen Strafaktionen gemeint sein. Dieser Gebrauch liegt nur innerhalb des DK vor (etwa Am 2,16; Hos 1,5; Am 8,3.13; Mi 2,4; Zef 1,9). *Zweitens* kann es, im Gegensatz zum ersten Gebrauch, den Tag der Wiederherstellung Israels bezeichnen. Dieser Gebrauch ist weit häufiger.[8] Die Formel wurde sehr beliebt und anscheinend in verschiedenen redaktionellen Phasen benutzt. Gleichwohl kennzeichnet sie eine neue Denkbewegung innerhalb der Prophetie Israels. Sie versucht, die Vollendung der Wege Jahwes mit seinem Volk konkret vorzustellen und zu schildern.

Eine weitere, weniger häufige Wendung ist שׁוּב שְׁבוּת, was so etwas bedeuten muß wie "eine grundlegende Wende zum Heil herbeiführen".[9] Auch sie ist charakteristisches Merkmal der Texte, die sich mit der neuen Heilszeit nach dem Vollzug der Strafe befassen: Hos 6,11; Zef 2,7; 3,20 und Joel 4,1. Dabei ist es gut möglich, daß Joel 4,1 bereits im Blick auf Am 9,14 formuliert wurde.

7.1.2.   Die Rücknahme des Fluches

Am 9,14 bezieht sich eindeutig auf Am 5,11 // Zef 1,13b zurück. Es wird der Fluch zurückgenommen, der über der menschlichen Arbeit lag, weil Israel sich gegen die Tora vergangen hatte. In der neuen Heilszeit wird Arbeit wieder Erfolg haben. Die, die arbeiten, werden auch die Früchte ihrer Arbeit genießen können. Im Unterschied zum Vers Am 9,13aβb, der noch später zugefügt wurde, wird kein materieller Überfluß verheißen. Es geht einfach um die materiellen Erfordernisse einer gesicherten Existenz, wobei die Nen-

---

[7]   sie sowohl auf den Tag des Gerichts (vgl. Am 8,11) als auch auf den Tag der Wiederherstellung Israels. Besonders eng verwandt mit Am 9,13a.14-15 sind Jer 30,3; 31,27-28, weil in diesen Texten auch von einer "Verwurzelung" Israels in seinem Land gesprochen wird.

[7]   Die Belegstellen: Hos 1,5; 2,18.20.23; Joel 4,18; Am 2,16; 8,3.9.13; 9,11; Obd 1,8; Mi 2,4; 4,6; 5,9; Zef 1.9.10; 3,11.16; Hag 2,23; Sach 2,15; 3,10; 6,10; 9,16; 11,11; 12,3.4.6.8.9.11; 13,1.2.4; 14,4.6.8.9.13.20.

[8]   Siehe etwa C. Westermann, (1987) Prophetische Heilsworte; S. J. de Vries, (1995) From Old.

[9]   Vgl. J. M. Bracke, (1985) *shub*, 244: Die Phrase "is a technical term referring to a model of restoration most frequently characterized by Yahweh's reversal of his judgment"; I. Willi-Plein, (1991) *shub*.

nung des Weins und der Gärten schon einen gehobenen Lebensstandard impliziert.

Gerade dieses Thema, das Aufhören des Fluches und die materiellen Grundlagen der Existenz im Land nach dem Exil, ist von zentraler Bedeutung für Hag und Sach 1-8. Beide Schriften werden durch dieses Thema sogar gerahmt. Hauptsächlich in Hag 1,4.6-10 und Sach 8,9-12 geht es darum, daß die Zeit des Fluches, die Zeit materiellen Notleidens bereits abgelaufen sein müßte! Hag 1,6 greift dazu Textmuster und Thematik der Nichtigkeitsflüche des DK auf: Der Beschreibung basaler alltäglicher Tätigkeiten wird deren äußerst geringer Erfolg gegenübergestellt (vgl. die Struktur von Am 5,11; Hos 4,10; Mi 6,14-15; Zef 1,13b). In Hag 2,17 wird sogar Am 4,9 extensiv zitiert:

Hag 2,17 [10]	Am 4,9
הִכֵּיתִי אֶתְכֶם בַּשִּׁדָּפוֹן וּבַיֵּרָקוֹן	הִכֵּיתִי אֶתְכֶם בַּשִּׁדָּפוֹן וּבַיֵּרָקוֹן
וּבָבָרָד אֵת כָּל־מַעֲשֵׂה יְדֵיכֶם	...
וְלֹא־שַׁבְתֶּם } אֵלַי נְאֻם־יהוה	וְלֹא־שַׁבְתֶּם עָדַי נְאֻם־יהוה

Hag macht dadurch deutlich, daß der Fluch grundsätzlich noch andauert, obwohl er zum Teil bereits zurückgenommen ist. Die Angeredeten können bereits wieder in Häusern wohnen (ישׁב), können bereits wieder trinken und essen, aber trotzdem wird noch immer ein wesentlicher Teil des Segens Jahwes zurückgehalten. Sowohl Hag 2 als auch Sach 8,9-12 kündigen aber an, daß Jahwe in Kürze Segen in seiner ganzen Fülle und so Israels Arbeit Erfolg geben wird.

Es ist deutlich, daß Hag und Sach Texte voraussetzen [11], die für die Zeit nach dem Gericht eine neue Heils- und Segenszeit voraussagen. Würden keine entsprechenden Heilsankündigungen vorausgehen, dann würde die Leserschaft die Problemlage, in der etwa die Haggai-Texte verstanden werden müssen, gar nicht nachvollziehen können. Es ist von daher gut denkbar, daß Am 9,11-15* der gleichen redaktionellen Phase angehört wie Hag* und des-

---

[10] Die Formulierung des MT וְאֵין־אֶתְכֶם macht keinen Sinn, da ein Verb fehlt. Deshalb ist der Text nach LXX zu rekonstruieren.

[11] Gemeint ist in diesem Zusammenhang nicht die historische Frage, ob die Propheten Haggai und Sacharja das Auftreten von Heilspropheten im Exil, wie etwa Deuterojesajas, voraussetzen, sondern die leseorientierte Frage: Kann man die Schriften Hag und Sach verstehen, ohne vorher bereits entsprechende Heilsankündigungen bei den "vorexilischen" Propheten gelesen zu haben?

sen Anfügung an das NHK durch Aufbau einer entsprechenden Zukunftserwartung vorbereitet.

7.1.3.   Die Verwurzelung Israels im Land

Am 9,15 entwickelt die Vorstellung, daß Israel in der neuen Heilszeit eine
unauflösliche Verbindung zu seinem Land eingeht. Zur Beschreibung dieses
Sachverhalts wird metaphorisch davon gesprochen, daß Jahwe Israel "ein-
pflanzt", so daß es nie wieder "ausgerissen" werden kann.

Diese Metaphorik erinnert innerhalb des Zwölfprophetenbuchs stark an
den Text Hos 2,25. Hos 2,25 hat zusätzlich auch das Thema des erneuerten
Gottesverhältnisses mit Am 9,14-15 gemeinsam ("ihr mein Volk, ich euer
Gott"), weshalb man ihn als Bestandteil der gleichen Schicht auffassen kann.
Auch in Hos 14,6-8 wird Israel als Pflanze beschrieben, die ideale Wachs-
tumsbedingungen findet und deshalb gute Frucht bringt. Da andererseits keine wirklichen lexikalischen Bezüge vorliegen, wird man vorsichtig sein müssen, diesen Text der gleichen Schicht zuzuweisen, der gleichen Denkbewegung entstammt er aber sicher.

7.2.   Die Zufügung von Hag* und Sach*

Fragt man danach, welche Schriften im Rahmen dieser redaktionellen
Phase zugefügt sein könnten, so fallen Hag und Sach ins Auge. Das Anliegen
dieser beiden Schriften spiegelt genau dasjenige von Am 9,11-15* wider. Die
Phase der Bestrafung Israels gilt diesen beiden Schriften in ihrer Zeit als abgeschlossen. Sie sehen ein unmittelbar bevorstehendes neues Heilshandeln
Jahwes voraus. Es liegt lediglich noch an ausräumbaren Hindernissen innerhalb Israels, daß die neue Heilswirklichkeit nicht schon längst Realität ist. Ja,
mehr noch, erste Spuren der Realisierung sind schon vorweisbar: Man wohnt
wieder sicher, kann essen und trinken. Die Propheten haben eine neue Aufgabe bekommen, das Volk hört auf ihre Aufrufe, die vor dem Exil ungehört
verhallten (Hag 1,14; Sach 1,6).

Zur Literarkritik dieser Schriften kann man soviel sagen: Eine Vorstufe
von Hag und eine Vorstufe von Sach 1-8 (im wesentlichen Sach 1-7) bildeten
wohl einmal eine unabhängig von einem Mehrprophetenbuch bestehende
Schrift, die die Orakel und Visionen der Propheten Haggai und Sacharja umfaßte. Ein formal einheitlich gestalteter Berichtsrahmen ("im xten Jahr des
NN erging im yten Monat das Wort des Herrn an NN") band die Orakel bei-

der Propheten zu einer Schrift zusammen. Der Zweck dieser rekonstruierten Schrift ist im Zusammenhang mit dem Wiederaufbau des Tempels zu sehen. Beide Propheten unterstützten aus Erwartungen einer neuen Heilszeit heraus den Wiederaufbau nach Kräften.[12] Diese Aktivitäten hat man in einer Schrift dokumentieren wollen. Diese Hag/Sach 1-8*-Schrift kursierte wohl zunächst unabhängig vom NHK.

Daher ist die Frage wichtig: In welchem Stadium des literarischen Wachstums wurde die Hag-Sach*-Schrift in das NHK eingefügt? Meine These ist, daß das erst geschah, nachdem insbesondere die Visionen des Sacharja in einem eschatologischen Sinn verstanden und entsprechend erweitert worden waren.[13] Die Visionen lösten sich wohl bald von der engeren Erwartung auf eine Neugründung des Tempels und faßten eine grundlegende Erneuerung Israels ins Auge. In diesem Rahmen wurden dann auch Texte aus Sach 9-14 angefügt. Welche das genau waren, soll in dieser Arbeit nicht mehr geklärt werden. Sach 14 allerdings wird, wie unten noch näher zu zeigen sein wird, kaum schon dazu gehört haben.[14]

7.3. Mi 4-5

Wie uneinheitlich, ja gegensätzlich innerhalb dieser Phase gedacht wurde, macht der Abschnitt Mi 4-5 deutlich. Die Art und Weise, wie man in diesen Kapiteln konträre Ansichten unverbunden aneinander gereiht hat, läßt m.E. die These zu, hier habe ganz bewußt eine Diskussion als solche dokumentiert werden sollen. Sich gegenseitig widersprechende theologische Positionen wurden miteinander konfrontiert, ohne daß ein Kompromiß beide Positionen abschließt. Da beide Positionen als vertretbar erschienen, sollte sich wohl die Leserschaft im Verlauf des Abschreitens der Argumente beider Seiten ihr eigenes Urteil bilden.

Ein krasses Beispiel ist Mi 4,11-13. Einmal stellt dieser Textabschnitt einen direkten Gegensatz zum unmittelbar vorhergehenden Spruch Mi 4,9-10

---

[12] B. S. Childs, (1979) Introduction, 470: "The message of Haggai in its canonical form retains a delicate balance between this-worldly political action and eschatological, divine intervention. Haggai, perhaps more than any other prophet, was committed to a political program, namely, the restoration of the temple."

[13] Daß die Visionen Sacharjas im jetzigen Kontext nicht mehr auf die Exilswende oder den Tempelneubau bezogen sind, sondern eine noch ausstehende Zukunft ins Auge fassen, hat B. S. Childs, (1979) Introduction, 427-429 gezeigt.

[14] Siehe Kap. 8.7.

dar. Zum anderen liest er sich wie ein Gegenbild gegen die friedliche Vision von Mi 4,1-5. Fast jeder Einzelzug aus 4,1-5 wird in sein Gegenteil verkehrt:

- Die Völker kommen nicht friedlich zum Zion, sondern in böser Absicht: Sie wollen den Zion entweihen.
- Erscheinen die Völker in Mi 4,1-4 als belehrbar, ja als lernbegierig, so in Mi 4,12 als völlige Ignoranten, die von Jahwes Vorhaben und Planen keine Ahnung haben.
- Die landwirtschaftlichen Metaphern vom Umschmieden der Schwerter wird genau umgekehrt: Friedliche Dreschgeräte werden benutzt, um die Völker zu zermalmen.
- Spielt die Tochter Zion in Mi 4,1-5 keine Rolle, so ist sie in Mi 4,13 in singulärer Weise die Vollstreckerin des Gerichts an den Völkern.[15]

7.4. Nachträge in anderen Schriften

Fragt man nach weiteren Textzusätzen, die dieser Phase zugerechnet werden können, so kann man an Hos 2,1-3 denken. Diese Verse sind in der Technik des unvermittelten Anschlusses an den Vorgängerkontext sehr mit Mi 4,1-4 verwandt. Auch der Stil ist ähnlich. In beiden Texten wird auffälliger Weise von Jahwes Initiative geschwiegen. Die neue Heilszeit scheint sich mit innerer Notwendigkeit von selbst zu ergeben.

7.5. Zu den Intentionen des Haggai-Sacharja-Korpus

Die Zufügung von Hag und Sach 1-8, möglicherweise auch Passagen aus Sach 9-13, zum NHK geschah im Rahmen einer Neuinterpretation des bis dahin vorliegenden Mehrprophetenbuches. In dessen Schriften wurde im Anschluß an die Gerichtsverkündigung eine mehr oder weniger ausführliche Heilsperspektive nachgetragen. Man wird zu dieser Schicht Texte rechnen können wie Hos 2,1-3; 2,18-25; Am 9,11-15; Mi 2,12-13; Mi 4-5; Nah 1,12b[16]; 2,1; Hab 2,14; Zef 3,14-20. In nahezu allen Fällen stehen diese Texte am Ende größerer literarischer Komplexe. Alle Schriften des Zwölfpropheten-

---

[15] H. W. Wolff, (1982) Micha, 114: "Während sonst in der Prophetie die Völker Jahwes Werkzeug gegen Israel sind, wird hier die Tochter Zion als Jahwes Werkzeug gegen die Völkerwelt aufgeboten."

[16] In Nah 1,12b wird der Gedanke nachgetragen, daß Jahwe selbst die Assyrer zur Demütigung Israels benutzt hat, die Zeit der Demütigung nun aber vorbei ist.

buchs bis auf die Erzählung Jona schließen mit einem heilvollen Ausblick, was belegt, daß das Thema der Heilszeit nach dem Gericht aus der Sicht der Späteren zum Themeninventar eines kanonischen Propheten gehörte.

Für die neue Heilszeit gibt es in dieser Phase keinen prägnanten Begriff. Die Texte operieren mit verschiedenen Formeln, die nebeneinander ohne erkennbare Bedeutungsdifferenzen gebraucht werden: ביום ההוא "an jenem Tag", בעת ההיא "in jener Zeit", שוב שבות "die Wende zum Heil herbeiführen", באחרית ימים "am Ende der Tage".[17] Wichtige Themen dieser Phase sind die Charakterisierung der neuen Zeit als einer endgültigen Wende, die eine ungefährdete Zukunft (עולם) hat (Hos 2,21; Am 9,11; Mi 4,5.7; 5,1; Zef 2,9), die Wiederherstellung der Bundesbeziehung zwischen Jahwe und Israel (Hos 2,1-3; 2,25; Am 9,14-15; Zef 3,17), das Königtum Jahwes (Mi 4,7; Zef 3,15) und die Einbeziehung marginalisierter Gruppen (etwa "Hinkende" in Mi 4,6; Zef 3,19). Wesentliche Bedeutung hat auch der Zion, der jetzt als ein Weltberg begriffen wird. Er steht im Mittelpunkt der Völkerwelt. Die Profanierung des Zion (Mi 3,12) wird wieder zurückgenommen, er erhält eine weltüberlegene Heiligkeit (Mi 4,1-5; Zef 3,14-20; Sach 1-2; 8). Auffälliger Weise kommt der Zion in Sach 10-14 und Mal nicht vor. Innerhalb von Sach 9 begegnet er nur in Sach 9,9.13. Er war also wohl nicht für alle Konzepte dieser Phase von so überragender Bedeutung.

Obwohl alle diese Texte in ihrem Sprachschatz meist stark von dem Textkorpus abweichen, in das sie eingebunden sind, haben sie doch die Tendenz, sich auf zentrale Gedanken der Gerichtsverkündigung der jeweiligen Schrift zu beziehen. Man bemüht sich zu zeigen, wie die von der entsprechenden Prophetenschrift hauptsächlich aufgedeckten Ursachen der Schuld in einem erneuerten Israel gar nicht erst wieder virulent werden können. Die Texte behandeln jedoch so viele verschiedene Aspekte der neuen Heilszeit und unterscheiden sich sprachlich so stark, daß man sie kaum alle derselben redaktionellen Schicht zuweisen kann.[18] Man wird mit einer redaktionellen Phase zu rechnen haben, die sich über einen langen Zeitraum erstreckt hat, und innerhalb derer, z.B. über die Frage der Einbeziehung der Völker in das Heil Israels, auch kontrovers gedacht und geschrieben wurde.

Die entscheidende Grundlage dieser Phase ist die Überzeugung, daß die Gerichtsprophetie der vorexilischen Zeit sich mit dem Exil erfüllt hat (Sach 1,1-6). Mit der Anerkennung des Exils als der gerechten Strafe Jahwes wird

---

17 Vgl. die umfangreiche Untersuchung dieser Formeln von S. J. de Vries, (1995) From Old.

18 Eine hervorragende, systematisierende Übersicht über das Themeninventar dieser Texte bietet G. Fohrer, (1978) Struktur.

die Relevanz der vorexilischen Gerichtsansagen für das nachexilische Israel
neu verstanden. Sie bleiben wichtig, weil sie die Berechtigung des Exils demonstrieren. Deuterojesaja ist sogar soweit gegangen zu behaupten, daß die
prophetische Ankündigung des Exils die Gottheit Jahwes insofern unterstreicht, als dadurch erwiesen wird, daß die Eroberung Jerusalems Jahwes
Wille war.[19] Dem Israel, das das Strafgericht Jahwes überstanden hat, droht
nun aber kein Gericht mehr. Die Strafansage ist eine Sache der Vergangenheit, ein Thema der "früheren Propheten" (Sach 1,4; 7,7; 8,11), jetzt beginnt
eine neue Epoche (Sach 1,16). Immerhin werden die in den Gerichtsworten
implizierten ethischen Normen weiterhin als maßgebend anerkannt. Sie können das nachexilische Israel zu rechtem Verhalten anleiten (Sach 1,6).

Die Gegenüberstellung von früherer und neuer Prophetie geschieht sehr
eindrücklich durch den großen Visionszyklus des Sacharja, der demjenigen
des Amos entgegengesetzt ist und diesen überbietet. Sacharja schaut, wie das
Böse aus Israel weggeräumt wird, damit Jahwe seinen Segen erneut über Israel ausgießen kann. War für die vorexilischen Gerichtspropheten der Begriff
"Schalom" ein Schlagwort, das vornehmlich ihre prophetischen Gegenspieler
gebrauchten (Mi 3,5), so wird der Begriff nun unproblematisch zur Charakterisierung der neuen Heilszeit gebraucht (etwa Hag 2,9; Sach 6,13; 8,12; Nah
2,1). Wo bereits vorexilische Propheten hier und da eine neue Heilszeit nach
dem Gericht anvisierten (z.B. Zef 3,11-13), werden diese Passagen für die
eigene Zeit als unmittelbar relevant begriffen. Viele Zusätze bemühen sich,
diese Ansätze weiter auszubauen (z.B. Zef 3,14-20).

Man muß sich vor Augen führen, welch tiefer Einschnitt in der Überlieferung der Prophetie mit dieser Konzeption verbunden ist. Die gesamte vorexilische Gerichtsprophetie wird als erfüllt, aber damit zugleich auch als vergangen betrachtet. Diese Konzeption hätte wohl nicht ausgereicht, um die
Sammlung der Orakel der vorexilischen Gerichtspropheten zu initiieren, aber
sie reichte aus, um zu begründen, warum ein bereits autoritatives prophetisches Textkorpus relevant bleibt und deshalb in der kanonischen Tradition
weiter gepflegt werden muß.

---

[19] M. Fishbane, (1980) Revelation and Tradition, 355: "In his remonstrations with the ex-
iles, Deutero-Isaiah emphasized that the realization of preexilic doom oracles was proof
positive of the power of YHWH to fulfill the oracles of deliverance offered to His
weary and trust-less people (...)."

8. Die Amosschrift im Joel-Obadja-Korpus

Die Literarkritik hatte ergeben, daß die spätesten Textzusätze in Am 9,13aβb und Am 4,9 vorliegen. Auch Am 9,12a dürfte zu dieser Schicht gehört haben, die eine auffällige Nähe zu Joel zeigt. Die Stichwortbeziehungen von Joel und Am sind auch außerhalb der redaktionellen Zusätze so massiv, daß sie immer wieder aufgefallen sind.[1] Andererseits beziehen sich auch Joel und Obadja so stark aufeinander, daß man davon sprechen kann, daß diese beiden Schriften die Amosschrift rahmen. Dem soll nun weiter nachgegangen werden.

8.1. Die Amosschrift und Joel

8.1.1. Am 9,13aβb // Joel 4,18

Die literarische Bezogenheit der beiden Stellen ist offensichtlich. Sie bringen eine singuläre Konzeption mit so ähnlichen Worten zum Ausdruck, daß beide Stellen nicht unabhängig voneinander formuliert worden sein können. Da Am 9,13aβb in seinem Kontext sekundär ist, Joel 4,18 dagegen nicht, wird man annehmen können, daß ein Redaktor innerhalb von Am diesen Querverweis auf Joel eingefügt hat. Die Formulierung in Am 9,13 zeigt dabei, daß der Redaktor lexikalische Anspielungen auf ältere Amostexte beabsichtigte. So spielt er etwa auf Am 9,5 (מוג) und Am 2,7 (דרך ענבים) an. Mittels dieses signifikanten Bezuges wurde vom Redaktor ein Rahmen um die Amosschrift gelegt. Die gesamte Amosschrift soll von Joel her verstanden werden.

8.1.2. Am 4,9

Der Zusatz ותאניכם וזיתיכם יאכל הגזם berührt sich eng mit Joel 1,6-7. In diesem Fall ist ebenfalls davon auszugehen, daß ein Redaktor den entspre-

---

[1]   Vgl. Kap. 1.2.

chenden Zusatz in Am 4,9 eingetragen hat, um einen Querverweis auf Joel zu
etablieren.

8.1.3. Bezüge von Joel auf Am

Während innerhalb von Am nur geringe redaktionelle Spuren eine Vertrautheit mit Joel erkennen lassen, ist Joel in vielfacher Hinsicht auf Am bezogen. Die signifikanteste Parallele ist die von Joel 4,16 und Am 1,2. Beide
Verse haben ein Bikolon wörtlich gemeinsam. Darüber hinaus verweist das
Lexem רעשׁ in Joel 4,16 auch noch auf Am 1,1. Joel 4,16 bildet den mottoartigen Abschluß von Joel, während Am 1,2 die Amosschrift in ähnlicher Weise eröffnet.[2] An dieser Stelle kann man mit Sicherheit von einer redaktionell
intendierten Stichwortverkettung beider Schriften ausgehen. Die redaktionelle Bezugnahme ist umgekehrt wie bei den ersten beiden Beispielen: Am
1,2 ist der ältere Text, auf den Joel 4,16 bewußt Bezug nimmt. Weitere Beispiele von signifikanten Bezügen zwischen Joel und Am sind:
- Joel 4,1 // Am 9,14, שׁוב שׁבות
- Joel 3,4 // Am 8,9, Sonnenverfinsterung
- Joel 2,14 // Am 5,15, "Vielleicht"
- Joel 1; 2,25 // Am 4,9; 7,1, Heuschrecken

> Insbesondere die enge Verzahnung von Heuschrecken und Dürre in Joel 1
> hat in der Exegese Schwierigkeiten bereitet. In einem naturkundlichen Sinn
> haben Heuschreckenplage und Dürre nichts miteinander zu tun. Die Heu-
> schrecken brauchen sogar Feuchtigkeit, um sich zu entwickeln und Eier zu le-
> gen. Allenfalls könnte *nach* den Heuschrecken eine Dürre kommen. Die Ver-
> knüpfung beider Themen ließe sich aus einem traditionsgeschichtlichen Bezug
> auf die ersten beiden Amosvisionen vielleicht erklären. Joel verknüpft die Un-
> heilsdrohungen dieser Visionen in ein einziges Geschehen. Amos hatte Dürre
> und Heuschrecken noch abwenden können, in Joels Gegenwart sind sie jedoch
> Realität geworden. Auf dieser Linie könnte sich auch Joel 1,19-20 erklären.
> Der merkwürdige Verweis auf das Feuer als Grund der Dürre könnte sich an
> Am 7,4 anschließen und der Versuch des Propheten, an Jahwe zu appellieren,
> an Am 7,5.

- Joel 4,13 // Am 4,7; Am 8,1-2 (Bildhälfte), קציר
- Joel 4,17 // Am 5,17; Am 7,8, ...עבר ב
- Joel 2,2 // Am 6,14 "ein gewaltiges Volk". Auf dem Hintergrund von
  Joel ist das Volk, das Jahwe in Am 6,14 schickt, in einer geheimnis-

---

2   Diese Verkettung bildet deshalb auch den stärksten Beleg für das von J. Nogalski,
    (1993a) precursors, untersuchte Verkettungsphänomen.

vollen Weise bereits in den Heuschrecken der ersten Vision (Am 7,1) präsent.

Nimmt man alle diese Bezüge zusammen, so legt sich die These nahe, die Joelschrift sei ganz bewußt vor Am gestellt worden.

8.1.4. Wie liest sich die Amosschrift nach Joel?

Wie wurde nun die Amosschrift verstanden? Um das zu rekonstruieren, soll wieder die Leseperspektive eingenommen werden. Da man aus dieser heraus zuerst Joel und erst danach Am liest, stellt sich Am als eine Fortführung von Joel dar: Am 1,2 wird wahrgenommen als Wiederaufnahme von Joel 4,16. Der Zion, von dem in Am 1,2 die Rede ist, wird selbstverständlich mit eben dem Zion identifiziert, von dem Joel gesprochen hatte. Das hat zur Konsequenz, daß Am auf dem Hintergrund einer umfangreichen und komplexen Zionstheologie gelesen wird, wie sie Joel entfaltet. Andere Heilstraditionen treten demgegenüber in den Hintergrund. In Joel ist klar geworden, daß es vor dem Ansturm des eschatologischen Feindheeres nur einen sicheren Ort gibt: den Zion. Für die Identitätsbestimmung des wahren Israels, das am Tag Jahwes gerettet werden wird, ist nach Joel nicht die Erinnerung der Heilsgeschichte, weder der Exodus noch die Landgabe wesentlich, sondern allein die Hinwendung zum Zion. Nach Joel ist der Zion der Ort, an dem Jahwe gegenwärtig ist. Jahwe wohnt (שׁכן Joel 4,17) auf dem Zion. Der Zion ist Jahwes heiliger Berg (Joel 4,17) und deshalb auch der Ort, wo Jahwe im Gottesdienst angesprochen werden kann. Nur auf diesem Wege läßt sich Jahwe vielleicht (Joel 2,14) zur Reue bewegen. Weil Jahwe auf dem Zion wohnt, gibt es auch nur in Jerusalem Rettung (Joel 3,5), und nur vermittelt über den Zion und Jerusalem ist Jahwe inmitten Israels gegenwärtig (Joel 2,27).

Liest man JOK-Am auf dem Hintergrund dieses Konzeptes, versteht man viele Aussagen in Am neu. Gottesdienste an Heiligtümern wie Bet-El, Gilgal und Beerscheba (Am 4,4; 5,5) können Jahwe nicht erreichen, weil ja Jahwe auf dem Zion wohnt und nur dort angerufen werden kann. Diejenigen, die auf dem Berg von Samaria sitzen (Am 4,1), oder gar auf ihn ihre Hoffnung setzen (Am 6,1), sind dem Ansturm des eschatologischen Feindheeres schutzlos preisgegeben und werden untergehen.

Der Zion ist das Zentrum der Fruchtbarkeit des Landes (Joel 4,18). Die Abwendung vom Zion führt deshalb Dürre und Unfruchtbarkeit herbei. In diesem Sinne sind Passagen wie Am 1,2; 4,6-11 und 7,1-4 zu verstehen. Der Zion ist aber auch Ziel des Ansturms eines furchterregenden Feindheeres (Joel 2,1-11). Die Völker in ihrer Gesamtheit werden am Ende der Zeit einen totalen Krieg gegen den Zion führen (Joel 4,9-12). Dieser Hintergrund läßt Aussagen neu verstehen wie Am 6,1, wo die Sorglosigkeit derer auf dem Zion kritisiert wird. Die Bedrohtheit und Gefährdetheit des Zion gilt es zu realisieren. Das Gottesvolk ist darüber hinaus beim Vollzug des Endgerichts beteiligt (Joel 4,13) und darf sich nicht in untätige Sorglosigkeit zurückziehen, wie sie Am 6,1-6 schildert.[3] Man beachte, daß die aktive Rolle des Gottesvolkes in friedlichen, landwirtschaftlichen Bildern beschrieben wird (Sichel, Kelter), während im Gegensatz dazu die Völker ihre Erntegeräte zu Waffen umarbeiten.

Auf diesem Hintergrund werden auch die Völkersprüche in Am 1-2 neu gelesen. Die genannten Fremdvölker werden von Jahwe bestraft, weil sie Repräsentanten der Feindmacht sind, die gegen den Zion anrennt. Es fällt auf, daß in Joel 4,12 von den "Völkern ringsum" gesprochen wird. Dieser Ausdruck macht innerhalb von Joel mit seiner universalen Perspektive wenig Sinn, da nicht einsehbar ist, warum den Israel umgebenden Nationen innerhalb der Völkerwelt eine besondere Rolle zukommen soll. Als Überleitung zu Am 1-2 ist der Ausdruck dagegen stimmig, denn dort wird nur den Israel benachbarten Völkern Jahwes Strafgericht angekündigt. Sehr wichtig ist nun, wie die Einbeziehung Israels in die Völkersprüche verstanden werden kann. Hier könnte Am 2,7 eine Schlüsselbedeutung zukommen. Joel 2,26 und Joel 3,5 hatten betont, von welch zentraler Bedeutung es ist, den Namen Jahwes zu preisen und anzurufen. In Am 2,7 ist jedoch festgehalten, daß der Name Jahwes "entweiht" wurde. Aus der Leseperspektive erscheint nun nicht mehr die Sozialkritik, sondern vielmehr dieser Vorwurf als die Spitze der Anklagen. Wer den Namen Jahwes nicht nur nicht anruft, sondern sogar entweiht, gehört nicht mehr zum Gottesvolk, sondern zu den Völkern und wird mit diesen gerichtet.

Die Völkersprüche bieten noch ein weiteres Beispiel dafür, wie Joel dazu dient, Am neu zu verstehen. Das in seinem Bezug innerhalb von Am schwierig zu beziehende Suffix der 3.m.sg. in der Wendung לא אשיבנו "ich nehme ihn nicht zurück", bekommt auf dem Hintergrund von Joel einen klaren Referenten: den Tag Jahwes. Das Kommen des Tages Jahwes, wie er in Joel 4 in seinen Konsequenzen für die Völker beschrieben wird, wird im Völkerspruchzyklus unwiderruflich festgeschrieben. Da die Völker keine Ansätze

---

3 Man würde die typisch joelische Diffusität in der Beschreibung der Endzeitvorgänge nicht ernstnehmen, wenn man an dieser Stelle nicht darauf hinwiese, daß die Imperative in Joel 4,13 sich ziemlich sicher an das Gottesvolk auf dem Zion wenden, da kein anderer Adressat genannt ist, daß dies andererseits aber nicht explizit ausgesprochen wird.

von Umkehr zeigen, sondern ihre Verbrechen weiter verüben, wird der Tag Jahwes kommen (Am 5,18-20). Das Feuer, das in den Völkersprüchen als Strafinstrument eine solch beherrschende Rolle spielt, hat bereits Joel 2,3 als Kennzeichen des Feindheeres beschrieben. Von Joel her gelesen ist das so zu verstehen, daß die Nachbarvölker Israels allesamt von diesem Heer überrannt werden.

Die Rede vom Tag Jahwes in Am 5,18-20 impliziert, daß der Prophet bei seinen Hörern ein bestimmtes Vorverständnis vom Tag Jahwes voraussetzen kann. Innerhalb von Am wird aber sonst nirgends der Tag Jahwes erwähnt. Für die von Joel her geprägte Leserschaft ist das Kommen des Tages Jahwes aber keine Sache, die Israel ohne die Mitteilung eines Propheten wissen könnte. Nur der Prophet ist in der Lage, in den diffusen und durchaus zweideutigen Anzeichen der Gegenwart etwas wahrzunehmen, was die Realität dieser Zeit transzendiert, eben den Tag Jahwes. Aus der Leseperspektive geurteilt muß sich Am 5,18-20 auf die Ankündigung des Tages Jahwes in Joel beziehen. Die von Amos angeredeten Hörer wünschen sich den Tag Jahwes herbei, vermutlich weil sie sich eine Verherrlichung Israels erwarten. Amos erinnert sie aber daran, daß sie die Botschaft des Joel nicht verkürzen dürfen: Für die, die nicht von ganzem Herzen den Namen Jahwes auf dem Zion anrufen, wird der Tag Jahwes nur Finsternis bedeuten.

Ein weiteres Thema, das Joel und Am verbindet und zu einem neuen Verständnis des Am anleitet, ist das Thema Umkehr (שוב).[4] Am 4,6-11 setzen ja voraus, daß Israel anläßlich von Naturkatastrophen hätte umkehren sollen. Joel gibt der Leserschaft nun ein außerordentlich eindrückliches Beispiel, wie sich ein entsprechender Umkehrruf bei solchen Gelegenheiten vollzogen hat.

All diese Beobachtungen zeigen, daß Joel offensichtlich ganz bewußt vor Am gestellt wurde. Die Leserschaft soll angeleitet werden, die Amosschrift im Lichte einer eschatologischen Zionskonzeption zu lesen.

---

[4] Auf dieses Thema hat schon Adolf Schlatter, (1923) Einleitung in die Bibel, 177 Anm. 1 hingewiesen, der Joel für einen unmittelbaren Vorläufer des Amos hält: "Unter den Vorwürfen, die Amos den nördlichen Stämmen macht, befindet sich auch der, daß sie die Zeiten der Not durch regenlose Dürre und Heuschreckenschwärme ohne Buße verstreichen ließen, 4,6-9. Vielleicht hat damals, als Samaria hart blieb, Joel Jerusalem zur Buße geführt. Amos scheint auch sonst auf Joel zurückzublicken (vgl. Am. 1,2 mit Joel 3,21 und Am. 9,13 mit Joel 3,23)." Schlatter meint das als ein historisch-kritisches Urteil, womit er sicher Unrecht hat, aber er hat die Abfolge von Joel auf Amos sicher im Sinne des Endtextes interpretiert. Auch nach H. Ewald, (1867) Propheten Bd. 1, 49 hatte Amos das Joelbuch vor sich liegen.

8.2. Joel und Hos

Ein wichtiger Bezug zwischen Hos und Joel besteht in der beiden gemeinsamen Umkehrthematik: das Vokabular von Hos 14,2-4 und Joel 2,12-14
stimmt in hohem Maß überein. Joel ruft mit großer Emphase zur Umkehr zu
Jahwe auf, ohne aber zu benennen, wovon sich Israel abwenden soll. Es wird
in keiner Weise konkretisiert, worin denn die Abkehr von Jahwe besteht.
Entweder hat Joel kein Interesse an diesem Thema und begnügt sich mit einem diffusen Gefühl der Distanz zu Gott oder er setzt den Aufweis der Sünde
voraus. Hat man Hos bereits gelesen, ist die Frage zu Gunsten letzterer Alternative entschieden.[5] Man weiß dann, daß und wie Israel in Abgötterei verstrickt ist, aus der nur entschiedene Umkehr zu Jahwe retten kann (Hos 14,2-
9). Nun ist interessant, daß Israel auf die hoseanische Botschaft hin bereits
einmal den ernsten Vorsatz gefaßt hatte, zu Jahwe umzukehren (שׁוּב Hos 6,1-
3). Hosea mußte jedoch feststellen, daß dieser Vorsatz trotz allen guten Willens nicht zu einer wirklich Hinwendung zu Jahwe geführt hatte. Israel zeigte
nur, daß es unfähig war, "sich aus baalistischem Wohlstandsdenken noch lösen zu können".[6] Trotzdem endet Hos mit einem erneuten Aufruf zur Umkehr
(Hos 14,2-9). Aus der Leseperspektive geurteilt rufen die Stichwortbezüge
von Joel 2,12-13 zu Hos 6,1-3 die Schilderung der verfehlten Umkehr wach.
Das וְגַם־עַתָּה "auch jetzt noch" in Joel 2,12 macht innerhalb von Joel wenig
Sinn, da von einer vorher verspielten Chance zur Umkehr keine Rede war.
Bezogen auf Hos gewinnt die Formulierung jedoch Bedeutung. Das Insistieren darauf, daß Israel seine Herzen zerreißen soll (Joel 2,13), gewinnt am
ehesten Profil als Anspielung auf Hos 7,14 und Hos 13,8 (wie in Joel
קרע לב). Jahwe will endlich das Herz Israels für sich gewinnen.

Ein weiteres Thema, das Joel mit Hos verbindet, ist die Fruchtbarkeit.[7] Öl,
Korn, Most, Fruchtbarkeit - all das sind Themen, die Hos beschäftigen. Immer wieder beschreibt Hos Jahwe als Geber der Fruchtbarkeit. Dieses Thema
nimmt Joel auf und bekräftigt damit den Nachdruck, den Hos darauf gelegt
hatte. Auf diesem Hintergrund wird die in Joel 1 beschriebene Dürre erst
richtig bedrohlich. Joel 1 schließt sich insbesondere an Hos 13,15 an: Joel 1
beschreibt das Eintreffen der von Hosea angekündigten Dürre. Schon in Hos

---

5   So zu Recht J. Nogalski, (1993b) processes, 17-18.
6   J. Jeremias, (1983) Hosea, 86.
7   So schon J. Nogalski, (1993b) processes, 13-22. Angemerkt sei, daß in beiden Schriften
     die Tiere eines spezifisch ihnen geltenden Handelns Jahwes würdig sind (Hos 2,20.23;
     Joel 2,21-22).

13,15 ist diese Dürre mit militärischer Metaphorik verquickt, wie sie dann auch Joel 2 kennzeichnet.

Ein weiteres Thema ist die "Selbstbeherrschung Jahwes".[8] Innerhalb von Joel ist es mehr als überraschend, daß Jahwe zum Erbarmen mit seinem Volk findet (Joel 2,18), obwohl nicht davon berichtet wird, daß Israel auf den Aufruf des Joel hin tatsächlich umgekehrt sei. Man kann sich mit der Annahme behelfen, daß diese Umkehr stillschweigend vorausgesetzt sei.[9] Aus der Leseperspektive geurteilt muß hier Hos 11,8-11 in den Sinn kommen. Dort liegt nämlich ein theologisches Konzept bereit, um Joel 2,18 zu verstehen: Jahwe wendet sich unabhängig von der Reaktion Israels, ganz aus innerem Antrieb heraus, Israel wieder zu![10]

Aus meiner Sicht ist erstaunlich, wie stark die Joelschrift an entscheidenden Stellen ihren Sinn verändert, wenn man sie denn in einem sehr präzisen Sinn an ihrer Stelle zwischen Hos und Am liest. Alle die genannten Berührungen scheinen mir signifikant zu sein. Wenn denn eine Joelschrift einmal unabhängig bestanden hat, dann wird sie m.E. mit Blick auf ihre Stelle zwischen Hos und Am reformuliert worden sein.[11] Joel sollte wohl insbesondere mit Obd zusammen einen Rahmen um Am bilden. Weitere thematische Berührungspunkte zwischen Joel und Hos seien nur noch genannt:
- Joel 2,23 vgl. Hos 10,12, Regen als Lehrer zur Gerechtigkeit
- Joel 1,10-12 vgl. Hos 9,1-2, Wein wird verweigert
- Joel 2,1 vgl. Hos 5,8; 8,1, Blasen des Schofar
- Joel 2,26-27 vgl. Hos 13,5-6, dem Sattwerden und Vergessen in Hos wird das Sattwerden und Erkennen Jahwes gegenübergestellt [12]
- Joel 4,1 vgl. Hos 9,7, Hos könnte als ein geheimnisvoller Hinweis auf die Endereignisse gelesen werden
- Joel 2,11b vgl. Hos 2,2b "denn groß ist der Tag NN"[13].

---

[8]   J. Jeremias, (1983) Hosea, in Weiterführung von J. Hempel, (1965) Gottes Selbstbeherrschung.

[9]   J. Jeremias, (1988) Joel/Joelbuch, 93: "Durch 2,18f ist die Gottesrede als Erhörungswort auf die vorausgesetzte Klage und Bitte des Volkes gekennzeichnet."

[10]   Es fällt in diesem Zusammenhang auf, daß Joel vom Zorn Jahwes schweigt. Der dramatische Kampf zwischen Zorn und "Reue", der sich nach Hos 11,8-11 in Gott abspielt (vgl. J. Jeremias, (1983) Hosea, 145), wird daher in Joel entschärft dargestellt.

[11]   Diese These hat E. Bosshard, (1987) Beobachtungen, 41 in die Diskussion eingebracht. Bosshards Bezügesammlung zwischen Hos, Joel und Am ist sehr verdienstvoll, sie beinhaltet jedoch noch keine qualitative Gewichtung der Bezüge.

[12]   Alle diese Bezüge sind im wesentlichen schon von E. Bosshard, (1987) Beobachtungen, 41 registriert worden.

[13]   Da Hos 2,2b in seinem Kontext nur locker verwurzelt ist, könnte er als verschlüsselter Vorverweis auf Joel von der JOK-Redaktion eingefügt worden sein.

8.3.   Joel und Mi

Es ist ganz offensichtlich, daß Joel 4,9-12 eine literarische Bezugnahme auf Mi 4,1-3 (bzw. Jes 2,2-4) darstellt.[14] Es handelt sich um einen Aufruf an die Völker, ihre letzten Ressourcen für den Krieg zu mobilisieren. Alles, auch die für die Sicherung des Lebensunterhalts so wichtigen landwirtschaftlichen Geräte, sollen für den totalen Krieg umfunktioniert werden. In Mi 4,3 herrscht dagegen genau das umgekehrte Bild: Die Völker werden, nachdem sie Jahwe als Richter und die von Jerusalem ausgehende Tora als gültige Weisung anerkannt haben, in einem universalen Friedenszustand leben können. Die für den Erhalt der Verteidigungsbereitschaft so wichtigen Waffen wird man dann in landwirtschaftliche Geräte umschmieden können.

Es ist offensichtlich, daß in diesem Fall mit dem gleichen Vorstellungsmaterial und zu einem guten Teil auch dem gleichen Vokabular zwei konträre Positionen über das Verhältnis der Völker zum Zion zur Sprache gebracht werden. Nach Joel warten die Völker nur darauf, die Gelegenheit zum Krieg ergreifen zu können. Sie brauchen für die Aufstachelung zum Krieg keinen speziellen Grund; ein solcher wird in Joel auch nicht genannt. Auf die Aufforderung hin "Ruft den Heiligen Krieg aus!" (Joel 4,9) entlädt sich die latente Gewaltbereitschaft der Völker in einem totalen Angriffskrieg gegen den Zion. In Mi dagegen werden die Völker als durch und durch friedliebend gezeichnet. Ihre latente Suche nach überzeugenden Sinnangeboten und lebensfördernder Weisung schließt sie gleichsam automatisch in einer friedlichen Wallfahrt zum Zion zusammen. Jeder Einschätzung der Völker entspricht auch ein unterschiedliches Verhalten Jahwes zu diesen. In Joel bleibt Jahwe als Richter keine andere Strafbemessung übrig, als die Völker zu vernichten. Erst dann wird der Zion in Frieden existieren können, wenn "kein Fremder mehr hindurchzieht" (Joel 4,17). In Mi dagegen geschieht das Richten Jahwes gewaltlos. Man hat den Eindruck, als sei dieses Richten allein aufgrund der Einsicht der Völker möglich. Beide theologischen Positionen schließen sich gegenseitig aus. Mehr noch: Da Joel 4 den Mi-Text voraussetzt, kann das kaum anders gedeutet werden, als daß Joel sich auf den Vorläufertext polemisch bezieht. Joel wirft – so kann man nun interpretieren – Mi 4,1-3 eine naive, zu positive Sicht der Völker vor, die deren nicht auszurottende Gewaltbereitschaft nicht wahrnimmt oder – aus welchen Gründen auch immer – nicht wahrnehmen will.

---

[14]   Einen sehr schönen Vergleich von Jes 2 und Mi 4 führt H. W. Wolff, (1987) Schwerter zu Pflugscharen, durch. Ihm gelingt es auch, die theologische und ethische Dimension beider Texte herauszuarbeiten.

Wir stehen vor dem Phänomen, daß gegensätzliche theologische Positionen in dasselbe Schriftenkorpus Eingang gefunden haben. Man kann aber darauf verweisen, daß auch dem Abschnitt Mi 4,1-5 die Passage Mi 4,11-13 gegenübergestellt wurde, die konzeptionell auf der Seite von Joel 4 steht.[15] Auf diese Weise war die friedliche Sicht der Völker innerhalb des HSK nie isoliert gelesen worden, sondern immer als eine Heilserwartung neben anderen, die ihrerseits durchaus Korrekturen an der Vision von Mi 4,1-5 anzubringen hatten. Bemerkenswerterweise hatte man aber in den Textpassus Mi 4,1-5 selbst nicht redaktionell eingegriffen. So erscheint der Text als eine innerhalb eines Diskussionsganges zwar vertretbare, aber doch ergänzungsbedürftige Position.

Aus der Leseperspektive, für die Mi 4 auf Joel 4 folgt, ergibt sich eine starke Dissonanz. Welche Beschreibung von Jahwes Richten über die Völker ist denn nun wahr? Die an Mi 4,1-5 anschließende Abfolge von Worten zu diesem Thema entspricht einem notwendigen Klärungsbedarf. Insbesondere der Beitrag Mi 4,11-13 wird als emphatisches Festhalten an der Konzeption von Joel 4,12-13 gelesen.

8.4. Joel und Zef

Es kann kaum ein Zweifel bestehen, daß Joel auch Zef als einen schriftlichen Text voraussetzt und sich mannigfach auf ihn bezieht. Bosshard hat bereits die wesentlichen Bezüge aufgelistet [16]:
- Joel 1,15; 4,14; // Zef 1,7.14 (nur noch Obd 1,15), Tag Jahwes ist nahe
- Joel 2,2 // Zef 1,15, Tag der Finsternis
- Joel 2,2 // Zef 1,16, Schofar
- Joel 2,10 // Zef 1,2-3.17-18; 3,8, weltweite Ausmaße
- Joel 4,2ff // Zef 3,8, Sammeln der Völker, um sie zu vernichten
- Joel 2,21ff; 3; 4,17-18 // Zef 3,14-16, Zion.

Die Formulierungen und Intentionen beider Schriften stimmen so sehr überein, daß Zef sich in der Abfolge des Zwölfprophetenbuchs wie eine bekräftigende Wiederaufnahme der Botschaft von Joel liest. Auf diese Weise wird die Ankündigung des Tages Jahwes als zentrales Thema der Prophetie Israels hervorgehoben. Um den Eindruck vollkommen zu machen, daß Joel und Zef vom gleichen Tag Jahwes reden, wurden in Zef 1,10.12 eschatologi-

---

[15] Vgl. Kap. 7.3.
[16] E. Bosshard, (1987) Beobachtungen, 37.

sche Formeln nachgetragen (בעת ההיא wie in Joel 4,1; ביום ההוא wie in Joel 4,18). Damit wurde der eschatologische Charakter des Tages Jahwes in Zef betont. Diese Eschatologisierung geschah in Kontrast zur Lektüreweise des HSK. Für letzteres bezeichnete der Tag Jahwes die Katastrophe des Exils und gehörte für die nachexilische Gemeinde der Vergangenheit an. Man kann überlegen, ob nicht auch Zef 3,20 im Rahmen dieses Redaktionsganges zugefügt wurde, da dieser Vers den Sinn von Zef 3,19 dahingehend festlegt, daß es die Völker sind, die das Gottesvolk unterdrückt haben. Dies liegt mit Joel 4 auf einer Linie.

8.5. Joel und Obd

Auch mit Obadja haben wir einen Schriftpropheten im präzisen Sinn des Wortes vor uns, insofern Obd von der Neuaktualisierung eines in Jer 49 schriftlich vorliegenden Edom-Orakels ausgeht.[17] Ein im Text enthaltenes Signal dafür ist die Zitatformel כי יהוה דבר in Obd 1,18, die explizit auf ein bereits früher ergangenes Gotteswort verweist. Fragt man, welches Gotteswort denn gemeint sei, so wird angesichts der massiven wörtlichen Übereinstimmungen eben Jer 49 im Blick sein.[18] Weiter fällt auf, daß der Themenbestand der Obadjaschrift für ein selbständiges prophetisches Buch ungewöhnlich schmal ist. Alles ist ganz stark auf das Schicksal Edoms konzentriert. Von daher erscheint es fraglich, ob Obd jemals eine eigenständige Schrift darstellen sollte. Es erscheint mir gut denkbar, daß Obd von Anfang an als fester Bestandteil des Joel-Obadja-Korpus gedacht gewesen ist, gleichsam als eine weitere Vision des Amos.[19] Die sachliche Berechtigung dieser Ergän-

---

[17] Die Abhängigkeit in diese Richtung ist zwar umstritten, ich halte aber den Nachweis von J. Nogalski, (1993b) processes, 61-74 für grundsätzlich gelungen. Nach den eingehenden Untersuchungen von E. Ben Zvi, (1996a) Obadiah, 99-114 wird man genauer sagen müssen: Obd 1,1-7 und Jer 49,7-22 bearbeiteten dieselbe Vorlage, wobei insbesondere Jer 49,7aα.14-16.9-10 die beiden gemeinsame Vorlage mit erheblich weniger Veränderungen repräsentiert als Obd. Zu komplex ist die These von P. Weimar, (1985) Obadja, 75-76 Anm. 124, der "mit einem Prozeß wechselseitiger Abhängigkeit" rechnet, wobei dieser von Obd 1,1-4* als ältestem Text seinen Ausgang nahm.

[18] M. Fishbane, (1985) Biblical Interpretation in Ancient Israel, 478 sieht hier einen Rückgriff auf Num 24,17 mittels Zitatformel "so hat Jahwe prophezeit". Sobald die Obadjaschrift als Teil eines Mehrprophetenbuches begriffen wird, verweist diese Formel für die Leserschaft jedoch auf Joel zurück!

[19] P. Weimar, (1985) Obadja, hat wohl als erster in diese Richtung gedacht. Er nimmt ein Wachstum von Obd in sechs Phasen an. Die älteste Schicht sei ein anonym überliefertes Edom-Orakel gewesen und habe selbständig existiert. Aber bereits die erste redaktio-

zung erschien wohl deshalb gegeben, weil Am 1-2 die Verbrechen der Völker zwar klar benennt, diese dann aber innerhalb der Visionen kein Thema mehr sind. Wie aber kann die Restitution Israels vollständig gedacht werden, wenn nicht auch die Völker einbezogen werden? Auch sie und insbesondere der Erzfeind Edom müssen in der eschatologischen Heilszeit ihren Ort finden, soll Israel in Frieden existieren können. Die JOK-Redaktion war zu dieser thematischen Erweiterung von Am besonders dadurch berechtigt, als die Völkerwelt bereits in Am 9,11-12 mit der Wiederherstellung der "Hütte Davids" verknüpft war. Erst nach dem universalen Gericht wird Jahwe uneingeschränkt seine Königsherrschaft auf dem Zion ausüben können.

8.5.1. Am 9,12a // Obd 1,17-20 // Joel 4,19

Wie Nogalski gezeigt hat, nimmt Am 9,12a in wenigen Worten die Botschaft von Obd vorweg.[20] Der Zusatz ist wohl am besten als bewußte Überleitung zur Obadjaschrift zu verstehen.[21] Umgekehrt zeigt Obd 1,2-4 einige bewußte lexikalische und motivische Anspielungen auf Am. Der wohl deutlichste liegt in Obd 1,4b auf Am 9,2bβ vor.[22] Weitere Bezüge sind:

- Obd 1,2a // Am 7,2b, קטן
- Obd 1,2a // Am 9,9aβ, בגוים
- Obd 1,3a // Am 6,8, "Hochmut"
- Obd 1,3a // Am 6,1, "Vertrauen auf einen Berg"
- Obd 1,8 // Am 9,11, an jenem Tag
- Obd 1,14a // Am 9,1b: פליט
- Obd 1,15 // Am 5,18-20: Tag Jahwes

---

nelle Bearbeitung hätte dieses Orakel dann in ein Mehrprophetenbuch eingefügt. Dies geschah dadurch, daß man Obd einer konkreten Prophetengestalt zuschrieb, die aber als "literarische Fiktion" (77) zu beurteilen sei. Weimar schließt dann: "Die in der Überschrift 1a geschehene Einführung der Gestalt des Obadja dürfte im Zusammenhang mit der Einbindung der Edomsprüche in den Rahmen des 'Zwölfprophetenbuches' zu sehen sein." (77)

20 J. Nogalski, (1993a) precursors, 113: "Amos 9:12a contains the essential elements of the message of Obadiah. The phrase 'remnant of Edom', while difficult to explain in the context of 9:11-15, anticipates the judgment upon Edom which Obadiah proclaims. Both 9:12a and Obad 17ff (especially 19f) couple the possession of Edom with the possession of the former Davidic kingdom."

21 Ich folge der Argumentation von J. Nogalski, (1993a) precursors, 114-116.

22 Auch P. Weimar, (1985) Obadja, 76 Anm. 125 sieht hier eine literarische Verknüpfung beider Schriften. Der Bezug ist seiner Meinung nach aber dadurch zustandegekommen, daß Am 9,2 sekundär in die fünfte Amosvision eingearbeitet wurde. Für diese These reichen die Indizien aber nicht aus, vgl. die Literarkritik Kap. 3.

- Obd 1,17.18 // Am 9,8: Haus Jakob.

Wichtig ist auch, daß Edom in Am 9,12a durch namentliche Nennung aus der Vielzahl der Völker hervorgehoben ist und von Jahwe in besonderer Weise gerichtet wird. Ganz ähnlich ist es in Obd. Die Schrift beginnt mit der Schilderung der Bestrafung Edoms, die dann einmündet in ein universales Völkergericht. Das gleiche Motiv findet sich auch in Joel 4,19. Auch dort ist Edom aus dem allgemeinen Völkergericht ausgegliedert.

Die Stellung der Obadjaschrift hinter Amos erscheint so als recht passend. Die Vermutung liegt nahe, daß Am 9,12a in dem Moment in Am eingefügt, in dem man auch die Obadjaschrift an ihren jetzigen Ort im Mehrprophetenbuch einordnete. Noch wichtiger als der thematische Anschluß war dieser Redaktion aber wohl die bewußte Rahmung der Amosschrift. Die Bezüge zwischen Joel und Obd sind jedenfalls so stark, daß diese Schlußfolgerung offensichtlich ist.

8.5.2. Joel und Obd

Die Berührungen zwischen Joel und Obd hat in äußerst gründlicher Weise Bergler zusammengetragen.[23] Ich greife aus seiner umfangreichen Liste nur die Bezüge heraus, die literarische Abhängigkeit nahelegen:

- Joel 3,5 // Obd 1,17: Wie die Zitatformel "wie Jahwe gesagt hat" mit nachfolgendem כי-Rezitativum anzeigt, zitiert Joel in diesem Falle Obd. Er fügt hinzu, daß mit dem Zion auch Jerusalem Ort der Rettung sein wird.
- Joel 4,3 // Obd 1,11 // Nah 3,10: Das Loswerfen über Israel als Vorwurf an die Völker ist ein selten genanntes Detail im Schuldaufweis von Völkersprüchen. Joel wirft allen Völkern das vor, was Obd nur Edom vorwirft.
- Joel 4,19 // Obd 1,10: Gericht über Edom wegen חמס.
- Joel 4,9-11 // Obd 1,1: In Joel wie in Obd wird allen Völkern zugerufen, sich zum Kampf bereit zu machen. Beidesmal ist das eigentliche Ziel dieses Kampfes nicht recht klar. In Joel ist das Ziel wohl der Zion. Auch Obd benutzt das Suffix der 3.fem.sg. עליה. Innerhalb von Obd könnte man geneigt sein, an Edom als Ziel zu denken, aber Edom ist in Obd 1,2 maskulin. Diese Diskrepanz führt, auf dem Hintergrund von

---

23   S. Bergler, (1988) Joel, 301ff. Vgl. auch die Beobachtungen bei E. Bosshard, (1987) Beobachtungen, 46-48.

Joel gelesen, dazu, auch in Obd 1,1 als Ziel des Angriffs den Zion zu sehen.

- Joel 4,14 // Obd 1,15 "nahe ist der Tag Jahwes": Die Vorstellung, daß am Tag Jahwes alle Völker vom Zion aus gerichtet werden und dieses Gericht nur die überstehen, die auf dem Zion Zuflucht suchen, vereint Joel und Obd. In beiden Konzeptionen ist kein Platz für ein eigenes Gericht an Juda/Israel. Der Gedanke des Gerichts an Israel scheint ersetzt durch den Gedanken, daß Gott selber die Völker zum Kampf gegen den Zion reizt. Die auf dem Zion Zuflucht suchen, scheinen diesem Angriff schutzlos preisgegeben, bis dann Jahwe den Angriff abschlägt und die Völker vernichtet.

- Joel 2,1 // Obd 1,16 "mein heiliger Berg" [24]: Für Joel wie Obd ist der Zion ein "heiliger Berg", dessen Heiligkeit in der Gegenwart von den Völkern noch nicht respektiert wird, der aber am Ende der Zeit in voller Reinheit wiederhergestellt wird.

- Joel 2,9 // Obd 1,5 "wie ein Räuber" kommt der Feind: "Immerhin fällt auf, daß im AT außer in jenen beiden Stellen und der Jer 49,9b-Variante nicht metaphorisch oder in einem Vergleich von plündernden Feinden mit Dieben gesprochen wird."[25]

Überblickt man die aufgelisteten Bezüge, so ist die These überaus wahrscheinlich, daß Joel auf Obd literarisch bezogen ist.[26] Beide Schriften vertre-

---

[24] Überraschenderweise sieht S. Bergler, (1988) Joel, 320 in dieser Formulierung keinen Bezug auf Obd. Er verweist auf die Differenz zwischen beiden Konzeptionen: In Joel ist der Zion das Ziel feindlicher Angriffe, während der Zion in Obd nie bedroht wird. Man beachte jedoch Obd 1,1, wo das 3.fem.sg.-Suffix in עליה durchaus auf den Zion referieren könnte.

[25] S. Bergler, (1988) Joel, 320. Auf S. 307 registriert er auch einige Bezüge zwischen Obd und Joel 4,4-8, einem Stück, das sicher einen sekundären Zusatz darstellt: Joel 4,4.7 // Obd 1,15 Talionsprinzip; Joel 4,8 // Obd 1,18 Zitatformel; Joel 4,6-7 // Obd 1,19.20 die Deportierten werden berücksichtigt.

[26] S. Bergler, (1988) Joel, 323: "Joels Anspielungen (auf Obadja; AS) sind auf drei Themenbereiche einzugrenzen: a. der nahe Jom Jahwe gegen die Völker (Ob 1b.15), b. Edoms verwerfliches Handeln und sein Ergehen (Ob 7.9.10.11.18b), c. die Geborgenheit auf dem Zion; Sammlung der verstreuten Judäer (Ob 17a.19f.21)." Zu Recht fragt Bergler, 326: "Vielleicht ist die Endredaktion von Obd gar nicht so weit von Joel weg?" Noch entschiedener urteilt E. Bosshard, (1987) Beobachtungen, 47-48: "Aus alledem kann man folgern, daß es sich bei Ob, wie schon zumeist bei Joel, mit großer Wahrscheinlichkeit um eine redaktionelle Eigenformulierung handelt, die mit Blick auf verschiedene Horizonte verfaßt wurde und also auch nur von diesen Horizonten her verstanden werden kann. Es hat sich deutlich gezeigt, daß der Kontext, der über XII und Jes hinausreicht, im Falle von Ob eine große Rolle spielt: Ob erscheint gleichsam als Kumulation der namhaften Edomsprüche im AT, als endgültiges Edom-Gerichtswort, das hier zwar in ein alle Völker umfassendes Gerichtsgeschehen eingebunden ist,

ten ein sehr ähnliches theologisches Konzept und bedienen sich ähnlicher Terminologie und Vorstellungen. Von Joel her gelesen muß man Obd als eine erneute Bekräftigung wichtiger Teilaspekte von Joels Botschaft verstehen. Insbesondere insistiert Obd auf dem Gericht über die Völker.[27] Ein neuer Akzent kommt vor allem dadurch hinein, daß von Jahwes Königtum (Obd 1,21) gesprochen wird, von dem Joel geschwiegen hatte. Dies und die Tatsache, daß das sich auf dem Zion bergende "Haus Jakob" bestimmte Gebiete in Besitz nimmt, gibt dem eschatologischen Gottesvolk eine politische Färbung.[28]

8.6. Nah 3,15aγ.16b und Hab 3,16b-17

Sucht man nach weiteren Texten, die dieser Redaktionsphase zugewiesen werden können, so stößt man auf kleinere Textzusätze, die im Charakter dem Textzusatz in Am 4,9 vergleichbar sind.

In Nah 3,15aγ.16b wird mit wenigen zugesetzten Worten auf die in Joel 1-2 so eindrucksvoll geschilderten Heuschrecken angespielt. In der Tat, wer einmal Joel 1-2 gelesen und auf diese Weise miterlebt hat, wie die Heuschrecken das ganze Land kahl gefressen haben, wird an jeder Stelle, an der wieder von Heuschrecken die Rede ist, unwillkürlich daran erinnert werden. Die JOK-Redaktion bringt alle Feindheere, die in Israel eingedrungen sind, mit den Heuschrecken aus Joel in Verbindung. In Nah 3,15-16 wird der Übergang von dem einen Heuschreckenheer der Assyrer zum nächsten geschaffen: Ninive "will be destroyed by another locust army, namely the Babylonians."[29]

Unmittelbar dazu gehört auch der Zusatz Hab 3,16b-17, der in massiver Weise Bildmaterial aus Joel 1-2 zitiert.[30] Der Psalm mündet auf diese Weise in die Gewißheit aus, daß es auch den Babyloniern so ergehen wird wie den

---

gleichzeitig aber davon so abgehoben wird, daß es als Spezialfall des umfassenden Gerichtes gedeutet werden kann."

[27] Es fehlt in Obd z.B. völlig die Einbeziehung der Natur.

[28] S. Bergler, (1988) Joel, 325: "Auch schaut Jo anders als Ob kein wiedererstehendes (vorstaatliches) Gesamtisrael in erweiterten Grenzen. Sein Volk(srest) tritt nicht das Erbe der Unterdrückervölker an, sondern sein Ideal ist ein geistlich-religiöses Juda, eine kultisch-spirituelle Gemeinde, die sich um den Zion schart und zu der die aus der Diaspora Heimkehrenden stoßen. Jahwe ist eigentlicher Mittel- und Bezugspunkt der Gemeinde. Gegenüber Ob 21b ist von einem politische Assoziationen weckenden Königtum keine Rede."

[29] J. Nogalski hat diese Zusätze korrekt identifiziert; siehe sein (1993b) processes, 120-127 (Zitat S. 126). Zustimmend K. Spronk, (1995) Synchronic, 185.

[30] Überzeugend nachgewiesen von J. Nogalski, (1993b) processes, 175-181.

Heuschreckenschwärmen in Joel: Nach einer ernsthaften Hinwendung zu
Jahwe hatte Gott Israel von dem Feind aus dem Norden befreit (Joel 2,20).

Diese Zusätze bringen in ihrem jeweiligen Kontext joelische Sprache und
Metaphorik ein.[31] Es ist offensichtlich, daß diese kleinen, oft unscheinbaren
Zusätze ein neues Gesamtverständnis des Mehrprophetenbuches anzeigen.
Hier und da, so muß man sich das Zustandekommen dieser Textzusätze wohl
erklären, erschien der JOK-Redaktion ein kleiner Hinweis angebracht, daß
sich diese Drohung oder jene Zusage erst und vollgültig beim Kommen des
Tages Jahwes erfüllen werden. Daraus, daß diese kleinen Zusätze nicht allzu
häufig zu finden sind, wird man nicht schließen können, daß die JOK-
Redaktion nicht sämtliche Prophetie als Ansage des Tages Jahwes verstand,
sondern eher, daß ihr diese Lektüreweise nur an wenigen Stellen der aus-
drücklichen, verstärkenden Kommentierung zu bedürfen schien. Betrachtet
man die Bezüge genauer, so läßt sich schließen, daß Hos*, Joel*, Am*,
Obd*, Mi*, Nah*, Hab*, Zef* und auch Hag*, Sach* Bestandteile des JOK
gewesen sein müssen. Lediglich Jona und Mal fallen heraus.[32]

8.7. Sach 14

Fragt man nun danach, wo das JOK seinen Abschluß fand, so wird man
auf Sach 14 verwiesen. Sach 14 läßt sich von Sach 9-13 als eigenständiges
Schlußkapitel abgrenzen.[33] Sach 9-13 sind eine schriftgelehrte Auslegungsar-
beit in jeremianischer und ezechielischer Tradition.[34] Die Kapitel sind wohl
kaum als Fortsetzung zu Sach 1-8 entstanden, dazu sind die Bezüge zu gering.[35]

Das besonders Auffällige an Sach 14 ist, daß unter dem Oberbegriff
יום ליהוה wirklich so etwas wie ein Gesamtbild eschatologischer Erwartungen entworfen wird.[36] Zentrale Motive der Schriften des Zwölfpropheten-

---

[31] Zu denken wäre auch an Hos 2,2b; Mi 7,4b; an ביום הכינו in Nah 2,4 u.a.

[32] Zu Jona und Mal siehe Kap. 9.

[33] N. Tai, (1996) Prophetie, 278: "Es ergibt sich daraus, daß Sach 14 gegenüber Sach 12,1-
13,6 ein eigener Entwurf ist. Sowohl in der Struktur als auch im Wortschatz und in den
Traditionen wird Sach 14 von den übrigen Kompositionen in DtSach zu unterscheiden
sein."

[34] N. Tai, (1996) Prophetie, 242-246.

[35] Vgl. etwa R. A. Mason, (1976) Relation.

[36] N. Tai, (1996) Prophetie, 229: "Ein wesentlicher Unterschied zwischen Sach 14 und
Sach 9,1-13,9 in Bezug auf die Anspielungen auf die älteren Texte besteht darin, daß
Sach 14 einen gesamten Entwurf der eschatologischen Erwartung vorlegt und dazu die

buchs werden in ein geschlossenes Szenario gefügt. So wird z.B. explizit auf
das Erdbeben verwiesen, das der Botschaft des Amos gefolgt war (Sach
14,5), und Sach 14,8 greift auf Joel 4,18 zurück. Einige Motive, die innerhalb
des Zwölfprophetenbuchs sonst verschiedenen Schriften und verschiedenen
Konzepten zugeordnet sind, vereinigt Sach 14 zum ersten Mal in einer
schlüssigen Gesamtkonzeption.[37] Besonders hervorzuheben ist die Leistung
von Sach 14 für die Frage des Verhältnisses der Völker zum Zion. Innerhalb
von Mi 4-5 hatten wir den Niederschlag einer Diskussion gesehen, die es bei
einem unausgeglichenen Nebeneinander und der wechselseitigen Korrektur
von Positionen beließ. In Joel 4 fanden wir eine offene Polemik gegen die
Vorstellung einer friedlichen Völkerwallfahrt, wie sie Mi 4,1-5 beinhaltet.
Für die Leserschaft blieb an dieser Stelle eine unauflösbare Spannung, ein
unversöhnliches Gegeneinander zweier Positionen. Sach 14 löst diesen Konflikt, indem erstmals beide in einem neuen Konzept vereint werden: Die Vorstellung ist, daß Jerusalem zunächst von den Völkern erstürmt wird, wobei es
sogar zu einer Eroberung Jerusalems kommt, wie sie weder Joel noch Obd
ins Auge gefaßt haben.[38] Aber in einem zweiten, nachfolgenden Schritt geht
Jahwe dann gegen die Völker vor. Jedoch wird, im Unterschied zu Joel und
Obd, ein Rest der Völker übrigbleiben. Dieser wird dann in einer friedlichen
Wallfahrt nach Jerusalem hinaufziehen, um am Laubhüttenfest Israels teilzu-
nehmen. Auch in diesem Fall wird Mi 4,1-3 steigernd aufgenommen, denn
eine Teilnahme am Kult Israels hatte Mi 4,1-5 so nicht ins Auge gefaßt. Sach
14 löst also in ein Nacheinander auf, was zunächst unversöhnlich schien. Die
Vorstellung eines sich in der Zeit, in gestaffelten Schritten vollziehenden
Endszenarios macht es möglich, sich scheinbar gegenseitig ausschließende

---

traditionsgeschichtlich vorgegebene Vorstellungen ausbaut, während die Aussagen in
Sach 9,1-13,9 von den Bezugstexten inspiriert, beeinflußt oder vorgeprägt sind."

[37] P. Grech, (1969) Interprophetic Re-interpretation, 253-254: "Ch 14 is a summary of the
eschatological teaching of almost all the preceding prophets: the assault on Jerusalem,
the destruction of the City, cosmic phenomena, Yahweh's final victory, the conversion
of the gentiles and their pilgrimage to the newly established City. This is certainly not
intra-historical eschatology; it derives from a general picture gleaned from all the
prophets and made to live in cultic circles around 331. It is the final eschatological
summary, and conclusive re-interpretation of all prophecy from Amos to Zechariah."

[38] Bezeichnend dafür, wie sehr Sach 14 andere Texte bereits voraussetzt, ist, daß kein
Grund genannt wird, warum Jahwe Jerusalem den Völkern preisgibt. P. Redditt, (1989)
Israel's Shepherds, 634: "What is more, in the shepherd passage the cause of the punishment is held to be the conduct of the leaders themselves, while chap. 14 offers no ex-
planation as to why God calls upon the nations to attack Jerusalem."

Positionen zu vereinigen.[39] Das komplexere Konzept von Sach 14 integriert die weniger komplexen als Teilthemen mit nur partiellem Wahrheitsanspruch. Joel 4 und Mi 4 erscheinen so als – in bestimmten Situationen womöglich zu Recht erfolgte – einseitige Betonung eines Teilaspekts des umfassenderen Systems.

An diesem Beispiel zeigt sich also, wie sehr Sach 14 als Abschluß nicht so sehr der Sacharjaschrift als vielmehr des gesamten JOK konzipiert ist. Man kann sogar sagen, daß Sach 14 so etwas wie den hermeneutischen Schlüssel für das Verständnis des JOK als einer theologisch kohärenten Einheit bereitstellt. Ohne diese Konzeption würde das JOK unauflösbare theologische Dissonanzen beinhalten. Diese inhaltliche Besonderheit von Sach 14 spricht dafür, daß das Kapitel einmal bewußt als Schluß eines Mehrprophetenbuches formuliert wurde.[40]

8.8. Zef 3,8-10

Als eine Sachparallele zu Sach 14 kommt insbesondere Zef 3,8-10 in Betracht.[41] Durch die redaktionelle Einfügung der Verse Zef 3,9-10, die eine friedliche Hinwendung der Völker zu Jahwe kommen sehen, direkt anschließend an das in Zef 3,8 angesagte Völkergericht, entsteht der Eindruck eines Sach 14 analogen zweitaktigen Vorgehens gegen die Völker: Einem ersten

---

[39] W. H. Schmidt, (1990) Alttestamentlicher Glaube in seiner Geschichte, 257: "Erst der späte Text Sach 14 verbindet die beiden Vorstellungen von dem Völkerkampf und der Völkerwallfahrt zu einem zeitlichen Nacheinander: Wer aus den Völkern der Vernichtung im Kampf vor Jerusalem entgehen wird, wird zum Zion ziehen, um Jahwe als König zu verehren". Als Preis dieser Lösung werden die von den Propheten beschriebenen Endereignisse nun selbst wieder der Zeit unterworfen und fallen nicht mehr mit dem Ende der Zeit zusammen. Diese Differenz läßt aber die Endzeit wieder als unvollkommen erscheinen, wie das Topitsch, (1990) Heil und Zeit, herausgearbeitet hat.

[40] Für diese These könnte auch sprechen, daß zwischen Sach 14 und Jes 66 manche Bezüge bestehen. E. Bosshard, (1987) Beobachtungen, 31 notiert folgendes: "Sach 14,16ff. und Jes 66,18ff. haben bei allen Differenzen etliche gemeinsame Züge: Beide Male ziehen regelmäßig Menschen aus den Völkern nach Jerusalem (Sach 14,16 / Jes 66,18.20.23), um Jahwe anzubeten (Sach 14,16f. / Jes 66,23), beide Male erfolgt eine Ausweitung dessen, was sonst mit Heiligkeit behaftet ist (Sach 14,20f. / Jes 66,20f.), und es ist von heiligen bzw. reinen Gefässen die Rede (Sach 14,20f. / Jes 66,20)." Sowohl Bosshard, aaO., 60 als auch O. H. Steck, (1991) Abschluß, 47, der Bosshards Beobachtungen unterstützt, denken jedoch trotz dieser Bezüge nicht, daß Sach 14 einmal den Schluß eines Mehrprophetenbuches gebildet habe. Das hängt mit ihrer höchst problematischen Analyse von Mal zusammen. Siehe dazu Kap. 9.2.2.

[41] N. Tai, (1996) Prophetie, 263-266.

Vernichtungsschlag folgt die Eingliederung der Völker in die Schar der Verehrer Jahwes. Kein eschatologischer Textgliederungsmarker, wie etwa
ביום ההוא, trennt Zef 3,9-10 von Zef 3,8. Beide Abschnitte sind vielmehr
durch כי אז zu einer logischen Einheit verknüpft. Man kann diese Abfolge
nicht verstehen, wenn man nicht die Konzeption von Sach 14 kennt. Es liegt
daher nahe, Zef 3,9-10 der gleichen Phase wie Sach 14 zuzuordnen.

8.9. Zu Struktur und Intentionen des JOK

In dieser Redaktionsphase begegnen wir einem neuen Phänomen von Prophetie. Prophetie stellt sich dar als schriftliche Bearbeitung von bereits
schriftlich fixierter prophetischer Tradition. Joel setzt eindeutig Zefanja, Jer
4-5 und Jes 13 voraus, übernimmt Themen, Bilder, Leitworte, Phrasen, zum
Teil ganze Sätze aus der Tradition und bindet sie in einen neuen Zusammenhang ein.[42] Obadja setzt ganz offensichtlich Jer 49,7-22* als schriftliche
Vorlage voraus und interpretiert diesen Text auf dem Hintergrund anderer
Prophetentexte neu. Sach 9-13 enthält in weiten Teilen so etwas wie ver-
schlüsselte Kommentierungen schriftlich vorgegebener Prophetenworte.[43]
Für Joel kann man weiter feststellen, daß die Schrift kaum mehr in relativ
selbständige kleinere Einheiten zerfällt. Ein großer Bogen strukturiert die gesamte Schrift. Ein weiteres Merkmal ist, daß neue poetische Techniken eingesetzt werden.[44]

Dieser Redaktionsphase gehören an: Joel [45], Obd, Sach 9-13 (?); 14. In
anderen Schriften wurden Zusätze eingefügt, die die älteren Texte "eschato-

---

[42]   Ausführlich hat das S. Bergler, (1988) Joel, nachgewiesen.

[43]   Dies hat N. Tai, (1996) Prophetie, gezeigt.

[44]   Ein schönes Beispiel ist, wie das Bild der Heuschreckenplage, die in Joel 1 beschrieben
       wird, in Joel 2 von einem zweiten Bild, dem heranstürmenden Feindheer, in der Weise
       überlagert wird, daß beide "Heere" ineinander zerfließen. Durch bewußt schillernde
       Ausdrücke in Joel 2 wird das Feindheer zudem mit Jahwes eigener himmlischen Armee
       parallelisiert. Hier liegt eine sehr bewußte "Überblendtechnik" vor. Wer hier von Joel
       Eindeutigkeit in der Bildsprache verlangt, verliert dessen poetische Kraft aus dem Blick.
       Joel will bewußt ein diffuses Schillern erzeugen, das die Phantasie der Leser beunruhi-
       gen will.

[45]   Joel ist weitgehend literarisch einheitlich. Trotzdem lassen sich einige Zusätze erken-
       nen. Joel 4,4-8 stellt mit sehr hoher Wahrscheinlichkeit einen späteren Nachtrag dar.
       Weniger wahrscheinlich, aber doch vertretbar, ist die These, daß Joel 4,18-21 und Joel
       1,2-3, wozu wohl auch das Trikolon Joel 2,2bβ gehört, einen sekundären Nachtrag bil-
       den. Gerade diese Teile könnten in besonderer Weise der Einbindung Joels in das
       Mehrprophetenbuch dienen. Siehe dazu J. Nogalski, (1993b) processes, 13-26.

logisieren", z.B. die eschatologischen Formeln in Zef 1,10a "an jenem Tag"; 1,12a "in jener Zeit"; auch Nah 2,4; Mi 7,4; u.a.

Auch hier gilt wieder der Grundsatz, daß die Schriften zum Teil bereits ein Eigenleben geführt haben, bevor sie zusammen in das Mehrprophetenbuch eingefügt wurden. So ist deutlich, daß Joel bereits eine – wie auch immer genauer abzugrenzende – Obadjaschrift zitiert (Joel 3,5 zitiert Obd 1,17 mit der Formel "wie Jahwe gesagt hat"), daß andererseits Joel und Obd innerhalb des Mehrprophetenbuches einen recht präzise aufeinander bezogenen Rahmen um das Amosbuch bilden, was ihre gleichzeitige Einfügung wahrscheinlich macht. Auch Sach 9-14 sind sehr wahrscheinlich sukzessiv entstanden. Dabei weist Sach 9-14 so wenig Berührungen mit Sach 1-8 auf, daß diese Kapitel wohl genausowenig ursprünglich als Fortsetzung von Sach 1-8 konzipiert waren, wie etwa Obd als Fortsetzung von Am. Gleichwohl gibt es Bezüge, die deutlich machen, daß Sach 9-14 an Sach 1-8 anschließen sollte.

Das JOK ist vor allem durch die enge Bezogenheit der Tag Jahwes-Passagen strukturiert. In sehr deutlicher Weise sind Joel, Obd, Zef und Sach 14 so aufeinander bezogen. Die Ankündigung des Tages Jahwes als eines Gerichtstages über die ganze Welt, nämlich über Israel und über die Völker, ist die entscheidende Sinnlinie des JOK.[46] Besonders markant ist die Ankündigung der Nähe dieses Tages.[47] Es ist sehr bezeichnend, daß die JOK-Redaktion ihre zugefügten Prophetenschriften nicht mehr datiert. Die historische Verortung der Propheten wird uninteressant, denn alle Propheten werden als Ankündiger des einen Tages Jahwes verstanden, der immer noch als Zukunft der Welt bevorsteht. Was sich als Erfüllung prophetischer Ansagen im Laufe der Geschichte Israels ereignete, kann wohl bestenfalls als eine sehr partielle, die Endereignisse lediglich antizipierende Realisierung des Tages Jahwes gelten.

Untersucht man die Textabschnitte, die im JOK die Nähe des Tages Jahwes ankündigen, so fällt auf, daß die Struktur dieser Texte sehr ähnlich ist.[48] M.E. hat Bergler recht, wenn er als Grundmuster aller Texte die Formel כי קרוב יום יהוה herausarbeitet.[49] Die Formel spricht "unpersönlich in der

---

[46] Wie E. Bosshard, (1987) Beobachtungen, gesehen hat, prägt sie noch in starkem Maße den Endtext. In keinem der anderen Prophetenbücher hat der Tag Jahwes eine so zentrale Stellung wie im Zwölfprophetenbuch. Am nächsten kommt dem noch das Jesajabuch.

[47] Die Ankündigung der Nähe eines Tages gibt es außer in Dtn 32,35 ("Nahe ist der Tag Edoms") nur für den Tag Jahwes! Für ihn ist die Nähe allerdings durchaus typisch. Die Formel ist nur neunmal im AT belegt, davon sechsmal im Zwölfprophetenbuch.

[48] Siehe die Textübersicht Schaubild 5.

[49] S. Bergler, (1988) Joel, 181.

3.ps. von Jahwe", so daß "an den Propheten als Sprecher zu denken" ist.[50]
Bergler ist weiter zuzustimmen, wenn er dann ganze Textzusammenhänge
untersucht, in denen die Formel begegnet und nicht nur die Formel isoliert.[51]
Es ergibt sich eine Abfolge von fünf typischen Formelementen.[52] Diesen
Formelementen entlanggehend kann man die Grundlinien der Position des
JOK nachzeichnen.

Formelement 1: Entsetzen macht sich breit

Die Nähe des Tages Jahwes wird immer in verheerende Notsituationen
hinein proklamiert, in denen Entsetzen um sich greift (Obd 1,9; Joel 2,1).
Zumeist schlägt sich dieses Entsetzen in lauten Aktionen nieder (z.B. Joel
1,15; Joel 4,14 "unglaubliches Getöse"), es kann sich aber auch in lähmen-
dem Verstummen ausdrücken (Zef 1,7).[53] Obwohl in der Regel Imperative
gebraucht werden, treten zunächst keine bestimmten Adressaten in den Blick.
Der Tag Jahwes bricht als Katastrophe herein, er richtet sich nicht als Strafe
gegen spezielle Zielgruppen.[54]

Formelement 2: Begründendes כִּי

Dieses Entsetzen tritt ein oder soll eintreten, *weil* der Tag Jahwes nahe
ist.[55] Der Prophet leistet es, die verheerenden Veränderungen, die sich ab-
spielen, als Zusammenbrechen der Welt angesichts der Nähe des Tages

---

50   S. Bergler, (1988) Joel, 181.
51   S. Bergler, (1988) Joel, 182-183 untersucht deshalb zu Recht die Ankündigungsformel
     nicht isoliert für sich, sondern in ihrer Einbindung innerhalb eines mehrgliedrigen Kon-
     zepts. Seiner Meinung nach erfolgt der Hinweis auf das Kommen des Tages Jahwes
     immer in drei Schritten: zunächst erfolge ein Auf- oder Ausruf, sodann werde darauf
     verwiesen, daß der Tag Jahwes nahe sei und schließlich werde der Tag Jahwes näher
     charakterisiert.
52   Mir geht es hier um die Beschreibung eines Textmusters, nicht um die Rekonstruktion
     einer Gattung mit einem eigenen Sitz im Leben. Zur Diskussion um den Sitz im Leben
     vgl. etwa S. Bergler, (1988) Joel, 185.
53   S. Bergler, (1988) Joel, 181: "Im Vor-Satz finden wir überwiegend Auf- bzw. Ausrufe,
     die eine akustische Komponente besitzen".
54   S. Bergler, (1988) Joel, 184: "Bis auf die untypische Stelle Ez 7,7a … ergeht im Rah-
     men der Jom Jahwe-Ankündigungs-Formel keine direkte Anrede an bestimmte Perso-
     nengruppen. Auch wird niemand im der Formel voranstehenden Appell vokativisch
     adressiert. Der Gedanke an einen rhetorisch zu fassenden Appell liegt nahe." Es werden
     also "von Haus aus alle Menschen subsumiert".
55   S. Bergler, (1988) Joel, 180-181: "Vorausgesetzt, daß dieses *kî* begründende Funktion
     ausübt, kann die Formel nicht selbständig, sondern muß von einem Vor-Satz abhängig
     sein. Dies schließt ihre Verwendung als stereotypem Ruf, 'mit dem man ehedem die
     Mannschaft zur Heeresfolge aufgeboten hat' oder 'mit dem man einst mit Jahwe in die
     Schlacht zog', aus."

Jahwes zu deuten. Der Prophet macht die Destruktion transparent auf Jahwe hin.

Formelement 3: Die Nähe des Tages Jahwes

Daß der Tag Jahwes "nahe" (קָרוֹב) ist, bedeutet, daß er so unmittelbar bevorsteht, daß die Auswirkungen seiner Nähe schon jetzt zu spüren sind. Er geht die Hörer bereits unmittelbar an, man kann sich ihm nicht mehr entziehen. Häufig steht das Verb "kommen" (בוֹא) im Parallelismus zu קָרוֹב. Eine Zeitepoche findet ihr Ende, nicht weil diese Epoche an ihr inhärentes Ziel gekommen ist, sondern weil etwas qualitativ Neues kommt, das die Prolongierung des Ist-Zustandes abbricht. Innerhalb des JOK wird die Nähe des Tages Jahwes wiederholt (in Joel, Obd und Zef) proklamiert. Der Umstand, daß die Propheten Amos und Zefanja ja ganz anderen geschichtlichen Zeitepochen zugeordnet waren, spielt für die JOK-Redaktion keine Rolle mehr. Alles Zeitempfinden spitzt sich zu auf den Gegensatz von der an ihr Ende gekommenen Geschichte und dem unmittelbar bevorstehenden Kommen des Tages Jahwes.

Formelement 4: Der Tag Jahwes

Der Tag Jahwes ist im Kommen. Es geht um einen Tag, eine historische Zeitstelle. Die Propheten betonen die reale Zukünftigkeit dieses Tages. Es ist ein Tag, der ganz und gar Jahwe gehört. Ein Tag, der nicht wie alle anderen Tage bestimmt ist vom Dasein und den Handlungen der Natur und der Menschen, sondern direkt und eigentlich von Jahwe selbst. Diese Erwartung einer unmittelbaren Präsenz Jahwes selbst schloß sich an die Theophaniehymnen der NHK-Redaktion an, die in ähnlicher Weise das persönliche Einschreiten Jahwes gegen seine Feinde geschildert hatten. Der entscheidende Unterschied liegt darin, daß die NHK-Redaktion die Theophanietradition nutzte, um rückblickend das historische Schicksal sowohl von Nord- und Südreich als auch von Assur und Babylon zu deuten: Gott als die bestimmende Macht der Geschichte hatte seinen Feinden, zu denen auch Israel und Juda geworden waren, den Untergang bereitet. Die JOK-Redaktion dagegen erwartet ein endgültiges, eschatologisches Einschreiten Jahwes für die nahe Zukunft.[56]

---

56 Diese sachliche Nähe des JOK zur Theophanietradition hat J. Nogalski, (1993b) processes, 127, 181 und 275-276 zu dem m.E. voreiligen Schluß verleitet, Nah und Hab seien erst vom "Joel-related layer" in das Zwölfprophetenbuch eingefügt worden. Er notiert aber bereits selber, leider nicht mit der nötigen Klarheit, das unterschiedliche Zeitverständnis von Nah 1 und Joel, 116-117: "The major problem prohibiting the direct correlation of Nah 1 with Joel is that Joel is more apocalyptical oriented."

Formelement 5: Nähere Charakterisierung des Tages Jahwes

An die Ankündigung der Nähe des Tages Jahwes schließen sich regelmäßig Präzisierungen und Charakterisierungen an.[57] Auffallend ist, daß eine Begründung für das Kommen des Tages durch Aufweis von Schuld keine regelmäßige Funktion dieses Formelements ist.[58] Hier geht es eher um die Ablösung einer unerträglichen Zeitepoche, in der das Gottesvolk das diffuse, aber nichtsdestoweniger beklemmende Gefühl des Unbehaustseins und Bedrohtseins hat. Konkrete Vergehen, die man konkreten Zielgruppen zurechnen und vorwerfen könnte, werden nicht genannt.

Die JOK-Redaktion hat, im Unterschied zur vorhergehenden HSK-Redaktion, die Gerichtsverkündigung der vorexilischen Propheten auch auf das nachexilische Israel bezogen. Vor allem die Ansage eines universalen Tages Jahwes, der Israel und allen Völkern noch bevorsteht und der in einer das Exil überbietenden Weise endgültig und ein für allemal mit den Feinden Jahwes ins Gericht gehen wird, prägt diese Phase. Die Unterscheidung zwischen vorexilischem und nachexilischem Israel wird unwesentlich. Darauf, daß das Exil als Erfüllung der vorexilischen Gerichtsprophetie bereits eingetreten ist, wird nicht mehr reflektiert. Die vorexilischen Propheten werden gelesen, als würden ihre Drohungen und ihre Heilsweissagungen unmittelbar für das nachexilische Israel zutreffen. In dieser Phase werden die Propheten in einem strengen Sinn eschatologisch verstanden, insofern der kommende Tag Jahwes die gegenwärtig erfahrene Welt wirklich grundlegend, universal und endgültig so umgestaltet, daß Jahwe seine Königsherrschaft ungehindert ausüben kann.

---

[57] S. Bergler, (1988) Joel, 181 nennt das "Nachspann", den er auf S. 182 so beschreibt: "Daran schließen vollständige, zur Reihenbildung neigende Sätze an, etwa kurze definitorische Nominalsätze (...) oder ausladend Begleitphänomene des Jom Jahwe schildernde Verbalsätze ...".

[58] Vgl. S. Bergler, (1988) Joel, 182: "... der Frage nach der Schuld (wird nicht) nachgegangen, diese vielmehr für den 'Lokalteil' aufgespart, in nachexilischer Zeit aber auch dort zurückgedrängt (s. Joel; Jes 34)."

9. Die Zufügung von Jona und Maleachi

Die JOK-Redaktion ist die späteste redaktionelle Phase, die wir innerhalb der Amosschrift mit eigenen Textzusätzen greifen können. Trotzdem ist die Redaktionsgeschichte des Zwölfprophetenbuchs mit dieser Phase noch nicht abgeschlossen. Dem Zehnprophetenbuch, das die JOK-Redaktion herausgegeben hatte, wurden noch zwei weitere Schriften hinzugefügt: Jona und Maleachi. Die Zufügung dieser beiden Schriften war anscheinend nicht mit redaktionellen Aktivitäten in anderen Schriften des Zwölfprophetenbuchs gekoppelt. Trotzdem signalisiert ihre Einfügung eine gegenüber der JOK-Redaktion veränderte Konzeption vom Gesamtsinn des Zwölfprophetenbuchs. Man wird auch die Amosschrift in dieser Phase von anderen hermeneutischen Voraussetzungen her verstanden haben.

9.1. Die Jonaschrift

9.1.1. Jona als Satire

Es ist ganz offensichtlich, daß wir mit Jona einem neuen Typ von Schrift gegenüberstehen. Jona ist weder eine Orakelsammlung noch wird der Tag Jahwes erwähnt. Es handelt sich schlicht um eine Erzählung über einen Propheten. Die vielen völlig unrealistischen Züge dieser Erzählung, wie z.B. der große Fisch oder die unglaubliche Reue der Einwohner Ninives, zeigen, daß es sich um eine fiktive Erzählung handelt. M.E. ist die plausibelste Erklärung für die vielen lächerlichen und grotesken Züge, daß es sich bei Jona um eine Satire handelt. In Gestalt des Jona wird eine bestimmte Position karikiert und der Lächerlichkeit preisgegeben.[1]

---

[1] E. M. Good, (1965) Jonah, 41: "The Book of Jonah is a satire. It portrays the prophet in order to ridicule him." Auf der gleichen Seite: "And the satire is through and through ironic. Its basis is a perception of incongruity." Die Einsicht, daß Jona eine Satire darstellt, haben vor allem M. Burrows, (1970) Literary Category, J. A. Miles, (1974) Laughing, J. Magonet, (1983) Form (ich danke R. Rendtorff für den Hinweis auf dieses Buch), H. W. Wolff, (1991) Obadja, 62-64 und F. W. Golka, (1991) Jona weiter vorangetrieben. Zur Definition des Begriffs vgl. J. Brummack, (1977) Satire, 602: Die Konstituentien der Satire "sind erstens der Angriff auf irgendein nichtfiktives, erkennbares

So ist die Flucht des Jona eine groteske Übertreibung des in der Prophetie
geläufigen Motivs vom Widerstand des Propheten gegen seinen Auftrag (vgl.
Ex 3-4; Jer 1). Nie hat ein Prophet sich wortlos seinem Auftrag widersetzt
und ist einfach davongelaufen, vielmehr hat er Jahwe Gründe genannt, die
Jahwe dann entkräften konnte.[2] Die Gründe Jonas bleiben jedoch ein Geheimnis bis zu Jona 4,2! Was dann als Begründung kommt, zeigt Jona als
jemanden, der fürchtet, daß die Heiden am Geheimnis der Verschonung, der
Selbstbeherrschung Jahwes Anteil bekommen könnten. Daß Jona es noch
wagt, diese Begründung vorzubringen, nachdem er Zeuge einer in der Welt-
geschichte einmaligen Reue wurde, zeigt sein verknöchertes Wesen.

Obwohl sich Jona weigert, seinen prophetischen Auftrag wahrzunehmen [3],
bringt seine geradezu erzwungene Selbsterklärung (Jona 1,9) bei der Schiffsmannschaft einen ungeahnten Sinneswandel hervor. Obwohl sie Heiden bleiben und weiterhin ihre Götter verehren, erkennen sie, daß in diesem Fall
Jahwe die alles entscheidende göttliche Macht ist, der sie sich, weil sie nun
einmal mit Jona "in einem Boot" sitzen, auch explizit zuwenden müssen.
Letzteres tun sie mit einer für Heiden ungewöhnlichen ethischen und kultischen Konsequenz. Während Jona auf der Flucht vor seinem Gott im Meer
verschwindet, schwenkt der Blick auf eine Bootsmannschaft, die sich in tiefer
Ehrfurcht dem zuvor fremden Gott zuwendet! Beim Lesen muß man zumindest schmunzeln darüber, wie Gott gleichsam hinter dem Rücken des Jona
die Schiffsmannschaft zu Gottesfürchtigen macht.

Der übergroße Fisch, der einen Menschen verschlingen und nach drei Tagen lebendig wieder ausspucken kann, ist alles andere als ein alttestamentli-
ches Motiv. Am besten verständlich wird der Fisch als ein satirisch verzerrtes
Meerungeheuer, am ehesten in Anspielung auf Amos' fünfte Vision (Am
9,3). Wie Am 9,3 schildert, kann auch in den Tiefen des Meeres niemand
Jahwe entkommen. Aber im Unterschied zu Am 9,3 tötet das Seemonster den
Entfliehenden nicht, sondern verschluckt ihn nur. Skurriler Weise stimmt Jo-

---

und aktuell wirksames Objekt individueller oder allgemeiner Art; zweitens die Norm-
bindung des Angriffs: daß er wenigstens dem Anspruch nach nicht rein privat moti-
vierter Feindseligkeit entspringt, sondern helfen soll, eine Norm oder Idee durchzuset-
zen; drittens seine Indirektheit." Die entscheidenden Mittel der Satire sind: verzerrte
Darstellung des Angriffsobjekts, um verborgene Elemente zu entlarven; Fiktionalisie-
rung des Stoffes; in der Regel Komik und Parodie.

[2]   K. M. Craig, (1990) Jonah, 108: "this prophet protests with actions rather than with
words, but his attitude reflects the prophetic pattern."
[3]   O. Kaiser, (1973) Wirklichkeit, 94: Jona wird in dieser Szene dargestellt als "ein Mann,
der von Gottes Macht überzeugt ist und doch lieber stirbt, als seinem Gott zu gehor-
chen."

na in dieser Situation ein Danklied an. Ist er froh darüber, seinem prophetischen Auftrag entkommen zu sein? Einen komischen Effekt hat auch, daß Jona den Dank im Rhythmus eines Klageliedes vorträgt.[4] Das Danklied enthält weder einen Hinweis darauf, daß sich Jona selbst in diese Notlage manövriert hatte, noch ein Bekenntnis der Schuld. Jona erklärt keine Bereitschaft, nun seinem Auftrag nachzukommen. Die Leserschaft lacht erneut, als Jona vom Fisch in hohem Bogen an Land gespuckt wird.[5]

Der Psalm des Jona wird immer wieder als entscheidendes Gegenargument gegen die Bestimmung von Jona als Satire ins Feld geführt. Einen subjektiv aufrichtigen Beter könne man nicht lächerlich machen.[6] Jedoch, die oben beschriebenen Inkongruenzen deuten in eine andere Richtung. M.E. hat John A. Miles zu Recht auf ein typisch satirisches Mittel hingewiesen, um metaphorische Sprache lächerlich zu machen: Metaphern werden einfach wörtlich genommen. So häuft der Psalm des Jona aus anderen Psalmen bekannte, äußerst bedrohliche Meeresmetaphern an (z.B. Jona 2,4: "all deine Wellen und Wogen schlugen über mir zusammen" // Ps 42,8: "all deine Wellen und Wogen gehen über mich hin"; Jona 2,6: "Das Wasser reichte mir bis an die Kehle" // Ps 69,2: "Schon reicht mir das Wasser bis an die Kehle"[7]). Aber hat es nicht einen witzigen Effekt, wie hier metaphorische Sprechweise der Psalmen realistisch genommen wird?[8]

Eine Karikatur ist auch die Gerichtsankündigung des Jona in Ninive (Jona 3,4). Nie hat ein Prophet in dieser Weise das Gericht als die terminlich präzise Vorhersage einer kommenden Zerstörung verstanden. Nur ein falscher Prophet setzt Termine (vgl. Jer 28,11). Die Frist von 40 Tagen ist dabei wohl

---

4   Der Rhythmus 3+2 ist in dieser Hinsicht eindeutig; so auch R. Lux, (1994) Jona, 171.

5   So J. C. Holbert, (1981) Deliverance, 74; auch J. Magonet, (1983) Form, 52-53; zustimmend F. W. Golka, (1991) Jona, 73: "der große Fisch muß kotzen".

6   A. Berlin, (1976) Rejoinder, 228 meint, man könne den Psalm aus dem Bauch des Fisches heraus nicht lächerlich machen, vielmehr würde eine erhabene Szene geschildert: "It is in the belly of the fish that Jonah, out of a combination of thankfulness for his rescue and the realization that there can be no successful escape, agrees to accept his mission." H. Gese, (1985) Jona, 257: der Psalm stelle "Jona als frommen Beter" dar; S. Herrmann, (1986) Verständnis, 226; R. Lux, (1994) Jona, 185: "Dieser betende Jona war eher eine tragische als eine komische Figur".

7   Vgl. die Untersuchung der Zitate durch J. Magonet, (1983) Form, 44-50.

8   J. A. Miles, (1974) Laughing, 173: "However, the power of sea-imagery is only effective if it is in fact imagery and not direct description. If it is not to be merely bombastic, it cannot refer to real oceans and real water. In Jonah 2, it does." Weiter 174: "His troubles are not like waves washing over his head. His troubles *are* waves washing over his head. This, I submit, is the comic effect of the placement of the psalm in Ch.2 in the Book of Jonah." Und auf S. 175: Jona 2,6 "has in its present setting the special extravagance of slapstick."

als eine satirische Spitze gegen die metaphorische Redeweise "der Tag Jahwes ist nahe" aufzufassen. Nie hat ein Prophet darauf verzichtet, in dem angekündigten Geschehen Jahwe am Werk zu zeigen. Immer kam es den Propheten darauf an, das angedrohte Unheil als Strafe Jahwes für begangene Schuld deutlich zu machen. Das Groteske der Szene steigert sich noch, als auf diese Vorhersage hin, die gar keinen Hinweis auf Jahwe enthält, die Leute zum Glauben an Gott finden. Nie hat eine lieblosere und kürzere prophetische Ansage einen solchen Sturm der Reue entfesselt, in den sogar die Tiere einbezogen werden.[9] Das Groteske der Buße zeigt sich auch darin, daß 40 Tage absolutes Fasten nicht durchzuhalten sind.[10]

Eine karikierende Darstellung ist auch Jona 4,1-11. Jona ist zornig, weil auch die Heiden Anteil an der Güte Gottes haben. Er gönnt den anderen die Gnade und Langmut Jahwes nicht, von der er selber lebt. Wie hätte er gerettet werden können, wenn nicht Jahwe mit ihm, dem flüchtigen Propheten, Geduld bewiesen hätte?[11] Ein parodistischer Zug ist der Todeswunsch des Jona (Jona 4,3). Der deutliche Bezug auf den Todeswunsch des Elija (1 Kön 19,4) macht Jona lächerlich. Elija ist mit einem König konfrontiert, der Propheten hinmetzelt und auch ihn töten will. Er sieht, daß seine Botschaft keinen Erfolg hat. Entmutigt und entkräftet wünscht er sich ein Ende seiner Leiden. Ganz anders Jona! Er wünscht sich den Tod, nachdem er Zeuge eines unglaublichen Erfolges seiner Botschaft wurde. Der König, mit dem er zu tun hatte, hat beispielhaft Reue gezeigt.[12] Und selbst als Jahwe ihn mit einer Fra-

---

[9]   O. Kaiser, (1973) Wirklichkeit, 99 Anm. 29a weist darauf hin, daß nach Herodot IX, 24 auch die Perser ihre Tiere in ihre Trauerriten mit einbezogen hätten. Dies dürfte ein Hinweis darauf sein, daß Jona in hellenistische Zeit gehört. Jona übernimmt hier eine hellenistische Sicht der Perser.

[10]   Die vierzigtägige Frist für das Fasten ist nicht explizit ausgesagt, aber implizit (Jona 3,4). Der König befiehlt sofort ein absolutes Fasten (auch das Trinken wird untersagt). Man hat den Eindruck, daß dieses Fasten so lange dauern soll, bis das Unheil abgewendet ist. Daß man hier auf jeden Fall ein Problem empfand, zeigt die Septuaginta, die aus Jonas Frist von 40 Tagen drei Tage gemacht hat.

[11]   O. Kaiser, (1973) Wirklichkeit, 100: "Mit in seinem Munde blasphemisch klingenden, an sich feierlichen und althergebrachten Worten, ..., erklärt er Gott seine Meinung und dem Leser damit zugleich sein Verhalten: weil er um Gottes Barmherzigkeit wußte, suchte er sich dem Befehl zur Gerichtspredigt gegen die Weltstadt zu entziehen!"

[12]   G. von Rad, (1962) Theologie Bd. 2, 304: "Der lächerliche, starrsinnige Jona, der den Heiden das Erbarmen Gottes mißgönnt, den aber die Freude über den Schatten der Rizinusstaude ausfüllt und der, als er sie verdorren sieht, sterben will, ...". Vgl. auch O. Kaiser, (1973) Wirklichkeit, 101.

ge zur Einsicht bringen will, geht er – trotzig eine Antwort verweigernd – aus
der Stadt hinaus und beginnt so etwas wie einen Sitzstreik![13]

Diese kurze Durchsicht wesentlicher Erzählmotive des Jona macht wahrscheinlich, daß es sich bei Jona um eine Satire handelt. Eine Satire schließt
bei aller Tendenz, den Gegner der Lächerlichkeit preiszugeben, eine ernste,
lehrhafte Absicht gerade nicht aus. Es geht der Satire ja darum, alte Normen
anzugreifen, um neuen Normen zum Durchbruch zu verhelfen. Beides gehört
zusammen. M. Burrows beschreibt beide Aspekte recht schön: "The truth
which the story brings home to the reader is thus twofold: Compassion is su-
preme in God's way with his creatures; and it is a universal compassion, ex-
tending to all of them equally. What is satirized in the behavior of Jonah is a
self-centered, arrogant attitude which denies or ignores these two basic
truths."[14]

9.1.2. Jona und Joel

Die Front, gegen die die Jona-Satire gerichtet ist, läßt sich noch genauer
ausmachen, wenn man die signifikanten Bezüge zu Joel beachtet. Sehr wahrscheinlich beziehen sich Jona 3,9 und Joel 2,14 direkt auf einander.[15] Aber in
welche Richtung geht die Abhängigkeit? In der Forschung wird sowohl vertreten, daß Joel Jona zitiere als auch das Umgekehrte.[16] Beide Passagen sind
jeweils gut in ihrem Kontext verankert. So spricht Joel sonst nie vom Zorn
Jahwes, deshalb auch nicht an dieser Stelle. Die Formulierung in Jona 3,9
gebraucht האלהים. Der gleiche Ausdruck kommt auch in Jona 3,10-11 vor,
in Joel ist er sonst nicht belegt. In beiden Schriften spielt der Vers eine zentrale Rolle und wird weder in der einen noch in der anderen Schrift am Rande
zitiert. Eine Entscheidung über die Richtung der Bezugnahme ist an dieser
Stelle nicht zu treffen.[17]

---

13 H. Gese, (1985) Jona, 265 deutet mit Berufung auf N. Lohfink, (1961) Jona den Vers
    Jona 4,5 als eine erzählerische Nachholung: "Das impf.cs. hat plusquamperfektischen
    Sinn." Die Information erscheine erst jetzt, weil erst jetzt der Ort des Jona, nämlich sei-
    ne Laubhütte, für die Erzählung von Bedeutung wird. Diese Deutung des wayyiqtol ist
    jedoch äußerst schwierig und unnötig. Jona verläßt Ninive erst, nachdem er zu Jahwe
    gebetet hat.
14 M. Burrows, (1970) Literary Category, 102.
15 J. Magonet, (1983) Form, 77; R. Lux, (1994) Jona, 139.
16 Siehe etwa J. Magonet, (1983) Form, 138 Anm. 45.
17 J. Magonet, (1983) Form, 78-79 entscheidet sich nach einem mit Recht sehr vorsichtig
    tastenden Argumentationsgang dafür, daß Joel Jona zitiere. Es wäre angemessener ge-
    wesen, die Frage offen zu lassen.

Deutlicher ist die Abhängigkeit im Falle des Motivs der Einbeziehung der Tiere. Joel 1,18-20 widmet der Beschreibung der Not der Tiere einen ungewöhnlich breiten Raum. Damit wird eindrücklich vor Augen geführt, wie groß die Not ist, die auf dem Land liegt. In der Jonaschrift wird dieses Motiv aufgenommen und grotesk übersteigert: die Tiere werden sogar in die Bußhandlungen mit einbezogen. Insbesondere der Hinweis auf das Vieh in der Abschlußfrage Jona 4,11 ist als ironische Anspielung auf Joel 1,18-20 gut verständlich. Joel hatte sich sogar um die Tiere Sorgen gemacht. Sind denn die Heiden nicht mehr wert als die Tiere und Pflanzen? Zumal dann, wenn sie eifriger Buße tun als Israel?

Im Falle des Bekenntnisses zu Jahwes Langmut in Jona 4,2 und Joel 2,13 ist ebenfalls zu erkennen, daß Jona der zitierende Teil ist. Zum einen spricht dafür, daß Jona dieses Bekenntnis als einen bereits bekannten Tatbestand einführt.[18] Zum anderen ist eher wahrscheinlich, daß Jona eine in Joel sinnvolle Abfolge von Umkehrruf und begründendem Verweis auf das Bekenntnis zur Barmherzigkeit Jahwes satirisch zerreißt, als daß andersherum Joel eine solche sinnvolle Folge erst herstellt.[19] Schließlich ist die Art der Verwendung des Bekenntnisses zu berücksichtigen. In Joel begründet das Bekenntnis folgerichtig den Umkehrruf. Weil Jahwe gütig und barmherzig ist, deshalb besteht noch eine Chance, daß sich Gott umstimmen läßt. In der Jonaschrift macht Jona Gott seine Güte zum Vorwurf. Man kann kaum anders, als hier eine satirische Spitze gegen Joel herauszuhören. In Joel hatte Jahwe seinem Volk erneut Heil zugewandt, ohne daß von Israels tatsächlich erfolgter Reue die Rede gewesen wäre. In der Jonaschrift zeigt Ninive eine beispiellose Reue, die ohne das Wissen um Jahwes Güte erfolgt ist, aber Jona macht Jahwe zum Vorwurf, daß er barmherzig ist. Es ist deutlich, wie in diesem Fall Jona den Mißbrauch eines verbreiteten Bekenntnisses lächerlich macht. Die kompromißlose Haltung des Joel gegenüber den Völkern, die als Feinde Jahwes und des Gottesvolkes gesehen werden, wird als Position nationalistisch-partikularistischer Selbstabschließung kritisiert. Jona, der eine Position wie die des Joel verkörpert, wird fiktiv in eine Situation gebracht, in der das schlimmste imperiale Volk des Alten Orients seine Bosheit aufgibt. In dieser Situation kann Joel/Jona nicht mehr auf die Bosheit der Völker zur Begrün-

---

[18]   J. Jeremias, (1975) Die Reue Gottes, 106-108 interpretiert zu Recht, daß die Jonaschrift ein Konzept auf die Heiden ausweitet, das ihr, sowohl was sprachliche Festlegung (Formelgut) als auch Differenziertheit des Gedankens (Vielleicht) angeht, bereits in ziemlich ausgearbeiteter Form vorgelegen haben muß.

[19]   In Jona wissen die Einwohner Ninives nichts über den mitleidsvollen Charakter Jahwes und kehren trotzdem um!

dung seiner Position verweisen (Joel 4,13). In dieser Situation offenbart sich
für Jona hinter der völkerkritischen Haltung des Joel das eigentliche Motiv:
ein eigensinniger Neid, der die Erfahrung der Güte Jahwes für sich selbst behalten will.

Macht man die Gegenprobe und spielt den Gedanken durch, was denn Joel
bewegt haben könnte, Jona zu zitieren, so kommt man mit Bergler wohl darauf, daß Joel die Heiden gegenüber Israel als ein Vorbild hinstellen will, etwa
in dem Sinn, daß Israel erst recht und vielleicht sogar besser leisten müßte,
was die Heiden bereits vorgemacht haben.[20] Diese Vorbildfunktion Ninives
vertrüge sich aber kaum mit der Einschätzung der Völker in Joel 4. Dort wird
ihre Bosheit als so groß gezeichnet (Joel 4,13), daß Jahwe nur durch ihre
Vernichtung dem Zion Ruhe vor seinen Bedrängern verschaffen kann. Somit
bestätigt auch die Gegenprobe, daß Jona Joel voraussetzt und als engstirnige,
nationalistische Position lächerlich macht.

9.1.3. Jona im Kontext des Zwölfprophetenbuchs

Es ist bemerkenswert, daß mit Jona eine Schrift in das Zwölfprophetenbuch eingefügt wurde, die eine deutliche Kritik an Joel und damit an der
zentralen Schrift des JOK darstellt. Es war den Redaktoren offensichtlich
wichtig, die theologische Position des JOK aufzubrechen.[21] Dies geschah
nicht durch eine redaktionelle Bearbeitung von Joel, sondern dadurch, daß
man die Schrift eines Joel-Kritikers ebenfalls integrierte. Jona macht nun innerhalb des Zwölfprophetenbuchs deutlich, daß sich die Barmherzigkeit
Jahwes über Israel hinaus auch auf die Völker erstrecken will. In dieser positiven Sicht der Völker berührt sich Jona mit Mal 1,11.14, wo ebenfalls davon
ausgegangen wird, daß Jahwe bei den Völkern anerkannt wird.[22] Dies mag

---

[20] S. Bergler, (1988) Joel, 230.

[21] Das gilt auch dann, wenn man annimmt, daß die Redaktoren des Zwölfprophetenbuchs
Jona nicht mehr als eine Satire lasen. So betrachtet J. Nogalski, (1993b) processes, die
Grundschrift von Jona ebenfalls als eine Satire, glaubt aber, daß durch die Einfügung
des Psalms der satirische Charakter eliminiert worden sei (265). Dieser weise überdies
signifikante Stichwortbezüge zu Mi 1,2-7 auf. Ob der Psalm sekundär ist, ist jedoch
stark umstritten (siehe etwa die knappe Übersicht bei R. Lux, (1994) Jona, 165-166).
Die meisten der Beobachtungen, die für den sekundären Charakter des Psalms vorgebracht werden, verlieren ihre Kraft, wenn man erkennt, daß Jona eine Satire ist (so
schon J. Magonet, (1983) Form, 49-53).

[22] J. Nogalski, (1993b) processes, 272: "The closest parallel in the Book of the Twelve is
Mal 1:11-14, which presumes YHWH's name will be honored 'among the nations' and
they will make offerings to YHWH in their land. Both Jonah and Mal 1:11-14 use the
nations as examples to castigate particularists in Israel. However, one must approach the

die Einordnung von Jona und Mal zur gleichen redaktionellen Phase rechtfertigen.

Auch für die Jonaschrift ergibt sich aus der Einfügung in das Mehrprophetenbuch ein Neuverständnis. Zunächst ist zu klären, warum Jona gerade
an dieser Stelle innerhalb des Zwölfprophetenbuchs zu stehen kommt. Entscheidend erscheint die Identifizierung von Jona ben Amittai mit dem in 2
Kön 14,23-25 genannten Propheten gleichen Namens. Unter der Voraussetzung, daß die Propheten in ihrer geschichtlichen Folge angeordnet werden
sollten, ist ohne weiteres einleuchtend, daß die Jonaschrift zwischen Amos
und Micha plaziert wurde.[23] Daß Jona auch noch nach Obd eingefügt wurde,
dürfte einerseits damit zusammenhängen, daß die enge Beziehung von Am 9
zu Obd nicht zerbrochen werden sollte, andererseits wohl damit, daß man Jona in Analogie zu dem in Obd 1,1 genannten Boten an die Völker verstand.[24]
Darüber hinaus scheint es keine redaktionellen Verknüpfungen zu geben, die
Jona an seine jetzige Position im Endtext binden.[25] Die Schrift ist erheblich
lockerer verankert als etwa Joel oder Obd.

> An dieser Stelle kann die literarkritische Argumentation eine gewisse Hilfe
> von der Sichtung der Handschriftenbefunde erhalten.[26] Eines der beiden älte
> sten Manuskripte, 4QXII[a], hat höchstwahrscheinlich die Jonaschrift nach Mal
> angeordnet.[27] Dies könnte darauf hindeuten, daß Jona später als Mal zugefügt
> wurde und seine Position innerhalb des Zwölfprophetenbuchs erst in einem
> zweiten Schritt an den jetzigen Ort verlegt wurde.[28]

Im Unterschied zum JOK, dessen Einordnung von Joel und Obd sich anderer Gesichtspunkte verdankt, wird in dieser redaktionellen Phase das
Zwölfprophetenbuch also offensichtlich wieder geschichtlich gelesen, d.h. als

---

question of direct relationship cautiously since the situations presumed by the two
writings differ considerably."

[23] J. Nogalski, (1993b) processes, 270. Vgl. dazu auch oben Kap. 2.2.

[24] Vgl. H. W. Wolff, (1991) Obadja, 53; J. Nogalski, (1993b) processes, 270.

[25] Auch die von J. Nogalski, (1993) precursors, 33-37 gefundenen Stichwortgemeinsamkeiten zwischen Obd, Jona und Mi sind äußerst dürftig. Auch E. Dyck, (1990) Jonah,
70-73 findet nicht mehr.

[26] Dieses methodische Vorgehen hat für das Zwölfprophetenbuch B. A. Jones, (1995)
Formation vorangetrieben.

[27] Siehe R. E. Fuller, (1996) Form and Formation, 92; B. A. Jones, (1995) Formation, 6;
O. H. Steck, (1996) Abfolge, 249 und Kap 1.1.

[28] So die These von B. A. Jones, (1995) Formation, 167-169. O. H. Steck, (1996) Abfolge,
249-250 weist dagegen darauf hin, daß Mal 3,22-24 bewußt als Schluß des Kanonteils
Nebiim konzipiert wurde. In der Tat ist es schwer vorstellbar, daß dieselbe Redaktion,
die Mal 3,22-24 formuliert hat, auch noch Jona folgen ließ. Warum sollte Jona aber
nicht noch später zugefügt worden sein? Die Redaktionsgeschichte der Mehrprophetenbücher zeigt ja, daß neue Schriften bevorzugt am Ende angehängt wurden.

eine Folge von Prophetien, die in erster Linie für ihre jeweilige Zeit relevant waren und nicht unvermittelt auf die Gegenwart übertragen werden können.

Im Kontext des Zwölfprophetenbuchs stellt sich nun insbesondere das Verständnisproblem, wie es kommen konnte, daß Ninive angesichts der Botschaft des Jona eine beispiellose Reue zeigte, einige Jahre später jedoch Nahum die Zerstörung Ninives erneut ansagen mußte.[29] Die Nahumschrift (vgl. aber auch Mi 5,4b-5; Zef 2,13-15) macht schlagartig den entscheidenden Schwachpunkt der Jona-Satire offenbar: Die Umkehr Ninives ist nur eine Fiktion. Für die Leserschaft, die Jona und Nah hintereinander liest, bleiben zwei Erklärungsmodelle: Einmal könnte die Reue der Einwohner Ninives nur von kurzer Dauer oder gar nur vorgetäuscht gewesen sein. Als das Gericht Jahwes ausblieb, kehrte sich in Ninive alles wieder zum Alten.[30] Die zweite Möglichkeit wäre, eine Kritik an Jona impliziert zu sehen. Dafür käme folgendes in Frage: Obwohl Jahwe ihn in keiner Weise dazu ermächtigt hatte (Jona 1,2; 3,2), setzte Jona Ninive eine Frist von 40 Tagen (Jona 3,4). Diese eigenmächtige Terminierung setzte Jona dem Verdacht aus, er sei ein falscher Prophet. Das von Jahwe beschlossene Gericht vollzog sich aber erst gut 100 Jahre später. Wie man sich hier auch entscheidet, die Einbindung von Jona in das Zwölfprophetenbuch führt in jedem Falle zu einem Neuverständnis der Jona-Satire.

9.2. Die Maleachischrift

9.2.1. Formkritik der Maleachischrift

Auch in Mal begegnet innerhalb des Zwölfprophetenbuchs eine neue literarische Form von Prophetie. In einer im Zwölfprophetenbuch sonst nicht belegten Art und Weise nimmt Maleachi Gegenfragen von nicht näher identifizierten Gegnern auf und versucht, sie zu entkräften.[31] In großer Einmütigkeit werden in der Forschung sechs Diskussionsworte abgegrenzt: Mal 1,2-5; 1,6-2,9; 2,10-16; 2,17-3,5; 3,6-12; 3,13-21. Mal 3,22-24 bildet einen eigenständigen Anhang.

---

[29] Darauf weist auch B. S. Childs, (1979) Introduction, 425 hin. Vgl. J. Nogalski, (1993b) processes, 270-271.

[30] Vgl. Kap. 1.3. d).

[31] Es ist m.E. überaus wahrscheinlich, daß die Diskussionsworte wirklich geführte Diskussionen in einer stilisierten Kurzform wiedergeben.

Ein Diskussionswort nimmt seinen Ausgang von einer vom Propheten formulierten provokativen These.[32] Die Antwort der Hörer läßt auch nicht lange auf sich warten. Wichtig ist, daß sie keine Antithese formulieren, sondern Fragen stellen (typisch ist במה "wodurch?"). Sie verlangen eine Explikation der These. Sie verlangen, daß der Prophet konkrete Beispiele nennt. Es geht also nicht darum, ob diese These wahr oder falsch ist, sondern darum, ob sie mit der Lebenswelt der Hörer in Deckung zu bringen ist. Für das Verständnis der Leseperspektive ist wichtig, daß man durch die lebendige Darstellung der Diskussion, durch These, Frage, Gegenfrage, Argumentation, in diesen Diskussionsprozeß einbezogen wird. Die Maleachischrift regt zur Diskussion an, obwohl die angeschnittenen Fragen als durch eine Antwort Jahwes entschieden dargestellt werden. Als Beispiel kann Mal 1,2-5 dienen:

(a) allgemeine Prädikation Jahwes: "Ich liebe euch!"

(b) Zitierung des Einwandes: "Ihr aber sagt: Worin liebst du uns?"

(c) Entkräftung des Einwandes:

- konsensfähiger Ausgangspunkt wird formuliert;
  häufig in Frageform, um zur Zustimmung aufzufordern
- eine Folgerungsreihe führt bis zur Entkräftung des Einwands.

Es ist von vorneherein davon auszugehen, daß die sechs Diskussionsworte in einer sinnvollen Weise aufeinander folgen. Diese Makrostruktur zu erkennen, ist jedoch schwierig. Eine erste Beobachtung haben Bosshard/Kratz beigesteuert, die meinen, Mal sei in einen ersten Teil "an die Priester" (beginnend mit Mal 1,6) und einen zweiten "an das Volk" (beginnend mit Mal 3,6) gegliedert.[33] Diese Beobachtung rechtfertigt sicher noch nicht die Annahme einer Zweiteilung von Mal [34], aber sie weist darauf hin, daß innerhalb von

---

32 Die Thesen sind zumindest "provokativ" für die Hörer Maleachis, was man aus ihren Reaktionen schließen kann. Sie sind wenigstens zum Teil auch provokativ von einem traditionsgeschichtlichen Standpunkt aus. Daß Jahwe Israel liebt (Mal 1,2), klingt noch vertraut (Dtn 4,37; 7,8; Hos 11,1), obwohl die direkte Liebeserklärung "Ich liebe euch!" das Theologumenon neu zuspitzt. Die These "Ich hasse Esau" (Mal 1,3) geht jedoch weit über das hinaus, was durch die Tradition abgedeckt wird (vgl. etwa Gen 25,23).

33 E. Bosshard / R. G. Kratz, (1990) Maleachi, 28: "Läßt man die Einleitung in 1,1-5 zunächst noch außer acht, geht aus der parallelen Anrede 1,6 und 3,6f deutlich hervor, daß Mal in seiner Anlage zweigeteilt ist: Zuerst die Priester, dann das Volk. Wie weit der Priesterteil reicht und wo der Volksteil beginnt, ist allerdings weniger deutlich zu sehen." In Mal 3,6-7 ist jedoch sehr fraglich, ob mit der Bezeichnung "Söhne Jakobs" im präzisen Sinn an Laien im Unterschied zu Priestern gedacht ist, oder nicht vielmehr an das Volk als Ganzes. Die Bezeichnung "Söhne Jakobs" ist sicher um des Wortspieles mit "betrügen" willen gewählt (Mal 3,6: יעקב Mal 3,8: היקבע, קבעים, קבענוך).

34 Dazu müßte man erst eine Unterteilung in noch mehr Abschnitte ausschließen. E. Bosshard / R. G. Kratz, (1990) Maleachi, 28 geben auch "Widerstände gegen eine eindeutige Abgrenzung der Teile im Bereich von 2,10-3,5" zu.

Mal die Behandlung der Fragen, die mit dem Heiligtum und dem Kult im engeren Sinne zu tun haben, Priorität haben vor Fragen des außerkultischen Handelns. Mir scheint, daß man die Abfolge der Diskussionsworte im Rahmen der Themafolge "Bund - Bundesbruch - Bundeserneuerung" verstehen kann.

Mal 1,2-5: Jahwe ist mit Israel eine Liebesbeziehung eingegangen ("Bund"). Dieser Bund besteht von Jahwe aus nach wie vor.

Mal 1,6-2,9: Aus dem Bund ergibt sich in erster Priorität die Bundesverpflichtung, dem כבוד Jahwes gemäß den Kult zu versehen. An dieser Verpflichtung scheitern die Priester.

Mal 2,10-16: Aus dem Bund ergibt sich in zweiter Priorität wohl eine kultische Verpflichtung der Laien.[35] An dieser Verpflichtung scheitern die Laien.

Mal 2,17-3,5: Aus dem Bund ergibt sich in dritter Priorität die Verpflichtung zu einem ethisch verantwortlichen Handeln. Ohne ein solches Handeln ist auch der Kult verfehlt! Leviten wie Laien scheitern an dieser Verpflichtung.

Mal 3,6-12: Das Scheitern von Priestern und Laien an allen Verpflichtungen, die sich aus dem Bund Jahwes mit Israel ergeben, führt dazu, daß Israel vom Fluch (Mal 3,9) getroffen ist. Eine Bundeserneuerung, die zu einem neuen Segen führen könnte, setzt jedoch Umkehr auf Seiten Israels voraus (Mal 3,7). Zu dieser Umkehr wird aufgefordert (Mal 3,10).

Mal 3,13-21: Diejenigen, die umkehren und Gott dienen, sind mit dem Problem konfrontiert, daß ihre individuelle Umkehr sich nicht in einem entsprechenden Segen niederschlägt. Das Versprechen des vorherigen Diskussionswortes, daß auf Umkehr Segen folgt, scheint damit widerlegt. Dem wird zum einen ein Neuverständnis dessen entgegengesetzt, was Segen bedeutet, und zum anderen wird darauf verwiesen, daß Jahwes Handeln erst am Tag Jahwes zur Vollendung gelangt. Dieser ist zwar im Kommen, aber noch zukünftig.

9.2.2. Literarkritik der Maleachischrift

In der literarkritischen Diskussion um Mal haben namentlich Bosshard/Kratz und O. H. Steck neue Ansätze vorgeschlagen. Sie vertreten die

---

[35] Der Text von Mal 2,10-16 ist völlig unverständlich, vermutlich aufgrund schwerer Abschreibfehler. Ich stütze mich hier allein auf Mal 2,11.

Auffassung, daß eine Grundschicht in Mal einen literarischen Zusammenhang mit Sach 1-8 gebildet habe. Diese These gilt es zu prüfen.

Bosshard/Kratz gehen aus von der Beobachtung, daß Mal 1,6-2,9 und Mal 3,6-12 aufgrund sachlicher Parallelen enger zusammengehören. Ebenfalls enger zusammen gehören Mal 2,17-3,5 und Mal 3,13-21. Nur in den letzten beiden Texten ist von einem kommenden Läuterungsgericht die Rede. Diese unterschiedlichen thematischen Schwerpunktsetzungen nehmen Bosshard/Kratz als ausreichende Basis für die literarkritische Rekonstruktion von zwei Schichten innerhalb von Mal. Die Grundschicht umfasse Mal 1,2-5; 1,6-2,9 (ohne 1,14a) und 3,6-12. Sie weist nach Bosshard/Kratz z.B. folgende Bezüge zu Hag/Sach 1-8 auf [36]:

- Mal 1,8 // Hag 2,10-14, קרב-Hif.

- Mal 1,8 // Hag 1,1.14; 2,2.21, Statthalter

- Mal 1,9.14b // Hag 2,17; Sach 8,9.13, "eure Hände"

- Mal 1,2f // Sach 8,17.19, lieben / hassen

- Mal 1,4-5 // Sach 1,12-15, "Volk des Zorns"

- Mal 1,6; 3,6ff // Sach 7,1ff besonders 7,5, Toraerteilung an Priester und Volk

- Mal 2,2-3; 3,9ff // Sach 8,9-15, "Segen und Fluch"

- Mal 3,6-7 // Sach 7,1ff; 8,14 (1,2ff), Mahnung und Umkehr von Vätersünde

- Mal 3,7 // Sach 1,3, wörtlich identisch

Da besonders signifikante Bezüge zwischen Mal 3,6-12 und Sach 1 sowie Sach 8 (und Hag) bestünden, könnte hier ein Rahmen um ein literarisches Korpus gelegt sein, das Hag, Sach 1-8 und die Mal-Grundschicht umfaßt hätte.[37] Die Mal-Grundschicht sei bewußt an Hag-Sach 1-8 angehängt worden, um zu erklären, warum der Segen, den Hag und Sach in Aussicht gestellt haben, noch nicht eingetreten ist. Es würden Bedingungen nachgeschoben: auch der Kultbetrieb am neuen Tempel muß stimmen.

Bosshard/Kratz haben durchaus wichtige Beobachtungen beigetragen, insgesamt ist ihre Hypothese jedoch nicht überzeugend. Die Argumente für eine literarkritische Scheidung von Mal in Grundschicht und Erweiterungsschicht sind unzureichend. Die durchaus richtig gesehenen thematischen Unterschiede zwischen manchen Diskussionsworten reichen für eine solche Annahme nicht aus, sie liegen vielmehr in der jeweils behandelten Sachthematik begründet. Die Bezüge zwischen Mal und Sach 1-8, die man noch vermehren könnte, wenn man die literarkritische Aufteilung von Mal beiseite ließe, sind

---

[36]   Bosshard/Kratz, (1990), Maleachi, 35.

[37]   Mal 3,6f zitiere Sach 1,3 (vgl. noch 1,6; 7,5ff; 8,11.14f) und Mal 3,9-12 nehme Sach 8,12-13 auf (vgl. auch Hag 1,6ff; 2,6ff.15ff).

unterschiedlich zu werten.[38] Ein Teil der Bezüge ist bei genauerem Zusehen nicht signifikant genug, um literarische Abhängigkeit zu beweisen; sie belegen nur, daß Hag und Sach 1-8 mit zum Teil ähnlichen Konzepten ähnlichen Problemen gegenüber standen.[39] Lediglich ein Bezug wie der von Mal 3,7 auf Sach 1,3 ist literarischer Art. Es hat auch eine gewisse Plausibilität, daß durch diesen Bezug so etwas wie ein Rahmen um ein größeres Textkorpus gelegt werden soll. Was Bosshard/Kratz aber nicht zeigen, ist, wieso dies ausschließen sollte, daß der Abschnitt Sach 9-14 einen Bestandteil dieses Korpus gebildet hat.

Man wird deshalb eher dabei bleiben, Mal im Großen und Ganzen als einheitlich anzusehen. Deutlich sekundär erscheinen mir lediglich Mal 3,1b-4 und Mal 3,22-24. Dabei fällt auf, daß beide Passagen Joel zitieren. Es scheint, daß Mal 3,22-24 Mal 3,1b-4 voraussetzt. Von daher legt sich die These nahe, Mal 3,1b-4 sei zugefügt, um der Einbindung des Mal in das Zwölfprophetenbuch dadurch zu dienen, daß die in Mal enthaltene eschatologische Konzeption mit dem im JOK enthaltenen Tag Jahwes-Konzept verbunden wird. Mal 3,22-24 dürfte demgegenüber einen noch späteren Nachtrag darstellen.

9.2.3. Die Funktion der Eschatologie in Mal

Bosshard/Kratz haben richtig gesehen, daß eine eschatologische Perspektive nur in Mal 2,17-3,5 und Mal 3,13-21 vorkommt. Dies legt einen näheren Vergleich beider Texte nahe. Beide Abschnitte folgen der Dreiteilung des Diskussionswortes. Im ersten Formelement, der These, fällt auf, daß beide Male Hinweise auf bereits ergangene Worte ("eure Worte" Mal 2,17; 3,13) der Angeredeten vorliegen. Beide Worte reagieren also auf vorausgegangene Angriffe, sie haben vorwiegend defensiven Charakter. Im zweiten Formelement, der Referierung der Einwände, ist interessant, daß es jeweils um den Zusammenhang von gottgefälligem Verhalten und dem entsprechenden Ergehen geht. Hier wird eine Diskrepanz gesehen. Im dritten Formelement, der Entkräftung der Einwände, fällt auf, daß der Verweis auf die Zukunft an der Stelle steht, an der in den anderen Diskussionsworten auf allgemeine Erfah-

---

38 Es ist m.E. ein methodologisches Problem bei Bosshard/Kratz, daß sie mit traditionsgeschichtlichen Bezügen gar nicht mehr rechnen, sondern jeden Bezug sofort als einen literarischen bewerten.

39 Mir scheint die Erklärung von R. Mason, (1990) Preaching the Tradition überzeugend, nach der Hag, Sach und Mal eine gewisse Diskussionslandschaft innerhalb der Kreise widerspiegeln, die die Tradition "predigten".

rungssätze verwiesen wird, die man vernünftigerweise als basale Verhaltensmaximen kaum bestreiten kann. Die Zukunft, die kommt (בוא), wird ein definitives Läuterungsgericht bringen, in dem die Frevler ihre gerechte Strafe finden und die Jahwefürchtigen am endgültigen Heilszustand teilhaben werden.

Sieht man diese Besonderheiten zusammen und im Vergleich mit den anderen Diskussionsworten, so ergibt sich ein theologisch differenziertes Bild. Mal verfolgt zwei Argumentationslinien, um seine Thesen zu verfechten. *Die eine* Linie (Mal 1,6-2,9; 2,10-16; 3,6-12) argumentiert mit dem kodifizierten Recht (Mal 2,7; 3,7). Auf dieses Recht wird auch als Rechtsgrundlage verwiesen: Mal 1,8 nimmt z.B. auf Lev 22,18-25 Bezug, Mal 2,4 auf Dtn 18,1-8. Mal stellt sich in dieser Argumentationslinie auf den Standpunkt, daß im kodifizierten Recht klar genug enthalten sei, was Jahwe von Israel fordert. Jede Position, die dieses Recht nicht ernst nimmt (z.B. Mal 3,10), es verdreht (z.B. Mal 2,8-9), oder ihm nur geringe Priorität einräumt (z.B. Mal 1,7), ist der Liebe Jahwes zu seinem Volk nicht angemessen. In den Diskussionsworten dieser Linie geht Mal aggressiv vor und klagt an. *Die andere* Argumentationslinie stützt sich auf die eschatologische Erwartung. Im Kontext des Zwölfprophetenbuchs verdichtet sich diese Erwartung im "Tag Jahwes" als einem kommenden Gerichtstag (Mal 2,17-3,5 und 3,13-21). In den Diskussionsworten dieser Linie ist Mal in der Defensive. Es wird eingewandt, daß das Leben gemäß dem Recht Jahwes keinen Segen zur Folge habe und dies zu schweren Zweifeln an Gottes Gerechtigkeit führen muß. In so bestimmten Diskussionszusammenhängen hat die Eschatologie ihren Platz.

Es kommt entscheidend darauf an, wie sich diese beiden Argumentationslinien zueinander verhalten. M.E. kann man deutlich machen, daß die Argumentation mit dem Tag Jahwes der Absicherung der Einschärfung des Toragehorsams dient. Die Position von Mal, daß alles darauf ankommt, genau nach den von Jahwe erlassenen Gesetzen zu leben, wird von Gegnern mit der Frage unterlaufen: Wozu? Welchen Sinn hat es (Mal 2,17)? Auf der uneschatologischen Argumentationsschiene argumentiert Mal mit der Aufforderung: Probiert es aus! Richtet euch streng nach dem Gesetz, gebt z.B. wirklich den ganzen Zehnten (Mal 3,10a), dann werdet ihr dafür von Jahwe gesegnet werden (Mal 3,10b). Aber dieses Argument ist nicht unbegrenzt leistungsfähig. Der Gegeneinwand argumentiert nicht mit dem Verweis auf eigene Versuche, Jahwe zu testen, sondern mit den Versuchen der Frevler.[40] Diese probieren schon die ganze Zeit aus, ob sich Mißachtung der Gesetze

---

[40] Den eigenen Versuchen, Jahwe zu testen, könnte Mal vermutlich noch vorhalten, sie seien nicht ernsthaft genug.

Jahwes tatsächlich in einem Fluch auswirkt, doch es sieht ganz danach aus, als wäre das nicht der Fall (Mal 2,17; 3,15).

Gegen diesen Einwand verweist Maleachi auf das Kommen des Tages Jahwes (Mal 3,2.17.19). Mag auch in der Gegenwart strittig bleiben, ob der Frevler Erfolg hat oder der, der sich nach den Gesetzen Jahwes richtet - wenn der Tag Jahwes kommt, wird sich herausstellen, wer bestehen wird. Diese Zukunft ist "vor Jahwe" (Mal 3,16) bereits in gewisser Weise Gegenwart: bereits jetzt wird genau Buch geführt für das kommende Gericht (Mal 3,16). Der Vorausschauende stellt sich besser jetzt schon auf den Tag Jahwes ein!

9.2.4. Mal als Schluß des Zwölfprophetenbuchs

Welche Funktion nimmt Maleachi im Rahmen des Zwölfprophetenbuchs wahr? Zunächst einmal ist es wichtig, nach Sach 14 einen deutlichen Einschnitt zu erkennen. Sach 14 enthält eine umfassende Vision des Tages Jahwes. Alles weitere gewinnt dadurch Nachtragscharakter. Und doch ist dieser Nachtrag nötig, um die eschatologische Vision vor Mißverständnissen und Einwänden zu schützen. Schon die reine Form von Mal ist wichtig: Die Diskussionsworte nehmen die Leserschaft zum Abschluß des Lektüreprozesses in wohl exemplarisch gemeinte Auseinandersetzungen hinein. Sie soll darüber nachdenken, wie die eschatologischen Visionen mit der konkreten Lebenswirklichkeit in Beziehung gesetzt werden können. In der letzten Schrift des Zwölfprophetenbuchs geht es immer wieder um Konkretionen, Beispiele, vorzeigbare Realisierungsspuren der künftigen Herrlichkeit. Die Leserschaft wird herausgeführt aus der Situation visionärer Erfülltheit und angespannten Wartens hinein in die Strittigkeit der religiösen Erfahrung. Dabei werden ihr Strategien an die Hand gegeben, wie sie mit Zweiflern und Zweifeln umgehen kann.

Der formalen Aufgabe entspricht die inhaltliche: Mal macht deutlich, daß die eschatologischen Visionen des JOK, die bis dahin die tragende Sinnlinie des Zwölfprophetenbuchs bildeten, richtig eingeordnet werden müssen. *Erstens* wird der kommende Tag deutlicher als in Sach 14 als ein Gerichtstag gesehen, an dem Individuen (Frevler stehen denen gegenüber, die Jahwes Namen fürchten) und nicht Völker (in Sach 14 geht es um den Gegensatz Israel versus die Völker) gerichtet werden.[41] Die kollektive Identität des einen Volkes Israel wird so transparent für die vielen Einzelnen, die ihr Verhalten entwerfen und verantworten müssen. Sie werden gerichtet auf Grund des

---

41 Vgl. dazu K. Koenen, (1994) Heil, 65.

Verhaltens, das jetzt erfolgt (dieses wird deshalb eigens in einem Buch aufgezeichnet: Mal 3,16), nicht auf Grund von Aktionen, die am Ende der Tage
erfolgen.[42] *Zweitens* wird hin und wieder angedeutet, daß die Völker durchaus Jahwes Namen respektieren (Mal 1,5; 1,11). Diese Position rückt Maleachi in die Nähe von Jona. *Drittens* wird die Bedeutung der Umkehr (Mal
3,7) als einer Umkehr zur Praktizierung der Tora betont. Ganz konkrete
Kultvorschriften werden als Maßstab ins Zentrum gerückt. *Viertens* wird die
Erwartung eines kommenden Gerichtstages, wie sie das JOK geprägt hat, für
bestimmte Diskussionszusammenhänge instrumentalisiert. In Situationen, in
denen es nicht evident ist, daß der Gottesfürchtige im Segen, der Frevler dagegen unter dem Fluch Gottes lebt, kann die Erwartung des kommenden Gerichtstages die Gewißheit des Gottesfürchtigen stützen. Das Vertrauen auf die
Zukunftsperspektive von Jahwes Gerechtigkeit hilft ihm, trotz fehlender Evidenz in der gegenwärtigen Lage vertrauensvoll sein Leben am Gottesrecht
auszurichten. *Fünftens* wird festgehalten, daß sich jahwegemäßes Verhalten
eindeutig an der Tora (Mal 2,6-9) ausrichten muß. Mit "Tora" wird ein Begriff in das Zentrum des Gottesverhältnisses gestellt, der weder in Joel, noch
in Obd, noch in Sach 9-14 vorkommt. Wenn nach Maßstäben für Verhalten
gefragt wird, das dem einzigartigen Liebesverhältnis Jahwes zu Israel entspricht, so leitet Mal solche Normen nicht aus der eschatologischen Verwirklichung des Gottesreiches ab, sondern aus der Rechtstradition.[43]

Nach der extensiven und intensiven Schilderung von Visionen der eschatologischen Vollendung Israels und der ganzen Schöpfung in Hag, Sach 1-8
und besonders Sach 9-14 gibt Mal Anleitung, in welcher Weise denn diese
Visionen in konkreten Alltagsproblemen eine Hilfe sein können. Es könnte
sich hier die Erfahrung widerspiegeln, daß sich hochgespannte eschatologische Erwartungen nicht auf Dauer durchhalten lassen und sich irgendwann
die Frage nach ihrer Operationalisierbarkeit stellt. Vor allem fällt auf, daß
wieder sehr konkret und präzise Schuldtatbestände benannt und bestimmten
Gruppen (etwa den Priestern) Vorhaltungen gemacht werden.[44]

---

[42] Dies dürfte bereits eine "erlahmende" Hoffnung auf den nahen Tag Jahwes voraussetzen.
[43] Ob mit Tora der fertige Pentateuch im Blick ist, muß offenbleiben. Es fällt auf, daß Mal
sich nicht exklusiv auf das kodifizierte Recht des Pentateuch stützt. Wenn H. Utzschneider, (1989) Künder oder Schreiber?, 44-47, 54-57 Recht hat, so beziehen Maleachis Anspielungen auf Rechtstraditionen auch Ezechiel ein.
[44] R. W. Pierce, (1984) Thematic Development of the Hag-Mal Corpus, 410 spricht deshalb gar von einer Art Rückfall Israels: "The sketch ends with a picture of Judah in a
worse condition than that portrayed at the beginning of the book. A religious laxity had
set in almost immediately after the death of the initial leadership. Within the lifetime of

Mal setzt sich dadurch vom JOK ab, daß bei der Lektüre der Propheten zwischen Eschatologie und Ethik differenziert wird. Die Propheten weisen einerseits auf den kommenden Gerichtstag Jahwes hin, sie haben darüber hinaus aber auch eine ethische Relevanz, indem sie zu rechtem Verhalten aufrufen und das Bewußtsein dafür schärfen, wie nach Jahwes Gesetz zu leben sei. Sie decken falsches Verhalten auf und rufen in solchen Fällen zur Umkehr, d.h. zur erneuten Hinwendung zu Jahwe und seinen Gesetzen. Sie motivieren die Jahwefürchtigen durch Hinweise auf Jahwes eschatologische Intervention. Dabei stützen sie sich auf die Rechtstradition, bilden aber keine neuen Normen aus.

9.2.5. Literarkritik von Mal 3,22-24

Die drei Verse am Schluß von Maleachi lassen sich leicht als literarischer Zusatz erkennen. Nach Form und Inhalt handelt es sich um ein vom restlichen Mal zu unterscheidendes Textstück. Es unterliegt nicht der Struktur des Diskussionswortes.[45] Mal 3,22-24 verstärkt noch einmal die Tendenz, die der Rest der Schrift bereits vorgezeichnet hatte. Leicht lassen sich zwei Teile unterscheiden: In Mal 3,22 geht es um die Tora des Mose, in Mal 3,23-24 um Elija als den Gesandten Jahwes vor dem Kommen des Tages Jahwes.

Mal 3,22 schärft mit dtn Begrifflichkeit die Bedeutung der Tora ein.[46] Hatte die ältere Schicht von Maleachi mit dem Begriff "Tora" wohl noch kein fixiertes Gesetzeskorpus gemeint (Mal 2,6-9), so setzt Mal 3,22 dies nun voraus. Ethische Normen werden nun ausschließlich von der mosaischen Tora hergeleitet.[47] Der immer wieder innerhalb des Zwölfprophetenbuchs betonten Bedeutung des Zion wird damit der Horeb gegenübergestellt.

---

those who returned under Zerubbabel in the spring of 521 B.C., the community had returned to much of the spiritual decline that had effected their captivity nearly a century earlier." Pierce übersieht, daß Sach einfach eine andere Thematik hat. Daraus schließen zu wollen, daß Israel einen geistlichen Aufschwung genommen habe, ist unangebracht.

[45] A. von Bulmerincq, (1926) Einleitung in Maleachi, 380-393 hat die entscheidenden Beobachtungen zusammengetragen und hat sie in meinen Augen in ihrer Gesamtheit nicht entkräften können. Sehr deutlich ist Einfluß von D-Terminologie in 3,22, aber sie ist doch eigenartig und vor allem durch Verbindung mit V. 23-24 ganz neu akzentuiert.

[46] Tora kommt innerhalb des Zwölfprophetenbuchs noch vor in Hos 4,6; 8,1.12 (Q); Am 2,4; Micha 4,2; Hab 1,4; Zef 3,4; Hag 2,11; Sach 7,12.

[47] Es liegt nahe, anzunehmen, daß für diesen Redaktor überall im Zwölfprophetenbuch der Begriff "Tora" das fixierte Gesetzeskorpus meint. Dann müßte man Hos 4,6; 8,1.12; Am 2,4; Micha 4,2; Hab 1,4; Zef 3,4; Hag 2,11; Sach 7,12 auch in diesem Sinne verstehen. Wird die Tora mit Mose verbunden, so scheidet z.B. eine Bezugnahme auf Ezechiels Verfassungsentwurf, wie er noch von der Mal-Grundschicht vertreten wird, aus.

Schwieriger zu verstehen ist der zweite Teil dieses Zusatzes, Mal 3,23-24. Der Tag des Gerichts, der in Mal 3,13-21 einige Male erwähnt war, wird nun explizit mit dem Tag Jahwes identifiziert, von dem frühere Propheten des Zwölfprophetenbuchs gesprochen haben. Es wird sogar Joel 3,4 zitiert.[48] Im Unterschied zum letzten Diskussionswort Maleachis wird der Tag Jahwes nicht herbeigesehnt, sondern als Tag des möglichen Untergangs gefürchtet. Im Unterschied zu Mal 3,13-21 setzt dieser Redaktor andere Akzente. Erstens wird keine Unterscheidung zwischen Gerechten und Frevlern vorgenommen, vielmehr sind alle potentiell dem Untergang ausgeliefert. Zweitens wird nicht das Individuum als Subjekt von zurechenbaren Handlungen in den Mittelpunkt gestellt, sondern die Heilungsbedürftigkeit der Beziehung zweier Kollektive. Heilung wird verheißen, ohne daß die Schuldfrage gestellt wird. Es wird nicht gefragt, wer denn nun Schuld daran war, daß die Beziehung zwischen Vätern und Söhnen zerbrach. Wenn man will, kann man sagen: Die Schuld sitzt in der verkehrten Richtung des Herzens *beider* Parteien. Der kommende Elija wird die grundlegend zerrüttete Beziehung wieder in Ordnung bringen durch eine Umwandlung der menschlichen Herzen.

Eine schwierige Frage ist nun: Wie verhalten sich die beiden Teile dieses Zusatzes zueinander? Leider gibt es keine Partikel, die das logische Verhältnis beider Teile zueinander näher bestimmt. Auch semantische Signale gibt es auf den ersten Blick keine. Deshalb wurde immer wieder die These vertreten, hier läge ein literarkritischer Bruch vor. Mir scheint jedoch, als sollte die genaue Beziehung beider Teile zueinander bewußt in der Schwebe bleiben.[49] Der Redaktor stellt zwei fundamentale Leitsätze nebeneinander, ohne die Frage zu lösen, wie denn beides zusammenzudenken sei. So endet das Zwölfprophetenbuch nicht damit, daß es seine Leser in Ruhe gehen läßt, sondern indem es ihnen eine Aufgabe stellt.[50]

Geht man dieser Aufgabe nach, so ist der Vorschlag von Blenkinsopp bedenkenswert: Beide Teile sind aufeinander bezogen "by virtue of the close thematic association between the figures of Moses and Elijah, and especially by the theophany granted to both at Horeb. What it seems to be saying is that reconciliation is necessary in order to avoid the eschatological judgement, and that it will be effected through the prophetic ministry of Elijah returned

---

[48] B. S. Childs, (1979) Introduction, 495 hat Recht: "The use of the eschatological vocabulary of Joel 3.4 removes any ambiguity as to what day is meant." Gegen S. Bergler, (1988) Joel, der Joel als den Zitierenden sieht.

[49] Für die literarische Einheitlichkeit sprechen sich aus: E. Bosshard / R. G. Kratz, (1990) Maleachi und O. H. Steck, (1991) Abschluß, 127 mit Anm. 253.

[50] Was geschieht, wenn die Leserschaft zu dem Schluß kommen sollte, beides sei gar nicht zusammenzudenken?

to earth or a prophetic figure like Elijah. It stands, therefore, in interesting contrast to the final statement in the Pentateuch which denies parity between Moses and the prophets."[51]

Aber auch die Konzeption des Dtn könnte eine Verbindung bieten. Danach sind die Väter verpflichtet, ihre Kinder die Tora zu lehren, und die Kinder verpflichtet, diese von ihren Vätern fragend zu erlernen (Dtn 6,20-25). Ist diese Weitergabe der Tora nicht mehr gewährleistet, resultiert daraus Toravergessenheit. Der Aufforderung "gedenke der Tora!" (Mal 3,22) kann nicht mehr Folge geleistet werden. Ein toravergessenes Israel wird untergehen (vgl. Dtn 28 etwa Vers 64).[52]

9.2.6. Mal 3,22-24 und Joel

Mal 3,23b hat eine ganze Phrase mit Joel 3,4 gemeinsam: [53]

Joel 3,4b	Mal 3,23b
לִפְנֵי בּוֹא יוֹם יהוה הַגָּדוֹל וְהַנּוֹרָא	לִפְנֵי בּוֹא יוֹם יהוה הַגָּדוֹל וְהַנּוֹרָא

Hier liegt deutlich ein literarischer Bezug vor. In welche Richtung die Abhängigkeit geht, wird unterschiedlich beantwortet. Bergler meint: "Jo 3,4b zitiert Mal 3,23b wörtlich".[54] Berglers Argumentation macht jedoch deutlich, daß der zitierte Satz ausgezeichnet zu Joel paßt, während der Satz innerhalb von Mal isoliert ist. M.E. ist eher erklärbar, warum Mal 3,23 mit einer so abgekürzten Redeweise auskommt, wenn der Vers die Konzeption des Joel als bekannt voraussetzen kann. Nur auf dem Hintergrund von Joel leuchtet auch ein, daß der Tag Jahwes für alle – auch für das Land – Vernichtung bedeutet. Nur von daher ist auch einleuchtend, daß eine umfassende Umkehr (שׁוּב vgl. שׁוּב Hif. in Mal 3,24 [55]) den Vernichtungsaspekt des Tages Jahwes abwenden

---

51 J. Blenkinsopp, (1977) Prophecy and Canon, 121.
52 Vgl. den Vorschlag von W. Rudolph, (1976) Haggai, Sacharja, Maleachi, 292-293: "Hier liegt ein aktuelles Beispiel dafür vor, daß man der Thora Moses nicht mehr gedenkt, aber dieses Beispiel ist so krass, weil es die Fortdauer des jüdischen Glaubens in der jüdischen Familie in Frage stellt und deshalb zu einer Verscherzung des Heils für das ganze Land am 'großen und fruchtbaren Tag Jahwes' führen kann, ...".
53 Auch E. Bosshard, (1987) Beobachtungen, 42 Anm. 25. Vgl. auch Mal 1,14b, wo sich eine ähnliche Aussage von Jahwe findet.
54 S. Bergler, (1988) Joel, 171. So schon A. von Bulmerincq, (1932) Kommentar zu Maleachi, 573.
55 Es ist häufig vorgeschlagen worden, Mal 3,24 so zu verstehen, daß Elija die Herzen von Vätern und Söhnen gemeinsam Jahwe zuwendet. Von der hebräischen Syntax her ist

kann. Alle diese Zusammenhänge sind in Mal als bekannt vorausgesetzt, in Joel dagegen entfaltet. Ohne dieses Wissen aber kann man Mal 3,22-24 kaum verstehen.

Ein weiterer literarischer Bezug liegt in Mal 3,2 // Joel 2,11 vor, zumal in beiden Kontexten ein Interesse an einem reinen מנחה-Vollzug erkennbar ist.[56] Auch in diesem Fall ist zu beobachten, daß die Passage innerhalb von Joel nicht wegzudenken ist, während sie innerhalb von Mal in einem sekundären Nachtrag steht. Bergler hält es zwar für ziemlich sicher, daß Joel Mal 3,2 rezipiere, es wird aber nicht recht deutlich, welche Argumente er dafür namhaft macht.[57] Es scheint so, als argumentiere er damit, daß innerhalb von Mal diese Frage fest verwurzelt sei, in Joel dagegen nicht. Das Umgekehrte ist jedoch richtig. Weiter scheint es, als habe Mal 3,2 die kurze Formulierung von Joel zu einem Bikolon ausgebaut. Schließlich fällt auf, daß Mal 3,2 in singulärer Weise, wohl in Abwandlung des Ausdrucks "Tag Jahwes", vom "Tag seines Kommens" spricht, wobei offen bleibt, ob der "Bote des Bundes" oder Jahwe selbst gemeint ist.

9.2.7. Mal 3,22-24 als Abschluß des Kanonteils Nebiim

Mal 3,22-24 hat einige auffällige Berührungen zu Jos 1. "Zunächst ist auffallend, daß Mal 3,22 mit Jos 1,7 ... im Wortensemble 'Tora' (ohne Parallelbegriffe) – 'Mose, mein Knecht' (nicht: mein Knecht Mose), verbunden mit 'gebieten' (ṣwh mit acc.) übereinstimmt. Ferner ist zu beachten, daß das im Rahmen derartiger Formulierungen ausgesprochen seltene Verb 'gedenken' (zkr), mit dem Mal 3,22 einsetzt, ausgerechnet in Jos 1,13 im Nahkontext von Jos 1,7 auftritt."[58]

> Namentlich W. Rudolph hatte diese These vertreten: "Es ist gewiß kein Zufall, daß in Dt 34, dem letzten Kapitel des Pentateuchs, bei der Mitteilung von Moses Tod auch der Titel 'der Knecht Jahwes' dabeisteht (V.5). Dazu kommt, daß Jos 1, das erste Kapitel des Prophetenkanons, zwar mit der Feststellung beginnt 'mein Knecht Mose ist tot' (V.2), aber zugleich die Forderung an Josua enthält, daß 'du hältst ... das ganze Gesetz, das dir mein Knecht Mose geboten hat' (V.7). Ist es nicht evident, daß Mal 3,22, der Abschluß des Prophetenka-

---

dieser Vorschlag zwar abzulehnen. Vom intendierten Sinn her ist jedoch überaus naheliegend, daß die wechselseitige Umkehr der Generationen zueinander eine religiöse Dimension hat.

[56] So zu Recht S. Bergler, (1988) Joel, 170. Auch E. Bosshard, (1987) Beobachtungen, 42 Anm. 25.

[57] S. Bergler, (1988) Joel, 171.

[58] O. H. Steck, (1991) Abschluß, 135.

nons, darauf zurückgreift? Das heißt: V.22 ist eine Zutat nicht zu Maleachi, auch nicht zum Zwölfprophetenbuch, sondern zum ganzen Prophetenkanon. Das ist wichtig für die Einschätzung des Pentateuchs. Nachdem nun so lange vom Wirken Jahwes durch seine Propheten die Rede gewesen ist, könnte die Thora, 'das Gesetz meines Knechtes Mose' in den Hintergrund treten. Aber das darf nicht geschehen, denn die Thora ist die Quintessenz der jüdischen Religion, und deshalb gehört es sich, daß die Erinnerung an sie auch den ganzen Prophetenkanon einrahmt."[59]

Es ist wahrscheinlich, daß es in Mal 3,22-24 über den Abschluß des Zwölfprophetenbuchs hinaus auch allgemeiner um die rechte Zuordnung von Tora und Prophetie geht. Wie verhält sich die über Mose vermittelte Tora zur Verkündigung der Propheten? Wie verhält sich die in der Vergangenheit definitiv abgeschlossene Rechtssammlung zur Erwartung einer qualitativ neuen Zukunft in Gestalt des Tages Jahwes? Mal 3,22-24 hält beides unvermittelt nebeneinander fest, Tora und Tag Jahwes, Mose und Elija, Erinnern und Hoffen. Damit überlassen es diese Verse der Leserschaft, die Zuordnung genauer zu bestimmen und zu gewichten.

---

[59] W. Rudolph, (1976) Haggai, Sacharja, Maleachi, 291. Vgl. auch E. Bosshard / R. G. Kratz, (1990) Maleachi, 46; J. Blenkinsopp, (1977) Prophecy and Canon, 121: Mal 3,22-24 "are intended to serve as the conclusion to the entire prophetic collection, perhaps even to both Law and Prophets combined."

10. Rückblick und Ausblick

10.1. Die Entstehung des Zwölfprophetenbuchs

Das Ziel dieser Arbeit war es, den Entstehungsprozeß des Zwölfprophetenbuchs aufzuhellen. Dazu habe ich im 1. Kapitel die bisherige Forschung zu diesem Thema gesichtet und daran anschließend grundlegende Weichenstellungen vollzogen. Zunächst habe ich, in Abgrenzung von rein synchronen Ansätzen, einen redaktionsgeschichtlichen Zugang gewählt.[1] Das erschien schon deshalb als angemessen, weil das Zwölfprophetenbuch durch seine Überschriften der Leserschaft zu erkennen gibt, daß es auf verschiedene Propheten aus unterschiedlichen Zeitepochen zurückgeht.

Die Schriftanfänge waren dann der Untersuchungsgegenstand des 2. Kapitels. Diese gehören unterschiedlichen Typen an. Es ergab sich, daß die Schriften, die eine datierte Überschrift aufweisen (Hos, Am, Mi, Zef), eine eigene Sammlung gebildet haben müssen.[2] Da einerseits eine sachliche und sprachliche Nähe der datierten Überschriften zur Konzeption des deuteronomistischen Geschichtswerkes feststellbar war, diese andererseits aber nicht ausreichte, um den Begriff "deuteronomistisch" zu verwenden, wurde diese Sammlung als "D-Korpus" bezeichnet.[3] Diese älteste Sammlung wurde durch weitere Schriften ergänzt. Zunächst wurden Nah und Hab eingefügt, die beide sowohl eine Überschrift mit dem Gattungsbegriff מַשָּׂא als auch einen mehrere Zeilen umfassenden Theophaniehymnus enthalten (Nah 1,2-8 // Hab 3,3-15). Sodann wurden Hag und Sach angehängt, die durch die Datierungen der einzelnen Sprüche zu einem einzigen Bericht verbunden sind. Schließlich kamen Joel und Obd hinzu, die in ihren Überschriften keine Zeitangaben enthalten und inhaltlich völlig vom Thema des Tages Jahwes dominiert sind. Zuletzt sind noch Jona, eine Erzählung ohne Überschrift, und Mal, eine Sammlung von Diskussionsworten, hinzugekommen. Schon diese vorläufige

---

1 Rein synchron geht z.B. Paul House, (1990) Unity of the Twelve, vor.
2 Damit habe ich mich einer häufig geäußerten These angeschlossen, die zuletzt J. Nogalski, (1993a) precursors, ausführlich begründet hat.
3 Der Name "D-Korpus" schließt sich an den Ausdruck "Deuteronomistic Corpus" von J. Nogalski, (1993a) precursors, an.

Analyse machte deutlich: Die These, daß das Zwölfprophetenbuch dadurch entstand, daß zwölf unabhängig voneinander entstandene Prophetenschriften in relativ zufälliger Folge auf eine Rolle geschrieben wurden, kann definitiv ausgeschlossen werden.

Im 3. Kapitel wurde die Amosschrift literarkritisch analysiert. Sie schien als Leitfaden für diese Arbeit vor allem deshalb geeignet, weil sie auf die Verkündigung des ältesten Schriftpropheten zurückgeht. Aus diesem Grund ermöglicht sie den Zugriff auf die frühesten redaktionellen Prozesse im Rahmen der Entstehung des Zwölfprophetenbuchs, die das Schwergewicht der vorliegenden Untersuchung bilden. Die Analyse ergab eine Abfolge von sechs Schichten in Am. In den folgenden Kapiteln wurde dann jede einzelne auf ihre Verbindungen zu Redaktionsprozessen in anderen Schriften hin befragt.

Im 4. Kapitel wurden die Texte Am 7,9-17; 8,14; 3,2.14; 2,8; 6,8 untersucht - alles Texte der von mir so genannten "Tradentenfassung" von Am. Diese zeigten eine bemerkenswerte Nähe zu Texten aus Hos. Es wurde die These aufgestellt, daß bereits die ältesten Prophetenschriften des Zwölfprophetenbuchs, die Amos- und die Hoseaschrift, vom gleichen Herausgeberkreis bearbeitet wurden. Beide Schriften sollten in wechselseitiger Bezogenheit aufeinander und wahrscheinlich auch hintereinander gelesen werden. Schreibtechnisch gesehen werden sie zu diesem Zweck wohl auf eine Rolle geschrieben worden sein.

Im 5. Kapitel wurde versucht, das D-Korpus, das Hos*; Am*; Mi* und Zef* umfaßt hat, genauer zu rekonstruieren. Im Verlauf der Analysen fiel auf, daß Mi 1-3* enger mit Hos* und Am* zusammengehört als Zef 1,1-3,8*. Dies ließ sich so erklären, daß eine vor-deuteronomistische Fassung von Mi bereits an die Hos* und Am* umfassende Zweiprophetenbuchrolle angefügt worden war, ehe die D-Redaktion diesen Komplex mit Mi 6 abschloß und ihrerseits eine weitere Schrift, nämlich Zef 1,1-3,8*, anschloß.

Im 6. Kapitel wurde die Hymnenschicht in Am auf Querbezüge hin untersucht. Es ergab sich, daß etwa in Mi 1,3-4 ein Hymnenfragment vorliegt, das denen in Am nach Inhalt, Form und Funktion im Kontext gleicht und deshalb der gleichen redaktionellen Phase zugeordnet werden kann. Dieselbe Redaktion hat auch Nah* und Hab* mitsamt der in diesen Schriften enthaltenen Theophaniehymnen in das D-Korpus eingefügt und so eine neue Schriftensammlung, das Nahum-Habakuk-Korpus, geschaffen.

Im 7. Kapitel wurde die Schicht Am 9,11.12b.13aα.14-15 untersucht. Die darin ausgesprochene Erwartung einer neuen Heilszeit zeigte eine konzeptionelle Nähe zu vielen anderen sekundären Heilstexten im Zwölfprophetenbuch. Am ehesten in diese Phase muß man auch die Zufügung von Hag und Sach ansetzen, wobei offen bleiben mußte, ob und gegebenenfalls wieviel Textmaterial aus Sach 9-13 bereits dazu gehörte.

Das 8. Kapitel nahm seinen Ausgang von kurzen Zusätzen innerhalb von Am, die starke Bezüge auf Joel enthalten (Am 4,9*; Am 9,13aβb). Anscheinend spiegeln diese eine Redaktion wider, die vor allem Joel, Obd und Sach 14 zugefügt haben, so daß das zehn Prophetenschriften umfassende Joel-Obadja-Korpus entstand.

Das 9. Kapitel untersuchte die Schriften Jona und Maleachi, mit deren Zufügung das Zwölfprophetenbuch seine abschließende Gestalt erreichte. Dabei war festzustellen, daß Mal 3,22-24 bereits eine Perspektive entwickelt, deren Horizont über das Zwölfprophetenbuch hinausgeht und eine Verbindung der Kanonteile "Tora" und "Nebiim" intendiert.

Insgesamt hat sich die auf der Basis der Überschriften entwickelte These im Rahmen der Suche nach literarischen Querverweisen bestätigt. Hinzuweisen ist auch darauf, daß sie nicht den Anspruch erhebt, alle schriftenübergreifenden Redaktionsprozesse im Zwölfprophetenbuch zu erfassen.

10.2.   Kennzeichen einer redaktionellen Phase: Schriftbezug und Gegenwartsbewältigung

Die sechs herausgearbeiteten redaktionellen Phasen ließen sich dadurch voneinander unterscheiden, daß sie von unterschiedlichen geschichtlichen Erfahrungen her jeweils eine eigene Konzeption von Prophetie entwickelten. In dem dadurch gesetzten hermeneutischen Rahmen rezipierte man das überkommene prophetische Textkorpus und ergänzte es durch literarische Zusätze. In der Tat konnte gezeigt werden, daß sich bestimmte sekundäre Partien nach Thema, Sprachgebrauch (oft mit signifikanten Stichworten) und Form so stark ähneln, daß sie derselben Phase zugerechnet werden können. In manchen Fällen waren die Textpassagen derselben Phase allerdings auch ziemlich verschieden. Dazu ist zweierlei zu sagen. *Erstens* muß man davon ausgehen, daß redaktionelle Zusätze bewußt unter Verwendung von Lexemen formuliert werden, die dem Kontext entstammen. In dieser Technik drückt sich das Phänomen aus, daß die Redaktion in eine vorgegebene Prophetenschrift nicht einfach eine vorgefaßte Meinung rücksichtslos einträgt, sondern daß sie in der Auseinandersetzung mit dem vorgegebenen Stoff den betreffenden Zusatz entwickelt. Weil die Redaktion nicht mechanisch vorgeht, haben die Zusätze der gleichen Phase eine unterschiedliche Gestalt, je nach dem, in welche Schriften an welchen kompositionellen Stellen sie implementiert wurden. *Zweitens* kann man annehmen, daß die Zusätze innerhalb einer redaktionellen Phase nicht von einer einzigen Person verfaßt wurden, sondern von mehreren, die sich in sprachlicher und auch sachlicher Hinsicht durchaus unterscheiden. Ja, sogar Diskussionen zwischen verschiedenen Positionen werden stattgefunden haben und auch schriftlich dokumentiert worden sein.

Innerhalb jeder Phase hat man nicht nur das jeweils vorliegende Mehrprophetenbuch redigiert, sondern in dieses auch neue Schriften integriert. Diese Schriften haben sehr wahrscheinlich zunächst ein Eigenleben außerhalb der bis dahin bestehenden Sammlungen geführt. In den meisten Fällen gehen sie wohl auf mündliche Verkündigung von Propheten zurück, die dann verschriftet wurde, aber dies zu klären, war nicht Gegenstand dieser Untersuchung.[4] Man kann davon ausgehen, daß es viele prophetische Aufzeichnungen und Schriften gab. Es wurden aber nur diejenigen in den autoritativen Bestand übernommen, die bewiesen hatten, daß sie für die religiöse Bewältigung der jeweiligen Gegenwart erklärungskräftig waren.

Für die jeweilige historische Phase und die jeweilige Tradentengemeinschaft [5] hatten diese Sammlungen autoritative Geltung [6], ihr Text war standardisiert [7] und der Umfang und die Reihenfolge der Schriften festgelegt.[8] Die Normativität der Schriftenkorpora belegen schon die Überschriften des D-Korpus. In einer mehrstimmigen Sammlung von Prophetenschriften

---

[4]   Lediglich Joel, Obd und Sach 9-14 dürften von Anfang an als schriftliche Texte produziert worden sein.

[5]   Viele der Prophetenschriften kursierten vermutlich zuerst in kleinen, in manchen Fällen (Am*, Hos*, Mi*) auch oppositionellen Kreisen. Im Laufe der Jahrhunderte wurden sie, genauer: deren redigierte Fassungen, von ganz Israel als kanonisch anerkannt.

[6]   Einem Hinweis von Childs folgend vermeide ich an dieser Stelle den Begriff "kanonisch". Vgl. B. S. Childs, (1979) Introduction, 59: "The formation of the canon was not a late extrinsic validation of a corpus of writings, but involved a series of decisions deeply affecting the shape of the books. Although it is possible to distinguish different phases within the canonical process -the term canonization would then be reserved for the final fixing of the limits of scripture- the earlier decisions were not qualitatively different from the later." Ob im Laufe der Redaktionsgeschichte die theologischen und herausgeberischen Entscheidungen im wesentlichen gleich blieben, ist freilich eine offene Frage.

[7]   Ohne standardisierten Text hätten viele Stichwortbezüge keine wirkliche Basis; der Redaktor könnte nicht damit rechnen, daß bewußt gesetzte Querverweise von den Lesern auch nachvollzogen werden können. Vor allem in späten Stadien (etwa Joels Bezug auf Am und Obd, Jonas Bezug auf Joel) muß man voraussetzen, daß den Autoren der Text ihrer Vorlagen in standardisierter Form schriftlich vorlag.

[8]   Das belegen kompositionelle Phänomene wie Eröffnungspassagen mit Überschriftscharakter, klare Endsignale und schriftenübergreifende Rahmungen (z.B. Nah 1 // Hab 3).

kommt für die Redaktoren das Wort Gottes (דבר יהוה) zur Sprache, das Le-
bensgrundlage des Gottesvolkes ist.[9] Die Frage, ob neben dem Zwölfprophetenbuch noch andere Schriften in Gebrauch waren, war nicht unser Thema, aber manche literarischen Querbezüge legen nahe, daß andere Nebiim-
und Pentateuchschriften in hohem Ansehen standen.[10]

Hatte eine bestimmtes Korpus erst einmal autoritative Geltung erlangt,
stellte sich für spätere Generationen nicht mehr die Frage, ob man es beibe-
halten sollte oder nicht. Es wurde vielmehr selbstverständlich von der früheren Generation als Erbe übernommen.[11] Auf dieser Basis stellte sich dann die
Frage anders, nämlich: Welche Relevanz können die überlieferten Texte in
den Herausforderungen neuer geschichtlicher Problemlagen entfalten? Damit
im Einklang steht die Beobachtung, daß man die überlieferten Texte fast ausschließlich dadurch in ihrem Sinn veränderte, daß man sekundäres Material
hinzufügte. Positive Anzeichen dafür, daß überlieferter Text von Späteren
eliminiert wurde, gibt es nur in Ausnahmefällen.[12]

Ein Aspekt der Art und Weise, wie sich diese Phasen sukzessiv abgelöst
haben, soll noch hervorgehoben werden.

---

9   Die autoritative Geltung kann man weiter daraus erschließen, daß zum einen Glossen
    eingefügt wurden, die eine Art Auslegungsprozeß dokumentieren (vgl. B. S. Childs,
    (1979) Introduction, 60 im Anschluß an Seeligmanns Begriff des "Kanonbewußtseins"),
    und zum anderen spätere Propheten Themen früherer Propheten fortführen (z.B. Joel
    greift Jes 13 als noch unerfüllte Prophetie aus der Tradition auf).

10 Für das D-Korpus ist wahrscheinlich bereits die Existenz des Jahwisten vorauszusetzen,
    anders ist die Kürze der Anspielungen auf Erzählstoff aus dem Pentateuch in Mi 6 kaum
    verständlich.

11 Vgl. schon R. Bultmann, (1970) synoptische Tradition, 395: "Im übrigen gilt, daß das
    Schwergewicht der einmal vorhandenen Tradition für ihre Fortpflanzung sorgt, auch
    wenn ein konkretes Bedürfnis für manche ihrer Bestandteile nicht mehr vorhanden ist."
    Ein interessantes Beispiel bietet Dan 9. Der Text zeigt, daß für Daniel die überkommene
    Jeremiaschrift bereits mit einer so hohen Autorität ausgestattet ist, daß er auch dann
    noch intensiv um ein Verständnis der Schrift ringt, als sie eigentlich die Realität seiner
    Lebenserfahrung nicht mehr zu erhellen vermag. Dieses Ringen wird dann mit einer
    göttlichen Sonderoffenbarung belohnt, die in den Text eine neuartige Tiefendimension
    einträgt. Vgl. dazu O. H. Steck, (1996) Prophetenbücher, 131-133.

12 In Hos 12,3 muß das "Juda" ein älteres "Israel", in Am 2,7 das Kolon "um meinen heili-
    gen Namen zu entweihen" ein älteres Kolon, und in Nah 1,4b muß der jetzige Text eine
    ursprünglich mit Dalet beginnende Zeile ersetzt haben.

10.3. Redaktionsgeschichte als Geschichte von Kompromissen

Es war immer wieder festzustellen, daß sich im Verlauf der Redaktionsgeschichte Konflikte ergaben, die sich zum Teil in heftigen Diskussionen entlu-
den.[13] Solche Diskussionen wurden in Kompromißlösungen zu einem gewissen Abschluß gebracht. Auf der Basis umfassenderer und komplexerer Konzepte konnten die Schriften beider Konfliktparteien – redaktionell jeweils neu
akzentuiert – in ein neues Korpus eingebracht werden. Solche Kompromisse
wurden im Verlaufe der Geschichte immer wieder durch neue Impulse in
Frage gestellt. Die Redaktionsgeschichte des Zwölfprophetenbuchs läßt sich
darstellen als eine Abfolge von Konflikten, die zu einem Kompromiß führen,
der seinerseits unter dem Eindruck neuer Gotteserfahrungen wieder in Frage
gestellt werden muß. Dieser Ablauf läßt sich wiederum begreifen als ein miteinander Ringen um das adäquateste Verständnis dessen, wie sich Gott in der
Geschichte offenbart, wozu Gott die Welt bestimmt hat und welche Rolle
darin Israel und die Menschheit spielen sollen.[14]

Auf der Ebene des D-Korpus lag ein Konflikpotential darin, daß vier prophetische Schriften durchaus unterschiedliche Begründungen und Kritik-
punkte für das Ende des Nord- wie des Südreichs vertraten. Die dem D-
Korpus vorliegende Amosschrift z.B. führte den Untergang des Nordreichs
vor allem auf soziale Vergehen und auf Rechtsbeugung zurück, die Kultkritik
ergänzte lediglich diese Kritik, insofern ein Kult kritisiert wird, der solche

---

13   Man erinnere sich an die Art, mit der Joel 4 mit Micha 4,1-5 umging, oder an die satiri-
      sche Attacke auf Joel durch Jona. Besonders die Konflikte machen m.E. deutlich, daß
      man es nicht bei einem unentschiedenen Nebeneinander verschiedener Positionen belas-
      sen konnte, wie es postmodernen Lesern vielleicht näher liegen würde. Vgl. dazu E.
      Nordhofen, (1990) Die Aufhebung des Bilderverbots, 64: "Jede dieser Geschichten
      hatte einst wie der alte Gott Israels gesprochen: 'Du sollst keine anderen Götter neben
      mit haben!' Doch allen wird nun geopfert, allen zugleich. Vor die Wahl gestellt, keiner-
      lei Antworten zu geben oder alle zugleich, entscheidet sich Scheherezade zur Freude
      des Publikums für alle. Ergötzen kann man sich an allen Geschichten, aber man kann
      nicht tun, was die Geschichten eigentlich wollten: daß man ihnen folge und Gehorsam
      leiste. Auf diese Weise erwirtschaftet das groß angelegte Unternehmen zur Division der
      Vernunft seine Freiheit. Freiheit und Ratlosigkeit. Wir treten ein in die große Bibliothek
      von Babylon, in das Museum des Geistes, in den Bildersaal der Geschichten. Wir lau-
      schen ihren vielen Stimmen, stehen mitten im Strom der Bilder. Die Frage, wer recht
      hat, wird vertagt, solange wir uns unterhalten."
14   P. D. Hanson, (1982) Diversity of Scripture, betont immer wieder, daß im AT verschie-
      dene, sogar sich wechselseitig ausschließende Traditionen enthalten seien. Gleichzeitig
      behauptet er, daß diese Verschiedenheit die grundsätzliche Einheit der Gottesoffenba-
      rung nicht sprenge. Die Herausarbeitung des Kompromißcharakters der Redaktionsge-
      schichte kann m.E. die Diskussion hier weiterführen. Vgl. auch M. Saebø, (1988) Vom
      "Zusammen-Denken" zum Kanon.

sozialen Unterdrückungsmechanismen nicht verändert, sondern stabilisiert.
Gleichzeitig lag eine Hoseaschrift vor, die die Kultkritik in den Mittelpunkt
stellte und die Wurzel allen Übels im Abfall zu einem baalistischen Jahwekult sah, in den ein Götterbild und fruchtbarkeitssichernde Riten aus dem ka-
naanäischen Umfeld integriert waren. Über diesen Aspekt hatte Amos hingegen kein Wort verloren. Beide Schriften wurden in ein Korpus integriert.

Das Kompromißmodell, das dabei am Werk war, kann man als das der
wechselseitigen Ergänzung bezeichnen. Jede der Schriften behielt zu einem
großen Teil ihren eigenen Charakter, aber es wurden deutliche Signale gesetzt, daß beide sich ergänzen und aufeinander zu gelesen werden sollen.

Sollte man aus dieser Rezeptionsperspektive heraus Spannungen zwischen
den einzelnen Prophetenschriften wahrgenommen haben, so dürfte man das
auf eine "Aufgabenteilung" zwischen zwei Propheten zurückgeführt haben.
Ein weiteres Erklärungsmodell wäre die Annahme, daß das "Wort Jahwes"
sich ja an die Person des Propheten bindet und deshalb durch dessen begrenzte Perspektive charakteristisch "eingefärbt" wird. Beide Modelle schließen sich nicht aus. Vermutlich nahm man in untergeordneten Dingen auch
kleinere Spannungen in Kauf, ohne eine Erklärung dafür zu haben.

In manchen Punkten wurde die vorliegende Amosschrift auch noch redaktionell nachgebessert (so wurde z.B. ein Hinweis auf den Exodus Am 2,10-
12; Am 3,1-2; Am 9,7 und eine Königskritik Am 7,9 eingefügt).

Auf der Ebene des Nahum-Habakuk-Korpus lag ein Konflikt vor zwischen
der Heilsprophetie eines Nahum und der Gerichtsperspektive des D-Korpus.
Nahum sah Israel als wehrloses Opfer imperialer Weltreichspolitik. Das D-
Korpus dagegen sah die Assyrer als diejenigen, die Jahwes Strafgericht an
seinem bundbrüchigen Volk vollzogen. Hier wurde ein Kompromiß gefunden, der auf der Basis einer universalen Schöpfungstheologie, die in allen
Schriften dieses Korpus nachgetragen wurde, das Gericht über die unterdrük-
kerische Weltmacht als ein Teilthema des Gerichts Jahwes über seine Feinde
begreift. Die dem D-Korpus zugrundeliegende Denkfigur "weil Israel gegen
Jahwe sündigte, ist es von seinem Gott zu Recht bestraft worden" wurde auf-
gebrochen. Zum einem kam in der Hymnenschicht in Am zum Ausdruck, daß
man das innere Recht von Jahwes zerstörendem Handeln zumindest nicht
immer so klar wie das D-Korpus mit rechtlichen Kategorien beschreiben
kann. Es bleibt da ein Rest von Unverstehbarkeit, dem nur ein doxologisches
Anerkennen der Weltüberlegenheit Jahwes gerecht wird. Zum anderen geriet
in den Blick, daß sich auch die das Nordreich im Namen Jahwes bestrafende
Feindmacht, nämlich Assur, gegen Jahwes Willen vergangen hat. Ein Gutteil
der unterdrückerischen Aktionen Assurs gegen Israel dürfen deshalb nicht als

Jahwes Strafe geduldet und akzeptiert werden, sondern müssen als offenes Unrecht benannt werden, dem Israel zu Unrecht ausgesetzt ist.

Sehr eindrücklich war auch das Kompromißmodell auf der Joel-Obadja-Korpus-Ebene. Der scheinbar unvermittelbare Gegensatz zwischen einer Position, die am Ende der Zeit eine völlige Vernichtung der Völker erhoffte (Joel 4), und einer solchen, die eine friedliche Teilnahme der Völker am Gottesdienst Israels erwartete (Mi 4,1-5; vgl. Jona), wurde in einem qualitativ neuen eschatologischen Konzept geradezu dialektisch vermittelt und in einem eigenen Text (Sach 14) niedergelegt. Im Szenario, das Sach 14 vom Tag Jahwes entwirft, werden die Völker zuerst schwer geschlagen, danach aber wird ihr Rest sogar am Laubhüttenfest Israels teilnehmen.

Doch auch dieses Kompromißkonzept zerbrach. Die stark eschatologisch ausgerichtete Position, die das Joel-Obadja-Korpus dominiert hatte, geriet in Konflikt mit einer uneschatologischen, am Praktizieren konkreter Rechtsnormen orientierten Position. Letztere Position ist greifbar in den von Mal zitierten Gegnern. Während die eschatologischen Kreise vermutlich von der visionären Kraft ihrer Erwartung des Kommens des Tages Jahwes so erfüllt waren, daß sie nach deren Relevanz für den Zeitpunkt "hier und jetzt" nicht fragten, klagten andere eben diese Dimension der Eschatologie ein. Nicht der zukünftige Tag Jahwes war ihr Problem, sondern der gegenwärtige Segen für gerechtes Verhalten. Die Maleachischrift selber und besonders Mal 3,22-24 formulieren in diesem Fall die Kompromißlösung: Tora, das Schlagwort der einen Position, und Tag Jahwes, das Schlagwort der anderen Position, werden mehr oder weniger unverbunden nebeneinandergestellt. Vor allem in Mal wird jedoch klargestellt, daß beide Themen von unterschiedlicher Priorität im Kontext unterschiedlicher Diskussions- und Lebenszusammenhänge sind. Die Tora gilt seit ihrer Bekanntmachung durch Mose und wird auch am Tag Jahwes der Maßstab für Jahwes richterliches Handeln sein. Der Tag Jahwes hingegen ist vor allem wichtig, um den mit Toragehorsam verbunden Segen oder Fluch endgültig offenbar zu machen. Nach Mal 3,22 ist einerseits deutlich, daß die Propheten in ethischen Fragen nichts weiter sind als vollmächtige Ausleger der Tora für ihre Zeit. Andererseits signalisiert Mal 3,23-24, daß die Propheten in der Tat etwas wesentlich Neues formulieren: die Hoffnung auf Gottes eschatologisches Handeln zur Restitution Israels und der ganzen Welt.[15]

---

[15]   B. S. Childs, (1979) Introduction, stimmt einerseits von Rad zu, wenn er schreibt: "There is a radical newness to the prophets' message, a deeper plunge into the reality of God, ...".(175) Dieses Neue besteht in der Auffassung, daß Israel sich gegenüber Jahwe radikal verschuldet hat und "only a radically new saving event, different in kind from

10.4. Die spannungsvolle Ganzheit des Endtextes

Immer wieder ist zu beobachten, daß die erzielten Kompromisse innerhalb einer Redaktionsphase auch durch redaktionelle Zusätze als hermeneutische Leitlinie formuliert werden. Man denke etwa daran, wie das Hymnenfragment Am 5,8-9 so eingefügt wurde, daß es ein neues Zentrum der vorgefundenen konzentrischen Ringstruktur bildete und so der gesamten Rechtskritik eine schöpfungstheologische Dimension gab. Die älteren Texte werden also nicht unverändert weitergegeben, sondern neu interpretiert. Darauf hat namentlich Childs hingewiesen:

> "It is certainly true that earlier stages in the development of the biblical literature were often regarded as canonical prior to the establishment of the final form. In fact, the final form frequently consists of simply transmitting an earlier, received form of the tradition often unchanged from its original setting. Yet to take the canon seriously is also to take seriously the critical function which it exercises in respect to the earlier stages of the literature's formation. A critical judgment is evidenced in the way in which these earlier stages are handled. At times the material is passed on unchanged; at other times tradents select, rearrange, or expand the received tradition."[16]

Es ist zu beobachten, daß die redaktionelle Neugestaltung in vielen Fällen nicht ganz konsequent verfährt. Insbesondere die letzten Redaktoren waren sehr zögerlich mit Eingriffen in den überkommenen Textbestand.[17] Der eine

---

the past tradition, could redeem Israel from its punishment."(175) Andererseits sieht er – mit Zimmerli – die Propheten im Rahmen dessen agieren, was das Gesetz selbst als Strafe für Mißachtung des Gesetzes ins Auge faßt.

[16] B. S. Childs, (1979) Introduction, 76. Es hat allerdings den Anschein, als würde Childs an diesem Punkt zurückstecken. In seiner "Biblical Theology" (1992) behandelt er das Problem der Redaktionsgeschichte des Corpus Propheticum auffallend kurz, nämlich nur auf einer Seite (170-171), obwohl inzwischen viele weiterführende Studien zu diesem Thema erschienen sind und obwohl er gegen Barton darauf insistiert, daß das Corpus Propheticum als ein Ganzes zu verstehen ist (173). Schwerwiegender ist, daß er es bei der Behandlung des Themas "Prophetic Themes of Promise" (177-179) bei der Aufzählung verschiedener Konzeptionen verschiedener Propheten beläßt, ohne danach zu fragen, in welcher Weise der Endtext diese Positionen interpretiert und gewichtet hat. Childs verstößt m.E. gegen die Grundsätze der zitierten Passage aus seiner "Introduction", wenn er literarkritisch rekonstruierte Vorstufen der kanonischen Bücher, wie etwa die deuteronomistische Redaktion von Jeremia oder Deuterojesaja, zu eigenständigen Positionen erhebt. Zusätzlich präsentiert Childs diese Positionen in einer historisch-kritisch rekonstruierten Reihenfolge und nicht in ihrer kanonischen Abfolge. Diese historisch-kritisch rekonstruierte Vielfalt ist von der vom Endtext intendierten Offenheit aber zu unterscheiden.

[17] Interessant ist in diesem Zusammenhang die These von J. R. Miles, (1981) Radical Editing, 95-96: "And when a Joyce writes in the stream of consciousness, splicing together

Effekt dieses Zögerns ist, daß der Leserschaft eine Kompromißlösung nicht ohne die dazugehörende Auseinandersetzung geboten wird. So hat z.B. der Kompromißtext Sach 14 weder den Text Joel 4 noch Mi 4,1-5 verdrängt. Ebensowenig wurden letztere der Konzeption von Sach 14 durch redaktionelle Eingriffe angeglichen. Auf diese Weise geht man während des Lesens den Diskussionsprozeß selbst mit, bevor der Kompromiß präsentiert wird. Der andere Effekt ist, daß die Leser im Einzelfall oft nicht recht wissen, wie sie einen bestimmten Text auf dem Boden des entsprechenden hermeneutischen Rahmens interpretieren sollen. Die Redaktoren haben diese Arbeit häufig den Lesern überlassen. Vermutlich hat es ihnen genügt, eine gewisse Perspektive, einen Rahmen abzustecken.[18] So wird z.B. die Leserschaft des Joel-Obadja-Korpus die Amosschrift ganz im Sinne der joelischen Konzeption verstanden haben. Ihr war der Tag Jahwes, von dem Amos sprach (Am 5,18-20), sicher mit dem von Joel angekündigten identisch. Ebenso war klar, daß es verfehlt ist, Jahwe in Bet-El zu suchen, da Jahwe doch auf dem Zion wohnt. Wie aber wurde wohl der Völkerspruchzyklus in Am 1-2 gelesen? Immerhin hält der fest, daß Israel sich schlimmerer Verbrechen schuldig gemacht hat als die umliegenden Völker. Widerspricht das nicht – und zwar auch für die Leserschaft dieser Redaktionsphase – der Ansicht von Joel 4, wonach Israel das unschuldige Opfer der Völker ist (Joel 4,2-3.4-8)?[19]

In dieser Weise verblieb eine gewisse Unabgeschlossenheit und Spannung im Text, die die Mitarbeit der Leserschaft zur Konstitution von Sinn nicht nur erlaubte, sondern geradezu erforderte.[20] Man kann das verstehen als bewuß-

---

passages from crazily assorted sources, it is to this that he invites his readers. This is physical participation in the experience of being an intelligent animal, both intelligent and an animal. But again, ancient texts, notably the Hebrew Bible, often create a similar spliced effect. Doubtless we are right to assume that the ancient author was not striving, as Joyce was, for splicedness as such. But *unconscious does not mean unfelt.* An ancient redactor may not have sought the jarring and the truncated some modern pots have, and yet his tolerance of it may have been artistically motivated. That it did not bother him enough for him to eliminate it must mean that, to some extent, he simply liked it."

[18]   F. Crüsemann, (1992) Die Tora, beobachtet diesen Aspekt der Redaktionsgeschichte auch im Bereich des Pentateuch. Im Falle von Num 16-17 spricht er sogar vom redaktionellen Ziel der "Festschreibung eines Dissenses" (418).

[19]   Vgl. G. T. Sheppard, (1982) Canonization, 25: "The contradictory views of the Day of the Lord in Joel and Amos could be read together as counterpoints in a profound theological conversation. The effect of these and other connections between biblical books is not to solve but to heighten the demand for interpretation."

[20]   Vgl. B. S. Childs, (1979) Introduction, 83: "Attention to the canon establishes certain parameters within which the tradition was placed. The canonical shaping serves not so much to establish a given meaning to a particular passage as to chart the boundaries within which the exegetical task is to be carried out." Es scheint so, als würde der post-

ten Hinweis darauf, daß die Wirklichkeit Gottes, so sehr sie in den Texten verläßlich bezeugt ist, diese doch übersteigt. W. Pannenberg formuliert es treffend:

> "Wie nun aber alle Offenbarung Gottes in seinem geschichtlichen Handeln auf die noch ausstehende Zukunft der Vollendung der Geschichte vorgreift, so bleibt umgekehrt ihr Anspruch, die Gottheit des einen Gottes zu offenbaren, der Schöpfer, Versöhner und Erlöser der Welt ist, in der noch nicht vollendeten Geschichte offen auf künftige Bewährung, offen darum auch für die Frage nach seiner Wahrheit."[21]

In diesem Sinne stellt der Kanon eine kreative Aufgabe.[22] Wenn es dieser Arbeit wenigstens teilweise gelungen ist, der heutigen Leserin oder dem Leser diese Aufgabe als lohnend erscheinen zu lassen, hat sie ihr Ziel erreicht.

---

modernen Leserschaft diese schillernd diffuse Offenheit des Textes als besonders interessant erscheinen. Man vgl. etwa F. P. Ingold, (1985) Ränder, 39: "Widersprüche sind nicht mehr Anzeichen für die Grenzen des verwendeten Modells, man möchte sie als Beweise für die Unangemessenheit von Formalismen sehen, der *empfundene Sinn* soll unangetastet bleiben." Weiter S.44: "Denn das Hin und Her zwischen den Texten ist mir wichtiger geworden als diese selbst. Das Zentrum tritt nur noch im Plural auf, es kann sich überall auch am äussersten Rand auch als wandernder Punkt am Horizont befinden. Der jähe Sprung von einem zum andern, ... wird abgelöst ist bereits abgelöst worden durch die oberflächengebundene Geste des Gleitens (Stichwort: Eigendynamik / Selbstreferenz)".

21 W. Pannenberg, (1988) Systematische Theologie Bd. 1, 281.
22 D. Boyarin, (1990) Intertextuality and the reading of Midrash, kann z.B. zeigen, daß schon die Mekilta des Rabbi Ischmael eine Vielfalt verschiedener Lektüreweisen gleichberechtigt nebeneinander stellt: "I propose to interpret the 'scandal' of the fact that the authoritative commentaries on the holiest text of Judaism are presented as a series of controversies in which each of two or more interpretations contradicts and undercuts the other(s). My claim is that the Mekilta is a metacommentary that through its organization provides an implicit theory of reading and of the biblical text. I shall try to show through this reading that the Mekilta is aware of true ambiguities in the biblical narrative, and that while each of the readers it presents work in their readings toward reduction of the ambiguity, the cumulative effect of the midrash as compiled is to focus on the ambiguity and the possibilities for making meaning out of it."(58) Vgl. auch G. Ebeling, (1970) Sola Scriptura, 301: "Wenn aber das Verständnis der Schrift als Kanon in eine Auslegungsaufgabe hineintreibt, in der an der Fülle der Schriftaussagen deutlich zu machen ist, inwiefern sie 'kanonisch' sind und was überhaupt Kanonizität dieser Texte besagt, dann ist unbestreitbar die durch den Kanon als Kanon gestellte Aufgabe eine kritische, die ständig gegen falschen Gebrauch des Kanons und falsches Kanonsverständnis wahrzunehmen ist."

Anhang 1: Übersicht über die Abfolge der Korpora

	Hos	Joel	Am	Ob	Jon	Mi	Nah	Hab	Zef	Hg	Sa	Mal
Worte			3-6*									
Trad	*JA*		1-9*									
DK	ja		ja			*JA*			*JA*			
NHK	ja		ja			ja	*JA*	*JA*	ja			
HSK	ja		ja			ja	ja	ja	ja	*JA*	*JA*	
JOK	ja	*JA*	ja	*JA*		ja	ja	ja	ja	ja	ja	
Zwölf	ja	ja	ja	ja	*JA*	ja	ja	ja	ja	ja	ja	*JA*

Die Schriften mit datierten Überschriften (= DK) sind schattiert.

Die redaktionellen Phasen sind nach den Schriften benannt, die auf dieser Ebene jeweils neu hinzukommen (Großbuchstaben, fett und kursiv).

Kürzel	Jeweilige Am-Fassung	Korpus
Worte		Wortesammlung des Amos, umfaßt Sprüche aus Am 3-6.
Trad	Trad-Am	Tradentenfassung; Trad-Hos und Trad-Am haben vermutlich ein Zweiprophetenbuch gebildet.
DK	D-Am	D-Korpus: die der dtn-dtr Tradition nahestehenden D-Fassungen von Hos, Am, Mi und Zef.
NHK	NHK-Am	Nahum-Habakuk-Korpus.
HSK	HSK-Am	Haggai-Sacharja (1-8*?)-Korpus.
JOK	JOK-Am	Joel-Obadja-Korpus.
Zwölf	Am	Zwölfprophetenbuch: die durch Zufügung von Jona und Maleachi entstandene Endfassung.

Anhang 2: Übersicht über redaktionelle Eigenformulierungen

Die Übersicht stellt die redaktionellen Phasen zusammen, in denen das Zwölfprophetenbuch literarisch gewachsen ist.[1] Auf jeder Stufe kamen zwei Arten von literarischen Stoffen zur bereits bestehenden Sammlung hinzu: Zum einen Textmaterial, das den Redaktoren fest formuliert vorlag, und zum anderen solches, das sie eigenständig verfaßt haben. So hatten z.B. die Amos-Tradenten im Falle des Visionszyklus (Am 7-9*) sowohl die Aufzeichnung der fünf Visionen (Am 7,1-8; 8,1-2; 9,1-4*) als auch den Fremdbericht (Am 7,10-17*) vorliegen. Ihre eigentliche redaktionelle Tätigkeit beschränkte sich auf die Anordnung des Stoffes und die Zufügung weniger Sätze. Die folgende Zusammenstellung listet im Rahmen der Überschriften eine grobe Beschreibung des jeweiligen Korpus und danach die redaktionellen Eigenformulierungen auf.

1. Das Zweiprophetenbuch der Tradenten von Hos und Am: Hos 1,2-14,1*; Am 1,1*; 1,3-9,4*

Hos und Am wurden von einem Tradentenkreis zusammen auf einer Rolle herausgegeben. Zu den redaktionellen Eigenformulierungen sind zu rechnen: Hos 1,2*.3-4.5(?).6.8-9; 4,1a.bβ; 5,1*; 11,11 (nur *n 'm yhwh*); 13,14bβ; Am 2,8aβ.bβ.9(?); 3,1a.2.13-14; 5,12a; 6,8; 7,9.11b(?).17bβ; 8,3.14; 9,3 (nur *mngd 'yny*). 4b.

2. Das D-Korpus: Hos*, Am*, Mi 1,1-3,12*; 6,1-16*; Zef 1,1-3,8.*(11-13?)

Die dtn-dtr Denken nahestehenden Redaktoren erweiterten das Zweiprophetenbuch, das sich ganz auf das Nordreich konzentrierte, um D-Mi und D-Zef, die Juda und Jerusalem den Untergang ankündigten. Diese Erweiterung

---

[1]   Diese Arbeit ist weit davon entfernt, eine komplette Rekonstruktion der Schichten vornehmen zu können. Auch der Grad der Wahrscheinlichkeit variiert von Fall zu Fall.

dürfte in zwei Schritten erfolgt sein, indem zuerst Mi 1-3*; 6* und sodann Zef* hinzugefügt wurden.

Hos 1,1.2b*; 2,6; 3,1*; 4,1a*; 5,1-2*; 8,1b; 14,2-4;
Am 1,1.2.9-12; 2,4-5.10-12; 3,1b.7; 4,6-11*; 5,11.25-26*; 8,4-7.11-12;
    9,7-10; Mi 1,1.2.5a.6-7.13b; 2,3*; 6,2-16*; Zef 1,1.6.13b.17aβ.

3: Das Nahum - Habakuk – Korpus:
Hos*, Am*, Mi 1-3*; 6,1-7,6*; Nah*, Hab*, Zef 1,1-3,13*

In dieser Phase wurden Nah und Hab eingefügt. Gleichzeitig wurden in das DK Texte eingebaut, die stark von Schöpfungsthematik geprägt sind.

Hos 4,3; 12,6; Am 4,12-13; 5,8-9; 8,8(?); 9,5-6; (zusätzlich die langen Gottesnamen in Am 3,13; 5,16; 5,27; 6,14);
Mi 1,3-4; Nah 1,1*.4b; Hab 1,1*; 3,2(?); Zef 1,2-3.

4. Haggai - Sacharja – Korpus:
Hos*, Am*, Mi 1-7*, Nah*, Hab*, Zef*, Hag*, Sach 1-8* (9-13?)

In dieser Phase wurden Heilsworte verschiedenster Herkunft und Zielrichtung eingebaut. Zusätzlich wurde eine Schrift integriert, die vom Auftreten der Propheten Haggai und Sacharja berichtete.

Hos 2,1-2a.3.18-25; 3,5*; 14,5-9; Am 9,11-15*;
Mi 2,12-13; 4,1-5,3*; Nah 2,1.

5. Joel - Obadja – Korpus:
Hos, Joel, Am, Obd, Mi, Nah, Hab, Zef*, Hag, Sach 1-14

Mit der Einfügung von Joel und Obd entstand ein Zehnprophetenbuch, das ganz von einem eschatologischen Verständnis der Prophetie geprägt war.

Hos 2,2b(?); Joel 1,1; Am 4,9*; 9,12*.13*; Obd 1,1;
Nah 3,15-16*; Hab 3,16b-17 Zef 3,9-10; Sach 14.

6. Zwölfprophetenbuch

In der letzten Phase wurde das Zehnprophetenbuch um die Schriften Jona und Maleachi ergänzt, so daß das Zwölfprophetenbuch entstand.

Zef 2,11(?); Mal 1,1; 3,22-24.

Literaturverzeichnis

Ackroyd, Peter R.
1977   A Judgment Narrative between Kings and Chronicles? An Approach to Amos 7,9-
        17. In: Canon and Authority. Essays in OT Religion and Theology. Hg. von George
        W. Coats und Burke O. Long. Philadelphia: Fortress, 1977, 71-87.

Albertz, Rainer
1992   Religionsgeschichte Israels in alttestamentlicher Zeit. Teil 1: Von den Anfängen bis
        zum Ende der Königszeit. ATD.E 8,1. Göttingen: Vandenhoeck & Ruprecht, 1992.

Alt, Albrecht
1979a   Der Anteil des Königtums an der sozialen Entwicklung in den Reichen Israel und
        Juda. In: Alt, Albrecht: Zur Geschichte des Volkes Israel. Eine Auswahl aus den
        <Kleinen Schriften>. Hg. von Siegfried Herrmann. München: Beck, 1979, 367-391.
1979b   Das Königtum in den Reichen Israel und Juda. In: Alt, Albrecht: Zur Geschichte des
        Volkes Israel. Eine Auswahl aus den <Kleinen Schriften>. Hg. von Siegfried Herr-
        mann. München: Beck, 1979, 348-366.
1979c   Der Rhythmus der Geschichte Syriens und Palästinas im Altertum. In: Alt, Albrecht:
        Zur Geschichte des Volkes Israel. Eine Auswahl aus den <Kleinen Schriften>. Hg.
        von Siegfried Herrmann. München: Beck, 1979, 1-19.

Andersen, Francis I. / Freedman, David Noel
1980   Hosea. AncB 24. Garden City / New York: Doubleday, 1980.
1989   Amos. AncB 24A. New York u.a.: Doubleday, 1989.

Baltzer, Klaus
1991   Bild und Wort. Erwägungen zu der Vision des Amos in Am 7,7-9. In: Text, Metho-
        de und Grammatik. Fs. Wolfgang Richter zum 65. Geburtstag. Hg. von Walter Groß,
        Hubert Irsigler und Theodor Seidl. St.Ottilien: EOS Verlag, 1991, 11-16.

Barstad, Hans M.
1984   The Religious Polemics of Amos. Studies in the Preaching of Am 2,7b-8; 4,1-13;
        5,1-27; 6,4-7; 8,14. VT.S 34. Leiden: Brill, 1984.
1993   No Prophets? Recent Developments in Biblical Prophetic Research and Ancient
        Near Eastern Prophecy. JSOT 57 (1993) 39-60.

Bartelmus, Rüdiger
1994   Einführung in das Biblische Hebräisch. Mit einem Anhang Biblisches Aramäisch für
        Kenner und Könner des Biblischen Hebräisch. Zürich: Theologischer Verlag, 1994.

Benoit, P. / Milik, J. T. / Vaux, Roland de
1961   Les Grottes de Murrabbaat. DJD 2. Oxford: Clarendon Press, 1961.

Ben Zvi, Ehud
1996a   A Historical-Critical Study of the Book of Obadiah. BZAW 242. Berlin / New York:
        de Gruyter, 1996.

1996b   Twelve Prophetic Books or "The Twelve": A Few Preliminary Considerations. In: Forming Prophetic Literature: Essays on Isaiah and the Twelve. Fs. John D. Watts. Hg. von James W. Watts und Paul R. House. JSOT.S 235. Sheffield: Sheffield Academic Press, 1996, 125-156.

Bergler, Siegfried
1988   Joel als Schriftinterpret. BEATAJ 16. Frankfurt/M. u.a.: Lang, 1988.

Berlin, Adele
1976   A Rejoinder to John A. Miles, Jr., With some Observations on the Nature of Prophecy. JQR 66 (1975-1976) 227-235.

Berquist, Jon L.
1993   Dangerous Waters of Justice and Righteousness: Amos 5,18-27. BThB 23 (1993) 54-63.

Beuken, Willem A. M.
1991   Jesaja 33 als Spiegeltext im Jesajabuch. EThL 67 (1991) 5-35.

Beyerlin, Walter
1988   Bleilot, Brecheisen oder was sonst? Revision einer Amos-Vision. OBO 81. Freiburg (Schweiz) / Göttingen: Universitätsverlag / Vandenhoeck & Ruprecht, 1988.

Blenkinsopp, Joseph
1977   Prophecy and Canon. A Contribution to the Study of Jewish Origins. Notre Dame / London: University of Notre Dame Press, 1977.

Blum, Erhard
1990   Studien zur Komposition des Pentateuch. BZAW 189. Berlin / New York: de Gruyter, 1990.

Bosshard, Erich
1987   Beobachtungen zum Zwölfprophetenbuch. BN 40 (1987) 30-62.

Bosshard, Erich / Kratz, Reinhard Gregor
1990   Maleachi im Zwölfprophetenbuch. BN 52 (1990) 27-46.

Boyarin, Daniel
1990   Intertextuality and the reading of Midrash. Bloomington: Indiana University Press, 1990.

Bracke, John M.
1985   *shub shebut*: A Reappraisal. ZAW 97 (1985) 233-244.

Braulik, Georg
1985   Die Abfolge der Gesetze in Deuteronomium 12-26 und der Dekalog. In: Deuteronomium: Entstehung, Gestalt und Botschaft. Hg. von Norbert Lohfink. BEThL 68. Louvain: Leuven University Press, 1985, 252-272.
1986   Das Deuteronomium und die Menschenrechte. ThQ 166 (1986) 8-24.

Brueggemann, Walter
1965   Amos IV 4-13 and Israel's Covenant Worship. VT 15 (1965) 1-15.

320 Literaturverzeichnis

Brummack, Jürgen
1977   Atk. Satire. Reallexikon der Deutschen Literaturgeschichte Bd. 3. Berlin / New York: Walter de Gruyter, 2. Aufl. 1977, 601-615.

Brunet, Gilbert
1966   La vision de l'étain: réinterpretation d'Amos vii 7-9. VT 16 (1966) 387-395.

Buber, Martin
1950   Der Glaube der Propheten. Zürich: Manesse, 1950.

Bulmerincq, Alexander von
1926   Einleitung in das Buch des Propheten Maleachi. Dorpat: Mattiesen, 1926.
1932   Kommentar zum Buche des Propheten Maleachi. Dorpat: 1932.

Bultmann, Rudolf
1970   Die Geschichte der synoptischen Tradition. Göttingen: Vandenhoeck & Ruprecht, 8. Aufl. 1970.

Burrows, Millar
1970   The Literary Category of the Book of Jonah. In: Translating and Understanding the Old Testament. Fs. Herbert Gordon May. Hg. von Harry Thomas Frank und William L. Reed. Nashville / New York: Abingdon, 1970, 80-107.

Carroll, Robert P.
1983   Poets not Profets. A response to 'Prophets through the Looking-Glass'. JSOT 27 (1983) 25-31.
1988   Inventing the Prophets. Irish Biblical Studies 10 (1988) 24-36.

Cassuto, Umberto
1973   The Sequence and Arrangement of the Biblical Sections. In: Biblical and Oriental Studies Vol. 1. Hg. von Umberto Cassuto. Jerusalem: Magnes, 1973, 1-6.

Childs, Brevard Springs
1979   Introduction to the Old Testament as Scripture. Philadelphia: Fortress Press, 1979.
1985   The New Testament as Canon. Philadelphia: Fortress Press, 1985.
1993   Biblical Theology of the Old and New Testaments. Theological Reflection on the Christian Bible. Minneapolis: Fortress, 1993.
1996   Retrospective Reading of the Old Testament Prophets. ZAW 108 (1996) 362-377.

Christensen, Duane L.
1975   The Acrostic of Nahum Reconsidered. ZAW 87 (1975) 17-30.
1984   Zef 2,4-15: A Theological Basis for Josiah's Program of Political Expansion. CBQ 46 (1984) 669-682.

Coggins, R. J.
1994   The Minor Prophets - One Book or Twelve? In: Crossing the Boundaries. Fs. Michael D. Goulder. Hg. von Stanley E. Porter. Leiden u.a.: Brill, 1994, 57-68.

Collins, Terence
1993   The Mantle of Elijah. The Redaction Criticism of the Prophetical Books. The Biblical Seminar 20. Sheffield: JSOT Press, 1993.

Conrad, Diethelm
1985   Die Ostraka von Lachisch. In: Historisch-chronologische Texte 3. Hg. von Otto Kaiser. TUAT 1,6. Gütersloh: Gütersloher Verlagshaus, 1985, 620-624.

Coote, Robert B.
1981   Amos among the Prophets. Composition and Theology. Philadelphia: Fortress, 1981.

Cornill, Carl Heinrich
1913   Einleitung in die kanonischen Bücher des Alten Testaments. Grundriss der Theologischen Wissenschaften 2,1. Tübingen: Mohr, 7. Aufl. 1913.

Craig, Kenneth M.
1990   Jonah and the Reading Process. JSOT 47 (1990) 103-114.

Crenshaw, James Lee
1972   weḏōrēk ʿal bāmŏtê ʾareṣ. CBQ 34 (1972) 39-53.
1975   Hymnic Affirmation of Divine Justice: The Doxologies of Amos and Related Texts in the Old Testament. SBL.DS 24. Missoula, MT: Scholars Press, 1975.

Crüsemann, Frank
1992   Die Tora. Theologie und Sozialgeschichte des alttestamentlichen Gesetzes. München: Kaiser, 1992.

Deist, Ferdinand E.
1989   The prophets: are we heading for a paradigm switch? In: Prophet und Prophetenbuch. Fs. Otto Kaiser zum 65.Geburtstag. Hg. von Volkmar Fritz. BZAW 185. Berlin / New York: de Gruyter, 1989, 1-18.

Delitzsch, Franz
1851   Wann weissagte Obadja? Zeitschrift für die gesammte Lutherische Theologie und Kirche 12 (1851) 91-102.

Dempster, Stephen
1991   The Lord is His Name: A Study of the Distribution of the Names and Titles of God in the Book of Amos. RB 98 (1991) 170-189.

DeRoche, Michael
1980   Zephaniah 1,2-3: The "Sweeping" of Creation. VT 30 (1980) 104-109.

Dyck, Elmer
1990   Jonah Among the Prophets: A Study in Canonical Context. JETS 33 (1990) 63-73).

Dohmen, Christoph
1987   Rezeptionsforschung und Glaubensgeschichte. Anstöße für eine Annäherung von Exegese und Systematischer Theologie. Trierer Theologische Zeitschrift 96 (1987) 123-134.

Duhm, Bernhard
1875   Die Theologie der Propheten als Grundlage für die innere Entwicklungsgeschichte der israelitischen Religion. Bonn: Marcus, 1875.

Ebeling, Gerhard
1970   "Sola scriptura" und das Problem der Tradition. In: Das Neue Testament als Kanon.
        Dokumentation und kritische Analyse zur gegenwärtigen Diskussion. Hg. von Ernst
        Käsemann. Göttingen: Vandenhoeck & Ruprecht, 1970, 282-335.

Eissfeldt, Otto
1964   Einleitung in das Alte Testament unter Einschluß der Apokryphen und Pseudepigra-
        phen sowie der apokryphen und pseudepigraphischen Qumran-Schriften. Tübingen:
        Mohr, 3., neubearbeitete Aufl. 1964 (Erstveröffentlichung, 1934: Einleitung in das
        Alte Testament unter Einschluß der Apokryphen und Pseudepigraphen).

Elliger, Karl
1956   Das Buch der zwölf Kleinen Propheten 2. Nahum, Habakuk, Zephanja, Haggai, Sa-
        charja, Maleachi. ATD 25. Göttingen: Vandenhoeck & Ruprecht, 1956.

Emmerson, Grace I.
1984   Hosea. A Prophet in Judean Perspective. JSOT.S 28. Sheffield: JSOT Press, 1984.

Ewald, Heinrich
1867   Die Propheten des Alten Bundes Bd. 1: Jesaja mit den übrigen älteren Propheten.
        Göttingen: Vandenhoeck & Ruprecht, 2. Aufl. 1867.

Fey, Reinhard
1963   Amos und Jesaja. Abhängigkeit und Eigenständigkeit des Jesaja. WMANT 12. Neu-
        kirchen-Vluyn: Neukirchener Verlag, 1963.

Fishbane, Michael
1980   Revelation and Tradition: Aspects of Inner-Biblical Exegesis. JBL 99 (1980) 343-
        361.
1985   Biblical Interpretation in Ancient Israel. Oxford: Clarendon Press, 1985.

Fleischer, Gunther
1989   Von Menschenverkäufern, Baschankühen und Rechtsverkehrern. Die Sozialkritik
        des Amosbuches in historisch-kritischer, sozialgeschichtlicher und archäologischer
        Perspektive. BBB 74. Frankfurt/M.: Athenäum, 1989.

Foster, Benjamin Read
1993   Before the Muses: an Anthology of Akkadian Literature. 2 Bde. Bethesda, MD:
        CDL Press, 1993.

Freedman, David Noel
1987   Headings in the books of the eighth-century prophets. AUSS 25 (1987) 9-26.
1990   Did God Play a Dirty Trick on Jonah at the End? BiRe 6.4 (1990) 26-31.

Friedlander, Gerald, (Hg.)
1970   Pirke de Rabbi Eliezer. Translated and annotated with introduction and indices. New
        York: 1970.

Fritz, Volkmar
1974   Das Wort gegen Samaria Mi 1,2-7*. ZAW 86 (1974) 316-331.

Fuhs, Hans F.
1977   Amos 1,1. Erwägungen zur Tradition und Redaktion des Amosbuches. In: Bausteine
        biblischer Theologie. Fs. G. Johannes Botterweck zum 60. Geburtstag. Hg. von
        Heinz-Josef Fabry. BBB 50. Köln / Bonn: Hanstein, 1977, 271-289.

Fuller, Russell Earl
1993   4QMicah: A Small Fragment of a Manuscript of the Minor Prophets from Qumran,
        Cave IV. RdQ 16 (1993) 193-202.
1996   The Form and Formation of the Book of the Twelve: The Evidence from the Judean
        Desert. In: Forming Prophetic Literature: Essays on Isaiah and the Twelve. Fs. John
        D. Watts. Hg. von James W. Watts und Paul R. House. JSOT.S 235. Sheffield: Shef-
        field Academic Press, 1996, 86-101.

Gehrke, Hans-Joachim
1990   Geschichte des Hellenismus. Oldenbourg Grundriss der Geschichte 1A. München:
        Oldenbourg, 1990.

Gerstenberger, Erhard S.
1988   Jahwe - ein patriarchaler Gott? Traditionelles Gottesbild und feministische Theo-
        logie. Stuttgart u.a.: Kohlhammer, 1988.
1989   "Gemeindebildung" in Prophetenbüchern? Beobachtungen und Überlegungen zum
        Traditions- und Redaktionsprozeß prophetischer Schriften. In: Prophet und Prophe-
        tenbuch. Fs. Otto Kaiser zum 65. Geburstag. Hg. von Volkmar Fritz. BZAW 185.
        Berlin / New York: de Gruyter, 1989, 82-97.

Gese, Hartmut
1981   Komposition bei Amos. In: Congress Volume Vienna 1980. Hg. von J. A. Emerton.
        VT.S 32. Leiden: Brill, 1981, 74-95.
1985   Jona ben Amittai und das Jonabuch. ThBeitr 16 (1985) 256-272.
1989   Amos 8,4-8: Der kosmische Frevel händlerischer Habgier. In: Prophet und Prophe-
        tenbuch. Fs. Otto Kaiser zum 65.Geburtstag. Hg. von Volkmar Fritz. BZAW 185.
        Berlin / New York: de Gruyter, 1989, 59-72.

Gevaryahu, H. M. I.
1975   Biblical Colophons: a Source for the 'Biography' of Authors, Texts and Books. In:
        Congress Volume Edinburgh 1974. VT.S 28. Leiden: Brill, 1975, 42-59.

Gillingham, Sue
1993   "Der die Morgenröte zur Finsternis macht". Gott und Schöpfung im Amosbuch.
        EvTh 53 (1993) 109-123.

Goldschmidt, Lazarus
1933   Der Babylonische Talmud. Bd. 8: Baba Bathra / Synhedrin (1.Hälfte). Berlin: Jüdi-
        scher Verlag, 1933.

Golka, Friedemann W.
1991   Jona. Calwer Bibelkommentare. Stuttgart: Calwer, 1991.

Good, Edwin M.
1965   Jonah: The Absurdity of God. In: Irony in the Old Testament. London: S.P.C.K,
        1965, 39-55.

Grech, P.
1969   Interprophetic Re-interpretation and Old Testament Eschatology. Augustinianum 9
        (1969) 235-265.

Groß, Walter
1974   Die Herausführungsformel - Zum Verhältnis von Formel und Syntax. ZAW 86
        (1974) 423-453.

Gunkel, Hermann
1915   Einleitungen: 1. Geschichte Vorderasiens zur Zeit der großen Propheten. 2. Die ge-
        heimen Erfahrungen der Propheten. 3. Die Propheten als Schriftsteller und Dichter.
        In: Die großen Propheten. Hg. von Hans Schmidt. 3 Bde. Die Schriften des Alten
        Testaments 2,2. Göttingen: Vandenhoeck & Ruprecht, 1915, XI-LXXII.

Gunneweg, Antonius H. J.
1976   Geschichte Israels bis Bar Kochba. Theologische Wissenschaft 2. Stuttgart u.a.:
        Kohlhammer, 2. Aufl. 1976.

Hanson, Paul D.
1982   The Diversity of Scripture: A Theological Interpretation. Overtures to Biblical
        Theology 11. Philadelphia: Fortress, 1982.

Hardmeier, Christof
1978   Texttheorie und biblische Exegese. Zur rhetorischen Funktion der Trauermetaphorik
        in der Prophetie. BEvTh 79. München: Kaiser, 1978.
1983   Verkündigung und Schrift bei Jesaja. Zur Entstehung der Schriftprophetie als Oppo-
        sitionsliteratur im alten Israel. ThGl 73 (1983) 119-134.
1991   Die Propheten Micha und Jesaja im Spiegel von Jeremia 26 und 2 Regum 18-20. In:
        Congress Volume Leuven 1989. Hg. von J. A. Emerton. VT.S 43. Leiden u.a.: Brill,
        1991, 172-189.

Harper, William Rainey
1905   Amos and Hosea. ICC. New York: Scribners, 1905.

Hecker, Karl
1986   Zukunftsdeutungen in akkadischen Texten. In: Deutungen der Zukunft in Briefen,
        Orakeln und Omina. Hg. von Otto Kaiser. TUAT 2,1. Gütersloh: Gütersloher Ver-
        lagshaus, 1986, 56-82.

Hempel, Johannes
1965   Gottes Selbstbeherrschung als Problem des Monotheismus und der Eschatologie. In:
        Gottes Wort und Gottes Land. Fs. Hans Wilhelm Hertzberg zum 70. Geburtstag. Hg.
        von Henning Graf Reventlow. Göttingen: Vandenhoeck & Ruprecht, 1965, 56-66.

Hermisson, Hans-Jürgen
1981   Der Zeitbezug des prophetischen Wortes. KuD 27 (1981) 96-110.

Herntrich, Volkmar Martinus
1990   Art. Der "Rest" im AT. ThWNT 4 (1990) 200-215.

Herrmann, Siegfried
1986   Hans Walter Wolffs Verständnis des Buches Jona. In: Gesammelte Studien zur Ge-
        schichte und Theologie des Alten Testaments. München: Kaiser, 1986, 221-231.

Hertzberg, Hans Wilhelm
1936   Die Nachgeschichte alttestamentlicher Texte innerhalb des Alten Testaments. In: Werden und Wesen des Alten Testaments. Vorträge gehalten auf der internationalen Tagung alttestamentlicher Forscher zu Göttingen, vom 4.-10.September 1935. Hg. von Paul Volz, Friedrich Stummer und Johannes Hempel. BZAW 66. Berlin: de Gruyter, 1936, 110-121.

Holbert, John C.
1981   "Deliverance belongs to Yahweh!": Satire in the Book of Jonah. JSOT 21 (1981) 59-81.

Horst, Friedrich
1960   Die Visionsschilderungen der alttestamentlichen Propheten. EvTh 20 (1960) 193-205.
1961a   Die Doxologien im Amosbuch. In: Friedrich Horst: Gottes Recht. Gesammelte Studien zum Recht im Alten Testament. Hg. von Hans Walter Wolff. TB 12. München: Kaiser, 1961, 155-166.
1961b   Der Eid im Alten Testament. In: Friedrich Horst: Gottes Recht. Gesammelte Studien zum Recht im Alten Testament. Hg. von Hans Walter Wolff. TB 12. München: Kaiser, 1961, 292-314.

Horst, Friedrich / Robinson, Theodore H.
1964   Die Zwölf Kleinen Propheten. HAT 14. Tübingen: Mohr, 3. Aufl. 1964.

House, Paul R.
1988   Zephaniah: A Prophetic Drama. Bible and Literature Series 16. JSOT.S 69. Sheffield: Almond, 1988.
1990   The Unity of the Twelve. Bible and Literature Series 27. JSOT.S 97. Sheffield: Almond, 1990.

Ingold, Felix Philipp
1985   Ränder hereingebrochen Mitte zerschmettert. Ein Bericht. Literaturmagazin 15 (1985) 32-46.

Irsigler, Hubert
1977   Gottesgericht und Jahwetag. Die Komposition Zef 1,1-2,3, untersucht auf der Grundlage der Literarkritik des Zefanjabuches. ATSAT 3. St.Ottilien: EOS Verlag, 1977.

Jenni, Ernst
1968   Das hebräische Piel. Syntaktisch-semasiologische Untersuchung einer Verbalform im Alten Testament. Zürich: EVZ-Verlag, 1968.

Jepsen, Alfred
1938   Kleine Beiträge zum Zwölfprophetenbuch. ZAW 56 (1938) 85-100.

Jeremias, Jörg
1970   Kultprophetie und Gerichtsverkündigung in der späten Königszeit. WMANT 35. Neukirchen-Vluyn: Neukirchener Verlag, 1970.
1971   Die Deutung der Gerichtsworte Michas in der Exilszeit. ZAW 83 (1971) 330-354.
1975   Die Reue Gottes. Aspekte alttestamentlicher Gottesvorstellung. BSt 65. Neukirchen-Vluyn: Neukirchener Verlag, 1975.

1977   Theophanie. Die Geschichte einer alttestamentlichen Gattung. WMANT 10. Neukir-chen-Vluyn: Neukirchener Verlag, 2. Aufl. 1977.

1983   Der Prophet Hosea. ATD 24,1. Göttingen: Vandenhoeck & Ruprecht, 1983.

1988   Art. Joel/Joelbuch. TRE 17 (1988) 91-97.

1995   Amos. ATD 24,2. Göttingen: Vandenhoeck & Ruprecht, 1995.

1996a   Amos 3-6. Beobachtungen zur Entstehungsgeschichte eines Prophetenbuches. In: Hosea und Amos: Studien zu den Anfängen des Dodekapropheton. FAT 13. Tübin-gen: Mohr, 1996, 142-156 (Erstveröffentlichung, 1988: ZAW 100, 123-138).

1996b   Am 8,4-7 - ein Kommentar zu 2,6f. In: Hosea und Amos: Studien zu den Anfängen des Dodekapropheton. FAT 13. Tübingen: Mohr, 1996, 231-243 (Erstveröffent-lichung, 1991 in: Text, Methode und Grammatik, 205-220).

1996c   Die Anfänge des Dodekapropheton: Hosea und Amos. In: Hosea und Amos: Studien zu den Anfängen des Dodekapropheton. FAT 13. Tübingen: Mohr, 1996, 34-54 (Erstveröffentlichung, 1995: VT.S 61, 87-106).

1996d   "Ich bin wie ein Löwe für Ephraim ..."(Hos 5,14). Aktualität und Allgemein-gültigkeit im prophetischen Reden von Gott am Beispiel von Hos 5,8-14. In: Hosea und Amos: Studien zu den Anfängen des Dodekapropheton. FAT 13. Tübingen: Mohr, 1996, 104-121 (Erstveröffentlichung, 1981 in: "Ich will euer Gott werden.", 77-95).

1996e   Jakob im Amosbuch. In: Hosea und Amos: Studien zu den Anfängen des Dodeka-propheton. FAT 13. Tübingen: Mohr, 1996, 257-271 (Erstveröffentlichung, 1989 in: Die Väter Israels, 139-154).

1996f   Die Mitte des Amosbuches (Am 4,4-13; 5,1-17). In: Hosea und Amos: Studien zu den Anfängen des Dodekapropheton. FAT 13. Tübingen: Mohr, 1996, 198-213.

1996g   Das Proprium der alttestamentlichen Prophetie. In: Hosea und Amos: Studien zu den Anfängen des Dodekapropheton. FAT 13. Tübingen: Mohr, 1996, 20-33 (Erstver-öffentlichung, 1994: ThLZ 119, 483-494).

1996h   Die Rolle der Propheten nach dem Amosbuch. In: Hosea und Amos: Studien zu den Anfängen des Dodekapropheton. FAT 13. Tübingen: Mohr, 1996, 272-284.

1996i   Tod und Leben in Am 5,1-17. In: Hosea und Amos: Studien zu den Anfängen des Dodekapropheton. FAT 13. Tübingen: Mohr, 1996, 214-230 (Erstveröffentlichung, 1989 in: Der Weg zum Menschen, 134-152).

1996j   Das unzugängliche Heiligtum. Zur letzten Vision des Amos (Am 9,1-4). In: Hosea und Amos: Studien zu den Anfängen des Dodekapropheton. FAT 13. Tübingen: Mohr, 1996, 244-256 (Erstveröffentlichung, 1993 in: Konsequente Traditions-geschichte, 155-167).

1996k   Völkersprüche und Visionsberichte im Amosbuch. In: Hosea und Amos: Studien zu den Anfängen des Dodekapropheton. FAT 13. Tübingen: Mohr, 1996, 157-171 (Erstveröffentlichung, 1989 in: Prophet und Prophetenbuch, 82-97).

1996l   Zur Entstehung der Völkersprüche im Amosbuch. In: Hosea und Amos: Studien zu den Anfängen des Dodekapropheton. FAT 13. Tübingen: Mohr, 1996, 172-182.

1996m Zur Eschatologie des Hoseabuches. In: Hosea und Amos: Studien zu den Anfängen des Dodekapropheton. FAT 13. Tübingen: Mohr, 1996, 67-85 (Erstveröffentlichung, 1981 in: Die Botschaft und die Boten, 217-234).

1996n   "Zwei Jahre vor dem Erdbeben" (Am 1,1). In: Hosea und Amos: Studien zu den Anfängen des Dodekapropheton. FAT 13. Tübingen: Mohr, 1996, 183-197 (Erstver-öffentlichung, 1994 in: Altes Testament, Forschung und Wirkung, 15-31).

1997   Rezeptionsprozesse in der prophetischen Überlieferung - am Beispiel der Visions-berichte des Amos. In: Rezeption und Auslegung im Alten Testament und in seinem Umfeld. Ein Symposion aus Anlass des 60. Geburtstags von Odil Hannes Steck. Hg. von Reinhard Gregor Kratz und Thomas Krüger. OBO 153. Freiburg (Schweiz) / Göttingen: Universitätsverlag / Vandenhoeck & Ruprecht, 1997, 29-44.

Jones, Barry Alan
1995   The Formation of the Book of the Twelve: A Study in Text and Canon. SBL.DS 149. Atlanta, GA: Scholars Press, 1995.

Kahle, Paul E.
1962   Die Lederrolle mit dem griechischen Dodekaproheton. In: Die Kairoer Genisa. Untersuchungen zur Geschichte des hebräischen Bibeltextes und seiner Übersetzungen. Hg. von Paul E. Kahle. Berlin: Akademie-Verlag, 1962, 239-241.

Kaiser, Otto
1973   Wirklichkeit, Möglichkeit und Vorurteil. Ein Beitrag zum Verständnis des Buches Jona. EvTh 33 (1973) 91-103.
1984   Einleitung in das Alte Testament. Eine Einführung in ihre Ergebnisse und Probleme. Gütersloh: Gütersloher Verlagshaus, 5., grundlegend neubearbeitete Aufl. 1984.
1992   Grundriß der Einleitung in die kanonischen und deuterokanonischen Schriften des Alten Testaments. Bd 1: Die erzählenden Werke. Gütersloh: Gütersloher Verlagshaus, 1992.
1994   Grundriß der Einleitung in die kanonischen und deuterokanonischen Schriften des Alten Testaments. Bd 2: Die prophetischen Werke. Gütersloh: Gütersloher Verlagshaus, 1994.

Kapelrud, Arvid S.
1975   The Message of the Prophet Zephaniah. Morphology and Ideas. Oslo / Bergen / Troms: Universitetsforlaget, 1975.

Keil, Carl Friedrich
1985   Die zwölf kleinen Propheten. Giessen / Basel: Brunnen, Nachdruck der 3. Aufl. 1985 (Erstveröffentlichung, 1888).

Kessler, Rainer
1989   Die angeblichen Kornhändler von Amos 8,4-7. VT 39 (1989) 13-22.
1992   Staat und Gesellschaft im vorexilischen Juda vom 8. Jahrhundert bis zum Exil. VT.S 47. Leiden u.a.: Brill, 1992.

Koch, Klaus
1974   Die Rolle der hymnischen Abschnitte in der Komposition des Amos-Buches. ZAW 86 (1974) 504-537.
1991   Rezeptionsgeschichte als notwendige Voraussetzung einer biblischen Theologie - oder: Protestantische Verlegenheit angesichts der Geschichtlichkeit des Kanons. In: Sola Scriptura. Das reformatorische Schriftprinzip in der säkularen Welt. Hg. von Hans Heinrich Schmid und Joachim Mehlhausen. Gütersloh: Gütersloher Verlagshaus, 1991, 143-155.

Koenen, Klaus
1994   Heil den Gerechten - Unheil den Sündern! Ein Beitrag zur Theologie der Prophetenbücher. BZAW 229. Berlin / New York: de Gruyter, 1994.

Krüger, Thomas
1993   "Kosmo-theologie" zwischen Mythos und Erfahrung. Psalm 104 im Horizont altorientalischer und alttestamentlicher "Schöpfungs"-Konzepte. BN 68 (1993) 49-74.

Landsberger, Benno
1965   Tin and Lead: The Adventure of Two Vocables. JNES 24 (1965) 285-296.

Lang, Bernhard
1981   Sklaven und Unfreie im Buch Amos (II 6, VIII 6). VT 31 (1981) 482-488.

Lee, Andrew Yueking
1985   The canonical Unity of the Scroll of the Minor Prophets. Nr. 8521375. Ph.D. Baylor University, University Microfilms International: Ann Arbor, MI, 1985.

Leeuwen, C. van
1984   Art. עד. THAT 2 (1984) 209-221.

Leeuwen, Raymond C. van
1993   Scribal Wisdom and Theodicy in the Book of the Twelve. In: In Search of Wisdom. Essays in Memory of John G. Gammie. Hg. von Leo G. Perdue, Bernard Brandon Scott und William Johnston Wiseman. Louisville, KY: Westminster / John Knox, 1993, 31-49.

Lescow, Theodor
1995   Die Komposition der Bücher Nahum und Habakuk. BN 77 (1995) 59-85.

Leskow, Theodor
1972   Redaktionsgeschichtliche Analyse von Micha 1-5. ZAW 84 (1972) 46-85.

Levin, Christoph
1995   Amos und Jerobeam I. VT 45 (1995) 307-317.

Lohfink, Norbert
1961   Jona ging zur Stadt hinaus (Jona 4,5). BZ 5 (1961) 185-203.
1990   Das deuteronomische Gesetz in der Endgestalt - Entwurf einer Gesellschaft ohne marginale Gruppen. BN 51 (1990) 25-40.
1995   Gab es eine deuteronomistische Bewegung? In: Studien zum Deuteronomium und zur deuteronomistischen Literatur III. Hg. von Norbert Lohfink. Stuttgarter Biblische Aufsatzbände 20. Stuttgart: Katholisches Bibelwerk, 1995, 65-142.

Lux, Rüdiger
1994   Jona. Prophet zwischen Verweigerung und Gehorsam: eine erzählanalytische Studie. FRLANT 162. Göttingen: Vandenhoeck & Ruprecht, 1994.

Magonet, Jonathan
1983   Form and Meaning, Studies in Literary Techniques in the Book of Jonah. Bible and Literature Series 8. Sheffield: Almond, 2. Aufl. 1983.

Machinist, Peter
1983   Assyria and its Image in the First Isaiah. JAOS 103 (1983) 719-737.

Malbon, Elizabeth Struthers
1993   Echoes and Foreshadowings in Mark 4-8: Reading and Rereading. JBL 112 (1993) 211-230.

Markert, Ludwig / Wanke, Gunther.
1976   Die Prophetinterpretation. Anfragen und Überlegungen. KuD 22 (1976) 191-220.

Marks, Herbert
1987   The Twelve Prophets. In: The Literary Guide to the Bible. Hg. von Robert Alter und
        Frank Kermode. Cambridge, MA: Belknap, 1987, 207-233.

Marti, Karl
1904   Das Dodekapropheton. KHC 13. Tübingen: Mohr, 1904.

Mason, Rex
1990   Preaching the Tradition. Homily and hermeneutics after the exile. Based on the
        'addresses' in Chronicles, the 'speeches' in the Books of Ezra and Nehemiah and the
        post-exilic prophetic books. Cambridge: Cambridge University Press, 1990.

Mason, Rex A.
1976   The Relation of Zech 9-14 to Proto-Zechariah. ZAW 88 (1976) 227-239.

McComiskey, Thomas Edward
1987   The Hymnic Elements of the Prophecy of Amos: A Study of Form-Critical Metho-
        dology. JETS 30 (1987) 139-157.

Meyers, Carol
1986   Art. קף. ThWAT 5 (1986) 898-901.

Miles, John A., Jr.
1975   Laughing at the Bible: Jonah as Parody. JQR 65 (1974-1975) 168-181.

Miles, John Russiano
1981   Radical Editing: Redaktionsgeschichte and the Aesthetic of Willed Confusion. In:
        The Creation of Sacred Literature. Composition and Redaction of the Biblical Text.
        Hg. von Richard Elliott Friedman. Berkeley / Los Angeles / London: University of
        California Press, 1981, 85-99.

Miller, Patrick D.
1993   The Beginning of the Psalter. In: The Shape and Shaping of the Psalter. Hg. von J.
        Clinton McCann. JSOT.S 159. Sheffield: JSOT Press, 1993, 83-92.

Mittmann, Siegfried
1976   Amos 3,12-15 und das Bett der Samarier. ZDPV 92 (1976) 149-167.

Naumann, Thomas
1991   Hoseas Erben. Strukturen der Nachinterpretation im Buch Hosea. BWANT 131.
        Stuttgart u.a.: Kohlhammer, 1991.

Nissinen, Martti
1991   Prophetie, Redaktion und Fortschreibung im Hoseabuch. Studien zum Werdegang
        eines Prophetenbuches im Lichte von Hos 4 und 11. AOAT 231. Neukirchen-Vluyn
        / Kevelaer: Neukirchener Verlag / Butzon & Bercker, 1991.

Nogalski, James Dominic
1993a   Literary precursors to the Book of the Twelve. BZAW 217. Berlin / New York: de
        Gruyter, 1993.
1993b   Redactional processes in the Book of the Twelve. BZAW 218. Berlin / New York:
        de Gruyter, 1993.

Nord, Christiane
1993   Einführung in das funktionale Übersetzen: am Beispiel von Titeln und Überschriften. UTB 1734. Tübingen, u.a.: Francke, 1993.

Nordhofen, Eckhard
1990   Die Aufhebung des Bilderverbots. Bild und Metapher in Literatur und Philosophie. Literaturmagazin 25 (1990) 61-77.

Olyan, Saul M.
1991   The Oaths of Amos 8.14. In: Priesthood and Cult in Ancient Israel. Hg. von Gary A. Anderson und Saul M. Olyan. JSOT.S 125. Sheffield: JSOT Press, 1991, 121-149.

Ouellette, Jean
1972   The Shaking of the Thresholds in Amos 9,1. HUCA 43 (1972) 23-27.
1973   Le mur d'étain dans Amos, vii, 7-9. RB 80 (1973) 321-331.

Pannenberg, Wolfhart
1988   Systematische Theologie Bd. 1. Göttingen: Vandenhoeck und Ruprecht, 1988.

Paton, Lewis Bayles
1894   Did Amos Approve the Calf-Worship at Bethel? JBL 13 (1894) 80-91.

Paul, Shalom M.
1978   Fishing Imagery in Amos 4:2. JBL 97.2 (1978) 183-190.
1991   Amos. A Commentary on the Book of Amos. Hermeneia Series. Minneapolis: Fortress, 1991.

Perlitt, Lothar
1969   Bundestheologie im Alten Testament. WMANT 36. Neukirchen-Vluyn: Neukirchener Verlag, 1969.

Pfeifer, Gerhard
1976   Denkformenanalyse als exegetische Methode, erläutert an Amos 1,2-2,16. ZAW 88 (1976) 56-71.
1991   Jahwe als Schöpfer der Welt und Herr ihrer Mächte in der Verkündigung des Propheten Amos. VT 41 (1991) 475-481.

Pierce, Ronald W.
1984   A Thematic Development of the Haggai/Zechariah/Malachi Corpus. JETS 27 (1984) 401-411.

Podella, Thomas
1993   Notzeit-Mythologem und Nichtigkeitsfluch. In: Religionsgeschichtliche Beziehungen zwischen Kleinasien, Nordsyrien und dem Alten Testament. Internationales Symposion Hamburg 17.-21. März 1990. Hg. von Bernd Janowski, Klaus Koch und Gernot Wilhelm. OBO 129. Freiburg (Schweiz) / Göttingen: Universitätsverlag / Vandenhoeck & Ruprecht, 1993, 427-454.

Praetorius, Franz
1915   Bemerkungen zu Amos. ZAW 35 (1915) 12-25.

Preuß, Horst Dietrich
1968   Jahweglaube und Zukunftserwartung. BWANT 87. Stuttgart u.a.: Kohlhammer, 1968.

Preuß, Horst Dietrich / Berger, Klaus
1980   Bibelkunde des Alten und Neuen Testaments. 1.Teil: Altes Testament. UTB 887. Heidelberg: Quelle & Meyer, 1980.

Rad, Gerhard von
1962   Theologie des Alten Testaments. Bd. 2: Die Theologie der prophetischen Überlieferungen Israels. München: Kaiser, 3. Aufl. 1962.

Redditt, Paul L.
1989   Israel's Shepherds: Hope and Pessimism in Zechariah 9-14. CBQ 51 (1989) 631-642.

Reimer, Haroldo
1992   Richtet auf das Recht! Studien zur Botschaft des Amos. SBS 149. Stuttgart: Katholisches Bibelwerk, 1992.

Rendtorff, Rolf
1988   Das Alte Testament. Eine Einführung. Neukirchen-Vluyn: Neukirchener, 3. Aufl. 1988.

Rottzoll, Dirk U.
1996   Studien zur Redaktion und Komposition des Amosbuches. BZAW 243. Berlin / New York: de Gruyter, 1996.

Rudolph, Wilhelm
1966   Hosea. KAT 13,1. Gütersloh: Gütersloher, 1966.
1971   Joel, Amos, Obadja, Jona. KAT 13,2. Gütersloh: Gütersloher Verlagshaus, 1971.
1975   Micha, Nahum, Habakuk, Zephanja. KAT 13,3. Gütersloh: Gütersloher Verlagshaus, 1975.
1976   Haggai, Sacharja, Maleachi. KAT 13,4. Gütersloh: Gütersloher Verlagshaus, 1976.

Rüterswörden, Udo
1996   Das Böse in der deuteronomischen Schultheologie. In: Das Deuteronomium und seine Querbeziehungen. Hg. von Timo Veijola. Schriften der Finnischen Exegetischen Gesellschaft 62. Göttingen: Vandenhoeck & Ruprecht, 1996, 223-241.

Sabottka, Liudger
1972   Zephanja. Versuch einer Neuübersetzung mit philologischem Kommentar. Biblica et orientalia 25. Rom: Biblical Institute, 1972.

Saebø, Magne
1988   Vom "Zusammen-Denken" zum Kanon. Aspekte der traditionsgeschichtlichen Endstadien des Alten Testaments. JBTh 3 (1988) 115-133.

Sarna, Nahum
1989   Ancient Libraries and the ordering of the biblical books: a lecture presented at the Library of Congress, March 6, 1989. The Center for the Book Viewpoint Series 25. Washington, DC: Library of Congress, 1989.

Sauer, Georg
1981   Jesus Sirach (Ben Sira). JSHRZ 3,5. Gütersloh: Gütersloher Verlagshaus, 1981.

Scharbert, Josef
1982   Zefanja und die Reform des Joschija. In: Künder des Wortes. Beiträge zur Theologie der Propheten. Fs. Josef Schreiner zum 60. Geburtstag. Hg. von Lothar Ruppert, Peter Weimar und Erich Zenger. Würzburg: Echter, 1982, 237-253.

Schart, Aaron
1995   Combining Prophetic Oracles in Mari Letters and Jeremiah 36. JANES 23 (1995) 75-93.
1996   Rez. Literary Precursors to the Book of the Twelve / Redactional Processes in the Book of the Twelve, von James Nogalski. ThLZ 121 (1996) 645-649.
1997   The Formation of the Book of the Twelve Prophets. World Wide Web-Page: http://mailer.uni-marburg.de/~Schart, wird seit 1995 in unregelmäßigen Abständen aktualisiert.
1997   Die Entgrenzung des heiligen Raumes: Tempelkonzept und Tempelkritik in der biblischen Tradition. Pastoraltheologie 86 (1997) 348-359.

Schlatter, Adolf
1923   Einleitung in die Bibel. Stuttgart: Calwer Vereinsbuchhandlung, 4. Aufl. 1923 (Erstveröffentlichung, 1888).

Schmidt, Werner H.
1965   Die deuteronomistische Redaktion des Amosbuches. ZAW 77 (1965) 168-193.
1973   Zukunftsgewißheit und Gegenwartskritik. Grundzüge prophetischer Verkündigung. BSt 64. Neukirchen-Vluyn: Neukirchener Verlag, 1973.
1990   Alttestamentlicher Glaube in seiner Geschichte. Neukirchen-Vluyn: Neukirchener Verlag, 7. Aufl. 1990 (Erstveröffentlichung, 1968: Alttestamentlicher Glaube in seiner Umwelt).

Schneider, Dale Allan
1979   The Unity of the Book of the Twelve. Ph.D. Yale University, 1979.

Seeligmann, Isaac Leo
1953   Voraussetzungen der Midraschexegese. In: Congress Volume Copenhagen 1953. VT.S 1. Leiden: Brill, 1953, 150 181.

Seitz, Christopher R.
1988   Isaiah 1-66: Making Sense of the Whole. In: Reading and preaching the Book of Isaiah. Hg. von Christopher R. Seitz. Minneapolis: Fortress, 1988, 105-126.

Selms, A. van
1966   How do Books of the Bible commence? Proceedings of the 9th Meeting of "Die outestamentiese Werkgemeenskap in Suid-Afrika" 9 (1966) 132-141.

Seybold, Klaus
1985   Satirische Prophetie. Studien zum Buch Zefanja. SBS 120. Stuttgart: Katholisches Bibelwerk, 1985.
1991   Nahum, Habakuk, Zephanja. ZBK 24,2. Zürich: Theologischer Verlag, 1991.

Smend, Rudolf, (1851-1913)
1906   Die Weisheit des Jesus Sirach, hebräisch und deutsch, mit einem hebräischen Glossar. Berlin: Reimer, 1906.

Smend, Rudolf, (1932-)
1981   Die Entstehung des Alten Testaments. Theologische Wissenschaft 1. Stuttgart u.a.:
        Kohlhammer, 2. Aufl. 1981.

Spronk, K.
1995   Synchronic and Diachronic Approaches to the Book of Nahum. In: Synchronic or
        Diachronic? A Debate on Method in Old Testament Exegesis. Kampen 1994. Hg.
        von Johannes C. de Moor. OTS 34. Leiden u.a.: Brill, 1995, 159-186.

Steck, Odil Hannes
1968   Das Problem theologischer Strömungen in nachexilischer Zeit. EvTh 28 (1968) 445-
        458.
1991   Der Abschluß der Prophetie im Alten Testament. Ein Versuch zur Frage der Vorge-
        schichte des Kanons. Biblisch-Theologische Studien 17. Neukirchen-Vluyn: Neu-
        kirchener Verlag, 1991.
1996a   Die Prophetenbücher und ihr theologisches Zeugnis. Wege der Nachfrage und
        Fährten zur Antwort. Tübingen: Mohr, 1996.
1996b   Zur Abfolge Maleachi - Jona in 4Q76 (4QXIIa). ZAW 108 (1996) 249-253.

Stoebe, Hans Joachim
1984   Art. נצב. THAT 2 (1984) 566-568.

Strydom, J. G.
1993   Micah of Samaria: Amos's and Hosea's forgotten partner. OTE 6 (1993) 19-32.

Sweeney, Marvin A.
1991   A Form-Critical Reassessment of the Book of Zephaniah. CBQ 53 (1991) 388-408.

Tai, Nicholas Ho Fai
1996   Prophetie als Schriftauslegung in Sacharja 9-14. Traditions- und kompositions-
        geschichtliche Studien. Calwer Theologische Monographien, Reihe A: Bibel-
        wissenschaft 17. Stuttgart: Calwer, 1996.

Topitsch, Ernst
1990   Heil und Zeit. Ein Kapitel zur Weltanschauungsanalyse. Tübingen: Mohr, 1990.

Tournay, R.
1974   Zacharie XII-XIV et l'histoire d'Israel. RB 81 (1974) 355-374.

Tov, Emanuel
1987   Some Sequence Differences Between the MT and the LXX and their Ramifications
        for the Literary Criticism of the Bible. JNSL 13 (1987) 151-160.
1990   The Greek Minor Prophets Scroll from Nahal Hever (8HevXIIgr). DJD 8. Oxford:
        Oxford University Press, 1990.
1992   Textual Criticism of the Hebrew Bible. Minneapolis / Assen: Fortress Press / Van
        Gorcum, 1992.

Tromp, N. J.
1984   Amos 5,1-17. Towards a Stylistic and Rhetorical Analysis. OTS 23 (1984) 56-84.

Tucker, Gene M.
1977 Prophetic Superscriptions and the Growth of a Canon. In: Canon and Authority. Essays in OT Religion and Theology. Hg. von George W. Coats und Burke O. Long. Philadelphia: Fortress, 1977, 56-70.

Utzschneider, Helmut
1980 Hosea. Prophet vor dem Ende. Zum Verhältnis von Geschichte und Institution in der alttestamentlichen Prophetie. OBO 31. Freiburg (Schweiz) / Göttingen: Universitätsverlag / Vandenhoeck & Ruprecht, 1980.
1988 Die Amazjaerzählung (Am 7,10-17) zwischen Literatur und Historie. BN 41 (1988) 76-101.
1989 Künder oder Schreiber? Eine These zum Problem der "Schriftprophetie" auf Grund von Maleachi 1,6-2,9. Beiträge zur Erforschung des Alten Testaments und des antiken Judentums 19. Frankfurt/M. u.a.: Lang, 1989.

Vattioni, Francesco
1968 Ecclesiastico. Testo ebraico con apparato critico e versioni greca, latina e siriaca. Pubblicazioni del Seminario di semitistica 1. Napoli: Instituto orientale di Napoli, 1968.

Vries, Simon John de
1995 From Old Revelation to New: A Tradition-Historical and Redaction-Critical Study of Temporal Transitions in Prophetic Prediction. Grand Rapids, MI: Eerdmans, 1995.

Waard, J. de
1977 The Chiastic Structure of Amos 5,1-17. VT 27 (1977) 170-177.

Wahl, Harald-Martin
1994 Die Überschriften der Prophetenbücher. Anmerkungen zu Form, Redaktion und Bedeutung für die Datierung der Bücher. EThL 70 (1994) 91-104.

Waschke, Ernst-Joachim
1994 Die fünfte Vision des Amosbuches (9,1-4) - Eine Nachinterpretation. ZAW 106 (1994) 434-445.

Weimar, Peter
1981 Der Schluß des Amos-Buches. BN 16 (1981) 60-100.
1985 Obadja. Eine redaktionskritische Analyse. BN 27 (1985) 35-99.

Weippert, Helga
1985 Amos: Seine Bilder und ihr Milieu. In: Beiträge zur prophetischen Bildsprache in Israel und Assyrien. Hg. von Helga Weippert, Klaus Seybold und Manfred Weippert. OBO 64. Freiburg (Schweiz) / Göttingen: Universitätsverlag / Vandenhoeck & Ruprecht, 1985, 1-29.

Weiser, Artur
1956 Das Buch der zwölf Kleinen Propheten. Teil 1: Die Propheten Hosea, Joel, Amos, Obadja, Jona, Micha. ATD 24. Göttingen: Vandenhoeck & Ruprecht, 2. Aufl. 1956.

Weiss, Meir
1966 The Origin of the "Day of the Lord" - Reconsidered. HUCA 37 (1966) 29-72.

Wellhausen, Julius
1963   Die kleinen Propheten. Berlin: de Gruyter, 4. Aufl. 1963 (Erstveröffentlichung,
        1892: Die kleinen Propheten übersetzt, mit Noten).

Westermann, Claus
1987   Prophetische Heilsworte im Alten Testament. Forschungen zur Religion und Lite-
        ratur des Alten und Neuen Testaments 145. Göttingen: Vandenhoeck & Ruprecht,
        1987.

Willi-Plein, Ina
1971   Vorformen der Schriftexegese innerhalb des AT. Untersuchungen zum literarischen
        Werden der auf Amos, Hosea und Micha zurückgehenden Bücher im hebräischen
        Zwölfprophetenbuch. BZAW 123. Berlin: de Gruyter, 1971.
1991   *shub shebut* – eine Wiedererwägung. ZAH 4 (1991) 55-71.

Williamson, Hugh G. M.
1990   The Prophet and the Plumb-line. A Redaction-Critical Study of Amos 7. OTS 26
        (1990) 101-121.

Wilson, Gerald Henry
1985   The Editing of the Hebrew Psalter. SBL.DS 76. Chico, CA: Scholars Press, 1985.

Wilson, Robert R.
1980   Prophecy and Society in Ancient Israel. Philadelphia: Fortress Press, 1980.

Wolfe, Rolland Emerson
1933   The Editing of the Book of the Twelve. A study of secondary material in the Minor
        Prophets. LAB 8618. Ph.D., Harvard University:, 1933.
1935   The Editing of the Book of the Twelve. ZAW 53 (1935) 90-130.

Wolff, Hans Walter
1961   Dodekapropheton 1. Hosea. BK.AT 14,1. Neukirchen: Neukirchener Verlag, 1961.
1982   Dodekapropheton 4. Micha. BK.AT 14,4. Neukirchen-Vluyn: Neukirchener Verlag,
        1982.
1985   Dodekapropheton 2. Joel und Amos. BK.AT 14,2. Neukirchen-Vluyn: Neukirchener
        Verlag, 3. Aufl. 1985.
1987   Schwerter zu Pflugscharen - Mißbrauch eines Prophetenwortes? Praktische Fragen
        und exegetische Klärungen zu Joel 4,9-12, Jesaja 2,2-5 und Micha 4,1-5. In: Studien
        zur Prophetie: Probleme und Erträge. Hg. von Hans Walter Wolff. TB 76. München:
        Kaiser, 1987, 93-108.
1991   Dodekapropheton 3. Obadja und Jona. BK.AT 14,3. Neukirchen-Vluyn: Neukirche-
        ner Verlag, 2. Aufl. 1991 (1. Aufl. 1977).

Würthwein, Ernst
1973   Der Text des Alten Testaments. Eine Einführung in die Biblia Hebraica. Stuttgart:
        Württembergische Bibelanstalt, 4. Aufl. 1973 (Erstveröffentlichung, 1952).

Yee, Gale A.
1987   Composition and Tradition in the Book of Hosea. A Redaction Critical Investigati-
        on. SBL.DS 102. Atlanta, GA: Scholars Press, 1987.

Zenger, Erich
1995 Das Zwölfprophetenbuch. In: Zenger, Erich / u.a.: Einleitung in das Alte Testament. Kohlhammer Studienbücher Theologie 1,1. Stuttgart u.a.: Kohlhammer, 1995, 369-436.

Ziegler, Joseph
1967 Duodecim prophetae. Septuaginta; Vetus Testamentum Graecum Auctoritate Academiae Litterarum Gottingensis 13. Göttingen: Vandenhoeck & Ruprecht, 2. Aufl. 1967.

Zimmerli, Walther
1969 Das Gesetz und die Propheten. Zum Verständnis des Alten Testament. KVR 166/167/168. Göttingen: Vandenhoeck & Ruprecht, 2. Aufl. 1969.
1979 Vom Prophetenwort zum Prophetenbuch. ThLZ 104 (1979) 481-496.
1980 Das Phänomen der >Fortschreibung< im Buche Ezechiel. In: Prophecy. Fs. Georg Fohrer zum 65. Geburtstag. Hg. von J. A. Emerton. BZAW 150. Berlin: de Gruyter, 1980, 174-191.

Zobel, Hans-Jürgen
1993 Prophet in Israel und Juda. Das Prophetenverständnis des Hosea und Amos. In: Hans-Jürgen Zobel: Altes Testament - Literatursammlung und Heilige Schrift. Gesammelte Aufsätze zur Entstehung, Geschichte und Auslegung des Alten Testaments. Hg. von Julia Männchen und Ernst-Joachim Waschke. BZAW 212. Berlin: de Gruyter, 1993, 77-95 (Erstveröffentlichung, 1985: ZThK 82, 281-299).

Register

Aufgenommen wurde nur eine Auswahl von Stellen. Fettdruck wurde dort gewählt, wo längere Ausführungen zu den Stellen erfolgen. Das "A" hinter einer Seitenangabe zeigt an, daß die Stelle in einer Anmerkung vorkommt.

PATRICK J. MADDEN
Jesus' Walking on the Sea
An Investigation of the Origin of the Narrative Account

1997. 23,0 x 15,5 cm. X, 156 pages. Cloth DM 108,–
• ISBN 3-11-015247-9
(Beihefte zur Zeitschrift für die neutestamentliche Wissenschaft, Volume 81)

This dissertation argues that the narrative of Jesus' walking upon the sea is a displaced resurrection appearance narrative. The methodology is historical critical exegesis.

Ph.D. dissertation under the supervision of Prof. Joseph A. Fitzmyer, S.J., The Catholic University of America. - The author now holds the chair of Assistant Professor of Scripture at St. Mary's Seminary and University, Baltimore, MD.

JEAN-BOSCO MATAND BULEMBAT
Noyau et enjeux
de l'eschatologie paulinienne:
De l'apocalyptique juive et de l'eschatologie hellénistique
dans quelques argumentations de l'apôtre Paul
Etude rhétorico-exégétique de
1 Co 15,35-58; 2 Co 5,1-10 et Rm 8,18-30

23,0 x 15,5 cm. XX, 338 Seiten. 1997. Ganzleinen DM 188,–
• ISBN 3-11-015387-4
(Beihefte zur Zeitschrift für die neutestamentliche Wissenschaft, Band 84)

Gegenstand des Buches ist die vollbrachte Überwindung des Todes nach der Lehre von Paulus.
Was sagt Paulus über die Auferstehung der Toten? Welche Funktion schreibt er ihr in seiner Theologie zu? Weshalb mißt er der leiblichen Erlösung Bedeutung für die Vollendung des Heils durch Christus zu? Mit Hilfe der Rhetorik untersucht diese exegetische Studie kritisch die zeitgenössischen Theorien über das Verhältnis zwischen Eschatologie und Apokalyptik in den Paulusbriefen.

Diss. theol. am Päpstlichen Institut für Bibelforschung in Rom. Der Autor ist jetzt Professor für Neues Testament an der Katholischen Fakultät von Kinshasa und zeitweise Sekretär der Glaubenskommission der Bischofskonferenz in Zaire.

Preisänderungen vorbehalten

WALTER DE GRUYTER & CO
Genthiner Straße 13 · D–10785 Berlin
Tel. +49 (0)30 2 60 05–0
Fax +49 (0)30 2 60 05–251
Internet: http://www.deGruyter.de

W
DE
G
de Gruyter
Berlin · New York

DAVID WIDER

Theozentrik und Bekenntnis
Untersuchungen zur Theologie des Redens Gottes im Hebräerbrief

1997. 23,0 x 15,5 cm. X, 230 Seiten.
Leinen. DM 158,–/öS 1153,–/sFr 141,–
• ISBN 3-11-015554-0
(Beihefte zur Zeitschrift für die neutestamentliche Wissenschaft 87)

In der Frage nach der theologischen Mitte des Hebräerbriefs ist die Forschungslage kontrovers. Ausgehend von dem Motiv des Redens Gottes wird eine theozentrische Tiefendimension aufgewiesen, welche sowohl Paraenese wie Christologie trägt.

Diss. theol. 1994 bei Professor Dr. *V. Hasler*, Bern.

MARKUS ÖHLER

Elia im Neuen Testament
Untersuchungen zur Bedeutung des alttestamentlichen Propheten im frühen Christentum

1997. 23,0 x 15,5 cm. VIII, 374 Seiten.
Leinen. DM 188,–/öS 1372,–/sFr 167,–
• ISBN 3-11-015547-8
(Beihefte zur Zeitschrift für die neutestamentliche Wissenschaft 88)

Die Arbeit bringt zum ersten Mal eine umfassende Analyse sämtlicher Texte im Neuen Testament, in denen Elia genannt oder auf ihn angespielt wird. Besondere Beachtung wird dabei den jüdischen Traditionen geschenkt. Schwerpunkte sind: Johannes der Täufer, frühe Christologie, lukanisches Geschichtswerk, Elia als historisches Beispiel, Elia in der Apokalypse.

Diss. theol. 1995 bei Professor *Kurt Niederwimmer*. Der Autor ist Assistent an der Evangelisch-Theologischen Fakultät der Universität Wien.

Preisänderungen vorbehalten

WALTER DE GRUYTER & CO
Genthiner Straße 13 · D–10785 Berlin
Tel. +49 (0)30 2 60 05–0
Fax +49 (0)30 2 60 05–251
Internet: http://www.deGruyter.de

W
DE
G
de Gruyter
Berlin · New York